중국통사

미야자키 이치사다

지음 — 조병한 옮김

서커스

CHUGOKUSHI Vol. 1
by Ichisada Miyazaki

© 1977, 1995, 2015 by Kazue Miyazaki
First published 1977, this edition published 2015 by Iwanami Shoten, Publishers, Tokyo.

This Korean edition published 2016 by Circus publishing co., Seoul
by arrangement with the proprietor c/o Iwanami Shoten, Publishers, Tokyo

---

CHUGOKUSHI Vol. 2
by Ichisada Miyazaki

© 1978, 1995, 2015 by Kazue Miyazaki
First published 1978, this edition published 2015 by Iwanami Shoten, Publishers, Tokyo.

This Korean edition published 2016 by Circus publishing co., Seoul
by arrangement with the proprietor c/o Iwanami Shoten, Publishers, Tokyo

중국통사

머리말

나는 1925년 교토대학 동양사학과를 졸업하고서 곧바로 교토 부립 일중一中, 이어서 육고六高·삼고三高, 그다음에 교토대학으로 옮겨 정년퇴직하기까지 전후 약 40년간 수십 차례 중국사 개설을 강의해왔다. 최근 10여 년은 교직에서 물러났기 때문에 강의를 한 적도 없다. 그러던 중 이번에 이와나미쇼텐(岩波書店)에서 〈이와나미전서全書〉에 포함될 『중국사』를 출간하게 되었는데, 나는 이 책의 독자를 나의 수강생으로 간주해 오랜만에 학생 앞에서 강의하는 셈치고 집필하기로 했다.

처음에 내가 강의한 중국사 개설은 당연한 것이지만 선배 제현諸賢의 고매한 학설을 받아들여 옮기는 것이었다. 그렇다 해도 종래의 연구가 퇴적된 산맥의 최고능선을 더듬어가려는 노력만은 해내고자 했다. 그런데도 나로서는 어딘지 납득할 수 없는 불만스럽거나 의문스러운 점이 속출해, 그런 문제들을 해명하기 위해서는 결국 나 자신이 개별적으로 연구를 거듭해 갈 수밖에 없다는 결론에 도달했다. 이것은 개설이 단순한 정리 작업이 아니라 기본적인 연구의 일종이라는 사실을 발견했다는 의미가 있다.

내가 대학을 졸업할 무렵 연구실에는 박학하기 비할 바 없는 대단한 선생님들이 고루 모여 계셨다. 그 학문의 깊이도, 폭도 도대체 어느 정도인지 짐작이 가지 않았고, 그것은 나에게 위대한 미지수未知數였다. 내가 초기에 쓴 연구 논문들은 오로지 이들 여러 선생님들께 보여드리기 위한 것이었으며, 그렇게 해도 부끄러움은 없도록 유념했던 것이다. 그리고 이것은 동시에 위대한 미지수의 수치를 측량하고 싶다는 소망이 깃든 것이었다. 여러 대가들을 따라잡기 위해서는 미지수가 그저 미지수여서는 목표를 설정하는 것조차 불가능하기 때문이다. 다행히 선생님들 편에서는 그 미지수의 위대함으로 관대하게 나를 포용해주었다.

내가 내 나름으로 노력을 기울인 셈인데도 방정식이 좀처럼 풀리지 않는 사이에 선생님들은 잇달아 타계하셨고, 이제 내 앞에 미지수라 할 만한 대가는 어디에서도 찾아볼 수 없게 되어갔다. 그 결과 나의 연구 발표 방식도 조금씩 변해가지 않을 수 없었다. 나는 과거의 미지수 대신에 장래의 미지수를 상대로 해야만 한다는 것을 깨달았다.

이 작은 저서도 그렇지만 내가 근래에 발표한 것들은 세상의 대단한 학자들에게 바치는 것이 아니다. 내 천성은 그런 기지수既知數에는 그다지 흥미를 느끼지 않는다. 나는 장래가 있는 젊은 세대를 상대로 학문을 이야기하고 싶다. 앞으로 학문을 시작하려는 사람은 계측할 수 없는 미지수란 점에서 나의 관심을 자극한다.

그와 동시에 나는 이 새로운 미지수에 대해 커다란 책임을 느끼지 않을 수 없다. 번거로운 장광설을 되풀이해 미지수가 싫증을 내버려서는 안 되지만 그렇다고 사탕발림으로 미지수를 망쳐 놓는 일은 더더욱 피해야만 할 것이다. 어떤 이론에 얽매이는 반半독립의 역사학을 추천해서는 미지수를 그르치는 결과에 빠질 것이며, 위대하게 성장해야 할 가능성을 숨긴 미지수를 계발할 역량이 없는 까닭에 왜소화한 분재盆栽 일을 돕는 것은 아닐지 하는 염려도 그치지 않는다. 이런 점들은 내가 지금까지도 자주 술회해 왔지만 자신도, 타인도 경계시키기 위해서는 몇 번을 되풀이해도 지나침이 없을 것이다.

1977년 6월
미야자키 이치사다

목차

일러두기

1. 천자의 재위 햇수는 실제로 즉위한 다음 해에 개원한 해로부터 세기 시작해 최종의 해까지를 포함한다. 다만 혁명 시기에는 새 천자가 즉위한 해부터 센다.
2. 연령은 전부 중국식에 따라 세는나이에 의한다.
3. 지명은 그 소재를 보여주기 위해 현재의 성省 호칭을 부가하기도 한다.
4. 중국 인명 표기는 현행 맞춤법의 취지에 맞춰 청조의 관리였던 원세개까지는 우리 한자 음으로, 쑨원과 동시대 혹은 이후 활동한 인물들은 중국 원음으로 표기했다. 북방 민족의 인명은 원음 표기를 원칙으로 하고 괄호 안에 한자를 병기했다.
5. 지명은 우리 한자 발음 표기를 원칙으로 했으나 '하얼빈'처럼 일부 예외도 있다.
6. 후주는 저자의 학문적 입장에 대한 독자의 균형 잡힌 이해를 돕기 위해 옮긴이가 달았다.

[1~3은 저자의 일러두기]

中國通史

총론

1. 역사란 무엇인가

역사의 개성

나는 이 책을 지금부터 읽으려는 분들에게 내가 역사란 것에
관해 평소 생각해온 것을 조금 상세히 서술해 보고자 한다. 그
것은 독자가 실망하지 않도록 내가 다해야 할 의무임과 아울러
내가 지난 세월 동안 주장했던 것을 되풀이할 자리를 확보한
나의 권리이기도 하다.

우선 첫째는 역사는 객관적 학문이므로 누가 써도 같은 결과
가 된다는 생각을 버렸으면 하는 것이다. 물론 역사 서술 중에
는 누가 써도 같을 것 같은 부분이 있다. 예컨대 연표는 누가 만
들어도 대동소이하고 그 주요 부분은 변동이 없을 것이다. 그
러나 역사는 연표는 아니다. 태평양전쟁 중 참모본부의 장교

한 사람이 어느 대학교수를 찾아와 연대年代를 몇 개나 기억하면 대학 선생이 되는가 하고 질문해 깜짝 놀라게 했다는 이야기가 전해지고 있다. 연표는 확실히 역사를 압축한 것이고 중요한 역사학의 일부분이기는 하지만, 단지 그것만으로는 큰 의미를 갖지 못한다. 예컨대 몇 년도에 어떤 나라가 멸망했다는 사실은 누가 봐도 움직일 수 없는 사실이라 해도 그것이 갖는 의의의 평가에 관해서는 사람마다 다를 수 있다. 은殷이 멸망했다는 것은 움직일 수 없는 역사 사실이라 해도, 그것이 과연 세계사적 중대 사건이었던가 혹은 실제로는 국지적인 정권의 이동에 지나지 않았던가, 그것이 중국 문화에 어떤 영향을 미쳤던가, 이런 질문에 대한 응답은 수없이 많이 주어지고 그중 어느 것이 올바른가는 일률적으로 결정할 수 없을 것이다. 나는 이 책의 초안을 잡으면서 무엇보다도 자신에 충실하고자 노력했다. 다만 종래의 통설이라 일컬어지는 것도 되도록 잊지 않고 소개할 생각이지만 그 사이에 경중의 차별 대우가 생기는 것은 피하지 못할 것이다.

시간이란 무엇인가

둘째는 역사학에는 시간의 평가가 중요한 것임을 주장하고자 한다. 나는 어떤 역사적 사건이 발생하기 위해서는 무수한 원인이 있었을 것이라 생각하는데, 그 원인들이 결합해 하나의 결과에 이르기 위해서는 시간이 필요했다. 예컨대 인류가 불의 사용을 알기 전 얼마나 많은 인간이 자연에 의한 불의 발생,

연소 상태를 목격했을까. 어떤 자는 불에 탄 고기를 먹고 불 탄 고구마, 불 탄 호박을 먹고서 얼마나 날것보다 달다고 느꼈을까. 그러나 그때 그만큼의 사람이 전부 그 불을 자기가 소유하고 싶어했을 것이라고는 할 수는 없다. 아마 몇 천 년 동안 극히 한정된 수의 사람들만이 이 엄청난 욕망을 가졌음에 틀림없다. 다행히 인류는 이미 불붙은 말뚝을 손에 쥘 만큼 손가락의 기능이 자유로워져 있었다. 또한 그 막대기를 쥐고 걷도록 허리를 펴 설 수 있게 되었다. 또 그 불을 보존하기 위한 동굴을 발견해 거기에 살고 있었다. 그러므로 그의 일이란 불을 꺼뜨리지 않도록 현장에서 동굴까지 나르고 다시 그것이 꺼지지 않게 끊임없이 땔나무를 추가할 만큼의 지혜가 있으면 되었다. 그러나 이 간단한 일도 한 번으로 성공한 것은 아니었다. 몇 번, 몇 백, 몇 천 회나 도중에 꺼져 실패가 반복되었을까. 그동안 당연히 몇 천 년, 몇 만 년의 세월이 지났으리라는 것은 쉽게 추측할 수 있다. 그러나 긴 시간 동안에는 유리한 요소의 출현을 기대할 수 있다. 예컨대 불이 발생해 연소하는 사물과 주거하는 동굴과의 거리가 극히 짧은 경우, 만일 그렇지 않다면 불붙은 말뚝이 우연히도 옹이가 많은 소나무 재목으로 송진이 많이 쌓여 있어서 횃불처럼 상당한 장거리를 불이 붙은 채로 나를 수 있는 경우 등을 만나면 곤란했던 점들이 일거에 해결된다. 하지만 그것은 실로 천재일우의 호기라 하지 않으면 안 된다. 그리고 그것은 인간의 끊임없는 노력에 대해 기나긴 시간이 최종적으로 필요하고 유리한 조건을 채워주었던 것이다.

그러나 일단 인류의 수중에 장악된 불도 이를 계속해 연소시키는 일이 어떠한 원인으로 중단되어 꺼져버리면 인류는 또 시발점으로 돌아가 새로운 불씨를 창조하지 않으면 안 되었다. 그리고 그동안 시간은 아낌없이 흘러 몇 천 년, 몇 만 년이 한순간처럼 지나갔을지도 모른다. 하지만 만일 인류의 지혜가 어느 정도 진보해 있고 최초의 불로부터 두 번째, 세 번째의 불씨 나눔이 가능하다면 불씨가 끊어지는 불행은 막을 수가 있다. 이 불씨의 나눔은 반드시 그러겠다고 의식해서 실행되었다고만 할 수는 없다. 오히려 적대하는 부족이 이 마법적인 불의 존재를 알고 스파이를 잠입시켜 프로메테우스처럼 불씨를 훔쳐내 자신들의 소유로 했는지도 모른다. 어느 쪽이든 결과는 같아서 불의 사용 범위가 확대되면 될수록 불씨가 끊어질 걱정은 적어지고 이윽고 인류 전체의 유산으로서 자손의 대에 이어지는 것이다.

이 불씨가 다른 지역으로 전파되는 데도 갖가지 곤란이 따른 것은 사실이어서 그리 쉽사리 실행되지는 않았을 것이다. 그러나 이를 최초의 불씨 보존의 발명에 비한다면 그 난이도는 비교가 되지 않을 것이다. 발명이나 발견은 대단히 어려운 것인데 그것을 모방하거나 차용하는 것은 비교적 용이하다.

이 같은 생각에서 나는 필연적으로 문화일원론의 입장에 선다. 인류 문화의 가장 기본적인 요소는 어느 특정의 한 지역에서 발달해 그것이 세계 각지로 전파되고 각각의 땅에 특색 있는 문명을 성립시켰다고 생각하는 것이다. 더욱 단적으로 말하면 인류의 가장 오랜 문명은 서아시아의 시리아 주변에서 발생해, 그것이 서쪽으로 전해져 유럽 문명이 되고 동쪽으로 향하여 인도·중국 문명이 되었다고 생각한다.[1] 예컨대 구리나 철의 발명은 전부 서아시아에서 일어나 그것이 사방으로 전해진 것으로 보고 싶은 것이다.

거리의 평가

　문명이 서아시아에서 유럽으로 전해진 것은 거리가 짧으니까 용이하게 생각되지만, 그것이 중국에 전해진 것에 관해서는 그 중간에 가로놓인 광대한 공간의 극복을 어떻게 설명할까 하는 의문이 반드시 일어날 것이라 생각한다. 그러나 이 경우도 해결의 열쇠는 바로 시간이다. 동기銅器 그 자체 또는 구리를 정련하는 방법 등의 지식이 전쟁에 의해, 혹은 교역에 의해, 혹은 결혼·신복臣服에 따른 증여에 의해 몇 차례나 동방을 향해 발진했을 것이다. 최초는 10킬로미터에서, 다음에는 100킬로미터에서 그쳤을지도 모른다. 그러나 수십 회, 수백 회 뒤에는 1천 킬로미터 지점에 도달해 거기에 기지가 만들어지는 일이 생기기도 했을 것이다. 다음에는 그 기지에서 출발해 더욱 동으로 가면 그것을 몇 십 회, 몇 백 회 반복한 뒤에는 언젠가 중국에 도착해 거기에 토착土着할 날이 올 것이다. 다만 그러기 위해서는 굉장히 긴 시간을 필요로 한다.

　이와 같이 생각하면 중국과 서아시아는 결코 단절된 두 지역이라고는 말할 수 없게 된다. 아니 세계 속의 각 지역은 어떠한 방법을 통해 다른 지역과 어느 정도 연결을 갖고 교섭을 계속해왔다고 생각하지 않으면 안 된다. 그것은 오늘날처럼 기차나 기선이나 비행기로 여행하는 것과는 속도 면에서 엄청난 차이가 있다. 그러나 긴 시간을 들이면 그 효과는 언젠가 같아진다. 화차 한 대의 짐은 낙타 백 마리에 나눠 실을 수 있다. 기차의 속도가 만일 낙타의 백 배라면 낙타 1만 마리 혹은 1만 배의 시간을 들이면 같은 분량을 같은 거리의 장소로 운반할 수 있는 것이다.

같은 길이의 시간, 예컨대 1년이란 길이도 그사이에 대단히 많은 중요한 사건이 진행될 때와, 거의 사회가 정체한 듯이 움직이지 않는 때가 있다. 대략적으로 말하면 고대로 갈수록 사회의 움직임이 완만하고 현대로 접근할수록 변천이 격렬하다. 그럼에도 우리들은 고대의 완만한 움직임에 의해서도 그것이 긴 시간을 통해 달성할 수 있는 커다란 성과를 무시해서는 안 된다. 또한 현대의 급격한 사회의 움직임 속에 정말 인류 전체를 위해 유익한 진보가 과연 얼마나 나왔는지에 대한 평가를 신중히 확인하지 않으면 안 된다. 역사학이란 시간에 관한 연구라고 말할 수 있다.

말의 논리

셋째로 내가 주장하고 싶은 것은 역사학은 어디까지나 사실의 논리의 학문이란 것이다. 내가 항상 생각하는 것은 인간의 머리의 움직임에는 대체로 두 가지 방향이 있다는 것이다. 어떤 사람들은 말을 중시하고 말과 말의 관계라면 어디까지든 그 논리의 전개를 따라갈 수가 있다. 이 유파의 사람들은 구체적 사실에 직면하면 곧 그것을 추상화하고, 추상화하지 않는 한은 이해되지 않은 것이라고 한다. 머릿속에는 추상적 언어가 가득 차 있고 그 추상어와 추상어의 관계를 체계화한 것이 이론이라는 것이며, 학문의 목적은 이 이론이란 것을 완성하는 것이라 생각하고 있다.

여기서 우리가 주의하지 않으면 안 되는 것은 사실을 추상화해 추상어를 만들면 그 말은 사실의 뒷받침 없이도 홀로 걸어 나올 위험이 있는 것이다. 예컨대 일본이 중국을 모방해 율령을 제정해 사용한 데서부터 율령국가律令國家라는 말이 나왔다. 중국에서 이전부터 있었던 율령을 사용한 수隋 · 당唐도 물론 마찬가지로 율령국가이다. 이와 같을 때 율령국가라는 말이 홀로 걸어 나오는 것이다. 그것도 같은 율령국가이니까 중국의 상태로부터 일본의 상태를 추측하는 것은 차라리 낫다. 그런데 일본의 상태로부터 중국을 추측하는 것은 극히 위험하다. 예컨대 일본의 율령국가는 고대니까 중국의 율령국가도 고대에 틀림없다는 것 같은 유추를 해서는 곤란한 것이다. 같은 율령국가라는 이름을 지녀도 그것이 자연발생한 토지와 그것을 수입한 토지는 지반地盤이 다르므로 그 본래의 양태도 다르다. 그런데 그러한 조건의 차이를 무시하고 율령국가라는 추상어가 유령처럼 홀로 걸어서 서로 사랑하기도 하고 결혼하기도 하는 것이다.

　가장 심한 예는 태평양전쟁 중의 일본이었다. 일본의 역사 사실을 추상화해 혹은 추상화했다며 무수한 추상명사가 만들어졌다. 황도皇道 · 신국神國 · 팔굉일우八紘一宇 따위의 말이 본래의 일본의 역사로부터 분리되어 독립적으로 움직이기 시작했기 때문에 곤란했던 것이다. 나중에 듣자니 이러한 이론을 발명한 극우 논객은 좌익으로부터 전향했거나 혹은 좌익의 논리를 차용하기도 하여 그 설을 조작한 것이라 한다. 차용된 쪽은 난처했을지도 모르지만 나의 개인적 생각으로는 세간에는 각별히 유물론唯物論이라는 이름의 관념론이 있어서 그것은 좌우 어느 편에서도 차용된다고 하는 위험을 내포하고 있는 것 같은 꺼림칙함을 금할 수 없다.

사실의 논리

이것과 완전히 반대인 두뇌의 움직임이 한 편에 있다. 그것은 구체적 사실이면 그대로 머릿속에 받아들여 사실과 사실의 연락, 인과관계에 있는 것이면 상당히 복잡한 또 몹시 기다란 것이라도 곧 이해할 수 있는 두뇌이다. 하지만 그것을 추상화해버리면 이미 말과 말의 논리에는 잘 부응하지 못한다. 말에는 구체성이 없기 때문이다. 그러나 그 대신 구체적 사실이라면, 지리적 씨실과 시간적 날실이 교착하는 좌표축 위에 각각의 지위를 부여해 정리하면 이 사실의 논리는 혼동이 일어나거나 충돌되거나 하는 것이 없다. 그리고 사실과 사실을 결부시켜 그물코를 만들고 여태까지 충분하지 않았던 곳을 보충해 엉클어져 있기도 하고 잘못되어 있는 그물코를 풀어 정상으로 되돌리는 작업이 역사학이라 생각하고 있다. 하지만 세간에서는 아무래도 이러한 작업은 역사학 중에서도 제일 하등한 일이라고 보는 사람이 많은 듯하다. 적어도 그것만으로는 이론이 되지 못하고 사색의 성격이 결여되었다고 쉽게 생각하는 듯하다. 그러나 내 생각으로는 이 같은 방향이야말로 역사가의 본줄기이고 역사가가 아니면 가능하지 않은 작업이라 생각해 스스로 만족하고 있다. 타인이 뭐라 생각하든 그것은 나와는 관계가 없다.

시간과 공간

　다만 내가 문제 삼고 싶은 것은 시간과 공간이 짜내는 좌표축의 폭이다. 요즘 학문이 전문화되어왔다고 하는데 전문화는 즉 세분화이다. 거기에는 그만한 장점이 있는 것은 당연하지만 다만 역사학의 경우 만일 좌표축의 설정 범위가 너무 좁아서는 좌표축의 용도를 충족시키지 못할 것이다. 지리적으로는 북반구의 동경 70도부터 130도까지, 시간적으로는 10세기부터 13세기까지 4세기는 자신의 연구 범위로 정하고 그 범위 바깥은 누군가 타인에게 맡긴다고 해서는 그 범위 내의 궁극적 의미에 대한 질문을 받았을 때 어디까지 자신 있게 답할 수 있을까. 만일 이것이 지도를 작성하는 작업이었다면 각자가 범위를 정해 분담하고 나중에 그것을 접합하면 곧 완전한 세계지도가 완성되며, 이음매가 언제까지고 남아 문제가 되지는 않는다. 그러나 역사의 경우에는 부분을 합치기만 한 것은 단순한 집합에 그치고 종합은 아니다. 그것이 지도와 역사가 다른 점이다. 지도를 만드는 데는 원칙을 정해두면 누가 만들어도 같지만 역사란 것은 결코 누가 만들거나 같아지는 것이 아니다. 부분 부분의 작자가 다르면 각기 개성을 갖는 부분이 완성되므로 그것들을 무리 없이 잇는 것은 불가능하다. 억지로 접합해 보아도 그것을 하나의 개성에 의해 통합하는 것은 불가능하다.

　어떤 이는 말할 것이다. 세계사의 시간과 공간의 좌표 등은 어떤 종류의 연표가 이미 시사하고 있듯이 만들려는 생각을 하면 곧 가능하지 않은가 라고. 그러나 내가 세계사의 좌표에 요구하고 있는 종적縱的 발전인 시간의 선도, 횡적橫的 평면인 지리의 선도 그것들이 수학의 선이어서는 곤란하다. 수학의 직선은 두 점 사이의 최단 거리로서 길이만 있고 폭은 없다. 그러한 선은 역사의 좌표가 되기는 어렵다. 역사상의 좌표축은 폭도 있고 무게도 있고, 무엇보다도 학자의 개성이 스며들어 있는 것이 아니면 안 된다. 타인으로부터 빌린 것이 아니라 학자 스스로 창작한 선이어야 한다고 생각한다. 이상 서술한 것이 정말 잘 이해되도록 하기 위해서는 실례를 들어 설명하는 것이 편리할 것이다.

세계사 간이 연표

아래 그림은 내가 고안한 세계사의 간이 연표로서 그 속에 나의 시대구분론에 따른 시간의 좌표가 제시되어 있다. 비스듬히 그어져 있는 곡선이 즉 그것이다. 고대古代부터 중세中世, 중세부터 근세近世의 경계선이 보통은 직선으로 구분되어 있지만 여기서 곡선을 사용하고 있는 데는 이유가 있다.

세계사 간이 연표

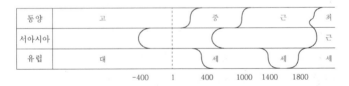

동양	고		중		근		최
서아시아							근
유럽	대		세		세		세

-400 1 400 1000 1400 1800

하나의 역사가 고대에서 중세로 옮겨가는 시기에 어느 시점에서 모조리 단번에 변한다는 것은 실제로는 있을 수 없다. 예컨대 960년 송宋 왕조의 성립을 중국이 중세로부터 근세로 이행한 해로 삼는 것은 전적으로 편의적인 수단에 지나지 않는 것으로, 진실은 근세적 경향은 훨씬 전부터 시작하고 있으며, 또한 대체로 완성되기까지에도 더욱 상당한 세월이 소요되었다는 것은 말할 나위도 없다. 그래서 만일 색채를 사용해 중세에서 근세로의 이행을 제시한다면 그 경계를 흐릿하게 하면 좋을 것이다. 중세를 청색으로 칠하고 근세를 황색으로 칠한다면 그 경계는 두 색이 섞인 띠가 된다. 청색이 차츰 옅어져 녹색이 되었는가 하면 이번에는 녹색이 차츰 옅어져 황색으로 옮겨가는 것이다. 그러나 여기서는 색을 쓸 수가 없으므로 곡선으로 그 점차적인 이행을 나타내고자 했다.

이 표는 내가 이제까지 이미 몇 번이나 사용한 그림인데 그 의미를 특별히 설명한 적은 없었다고 생각된다. 그 때문인지 자칫하면 많은 독자에게 나의 고심이 간과될 우려가 있었던 것 같다. 그래서 지금 실례를 들어 약간의 주해를 시도하고자 한다.

동양적 근세

독자는 우선 동양 지역의 근세 부분에 주목하기 바란다. 이 구간에는 왕조의 명칭으로 말하면 송·원元·명明·청조淸朝의 대부분을 포함시킬 생각이다. 내 생각에는 동양의 중심을 이루는 중국은 삼국三國·육조六朝·당唐·오대五代라는 중세의 상태가 그 종말 무렵이 되면 점차 근세적 경향을 나타내고, 송대에 들어서 거의 근세의 형태를 갖추고 나면 그대로 대체로 같은 상태가 청조 말기, 즉 19세기 중엽까지 지속되며, 그로부터 이번에는 최근세最近世(근대)의 경향이 강하게 나타나게 된다.

그런데 이제 동양의 근세를 보면 이것은 이웃 란의 서아시아의 근세와 접촉하고 있다. 하지만 서아시아의 근세는 동양보다 훨씬 일찍이 시작되고 있다. 내 억측으로는 이슬람의 압바스Abbasid 왕조의 군주 하룬 알 라시드Harun al-Rashid의 치세 전후에 근세가 대략 완성을 보았다고 생각한다.[2] 그렇다면 이 서아시아의 근세는 동양의 중세에 영향을 미쳐서 그 근세화를 자극했음에 틀림없다. 나의 어휘로 말하면 서아시아의 르네상스Renaissance가 동양에 영향을 주어서 그 르네상스를 출현시키는 데 공헌한 것이다. 이 같은 경우 뒤늦게 꽃피운 르네상스일수록 완성도가 높다. 그렇다면 같은 근세이면서 동양의 르네상스는 서아시아로 역류해 그 근세 문화를 한층 더 높일 것으로 예상되며 사실 또 그대로 되었던 것이다. 그런데 동양의 근세는 서아시아를 사이에 두고 유럽과도 연관이 있다. 동양이 근세화한 초기에 유럽은 아직 중세였다. 그렇다면 동양의 근세 문화는 서아시아를 경유해 유럽 중세에 영향을 미치고 그 근세화를 보조했으리라는 추측이 가능하다. 내 생각으로는 사실 그대로 되었던 것이니, 바꿔 말하면 유럽의 르네상스에는 동양의 르네상스의 영향이 있었던 게 틀림없어 보인다. 그리고 최후에 나와서 가장 제대로 완성된 유럽의 르네상스는 다시 한번 역류해 서아시아와 동양에 영향을 미치게 된다.

이 도표에 보이듯이 유럽의 근세는 타 지역에 비해 대단히 짧다. 완성도가 높았던 유럽의 르네상스는 그대로 진전을 계속해 한 단계 더 높은 산업혁명에 도달할 수 있었기 때문이다.

최근세

이 산업혁명으로 상징되는 최근세 문화는 당연히 다른 지역에 영향을 미치게 된다. 게다가 굳이 따지자면 먼저 근접해 있는 서아시아를 최근세화하고 그런 다음 동양을 감화시켜야 했다. 그런데 서아시아에는 당시 오스만투르크 제국이 있어서 유럽 문화의 수용을 거부했고, 그 결과 서아시아를 우회해 유럽 신문화가 동양에 수입되었다. 그 동양에서는 역사적 인연이 깊은 중국이 먼저 이와 접촉했지만 당시의 청조는 서아시아의 투르크 제국에 못지않게 강한 거부 반응을 보였으므로 뜻밖에도 후진적인 일본에서 먼저 최근세화가 성공을 보았다. 그리고 일본을 중개로 삼음으로써 중국의 유럽 문화 수입이 촉진되었고, 신해혁명辛亥革命에 의해 청조가 타도되어 중화민국中華民國의 성립을 보기에 이르렀다.[3] 그러나 이것은 정치상의 현상에 그치고 그 경제, 사회 등의 일반 상태는 아직 완전히는 낡은 양식에서 벗어날 수 없었지만, 이로써 근대화로의 방향이 확립되었던 것이다. 이야기가 조금 지나치게 앞서 나갔지만 또 한 번 그 앞의 송조 이후의 근세로 돌아가려 한다.

이와 같이 우리는 세계사 간이 연표를 앞에 두고, 예컨대 송조 성립 이후 약 900년 동안 잇달아 일어난 역사 사실에 관해 생각하게 되면 우선 그 사실이 동양 근세사의 내부에서 어떠한

의의를 갖는가를 고려에 두면서, 다음에는 그것이 동양의 중세, 다른 지역의 근세 및 최근세에 대해 직접적 혹은 간접적으로 어떻게 서로 연관되는가를 끝없이 물으면서, 궁극적으로 그것이 세계사에서 어떠한 의미를 갖는지 평가해야만 하는 것이다.

　종래에도 이와 유사한 방법이 사용된 적이 없지는 않다. 예컨대 청의 강희제康熙帝를 문제로 삼을 때 유럽에서는 프랑스의 루이Louis 14세, 러시아의 표트르Pyotr 대제가 나오고 일본에는 도쿠가와(德川) 막부의 5대 쇼군(將軍) 쓰나요시(綱吉)가 재임 중이었다는 것과 같은 비교이다. 그러나 이것만으로는 같은 연대에 유력한 전제 군주가 나란히 나타났다는 유사한 평행 현상을 거론하는 데 그치고, 그 이상의 내면적 연관성은 추구되지 않는다. 또 그 관계를 더듬어보아도 구체적 실속이 있는 성과를 거둘 가능성이 적을 것이다. 역사학에서 같은 연대라는 것과 같은 단계라는 것은 전혀 의미가 다른 것이다.

중·일 시대 대조표

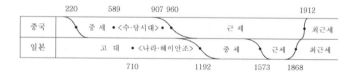

	220	589	907 960		1912	
중국	중 세	•<수·당시대>•		근 세		최근세
일본	고 대	•<나라·헤이안조>	중 세	근 세	최근세	
		710	1192	1573	1868	

중국과 일본의 경우

　또 하나 여기서 실례를 들어보자. 이것은 나의 예전 저서『아시아사 개설』,『동양사에서의 일본』및 다른 곳에서 내가 서술한 중국과 일본의 관계를 도식화한 것이다. 이 도식에는 나오지 않지만 중국에서 고대 제국帝國의 출현을 진秦의 천하 통일(기원전 221)이라고 하면 일본에서 고대 왕조가 명료하게 주권을 수립한 것은 유랴쿠(雄略) 천황(457~479) 무렵이라고 생각되므로 그 사이에 대략 700년 가까운 시간의 차이가 있다.[4] 이 정도의 거리는 일본이 아무리 노력해도 일조일석에 따라잡을 수는 없었다. 중국의 고대 제국인 진秦·한漢 왕조는 약 440년 정도 계속하다 멸망하고 다음 삼국시대 이후는 중세의 분열 시대로 접어드는데, 이 통일 왕조 시대의 길이는 유럽의 고대 제국인 로마의 수명, 즉 아우구스투스Augustus 제정帝政의 출현(기원전 27)으로부터 동서 로마 제국의 분열(395)까지의 약 420년과 필적하며 상식적이라고 생각할 수 있는 적당한 기간이라 할 수 있다. 그렇지만 일본 고대 왕조가 꽃핀 시기 나라(奈良)·헤이안(平安) 두 왕조는 이것과는 비교도 안 될 만큼 훨씬 뒤에 온다. 일본은 이 시기에 인접한 중국으로부터 율령 제도를 수입해 약간 수정을 가하고 이를 실시했다. 그것에 한해서는 이를 율령국가, 율령 시대라고 불러도 지장이 없다. 하지만 그것으로부터 비약해서 율령국가라서 당시의 일본이 고대이니까 중국의 수·당도 고대라고 한다면 이토록 난폭한 논리는 없다. 중국에서 수·당 때 율령이 행해진 것은 사실이지만 율령 자체는 중국에서는 한대부터 시작되어 수·당을 거쳐 송·명·청대까지도 행해진 것이니, 율령만으로는 시대의 특색을 나타낼 수 없는 것이다. 또 수·당 율령의 특색을 이룬다고 생각되는 이른바 균전법均田法은 삼국시대 위魏나라의 둔전법屯田法에서 기원하는 오랜 유래를 가지며, 그것은 오히려 중국 중세를 특징짓는 토지 제도였음은 부정할 수 없는 사실이다. 더욱이 그것은 수·당 시대가 되면 이미 쇠퇴기에 들어서 형해화되어 남아 있었다고 보이는데, 이 제도를 수입한 일본에서는 차용물의 비애라고 할까 사회의 실태에 적합하지 못했던 탓으로 법을 만든 것과 동시에 무너져서 귀화권歸化權도 획득하지 못하고 잊히고 말았다. 그 원인은 무엇보다도 당시 양국 간의 시대적 격차에서 찾을 수 있을 것이다. 즉 양국은 공간적으로는 평행해서 존재했지만 중국에서는 중세, 일본에서는 아직 고대라는 식으로 한 단계의 차이가 있었던 것이다. 양국의 관계는 이처럼 도식화해서 시각에 호소하는 방법에 의해 살펴보면 명료하게 서로의 위치가 확인될 것이다.

역사적 지역

그래도 나의 이 방법에는 아직 불충분한 점이 있음을 인정하지 않으면 안 된다. 우선 지역과 지역의 경계선을 직선으로 그렸는데, 이것은 더욱 궁리하면 곡선을 써야 했을 것이다. 생각해 보면 서아시아와 유럽 사이의 발칸 반도의 역사는 어떤 때에는 서아시아 역사에, 또 어떤 때에는 유럽사에 포함된다. 이같은 변화는 곡선에 의해 요철凹凸을 만들면 어느 정도까지 그 실태를 나타낼 수가 있다. 그러나 이것은 대단히 번잡해 기술상의 곤란이 따른다. 그리고 저자로서는 그 기술상의 곤란을 극복했다고 해도 이를 읽는 쪽에서도 그만큼의 준비가 된 다음이 아니면 이해하기 어려운 것이다. 지금으로서는 이 직선으로 묘사하는 방법의 결함은 양측에서 서로 묵과하는 것이 적절할 것이라고 생각한다.

세계사를 도식화하는 데 양편 모두에 속하는 성질이 있는 발칸 반도를 무시하지 않을 수 없었듯이 당면의 문제가 되지 않는 지역은 역시 이를 생략하지 않을 수 없다. 내가 앞에서 거론했던 세계사 간이 연표에는 인도, 아메리카, 아프리카가 전부 생략되어 있다 또 중·일 양국의 관계 도식에서는 그 중간에 꼭 필요한 한국이 생략되어 있다. 이 같은 취급이 결코 정당하지 못한 것은 물론이지만 도식이라는 것이 간략화를 전제로 하는 것인 이상 생략은 본질적으로 피할 수 없는 결과라고 하겠다. 어쨌든 우리는 어떠한 방법이든 모든 지혜를 짜내어 늘 세계사를 염두에 두고 세계사적 입장에서 가장 구체적으로 개별적 역사 연구에 몰입하려는 마음가짐이 필요할 것이다.

세계사적 입장

세계사적 입장에 선다는 것은 동시에 무엇을 연구 제목으로 골라야 할까라는 대상의 선택에도 공헌하는 점이 많을 것이다. 인류의 역사는 유사 이래로도 수천 년, 그동안 각지에서 몇 억, 몇 조인지도 모르는 다수의 사람들이 생활해왔던 것이므로 일일이 그 자취를 더듬는 것은 불가능할 것이고 또 불필요하기도 하다. 자연스레 거기에는 제목의 선택이 불가결하게 된다. 그리고 연구 제목의 적합 여부가 반은 그 연구의 가치를 결정한다고도 말할 수 있다. 적합 여부의 조건은 나로서도 말할 수 없다. 다만 개략적으로 말하면 세계사와 관련이 있으면 있을수록 연구할 만한 가치가 있다고 말해도 좋을 것이라 생각된다. 그렇다면 문제는 그 관련의 방식이 되는데, 특별히 그것은 직접적인 것, 예컨대 동·서 아시아 간의 문화 교섭 같은 제목에만 한정되어 있지 않다. 많은 경우는 서아시아를 통한 동·서 관계라는 식으로 간접 혹은 간접의 간접이 되는 것을 피할 수 없는데, 그것은 그것대로 좋다. 또 넓은 지역에 공통되는 문제만이 세계사에 관련된다고만 할 수는 없다. 어디에도 없고 한 장소에만 있는 특수한 현상도 또한 그 이유로 세계사와 관련을 갖게 되는 것이다. 무엇이 가장 가치 있는 연구 제목인지 알 수 있는 것은 궁극적으로는 각자가 경험을 거듭한 끝에 도달할 수 있는 경지일 것이다.

현대사

다음에 네 번째로 주의를 환기시키고 싶은 것은 세계사 혹은 세계사의 부분적 연구와 현실에서 진행되어 가고 있는 세계정세와의 관련이라는 문제이다. 오늘날의 세계는 엄청난 속도로 움직여가고 있고 필연적으로 그 속에는 인류의 장래에 깊은 관련이 있을 수 있는 대사건도 포함되어 있음에 틀림없고, 더욱이 이에 관한 정보도 홍수와 같이 밀려들고 있다. 이에 비해 과거의 세계에 대한 연구는 지지부진한 것이 일상적이어서 모처럼 세계사의 체계를 구성해보아도 곧 그날부터 하루, 하루로부터 현재와의 사이에 거리가 생기는 것을 피할 수 없다. 도대체 학자는 과거의 연구를 한편으로 행하면서 다른 한편 현실의 세계사의 진행을 따라잡을 수 있을지 의문이 생긴다. 특히 이 의문은 이른바 현대사란 것을 연구 대상으로 하는 사람에게 심각한 번민의 불씨가 되지 않을 수 없다.

하지만 생각해 보면 인간의 실생활에는 끊임없이 장래를 예측해 장래에 대비하면서 현재의 순간을 살고 새로운 역사를 만들어가는 일면과, 또 끊임없이 과거를 되돌아보아 과거를 정리하는 일면이 있다. 그리고 과거를 정리해두지 않으면 내일의 생활에 지장을 초래하게 되는 것이다. 과거는 그대로 소멸해가는 것이 아니라 그중 필요한 부분은 장래에 재생한다. 그러므로 과거를 정리한다는 일은 그 자체가 생활의 진행인 것이다. 왠지 반대 방향으로 향하고 있는 듯이 보여도 실제는 그 어느 것도 우리가 살아가는 동안 일어나는 생활의 영위에서 벗어나지 않는다.

역사는 사람과 함께

역사가의 연구는 그 사람 자신의 생활방식의 일면인데, 특히 과거의 정리에 중점을 두는 것이다. 그리고 현재라고 생각한 것도 금세 과거로 변한다. 이러한 때에 역사에 뜻을 두는 자는 타인보다 한층 현실 사회의 움직임에 예리하게 대응하고 관찰해서 인상을 깊게 해둘 필요가 있다. 현실의 문제로서 체험하고 파악하고 이해하고 기억하고 정리한 것은 곧 어떤 것과도 교체하기 어려운 귀중한 사료가 되기 때문이다. 혹은 이런 것은 특히 주의해 받아들일 것까지도 없이 설령 역사가가 아니어도 대부분의 사람들은 이미 실행하고 있는 것인지도 모른다. 바꿔 말하면 노성老成한 자는 그 자체로 일종의 사료인 것이며, 요즘의 젊은이들이 걸핏하면 노령이라는 이유로 노인을 얕보는 기풍이 만약 있다면 그것은 커다란 잘못이라 하지 않으면 안 된다.

내 개인의 경험을 꺼내는 것은 적당하지 않을지도 모르지만 나는 20세기 초두에 태어났으므로 제1차 세계대전 무렵부터는 이미 유사有史 시대에 들어가 있었고, 쑨원孫文의 최후의 활동 무렵 이후로는 사실에 따라서는 어느 정도 확실한 기억을 지니고 있다.

1927년 장제스蔣介石의 북벌군이 남경南京을 점령했을 때 배속된 공산군이 일본·영국·미국의 조계租界에 침입해 거류민에 폭행을 가했다. 이른바 남경사건이란 것이다. 이에 대해 영·미의 군함은 양자강揚子江 중으로부터 성내로 포격을 가해 보복했는데, 일본 군함은 현장에 때마침 있으면서도 행동을 함께하지 않았다. 그러나 근래 중국에서 줄판된 역사서에는 일본도 포격의 한패로 끼워 넣었다고 하는데, 일본의 젊은 학자들 다수는 또 그 설을 믿고 그대로 자기 저서에 옮겨 싣기도 하는 자가 있다. 나는 이를 보고 미심쩍게 생각해 학생들과의 이야기가 마침 이 일에 미쳤을 때 내 기억 쪽이 올바르다는 것을 역설해 학생들에게 검토를 의뢰했는데, 더욱 확실한 근본 사료를 찾아보니 과연 내 쪽이 틀리지 않은 것이 명백해졌다. 단지 사실이 어떻다는 문제일 뿐만은 아니다. 대전 후는 사물의 사고방식이 대전 전과는 완전히 변해서 악한 것은 무엇이나 일본의 소행으로 돌리게 된 듯한데, 진실은 반드시 그렇지는 않은 것이다. 특히 전쟁 따위에는 한 편만이 절대로 나쁘다는 것은 거의 있을 수 없다.[5] 물론 문제는 어느 쪽이 보다 더 나빴던가 라는 점에 낙착되는 것이라고 나는 생각하는데, 대략적으로 말하면 보다 강한 쪽이 보다 나빴던 경우가 많은 듯하다.

정보와 선택

현실 세계의 움직임에 직면해 이를 사료로서 보존하고 정리하고자 하는 경우 제일 곤란한 것은 과다한 정보이다. 만일 신문을 그대로 보존하려고 하면 금세 방이랑 집, 창고조차도 꽉 차버릴 것이다. 그러므로 신문의 경우는 오려내 보존하는 것 말고 다른 수는 없다. 그러면 여기서 무슨 기사를 골라 스크랩을 만들어야 할까라는 선택의 문제가 생긴다. 그리고 이것은 오히려 용이하지 않은 큰 문제이다. 서투르게 하면 몇 십 년 후에 아무 쓸모도 없는 휴지만 모았다고 후회할지 모른다.

인생에서 선택만큼 소중한 것은 없다. 미술관장에게 무엇보다도 필요한 것은 회화든, 골동품이든 진가를 간파하고 가치 있는 것만을 구입하는 선택의 안목이라 할 수 있다. 특히 생존하고 있는 화가의 작품 등의 경우 당시 세간의 명성에 맹종해 매입하면 그 평가가 실은 정치력이나 권력, 세속적 여론에 좌우되어 왜곡되어 있고, 결국 졸작만 떠맡게 되어 수십 년 후에는 진열할 가치도 없는 성가신 존재가 된다. 한편 생존 중에는 간과되어 있던 불우한 미술가의 작품이 사후에 그 진가를 인정받고 가격이 등귀해 당연히 있어야 할 곳에 없는 것 같은 사태가 일어나면, 그것이야말로 더없는 치욕이 될 것이다. 신문 스크랩을 하는 경우도 마찬가지이다. 요즘은 신문의 면수가 늘고 기사도 풍부해져서 어느 기사가 정말 귀중하고 후일까지 쓸모가 있을지 선택하는 것은 지극히 어렵다. 그러나 역사에 뜻을 둔 학도라면 이것은 꼭 해보는 것이 좋다. 그 오려낸 것을 보존하는 것 또한 문제이다. 스크랩북에 붙이는 것이 바람직하지만 이것도 시간을 소모하는 일이어서 끈기 있게 영속하기가 상당히 어렵다. 또 공책이 금세 쌓여 처치가 곤란해지게 된다. 그 정돈이 더 한층 곤란하다. 필요한 기사가 쉽사리 검색할 수 있는 것이 아니면 모처럼 만들어보아도 없는 것이나 마찬가지이다. 이런 작업들을 자신이 실제로 해보면 사료란 것이 얼마나 귀중한 것인지 알게 된다. 별 생각 없이 우리가 오늘날 사용하고 있는 역사서는 일찍이 누가 엄청난 고심과 노력을 다해 오늘날의 형태로 정리해준 것이다.

역사와 기억

사료란 것은 지나치게 많으면 정리하기 곤란하고 지나치게 적어서는 쓸모가 없다. 유형의 사료만이 아니다. 머릿속에 기억해 간직해둔 지식의 경우도 같은 말을 할 수 있을 것이다. 인간의 두뇌의 기능에는 한도가 있으므로 만일 너무 많은 기억이 머릿속을 점령하고 있으면 사고력이 쇠퇴한다. 이는 따로 의사와 상당한 뒤의 결론은 아니지만 내가 경험에서 독자적으로 도출한 판단이다. 과거 중국의 학자는 과거科擧를 목표로 공부했으므로 무엇보다도 널리 책을 보고 힘써 기억한다는 박람강기博覽强記에 노력을 기울였다. 그래서 기억력에 관해서는 아마 어느 나라의 학자보다 나았다고 생각되지만, 그들이 쓴 것을 보면 정말 머리가 냉철한 사람은 의외로 적다. 그러므로 나는 기억 학문의 쪽은 적당히 해두고 끊임없이 사고의 장소로서 공간을 남겨두도록 힘쓰고 있다. 다행히 요즘은 이른바 도구서道具書가 정비되어 사전이 있고 연표도 있고 목록이 있고 지도가 있어 필요에 따라 참조할 수가 있다. 예전 중국의 학자들은 이런 것들을 전부 머릿속에 집어넣지 않으면 안 되었던 것이다. 그렇다고는 해도 최소한도의 기억이 없으면 연구는 불가능하다. 그 최소한이라는 것도 요구하는 쪽은 날이 갈수록 증대하므로 좀처럼 바보가 되지는 않아도 자칫하면 기억 능력에 과부하가 걸리기 십상이다. 그래서 여기서도 무엇을 기억하고 무엇을 잊어야 할지 선택의 문제가 절실해지고 있다.

방법의 선택

선택이 소중하다는 것은 더욱더 중요한 문제에 관해서도 마찬가지이다. 학문의 연구에 가지각색의 방법이 있다는 것은 인생의 행로와 마찬가지이다. 처음에는 평탄해 보였던 길이 잠시가면 험준해지더니 최후에는 막다른 길이 되는 경우가 있다. 또한 최초에는 결실이 많은 비옥한 들이었지만 그 앞길은 끝없는 사막이 이어지는 경우도 있다. 그와는 반대로 처음은 좁고 험준한 비탈길이었던 것이 고개를 넘고 보자 평탄한 큰길이 무한히 열려 있는 경우도 있다. 물론 이러한 것을 처음부터 알고 있으면 누구도 헤매지 않는다. 알지 못하기 때문에 헤매는 것이지만 대략적으로 말하면 너무 달콤한 이야기에는 유혹되지 않는 편이 좋다. 많은 사람들이 가니까 하며 그 방향을 따른다 해도 그 결과가 좋다고만 할 수는 없다. 요컨대 좁고 길게 지속할 수 있는 공부 방법을 고르는 것이 좋다. 그리고 어디까지나 자기 자신의 판단으로 결정하면 설령 예상한 대로 가지 못해도 후회는 남지 않는다.

역사학의 효용

마지막으로 다섯째 문제로서 생각해야 할 것은 역사학을 어떻게 사회와 인생에 유용하게 할 수 있을까라는 과제이다. 이에 관해 현재 대체로 두 갈래 사고방식이 있는 듯하다. 그 하나는 역사학을 직접 사회에, 더욱이 정치에 유용하게 하려는 의견이다. 그리고 그것은 목전에 소련이나 중국과 같은 공산주의 국가들에서 정부의 손으로 실시 장려하고 있는 것이다. 이를 보고 자유주의 국가에서도 어떤 의견은 계급투쟁을 위해 역사학을 유용하게 해야 한다고 주장한다. 이 유파에서는 정치에서도, 군사에서도, 외교에서도, 재판에서도 일 있을 때마다 성명을 내고 운동을 일으키는 것을 역사학도의 임무라고 생각하고 있는 듯하다.

이것과 대립하는 다른 사고방식이 있는데, 이쪽은 역사학을 객관 사실을 연구하는 과학이라고 규정한다. 실은 나도 이와 같은 입장에 선 한 사람이므로 오히려 이 경우는 나 자신의 것으로 논술하는 것이 적당할 것이다.

나는 역사학을 인문과학 중에서 가장 근본적인 기초과학이라고 생각한다. 인문과학의 모든 분야, 예컨대 철학도 문학도, 법학도 경제학도 전부가 역사학 속에 포함된다. 그러므로 역사학에서는 특히 철학이 필요하다든가 경제학이 필요하다든가 말할 필요는 없다. 그러나 철학이나 경제학을 하는 사람들에게는 만일 역사학을 도외시하면 그것은 완전한 과학이 되지 못할 것이라고 주의하는 것이 실제적으로 필요할 것이라 생각한다. 역사학은 가장 많이 다른 분야의 학문에 필요한 것이다.

그런데 기초적인 학문인 만큼 역사학은 원래 직접적 쓸모는 갖지 못하며 또한 유용할 리가 없는 것이다. 그것은 자연과학과 비교하면 바로 알 수 있다. 해부학자는 대체로 진찰을 할 수 없고 해석기하를 전문으로 하는 수학자가 그것을 그대로 측량에 이용할 수 있다고 할 수는 없다. 학자로서 많은 사람들에게 읽히는 책을 쓰는 것은 물론 나쁘지 않다. 그러나 진실은 타인의 연구에 유용한 연구를 하고 타인의 논문에 인용되는 논문을 쓰는 쪽이 더욱 필요한 것이다. 그러므로 역사가는 따로 정치에 손을 내밀 필요는 없고 운동에 참가할 의무도 없다. 물론 하고 싶으면 각자의 자유의지로 행동하는 데는 아무 지장도 없기는 하다.

역사학의 중립성

나는 역사가 기초과학으로서 순수한 중립성을 유지하기 위해서 역사가는 될수록 실제 정치에 참가하지 않는 편이 적당하다고 생각한다. 중립이란 말을 사용하면 좌익 이론으로부터 그런 것은 있을 수 없고, 중립이란 우익인 것이다라는 반론이 나오기 십상이다. 하지만 내 입장에서 말하면 중립이란 것은 굳이 좌익의 규정을 받아야 할 것은 아니다. 다만 우로도, 좌로도 흐르지 않는 순수한 중립이란 것은 개인의 능력 면에서 대단히 어렵다는 것은 자각하고 있다. 단지 가능한 한 노력해서 중립을 지향할 뿐으로, 그것이 작업과 본뜻에 어긋나게 다소 치우친 결과에 빠져도 어쩔 수 없다. 그렇다면 좌익의 마르크스주의자를 자임하고 있는 사람이 도대체 얼마만큼 진정한 마르크스주의자인 것일까. 마르크스가 사망해버린 오늘날 그것을 진단해줄 사람은 이제 어디에도 없다. 그것을 어째서 타인의 경우만은 단정할 수 있는 것일까.

중립을 유지하기 위해서는 정신의 자유가 불가결의 전제가 된다. 그리고 누구에게도 괴롭힘을 받지 않는 자유의 경지를 보존하기 위해서는 파벌적 그룹에 속하지 않는 것이 유리하다. 가장 좋은 것은 1인 1당이다. 물론 1인 1당으로는 현실 사회에서의 발언에 박력이 부족한 것은 어쩔 수 없다. 그러나 학문이 반드시 즉효를 구해야 하는 것은 아니다.

1인 1당이란 것은 바꿔 말하면 백 사람한테서 백 갈래의 의견이 나오는 것이다. 통제국가 아래에서는 그래서는 곤란할지도 모르지만 자유주의 사회에서는 그것이 당연한 것이다. 학문상의 결론까지 권력자에게서 결정되어서는 견딜 수 없는 것이다. 각자가 갖가지 의견을 갖고 많은 사람들이 그 가운데서 좋은 것을 골라, 더욱 긴 세월에 걸쳐 그것을 확인해가는 것이 자유사회의 법칙이다.

권력과 역사

소련에서는 국정의 백과사전이 최고의 권위를 지닌다고 한다. 하지만 그 내용은 중앙에서 권력자의 교체가 있을 때마다 변한다. 이 백과사전의 편찬을 담당하는 것은 정부 위원이어서 인민 대중의 목소리는 반영되지 않는다. 아니 인민 대중이란 따위는 혁명과 함께 없어져버린 듯하다.

무릇 하나의 직업을 고르는 데는 최소한의 각오가 필요하다. 예로부터 역사가는 곡필曲筆을 해서는 안 된다는 것이 요구되었다. 이것은 모든 판단이 자기 자신의 결정에 기초하고, 모든 책임을 지고서 행동하고 다른 누구로부터도 영향을 받아서는 안 될 것이다. 좌를 보고 우를 엿본 다음 자기의 태도를 결정하는 정도라면 처음부터 역사학 따위는 하지 않는 편이 좋다.

2. 시대구분론

삼분법 1

  본론에 들어가기에 앞서 또 하나, 내가 지금부터 서술하고자
하는 중국사의 골격, 그것은 시대 구분으로 요약될 수 있는데,
이에 관한 나의 입장을 설명하는 것이 순서일 것이라고 생각한
다.

  중국사의 시대 구분은 이것도 사람에 따라 어떤 식으로도 설
정될 수 있을 테지만, 요즘 널리 행해지고 있는 시대 구분법은
대체로 다음 세 가지로 대표된다고 할 수 있을 것이다. 그 어느
것에나 공통된 점은 고대·중세·근세라는 삼분법을 채용하고
있는 것이다.

  첫째 설은 고대는 상고上古 시대로부터 전국戰國시대 말기까

지, 중세는 진秦·한漢 시대로부터 명明 말기까지, 근세는 청淸 초기부터 현대까지라는 설이다. 이것은 모리야 미쓰오(守屋美都雄)의 『아시아사 개설 중세편』(1940)에 보이는 시대 구분법으로, 이는 대개 이 무렵 도쿄 방면의 신진 젊은 학자들의 의견을 대표하는 것이라 생각된다. 이 시대 구분의 의미는 주로 중국의 황제皇帝 제도의 성립, 그 발전, 유지에 중점을 두어 이를 중세라 부르고, 그것에 도달하기까지의 준비기를 고대라 하며, 다음에는 중국적인 중국의 중세가 청조에 들어와 유럽의 이질적 문화의 영향을 받자 차츰 변질되어가니 이를 근세라고 불렀던 것이다.[6]

이 시대 구분법의 특색은 중세가 매우 길다는 것이다. 진의 천하 통일로부터 명나라 말기까지 거의 1900년에 이를 정도이므로 거기에는 유럽 역사의 중요 부분이 넉넉히 들어갈 만한 길이이다.

헤이본샤(平凡社) 판 『세계역사대계』의 동양사부東洋史部(1939년 완성)는 거의 위의 설과 같고, 다만 진·한을 고대에 포함시키므로 그만큼 중세가 짧아졌지만 그래도 1,400년 이상이 된다. 그리고 동양부 7권 중 고대에 1권, 근세에 2권을 할당하고 있다. 어쨌든 중세가 비정상적으로 길다는 것에는 변함이 없다. 그리고 진·한을 고대에 포함시킨 것은 후에 서술할 나이토(內藤) 사학에서 받은 영향일 것이라 추측된다.

삼분법 2

둘째 설은 고대(또는 상고)는 태고太古로부터 후한後漢까지, 중

세(또는 중고中古)는 후한으로부터 오대五代까지, 근세는 송대宋代
이후로 한다. 이것은 나이토 코난(内藤湖南)이 창도한 것으로 이
른바 나이토 사학의 중심을 이루는 것이다. 그는 이 설을 일찍
부터 대학에서 강의했지만 그것이 논저로 되어 세상에 나타난
것은 오히려 늦다. 그렇게 된 이유는 그의 설을 계승한 이나바
쿤잔(稻葉君山)이『지나 정치사 강령』이란 책을 내면서 그 안에
나이토 학설을 많이 채택했기 때문이다.

나이토 자신의 저술은 사후에 출판된 강의 필기『지나 상고
사支那上古史』(1944),『중국 중고中古의 문화』,『중국 근세사』(함께
1947) 등 세 권의 개설서이고, 모두 나중에『나이토 코난 전집』
에 수록되어 있다. 이 시대 구분의 특징은 다음 세 가지에 있다.

첫째로 진·한을 고대에 포함시키는 것이다. 종래는 진·한에
의한 천하 통일을 중시하고, 특히 중국사의 특징이라 생각되는
황제 제도가 진의 시황제에 의해 시작되어 청조 말기까지 지속
되었던 점에 착안해 전국시대로부터 진으로 옮겨가는 기간을
커다란 시대 구분의 경계로 삼았다. 그런데 나이토 학설에서
는 진·한까지는 그 전의 춘추전국으로부터 연속적인 면이 강
하다고 보고 후한 무렵까지를 고대로 해버린 것이다. 생각해보
면 서양사의 시대 구분에서도 로마 제국이 대영토의 통일을 성
취했다고 해서 바로 그때를 기준으로 구획하지는 않는다. 로마
제국은 그 멸망까지의 전부를 고대에 포함시켜 이를 고대 제국
이라고 부르며, 이 고대 제국이 멸망했을 때를 중세의 시작으
로 본다. 분명히 로마 제국은 고대의 정점이며, 그때까지 사회
의 기반이 되었던 도시국가는 자치체自治體로 변해서 제국 시대
에도 그대로 존속하고 있었던 것이다. 이와 같은 것은 중국에

관해서도 적용할 수 있는 것이니, 진·한은 중국의 고대 제국이고 여기까지를 고대로 취급하는 것은 매우 합리적인 생각이었다.

둘째 특색은 삼국三國 시대부터 당 말·오대까지를 중세로 삼는 이유로 이 시대를 귀족 정치의 시대라고 한 점이다. 중국 사회에는 후한 무렵부터 재산뿐 아니라 관위官位를 세습하는 귀족이 발생하고 삼국·육조六朝 시대를 지나 당나라에 이르기까지 세력을 떨쳤다. 문화 또한 이 귀족 계급에 의해 독점되어 문학, 서예, 건축 각 방면에서 폐쇄적인 살롱 예술이 유행했다. 이 귀족의 지위는 천자天子가 부여하는 것이 아니라 귀족 집안이 역사를 통해 쟁취한 것이므로 천자도 이를 마음대로 할 수가 없었다. 사실 이 시대는 주권자에게는 혁명, 찬탈의 시대였고, 특히 육조는 단명한 왕조가 잇따랐으므로 말하자면 군주라 해도 벼락출세한 자여서 여러 대에 걸친 귀족에 비하면 신분이 낮은 자로서 체면이 서지 않는 생활을 해야만 했다. 그것이 가장 잘 나타나는 것은 결혼 때였는데 황실 쪽에서 귀족에게 혼담을 건네도 신분의 차이를 이유로 거절당하는 일도 일어났고, 이 풍조는 당 황실의 위광으로도 끝내 피할 수 없었다.

셋째 특색은 송 이후를 근세로 한 점이다. 종래는 당과 송을 연결시켜 당송팔가문唐宋八家文이라고 했듯이 두 왕조의 친근성을 강조하는 경향이 강했다. 그런데 나이토 학설은 당과 송 사이에 사회적, 문화적으로 커다란 단층이 있음을 인정하고 이를 시대 구분의 경계선으로 삼았던 것이다. 그렇지만 종래에도 당과 송 사이의 단절을 인정하는 학설은 존재했는데, 예를 들어 구와바라 지쓰조(桑原隲藏)의 『중등 동양사』, 나카 미치요(那珂通

世)의 『나카 동양소사小史』와 같은 고전적 명저는 모두 여기를 중고中古와 근고近古의 경계로 삼고 있는 것이다. 다만 그 이유는 주로 동아시아 전반의 형세로서 당 말기부터 이민족의 독립운동이 활발해져 특히 오대 초기 북방에 거란의 태조太祖가 독립하고, 이후 금金·원元이 잇따라 일어나 북방 민족 세력의 전성시대를 맞이한 점에 착안한 것이다.

하지만 나이토 학설은 오히려 중국 내부에서의 변천에 중점을 두고, 사회적, 정치적으로는 중세의 귀족이 몰락해 서민 세력이 대두하며, 문화 또한 종래의 귀족적 문화가 쇠퇴하고 신흥 서민 계급을 배경으로 한 새로운 문화가 발생했던 점을 강조한다. 그 상세한 것은 1928년에 발표된 「근대 지나의 문화생활」 속에 설명되어 있다. 그리고 송대에 발생한 이 근대 문화는 상당히 우수한 것으로 현대의 서양 문화에 비교해도 손색이 없다. 따라서 송대부터 현재까지가 연속되는 근세인 것이다. 그러므로 이 설에서는 근세가 대단히 긴 것이 특색이어서 가령 청조의 종말까지를 헤아려도 약 950년에 달한다.

나이토 학설에 의하면 중세적 귀족이 몰락해버린 근세에는 정권을 독점한 황제가 유일하게 구세력을 대표해 잔존하고 오히려 아무에게도 구애받지 않고 독재 권력을 휘두를 수 있었다. 중세의 황제는 밖으로는 귀족의 제어를 받아 자유로이 정치를 할 수 없었던 데다 궁중에서는 환관宦官의 발호跋扈에 시달려 폐립廢立의 권력이 환관의 수중에 넘어간 적이 있었다. 당 말기에 특히 그 폐해가 심했다. 그런데 근세에 들어와 군주의 독재 권력이 확립되자 환관의 지위도 그에 따라 낮아졌다. 명대는 당에 못지않게 환관 발호의 폐해를 본 시대라고 하지만 환관이 권세를 마음껏 휘두른 것은 천자의 신임을 받고 있는 동안이어서 하루아침에 천자가 정신을 차려 해임하면 그때까지 아무리 횡포가 극에 달했던 환관이라도 곧장 지위도, 생명도 잃지 않으면 안 되었다. 이 천자 독재의 정치 양식이 역시 송대부터 청 말기까지 950여 년에 걸쳐 지속되었던 것은 분명히 사실이다.

나이토 학설은 국내에서는 물론이고 해외에서도 많은 지지를 얻고 있다. 다만 모두가 나이토 학설을 채용했다고 자인한다고는 할 수 없지만, 프랑스에서는 발라즈Etienne Balazs와 제르네Jacques Gernet, 독일에서는 그림Tilemann Grimm, 소련에서는 콘라드Nikolai L. Konrad 등 여러 교수가 그러하며, 누구나 송대를 중국 르네상스라고 보고 근세의 개시라 하는 점에서 공통된다.

삼분법 3

셋째 시대 구분법은 고대는 상고로부터 당 말기까지, 중세는 송으로부터 명 말기까지, 근세는 명 말기로부터 현대까지로 보는 설이다. 이것은 명백히 나이토 학설을 약간 손질한 것이니 일본에서는 많은 유물사관론자들이 신봉하고 있다.

이 학설의 성립은 마에다 나오노리(前田直典)가 1948년에 「동아시아에서의 고대의 종말」이란 논문을 발표한 것에서 비롯되었으며, 젊은 연구자들의 단체인 역사학연구회가 이를 채택해 연구회의 방침으로 공인했던 것이다. 그렇지만 그 이유는 유물사관의 입장으로부터 고대의 노예 제도, 중세의 농노農奴 제도, 근세의 자유노동 제도가 그대로 이 중국의 시대 구분에 들어맞는다는 것이었다. 그리고 유물사관을 자처하는 시대 구분은 일본에서는 이것이 최초라고 생각된다.

이 설에 의하면 중국은 고대부터 당 말기까지 노예제가 행해져서 고래의 노비奴婢는 말할 것도 없고 당의 율律에 나타나는 부곡部曲·객녀客女 또한 다름 아닌 노예라고 한다. 다음에 송 이후의 사회에는 대토지 소유가 유행해, 부자의 토지에서 일하는 전호佃戶는 토지에 얽매인 농노이며 따라서 이 시대는 중세가 된다. 이상의 부곡과 전호의 성질에 관한 실증적 연구는 니이타 노보루(仁井田陞), 스도 요시유키(周藤吉之) 두 사람의 힘을 가장 많이 입고 있다. 니이타에게는『중국 법제사 연구』전4권 (1964), 스도에게는『중국 토지제도사 연구』(1954) 등이 있다.

유물사관에 의한 시대 구분이라는 대의명분만으로 이 학설은 일본의 젊은 연구자 층의 마음을 움직였던 것인데, 내가 보기에 이것은 조급한 움직임이었다고 생각한다. 그것은 곧 중국과의 왕래가 재개되고 학계의 소식도 서로 교환되게끔 되고 보니, 중국 공산당 지도하에서의 중국 학계에서는 같은 유물사관에 의거하면서도 전혀 다른 시대 구분법이 행해져서 전국시대 무렵부터 이미 중세의 봉건 시대가 시작됐던 것으로 보고 있었던 것이다.[7] 어느 시대 구분이 올바른가 하는 문제는 유물사관에 의거했는가 아닌가와는 전혀 별개의 문제라는 것, 이는 계산이 올바른가 아닌가가 컴퓨터에 의한 것인가 주산에 의한 것인가에 관계없는 것과 마찬가지이다. 이는 그럼에도 일본에서는 도구를 중시하고 실질을 경시하는 경향이 도처에 만연하고 있다는 이야기가 된다.

중국에서의 시대 구분론이 중세의 개시를 기원전으로 가져가는 것은 분명히 너무 지나치다. 더욱 곤란한 것은 유물사관에서의 시대 구분은 동시에 사회의 발전 단계를 보여주는 것으로 되어 있다. 서양에서 중세의 개시는 보통 4세기의 민족 대이동부터로 되어 있으니, 만일 중국에서 그 개시를 전국시대가 시작되는 기원전 400년경으로 하면 그 차이는 약 800년이나 된다. 바꿔 말하면 중국 사회는 서양보다도 800년이나 진보해 있었어야만 하는데, 과연 그런 일이 있을 수 있을까. 어떤 생산 수단이나 사회 조직의 진보에 의해 그와 같은 선진성을 획득했던 것일까. 이에 관해서는 아무런 설명이 없다. 아무래도 이것은 중국에서밖에 통용되지 않는 시대 구분론이라고 생각된다.

그렇다면 또 하나 일본의 유물사관에 의한 시대 구분법은 어떨까. 이것은 또 고대가 몹시 길다. 그렇지만 고대는 유구한 태고로부터 시작되므로 그 말기에 100년 단위 햇수의 길고 짧음은 문제가 안 된다고 말할지도 모른다. 하지만 그럴 수 없는 것은 고대의 종언은 동시에 중세의 시작이기 때문이다. 이 설에 의하면 중국 중세의 개시는 서양보다 500년 정도 늦는 셈이 된다. 중국의 사회 발달이 그렇게나 후진적인 것이었을까. 이래서는 그들이 흔히 입에 올리는 유럽 중심의 세계사관과 전혀 다름없는 것이 아닐까.

물론 그것이 객관적인 사실이라면 어쩔 수 없다. 그러나 그 기초가 되는 실증적 연구, 예컨대 니이타, 스도 두 박사의 결론에는 중대한 결함이 있는 것은 내가 전부터 몇 번이나 지적한 대로이다. 애써 공들인 유물사관이지만 중국이나 일본 모두 추측의 착오를 범하고 있는 것 같다.

이상 소개한 일본의 시대 구분법은 그 어느 것이나 삼분법 즉 고대·중세·근세의 세 시기로 구분하는 방법을 채택하고 있다는 것을 유의해야 할 것이다. 유물사관은 처음부터 이 삼분법을 채용해 움직일 수 없는 것임은 알고 있지만 그 밖의 두 가지 입장이 모두 삼분법을 따르고 있는 것은 무엇 때문일까. 그것은 역시 서양에서 예전부터 행해지고 있는 삼분법을 그대로 채용했기 때문이다. 그런데 유물사관의 삼분법 자체가 실은 예로부터 서양에서 행해져왔던 일반적인 삼분법을 따랐을 뿐인 것이다. 바꿔 말하면 일본에서 행해진 세 종류의 시대 구분은 자각하든 아니든 간에 모두 서양의 방식을 통째로 받아들인 것과 다르지 않다.

사분법

그런데 이보다 앞서 가장 오래되었으나 지금은 구식으로 버림받은 것 같이 생각되는 시대 구분법이 있었는데, 그것들은 거의 전부가 사분법에 의거하고 있다는 것은 간과해서는 안 되는 현상일 것이다. 그 대표적인 것이 구와바라 지쓰조의 『중등 동양사』이며, 그 후의 『나카 동양소사』와 그 밖의 몇 가지도 사분법을 따르고 있다. 그렇지만 그 명칭은 지금과는 조금 달라서 상고上古는 태고로부터 전국 말기까지, 중고中古는 진·한으로부터 당 말기까지, 근고近古는 오대·송으로부터 명 말기까지, 근세는 청조 이후로 되어 있다. 실은 이 사분법이야말로 중국의 긴 역사를 관통해 보면 자연히 낙착되는 결론이었던 게 아닐까. 바꿔 말하면 시대 구분이란 방법 자체는 서양의 원칙과 다르지 않지만, 그것을 실시하는 방법론에서는 완전히 독자적인 적용 방식을 엮어낸 것이라고 해야 할 것이다.

그래서 나 자신의 시대 구분론에 관해서는 종래 수많은 선배 학자들이 고심해 연구한 뒤의 것이므로, 중요한 점은 이미 거의 다 논의되어 있다는 느낌을 받는다. 다만 그중 어느 것과 어느 것을 채용해 새로운 구분법을 행할까 하는 것만이 남은 문제이다. 그러므로 나의 독자적 방법이라고 할 정도의 것은 아니지만 내가 훨씬 전부터 도달한 하나의 결론이라고 할 수 있는 것이 있기는 하다.

나의 사분법

나의 방법은 총체적으로는 사분법을 채택한다. 그 내용은 고대는 태고로부터 한대까지, 중세는 삼국으로부터 당 말기·오대까지, 근세는 송 이후 청의 멸망까지, 최근세는 중화민국 이후가 된다. 이 가운데 고대에 진·한을 포함시킨 것도, 중세를 오대까지로 한 것도, 근세를 송 이후로 한 것도 전부 나이토의 학설 그대로이다. 다만 긴 근세 중에 뭐라 해도 서양 문화의 침입은 역사상의 대사건으로 중국의 전통을 타파한 것이니, 그 중대한 영향을 무시할 수 없다. 그래서 그 결과가 명확하게 나타난 중화민국의 성립에 의해 시대를 구획하고 이후를 최근세(근대)로 하는 것이다. 혹은 서양의 영향이 나타나기 시작한 아편전쟁으로 경계선을 삼아도 좋으므로 때때로 나는 그러한 구분을 했을지도 모른다. 대략 70년 정도의 차가 나지만 원칙은 마찬가지이고 특별히 다를 것은 없다.

최근의 경향으로 눈에 띄는 것은 종래의 삼분법론자가 차츰 사분법으로 견해를 바꿔 가고 있는 사실이다. 앞서 서술한 대로 사분법은 결코 나의 창안은 아니지만, 어느 시기에는 나 혼자 사분법의 고립된 보루를 지켜 외압에 대항한 적이 있었던 것 같은 기분이 든다. 그렇다면 나는 시대 구분론에서 일종의 공적을 이미 이루었다고 해도 좋지 않은가 생각한다. 특기해야 할 것은 유물사관을 표방하는 역사학연구회가 삼분법으로부터 사분법으로 옮겨간 현실이며, 그것도 서양사부회가 먼저 사분법으로 고치고 최후에 동양사부회도 또한 사분법에 따르지 않을 수 없게 된 것이다.

3. 고대란 무엇인가

고대사적 발전

위에 서술한 대로 내가 채용하는 시대구분법은 예전에 있었던 사분법의 부활이며, 시대와 시대의 경계선이 두 곳까지는 나이토 학설의 계승이고 나머지 한 곳도 이미 전례가 있었으니 반드시 나의 창의는 아니다. 그러므로 나의 학설을 분해하면 각 요소는 어느 것이나 이미 존재했던 것을 가져다가 조립한 것에 지나지 않는다. 그럼에도 전체의 구상, 각 시대에 대한 의미 규정에 관해서는 내 나름대로 독특한 원리를 갖고 있는 셈이다. 그것은 실체를 파악하기 어려운 추상적 이념이 아니고 가능한 한 눈으로 보기 쉬운 현상 면에서 시대를 포착하는 것을 원칙으로 삼는 것이다. 우선 고대사에 관해 나는 이를 오랫동안 분산되어 생활하고 있던 인류가 차츰 구심적求心的 경향을 갖고서 대통일로 향하는 과정으로 이해한다. 미리 말해두고 싶은 것은 나는 역사를 시간의 논리로 이해하므로 정지한 상태를 시대의 특징으로 하지 않고, 거기에 시간을 가해 운동 내지는 경향을 포착해 그것으로써 시대를 설명하려고 한다.

태고의 인류는 아마 오늘날의 원숭이와 같이 무리를 지어 생활하고 있었을 것이다. 그것이 진보하자 한편으로는 가족과 같은 작은 단위가 발생함과 아울러 또 한편으로는 그것이 집합된 씨족, 부족과 같은 단체가 발생한다. 이 부족이 더욱 강하고 단단한 조직으로 결합하기 위해서 역사가 오랜 지방에서는 도시국가를 형성하는 것이 보통이었다. 이것은 가장 먼저 서아시아에서 시작되었으며, 그것이 서쪽으로 전해져 그리스·로마의 도시국가가 되고, 아마 동쪽으로 전해진 것이 인도·중국의 도시국가가 되었을 것이다.

도시국가

내가 여기서 말하는 도시국가는 영어의 시티 스테이트City State이고, 더욱 옛날로 소급하면 고대 그리스의 폴리스Polis가 된다. 도시국가란 이름으로 오늘날의 상업 도시, 공업 도시를 연상해서는 곤란한 것이니, 고대의 이른바 도시국가의 실체는 농민이 집중된 성곽城郭 도시임을 원칙으로 했다. 내가 중국 고대에서 보는 것도 다름 아니라 이 같은 농업 도시국가이다.

중국에서의 도시국가는 읍邑·방邦·국國 등으로 불렸는데, 주위에 성곽을 둘러치고 인민이 그 안에 거주하며 경지耕地는 성곽 밖에 있어서, 농민은 매일 성곽을 나와 경지로 가서 일하고 저녁에는 성곽 안의 집으로 돌아온다. 이 도시국가야말로 국가라고 불러도 좋을 인류 최초의 국가 형태인데, 그런 까닭에 최초에는 종전의 씨족氏族 제도를 그대로 받아들여 이것과 공존하지 않을 수 없었다. 그러나 긴 도시국가 생활을 거치자 씨족 제도는 유명무실해지고 최후에는 소멸한다. 씨족 제도를 극복해 더욱 큰 단결을 만들어 내기 위해서 도시국가야말로 가장 편리한 형태였다고 할 수가 있다.[8]

도시국가는 단독으로 발생하는 것이 아니라 다수가 떼를 지어 생겨난다. 그리고 그 초기에는 각 도시국가가 독립된 주권을 가져 다른 어느 것에도 예속되지 않으며 또 다른 어느 것도 예속하지 않는 것이 원칙이었다. 그러나 각국이 자유 독립적이라는 것은 나라와 나라 사이에 분쟁이 일어났을 때 이를 억제하는 권력이 존재하지 않음을 의미한다. 그래서 결국은 무력에 의한 충돌이 불가피해지고 그 결과 승자의 지배, 패자의 피지배라는 불평등 관계가 발생한다. 이 지배 관계에 두 가지 경우가 있으니, 첫째는 패전국의 인민이 전승국에 노예적 노동자로 끌려가고 그 때문에 인구가 방대한 도시국가가 발생하는 일이 생겼다. 이 같은 국가의 내부에는 예전부터의 거주자인 사士와 새로 온 포로인 서민庶民과의 계급적 대립이 생기게 되었다. 사는 예전 그대로의 씨족 제도를 유지하지만 서민은 씨족 제도를 해체당하고 단순히 가족을 유지하는 데 그쳤다.

패전에 의한 예속의 둘째 형태는 패전국이 멸망당하는 일 없이 여전히 국가임을 인정받으면서도 전승국의 패권을 승인해 평시에는 공납貢納을 보내고 전시에는 원군을 파견한다. 이른바 춘추시대의 역사는 이미 그 전대에 성립해 있었던 강대한 도시 국가 간의 패권 쟁탈의 연속이며, 그 형세는 그리스에서의 아테네·스파르타·테베 각국 간의 패권 다툼의 경과와 대단히 흡사한 점이 있다.

패권 쟁탈

고대 그리스에서 한편의 패자霸者와 다른 편의 패자 간의 전쟁에는 각각 예속된 동맹국들의 군대가 참가한다. 그때 우익右翼이 명예로운 지위여서 본국의 군대가 여기를 맡고, 좌익左翼으로 갈수록 지위가 낮아서 약소 동맹국의 원군이 거기에 위치하게 된다. 상대국도 마찬가지로 포진하니 결국 쌍방의 우익군이 상대방의 좌익을 깨뜨리게 되는데, 문제는 어느 쪽 우익이 빨리 적의 좌익을 깨뜨려서 승세를 타고 적 우익을 석권할 수 있는가에 달려 있다. 중국 춘추시대의 전쟁은 완전히 이와 같아서 우익(우거右拒, 우군右軍)은 늘 명예로운 위치였다. 다만 초국楚國은 원래 오랑캐인 만이蠻夷의 나라로 그 풍속이 중원中原과 달라서 좌익에 주력이 배치되어 있었기 때문에, 중원의 나라들이 초와 싸울 때는 그 점을 고려에 넣은 다음 작전을 세우지 않으면 안 되었다.

유럽은 로마 시대가 되자 기병의 발달에 의해 중무장한 정예 보병 부대를 중앙에 두고 좌우 양익의 기병을 보조적으로 사용했다. 한니발Hannibal이 칸네 전투(기원전 216)에서 로마군과 대전했을 때 중앙에 예비부대를 두고 한 걸음 한 걸음 후퇴하면서 적 주력군을 유인해 그사이에 강력한 주력군으로 좌우로 적을 포위해 완승을 거둔 것은 전쟁사에서 유명하다. 이것과 완전히 같은 전술을 써서 진晉의 군대가 언릉鄢陵의 전투(기원전 575)에서 크게 초군을 격파했다. 이때는 초의 포진이 주력을 중앙에 두고 믿음직하지 않은 원군을 좌우익에 배치하고 있었던 것이다.

패권국이 약소국을 그 지배 밑에 둘 때 필연적으로 그 군대를 주둔시켜 위성국화하는 것은 동과 서가 다를 바 없다. 그리스에서는 스파르타 패권 시대에 주둔군을 테베에 배치하고 민주 운동을 억압했는데, 테베로부터 탈주해 아테네에 숨어 있던 지사 펠로피다스Pelopidas 등은 스파르타 주둔병이 연회에서 엉망으로 술에 취한 밤을 확인하고 고향으로 돌아가 주둔군을 추방하고 테베의 독립을 회복했다(기원전 379).

이것과 완전히 같은 일이 중국의 춘추시대에도 행해졌으니, 패자인 제齊의 환공桓公이 소국인 수遂를 멸망시키고 주둔군을 두어 지키게 했지만, 수나라 사람들은 이에 굴복하지 않고 호족 인씨因氏 등이 모의해 제의 수비병에게 술을 먹여 그 취한 틈을 타 모조리 죽였다(기원전 677).

이상의 춘추시대의 사실史實은 『춘추좌씨전春秋左氏傳』에 의거한 것인데, 『좌씨전』은 공자孔子와 동시대 사람인 좌구명左丘明의 저작이라 일컬어지고 있지만 실은 이런 내력은 상당히 의심스럽다. 저만큼 상세한 기사문은 아무리 보아도 전국시대 이후 어쩌면 한대에 이루어진 것이 아닌가 생각된다. 따라서 그 가운데 기입된 역사 사실도 후세에 잘못 섞여 들어간 것이 상당히 포함되어 있을 터이다. 그러므로 상응하는 이야기의 연대를 비교하면 언제나 중국 쪽이 유럽보다도 이른데, 정말 그렇다고 해도 괜찮을까. 나의 막연한 생각으로는 이 같은 종류의 이야기는 어딘가 한 곳에 근원이 있으며, 그것이 서에는 로마, 동에는 한의 시대에 각각의 세계에서 구전되어 새로이 때와 장소가 주어지고 어느새 확실한 역사적 사실로 되어버린 것은 아닐까.[9] 만일 그렇다면 그만큼 동·서양 사회는 비슷한 정세에 있었고 비슷한 이야기를 자신의 것으로 수용할 수가 있었던 것이다. 만일 『좌씨전』 등에 쓰인 춘추시대의 형세를 눈앞에 선명하게 떠올릴 수 없다면 그리스의 역사를 곁에 두고 읽으며 맞춰보는 것도 또 하나의 방법일 것이라 생각한다.

영토국가

도시국가 간의 패권 쟁탈 전쟁은 해마다 더욱 격렬해졌는데 그 결과 새로운 국면을 맞이하게 되었다. 그것은 강대한 도시국가를 중심으로 하여 영토국가領土國家라고 할 만한 것이 발생했던 것이다. 그것은 그리스에서는 아테네의 융성, 델로스 동맹 성립 무렵에 이미 보이는 현상이고 종래의 동맹 형태를 답습하지만 실제로는 아테네 제국이라고도 불러야 할 것으로 되었음은 역사가들이 한결같이 지적하는 바이다.

중국에서는 춘추 말기의 준비기를 거쳐 전국시대로 들어가자 제齊·초楚·연燕·한韓·조趙·위魏·진秦의 이른바 칠웅국七雄國은 그 군주가 모두 왕이란 칭호를 사용한 것에 상응해 영토국가로 성장해 갔다. 그 중심이 된 나라의 수도는 이미 이전의 도시국가는 아니고 강권을 장악한 국왕의 치소治所이며, 그 국왕은 전 영토를 지배하는 주권자였다. 영토 내에 포함된 종래의 도시국가는 그 형태를 보존하면서도 독립성을 잃고 국왕의 비호 아래 자치를 허용받은 지방 단체에 지나지 않게 되었다.

도시국가 시대에 행해진 패권 투쟁은 영토국가 시대에 들어가 한층 격렬해졌다. 더욱이 그 쟁패전이 오래 반복되어 용이하게 결말이 나지 않았던 것은 각국이 언어·문자 등의 차이에 의해 거기에 자연히 독자적인 국민성이 생기고 애국심에 의한 단결력이 강해졌기 때문이다.

전국시대의 영토국가는 서양과 비교하면 이탈리아 반도를 통일한 로마가 카르타고, 시리아, 이집트 등과 대치했던 무렵의 상황과 흡사하다. 서양에서도 오래 독립해서 활동해 온 도시국가는 이 무렵 영토국가 속으로 흡수되고 영토국가를 형성하는 하나의 단위가 되어 생존이 허용된 데 지나지 않게 되었다.

고대 제국

영토국가의 대립 항쟁은 곧 그중의 한 나라가 타국을 전부 병탄함으로써 종식된다. 서양에서는 로마 제국이 최후의 승리자였듯이 중국에서는 진의 시황제에 의한 6국 병합이 있으니, 여기에서 고대사는 다시 새로운 국면을 맞이한다. 우리는 이 대통일을 고대 제국이라 불러 앞 시대의 영토국가와 구별한다.

고대 제국의 특색의 하나는 그 거대한 크기에 있다. 한 제국은 그 전성기에 인구가 약 6천만에 이르렀을 정도로 이는 로마 제국의 인구에 필적했는데, 진·한 제국이란 것은 이만큼 방대한 인간이 서로 싸우지 않고 평화적으로 공존하게 하려는 목적을 갖고서 탄생했던 것이다.

종래의 역사학은 어쩌된 일인지 질을 생각하는 데 조급해 양의 문제를 사고 속에 받아들이는 것을 전적으로 게을리하고 있었다고 해도 좋다. 아마 이것은 이론이란 것에 편중한 데서부터 유래하는 듯하다. 양의 원리는 이론으로는 파악하지 못하기 때문인지도 모른다. 하지만 그런 이론이라면 실은 그 이론에 무언가 결함이 있는 것은 아닐까.[10]

생각해 보면 인간이란 자기에게 유리할 때에는 평화를 좋아하는 데 익숙하지만 자기에게 불리할 때에는 투쟁을 좋아한다. 그 투쟁은 흔히 도를 지나쳐서 전체의 평화를 어지럽히는 경향이 있다. 이 투쟁을 억압하고 전체의 평화를 유지하기 위해 국가와 정부가 생겼다. 중국에서도 고대인은 기질이 거칠어 길을 걸어도 서로 한가운데를 어깨로 바람을 가르며 걷고, 서로 스치거나 체면을 깎는 말을 했다며 다투었다. 성곽 밖의 경작지에서도 서로 경계선을 밀어내며 영유권을 다투어 투쟁했다. 이를 조정하기 위해 지역공동체의 유력자가 뽑혀 민사民事 안건을 처리하는데, 그것이 살상으로까지 발전하면 도시국가의 정부가 재판해 단죄한다. 그러나 도시국가와 도시국가 간의 투쟁에는 제어 장치가 없었으므로 이에 패자가 나타나 조정하며, 패자는 곧 영토국가인 칠웅국으로 성장한다. 그 칠웅국 간의 투쟁은 전보다도 더욱 격렬해지고 전쟁도 대규모화되어서, 인민이 입는 재난이 한층 더 격심해졌다. 그것이 최후에 통일되어 고대 제국의 왕조가 출현함으로써 광대한 국토·인민 위에 비로소 평화를 가져오게 되었던 것이다.

고대의 경기

이러한 대통일은 특별히 인민의 총의에 의한 투표로 출현한 것은 아니고 오히려 전제군주가 장악한 군사력이라는 극히 야만적인 실력의 행사에 의해 달성된 것이다. 그렇다고 해도 이 군사력은 결코 갑자기 출현한 것은 아니고, 그 배후에는 사회 전체의 진보와 발달이 있었다. 또 이렇게 출현한 대제국을 유지하기 위해서는 그것에 걸맞은 문화와 지성이 없으면 안 되며, 이것 또한 일조일석에 양성할 수 있는 것은 아니었다. 바꿔 말하면 고대 제국의 성립과 유지 중에 그때까지 인류의 긴 진화의 역사가 집약되어 있었던 것이다.

그러면 이 고대 제국의 출현에 이르기까지의 긴 역사의 움직임은 무엇으로 가장 잘 상징될까. 나는 그것을 경제의 발전이라고 답하고 싶다. 그러면 무엇이 그 경제의 발전을 구체적으로 보여주는 지표가 될 수 있을까. 이에 대해서는 현재와 같이 통계를 갖지 못한 고대의 것이라서 명백한 증거를 들어 단언할 수는 없지만 나의 추측으로는 그것은 화폐량의 증가임에 틀림없다고 생각한다. 바꿔 말하면 고대는 호경기가 연속된 시대이며, 다시 바꿔 말하면 고대 나름의 고도성장이 진행된 시대라고 보고 싶은 것이다.

경기라는 현상이 근대 자본주의 사회에 한해서 나타난다는 것은 경제학자들이 늘 말하는 신탁이지만, 그러나 말이라는 것을 모두 전문 학자가 규정한 대로만 써야 하는 것은 아니다. 또 전문 학자가 아무리 엄밀하게 규정했다 해도 현실의 사회 현상은 학자의 허가를 얻어 존재하는 것이 아니므로 특별히 그와 상담할 것도 없이 독자적으로 변화, 진전되어가는 것이다.[11]

고대의 중국에는 한편으로 착실한 기술의 진보가 있고 또 한편으로는 자원의 개발, 상업의 확대가 진행되었다. 지하의 동광銅鑛이 탐색되고 동전銅錢이 주조되어 그 유통량은 서서히 증가해갔다. 이와 동시에 상인은 황금을 찾아 주위 이민족 사이에 진출해 비단이나 공예품 같은 중국 제품의 판매를 넓혀갔다. 만들면 만드는 즉시 팔린다는 바람직한 경제 상황이 출현했다. 이것이 다시금 기술의 진보, 자원의 개발을 촉진하게 된 것이다.

전쟁의 역할

전쟁은 이 같은 경제 발달에 때로는 큰 방해가 되었다. 하지만 때로는 그것이 경기를 자극해 생산을 장려하는 바람직한 결과도 초래했다. 옛 전승에 의하면 중국은 처음 만국萬國으로 나뉘어져 있어서 그 영토도 좁고 인구도 작아 가장 큰 나라도 기껏 3천 가구에 그쳤다고 하니, 한 가구에 장정이 두 명 있었다고 해도 도합 6천 명에 지나지 않는다. 그러면 전 장정을 동원해도 그만한 수의 군대밖에는 만들지 못한다. 그런데 전국시대에 들어서자 제齊의 도읍 임치臨淄(산동성)는 호수戶數 7만으로,

한 집에서 세 명의 장정을 징발해 21만 명의 군대를 동원할 수 있었다고 한다. 이것은 국도國都에서만 즉시 동원할 수 있는 숫자이므로 전 영토에서 징집하면 방대한 군대를 조직할 수가 있다. 한韓은 비교적 소국이지만 그럼에도 역시 30만, 이보다 큰 위魏에서는 병졸 70여만, 기마 5천 필을 동원할 수 있었다. 전국시대도 점차 막바지에 다다랐을 무렵 진秦이 초楚를 치기 위해 보낸 병력은 60만이라고 일컬어졌다. 긴 전쟁 끝에 단지 한 방면의 전투에 이 만큼의 군대를 움직여 원정을 할 수가 있었다. 그 이면에 상당한 경제력이 없다면 불가능하다. 실로 중국은 국토가 넓고 인구가 많으므로 인적 자원은 처음부터 그다지 문제되지 않았다. 이를 움직이는 조직력과 경제력이 무엇보다도 중대한 문제였던 것이다. 중국의 고대 사회가 씨족으로부터 도시국가로, 다시 영토국가로부터 고대 제국으로 진화해온 경과가 그대로 경제의 고도성장을 이야기해주는 것이다.

상업자본

그런데 경제의 발달은 만민이 평등하게 그 은혜를 입는 것은 아니다. 그렇다면 정치상의 권력자가 그 지위에 상응해 경제의 장악자였는가 하면 반드시 그렇지도 않다. 정치와 경제는 원리가 상이하기 때문이다. 춘추전국시대를 통해서 큰 도시에는 특히 시市라고 불리는 상업 구역이 설치되고, 여기서 상품의 현물거래가 이뤄졌다. 부를 얻는 가까운 길은 시에서 상품을 매점하고 값이 오르기를 기다렸다 팔아서 이익을 쌓는 것이었다.

만일 이것뿐이라면 아무리 부를 축적해도 그것은 상업자본에 지나지 않는다고 할지 모르지만, 한편 구리 광산을 경영하고 노예로 생각되는 노동자 수백 명을 모아 구리의 정련, 주조에 종사한 부호가 있었다. 이것은 이미 수공업의 영역을 넘어 자본주의에 가깝다. 서양의 고대에도 누차 마찬가지 현상이 일어나고 있어 학자들 사이에 이른바 고대 자본주의의 연구가 시작되고 있다고 하는데, 만일 이에 대해 고대와 자본주의는 서로 용납되지 않는 개념이라는 따위의 말을 하며 사실의 논리를 무시하게 된다면 역사학의 올바른 발전은 바랄 수 없을 것이다.

자본의 축적은 원래는 정치와 직접 관계는 없는 일이지만 정치는 경제에 큰 영향을 미치는 것이니, 만일 정치상의 사건을 예견하고 혹은 정치 공작을 해서 자기에게 유리한 경제 정세를 조성할 수가 있다면 투기적으로 막대한 이익을 취득하는 한층 유리한 기회를 잡을 수 있다. 예컨대 전쟁이 일어나면 군수품이나 식량이 등귀하므로 앞을 내다보고 매점하고 있던 자가 폭리를 취하는 것도 가능하다. 타인의 불행을 틈타 사리를 꾀하는 상인도 고대부터 존재했다.

정치와 경제

정치와 경제가 밀접한 관계를 갖게 되면서 경제력을 이용해 정계에 진출하고 스스로 권력을 장악하려는 자가 나오는 것도 피하기 어려운 경향이었다. 로마에서는 부호인 크라수스Crassus 가 금권으로 카이사르Julius Caesar 등과 결합해 삼두三頭정치를 기도한 것이 유명한데, 중국의 크라수스라고도 할 만한 진秦의 정상政商 여불위呂不韋는 시황제始皇帝 초기에 대신이 되어 국정을 좌우했다. 그러나 두 사람 모두 그 종말이 좋지 않고 비명의 죽음을 당한 것은 정치와 경제는 결국 본질이 다르기 때문이었을 것이다.

고대의 정점을 형성하는 진·한 제국은 번영한 경제를 기반으로 해서 부강을 자랑했다. 그 실력을 상징하는 것은 당시의 군주가 막대한 황금을 지배할 수 있었다는 사실이다. 과연 청대淸代의 역사가 조익趙翼은 이런 현상을 정확히 파악해, 그의 저작 『이십이사차기廿二史劄記』에서 한에 황금이 많았음을 지적하고 있다. 진은 적국의 유력자를 매수하는 데 황금 30만 근을 뿌렸고, 한 고조高祖는 초의 항우項羽의 신하들을 이간시키기 위해 황금 4만 근을 썼으며, 전한 말기에 제위를 찬탈한 왕망王莽이 멸망하기 전에 아직 정부에 60만 근의 황금이 있었다고 기록되어 있다. 당시 한 근의 중량은 정확하게는 모르지만 지금과 큰 차이가 없다면 1만 근은 약 6톤의 무게가 된다. 이처럼 많은 금을 권력자가 마음대로 움직일 수 있었다는 것은 당시 경제의 저력을 보여주는 것으로 조익이 말한 한에 황금이 많았다는 한마디가 고대사 발전의 전부를 다 말해주고 있는 것이다.

4. 중세란 무엇인가

중세사적 발전

고대로부터 중세로의 전이轉移는 타락인가 혹은 진보인가는 예전부터 의견이 갈라졌던 대목이다. 중세를 화려한 고대가 몰락한 후에 생긴 암흑시대로 본 것은 예로부터의 역사관이었는데, 근래에는 인류의 문화는 중세 동안에도 착실히 진보해 왔다는 것을 확인하고 중세를 재평가해 고대보다 한 단계 높은 단계에 도달한 사회라는 생각이 세력을 얻게 되었다. 이것은 특히 유물사관 측에서 역설하는 것으로 고대의 노예제를 대신해서 중세에는 농노제가 등장했다고 주장한다.

분명히 어느 세계에서도 중세는 중세 나름으로 인간 지혜의 진보, 발달을 볼 수 있으며, 그 점에서는 중세는 고대보다 우월하다. 하지만 그렇다고 해서 중세가 암흑시대라는 설을 완전한 미망迷妄이라고 팽개칠 수 있을까. 왜냐하면 중세에 들어서부터 고대에 육성되었던 수많은 진화 현상이 정체되고 퇴화, 역행하는 경우가 나타난 것은 역사적 사실로서 부정할 수 없기 때문이다. 예컨대 고대에 융성해지려 했던 화폐경제의 쇠퇴, 자연경제의 재생과 같은 것이 그 예이다. 더욱이 이에 호응이라도 하듯 고대에 비교적 자유로워지려 했던 인간관계가 중세에 들어서자 귀천貴賤의 계급이 고정되어 신분제 사회의 출현이라는 바람직하지 못한 현상이 생긴 것을 지적할 수 있다. 중세란 시대는 결코 무한정 예찬할 수 있는 진보적인 시대는 아니었다.

이처럼 중세는 명암이 교차된 복잡한 성격을 지닌 시대인데, 그렇다면 도대체 어떻게 이런 세계가 출현했던 것일까. 이것은 계급투쟁 이론만으로 해석할 수 있는 문제는 아니다.

불경기의 시대

나는 앞서 한대 사회에 황금이 많았던 것을 언급했는데, 바꿔 말하면 이는 인플레이션에 의한 호경기의 시대였음을 의미한다. 하지만 한대 동안 이 황금이 차츰 모습을 감추게 되었다. 그 원인은 무제武帝 때 서역西域과의 교통, 무역이 열리고, 이 방면을 통해 중국 내지의 황금이 교역에 의해 유출되기 시작한 것이다. 일반적으로 말해 문명의 선진국과 후진국이 접촉할 때 선진국의 공예 제품이 후진국으로 수입되고, 이것과 교환해 후진국의 화폐가 선진국을 향해 유출된다. 중국과 서역을 비교할 때 뭐라 해도 서역은 오랜 문명을 가진 선진 지역이다. 물론 중국에도 비단과 같은 특산품이 있었지만 이것은 오히려 일차 생산품에 가깝다. 이에 대해 서역으로부터는 파리玻璃·유리瑠璃 같은 고도의 기술에 의한 유리 제품이 수입되었다. 물론 교통이 불편한 시대이니 황금이 유출되었다 해도 한 해의 수량을 보면 미미할지도 모른다. 그러나 동시에 그 무렵은 경제 또한 저변이 얕아서 몇 십 년, 몇 백 년 동안 같은 경향이 계속되면 그것이 가져오는 효과는 무시할 수 없다. 중국의 고대 사회는 일변해 오늘날의 수입초과국과 같은 불경기의 바람이 거세게 불게 되었던 것이다. 대개 경제 현상 중에서 직접 일반 민중의 생활에 영향을 주는 것으로 경기의 좋고 나쁨만 한 것은 없다. 그중 호경기는 이를 알아채지 못한 채 끝날지도 모르지만, 불경기로 일변하게 될 경우는 그 아픔이 뼈에 사무치는 것이다. 특히 그것은 상층보다 하층에, 부자보다 빈민에게 심각하게 느껴진다. 생산이 정체되고 일자리가 없어져 잠재실업자의 수가 늘어나며, 일상생활이 압박받아 생활수준은 저하될 수밖에 없게 된다. 만일 이것이 부자의 경우라면 경제를 긴축해 생산 규모를 축소하고 고용을 억제해 소비를 절약하면 파산을 겪지 않고 해결된다. 그러나 일상생활을 더 이상 절약할 여지가 없는 빈민은 만일 가계에 적자가 생겨 누적되면 우선 얼마 안 되는 재산을 파먹고 다음에는 처자를 팔고, 최후에는 고향을 버리고 타향에 유랑해 자기 자신의 자유를 잃게 된다. 이 같은 상태가 일반화하는 중세는 고대에 비해 밝은 사회라고는 결코 말할 수 없는 것이다. 바꿔 말하면 지혜나 문화의 진보와 경제 조건의 좋고 나쁨은 반드시 일치하는 것만은 아니다. 중세에는

중세 나름의 진보가 있었다고 해도 경제적으로는 퇴화하고 악
화되었던 시대이며, 거기에 중세의 특색이 있었던 것이다.

토지에 대한 투자

　불경기의 시대에 들어서면 부자는 그 자본을 투자하는 데 큰
이익을 구하기보다는 안전하고 위험이 없는 기업을 고르게 된
다. 그리고 가장 안전한 투자의 대상으로 토지를 고르는 것만
한 것은 없다. 그런데 한대의 사마천司馬遷은 『사기史記』의 「화식
열전貨殖列傳」에서 예전부터의 부호의 열전을 기재했는데, 여기
서 농업이 그다지 문제가 되고 있지 않은 것은 불가사의하다.
생각건대 세상이 호경기인 시대에는 자본의 회전이 느린 농업
은 매력이 적은 기업으로서 그다지 고려되지 않았을 것이다.
그러므로 사마천은 이를 옹졸한 사업이라며 멸시했다. 그러나
한편으로 그는 농업이 가장 안전한 투자임을 믿어, 상공업으로
재산을 벌고 농업으로 이를 지키는 것이 좋다고 덧붙이기를 잊
지 않았다. 그리고 옹졸한 사업이라지만 경영 방식에 따라서는
주州·군郡에서 제일이라 일컫는 부호가 된 진양秦陽이란 사람의
이름을 예로 들고 있다.
　그런데 사마천이 말했듯이 그의 시절부터 토지를 개발해서
부를 쌓은 자들이 배출되었다. 그 대표자는 영성寧成인데, 그의
수법을 보면 지방정부로부터 토지를 빌려다가 관개공사를 해
서 비옥하게 하고, 거기에 빈민들을 불러들여 지주로서 지대를
거두었는데, 이 경우 토지 개발의 전제로서 먼저 관헌에게 교

섭을 벌여 차지권借地權을 획득하지 않으면 안 되었던 점에 특징이 있다. 거기에 불려온 노동자들은 본적지를 떠난 유랑민인 까닭에 객客이라 불리고, 최초에는 특별히 양민良民과 다른 존재는 아니었지만, 후에는 정부의 지배를 떠나 지주인 호족豪族에 예속된 천민으로 변신했다. 이것이 당대唐代 부곡部曲의 기원이 되는 것이다.

장원의 발달

한대 초기에는 도시국가 시대의 유풍이 아직 농후하게 남아 인민은 성곽 안에 집중 거주해 지역공동체를 조직했는데, 그 대소에 따라 향鄕·정亭·성城 등으로 불렸다. 인민은 농민이 많아 성곽 밖에 경지를 갖고 매일 거기로 일하러 나간다. 정부로서는 인민이 성곽 안에 집중 거주하고 있는 것은 노역에 끌어내는 데도 군사로 징발하는 데도 극히 편리했다. 그렇지만 빈민이 성곽 생활을 단념하고 멀리 떨어진 부호의 소유지에 흡수되어버리면 이미 그것은 정부의 장악에서 떨어져나갔음을 의미한다. 그만큼 정부는 조세 수입이란 경제면에서도, 요역徭役 징발이란 노동력 면에서도 큰 타격을 받아 약체화해간다. 이에 반비례해 대토지를 소유한 부호의 개인적 실력이 증대하며, 그들은 그 실력을 배경으로 해서 거꾸로 지방정부의 정치 방침에 간섭하게 되었던 것이다. 여기에 중국 중세의 대토지 소유, 바꿔 말해 장원제莊園制의 유행, 또 장원이란 세습재산을 배경으로 한 호족 세력이 커나가게 되고, 곧 이 호족의 관료화, 귀족화가 보편화되어 계급제 차별사회가 성립, 발전해 가게 된다.

분열 경향

　중국 고대는 다른 세계와 마찬가지로 구심력이 강하게 작용해 통일이 진행되는 시대였지만, 중세에 들어가면 일변해 원심력이 강하게 작용해 분열, 할거로 되돌아가려는 경향이 현저히 나타나기 시작한다. 이것은 지방에 호족이 터전을 잡아 무엇보다도 자기의 이익 추구에 분주하고, 중앙정부는 그 존립 근거인 재력과 무력을 호족에게 침식당해도 이를 억제할 수단을 잃은 데서 오는 필연적 결과이다. 실제로 삼국으로부터 남북조를 거쳐 당 말·오대에 이르는 중국은 분열과 할거의 시대였다.[12]

　이 가운데 예외로서 당 왕조의 화려한 통일의 시대가 있다. 그래서 역사가들 간에는 분열로서 중세를 특징지을 수 없다고 보고 더 나아가서는 당이 한을 이어받은 것이라 하여 한·당을 하나로 합쳐 고대 제국으로 보려는 의견도 있다. 그러나 우리가 시대의 특색을 파악할 때는 그 정지된 모습을 붙잡을 것이 아니라 그 상태 속을 뚫고 흐르는 견인력의 방향을 간파하지 않으면 안 된다. 당 왕조는 300년 가까이 계속되었지만 그것이 통일을 유지하고 있었던 것은 건국 초부터 현종玄宗 말까지의 약 130년에 지나지 않는다. 도저히 이것을 전·후한이 각각 약 200년 동안 통일을 유지한 것과 비교할 수는 없다. 더욱이 후한 말기부터 당 초기까지 중간에 약 400년의 분열 시대가 끼여 있으므로 이것을 무시하고 양자를 연결하는 것은 무리이다. 그

것은 고대 로마와 중세의 신성로마 제국을 한데 묶어 고대라고
일컫는 것과 같은 것이다.

중세적 당 왕조

게다가 당 왕조의 출현은 중국 역사의 독자적 발전의 필연적
귀결인 것은 아니다. 당 황실의 기원을 더듬어 가면 그것은 이
민족 왕조인 북위北魏가 설치한 국경 수비군, 이른바 무천진武川
鎭 군벌에서 유래한다. 만일 서양사에서 유래를 구한다면 그것
은 게르만족 출신의 프랑크 왕 카를 대제와 비교할 만하다. 시
대도 떨어져 있고 출신을 달리하므로 한과 당은 도저히 하나로
결부시킬 수 없다.

우리는 중국 중세의 정치 형태를 귀족 제도로 이해한다. 이
것은 나이토 코난이 주창했던 것으로 당시 실제로 사회를 지도
한 세력은 황제가 아니고 귀족이었다고 한다. 황제는 군벌 출
신의 벼락출세자가 많았으므로 교양이 부족하고 또 혁명이 빈
번하게 되풀이되었기 때문에 단명한 왕조가 많으며, 그 가문은
먼 옛날부터 여러 대에 걸친 귀족 가문에 훨씬 못 미치는 것으
로서 일반으로부터도 존경받지 못했다. 그런데 귀족 집안은 멀
리 한대에서 연원하는 곳도 있고, 난세 중에 그 종족宗族 결합력
에 의해 중국의 전통문화를 유지해온 태생적인 엘리트였다. 그
들은 각각 그 집안의 오랜 역사와 고귀한 격식格式을 자랑하며,
결혼은 서로 가문을 비교해 대등하다고 인정했을 때 성립한다.
이러한 귀족적 가치관으로 보면 제왕의 가문은 훨씬 신분이 낮

은 가문에 지나지 않았다.

　물론 제왕은 최고 권력자이므로 적대하는 귀족이 있으면 그 몸을 죽이고 그 집안을 멸할 수 있다. 그러나 개개의 귀족은 궤멸시킬 수 있어도 귀족 집단 전체를 호령해 뜻대로 움직일 수도 없고, 혹은 귀족 집단 전체의 이익을 침해할 것 같은 입법이나 시책을 행할 수도 없었다. 만일 귀족 집단의 신뢰를 잃으면 천자도 그 지위를 보존할 수 없었던 것이다.

이민족과 중세

　중세는 또한 이민족 침입의 시대이다. 이것은 중앙정부의 약체화, 정부가 동원할 수 있는 인구의 감소, 귀족의 사리 추구와 정치에 대한 무관심 등에서 생긴 필연적 결과라고 할 수 있다. 삼국의 뒤를 계승한 서진西晉의 정치적 혼란을 틈타 이전에 한 왕조에 귀복歸服해 내지에 이주해 있던 흉노匈奴족이 봉기해 독립한 데서 시작되어, 중국 북부인 화북華北에는 이른바 오호五胡 출신의 할거 정권이 갑자기 일어나는가 싶더니 금방 쓰러지고, 이른바 십육국十六國의 흥망이란 활극이 연출되었다. 그것이 북위에 의해 통일되었지만 강남江南의 한족漢族 정권과 서로 대치해 물러서지 않고 남북조南北朝 시대로 들어갔다. 북조의 북위는 곧 쇠퇴하고 무천진의 군벌이 흥기해 그중에서 북주北周 왕조가 탄생하며, 북주의 뒤를 수隋가 이어받고 일단 남조를 병합해 천하를 통일했지만 얼마 안 가 멸망하고, 당이 일어나 재통일을 이루었다. 수·당은 한인 왕조라고는 하지만 무천진 군벌 계통에 속했고 매우 이민족화한 중국인이었다. 당의 중기 무렵부터 다시금 새로운 이민족의 침입이 일어나는데, 안록산安禄山의 반란이 그것으로 평정 후에도 세력이 잔존해 군벌 세력을 형성했다. 그로부터 이른바 오대의 단명한 왕조들이 나타났다가는 사라졌는데, 오대 중 세 왕조는 이민족 계통임을 명백히 지적할 수 있다.[13]

이 같은 중국 중세의 형세는 서양의 중세와 흡사하다. 서양 중세도 또한 이민족 세력 신장의 시대이니, 최초에 게르만계 민족이 라인 강의 수비선을 넘어 로마 세계에 침입해 도처에 할거 정권을 수립했다. 이 이민족 침입은 다시 몇 번인가 되풀이되며, 이 불청객이 곧 유럽을 무대로 하는 서양의 주역이 되기에 이른다. 동시에 그들은 로마의 문화와 법률을 채용해 문명화하는 것이다.

봉건제와 귀족제

서양사에서는 중세를 봉건 시대로 규정하는 것이 보통인 것 같다. 그렇다면 이것은 중국의 귀족제와 어떤 관계가 있는 것일까. 서양의 봉건은 군주가 신하에게 영토를 주는 대가로 충성을 서약시켜 주종主從의 신분 관계가 성립하는 것이라고 되어 있는데, 그처럼 그림으로 그린 듯한 원칙이 과연 어디까지 사실로서 행해졌던 것일까. 아무래도 우리는 서양의 것이라면 책에 쓰여 있는 대로 현실이 그러했다고 믿기 쉽다. 봉건의 경우만이 아니고 근대적인 자유노동 성립 등의 경우에도 무언가 하나의 작은 모형이 있으면 곧 그것을 일반화해 서양 전체에 그것이 실행되었던 것처럼 생각하지만, 그것이 오해의 근본이 되는 것은 아닐까. 아무래도 서양의 봉건이라는 것은 무정부 상태 하에서 강자가 폭력으로 세력권을 서로 정하고, 이해관계에 의해 보호와 봉사의 관계가 인위적으로 완성된 것은 아닌가 생각된다. 만일 평화가 있으면 그것은 권력과 권력 간에 균형이 잡힌 경우이고, 균형이 깨지면 바로 투쟁이 일어난다. 그리고 이를 위압해 투쟁을 회피시키는 억지력이 아무데도 없다. 중앙정부는 이름뿐으로 황제는 무력했기 때문이다. 황제라고 해도 실력으로 그 지위를 취득한 것은 아니고 제후가 선거를 해서 뽑았으므로 처음부터 무력했다 해도 이상하지는 않다.

이에 반해 중국 중세의 귀족은 일단은 황제의 권력에 의해 통제되고 있다. 황제가 제위에 오를 때에는 귀족의 대표인인 대신의 보좌를 받지만, 다만 제위 자체는 자력에 의해 또는 상속에 의해 당연한 권리로서 스스로 획득한 것이다. 그런데 원심력이 작용하고 있기 때문에 분열 경향은 강하지만 무정부 상태로 떨어지지는 않는다. 황제는 귀족과 타협해 그 기득권을 존중함으로써 충성을 서약시키고 귀족을 조종해 가면서 정책을 실시한다. 귀족도 황제와 타협해 그 주권을 인정함으로써 지위를 확보하고 한층 더 이익을 추구할 수 있는 발판을 얻는 것이다.

그런데 문제가 되는 것은 서양사에서 중세를 봉건 시대라 부른다고 해도 과연 봉건은 중세에 독특한 것인가라는 의문이다. 왜냐하면 봉건제란 것은 원래 게르만계 북방 이민족의 풍습이니, 그리스·로마 문화를 수용하기 전에 북유럽과 동유럽의 유목 민족 간에는 동양의 몽골족과 비슷한 일종의 봉건제가 행해지고 있었으며, 중세의 봉건제는 그것이 로마 문화의 영향을 받아 한층 고도로 꽃핀 것은 아닐까 생각되기 때문이다.

중국에서 봉건제는 고대의 주周 왕조로 대표되는데, 주는 원래 서북 벽지의 후진 민족으로 은殷 문화에 의해 더욱 개명된 중원에 진출했을 때 봉건제가 꽃핀 것으로 되어 있다. 이 고대적 봉건제의 기본 요인은 몽골족 사이에서 온존되어 칭기즈칸(成吉思汗)의 정복 과정 중에도 봉건제의 경향이 보인다.

만일 일본의 경우를 참조한다면 일본의 봉건제는 가마쿠라(鎌倉) 시대에 비롯되어 에도(江戶) 시대에 완성되었다. 에도 시대는 일본사에서는 근세로 삼는 것이 일반적이다. 그리고 일본의 경우에도 봉건제는 야마토(大和) 조정으로부터 정통을 이어받은 것이 아니고, 이른바 동이東夷의 후진 지역으로부터 발생한 점에서는 서양이나 중국과 공통된다.

이와 같이 생각하면 봉건제란 것은 원래는 가장 미개한 민족간에 그 기본 요인이 내재되어 있으며, 그들이 문화 민족의 거주지에 침입해 문명화됐을 때 성립하기 쉬운 것으로, 그런 점에서 보자면 차라리 고대의 연장 내지는 변형이라고 해도 좋다. 따라서 그것은 고대에도 일어날 수 있고 설령 근세라 해도 성립될 수 있다. 서양에서는 우연하게 그것이 고대 말기에 있었으니까 중세의 특색이 될 수 있었던 것은 아닐까. 바꿔 말하면 봉건제를 중세의 특색이라 하는 것은 서양에 한해 말할 수 있는 것이고, 다른 세계에까지 연장시켜 보편적인 원리라고 이야기하기는 어렵다고 생각된다. 이 점을 살피지 못하고 궈모뤄郭沫若가 중국의 봉건이란 명목에 구애되어 중세의 개시를 주대

周代로 설정한 것은 착각이라고 하지 않을 수 없다. 사실을 추상화해 추상명사를 만들면 그것이 실체를 떠나 혼자서 걸을 위험이 생기는 하나의 예라고 해도 좋을 것이다.

귀족제의 본질

그렇다면 다음에 중국 중세의 특징인 귀족 제도는 어디까지 보편성을 갖는 것일까. 중국의 귀족과 유사한 예를 만약 서양에서 찾는다면 그것은 예컨대 프랑스 절대군주제 하의 귀족들이 그에 해당할 것이다. 그 중심을 이루는 루이 14세 시대는 17세기 후반에서 18세기 초두에 걸치므로 이것은 보통 근세로 해석된다. 일본의 예로는 후지와라씨(藤原氏)의 섭관攝關[섭정攝政·관백關白] 시대가 이것에 해당될 터인데, 이것은 의심할 나위 없이 고대에 포함된다. 그러면 중세 귀족제는 중국에만 통용되는 원칙으로 다른 지역에까지 연장시키는 것은 무리가 된다. 이것은 같은 귀족이라도 그것이 군주와의 상대적 관계에 있어 각각 다른 역할을 하기 때문이다. 일본의 고대 귀족은 천황天皇의 통일 정치를 보좌하는 역할을 하고, 서양의 근세 귀족은 역시 독재군주를 보필해 국위의 선양에 힘썼다. 이에 반해 중국의 귀족은 자기 자신이 분열의 중핵이 되는 일은 없었지만 흔히 할거 정권을 육성해 분열 경향을 조장하기는 했다. 삼국의 분열에서는 토착 귀족이 할거 정권을 옹립했고, 남북조 때는 남북의 귀족이 각각의 왕조에 협력했다. 특히 북조 치하의 귀족은 그 주권자가 이민족 출신인 점도 개의치 않았다. 결국 중국 중세의 귀족은 군주제 하에 있으면서도 극히 자주성이 강했던 점에 특색이 있다. 만일 이 점을 강조하면 서양 중세의 봉건 제후의 성격과 일맥상통하는 면이 있다고도 할 수 있을 것이다. 결국 봉건제든 귀족제든, 그것 자체로는 시대성이 없다. 구심력이 강한 시대를 만나면 통일을 돕는 힘이 되고, 원심력이 강한 시대를 만나면 분열을 돕는 힘이 된다. 서양 중세의 봉건제, 중국 중세의 귀족제는 그 시대가 분열과 할거의 시대였으므로 시세에 부응한 형태를 채택하지 않을 수 없었다. 바꿔 말하면 중세적인 특색은 봉건제 또는 귀족제 그것 자체에서 찾아서는 안되며, 그것이 원래 원심적이고 분열, 할거의 경향이 있는 시대였다는 점에서 찾아야 할 것이다.

중세적 사회

근래의 경향은 중세 봉건제란 명제를 그대로 사용하면서 그 봉건제의 의미를 사회의 최하층부에서의 노동 형태에 의해 설명하려고 한다. 즉 유물사관에서는 고대를 노예제, 중세를 농노제, 근세를 자유노동제라고 규정하는데, 이에 의하면 중세는 토지 제도 면에서 장원이 유행한 시대이고, 그 장원의 노동자는 반노예적인 성질을 갖는 농노였다고 생각하는 것이다.

그렇다면 중국사에서 서양의 농노와 유사한 것이 있었는가라는 물음에 대해 종래 유력했던 설은 송대 이후 유행한 전호佃戶가 그것에 해당되는 것이라 했다. 분명히 송대 이후의 대토지 소유제에 있어 지주의 토지가 장莊이라 불리고, 거기에 전호라는 노동 제공자가 있었음은 사실이다. 그러나 내 생각으로는 그 장이 바로 서양의 장원인 villa, manor와 성질이 같거나 전호가 농노인 serf에 해당된다고는 생각하기 어렵다. 우선 장이란 토지부터 말하자면 이것은 단편적인 영세 농지들을 한데 모은 것에 소유자가 억지로 이름붙인 경우가 많으며, 서양에서 주위를 둘러칠 수 있는 전 지역이 한 단위인 대토지 소유와는 도저히 비교가 되지 않는다. 만일 전 지역이 한 단위인 대토지의 예를 찾는다면 그것은 오히려 육조와 수·당 때 성행했으니, 그 토지는 역시 장莊, 장원이라 불렸으며 이 말의 본뜻에도 적합한 것이었다. 장은 원래 별장別莊이라 해야 하며, 성내에서부터 떨어진 시골에 있는 별택別宅 주위에 산야와 전원이 부속되어 자급자족 생활을 할 수 있는 영지와 같은 것을 가리켰기 때문이다.

다음에 서양에서의 농노와 유사한 것을 중국에서 찾아 송대 이후의 전호와 비교하는 것은 대단히 잘못된 착각이다. 전호는 계약에 의해 지주의 토지를 빌리고 지대를 지불하는 소작인이며, 빈민이 많았던 것은 사실이지만 스스로 독립된 생계를 꾸리고 있어 하나의 경영자이기도 했다. 그러므로 지주로부터 빌린 토지를 다시 제삼자에게 전대해서 지대를 거두고 지주에 납부하는 소작료와의 차액을 이득으로 삼는 일조차 있었다. 다만 토지가 협소하고 빈민이 많은 지방에서는 전호가 차지借地를 얻기 어렵기 때문에 자연히 비굴해지지 않을 수 없었고, 이를 틈타 지주가 비리를 저지르는 현상을 피할 수 없었다. 정부도 또 지주를 보호하는 입장에서 전호가 지주에게 폭행을 가하면 일반인보다도 무겁게 처벌하고, 그 반대의 경우에는 지주의 죄를 가볍게 하는 식의 일도 있었다. 하지만 전호는 일반 인민에 대해서는 완전히 평등해서 결코 천민은 아니었다. 또한 차지를 지주에게 반환하는 것은 완전히 자유이고 반환한 다음에는 지주와 법률상 평등한 지위를 회복한다. 그러므로 전호는 설령 완전히 근대적인 자본주의 사회에서의 소작 노동자는 아니라고 해도 그렇다고 해서 봉건제 하에서 자유를 빼앗긴 반노예적 농노는 결코 아니었다. 어느 편인가 하면 아직 자본주의가 충분히 발달하지 않아 왜곡된 형태의 소작인이라고 보는 것이 좋을 것이다.

전호는 농노가 아니다

송대 이후에는 지주 측에서도 그 토지 소유는 단순히 지대를 얻기 위한 경제 행위로밖에 생각하지 않았다. 소작인의 신분을 지배하는 것은 염두에 없고 동시에 소작인의 생계에 대해 책임을 느끼는 일도 없었다. 그러므로 지주는 소작인이 자기 이외의 사람의 토지를 동시에 빌려 그 사람의 소작인도 되는 것을 금하지 않는다. 소작인이 계약을 파기하러 오면 이를 거부할 이유도 없다. 하지만 지주가 소작인의 토지를 이유 없이 환수하려고 할 때에는 정부가 간섭해 소작인을 보호하기도 한다. 정부로서는 토지 이용을 순전히 경제 문제로서 자유롭게 방임하지만, 조세가 줄어들면 곤란하므로 토지가 황폐해질 것 같은 우려가 있을 때에는 간섭하지 않을 수 없었다. 이와 같이 보면 송대 이후의 전호는 결코 서양 중세의 농노와 동일시해서는 안

되고, 또 송대 이후의 대토지 소유도 결코 서양 중세의 장원과 성질을 같이하는 것은 아님을 알 수 있다. 바꿔 말하면 전호의 존재에 의해 송대 이후를 중세로 보는 설은 전혀 성립될 가능성이 없는 것이다.

부곡과 농노

그렇다면 중국에는 서양의 농노와 같은 것은 전혀 존재하지 않았던가 하면 나는 존재했다고 답한다. 그것은 당률唐律 등에 규정되어 있는 부곡部曲이다. 종래의 역사가는 걸핏하면 특수한 편견에서 부곡을 억지로 노예라고 보는 학설에 기울어지는 경향이 있었지만 부곡은 결코 노예는 아니다. 우선 대국적으로 보아 당률에는 천민을 크게 두 종류로 나누어 노비奴婢와 부곡을 들고 있다. 노비는 대체적 성격이 노예와 다름없으므로 노예 외에 또 한 종류의 노예가 있을 수는 없다. 왜냐하면 노예는 말하자면 인격이 영霛이다. 영은 절대이므로 영 위에 영이 없고 영 아래로 영이 없는 것이다. 그러한 점에서 생각해도 노비를 노예로 본 이상 노비보다도 나은 지위에 놓인 부곡은 노예일 수 없고, 따라서 농노적 존재임은 당연히 상식적으로 예상할 만한 사실이 아닐까. 상식을 잃은 역사학만큼 가공할 만한 것은 없다.

사실 당률을 조금 상세히 읽으면 부곡이란 것의 성격이 여실히 묘사되어 있다. 노비는 주인의 의사에 따라 결혼을 허락받지만 가족을 갖지 못한다. 노奴의 아내는 비婢이고, 그 자식은 남자이면 노, 여자이면 비이다. 이에 반해 부곡은 가족생활을 인정받고 양인良人의 여자와 혼인하는 것도 가능하다. 이것을 보아도 노비는 주로 가내노동에 종사하고, 부곡은 집단으로 장원에서 노동하는 농노라는 사실이 짐작된다. 바꿔 말하면 부곡은 서양 중세 때 장원에서의 농노와 상당히 유사했던 것이다.

균전제와 장원

일본에서는 어떤가 하면 수·당 등 균전제均田制가 행해진 시대에는 천하의 토지는 전부 균전 농민에게 분배되고, 개인에 의한 대토지 소유가 존재할 여지가 없는 것처럼 생각되어 왔다. 그렇지만 이것도 당령唐令을 잘 읽어 보면 알게 되지만 조정의 관위官位를 갖는 특권계급에게는 특별한 은전이 있어 막대한 토지를 대대로 사유할 수 있었다. 예컨대 일품관一品官은 60경頃, 즉 대략 400헥타르의 땅을 영업전永業田, 즉 사유재산으로서 소유할 수 있다. 만일 그 아들에게 관위가 있으면 각각의 관위에 따라 영업전을 가질 자격이 주어지고 그것을 그대로 자손에게 상속시킬 수 있으므로 한 가구의 사유 면적만으로도 상당한 것이다. 물론 관인官人의 영업전은 정부가 급여하는 것은 아니고 각자가 자력으로 구입하거나 개간하지 않으면 안 되지만, 전국에 몇 천 가족이 있을지 모르는 관인은 돈도 있고 권력도 있으니 힘써 최대한의 경지를 손에 넣었을 것이다. 그렇다면 그 토지는 누가 경작했는가 하면 가장 자연스러운 것은 부곡을 사역하는 것이다. 본래 의미의 장원 제도와 부곡이란 것은 완전히 동일한 제도의 두 가지 면으로서 그 점에서 서양의 장원과 다를 바 없다.

사회의 상층부에는 서민으로부터 단절된 고귀한 가문을 자랑하는 귀족이 있고, 한편 하층부에는 서민으로부터 낙오해 천민 취급을 받는 노비, 부곡이 있는데, 특히 부곡은 삼국시대 무렵부터 나타나서 당대에 정착되는 것이니, 중국 중세는 신분제가 철저한 시대라고 불러도 좋을 것이다. 물론 신분제 그것은 다른 세계, 다른 시대에서도 보이는 것임은 말할 나위도 없다.

5. 근세란 무엇인가

중국의 르네상스

　중세 신분제 사회는 바꿔 말하면 고정되고 침체된 사회이다. 그것이 송대에 들어서면 갑자기 사회는 침체에서 벗어나 활발한 활동을 개시한다. 말하자면 중국의 '르네상스'가 시작되는 것이다. 르네상스는 말할 것도 없이 서양에서의 근세 탄생에 대해 주어진 이름이지만, 비슷한 현상은 다른 세계에서 또 여러 시기에 일어나고 있다. 예컨대 서양사에서도 카를 대제Karl Magnus, Charlemagne[재위 768~814] 시대에 작은 르네상스가 일어났다. 나는 이슬람 세계에도 압바스 왕조의 칼리프인 하룬 알 라시드Harun al-Rashid[재위 786~809] 치하의 바그다드 문화는 바로 서아시아의 르네상스라고 할 수 있다고 생각한다. 중국에서도 때때로 유사한 현상이 일어났는데, 그 규모나, 성격으로 봐도 송대의 신문화야말로 중국의 르네상스라고 불러도 어울린다고 믿는다. 이 문화라는 말 속에는 철학이나 문학 등의 정신문화뿐 아니라 그 배후에 있는 사회 조직의 진전도 포함되어 있음은 물론이다.[14]

나이토 코난은 당·송 간의 변천을 중세적 귀족의 몰락에 수반한 서민 계급의 융성이라는 명제로 포착했다. 여기서 말하는 서민은 귀족의 대칭으로 말했으니까 그것은 확실히 서민임에 틀림없다. 하지만 그것이 융성해 문화와 경제를 발달시킨 여명기에 서민은 다시 상층과 하층으로 분열하지 않을 수 없었다. 하층의 서민은 여전히 서민이지만 상층의 서민은 이제 새로운 귀족이 되었다. 나는 이를 사대부士大夫라 부르고자 하며, 혹은 독서인讀書人, 혹은 신관료, 혹은 지주라고 해도 좋다.[15] 다소는 그 뉘앙스와 외연을 달리한다 해도 그것이 가리키는 실체는 거의 다르지 않다.

귀족의 몰락

중국에 근세를 가져오는 것을 가능하게 한 원인은 중세적 귀족의 몰락이었다. 즉 당 말기에서 오대에 걸친 혼란기는 무력만능의 시대이며, 귀족 문화로 정치를 장식할 필요가 없어짐에 따라 귀족은 정권의 보호를 잃고 전란에 휩쓸리자 잇달아 몰락해 갔다. 그렇지만 종래에도 귀족의 몰락은 동란 때마다 때때로 일어났다. 다만 그때까지는 구귀족이 몰락하면 곧 같은 성질의 신귀족이 일어나 이를 대신했다. 수·당 사이에도 대대적인 귀족 교체가 실제로 벌어졌다. 그러나 대국적으로 보면 귀족제라는 대가람大伽藍은 그 기둥이나 대들보가 바뀌었을 뿐 종래의 면모가 거의 변치 않고 그대로 남을 수 있었다. 그런데 당말·오대 동안에는 구귀족이 무너지자 그들이 조립하고 있던 대가람이 토대부터 무너져버려 이미 보수할 수 없게 되고 또 보수하려는 세력도 없어 그대로 지상으로부터 소멸되어 버렸다. 그 뒤에 이번에는 처음부터 설계가 다른 새로운 건물이 출현했다. 그것이 근세의 사대부 계급이다.

당 시대까지의 중국은 무력국가의 색채가 농후했다. 왕조가 일어나는 것은 정예의 군대를 장악하고 있었기 때문이고 이 무력에 의해 재력도 손에 넣을 수가 있었다. 그런데 송대에 들어서자 당 말기부터의 경향을 이어받아 재정 국가의 색채가 점점 더 강해지기 시작했다. 재력으로 병兵을 양성하고 병으로 나라를 지킨다는 정책이 전면에 제기되었던 것이다. 그리고 관료는 무관보다도 문관이 중용되고 문관이라지만 그 실질은 재무 관료였다. 그러므로 송대의 관료는 어떤 시인이나 문인이든 재정을 말하지 못하는 관료라는 것은 없었다.

과거 관료

하지만 관료는 천자의 대리이고 인민의 사표여야 하므로 재정 수완을 제일 조건으로 관료를 모집할 수는 없다. 정부는 역시 수·당 이래 차츰 성행되고 민간에도 신용을 얻어온 과거科

擧에 의해 문학·경학經學의 재능이 있는 인사를 선발해 관료로 등용하는 것이다. 하지만 과거의 난관을 돌파해 진사進士의 칭호를 획득한 신인은 그대로 학문을 계속하거나 시문詩文의 제작에 탐닉할 기회가 부여될 가능성은 거의 없다. 그들 중 다수는 우선 지방관에 임명된다. 그런데 지방관의 성적은 무엇보다도 조세 징수의 실적에 의해 평가된다. 여기에 신관료는 불문곡직 먼저 경제·재정의 실태에 직면하는 것이다. 그 성적은 중앙에 보고되고 성적 여하에 따라 승진의 늦고 빠름이 결정되고 만다.

관료의 총수인 천자 또한 한가롭지는 않다. 조정의 대신과 함께 관료 인사의 진퇴나 국고 재정의 충실이나 결손에 노심초사하지 않으면 안 되었다. 무엇보다도 중요한 것은 관료와 군대의 봉급 지불에 부족함이 없도록 하는 것이다. 만일 군대의 급여가 부도가 나는 사태에 이르면 천자는 그 지위를 보존할 수가 없다. 사실 그 같은 상황이 일어날 수 있었으니, 명明이 멸망한 경우가 그 좋은 예이다.

중세 이전의 무력국가

천자에게 병력과 재력의 장악이 필요하다는 것은 물론 송대에 시작된 것은 아니고 고대·중세 때도 마찬가지였다. 그렇지만 중세 이전에 천자가 직면한 문제는 중앙정부 직속의 병력과 재력만이었다. 중세의 분열 할거의 형세가 강한 시대의 중앙정부는 국도 부근 일대를 직할直轄할 뿐이고, 지방의 정치는 이를 지방정부에 맡겨두기 때문에 천자의 지배권을 지방 구석구석까지 철저히 미치게 할 수가 없었다. 그 대신에 중앙정부가 설령 조금 어지러워도 지방정부는 자력으로 지방을 다스려 경우에 따라서는 중앙의 실정失政을 바로잡는 경우도 있었다. 그러므로 천자가 장악하는 병력이나 재력도 매우 한정된 것이었다.

더욱이 그 병력은 원칙적으로는 인민의 역역力役으로부터 징발하는 것이었으므로 상비 병력은 매우 적다. 재력은 인민으로부터 조세로 징수해 농민으로부터는 곡물과 포백布帛을, 상인으로부터는 금품을 상납시켰다. 지방정부로부터 중앙정부에 대한 재정적인 원조가 매우 적었던 것은 지방이 중앙에 대해 자립하려는 경향이 강한 데다 교통도 불편했기 때문이다.

재정국가

하지만 당 말 무렵부터 이런 형세가 변화하기 시작했다. 그것은 당 왕조가 재정국가라고 불려야 할 것으로 변질되었던 것이며, 그것은 송에 이르러 거의 완성된 것이다. 그리고 이를 가능하게 하기 위한 사회적 조건 또한 성숙되어 있었다.

중세의 중국 경제는 장원에 의해 대표되듯이 가능한 한 자급자족을 꾀하는 자연경제를 지향한 경제였다. 농업 생산은 도시를 떠나 교외의 전원, 촌락으로 옮겨갔기 때문에 뒤에 남은 도시는 정치 도시가 되고 관리나 군대의 거주지가 되었다. 그들의 수요에 응하기 위해 시市라고 하는 상업 지구가 설치되어 있었지만, 유통 경제가 축소되어갔으므로 시장 경기는 활발하지 않고 정부가 상인에게 과세해도 그만큼의 수입이 오르지 않았다.

이 정세가 당 말기부터 변화를 보이기 시작해 송에 이르러 완전히 면모를 일신했다. 중국 내부에서 자원의 개발이 진척되고 각지에 특수 산물이 발달해 지역적인 분업이 일어나며, 이것은 불가피하게 유통 경제를 촉진한다. 때마침 수나라 때 개척된 대운하가 애초에는 정부용 교통로였는데, 시설이 정비됨과 아울러 민간 기업도 이를 이용하게 되어 남북의 대간선이 일반인의 이용에 개방되기에 이르렀다.

정치적인 역할을 주된 목적으로 해서 존재했던 도시는 다시금 그 경제적 역할이 호전되어 상업도시로서 발전하기 시작했다. 종래의 협소한 시 지구만으로는 상인의 경제 활동을 수용할 수 없게 되고 점차 상업 구역이 확대되어 도시의 형태가 일변했다. 상업에는 교통의 편리가 생명이므로 상점이 한길 양측을 점거하고, 도시의 가로가 거의 시장이 되어 주택지는 뒷골목으로 물러나지 않을 수 없게 되었다. 정부는 상인에 대한 과세에서 종래와 같이 시라는 지구에서 포착하는 것이 불가능하게 되고, 상인에 대해 각각의 업종마다 行행이라는 동업조합을 만들게 해서 이 행에 독점영업권을 인정하는 대신에 각 행이 책임지고 자주적으로 납세할 것을 명령했다. 더욱이 상업 중 가장 이익이 큰 것은 그 상품을 정부의 전매품으로 삼는 것이니, 이를 취급하는 상인은 특허상인으로서 정부가 특별히 보호해줌과 아울러 고액의 전매 수익금을 상납시켰다. 그 대표적인 품목은 소금이며, 일찍이 당의 숙종肅宗 때에 천하의 소금을 거두어 전매품으로 하고 그 수익금을 군사비에 충당했다. 이후 중국의 인민은 원가의 수십 배가 되는 소금을 사는 것이 일상화되었고, 이것이 하층민의 생계를 위협하는 것 외에 갖가지 해로운 부작용을 낳아 정치·경제를 혼탁하게 했다. 한편 유리한 재원을 손에 넣은 천자는 단순히 도성의 금위군禁衛軍만이 아니라 전국의 전투 부대를 천자에 직속시켰으며, 이러한 무력을 배경으로 하여 독재군주로서의 지위를 굳힐 수가 있었다.

호경기 시대의 재래

이 같은 상업의 확대는 바꿔 말하면 경제계에 공전의 호경기가 도래한 것을 의미하며, 이것은 동시에 생산 기술의 혁신과 병행해 일어난 것이었다. 기술상의 혁신은 먼저 연료 혁명에 의해 야기되었다. 그것은 당 말 무렵 석탄이 연료로 이용되면서부터 시작되었다. 원래 석탄은 연기가 많고 악취가 강하므로 결코 탐탁한 연료는 아니었다. 그러나 중국에서는 인구가 증가하고 토지의 개발이 진척되자 삼림이 벌채되어 목재가 바닥나 어쩔 수 없이 대용 연료로 석탄을 사용하기 시작했던 것이다. 그러던 중 석탄을 코크스로 만들어 숯가루 뭉친 연료와 같은 형태로 사용하면 악취가 제거되고 도리어 화력이 강해지는 것을 발견했다. 송대에 들어서자 대도시의 부엌 난로에는 거의 석탄을 사용하게 되었는데, 무엇보다도 중요한 것은 그것이 제철에 이용되기 시작한 것이었다. 철광은 중국 각지에서 얻을 수 있지만 연료 보급 면에서 애로가 있었는데, 이제는 무한에 가까운 석탄에 의해 더욱 용이하게 고열을 얻을 수 있으니 철의 생산량이 급증했다. 어느 세계이든 철의 사용량이 문화의 정도를 보여준다고 할 정도인데 간편하게 철을 사용할 수 있게 된 것이 송대의 문화를 향상시킨 지렛대가 되었던 것이다.

철은 농기구로서도, 공구로서도, 또 무기로서도 불가결하다. 그리고 철을 아낌없이 사용할 수 있게 되면 온갖 도구나 기계를 구비하는 것이 가능해지고, 이것이 생산의 능률을 높이는 결과를 가져온다. 더욱이 중국에서 특수한 용도가 있는 것은 구리 생산에 철이 소비된 것이다. 그것은 송대 남쪽 지역의 구리 광산에서 침동법浸銅法이라는 정련 기술이 사용되었는데, 이것은 먼저 황동광黃銅鑛을 용해해서 유산동硫酸銅을 얻고 여기에 철 부스러기를 투입하면 유산철이 되어 구리가 분리된다. 이때 구리 1킬로그램을 얻기 위해 철을 2킬로그램 남짓 소비하지 않으면 안 되었다. 그러나 정부는 이 구리로 동전을 주조했으며, 동전은 당시의 정화正貨였으니 화폐의 풍부함은 경제를 자극해 호경기를 가져오는 데 이바지했다.

저가로 얻어진 철은 정부의 금령에도 불구하고 국경을 넘어 외국에 수출되어 이른바 '지나' 철의 명성은 서아시아까지 확대되었다. 그 밖에 송대에 이미 완성의 경지에 이른 도자기 또한 널리 서아시아까지 수출되었다. 중국 고대의 특산물인 견직물이 여러 외국에서 진귀하게 여겨진 것은 말할 나위도 없다. 이 같은 중국의 산물이 외국에 수출되자 그 대금으로 유입된 것은 은괴銀塊였다. 중국 정부는 은을 화폐로 공인한 것은 아니지만, 이미 고도의 유통 경제에 들어선 당시의 중국 사회에서 동전은 너무 무거워서 취급에 불편했으므로 자연히 고액 화폐로서 은이 민간에서 사용되고 더욱이 그 수요는 날이 갈수록 커져 갔다. 중국 내지의 은 생산량은 그다지 많지 않았지만 다행히 외국의 은이 수입되어 수요를 채웠으며, 이 은이 사회에 축적되어 중국은 중화민국 초기까지도 사실상의 은 본위 체제 국가가 되었다.

신문화의 발달

이상과 같은 경제적 호조건, 호경기와 고도성장을 배경으로 하여 문화의 각 방면에서 혁명적인 도약이 나타났다. 세계 3대 발명이라 일컫는 화약·나침반·활자 인쇄의 사용이 송대에 보편화되었다. 문학과 경학에서는 고대의 부흥을 부르짖고, 회화 특히 풍경화는 세계 최고 수준에까지 도달했다. 아마 송대의 문화는 당시 세계 어느 지역과 비교해도 선진성을 자랑할 수 있는 우수한 것이었다고 할 수 있을 것이다.

그런데 이 우수한 문화는 완전히 중국이 독자적으로 개발했던 것인가, 혹은 어딘가 다른 지역으로부터 영향을 받아 발달했던 것인가라는 의문이 생긴다. 이에 관해서는 명확한 증거가 발견되지 않고, 또 그것을 완전히 부정해버릴 정도의 연구도 수행되고 있지 않다. 하지만 내 개인적인 추측으로는 중국에 앞서 르네상스를 경험한 서아시아로부터 어느 정도 영향을 받았던 게 틀림없다고 생각한다. 특히 당 초기 서아시아에서 이슬람 세력이 발흥해 중세의 사산Sassan 왕조 페르시아 [226~651]를 멸망시켰다. 사산 조의 귀족, 상인은 도망쳐 중국에 이주해 보호를 받았는데, 그들은 중국인으로부터 파사波斯라고 불렸다. 이 파사는 오랫동안 그 나라의 풍속과 언어를 버리지 않았고 모두 부호로 알려졌다. 중국에서 동산 자본이 발흥한 데는 그들이 많은 자극을 주었다고 생각된다. 이 파사의 발자취를 더듬어 다음에 아라비아인이 도래했는데, 그들은 대식大食이라 불렸다. 이 아라비아인의 사라센 제국은 처음 우마이야Umayyad[661~750] 왕조 때에는 도읍이 다마스쿠스에 있었고, 말하자면 서쪽 지중해 방면과의 관계가 깊었던 것인데, 압바스Abbasid[750~1258] 왕조가 이를 대체하자 수도를 바그다드로 옮기니 이번에는 그 관심이 동방으로 향하게 되었다. 더욱이 9세기 중반 무렵에 르네상스 현상이 일어나고 고대 그리스 문화를 부흥시켜 다른 어느 세계보다도 앞질러 근세 사회를 만들어 냈다. 이 시기로부터 송 초기까지가 약 1세기인데, 이 사이에 중국에 도래한 이른바 대식이 그 아라비아 신문화로 중국을 자극했을 것임은 의심할 여지가 없다.

송 문화와 서아시아

그렇지만 중국이 대략 북송 1대 동안에 그 독자적 르네상스를 전개한 뒤에는 그 문화가 서아시아를 능가하기에 이르렀다. 이번에는 동으로부터 서로 향하는 문화의 조류를 볼 수 있다. 그중에서도 특히 명백하게 자취를 더듬어볼 수 있는 것은 중국 회화의 영향이다. 이를테면 서아시아에는 이슬람교가 보급되자 이에 따라 회화, 조각 등 동물의 형태를 표현한 것이 전부 다 송두리째 파괴되었다. 이것은 이슬람교가 우상 숭배를 금지하는 방침에서 이를 유발할 염려가 있는 모든 생물의 형상을 배척했기 때문이다. 이런 형세에 조금 변화가 보인 것은 아랍 세계에 대한 투르크인의 침입이다. 압바스 왕조가 10세기에 들어 칼리프의 권위가 실추된 틈을 타 용병으로 사역되던 투르크 군인들이 조정을 좌우하는 한편 지방에도 투르크인 군벌이 할거 정권을 수립해 아랍인 대신 투르크인이 아랍 세계를 제패하게 되었다. 물론 투르크인은 아랍 세계에 들어감과 동시에 이슬람교로 개종해 그 계율을 따르게 되기는 했지만, 원래 원시적인 애니미즘을 신봉하고 또한 다소 중국의 영향을 받고 있었던 투르크인은 이슬람교를 신봉하는 데 아랍인처럼 엄격할 수는 없었다. 그들이 지배자가 되고 문명화해 생활에 여유가 생기자 그들은 그 장식에 조심스럽지만 동물의 모습을 모티프로 사용하기 시작했던 것이다. 그리고 그 회화 수법에서 중국화의 영향을 엿볼 수 있다. 이 경향을 더욱 촉진한 것은 몽골족의 서아시아 정복이다. 13세기에 원의 태조 칭기즈칸 아래에서 몽골족의 세력이 크게 흥기하고, 태종太宗 우구데이 때는 원정군을 보내 폴란드, 독일에 침입하고 곧 이어 서남아시아에 일한국汗國, 그 북쪽에 킵차크한국의 성립을 보기에 이르렀다. 이 가운데 일한국은 서아시아 문화가 번영한 중심 지역을 영유했으므로 곧 국왕을 비롯한 정복자의 일단은 토착인에게 동화되어 이슬람교로 개종하기에 이르렀지만, 그들은 이전부터 중국 문화의 영향을 투르크인보다도 더 깊게 받았으며, 특히 중국화를 애호하고 이해하는 것도 투르크인보다 나았다. 그래서 이 왕조 아래서 제작된 페르시아어, 아랍어 서적의 삽화에는 극채색의 세밀화를 사용한 것이 많고, 그중에는 중국화와 구별하기 어려운 것이 섞여 있는 경우도 적지 않다.

중국과 유럽

다음에 유럽 세계는 고대 이후 끊임없이 서아시아 문화의 영향 아래 그 문화를 발달시켜왔다. 특히 유럽의 근세는 11세기 말에 시작된 십자군 이후 수백 년 동안 이슬람 세계와 접촉한 결과로 일어날 수 있었던 것은 이미 잘 알려진 대로이다. 그러면 여기서 당연히 생각되는 것은 유럽 근세에 대해 중국의 근세가 다소의 공헌을 했을 것이라는 추측이 가능하다. 왜냐하면 중국 문화는 이미 서아시아에 영향을 주고 있었으므로 이번에는 유럽 세계가 서아시아 문화를 수용할 때 그 속에 중국적 요소가 포함되어 있음을 당연히 예상해야만 하기 때문이다.

이 경우에도 가장 안전하게 결론을 낼 수 있는 것은 중국화의 영향이다. 그것은 서양의 르네상스 예술 중에 조각 부분에서는 확실히 부흥시켜야 할 목표로서 그리스·로마 시대의 고대 유물이 있었다. 그러나 회화의 경우 그리스·로마는 르네상스인에 대해 지도해야 할 아무런 재료도 갖고 있지 않았다. 르네상스인은 중세의 수도원 등에 보이는 빈약한 벽화를 젊음이 넘치는 생명을 가진 조각과 상응하게끔 그 품격을 높여야만 했는데, 이때 이용할 수 있었던 것은 서아시아의 이슬람 문화였다. 서양의 르네상스 화가는 성서의 내용을 회화로 만들면서 당시 서아시아인의 풍속을 묘사했다. 거기에는 고귀한 다마스크(다마스쿠스에서 발달한 직물) 의상, 투르크 식의 무기와 갑주甲胄가 묘사되고 배경에는 중국식의 준법皴法(산이랑 암석의 주름을 표현하는 기법)에서 온 것처럼 생각되는 바위산이 나타나 있다. 이것은 중국화가 서양에 미친 영향의 제1기로서 서아시아를 통한 간접적인 것에 불과했지만, 17~18세기가 되자 중국의 산수화가 직접 유럽에 소개되어 그 영향 아래 서양 풍경화가 성립되고 인물화와 대등한 위치를 차지하게 된다. 회화 이외의 부문에서도 아마 마찬가지 현상이 진행되었음에 틀림없다고 생각되는데, 현재의 연구 수준으로는 그렇다고 단언할 수 있는 정도까지 이르지는 못하고 있다.

중국 문화의 정체

중국의 근세는 송대에 거의 완성에 가까운 경지에 도달하면서 그 이후에는 다소 정체 경향을 보이게 되었다. 그 근본적 원인은 경제상의 호경기가 그대로 영속되지 않았기 때문으로 보인다. 경제 현상은 정치 정세와 거의 평행하는데, 북송 말년에 중국 사회는 경기의 정점에 달한 것 같은 양상을 드러냄과 동시에 극히 위험한 징후를 드러내기 시작했다. 그것은 부의 편재에 의한 상층 계급의 사치 생활, 이에 수반된 정치의 부패, 지방 인민의 반항 기운의 양성 등이다. 이 같은 사회 불안을 틈타 동북으로부터 여진족女眞族이 세운 금金 왕조의 침입을 받아 송은 화북 땅을 금에게 내주고 강남으로 물러나 양자강 이남을 간신히 유지할 뿐이었다. 그 뒤로 중국 전체를 통해 경기는 일변해 하강으로 향하는 것이다. 정부는 애써 민간의 경기를 유지하고자 하여 인위적 정책으로 만회를 시도하지만, 이것은 도리어 경제의 실질을 저해하는 결과가 된다. 이 미봉책이 최후에 파탄을 초래했을 때 남송南宋 정권은 금과 거의 동시에 무너지고, 중국은 새로이 북방으로부터 흥기한 몽골족의 원元 왕조를 정복자로서 맞이하는 것이다.

원 왕조 초기는 거대한 몽골 제국 영토를 통해 교통이 활발해지고 경제계는 일시 호황을 드러냈다. 그렇지만 곧 내란, 서아시아 여러 한국汗國의 분리가 일어나 호경기는 오래가지 않고 침체와 저조의 시기가 계속된다. 원 왕조는 이 불경기를 지탱할 수가 없어 멸망한 것이다.

경기 변동

원을 대신한 명明 왕조 하에서 경기는 서서히 향상되어 갔다. 효종孝宗 홍치제弘治帝 무렵이 아마 그 절정이었을 것이다. 이리하여 인민은 약간의 안정을 얻었지만 그 후의 경기는 파행 경기와 침체의 반복으로서 전체적으로 하강한다는 점에서는 변함이 없었다. 명 말기 만력萬曆·천계天啓 무렵은 전례 없는 호경기처럼 보이지만 그것은 소비 경기에 그치고, 실질은 도리어 악화되어 생산은 막다른 상태에 있었다. 그런 때 북방으로부터 만주족滿洲族인 청淸 왕조의 침입을 받아 어이없이 멸망하지 않을 수 없었다.

명을 대체한 청 왕조 하에서 중국 사회는 서서히 경제 태세를 재건하고 강희제康熙帝를 거쳐 옹정제雍正帝로부터 건륭제乾隆帝 초기에 걸쳐 경제도 또 한 번 전성기를 맞이한다. 그러나 건륭제의 긴 치세의 후반이 되면 벌써 경기는 기울어지기 시작한다. 그 근본적 원인은 은괴의 국외 유출이었다. 여기에는 영국인에 의한 아편 무역이 강하게 작용하고 있으며, 중국 사회는 독물 아편의 구입을 위해 역대에 걸쳐 고심해 수출에 유념해 차근차근 축적했던 은괴가 끝없이 영국으로 방출되는 상태가 계속되었던 것이다. 그리하여 나타난 것은 전형적인 불경기 현상이었다. 마치 후한 말 이후에 나타난 것과 마찬가지의 화폐의 유출, 감소에 의한 불경기가 재현되었던 것이다. 더욱이 앞의 중세의 경우는 칠백수십 년의 장기간에 걸치고 그사이에 왕조가 자주 바뀌어 정치의 잘잘못에 따른 영향에 의해 경제 현상 또한 불규칙하게 변동한 것에 반해, 청조의 경우는 같은 정권 아래에서 약 1세기 반 동안 집약되어, 모범적으로 오로지 경제적 현상으로서의 불경기가 진행되었던 것이다. 그것은 관점에 따라서는 연구자에게는 실험할 의도가 없는데도 역사가 실험해 보여준 것 같은 결과를 얻을 수 있었던 것이다.

불경기는 우선 기업을 압박해 생산 활동이 정체되며, 인구의 증가에 반비례해 취업의 기회가 감소해 현재적, 잠재적인 실업자가 증가하며, 이들 실업자는 암거래를 목적으로 하는 비밀결사에 가입해 치안의 문란을 초래하고 세상이 소란해져 이것이 더욱 생산 활동을 저해했던 것이다.

경기의 주기

전체적으로 보면 송 이후 근세에 들어서 경기 변동의 주기는 전대에 비해 훨씬 짧아졌다. 그때까지는 고대는 상승기, 중세가 정체 하강기로서 양자를 합쳐 하나의 주기를 끝낸 것이었는데,

송 이후는 대개 한 왕조의 길이가 경기의 한 주기를 형성한다. 이것은 그만큼 사회의 움직임이 빨라졌다는 것을 보여주는 것인데, 이 주기의 길이는 그 후 점점 더 짧아져 최근에 이르러서는 몇 년이 한 주기가 되기까지에 이르렀다는 것은 널리 알려진 사실이다.

여기서 주의해야 할 점은 정치의 잘잘못이 경제의 경기 파동과 일치하는 경향이 있다는 것이다. 이것을 송대로 말하면 북송 초기는 어느 시대보다도 더 정치가 양호하게 운영되었다고 하지만 그 이면에는 전대에 볼 수 없는 호경기의 파동이 있었다. 그래서 생각해야 할 것은 호경기 시대에는 정치가 효과를 올리기 쉽고 약간의 실패도 별로 흔적을 남기지 않는다는 것이다. 그와 같은 시대에는 설령 우매한 군주가 재위해도 그 결점이 세평에 적게 오르고 해결된다. 이에 반해 불경기에 직면하면 정치상으로 아무리 노력해도 이를 만회하기가 어렵고 대체로 실패에 실패를 거듭하는 결과가 된다. 그러면 여론은 그 책임을 군주 또는 대신에게 지워 그 도덕의 상실, 그 정책의 실패를 공격하게 된다. 그런데 명군名君에 의해 잘 다스려지는 치세治世가 생기고 암군暗君에 의해 어지러운 난세亂世가 시작하는 것이 역사의 법칙인 것처럼 생각되어 왔지만, 실은 치세란 것은 호경기, 난세란 것은 불경기의 다른 이름인 경우가 많다. 그리고 호경기, 불경기는 그때그때의 군주 개인의 정책에 의해 좌우되기가 어려우므로 예전부터의 군주에 대한 전통적인 평가는 그다지 타당하지 않음을 알아야 한다. 예컨대 청조의 강희제 같은 이는 때로는 불세출의 명군이라고 칭송받기도 하지만 실질이 반드시 그런 것은 아니고 극히 보통의 인간에 지나지 않았던 것 같다. 다만 그 재위 기간이 몹시 길고 더욱이 명말기 대동란 후의 부흥기를 맞아 국제무역이 수출 초과를 계속해 경제계도 미증유의 호경기였던 혜택을 입는다는 호운이 맞아떨어진 결과였던 것 같다. 청조의 기강은 오히려 그의 치세에 벌써 문란해져갔는데, 다행히 다음 대에 옹정제가 나타나 관의 기강을 숙정하고 청조의 독특한 정치 기구의 기초를 놓았다. 이 사실을 살피지 못하고 세상 사람들은 걸핏하면 청조의 전성기를 강희·건륭이라고 붙여 말하고 중간의 가장 중요한 옹정 시대를 잊어버리는 경우가 많다.

근세적 통일

여기서 관점을 바꾸어 통일인가 분열인가라는 문제와 관련해 근세는 어떻게 설명될 수 있을까를 생각해 보고자 한다. 근세는 중세를 부정하고 멀리 고대를 이어받는다는 임무를 지는 것이므로 필연적으로 그것은 통일의 경향이 현저하게 나타나는 시대이다. 하지만 실제로는 중국에서는 송의 통일은 그 크기 면에서 한·당에 미치지 못하며, 유럽에서도 근세에는 로마 제국의 거대함은 말할 것도 없고 카롤링거 왕조 정도의 통일조차 없었던 것은 어떻게 해석해야 할까.

이에 답하여 나는 통일이란 형체의 크기라는 양적인 의미 외에 통일의 실질적인 내용이란 질적인 면이 있음을 지적하고 싶다. 우선 송의 통일은 그 영토의 면적으로 말하면 전대의 대통일에 비해 몹시 열등해 보이는 것을 피할 수 없지만, 다만 그 통일은 몹시 공고한 성질을 가졌음을 잊어서는 안 된다. 이것은 이 시대에 이르러 중국인이 비로소 강한 민족적 자각을 가지고 단순한 정치적 통일이라는 형식 이상으로 내면적인 단결에 의해 통일이 지탱되었기 때문이다. 당은 3백 년 정도 지속되었다고는 하지만 중간에 무주武周 혁명[측천무후則天武后의 찬탈]이 있어서 중단되었고, 천자는 몇 번이나 국도를 버리고 지방으로 몽진蒙塵할 수밖에 없게 되며, 또 영내에 독립, 반독립의 군벌 세력이 할거하는 것을 어찌할 수도 없었다. 그런데 송은 북송 약 170년의 뒤를 이어받아 남송이 또 약 150년의 명맥을 보존하고, 남송이 멸망한 뒤에도 황실의 자손을 받들어 그 부흥을 꾀하는 운동이 몇 년이나 계속되었다. 이것은 종래의 역사에서 볼 수 없었던 일이다.

근세 민족주의

이 같은 민족주의는 송 왕조 하의 중국뿐 아니라 주위의 이민족 간에도 마찬가지 현상이 보였다. 오히려 주위의 이민족 측에서 민족주의가 한층 더 강하게 나타나는 경향이 있었다. 그 때문에 송은 자주 이들 외적 때문에 중국인이 거주하는 영토를 할양하게 된다. 요遼에 북변 16주, 이어서 서하西夏에 섬서陝西 연변의 몇 주, 다시 금에 화북 전체를 빼앗긴 것 같은 것이 그것이다.[16]

마찬가지 경향은 유럽에서도 볼 수 있다. 근대 열강의 직접적인 기원은 르네상스 이후의 근세 기간에서 많이 찾을 수 있다. 그 여러 국민의 국민문학의 연원도 또한 이 시기로부터 시작되고 있다. 얼핏 보아 근세의 유럽은 분열 할거가 심한 시대처럼 보이지만, 이것은 구심력이 지형에 따라 국한된 지역마다 작용했기 때문이고 중세의 무정부적인 분열 할거와는 전혀 그 성질이 다르다고 하지 않으면 안 된다.

6. 최근세란 무엇인가

최근세적 발전

서아시아·중국 문화의 영향을 받아 가장 늦게 르네상스를 경험한 유럽은 늦었기 때문에 오히려 가장 완성된 르네상스 문화를 창조했다. 그리고 일단 이 단계를 빠져나가자 그 후의 진보가 눈부셨다. 거기에는 다른 세계에서는 볼 수 없었던 아메리카 신대륙이나 구대륙에의 항로의 발견이라는 성과를 들 수 있다. 노예를 사용해 채굴, 정련된 신세계의 은괴가 유럽에 반입되어 유럽은 전례 없는 호경기의 혜택을 누렸다. 한편으로는 인도양 항로의 발견에 의해 이제까지 갈망하고 있던 구대륙의 향료 등 진기한 산물을 자유로이 구입하게 되었다. 이 같은 절호의 조건의 혜택을 입어 유럽 세계는 지금까지의 구문화를 거의 무가치하게 만드는 경향이 있는 산업혁명 문화를 창조함에 이르렀던 것이다. 이것은 18세기 후반부터 시작되었지만 여기에서 유럽의 역사는 갑자기 신단계로 들어가므로 나는 이것을 최근세(근대)로 삼아 그 전의 근세와 구별한다. 최근세라는 이름은 내가 교토 대학에 입학했을 무렵 다이쇼(大正) 말년부터 쇼와(昭和) 초기까지 존재했던 문학부의 강좌명으로서, 나는 이 이름이 좋다. 그것은 최근세가 결코 근세에 대한 안티테제는 아니고, 근세적 경향을 한층 강하게 추진했다는 의미라는 것을 한눈에 알 수 있기 때문이다. 층서層序를 나타내는 데 최最라는 글자를 쓰는 예로는 지질학 등에서도 플라이오세世Pliocene란 것을 이전에는 최신세最新世라고 번역했었다. 근래에는 웬일인지 선신세鮮新世라고 바꾼 듯한데 '선신'으로는 의미를 알지 못한다. 마찬가지로 최근세의 의미를 요즘은 근대라고 부르는 것이 유행하고 있는데, 근세와 근대는 도대체 어떤 차이가 있는 것일까.

자연과학의 시대

근세에 르네상스가 일단락되자 그 뒤에는 그다지 급격한 진보가 보이지 않고 같은 수준에서 방황이 계속되었는데, 최근세에 들어서는 산업혁명 이후에도 잇달아 빠른 속도로 모든 방면에서 비약적인 발견, 발명이 꼬리를 이었다. 나날이 달마다 이루어진 진보는 참으로 눈부신 면이 있었고, 특히 자연과학, 기술 면에서는 급커브의 상승을 이루어 만일 이를 고대부터 현재까지 도상圖上에 표시하려고 하면 한 장의 종이에는 다 넣지 못할 것이다.

그런데 유럽에서 먼저 일어난 신예의 산업혁명 문화는 필연적으로 타 세계에 그 영향을 미치지 않을 수 없었는데, 이상한 것은 거리가 가까운 서아시아의 반응은 의외로 둔하고 도리어 거리가 먼 동아시아에 대한 영향이 심각했다. 그리고 신문화가 노리는 침략의 표적은 말할 나위도 없이 중국이었다.

그렇지만 중국이 직접 유럽 문화의 첨병과 마주친 것은 16세기부터 시작되어 명의 가정嘉靖 연간에는 마카오(澳門)에 포르투갈인의 식민지가 출현했다. 이후 도래하는 유럽인이 날로 많아지고, 특히 가톨릭 선교사는 중국 내지에서 포교하고 명 조정에도 받아들여져 당시의 지식계급 사이에 유럽의 학술을 소개했다. 이것은 분명히 종래의 중국 역사에 없었던 신국면이고, 그것이 그 후 중국의 서구화의 복선伏線이 되기도 하므로 중국사의 시대 구분에 있어 이 시기를 하나의 경계로 삼고자 하는 설이 있다.

그러나 내 생각은 이것과 반대이다. 그 이유는 명대에 서양 선교사가 가져온 문화는 당시 세계에서 가장 우월한 자연과학을 기초로 하고 있고, 중국에도 크나큰 감화를 준 것은 사실이지만 그 위력은 그다지 강력하지 않았다는 것이다. 그것은 중국이 이미 경과한 르네상스 문화와 대체로는 같은 평면에 있는 것으로 조금 그 지반이 융기해 있었던 데 지나지 않는다. 그러므로 당시에는 어떤 유럽인도 만일 중국과 통상을 하고자 하면 명목상으로라도 조공국이 되어 오로지 공손한 태도를 표하지 않으면 안 되었다. 기독교를 포교하는 데에도 조정의 눈치를

살펴 비굴해 보이기도 하는 탄원에 의해 허가 내지는 묵인을
하도록 만드는 것이 고작이었고 무력으로 협박하는 따위의 일
은 상상도 할 수 없었다. 이런 형세는 청조 초기까지 계속되는
것이니, 강희제 때에 러시아가 흑룡강黑龍江 변으로 침범해 남하
해도 바로 반격에 부딪쳐 전쟁을 하면 지는 것은 러시아 측이
었다.

산업혁명 문화

그렇지만 강희제의 손자 건륭제의 치세에 해당하는 18세기
중반 무렵부터 유럽에서는 산업혁명이 시작되고 19세기 초에
는 이미 일정한 성과를 거두고 있었다. 이 무렵이 되면 제해권
은 영국으로 옮겨가고 영국이 서양 각국을 대표해 중국과 대결
했다. 이때의 영국은 이미 옛날의 포르투갈에 비할 바가 아니
었다. 무리한 영국의 아편무역에 대해 처음에는 소극적인 태도
로 저항하고 단순히 자국민을 단속함으로써 금절하려 했던 청
조는 최후에는 아편을 중국에 반입한 영국인을 단속하지 않으
면 성공할 수 없다고 결심하니, 여기에 양국 간의 전단이 열렸
다. 중국의 항구가 전쟁터가 되자 영국은 증기선을 투입해 재
빠른 기동력을 보여주었다. 그 포화도 대단히 강렬해 중국의
정크선은 대적할 수 없었다. 그래서 남경 조약 체결이라는 굴
욕을 감내하고 화평에 응하지 않을 수 없었다. 이후 유럽의 산
업혁명 문화는 당당히 중국의 내지를 통행하게 되었던 것이다.
그래서 만일 중국사의 근세와 최근세의 경계선을 이 아편전

쟁 혹은 그 2년 뒤의 남경 조약 시점에 둔다고 하면 나는 별로 이의를 제기하지 않는다. 그것은 이때부터 중국의 최근세화가 시작되었기 때문이다. 다만 이것은 시작일 뿐이며 전통적 문화에 익숙한 중국인들은 상하 모두 새로 도래한 다른 종류의 문화에 대해 반감을 갖고 저항을 계속했다. 이 서양 문화에 대해 일본인의 반응은 조금 달랐다. 물론 일본에도 오랑캐를 물리친다는 강한 양이攘夷 사상이 있었지만, 한편으로는 개국 사상이 있어서 이것을 완화했다. 그러므로 메이지유신(明治維新)을 계기로 종래의 도쿠가와 막부가 마지못해 실시했던 개국 정책을 그대로 답습해 지식을 세계로부터 구할 것을 국시로 삼기에 이르렀다. 이것은 오늘날의 시각에서 보면 매우 현명한 태도여서 중국처럼 큰 희생을 치르지 않고 세계의 대세에 순응할 수 있었던 것이다.

일본·중국의 개화

일본은 문명개화의 진취적 정책으로 크게 성과를 올려 부국강병 면에서 청조를 능가하기에 이르렀다. 그래서 러일전쟁 무렵부터 그렇게 완미頑迷하기로 정평이 나 있던 청국 조정까지도 갑자기 개화주의로 개종하지 않을 수 없게 되었다. 그렇지만 청조는 원래 이민족의 정복왕조였던 관계도 있어서 청조가 바라는 개화의 목표와 민간이 바라는 개화의 이상 사이에는 커다란 간극이 있었다. 마침내 민간의 이상이 청조의 희망을 분쇄해 신해혁명에 의해 중화민국의 탄생을 보기에 이르렀다. 이것은 말할 나위도 없이 중국 역사상 전례 없는 대사건이며, 2천여 년간 이어져온 황제 제도가 붕괴한 것이다. 이것은 서양의 최근세 문화가 얼마나 강렬했던가를 말해주는 것이며, 이것을 중국사에서 근세로부터 최근세로 이행하는 경계선으로 삼는 것은 가장 명분에 들어맞는 것이라 할 수 있겠다.

공화제 중국

중국이 최근세에 들어서 종래와 다른 점은 처음으로 근대적 국가의 형태를 취하기에 이르렀다는 것이다. 그때까지의 황제제는 이른바 국가라는 것을 초월한 세계국가이며, 대립하는 외국의 존재를 인정하지 않고 외국은 이념상 중국의 속국屬國이어야 했다. 대립하는 외국이 없으므로 따라서 외국과 대립하는 중국이라는 국가도 없는 것이다. 거기에 청조까지의 중국은 외국과의 사이에 국경이 없었다고 하는 설도 주장될 수 있는 이유가 있었다.

그런데 청조가 무너지고 중화민국이 되자 필연적으로 그것은 여러 외국과 같은 성질의 근대국가가 되지 않을 수 없었다. 더욱이 청 말 이래 여러 외국으로부터의 압박에 의해 불리한 불평등조약을 강제당하고 있었으므로 중화민국은 먼저 그것의 철폐를 추구해 힘겨운 투쟁을 개시했던 것이다.

中國通史

제1편 | 고대사

1. 삼대

고대사 연구법

　중국의 고대사를 배움에 임해서는 우선 무엇보다도 그만한 마음가짐이 필요함을 말하고 싶다. 이것은 특별히 중국사에 한정된 것은 아니지만 고대는 유구한 먼 과거이므로 적당한 사료가 부족하며, 있어도 이해하기 곤란하고, 이해했다 해도 그 가치가 의심스러운 것이 많다. 그러므로 고대사 연구법은 사료가 갖추어지기 시작한 중세, 너무 많아서 선택이 곤란한 근세에 대한 연구법과는 당연히 달라야 하는 것이다.

　우선 첫째로 문제가 되는 것은 고대에 관해 쓰인 것을 어디까지 믿어야 좋은가라는 점이다. 그렇게 말하는 이유로는 고대인에게는 기록이라 함은 사실史實을 후세에 전하려고 하는 식의 관심에서가 아니라 그보다는 그 당시의 현재적인 목적을 위해 만들어진 흔적에 지나지 않으므로 결코 후세의 역사가가 학문적으로 생각해 써서 남긴 저술과 같은 것은 아니기 때문이다. 그러므로 유교의 경전 안에 쓰여 있는 신성한 이야기도 오늘날로부터 보면 역사 사실로서 생각할 수 없는 의심스러운 것이 많다.

구식의 중국 역사에서는 고대사는 황제黃帝, 요堯·순舜, 하夏의 우왕禹王이라는 순서로 시작하고 있고, 그중에 황제와 요·순은 가공의 인물일 것이라고 일찍부터 여겨졌지만, 하 이후 삼대三代의 역사는 아마 실제로 존재했을 것이라고 보통 믿어져 왔다. 그런데 하의 우왕의 사적은 유교 경전인 『서경書經』의 「우공편禹貢篇」에 상세히 기록되어 있는데, 내 생각으로는 이 편의 내용도 실은 진秦에서 한漢 초기에 걸친 창작임에 틀림없다고 생각되며, 지금부터 40년 정도 전에 그 생각을 정리해 발표했다. 이것은 지금도 자신 있게 주장할 수가 있다.

하·은 시대

그렇다면 하의 시대란 것은 말살해도 무방한가 하면 그렇게 간단하게 말할 수는 없다. 그렇게 말하는 이유는 하 왕조란 것이 도읍했던 안읍安邑은 산서성山西省의 서남단에 있으며, 여기에는 유명한 염지鹽池가 있어 소금을 생산하고 있었으니 아마 태고부터 하나의 경제 중심지가 되어 있었다고 생각되기 때문이다. 다음 은殷 왕조가 일어나 번영하기 전에 이 근처에 부유한 도시국가가 있어서 하라고 불리고, 그 기억이 은을 거쳐 주周로 전해진 것은 충분히 짐작할 만하다.

그런데 근래 중국 학계의 경향은 중국의 역사를 대단히 오랜 옛날부터 시작하는 것이라 생각하고, 따라서 하 왕조의 실재를 인정하고자 하여 그 전설을 고고학상의 유물과 결부시켜 해석하려는 것 같다. 만일 그것이 국수주의의 입장에 의한 것이라면 이는 주의해서 듣지 않으면 안 된다.

하의 뒤를 이었다고 일컬어진 은대殷代[원래의 국명은 상商]부터는 명확히 실재한 왕조이고 역사학의 대상이 된다고 오늘날 일반적으로 인정되고 있다. 그런데 은대의 역사 사실로서 어디까지를 정말로 알고 있는가라는 문제를 살펴보면 거기에는 갖가지 의문이 생긴다.

우선 은 말기의 도읍인 상읍商邑의 위치에 관한 것인데, 일반적으로는 은대의 왕묘王墓로 보이는 것이 발견된 소둔小屯 부근 일대의 고지를 그곳이라고 믿고 있다. 그러나 내 생각으로는 소둔 부근은 은대의 묘지이기는 하지만 도시의 유적이라고 인정하기는 어렵다. 도시는 묘지로부터 떨어진 황하黃河에 가까운 평야의 중앙, 현재의 하남성河南省 안양安陽시 부근에 있었던 게 틀림없다고 생각된다. 다시 이 도시 상읍商邑이 멸망한 뒤 이른바 은허殷墟에는 얼마 안 가 위衛가 도읍을 세웠다. 그러므로 정말로 고고학적 발굴을 행하면 위의 도읍 아래에 은의 도읍이 겹쳐서 나올 것이다. 다시 소둔 일대의 묘지에는 은왕殷王의 묘와 함께 위후衛候의 묘도 발견되어야 한다. 이상은 여러 사람과는 다른 나의 독자적 의견이다.

은대의 사료로서 이른바 갑골문자甲骨文字 혹은 복사卜辭라고 불리는 것이 존재함은 세상 사람들도 익히 알고 있는 사실이다. 그런데 이것이 어디까지 은대의 역사 사실을 전하는 것인지 의심하려면 얼마든지 의심할 수 있다. 우선 첫째로 문자를 새긴 귀갑龜甲·짐승 뼈는 과연 정말로 정식 점복占卜에 사용된 유물일 뿐인가 하는 점이다. 그렇게 말하는 이유는 문자의 서사書寫나 점복의 실시에는 반드시 장기간에 걸친 학습이 불가결했던 게 틀림없으므로 그 학습에 사용했던 잔해가 섞여 있는 것은 아닐까 하는 우려가 들기 때문이다.[17]

서아시아에서는 필사筆寫에 점토판을 사용하고 다 쓰면 이를 말려서 굳혔다. 그런데 서사書寫의 학습에도 같은 점토판을 썼지만 학습 때에는 그 직후에 점토를 다시 이겨서 몇 번이나 되풀이해 사용했으므로 그것이 후에 남는 경우는 좀처럼 없다. 그런데도 학습에 쓰인 것이 틀림없는 점토판이 발견되었다고 한다. 그렇다면 중국에서는 어떤가 하면 서사의 학습 재료로는 역시 갑골을 사용할 수밖에 없었을 것이다. 그리고 학습에는 긴 세월이 필요했으므로 글을 써서 망가진 폐물은 아마도 막대한 수량에 이르렀을 것이다. 그렇다면 그 폐물 부스러기는 어떻게 처리되었을까. 후세의 예로부터 거꾸로 추측해보면 적어도 신성한 문자가 실린 갑골을 소홀히 유기하는 것은 허용되지 않는다. 한곳에 모아 어딘가 타인의 방해가 되지 않는 장소에 묻혔을 것임은 충분히 추측할 수 있다. 만일 이 같은 것이 발굴되었을 때 그것을 정식 점복에 사용된 갑골과 어떻게 구별할 수 있을까.

갑골문자

또 제기되는 문제는 갑골문자는 과연 전부 은대로 돌려도 좋을까라는 의문이다. 점복은 한 집안의 비전秘傳으로 전해졌을 것임에 틀림없으므로 그 문자의 형식은 그대로 전승되어 그다지 변화는 일어나지 않았을 것이다. 하지만 점복에 귀갑을 사용하는 것은 주대周代를 통해 다시 한漢 초기까지 면면히 계속되어 왔다. 그 후대의 것이 출토되었을 때 이를 은대의 것과 어떻게 구별할 수 있을까? 내 생각에는 갑골문자 속에는 그다지 원시적인 것이 아닌 변형이 포함되어 있다고 여겨지며, 또 문구의 내용도 은대에 상응하지 않고 훨씬 후대의 사상으로 보이는 것이 섞여 있는 듯한 느낌을 받는다. 이 같은 말은, 전혀 짐작조차 할 수 없는 다른 자체字體의 고대 문자를 고심하며 해독을 진행해온 많은 선학先學들에게는 몹시 말하기 거북하지만 나는 결코 심술궂은 말을 하는 것은 아니다. 앞으로 이 길에 뜻을 두려는 신진들에게 꼭 말해두지 않으면 안 되는 의무감을 느끼기 때문이다.

고고학

그렇다면 다음으로 고고학은 중국 고대사에 대해 어떤 공헌을 했는가 하는 문제가 있다. 지질地質 시대에 속하는 북경원인北京原人이란 것은 잠시 제쳐두고, 1923년 스웨덴 학자 안데르손Johan Gunnar Andersson에 의해 하남河南 · 섬서성陝西省에서 발견된 채도彩陶는 신석기 시대에 서아시아의 문화가 멀리 중국에 유입되었음을 말해주는 것이라 하여 학계의 주목을 모았다. 특히 그가 하남성 민지현澠池縣에서 발굴한 앙소仰韶 유적은 채도기 문화의 대표적인 것으로 인정되어 앙소 문화란 명칭이 성립되었다. 채도 문화는 다음에 흑도黑陶 문화로 이행되는데, 이 시기의 대표적인 것은 산동성 역성歷城현 성자애城子崖의 용산龍山 유적이고, 이것이 대표하는 용산 문화는 널리 한국과 대만까지도 퍼져 있다. 이 문화는 은 문화와 연결되는 것이라고 생각되는데 그 이상의 상세한 점은 잘 알려져 있지 않다.[18]

은대는 금속기 시대에 속하지만 금속으로서 최초로 나타난 청동제 무기·용기容器의 기원에 관해서도 확실한 것은 알지 못한다. 그러나 일반 문화의 발달 상황으로 보아 은대의 청동은 자신들이 발명한 것이 아니라 타자의 영향에 의한 것이며, 그 근원은 다른 문화와 마찬가지로 서아시아였을 것임은 상당한 확실성을 갖고 추찰할 수 있다.

은·주 혁명

보통 중국의 확실한 역사 사실은 은殷·주周 혁명까지는 소급될 수 있다고 보는 것 같다. 옛 전승에 의하면 은은 그 시조 탕왕湯王으로부터 헤아려 28대째에 주왕紂王이 나타나고 달기妲己를 총애해 정치가 문란해졌다. 때마침 서방에서는 주가 일어나는데, 그 선조는 산간으로부터 남하해 위수渭水의 평야에 주거를 정하고 도시국가를 세웠으며, 문왕文王 때에 강대해져 그 아들 무왕武王은 인근의 이민족을 끌어모아 은을 공격해 그 도읍인 하남성의 상읍을 함락시키고 주왕을 죽였다. 그러나 무왕은 본거지인 섬서성으로 돌아가 호경鎬京의 도읍을 지켰는데, 12대의 유왕幽王이 멸망하기까지 계속되니 이를 서주西周라 불렀다. 무왕의 아들 성왕成王 때 숙부 주공周公은 낙읍洛邑을 축조해 별도別都로 삼고 동방의 제후들을 감시하는 통제부 소재지로 삼았는데, 유왕의 멸망에 즈음하여 그 아들 평왕平王이 도망쳐 이곳에 도읍하니 그 이후를 동주東周라고 부른다.

그런데 이 주왕에 관한 것으로 이것과 유사한 설화가 그 전에도 그 후에도 존재한다. 전의 것은 하의 걸왕桀王 이야기로서 이에 의하면 걸왕은 말희末喜를 몹시 사랑했기 때문에 나라가 어지러워져 은의 탕왕에게 멸망당했다고 전하며, 후의 것은 주의 유왕이 포사褒姒를 총애해 그 말에 따랐기 때문에 인심을 잃고 이민족의 침입을 받아 멸망했다고 한다. 이 세 가지는 동일한 근원에서 생겼음에 틀림없고, 그러면 어느 것이 원작인가 하면 이 같은 경우에는 가장 가까운 시대의 것이 원본이고 그것이 점차 옛 시대에 반영되어 몇 가지 번안물이 생겼던 것이라고 생각된다. 그러면 이 경우 유왕 설화가 최초의 것이고, 주왕 설화는 제2차 반영 설화, 걸왕 설화는 제3차 반영 설화일 것으로 추측된다. 이것은 단순히 소설적인 분야에만 그치지 않고 사실史實로서 이야기되고 있는 영웅의 전기 분야에 걸쳐서도 반영된 것이 틀림없다.[19]

주왕 설화와 유왕 설화를 비교하면 유왕 설화 쪽이 훨씬 현실감이 있다. 첫째로 유왕 이후의 역사는 바로 다음에 춘추시대가 이어지고 후세의 역사와 연대성이 있다. 그렇지만 주왕 설화는 그 이후부터 주의 유왕 무렵까지의 사이에 커다란 단절이 있음에도 불구하고 이 부분만이 예외적으로 명확한 영상이 되어 그것이 먼 과거의 성운星雲 속에 떠오르고 있는 것은 아무래도 부자연스럽다. 더욱이 유왕 직전에 선왕宣王의 이야기가 있지만 이것도 잘 관찰하면 실은 고립된 설화로서 앞으로도 뒤로도 잘 연결되지 않는다.

그래서 이 두 가지 설화로부터 사실을 끌어내려고 하면 대개 다음과 같이 되는 것은 아닐까. 은 말기에 서방에서 일어난 미개한 주 민족은 더욱 미개한 이민족의 압박을 받아 차츰차츰 동방의 평야로 밀려갔다. 그러는 동안 선진국인 은을 멸망시킨다는 무훈도 있었다. 그것이 무왕이라는 영웅의 전설로 결정結晶되었다. 그런데 동시에 주는 그 본거지를 이민족에게 빼앗겼다. 이것이 유왕이라는 암군暗君의 전설로서 본의 아니게 주 민족의 기억에 남지 않을 수 없었다. 이 같은 경우 밝은 전승 설화가 많이 과장되어 구전되고 어두운 패전 설화는 작은 소리로서 남는다. 곧 양자가 분리되어 밝은 이야기는 어두운 이야기에 앞선 먼 과거에 자리를 차지하게 된 것은 아닐까.

주의 봉건

이른바 주의 무왕에 의한 봉건封建의 설화도 그대로는 받아들이기 어려운 점이 있다. 옛 전승에 의하면 무왕은 은을 멸망시킨 후에 아우 주공을 노魯에, 소공召公을 연燕에 봉하고 동과 북의 국경을 지키게 했다. 따로 아우 강숙康叔을 위衛에 봉해 은

이 멸망한 옛터에 도읍하게 하고, 다음에 성왕 때에 아우 당숙唐叔을 당唐에 봉했는데 그 아들 대부터는 진후晉侯라고 했다고 한다. 따로 정후鄭侯가 있었는데 그 선조는 유왕의 숙부였다고 한다.

내가 의심하는 것은 이 계보가 과연 진실을 전한 것인가라는 점이다. 그 이유는 나는 이 계보는 후세에 만들어진 것으로 대략 동주 초기 무렵부터 주 본국과 제국諸國 간의 동맹 관계를 친척 관계로 표현한 것이 틀림없다고 생각하기 때문이다. 이와 같이 국제 관계를 친족 관계로 치환한다는 사고방식은 중국에 독특한 것인 듯한데, 송대에 들어서도 요遼와의 맹약을 형과 아우의 관계로 하고, 다음에 남송은 금金과의 사이를 숙질叔姪 관계로 정했다. 동주 초 가장 친밀했던 것은 거리상 가장 가까운 정鄭이었으므로 이 동맹에서 정의 선조를 유왕의 숙부로 정했던 것이 가장 오래된 경우일 것이다. 다음에 위와의 동맹이 이루어져서 이를 성왕의 아우로 삼았다. 이어서 노는 무왕의 아우인 주공의 아들 백금伯禽이 세운 나라라 하고, 다음에 진이 강대해지기 시작하자 그 보호를 받기 위해 성왕의 아우가 세운 나라라고 했다. 만일 상대가 성이 다른 이성異姓의 나라인 경우, 예컨대 제齊의 환공桓公이 패자가 되자 그 선조 태공망太公望은 문왕·무왕의 스승이라는, 계보 아닌 계보를 작성했다고 생각된다.[20]

도시 신의 계보

실은 이것과 유사한 것이 그리스의 도시국가에서도 행해졌는데, 여기서는 다만 도시의 수호신으로 도시를 대표시켜 신과 신 사이에 계보를 작성했다. 신들의 계보가 그대로 그리스 도시국가의 동맹 관계의 추이를 이야기해주고 있다.

고대 그리스의 도시국가는 각각 그 수호신을 가졌다. 그 가운데서 유력한 패권 국가의 수호신 간에 계보가 성립되었다. 최초의 패자는 올림피아로서 그 신 제우스가 여러 신 중에서 최고위를 차지한다. 이에 대해 해상 도시 포로스의 신 포세이돈은 제우스의 아우가 된다. 다음에 동맹의 패자가 된 것은 델피로서 그 신 아폴론은 제우스의 아들이 된다. 다음으로 유력해진 스파르타의 신 아르테미스는 그 누이동생, 다음에 융성해진 코린토스의 신 아프로디테는 다시 그 누이동생, 최후에 패권을 주장한 아테네의 신은 최연소 누이동생이 된다.

중국 고대의 도시국가에도 각각 수호신이 있었으니, 예컨대 송宋의 신은 대진大振이므로 송은 대진의 허虛(터)라고 부른다. 마찬가지로 진陳은 태호太皞의 허, 정은 축융祝融의 허, 위는 전욱顓頊의 허, 노는 소호少皞의 허 등으로 불렸다. 이들 신들의 관계를 보여주는 계보는 오늘날 명백하지 않지만, 그중 어떤 자는 이른바 정통의 주권자로서 실재했던 것처럼 이야기되고 있다. 그것은 아마 주 민족의 침입 이전에 있었던 전설인데, 그것이 완성되지 못한 채 주의 침입을 맞아 교란되고 마침내는 망각되었을 것이다. 그리고 그 후에 성립된 것이 주의 계보에 가탁假託한 일련의 친척 관계였으며, 친척으로 하려고 해도 방법을 찾지 못한 제나 초楚의 경우에는 사제 관계 따위까지 만들어 냈다. 실은 이 사제 관계라는 것이 중시되게 된 것은 훨씬 후세의 일로서 아마 춘추시대 말기 공자 무렵 이후에 시작된 것으로 보인다.

주의 동방 진출

결국 나는 주의 무왕이 은을 멸하고 서주 왕조를 세웠다는 것도, 유왕이 서쪽에서 멸망해 그 아들 평왕이 동으로 옮겨 낙읍을 도읍으로 삼아 동주 왕조의 시조가 되었다는 것도 실은 일종의 전설에 지나지 않고, 다만 그 핵심에는 하나의 역사 사실, 주 민족이 섬서 방면에서 이민족의 압박을 받아 동방으로 밀려나 먼저 거주하고 있던 은 계통의 도시국가들을 정복했다고 하는 긴 연대에 걸치는 민족 이동이 있었음을 믿고 싶다. 그리고 그 연대는 이른바 주 왕실의 동방 이동, 기원전 770년을 중심으로 그 전후에 일어난 일이라고 추측한다.

다시 나는 또 주의 무왕이 동방을 평정하고 그 친척과 연고자를 각지에 봉건했다고 하는 사실을 의심한다. 내 생각으로 이는 주 민족이 세운 도시국가들 중에 유력한 도시가 발생하고 그 사이에 동맹 관계가 성립하면서부터 창작된 계보였으며, 그리스 신들의 계보와 동공이곡同工異曲에 지나지 않는다고 생각하는 것이다.

고대사를 연구하는 태도에는 크게 나누어 두 파가 있는데, 하나는 신고파信古派이고 다른 하나는 의고파疑古派이다. 신고파는 문자로 쓰여 있는 것은 되도록 이를 믿어 의심하지 않고, 만일 서로 모순되는 경우에는 어쩔 수 없이 양자를 비교해 장단점을 운운하지만 결코 억측을 뒤섞지는 않는다. 중국의 전통적인 학풍은 대개 이 파에 속하며 공자의 『논어論語』에서 믿으며 옛것을 좋아한다고 말하는 교훈을 준수한다.

의고파 사학

이에 반해 의고파는 아무리 예부터 전해졌고 많은 사람이 믿고 있다 하더라도 이치에 맞지 않는 것은 바로 의심부터 한다. 그렇지만 이것도 정도가 다 달라서 가능한 한 전통을 존중하고자 하는 절충파로부터 의심적으면 응징한다는 극좌파까지 각양각색인데, 나 같은 사람은 아마 좌파 쪽에 속할지도 모른다. 그러나 그렇게 말하더라도 처음부터 끝까지 말살하려고 하는 것은 아니고 의심하고 끝까지 의심해서 최후에 남은 것만을 믿으려고 하는 결벽성이 있는 것이다.

대체로 고대사의 연대는 연구하면 할수록 젊어지는 경향이 있다. 종래 일본의 정통적 고대사관은 그 기원을 대개 6백 수십 년 정도 실제보다 오랜 시기에 두고 있었음은 현재는 거의 정설로서 인정되게 되었는데, 여기에 도달하기까지는 50년 이상 걸렸다.

서아시아 역사 또한 연구가 진척됨에 따라 젊어져가는 경향이 있다. 예컨대 내가 아는 한에서도 고대사의 거물이었던 바빌로니아의 함무라비 대왕의 연대는 1880년경까지는 기원전

2300년, 1916년경에는 그것이 기원전 2100년대로 끌어내려지고, 1934년경에는 다시 기원전 1700년대까지 끌어내려지게 되었다. 어림잡아 1년 연구할 때마다 10년쯤 젊어지고 있는데, 일본 기년紀年의 경우도 거의 같은 비율인 것도 흥미롭다. 고대에 대한 숭상에서 다른 세계에 뒤지지 않는 상고벽尚古癖을 지닌 중국의 고대 편년編年에 있어 조금도 실제보다 늘리지 않았다고 생각한다면 그렇게 생각하는 쪽이 오히려 우스꽝스러운 것은 아닐까.

2. 도시국가 시대

도시국가의 기원

중국의 옛 전승에 의하면 중국에는 고대에 만국萬國이 있었다고 한다. 여기서 말하는 국國이란 후세의 말로 하면 읍邑에 해당되는데, 그것을 국이라고 한 것은 그것이 서로 독립해 어느 것에도 예속되지 않고 어느 것도 예속시키지 않는 주권국이었다는 의미를 포함시키기 위한 것이다. 그러한 나라의 수가 만국이라고 불릴 만큼 많으려면 따라서 그 형태는 작아야 한다. 그래서 그 성곽은 3백 장丈을 넘는 것은 없고 인구는 많아도 3천 가구가 넘는 것은 없었다고 한다. 가령 1장을 3미터로 본다면 3백 장은 900미터이며, 만일 그 성벽이 정방형이라면 한 변의 길이는 약 220미터이다. 인구는 한 가구가 5인이라 하면 1

만 5천 명에 지나지 않는다. 그런데 그러한 태고 시절의 기억이 정말로 이 기록이 이루어진 시기까지 전해졌던 것일까 하면 그것은 의심스럽다. 아마 후세에 도시국가 간에 약육강식이 심해져서 독립국의 수가 점차 감소해가는 시대가 되어 그 정세를 과거에 투영해 주 초기에는 1,800국, 은 초기에는 3천 국, 그리고 그 전에는 1만 국이라는 식으로 계산한 것이리라고 생각된다.

그렇다 해도 태고의 중국에는 작은 독립국이 무수히 존재했고 그 어느 것이나 성곽을 갖고 있었다는 것은 유의해야 한다. 한漢의 시대가 되어서도 태고의 이른바 만국의 후예라고도 할 수 있는 작은 자치체가 무수히 존재해 정후이라고 불렸는데, 그것은 모두 성곽에 둘러싸여 있고 외국에 관해 말할 경우에도 그 인민이 성내에 거주하는가 아닌가를 기준으로 문명국과 야만국이 구별된다고 생각했다.

도시국가의 성곽은 최초에는 한 겹이었음이 틀림없고 농경에 편리한 평야 중에서 되도록 조금 높은 구릉을 골라 건설되었다. 춘추시대의 도시국가 중에 모구某丘라고 불리는 것이 자주 기록에 나타난다. 위衛를 제구帝丘, 제齊를 영구營丘라고 하는 따위가 그것이다.

도시의 성곽

최초에는 극히 작은 도시국가였던 것이 시대와 함께 합병의 기운이 왕성해지고, 그 수가 감소하는 데 반비례해서 그 형태가 커지게 된다. 합병에는 외적에 대항할 필요에서 자발적으로 행해지는 경우도 있고, 또 전쟁의 결과 병탄되는 경우도 있어서 일률적으로 말할 수는 없을 것이다.

고대의 취락聚落은 홍수 혹은 적의 습격에 대비해 그 주위에 장벽을 둘러 스스로 방위했는데, 이것을 성城이라고 불렀다. 성이란 글자는 그 글자 형태처럼 흙土을 채운盛 것으로 그 목적은 오로지 방위에 있었으므로 지킨다는 의미가 있으며, 같은 목적을 가진 방패干와 합쳐져 간성干城이란 숙어도 생겼다. 후에 인구가 증가하자 인민은 성에서 내려와 그 기슭에 살고 성내는 신전이나 혹은 군주 등 특별한 계층의 사람들이 사는 구역이 되었다. 그러나 유사시에는 모든 인민이 성에 농성해 방어전에 임했다. 성 아래의 일반 거주지는 인민의 생활이 향상되자 다시 그 주위에 장벽을 설치해 지키고 이것을 곽郭이라 불렀다. 곽에는 둘러싼다는 의미가 있지만 방어라는 의미는 포함되지 않는다. 곽은 방형으로 건조되는 경우가 많고 그 방위에 따라 동곽, 북곽 등으로 불렸는데, 이 말은 동시에 그 곽이 둘러싸고 있는 거주 지역도 가리키는 이름이 되었다. 말하자면 내성외곽 內城外郭 식이라고 부를 만한 도시가 발생한 것이다.

전쟁 때 강적의 침공을 맞이하면 곽은 용이하게 공략되어서 시민은 성내로 도망치지 않으면 안 되었다. 춘추시대의 기록에 이런 사실을 기재해 곽에 들어갔다고 한 예가 많이 보인다. 그러나 적의 습격에 의해 곽 안이 겁략당하는 것은 시민의 재력이 진전함과 더불어 그 경제적 타격이 심각해지게 된다. 그래서 각국은 다투어 외곽의 보강에 힘써 그 가운데는 20~30미터에 달하는 견고한 장벽도 축조되었다. 여기에 곽은 방위의 제일선이 되고, 곧 곽도 성이라 불리게 되었다. 동시에 내성의 방위 시설이 소홀해져 있어도 없는 것과 마찬가지의 상태가 되고 최후에는 소멸해 버린다. 이 단계에 이르면 성이란 실은 곽을 가리키며, 이곳을 점령당하면 도시 전체가 함락된 셈이 되는 것이다.

성곽 내의 민간 거주지에는 통로가 종횡으로 나 있고 큰 길을 가街, 거기서부터 갈라지는 갈래 길을 구衢라 불렀다. 가와 구에 의해 둘러싸인 한 지구地區를 리里라고 일컫고, 그 주위에는 흙담을 둘러 이를 장牆이라 불렀다. 리의 입구에는 여閭라는 문이 있고, 리의 주민이 출입할 때는 반드시 이 여문閭門을 통과해야만 되었다. 여를 통해 들어가 주민의 문 앞에 이르는 도로를 항巷이라 부르고, 그것이 좁은 노지露地일 때에는 누항陋巷이라 한다. 각 민가는 또 각각 주위를 흙담으로 둘러쳤는데 이것도 장이라 불렀다.

인민은 낮에는 성곽 바깥의 경지에서 노동하고 저녁에는 이항里巷의 자기 집에 돌아와 쉰다. 성곽의 문도, 리의 여문도 아침 일찍 열리고 밤이 되면 닫힌다. 어떤 이유가 있어도 성곽의 문을 통하지 않고 성벽을 넘는 것은 엄금되며, 이를 범하는 자는 중벌을 받았다. 여문 주위에는 공지가 있어서 숙塾이라 하고, 이항의 아이들은 여기에 모여서 놀았다. 어른으로 짬이 있는 사람은 가와 구가 교차하는 네거리에 모여 여가 시간을 보냈다. 큰 도시에는 시市라고 하는 특별한 상업 구역이 설치되어 있고, 이곳도 시민을 위한 사교장이기도 했다.

씨족 제도

도시국가가 성립된 초기에 거기에는 옛 씨족 제도가 그대로 도입되어 있었다. 중국에서는 이것을 성씨姓氏 제도라고 부르는 편이 더 적당하다. 중국의 고대 자유시민은 인명이 세 부분으로 성립되어 있었다. 성姓과 씨氏와 명名이다. 성은 가장 큰 분류인데, 주 왕족의 성은 희姬이고 제의 군주 일족은 강姜이었다. 성은 혼인 때에 필요한 표지였는데, 그것은 동성同姓 간의 혼인이 금지되어 있었기 때문이다. 성에서 갈라져 나온 집단의 이름을 씨라고 부른다. 씨는 거주지에 따라 이름 붙인 것이 가장 많아서 주를 비롯해 노·진晉·위衛·제 등 도시국가의 이름은 그대로 그 나라 군주의 씨가 되었다. 다시 그와 같은 군주의 공실公室로부터 분가한 집안에서는 맹손孟孫·숙손叔孫 등 시조와 공실과의 연고 관계를 씨로 삼는 경우가 있다. 또 사마司馬·사史·복卜 등은 세습된 직업을 씨로 삼은 것이다.[21] 마지막에 개인명, 즉 부친으로부터 명명된 것이 명이며 이것은 천차만별이다. 다만 중국에서는 실명을 부르는 것을 피하는 풍습이 있고, 실명 이외에 자字라고 일컫는 부르는 이름이 있다. 자는 흔히 실명과 관련이 있는 것을 골라 바로 그것을 연상할 수 있도록 유념한다. 공자는 태어났을 때 그 모친이 니산尼山에서 기도해 잉태했다고 해서 이름을 구丘라고 했는데 그 자를 중니仲尼라고 했다.

성姓이란 글자가 여女와 생生으로 이루어지고, 희姬라든가 강姜이라든가 사姒라든가 하는 성이 모두 계집녀女 변이 붙어 있으므로 이것은 중국에 모계母系 시대가 있었던 흔적이 남아 있는 것이라는 설이 한때 통용되었다. 그러나 이것은 오해로, 과연 중국 고대에 모계 가족제가 있었는가에 대한 실증은 없고, 비록 있다 해도 그렇게 오랜 시대의 것을 현재의 한자가 전승하고 있을 리는 없다. 왜냐하면 성이라는 글자, 또 실재의 성을 표시하는 희姬·강姜 등의 문자는 모두가 변偏과 방旁으로 이루어진 복합 자체字體여서, 바꿔 말하면 비교적 새로 생긴 글자였다. 그렇다면 무엇 때문에 이들 문자에 계집녀 변이 있는가 하면 성이란 여자와 가장 밀접한 호칭이었기 때문이다. 중국 고대에는 여자는 성을 부르고 남자는 씨를 부른다는 관습이 있었다. 여자는 미혼 시절에는 보통 성으로 불릴 뿐 아니라 결혼 후에도 생가의 성을 그대로 부른다. 그러므로 주 왕실 일족의 여자는 어릴 때도 희姬, 다른 집안으로 시집을 가도 희였다. 만일 구별할 필요가 있으면 나이 순서에 따라 맹희孟姬라든가 중희仲姬라고 부른다. 그러므로 희는 원래는 고유명사였던 것이 춘추시대 이래 희 성의 여자가 상류 계급에 가장 많았기 때문에 곧 보통명사가 되어 희 성도 아닌데 귀인의 여자를 희라고 부르게 되어 오늘에 이르렀다.

중국의 성씨 제도는 신기할 정도로 고대 로마의 씨족 제도와 흡사하다. 로마에서도 완전한 시민권을 가진 자는 세 가지 이름을 갖고 있었다. 그것이 각각 중국의 세 가지 이름에 해당하는 것인데, 다만 늘어놓은 순서가 다르다. 예컨대 Caius(名) Julius(姓) Caesar(氏)와 같이 세 개 중 최초의 것은 Persona라 하여 개인명이고, 또 Praenomen이라고도 하여 오늘날의 First name에 해당된다. 다음에 오는 것은 혈족의 이름 Gens이며 중국의 성에 해당한다. 보통 남자는 성을 생략해 부르지 않는 것이 관습인 것도 중국과 같다. 이에 반해 여자는 늘 Gens를 칭하고 명사를 여성화해 Julia와 같이 부른다. 어릴 때도, 다른 가문에 시집가서도 늘 Julia이다. 후에 로마의 Gens 이름이 보편적으로 개인명으로 사용되게 되자 Julius는 남자, Julia는 여자 이름으로 자주 나타나게 되었다. 최후에 오는 Caesar는 Familia, 즉 가족명이며 중국의 씨에 해당한다. Caesar 가는 대대로 황제의 자리에 올랐으므로 후에 이 이름이 황제를 의미하게 되고, 독일에 들어가자 Kaiser로 되어 20세기 초까지 계속되었다.

사와 서민

중국 고대의 도시국가에서는 그것이 성장해 커지자 그 내부에 계급의 차별이 생겼다. 그것은 성姓이 있고 동시에 완전한 시민권을 갖는 사士와 성이 없고 또 완전한 시민권을 갖지 못한 서민庶民 사이의 계급적 대립이다. 전자, 즉 사 계급은 남자는 전쟁이 일어나면 무장해 종군하는 권리와 의무를 갖고 국정에 참여해 관리의 지위에 오를 수가 있다. 또 사는 성이 있는 여자와만 혼인이 인정되는데, 혼인권이 없는 서민의 여자는 사와 맺어져도 첩妾의 지위밖에 주어지지 않는다. 사士와 서庶의 구별은 전쟁에 의한 정복자와 피정복자의 관계로부터 생긴 것인데, 또 타국에서 새로이 이주해 온 자도 만일 어떤 연고에 의해 사의 사회에 받아들여지는 기회를 얻지 못하면 영구히 서민 사회에 소속될 수밖에 없었다.[22]

중국에서의 사와 서민의 대립은 그대로 고대 로마에서의 Patrician(귀족)과 Plebeian(서민)의 대립에 비교해도 좋다. 로마의 서민도 성이 없이, 씨와 명으로 불렸을 뿐으로 당초에는 완전한 시민권을 인정받지 못하고 전사가 될 권리나 의무가 없었다.

고대 로마에서의 계급투쟁은 역사상 모범적으로 전개되는데, 그 문제의 핵심은 전쟁 종군의 의무가 차츰 서민에게도 부과되게 되었는데도 그들이 국정에 참가할 권리가 조금도 인정되지 않았던 점에 있었다. 그러나 당시의 로마는 외부를 향해 세력을 신장시켜가고 있어 서민의 조력을 얻는 것은 국정에 필요불가결의 조건이었으며, 따라서 사족士族은 점차 평민의 요구 앞에 양보해 결국에는 종전의 차별이 철폐되기에 이르렀다.

중국의 도시국가에서도 마찬가지 사태가 일어났다고 생각된다. 사 계급은 무기, 창칼을 손에 쥐고 전쟁에 종사할 권리가 있지만 서민은 전시에 노역자로 내몰릴 뿐 무기를 휴대할 권리가 인정되지 않았다. 당시의 전쟁은 전차전이 많았는데 전차 한 대를 네 마리의 말이 모는 것이 보통이었다. 『시경詩經』에 자주 '네 마리 수말(四牡)'이라고 쓰여 있는 것이 그것이니, 그 굳세고 장한 모습을 '사모익익四牡翼翼'이라든가 '사모업업四牡業業'이라고 노래하고 있다. 그런데 서아시아로부터 로마에 걸친 지역의 고대 부조浮彫를 보면 전차를 네 마리의 말로 끌게 하는 그림이 많이 있고, 우리는 이로써 중국 고대의 시가 표현하려고 한 광경도 여실히 상상할 수 있는 것이다.

무기를 가질 권리

전쟁 때의 거마車馬·무구武具는 최초에는 각자가 스스로 마련하는 것을 원칙으로 했지만 춘추시대에 들어서 전쟁이 대규모가 되고 또 빈번해지자 개인이 전비를 스스로 마련하는 것은 점점 더 힘들어졌다. 그래서 병제兵制의 개혁이 시행되었으며 그중 하나는 상비군常備軍의 설립이다. 종래에는 종군 의무자를 필요에 응해 그러모았던 것인데 그것으로는 적확한 전쟁 계획을 수립하기 어려웠다. 그래서 즉시로 동원 가능한 부대를 편제해 직업군인으로 삼지는 않을지라도 필요할 때 바로 충원하고 소집할 수 있도록 인원을 예정해 둔다. 이렇게 되면 종래에는 종군 의무가 없던 서민 중에서 전사를 징발하게 되는 것은 피하지 못할 추세였다. 다음에는 무장에 대한 비용을 각자 자기 부담으로 하는 것을 중지하고 정부가 대신 준비한다. 하지만 여기에는 재원이 필요하므로 그 몫을 조세로서 징수하지 않으면 안 되며, 이때의 조세를 부賦, 또는 군부軍賦라고 불렀다. 그런데 이 부는 종래 군비를 스스로 마련한 사 계급만으로는 아무리 징수를 늘리려 해도 결국은 다 조달하지 못하게 되는 시대가 곧 왔음에 틀림없다. 그래서 자연히 서민에게서도 군부를 징수하지 않을 수 없게 되고, 이에 조세 제도의 개혁이 불가피해졌다. 군부의 부담은 종래의 원칙으로는 인두세人頭稅로 징수하는 것이 근간이지만, 공평의 원칙에 따르자면 재산, 주로 소유한 토지의 면적에 따라 징수하는 편이 적절하기도 하고 또 용이했을 것이다. 이 양 면의 개혁은 춘추시대의 선진국에서는 기원전 600년을 중심으로 해서 100년 정도의 기간을 전후해 실시되었던 모양이다.

계급투쟁

완전한 시민권, 그것은 고대 로마에서는 임관권, 참정권, 결혼권, 재산권, 이 네 가지로 대표되는데, 이를 사족들만 독점하는 것이 곤란해져서 점차 서민들에게도 분배해 가는 과정이 그 계급투쟁의 역사였다. 그런데 이 시민권을 분배하기 전에 법률의 명문화라는 단계가 있었다. 잘 알려진 십동표법十銅表法이란 게 그것이니, 이것은 사족이 독점하던 관습법에 의해 재판이 행해져서는 이를 알지 못하는 서민에게는 몹시 불안했으므로 성문법의 선포가 요구되어 생겨난 것이다. 그렇지만 그것은 매우 평판이 나빠서 다시 두 개의 동표를 첨부해 십이동표十二銅表로서 실시되었음은 익히 알려진 사실이다. 중국에서도 춘추시대에 비로소 성문법이 제정되었던 것이 기록에 보이며, 진晉에서는 이것을 청동 제기祭器인 정鼎의 명문銘文으로 주조해 넣고 (기원전 513), 정鄭 나라에서는 죽간竹簡에 이를 적었다고 기록되어 있다(기원전 501).[23]

이상과 같이 군비를 정돈하고 또 성문법에 의해 재판이 시행되게 되자 필연적으로 정부 기구를 확대 정비하지 않으면 안되게 된다. 여기에서 벌어진 것이 관료군의 발생이며 이를 장악하는 군주권의 증대이다.

도시와 군주제

나는 춘추 이전의 제후국의 역사에 관해 『사기』 등의 기술을 그대로 신용할 마음은 없다. 거기에는 다만 개국 때 주 왕실과의 관계와 그 후 계속되는 단순한 군주의 계보만 있고 그 사적은 완전히 공백이다. 그러던 것이 춘추시대, 즉 노魯의 은공隱公 원년(기원전 722) 이후가 되면 노의 역사를 중심으로 부근 제후국의 동정을 어느 정도 더듬어 가는 것이 가능해진다.

주대에는 왕실은 물론 노, 진晉, 제 등의 나라들은 모두 군주제를 채용하고 있다. 이 점을 서양 고대의 도시국가와 전혀 다른 점으로 인식한다면 이것도 옳지 않다. 그리스의 여러 나라는 그 초기에는 군주제였으며, 스파르타에서는 가장 늦게까지 계속되었다. 로마도 그 시초는 왕제였다. 중국에서는 그것이 쓰러지지 않고 장기간 지속되었음에 지나지 않으므로 근본적으로 서로 다른 것은 아니다. 다만 그것이 영속했다는 점에서 생각해야 할 문제가 있다. 아마 이것은 역량이 균등한 다수의 나라들이 병립해 있어 서로 전쟁도 하지만 서로 조력해서 군주제의 유지를 꾀했기 때문이라고 생각된다. 멸망한 나라를 일으켜 준다는 것(繼絕存亡)이 존경해야 할 의거라고 일컬어졌던 것이다.

군주제라 해도 그것은 후세의 군주제와는 현격한 차이가 있어 유교에서 가르치는 것 같은 존엄한 군주와는 거리가 먼 것이었다. 공자가 편찬했다고 하는 『춘추春秋』에 군주를 시해했다는 기사가 36군데나 나온다고 한다. 이로써 춘추라는 시대, 약 250년은 군신 관계가 문란한 시기라고 지적하는 것이 유교의 해석인데, 그것은 그 이전에 군주권이 안정된 이른바 삼대三代의 치세를 상정하기 때문에 그렇게 말할 수 있는 것이다. 춘추이전의 진정한 역사는 알지 못하므로 실제로는 전보다 좋아졌다고도 나빠졌다고도 단언할 근거가 없다. 명확히 말할 수 있는 것은 이 시대까지는 아직 군주권이 확립되지 않고 그 친척이나 관료와의 사이에 신분상 큰 차이가 없어 그 지위가 몹시 불안정했다는 것이다. 더욱이 그 군주권이 차츰 성장하고 있었으므로 주위와 마찰이 생기기 쉬웠고, 이것이 오히려 비극을 야기한 원인이 되었다고 생각한다.

노예제

도시국가 시대의 사회에는 사족과 서민의 계급 대립이 있었던 것 외에 노예奴隷도 존재했는데, 남자를 신臣이라 부르고 여자를 첩妾이라 했다. 이것은 전쟁 때의 포로, 약탈, 혹은 인신매매에 의해 생긴 것으로 그 소유자는 군주와 그 귀척貴戚, 부호 등이다. 특히 군주는 많은 신첩을 소유했고, 군주권이 점점 커짐에 따라 그 수가 더욱 증대했다. 그런데 군주를 도와 정치에 참여하는 관료들은 처음에 군주에게 봉사하는 노예에 비견되면서 발달했다는 점을 유의해야 할 것이다.

후세에 관료 집단의 통솔자를 재상宰相이라고 부르지만, 재宰란 요리 담당이고 상相이란 주인의 기거를 도와 시중드는 자로서 모두가 노예의 임무이다. 또 역사 사실이 보여주는 바로도 제 환공의 패업을 도운 재상 관중管仲은 일단 환공桓公에게 적대했다가 포로가 된 자이므로 사형수로서 사면받은 노예이다. 또 진秦의 목공穆公을 보좌한 백리해百里奚는 자신을 양 다섯 마리의 대가로 팔았다고 하니 이 또한 노예이다. 훨씬 더 고대의 설화에 나오는 부열傳說은 노예 노동을 하고 있던 처지에서 은의천자가 발탁해 등용했다고 하는데, 그 성인 부傳는 아이 돌보는 역으로서 이것도 노예의 일이었다. 이로써 보면 먼저 군주의 측근에 노예 무리가 있고, 그중 유능한 자가 정치 고문이 되어 군주를 돕고 군주의 총애를 받아 지위가 높아지고 권력이 강대해지자 몸은 노예이지만 세상에서도 존경심을 갖고 대우하는 지위를 갖게 된다. 그러면 자진해서 그런 무리에 투신하는 자도 나타나 그것이 관료군을 형성하기에 이르렀을 것이다. 그래서 이 관료들은 군주에 대해 스스로 신臣이라고 자칭했다. 군신의 관계가 여기에서 성립된 것이니, 그것은 원래 군주와 인민 간의 관계와는 다른 것이었다.[24] 춘추시대 말기에 나온 공자가 노의 애공哀公에게 사관仕官한 것도 신이라는 형태를 취한 것이라면 설령 그 지위가 대사구大司寇(주대에 재판을 맡은 관서의 장관)라 해도 이는 후세의 고관과는 달리 애공의 가신 집단 내의 한 지위에 지나지 않았던 것이다.

관료제와 공자

정치 기구의 정비가 각국에서 정치상의 급무가 되자 여기에 새로이 인재가 요구된다. 특히 관료진의 충실이 차츰 필요해졌다. 이 사회적 요구에 응해 인재의 교육을 담당한 것이 공자이다. 공자는 말하자면 사숙私塾의 선생이며, 제자에 대해 군주가 요구하는 교양·문자·언어·조의朝儀·예법·음악·궁술 등을 가르치고 관직의 수요가 있을 때마다 제자를 골라 추천했다. 즉 교육을 행하는 학교일 뿐 아니라 직업소개소도 겸한 것이었다.

공자가 제자를 교육하는 데 가장 중시한 것은 예禮였다. 예는 그 시示 변이 표시하듯이 원래는 신을 제사할 때의 의식인데, 차츰 그 범위가 확대되어 교제상의 방법 등을 포함하고 널리 고실故實[옛 전례와 고사]에 밝은 실천학을 의미하게 되었다. 중국인이 그 사회생활에서 구래의 양식을 불문법으로 중시하는 관습은 오래전인 이 시대로부터 유래하며, 제사는 물론이고 정치에도, 외교에도, 일상생활에도 반드시 일정한 규범이 있어 이를 지켜 어기지 않는 것이 교양 있는 신사에게 필수적 조건이 되었다. 그리고 이 같은 집적된 고실·내력을 관장하는 것이 정부에서는 군주의 측근인 사史의 직무인데, 민간에서는 무巫·축祝 등이 전업專業으로 삼아 전했다. 무·축은 모두 제사, 장례 등의 행사를 보조하는 직업이고, 공자 자신이 실은 이런 종류의 집안 출신이었다.

공자는 예와 더불어 시詩와 서書를 중요한 과목으로 삼았다. 시는 당시의 사회에서 행해진 민요 이외에 오랜 기원을 가진 신악가神樂歌 같은 것을 포함하며, 모두 제사나 연회 때 음악에 맞추어 부르는 가사이다. 이것을 편찬한 것이 현재의 『시경詩經』이다. 다만 그것은 공자가 편찬한 것이라 일컬어지는 데도 불구하고 『논어』에서 공자가 실제로 입으로 가르쳤다고 기록되어 있는 시가 많이 포함되어 있지 않다. 아마 시경은 훨씬 후세에 유행가로 완전히 변해버린 무렵이 되어서야 공자 학파의 사람들에 의해 수집되었을 것이다.

다음에 서書는 원래 문자 서사書寫의 학문이다. 당시 문자의 지식을 필요로 한 것은 정부를 중심으로 하는 소수의 특별 직무에 한정되며, 정치상의 큰 사건을 기록하고 또는 동기銅器에 명문銘文을 새기는 것 등을 주목적으로 했다. 그와 같은 문자의 서사를 연습하는 데는 지침서가 필요했다. 여기에는 역시 전대前代의 기록이 적당하다. 공자가 이를 위해 편찬한 것이 현재의 『서경書經』이라 믿어지고 있다. 다만 주의 무왕이나 그 아우 주공이 훈계한 말로 되어 있다고 하는 것 등은 과연 어디까지 사실로 믿어야 좋을지 아마 향후 연구의 좋은 주제일 것이다.

공자와 유교

공자는 이처럼 당대의 사회에 필요한 실용의 학문을 제자들에게 가르치고 취직의 알선을 했던 것인데, 다만 그것뿐이라면 그 밖에도 마찬가지의 숙사塾師가 얼마든지 있었을 것이다. 그 가운데 유독 공자의 사업이 후세까지 남아 커다란 영향을 준 것은 그가 실용의 학술을 가르친 것과 더불어 삶의 이상을 설명했기 때문이다. 그는 실용·실리의 이면에는 반드시 이상이 수반되지 않으면 안 된다고 생각했다. 예를 가르친다 해도 그것은 동작의 형식만이 아니라 그 이면에 군주에 대한 존경, 붕우에 대한 신의, 죽은 자에 대한 추모의 진정성이 담겨 있음을 잊어서는 안 된다고 타일렀다. 고대의 기록을 문자의 지침서로서 익히는 데도 거기서부터 정치의 이상, 승리자의 성덕聖德, 패배자의 어리석은 행동을 배워 실제에 응용해야 한다고 가르쳤다. 시나 음악도 단순한 향락이 아니라 사회생활이나 가족관계에서 평화와 정서에 도움이 되어야 한다고 강조했다. 그의 교육은 사회에서 일을 찾아 떠돌기 위한 직업의 학문임과 동시에 내면을 성찰해 인간이란 어떠해야 하는가라는 질문을 던진 윤리의 학문이었다. 중국적인 인간학이 공자를 그 시조로 삼는 것은 지극히 당연한 귀결이라 하지 않으면 안 된다.

그런데 공자는 후세에 이르러 유교의 개조開祖로 너무나 극도의 존숭을 받았기 때문에 오히려 이로부터 갖가지 오해가 초래되었다. 공자의 언행록인 『논어』는 어느 정도까지 진실하게 그의 면모를 전하고 있지만, 그 『논어』도 다분히 공자의 진의가 왜곡되어 읽혀왔다. 예컨대 그 책은 충효忠孝를 주축으로 해 도덕을 설명한 듯이 생각되고 있지만 실제로 공자의 충忠은 그런 의미는 아니었다. 충이란 군주에 대해서뿐 아니라 특정의 지인에 대해 성실한 것을 뜻했다. 더욱이 충이 『논어』에 나타나는 빈도는 매우 적다. 이에 반해 공자가 가장 역설한 것은 신信이었다. 신은 일반적 인간생활, 특히 도시국가에서의 시민 간의 신뢰감이었으며 바로 사회도덕의 근간이어야 할 것이었다. 물론 신은 개인적으로 서로 아는 친구 사이에 행해지는 도이지만 또한 막연히 불특정한 사람과 사람 간에, 군주와 일반 인민 사이에 필요불가결한 유대가 되어야 할 덕으로서, 이것이 없으면 인류사회는 평화를 보존할 수가 없다. 도시국가의 유지 또한 시민 간에 신뢰가 존재함을 전제로 해서 비로소 가능한 것이었다. 하지만 『논어』를 이와 같이 읽는 독해법은 어느 사이엔가 왜곡되고 망각되어 버렸던 것이다.[25]

공자에 대한 평가

이리하여 시대와 함께 공자의 가르침에 대한 해석이 변천하는데, 그것은 위정자의 편의를 위해 공자를 이용하려 했기 때문이다. 그리고 그 결과, 공자가 언제나 권력자 측에 서서 인민을 억압했다는 결론이 나는 것도 피할 수 없는 경향이었다. 그래서 청조가 타도된 후 민국民國 초년에 북경대학을 중심으로 사상혁명 운동이 일어나고 천두슈陳獨秀, 후스胡適 등을 선두로 유교 타도를 부르짖게 되었다. 그런데도 세상이 안정되자 공자는 여전히 인민의 숭배 대상임에는 변함이 없었다. 그런데 중화인민공화국 시대가 되어 린뱌오林彪에 대한 비판인 비림批林과 아울러 다시금 공자를 배척하는 비공批孔 운동이 일어났다. 사상혁명 때에 유교가 공격받은 것은 주로 인도주의의 입장에서 유교가 약자를 희생해 돌보지 않는 점에 비난이 집중되었지만, 비림비공의 경우에는 주로 공자의 가르침이 구체제를 유지하는 반사회적 교리라는 점에 비판이 쏟아졌던 것이 전혀 다르다. 공평하게 보면 공자가 태어난 것은 지금으로부터 약 2500년이나 전이므로 그 가르침이 오늘날 적합하지 않게 된 것은 말할 나위도 없다. 차라리 그만큼 오랜 기간에 걸쳐 공자를 계속 이용한 세력 쪽에 문제가 있을 것이다. 그러나 현실에서 공자가 살아 있는 듯이 느껴지고 있는 중국에서는 사상혁명이나 공자 비판이 진지하게 터져 나오게 된 것은 어쩔 수 없는 사정이 있을 것이다. 이에 반해 공자의 가르침은 일본인에 대한 지도 원리로서는 그만큼 악용되거나 인민에게 폐해를 끼친 적은 거의 없었다고 해도 좋다. 그러므로 일본인에게는 중국에서와 같은 비공 운동이 우선은 무용하다고 할 수 있는 것이 일본인의 행운이며, 이로써 공자에게도 중국에서 변명할 길이 열리지 않는다고만은 할 수 없다.

공자와 역사학

공자는 후세에 동양에서 학문의 시조임과 더불어 역사학의 창시자로도 간주되고 있다. 그것은 중국에서 가장 오랜 기록으로 되어 있는 『서경』과 『춘추』가 모두 그가 손수 편찬한 것이라고 전해지기 때문이다. 실은 이것은 그 진실성이 의심스럽지만 현존하는 『서경』과 유사한 옛 기록을 공자가 참고로 사용한 것은 『논어』에도 보이므로 확실한 사실임에 틀림없다. 그런데 현재의 『서경』에는 중국 고대의 성왕이라 불리는 요·순으로부터 시작해서 하의 우왕을 거쳐 주의 문왕·무왕·주공의 사적을 중심으로 목왕穆王 때에 이르기까지의 기록이라 일컫는 것이 편집되어 있다. 『서경』에는 고문古文과 금문今文이 포함되어 있는데, 그중 고문에서 왔다고 하는 부분은 후세의 위작이고 금문 계통의 것만이 진짜라는 것은 청조 고증학자들에 의해 증명된 터이지만, 그렇다면 금문 계통의 부분은 과연 역사 사실을 그대로 전하고 있는가라는 점을 문제 삼으면 그것은 실로 크게 의심스럽다. 공자 자신은 주의 역사에 관해 문왕·무왕·주공의 사적쯤까지를 확실한 역사 사실이라고 생각한 듯하지만, 오늘날에서 보면 실은 그것조차 의심스러운 것이다. 나이토 코난의 분석에 의하면 현재의 『서경』에서 주공 전후의 여러 편이 먼저 성립된 가장 오래된 부분이며, 그 이전의 부분에 관해서는 먼저 은 부분이 부가되고 다음에 그 전의 하 부분, 최후로 요·순 부분이 덧붙여진 것이라고 한다. 시대를 소급해 덧붙여가는 이른바 가상加上의 학설이다.

이리하여 공자의 시대에는 문·무·주공의 전설이 역사의 시작이라고 생각되고 있었는데 그 후 상당히 긴 기간을 거쳐 역사가 고대를 향해 성장하고, 단순한 전설에 지나지 않던 것이 사실史實이라고 생각되어 역사상의 지위가 부여되었다. 그래서 최초에 성천자聖天子 요가 나타나 만년에 순에게 양위하고, 순은 우에게 양위해 이른바 선양禪讓 방식으로 왕위를 상속했는데, 우의 시대에 그 아들에게 위를 전한 다음부터 세습제가 되어 하 왕조가 시작되고 최후에 걸왕에 이르러 포학한 탓으로 은의 탕왕에 의해 멸망했으며, 은은 주왕 대에 폭정을 해서 주의 무왕에 의해 멸망했다는 현재 신봉되고 있는 중국 고대사가 완성된 것이다.

『서경』 이상으로 이상한 것이 공자와 『춘추』의 관계이다. 전하는 바에 의하면 공자는 그 출생국인 노의 옛 기록에 기초해 은공隱公 원년(기원전 722)부터 애공哀公 14년(기원전 481)에 이르기까지의 역사를 편찬하고 이를 『춘추』라고 이름 지었다. 편찬의 목적은 각각의 역사 사실에 대해 공자가 이를 찬양하는가 비난하는가 하는 포폄褒貶에 따라 표현법(筆法)을 달리하고, 이로써 특히 불충한 신하, 불효한 자식(亂臣賊子)들을 두렵게 하는 데 있었다고 한다. 과연 공자가 이 같은 역사관을 가졌는지 어떤지는 명확하지 않고, 또한 이 같은 사서를 손수 편찬했다는 주장은 사실이라기에는 더더욱 의심스럽다. 아마 『춘추』라는 기록은 전국시대에 들어서 맹자孟子 등의 손에 의해 유교주의의 선전에 이용하기 위한 참고서로서 채용된 것이리라 생각된다.

춘추라는 시대

그렇지만 『춘추』라는 기록이 남고 그 주석서 중에서도 특히 『좌씨전』이 있기 때문에 이 시대 역사의 대세를 파악할 수 있음은 기뻐해야 할 일이라고 하지 않으면 안 된다. 『좌씨전』은 너무도 간단한 『춘추』 경문經文의 기술의 의미를 알기 위해 불가결한 주석인데, 이것은 아마 처음부터 기록으로서 전해진 것은 아니고 입에서 귀로 구전된 전승이었으며, 그것이 아마 한대에 와서 문자로 쓰였을 텐데 그때까지는 가지각색으로 변형되고 갖가지 새로운 요소도 부가되어 현재의 형태로 성장한 것이라고 생각된다. 그러나 이것을 제쳐두고는 달리 당시의 역사 사실을 전하는 것이 없으니, 우리는 조심하면서 이를 이용해 역사의 움직임을 더듬어 가는 수밖에 없다.

이제 『춘추』에 기록되어 있는 것을 보면 이른바 춘추시대 초기에는 하남성을 중심으로 한 황하의 평야 일대, 이른바 중원 땅에 수십 개의 유력한 도시국가들이 병립해 있었다. 한 시대 전에 중원의 제국諸國에 대해 지도적 위치에 서 있던 낙읍洛邑의 주는 이미 실력을 잃고 흘러간 역사의 존재로 변해 있었다. 그것은 아마 고대 그리스의 패권 투쟁 시대에 델피와 같은 처지였을 것이다. 노魯는 산동성 안에서 하남성에 가까운 곳에 위치해 한때는 위세가 강대했던 듯하지만 새로이 그 북방에 제齊가

흥기하고, 제는 환공桓公 때에 그 세력이 극성하게 되어 중원의 여러 나라를 호령하기에 이르렀다. 이를 이른바 춘추오패春秋五霸 중의 첫 번째로 삼으며, 이어서 진晉의 문공文公, 초楚의 장왕莊王, 오吳왕 부차夫差, 월越왕 구천勾踐이 번갈아 패권을 잡았다.

오패란 무엇인가

춘추시대의 역사 사실은 옛 기록의 도덕사관을 떠나 오늘날의 역사학적 입장에서 고찰하면 그것은 중국 문화의 확대 보급과 이에 대한 반동으로서 이민족이 민족적으로 자각해 강력한 국가를 건설한 점에 의의가 있다. 이른바 춘추오패는 모두가 주周 민족과는 다른 별종의 민족이라고 생각된다. 제는 전설적으로 주 문왕의 스승인 태공망太公望에게서 나온 강姜 성의 나라로 되어 있는데, 실은 노魯의 문화에 자극받아 일어난 신흥국이며 해안에 가까워 소금을 제조 판매함으로써 강대해지고 노를 억눌러 패권을 주장했다. 진晉은 산서성에서 일어나 북방의 유목 민족으로부터 목축 산품을 중원 여러 나라에 전매轉賣하는 이익에 의해 문공 때에 패자가 되었다. 그 선조는 전설상 주무왕의 아들이고 성왕의 아우라고 하지만 그 같은 관계가 주와의 사이에 있었는지 진실은 매우 의심스럽다. 초·오·월 삼국은 춘추 당시부터 만이蠻夷의 나라로 불리고 있었다. 초는 특히 만蠻이라 불렸는데, 이 만은 인도차이나 반도의 북부에 거주하고 있던 본 민족과 관계가 있는 듯하다. 또 오와 월은 같은 계통의 민족이며, 월이란 절강성 해안으로부터 훨씬 남쪽, 오늘날의 월남(越南, 베트남)에 이르기까지 퍼져 있었던 해안 민족으로 월남의 월도 춘추의 월과 다르지 않다. 이 월 민족보다 북쪽의 해안에 거주하고 있던 것이 이夷라고 불리는 민족이었는데, '이'와 '월'은 원래 같은 발음이었는지도 모른다. 제는 아마도 '이'의 민족에서 나왔을 것이다.[26]

영토국가로의 이행

오패가 이민족 출신이었기 때문에 그들은 주 계통의 민족과는 이질적인 점이 많았음에 틀림없다. 그것은 특히 정치 조직상에서 중원의 도시국가 문화의 영향을 받으면서도 그 발달 방향은 도시국가가 아니고 오히려 영토국가를 지향하는 경향이 강했다. 예컨대 제 같은 나라는 임치臨淄(산동성)라는 강력한 대도시를 중심으로 부근의 소도시를 그 속국으로 예속시켜 각 도시의 독립성을 인정하지 않고 모두 한결같이 영토로서 지배하려 했던 것이다. 다시 이 영토를 배경으로 한 재력과 무력을 갖고서 중원 제국에 임해서 노 이하 여러 나라를 동맹이란 명목으로 지배하에 두었다. 이를 완전한 영토로 만들어버리지 못한 것은 각국이 도시국가로서의 역사를 가져서 극히 독립심이 왕성했으므로 이를 영토화하기에는 상당한 어려움이 있었기 때문이다.

그런데 여기서 말할 수 있는 것은 중국 고대의 도시국가는 그 역사를 너무 고대까지 소급시킬 수 없을 만큼 그 성립이 비교적 새로우며, 다시 그것이 주위의 이민족으로부터 압박을 받왔기 때문에 장기간 독자적 번영을 유지하는 것이 불가능했다. 따라서 고대 그리스와 같은 독특한 도시국가 문화를 발전시켜 이를 후세에 유산으로 남길 수가 없었다. 그뿐만 아니라 도시국가 자체의 존재조차도 후세의 역사가에게 망각되고 무시되기에 이르렀던 것이다.

그럼에도 불구하고 일찍이 존재했던 도시국가 문화는 다음의 영토국가 시대에 들어와서도 아직 생명을 유지해 발전을 계속하고, 그것이 중국 고대 문화의 정화精華로서 후세에 대해 눈부신 광채를 띠고 있는 것이다.

3. 전국시대

춘추에서 전국으로

공자가 지었다고 일컬어지는 『춘추』의 연대기에 포함된 부분을 춘추시대라고 부른다면 그것은 기원전 481년으로 끝난다. 그러나 보통은 그것을 훨씬 더 연장시켜 같은 세기의 종말 무렵까지를 춘추시대에 편입시킨다. 그것은 후에 송대에 이르러 사마광司馬光이 『자치통감資治通鑑』을 저술하면서 기원전 403년 당시의 강국인 진晉이 한韓·위魏·조趙 세 나라로 분열된 때부터 글을 쓰기 시작했으므로, 그 이래로 이해 이후를 전국시대라 일컫는 것이 관례가 되었기 때문이다. 엄밀히 말하자면 사마광이 『춘추』가 끝난 바로 뒤를 이어서 그 책을 썼으면 좋았겠다고 생각할 수 있지만, 사마광의 생각으로는 그렇게 하면 자기를 감히 성인 공자의 후계자로 내세우는 것 같아 주저했기 때문이라고 한다.

춘추오패의 하나로 손꼽히는 진은 문공의 사후에도 강국으로서의 지위를 유지해 특히 하남성을 중심으로 한 주 계통의 여러 나라를 휘하에 두고 점차 그 통제를 강화해 이를 영토화 해나갔다. 따라서 그 문화는 타국에 비해 훨씬 우월하고 장기에 걸쳐 지도적 역할을 했다. 진이 강성한 원인은 그 영토 내에 후세까지도 유명한 해주解州의 염지鹽池라고 불리는 소금 산지를 포함하고 있었기 때문이다. 또한 북방에는 목축에 적합한 평야가 있고 남방에는 복우伏牛산맥 아래 무기 제조소를 갖고 있었다.

장군의 출현

진은 그 지리적 이점에 의해 강대한 상비군을 조직하고 국위를 장기간에 걸쳐 유지할 수 있었는데, 이 군대 지휘권이 점차 왕실 곁을 떠나 세습 장군들의 손에 돌아가게 되었다. 춘추오패의 융성기에 패자는 말하자면 연합군의 지도자에 지나지 않고, 그 동원하는 군대도 동맹국에서 급히 달려온 오합烏合의 연합군에 지나지 않았다. 그리고 이를 지휘한 것은 패자인 나라의 사마司馬라고 일컫는 귀족이었다. 그런데 상비군이 설치되고 전쟁이 대규모가 되며 다시 그것이 영속하는 경향이 강해지자, 군사에 정통한 전문직이 요구되어 항상 군대를 지배하고 훈련을 담당하는 자가 장군이라 불리게 되었다. 이 사마로부터 장군에게로 병권이 이행되는 유사한 현상이 고대 그리스·로마에서도 일어나고 있으니, 그리스의 경우에는 아르콘(Archon, 집정관)으로부터 스트라테구스(Strategus, 전술가)에게로, 로마의 경우에는 콘술(Consul, 집정관)로부터 임페라토르(Imperator, 장군)에게로 이행하는 것으로 나타나고 있다.

진은 3군을 보유하고 여섯 명의 장군이 번갈아 1군의 정·부지휘관으로 근무해, 진의 정권은 여섯 가문의 손으로 옮겨갔다. 그런데 이 6가家는 서로 권력을 다투어 공격하고 최후에 이겨 살아남은 한韓·위魏·조趙 3씨가 진의 영토를 분할해 독립된 정권을 수립하고 성이 그대로 국명이 되었다. 이 분열의 완성을 사마광은 기원전 403년이라고 생각했던 것이다.

삼진과 제

진에서 갈라져 나온 신흥 3국(三晉) 중에 조는 북방에 위치하고 현재의 산서성으로부터 하북성 서남에 걸치는 일대를 영유해 군마軍馬의 생산에 유리했다. 위는 하남성 내에서 황하의 양안을 점령하고 그 안에 해주의 염지를 포함했기 때문에 재정적으로 유리한 입장이었으며, 그 영토는 섬서성에도 미쳤다. 한은 하남성 남부를 차지해 영토가 가장 협소했지만 유명한 무기의 산지인 당계棠谿를 손에 넣었다.

이와 평행하는 현상은 다른 지방에서도 일어났으니, 제에서는 환공의 자손이 그 지위를 대신인 전씨田氏에게 빼앗겼는데, 이 혁명에 수반해 제도 군사국가로 변신해 갔다. 남방의 초는 오·월 두 나라를 병합해 양자강 중하류 연안 일대의 땅을 점령하고, 남쪽은 현재의 광동廣東 부근까지 도달해 있었다. 현재라면 중국 본토의 과반에 해당하지만, 당시에는 아직 토지가 개발되지 않았고 인구가 희박했기 때문에 생산도 오르지 않았으며, 문화도 뒤져 있는 데다 중원과는 이질적인 원시 문명을 보존하고 있었으므로 북방 제국으로부터는 여전히 만이蠻夷 취급을 받고 있었다.

진의 흥기

여기에 새로이 각광을 받으며 전국 무대에 등장한 것이 서방의 진秦이다. 섬서성 남부 황하의 지류인 위수渭水 분지는 예로부터 민족의 융합이 이루어지기 쉬운 땅이며, 일찍이 주周 계통의 민족이 이곳을 발판으로 삼아 동방으로 진출해 중원을 정복했다. 그 후 진이 이곳에서 일어나 춘추시대에도 자주 진晉에 침입해 괴롭혔지만, 땅이 구석에 치우쳐 있었기 때문에 열강의 형세를 동요시킬 정도의 비중은 갖지 못했다. 그런데 전국시대에 들어서 갑자기 그 존재가 비중을 더하게 되었던 것은 영토를 사방으로 확대해 풍부한 자원을 활용할 수 있게 되었기 때문이다.

섬서성은 현재는 생산력이 가장 부진한 가난한 성의 하나로 손꼽힌다. 이것은 토지가 지나치게 건조한 탓이지만 고대에는 오히려 이 같은 건조지가 농업에 가장 적합했다. 일본에서도 나라(奈良)현 등은 오늘날에는 결코 비옥한 농업 현이라고 할 수 없지만 고대에는 일본을 움직이는 원동력이 될 정도의 생산을 올리고 있었다. 그것은 지대가 높아 배수가 잘 되었기 때문이다. 중국의 섬서성도 지대가 높고 건조해 농업에 최적지였다. 고대에는 건조한 토지에 관개하는 것은 용이했지만 저습지에서 수해를 막는 것은 몹시 어려운 일이었다. 그런데 인류는 정주하면 토지를 건조시키는 성질이 있으며, 역사가 진행됨에 따라 섬서성과 같은 토지는 지나치게 건조해져서 자주 가뭄을 당해 이를 막을 길이 없을 때 기근이 일어난다. 이에 반해 고대에 저습해서 인간의 거주에도 적합하지 않았던 양자강 하류 지역이 점차 건조해지자 가장 농업에 적합한 비옥한 토양으로 변화했던 것이다.

진이 강성해진 또 다른 이유는 감숙성甘肅省 방면에 거주하던 의거義渠의 융戎이라 불리는 민족을 정복한 것이다. 융이라고 하지만 이 민족은 성곽도시를 건설해 거주하고 고도의 문명을 보유하고 있었던 듯하다. 더욱이 그들은 중국과는 전혀 달리 화장火葬 풍속을 갖고 있었던 것으로 미루어 인도·이란계 민족이 아닌가 생각된다. 만일 그렇다면 그들은 그 서방의 동족으로부터 완전히 고립되어 식민했다고는 생각되지 않으므로 서아시아 문명권과 접촉하고 있었음에 틀림없다. 아마 진은 이 방면으로부터 서아시아와 교통을 열고 그 진보된 문화를 섭취할 기회가 풍부했고, 또 진기한 산물을 수입해 이를 중원 제국에 전매해서 이익을 얻을 수도 있었을 것이다. 고대의 동서 교통로는 후세보다도 북쪽에 치우쳐 황하의 대만곡大灣曲 주변으로부터 서방으로 향했던 것이니, 위수 강물을 그 수원지 가까이까지 거슬러 올라 서쪽으로 향하는 교통선은 훨씬 뒤늦게 열린

것이었다.[27]

연과 한국·일본

이상의 6국 이외에 새로이 강국으로 등장한 것은 하북성河北省 북부의 연燕이며, 이는 주 무왕의 아우 소공召公이 봉해진 나라라는 전설이 있지만, 물론 이것은 가탁임에 틀림없고 민족도 주와는 다른 북방계일 것이다. 이 나라는 중원에서 멀리 떨어져 있었기 때문에 천하의 대세와는 관계가 거의 없었지만, 그 위치로 인해 필연적으로 요동遼東 방면으로 세력을 뻗쳐 한국에 중원 문화를 전파하는 역할을 했다. 따라서 고대 일본의 개발에 관해서도 간접적이지만 기여한 바가 적지 않았던 것이다.[28]

전국시대의 왕권

춘추시대에는 강국의 군주라 해도 왕의 호칭을 쓴 것은 중원 제후들이 아니라 중원과 전통이 다른 양자강 유역의 신흥 세력인 초·오·월 세 나라뿐이었는데, 전국시대에 들어서면 오·월을 병합한 초 이외에 제·연·진·한·위·조의 군주가 서로 전후해 모두 왕을 일컬었다. 이것은 타국의 패권 아래 있지는 않겠다는 자주 독립의 결의의 표명이다. 이들 왕 가운데는 춘추시대 군주 밑에서 장군에서 시작해 입신한 자가 있었다는 사실이 보여주듯이 그들의 왕위는 그 무력에 의해서만 유지되는 것이었다. 이미 그들은 그 주권의 기원을 설명하는 데 종교적 신화를 필요로 하지 않으며, 그만큼 현실적으로 강력한 전제군주였다.

국왕은 국도 부근에 강대한 상비군을 설치해 스스로 이를 장악하고 있었다. 전쟁 때에는 임시로 장군을 임명하지만 장군에게는 명확한 임무를 주고 임무 밖으로 이탈해 자유행동을 하는 것을 금지했다. 개선할 때도 국도에 들어오기 전에 병권을 해제하고 개인으로 입조入朝시켰다. 모두가 쿠데타에 의한 혁명을 미연에 방지하는 제도이다.

영토 내에 일찍이 존재했던 도시국가는 모두 독립을 잃고 그중 다수는 신흥 경제 도시와 함께 현縣이라는 행정구역의 거점이 되었다. 현이란 중앙에 의존하는 도시를 말한다. 현은 중앙에 조세를 보내 경비를 돕는 것 외에 만일 상비군만으로는 전력이 부족할 때에는 그 지방의 장정을 징발해 보조 부대로서 출동시켜야만 했다. 이 현을 몇 개 합쳐 군郡이라 하고 중앙의 감독의 편리를 꾀하기도 했다. 군이란 군群의 의미로서 바로 현들을 집합시킨 것이다. 이른바 군현郡縣 제도는 전국시대에 배태되었던 것이다.

영토국가

전국시대의 영토국가가 춘추시대의 도시국가와 다른 것은 국경이 명확해진 점에 있다. 도시국가 시대에 가장 중요해서 신성불가침으로 생각된 것은 주거의 주위에 둘러친 성곽이며,

성 밖에는 경지가 펼쳐져 있지만 이웃 국가 경지와의 경계는 그다지 명백하지 않았다. 경계 부근에는 경작되지 않는 벌판이 남아 있었고, 그것이 어느 쪽에 속하는지 불분명한 경우가 많았다. 그래서 유목을 기반으로 한 이민족이 그와 같은 틈새를 따라 중원 깊숙이 진입하는 경우도 있었다. 전국시대가 되자 도시가 독립을 잃고 중앙에 의존함과 아울러, 중앙은 그 주민을 보호하기 위해 지배권을 도시와 도시 사이의 공지에까지 미치게 하고 넓은 평면을 영지로서 소유하게 되었다. 그래서 자연히 국경이란 관념이 생기고, 때로는 자국의 영토를 보호하기 위해 경계선에 장성長城을 쌓아 방위하기 시작했다. 특히 그 필요를 느낀 것은 중원의 거의 중앙에 위치해 사방이 타국에 에워싸인 위魏였다. 위는 진秦과의 국경에 황하와 평행하는 장성을 축조했다.

다만 주의해야 할 것은 전국시대 강국의 영토는 원래 도시국가가 모여 성립된 것이므로 그 성립 사정에 따라 국경선이 복잡하게 얽혀 들쭉날쭉 굴곡이 심하기 십상이었다는 것이다. 때로는 타국의 영내에 외떨어진 영지가 생기는 것도 드물지 않았다. 그래서 후세의 생각으로 당시의 역사를 읽으면 이해하기 어려운 현상에 마주치는 것은 이 때문이다.

도시의 변모

이 영토 내에 포함된 도시는 사회의 발달에 따라 각각 특수한 임무를 띠게 되고 생태가 분화되었다. 국도國都는 다수의 군대와 관료 등 비생산계층을 껴안는 한편, 야채 등 자연식품을 공급하기 위해 여전히 이에 상응하는 농민이 성내에 거주하며 교외의 경지에서 일하지 않으면 안 되었다. 그러나 곡물과 같은 비축할 만한 식료는 영토 내의 각지에서 운반되고, 민간에서도 부호는 시市 안에 창고를 설치해 물자를 매점해서 투기적 이익을 추구하게 되었다.

대도시에서는 시민의 교역을 위해 특별히 시라는 상업지구가 정해졌다. 시에서 직접 매매에 종사하는 상인은 정부로부터 허가를 받아 명부에 등록된 자에 한정되었다. 그러나 상인은 세상 사람들에게 천업賤業으로 간주되었으므로 대자산가는 사용인의 이름으로 대량 거래를 행하고, 그 가운데는 한 나라를 기울게 할 정도의 세력을 휘두르는 자까지 나타나기에 이르렀다. 여기에는 화폐경제의 유행이 있어서 그것이 자본의 축적을 가능하게 한 것이다.

춘추시대까지는 말하자면 자연경제 상태이며, 곡물과 포백이 화폐의 용도로 사용되었다. 황금 및 청동화폐의 사용이 성행하게 된 것은 전국시대에 들어서부터이며, 연과 제에서는 도刀라 불리는 작은 칼 모양의 청동화폐가, 조와 위 지방에서는 포布라고 불리는 가래 끝 모양의 청동화폐가 주조되었다. 이들은 소액의 거래에 사용된 것이고, 거액의 결제에는 황금이 사용되었다. 지구상에 황금은 사금砂金 형태로 널리 분포하며, 어디서나 미개척의 처녀지에는 강물에 흘러온 사금이 모여 발견되는 경우가 많다. 중국 상인은 황금을 찾아 대상隊商을 만들어 미개 민족 사이로 진입해 들어갔다. 그 결과 그들 사이에 중국 문화를 보급시키고 그 민족적 자각을 재촉하는 효과가 있었음과 동시에, 중국 사회에서는 황금이 풍부해져 이것이 경제를 자극해 호경기 시대를 맞이했다. 그러나 사금은 지표면에서 할당 채취가 끝나면 그 후에는 산출을 계속할 수 없는 것이어서, 자원이 고갈됨과 함께 황금 증가에 의존해온 호경기는 한계에 부딪힐 수밖에 없었다.

시의 번영

물자와 황금이 집중되는 대 도회지의 시市는 전국시대의 호경기 아래 공전의 번영을 자랑했다. 시는 단순한 매매 교역의 장소만이 아니고 술이나 음식물도 팔아 시민의 교제와 오락의 장소이기도 했다. 춘추시대부터 시작된 서민 지위의 향상, 사士와 서庶의 차별 철폐는 전국시대에 들어서자 거의 완전히 실현되었으며, 이로부터 나아가 본래 의미의 성姓이 소멸되고 인명의 호칭에 씨氏와 명名의 사용만으로 족한 관습이 보급되게 되었다. 그리고 결국에는 씨가 성이라고도 일컬어져 씨와 성이 동의어가 되었다. 더욱이 고대로부터 전해진 동성불혼의 관습은 이제는 동씨불혼으로 변하고, 이 풍습은 바로 근래까지 중국에서 관습법으로서 오랫동안 인민을 구속해 왔다. 중국의 제도를 수입한 한반도에서도 마찬가지이고, 특히 이곳에서는 씨의 수가 적고 같은 씨의 사람이 많기 때문에 민간의 혼인에 지장을 초래하는 경우가 많았다. 다만 일본에서는 이 같은 풍습이 성립되지 않았는데, 그것이 옛날 중국인의 눈에는 불륜 행위처럼 비치는 것을 피할 수 없었다.

신분의 해방을 쟁취한 서민은 만일 자유로운 시간이 있으면 시에 모여 오락을 즐길 수가 있었다. 어떤 자는 금琴을 뜯으며 노래를 부르고, 어떤 자는 피리를 불며 춤을 추고, 어떤 자는 닭싸움, 개 경주를 시키고, 장기나 바둑을 두거나 축국蹴鞠이란 공놀이를 하며 즐겼다. 그중에는 사람들을 모아 강담講談을 하는 자도 있었다. 그 이야기의 내용은 요·순 삼대의 제왕의 사적이거나 대상들이 먼 곳에서 날라 온 당대의 소식이었다. 때로는 이 시정의 구비口碑 전설이 그대로 역사 사실로 승화하는 수도 있었다.

중국 고대의 시는 고대 그리스의 아고라Agora나 로마의 포룸Forum에 비할 수 있다. 다만 서양의 시는 단순히 거래 장소, 사교장일 뿐만 아니라 늘 정치 담론의 장소, 때로는 정치운동의 장소였던 것에 비해 중국에서는 정치적 색채가 극히 희박했던 점이 다르다. 여기에서 희박하다고 하는 것은 그것이 전혀 없지는 않았기 때문이다. 일찍이 제의 민왕湣王이 연에 격파되어 피살되었을 때 왕손고王孫賈란 자가 시에 들어가 시민을 권유해 400여 명을 얻고 찬탈자를 습격해 죽여서 제 부흥의 단서를 잡았다. 그렇지만 결국 시가 서민의 정치운동의 중심이 되지 못한 채 끝난 것은 중국에서는 도시국가가 독립을 유지했던 시대가 극히 짧고 그 기간에 시의 발달이 아직 미성숙했기 때문이다. 시가 발전한 것은 영토국가의 전제군주 치하에 들어간 뒤이며, 더욱이 이 전제군주의 조정朝廷을 중심으로 한 두 번째 사교장이 출현해 이쪽의 융성에 반비례해 시의 사교장으로서의 의의도 희박해져 갔다. 중국에서 민주주의가 자라지 못한 이유에는 이 같은 도시 구성에서 오는 요인이 숨어 있었던 것이다.

정치와 학문

춘추시대의 군주는 그 지배하는 영역도 협소하며, 그 정치도 전통에 속박되고 또 세습적 귀인貴人 계층으로부터 제어를 받아 원하는 대로 새 정책을 실시할 수 없는 상황이었다. 그런데 전국시대의 군주는 갑자기 강대한 주권을 장악해 어느 정도까지는 자유로이 행정을 시행할 수 있었다. 그런데 전통으로부터 해방되어 자기 의지에 따라 정치를 운용한다고 해도 역시 무언가 의거해야 할 원리를 얻으려는 욕구가 나타났다. 그래서 각국의 왕들은 다투어 정치 이론에 통달한 학자를 초빙해 정치의 참고로 삼고 싶다는 생각을 했다. 이 결과 조정이 일종의 사교장이 되고 내외의 학자가 모여들어 서로 논쟁을 하고 각기 그 도를 세상에 퍼뜨리려고 경쟁했다. 제자백가諸子百家라고 불리는 것이 이들 학자들의 총칭이다.[29]

학파의 발생

공자의 사후 그 제자들 중 어떤 이는 스승의 도를 이어받아 사숙을 열어 후진을 지도하고, 어떤 이는 연줄을 찾아 전국시대 왕가의 조정에 출사해 관료가 되거나 교육에 종사하기도 했다. 공자 학파, 즉 유교가 성대해지자 이를 본떠 일파의 학문을 개척하는 자도 나타났는데, 그중 비교적 오랜 것은 묵자墨子이며 공자 사후 얼마 안 있어 태어났다고 생각된다.

묵자는 공자가 주의 문·무·주공을 이상적인 성인으로 존숭해 그 도를 퍼뜨려야 한다고 주장한 것에 대해, 더욱 오래고 따라서 보다 유덕한 하夏의 우왕禹王의 가르침에 따라야 한다고 주장했다. 이에 의하면 우왕은 근검勤儉·역행力行으로 인민의 모범이 되고 황하의 대홍수를 다스려 세상을 구한 군주이므로, 정치를 하는 자는 이를 본받아 절약하고 장례식을 간소하게 하며 음악 등 무용한 오락을 폐지하고 타인을 위해서는 몸이 가루가 되도록 봉사해야 할 것을 주장했다. 묵자에 의하면 유교가 주장하는 인仁은 차별애差別愛일 수밖에 없어 자기 주위 사람을 후대하고 멀어짐에 따라 박하게 대하는 것은 덕으로서는 불충분하다. 자타를 구별하지 않고 동등한 겸애兼愛를 하는 것이 최고의 이상이어야 한다. 유교가 경우에 따라 공격전을 인정하는 것은 겸애가 아닌 결과이며, 전쟁은 어쩔 수 없는 방어전의 경우에만 허용되어야 한다. 전 인민이 평화롭게 생존하는 것이 인간을 지배하는 귀신이 바라는 바이므로 이 귀신의 뜻에 맞는 자에게는 반드시 귀신이 암암리에 상을 주는 것은 역사상의 실례가 증명한다. 그리고 이 귀신의 뜻을 현실에 표명하는 것은 인민 다수의 소리와 다르지 않다고 결론짓는다. 이 묵가의 설은 전국시대 동안에 크게 행해져 유교와 백중의 세력을 이룰 정도였지만 한대 이후 쇠퇴해 학파를 이루지 못하게 되고 말았다. 그러나 오늘날 그 책을 읽으면 거기에는 전술이 있고 논리학이 있으며, 실용을 중시한 공리주의 학설로서 오히려 근대에 적합한 점이 많다. 다만 오랫동안 학문이 끊어져 있었기 때문에 그 책은 몹시 난해하고 또 문자의 오류가 적지 않게 포함되어 있다는 것이 인정된다.

묵자의 학설이 중국에서의 스토아Stoa 학파라면 거의 같은 시기에 에피쿠로스Epicurus 학파라고도 할 수 있는 양주楊朱가 주창한 자애설自愛說이 한편으로 행해졌다. 그의 저서는 오늘날 전해지지 않으므로 그 상세한 내용은 불확실하지만, 인간은 원래 이기적으로 태어났으므로 자신의 이익을 위해서만 생활해야 하고 동시에 타인에게도 자애의 권리가 있으므로 이를 존중해 서로 그 분수를 지키면 사회는 평화롭게 다스려진다는 주장인 것 같다. 이 학설은 그 자체로는 세상을 풍미하기에 이르지는 못했지만 후에 일어나는 여러 학설에 영향을 준 점이 오히려 많다.

맹자

묵자와 양주의 학설이 세상에 행해진 데 대해 유가의 입장에서 반격을 가하려 한 것이 맹자孟子이다. 묵자가 이미 문·무 앞에 하의 우왕을 놓은 후이므로 맹자는 다시 그 앞에다 요·순을 끄집어내서 자기의 유교는 요·순의 도라고 주장한다. 이 요·순은 천하를 자기의 사유로 하지 않아 요는 순에게 왕위를 양보하고 순은 우에게 양위했다. 그런데 우 때부터 그 아들에게 왕위를 전해 세습제가 시작되었다. 이 점에서도 우는 요·순의 덕에 미치지 못하게 된다. 바로 그와 같이 묵가의 학문은 공자의 유교에 미치지 못하며, 그 겸애라 하는 무차별 사랑도 오히려 어버이에게 효孝를 다한다는 자연의 애정을 손상시키는 결과를 초래하는 것이라고 반대했다.

다른 학파를 상대로 싸우는 데에는 갖가지 무기가 있는데, 학문의 무기는 서적이다. 유교 측에서 『춘추』를 교과서로 사용하게 된 것도 실은 맹자 무렵인 기원전 4세기 중반 전후의 일이라고 생각된다. 『춘추』의 본문은 극히 간단한 연대기로서 대체로 역사 사실을 전하고 있다고 인정되지만, 이를 근거로 춘추학을 성립시키기 위해서는 단순히 그 기사를 역사로서 해석하는 것만으로 그치지 않고 어떤 정치 이념을 갖고서 비판할 필요가 있었다. 『춘추』의 해석학으로서 『좌씨전』은 주로 사실의 관련을 추구하는 입장을 취했으며, 이론상으로 특수한 해석학을 전개한 것이 『공양전公羊傳』이다. 예컨대 『춘추』의 경문, 은공隱公 원년 조항에 '제백이 오다(祭伯來)'라는 세 글자의 기사가 있다. 이것은 주 왕실의 대부大夫 제백이 노魯에 망명해 온 것으로, 이러한 경우에는 보통 분奔이란 자를 사용해야 하는데 무엇 때문에 이 경우에는 래來라는 글자를 썼을까. 『공양전』은 이에 답해 그것은 제백이 왕의 신하였던 탓이라 했다. 왕은 천하의 주인이므로 노라고 해도 그것은 왕이 지배하는 토지이다. 따라서 제백의 행동은 단순히 왕의 명령이 없는데 거주지를 이동시킨 것으로 해석해야 하며, 도망쳤다(出奔)는 의미의 분奔이란 글자를 쓰지 않은 것이라고 공양전은 해석한다. 이 해석의 기저에는 왕이란 천하의 주인이어서 이에 대립하는 외국이 있어서는 안 된다는 정치 이념이 가로놓여 있다.

노자

보통 공자는 젊었을 때 노자老子에게 나아가 예를 배웠다고 믿어지고 있지만 현재 남아 있는 『노자』란 책에 담긴 내용은 맹자보다 후세의 사상이 틀림없는 것으로 보인다. 이른바 노자의 학문은 개인주의의 주장으로 훨씬 이전의 양주 계열에 속하는데, 다만 양주와 같은 쾌락주의는 아니고 쾌락을 초월해야 한다는 것을 주장한다. 동시에 마찬가지로 유가가 존중하는 예제禮制도 초월해 정신의 자유를 획득하는 것을 이상으로 삼았다. 완전히 같은 경향의 학자의 책으로 장주莊周의 『장자莊子』가 있어 전자와 합쳐 노장老莊이라고 불린다. 이 학파는 그 창시자를 황제黃帝에서 찾으므로 또한 황로黃老의 술術이라고도 일컬어졌다.

유용의 학술

전국시대 국가들의 대립이 격화함과 함께 유용한 학술이 요구되고, 이에 따라 학문이 더욱 세분화되고 전문화되었다. 여기에 병가兵家·농가農家·법가法家 등이 나타나 각기 병법·농업·법률 등 전문 지식을 제공하고 책을 저술했다. 물론 이들 학문은 예로부터 있었고 오히려 필요불가결한 상식으로서 각 전문가 간에 전해져 온 것이지만, 이제는 그것에 계통을 세우고 이론을 붙여 무장하며 여러 나라의 군주나 유력 정치가에 대해 공작하게 되었던 것이다.

병가로서는 손자孫子·오자吳子가 유명하고 합쳐서 손오 병법이라 불리는데, 모두가 실재한 인물이었다. 다만 그것들이 오늘날의 병서인 『손자』, 『오자』와 어디까지 관계가 있는지는 의문이다. 최근 산동성 은작산銀雀山에서 『손자』의 죽간이 발견되어 『손자』에 두 종류가 있다는 것이 알려졌지만, 그것에 의해서도 아직 앞의 의문이 해소되었다고 할 수는 없다.

농업 지식은 원래 인생에 불가결하며 『맹자』에도 농업 전문이라는 신농神農의 학술을 하는 자[許行]가 보이고 있다. 이 신농씨를 실재한 황제처럼 생각하게 된 것은 훨씬 후세의 일에 속한다.

순자

이들 여러 학파가 경합하는 가운데 유교는 여전히 최대의 학파였다. 하지만 그중에서도 각각 중점을 두는 방식이 다르며 교과서의 선택이 다르기 때문에 여러 학파로 세분화되었다. 이것은 당시 유교가 아직 고정화되지 않고 성장을 계속하고 있었음을 이야기하는 것이다. 전국시대가 막바지에 다다랐을 무렵 순자荀子가 나타나 맹자의 낙관적 성선설에 반대를 외치고 성악설을 주장해, 예제禮制로 인간이 악행에 빠지는 것을 막아야 한다며 예학禮學을 집대성했다. 그렇다면 이 예란 무엇인가 하면 그것은 옛 성인이 정한 생활규범이며 영구히 준수해 오류가 없는 지상명령이라고 한다. 그런 옛 성인이 정한 규범을 어떻게 후세의 인민이 지켜갈 것인가 하면 인간의 본성은 그다지 변할

리가 없는 것이고, 성인은 그 평균치를 찾아 만인에게 적용될 수 있도록 예제를 정했으므로 그것은 영구히 통용될 것이라고 설명한다. 순자의 학설은 그 후 유학의 본류로 인정되고 한漢·당唐에 이르기까지 큰 영향을 미쳤다.

순자의 갈래를 이은 예의 학설을 모은 것에 『예기禮記』가 있으며, 그 속에 「중용中庸」이란 1편이 있다. 보통 이 편은 공자의 손자로 맹자의 스승 격인 자사子思가 지었다고 하지만 실제는 그렇게 오랜 것은 아니고, 「중용」의 사상은 이미 『순자』 안에 서술되어 있는 대로이다. 그러나 송대宋代에 주자朱子가 「중용」을 존숭해 사서四書에 넣은 뒤부터 공자와 맹자를 연결하는 중간의 사상이라고 여겨지게 되었는데 이것은 옳지 않다.

법가

순자에 이르러 예는 고래의 미풍양속을 제도화한 것이라고 생각되자 이는 인간생활을 규제하는 것이 되고 법률과 매우 유사한 성질을 띠어 갔다. 다만 예는 강제력이 없을 뿐인데, 그렇다면 차라리 권력에 의해 예를 어긴 자를 처벌하는 편이 유효하지 않을까라는 생각이 생긴다. 그래서 순자의 문하에서 이사李斯·한비자韓非子 같은 법률 전문가가 나타나 법가의 학문을 제창했다. 하지만 법률은 어느 시대에도 필요한 것이므로 고대로부터 존재해 왔음은 말할 나위도 없다. 다만 그것이 다른 학파와의 관련에서 이론화되고 일가一家의 학을 이룬 데에는 특히 이 두 사람을 들 수 있는 것이다.[30]

이른바 법가로 손꼽히는 사람 중에는 후세의 가탁이 아주 많다. 예컨대『관자管子』는 춘추시대 초기 제 환공의 재상 관중管仲의 저술이라고 하는데, 현재의『관자』는 훨씬 후세의 것으로 혹은 한대漢代 사람이 손을 댄 것이 아닌가 생각된다. 내용도 아주 잡다해서 물을 만물의 근본이라 한 것 같은 사상은 그리스의 탈레스 등과 관계가 있지나 않을까 생각되기도 한다.

법가 중에『상군서商君書』가 있는데, 이것은 진秦의 효공孝公에게 사관한 상앙商鞅의 저작이라 하지만 현존하는 그 책은 역시 후세의 가탁인 듯하다.

고대 제왕의 계보

중국 고대사학의 발달이라는 점에서 보아 주의해야 할 것은 전국시대에 들어서 제자백가가 잇달아 일어나서 그 연원을 고대 제왕들에게 구했기 때문에 여기에 고대 제왕의 계보가 성립되기에 이르렀다는 사실이다. 공자는 믿을 수 있는 제왕으로서 주의 문왕·무왕을 들었는데, 묵자는 그 앞에 우왕을 두고 맹자는 다시 그 앞에 요·순이 존재했다고 하며, 노장의 도가는 더욱 옛날에 황제黃帝의 도가 있다고 했다. 한대에 사마천이 나타나『사기』를 저술할 때에는 실재한 천자로서 황제를 최초에 두고, 그 아래로 요·순, 이어서 하의 우왕으로부터 은 탕왕을 거쳐 주 문왕·무왕에 이르기까지의 사적을 찾아 그「본기本紀」의 첫머리를 장식했다. 그는 황제 앞에 신농씨神農氏가 존재함을 알았지만, 이것은 농가農家가 신봉하는 시조인데 그것에 대해 자신감을 갖지 못했기 때문인지 정통正統 군주의 열에는 넣지 않았다. 그런데 훨씬 후세에 이르러 신농씨도 정통성이 인정되고, 다시 그 앞에 복희씨伏羲氏를 덧붙여 복희·신농·황제·요·순으로 연결시키고 이를 오제五帝라 일컫게 되었다. 복희는 역학易學의 시조가 되었는데, 역은 즉 점서占筮의 술術로서 애초에는 유가와는 내면적 관계가 없는 직업이었지만 가장 뒤늦게 유교에 받아들여지고, 그 대본인『역경易經』은 예로부터 있던『시경』·『서경』, 이를 뒤이은『춘추』·『예기』와 합쳐 오경五經으로 존숭되게 되었다.[31] 더욱이 오경을 열거하는 데는 가장 내력이 이상한『역경』의 이름을 최초에 일컫는 것이 관습화되어 있다.

칠국 쟁패전

태고에 만국이 있었다고 일컬어지던 독립된 읍邑들이 춘추시대에 들어서 수십 개의 도시국가로 병립 상태가 되고, 다시 전국시대에 들자 이른바 칠웅七雄으로 정리되었는데, 이것은 전쟁에 의한 약육강식 끝에 강자가 살아남은 결과에 다를 바 없었다. 이미 무력 투쟁이 시인되고 아무도 이를 억제할 수 없다면 전쟁은 계속 일어나고 더욱 규모가 커지며, 서로 병탄해 최후에 한 국가가 승리를 얻어 천하가 통일되기까지는 수습되지 않는 것도 또한 자연스러운 추세라 하지 않을 수 없다. 그러나 이 필연적이라고 볼 수도 있는 줄거리를 따라갈 운명이라 해도 이것을 실연實演하는 데는 배우가 필요했다.

전국 초기에 가장 부강한 나라로 알려진 것은 위魏였다. 여러 나라의 중심에 위치하며, 따라서 가장 진보된 문명을 갖고 번화한 도시를 갖고 있던 위는 그 장점이 그대로 단점이 되었다. 연을 제외한 전체 열강과 경계를 맞닿고 있기 때문에 국경 분쟁에 휘말려 들어갈 위험이 많고, 한 국가를 상대로 싸우면 반드시 배후를 노리는 적국이 있었다. 그래서 조趙와 싸우고 한韓과 싸우는 틈에 제齊로부터 배후를 찔려 대패하고 국위가 손상되어 결국 이류 국가로 전락했다. 이 위의 세력 후퇴를 틈타 일어난 것이 서쪽에 인접한 진秦이다. 진은 7국 중에서 가장 후진국이었지만 위의 문명을 수입하고 국정을 정비해 차츰 강성해지기 시작했다. 진은 황하 서쪽의 위의 영토를 탈취하고 다음에는 필연적으로 공격의 창끝을 해주의 염지로 향했다. 위의 도읍은 애초 염지에 가까운 안읍安邑에 있었는데, 진의 국경과 가까웠으므로 적병을 피해 대량大樑, 즉 훗날의 개봉開封으로 도읍을 옮겼지만 그래도 전력을 기울여 염지를 지키려 했다.

합종연횡

만일 이 염지가 진의 손에 떨어지면 그 세력이 거침없이 자라나 다른 여러 나라의 운명도 또한 위험에 빠지므로, 이에 6국이 공동으로 위를 도우려는 운동이 일어났다. 이것이 이른바 소진蘇秦의 합종책合從策이다. 이 합종을 무너뜨리고 그 동맹을 파괴하려는 것이 진 측의 장의張儀에 의한 연횡책連橫策이다. 양자의 허허실실의 마키아벨리즘적 응수를 중심으로 편집된 것이 『전국책戰國策』이다. 그런데 이 책은 원래 종횡가縱橫家라는 학파의 교과서였으므로 6국의 형세를 무대로 빌리고는 있지만 그 속에 쓰여 있는 것이 어디까지가 역사 사실인지 의심스럽다. 그런데 사마천은 전국시대의 형세 추이를 기록할 때 이 책을 사료로 많이 썼기 때문에 그 기술이 혼잡에 빠졌다는 원망을 면할 수 없었다. 프랑스 학자 마스페로Henri P.G. Maspero는 과연 이 점에 착안해 소진 등은 가공의 인물이 아니었을까 하는 의문을 던지고 있는데, 이것도 아마 지나친 생각이니 소진, 장의라는 이름은 『맹자』에도 명백히 나오고 있다.

종횡가의 학설은 지금까지 걸핏하면 단순한 변론술로 받아들여지기 쉬웠지만 실은 그것은 근대의 웅변술과 같은 것은 아니다. 오히려 변론에 앞서 수리數理적인 입장에서의 현상 분석이 있었다. 그 정세에 대한 정확한 파악에 입각해 객관적인 평형감각에 의해 치밀하고 대담한 판단을 내리므로 그 변론에 설득력이 있었던 것이다. 그러나 이것도 우수한 정치가는 예로부터 특별히 이를 언명하지 않더라도 실제로 행해온 것이지만, 종횡가의 출현에 의해 그 비밀을 공개적 장면으로 끄집어내서 일가一家의 학문으로 연습하는 것을 가능하게 한 것이다.

통일의 진행

전국시대의 형세를 급변시킨 것은 아무래도 전쟁 중에 생긴 두 가지 발명, 즉 철기의 사용과 기마 전술의 채용이다. 철은 다른 금속과 마찬가지로 서아시아에서 먼저 발명된 것으로 그것이 중국에 전해진 것은 언제쯤인지 분명하지 않다. 하지만 전국시대 동안 서서히 또 확실하게 그 용도가 확대되어 간 것은 사실이다. 그런데 중국의 철은 먼저 주철鑄鐵 기술이 진보했으며, 주철의 성질상 필연적으로 농기구 등과 같은 둔기鈍器에 많이 사용되고 무기와 같은 날이 있는 이기利器에 사용되는 일이 적었다. 그렇지만 철의 사용으로 종래에는 청동을 사용해야 했던 부분에 철을 대용할 수 있게 되니 그만큼 청동이 남게 된다. 이것은 청동의 생산을 돕는 결과가 되어 다수의 군인을 무장시켜 대규모 전투의 수행을 가능하게 했다. 이것은 또한 전쟁의 승패의 효과를 결정적이게 만들었다. 패배자로서는 재기하기 어렵고 승자는 그 이익을 충분히 활용해 점점 더 강성해지는 발판을 구축하게 되기 때문이다.

기마 전술의 채용 또한 전술을 일변시켰을 뿐 아니라 국가 간의 강약의 격차를 한층 확대시키는 효과가 있었다. 전국시대 초기까지는 전쟁에 말을 사용한다 해도 그것은 전차를 끌게 했을 뿐으로 전차는 그 움직임이 매우 부자유스러울 수밖에 없었다. 그런데 말 한 필에 한 명이 타는 기마는 상당한 급경사나 좁은 소로도 용이하게 답파하고 민첩하게 행동하는 것이 가능했다. 특히 그 기동력을 유효하게 이용하면 적을 포위해 섬멸적 타격을 줄 수도 있었다. 이것은 근대전에서 전차의 출현과 마찬가지의 의의가 있었다.

기마 전술

오래 말을 사육했다면 그 등에 타고 달리는 것은 누구라도 곧 떠올릴 것 같지만 실제로는 그렇지 않다. 기마의 발명은 역시 서아시아에서 처음 행해지고 그것이 사방으로 전파되었던 것이다. 기마를 위해서는 조련이 필요하고 조련에는 재갈이 꼭 필요하다. 이 도구와 기술의 발명은 실제로는 그리 용이하지 않았다. 필시 수천 년은 걸려 발명되었을 기마 전술은 먼저 중앙아시아의 유목 민족 사이에 퍼지고 유목 민족의 손을 거쳐 중국에 도달했다. 중국에서 최초로 이 전술을 인접한 누번樓煩 민족으로부터 배워 기마 부대를 만든 것은 조趙의 무령왕武靈王 (~기원전 295)이었다.

중국의 북방에 거주하는 유목 민족은 말을 방목하며 생활하고 있었지만 이들도 장기간 기마를 알지 못하고 지냈다. 그들이 기마를 안 것은 그것을 조에 가르쳐준 때보다도 그리 오래되지는 않았을 것이다. 그렇다면 무엇 때문에 이 시대에 이르러 옛날 서아시아에서 발달된 기마 전술이 동아시아 유목 민족 사이에서 유행하게 되었을까? 아무래도 이것은 알렉산드로스 대왕의 동방 원정의 영향이 아니었을까 생각된다. 대왕이 기병대를 포함한 2만 5천 명 정도의 대군을 이끌고 사마르칸트를 점령하고 나아가 시르 강변에 도달한 것은 기원전 329년이었다. 여기서 그는 토착 페르시아군의 반항에 부딪혔는데 그중에 스키타이인 기병 부대도 있었다. 아마 이때 그리스 군의 더욱 우수한 기병 전술을 부근의 유목 민족이 배울 기회가 주어졌을 것이다. 무령왕이 복장을 고쳐 호복胡服을 입고 기마전을 군인에게 익히게 한 것은 기원전 307년의 일이라고 하는데, 알렉산드로스 대왕의 동방 원정 후 약 20년이 경과한 데 지나지 않는다. 예리한 문명일수록 그것이 전파되는 속도가 빠른 것이다.

조는 기마 전술을 채용한 뒤부터 그 국세가 크게 뻗어 북방으로 영토를 확장해 이민족을 영내에 받아들이고 점점 더 그 기마 부대를 충실히 해 사방의 국가들과 싸웠다. 여기에 소진·장의의 합종연횡을 대신해 조 출신 명장의 시대가 도래한다. 조사趙奢·염파廉頗·이목李牧 등의 사적은 사마천이 『사기』에서 대서특필하는 바이다.

진의 강성

그렇지만 기마 전술의 효과를 최종적으로, 최대한 취득한 것은 조에서 배워 조보다 조금 뒤늦게 기마 전술을 채용한 진秦이었다. 기원전 4세기 말에 소양왕昭襄王이 즉위하자 장군 백기白起를 기용해 여러 차례 중원 제국을 공격했고, 특히 위의 옛 도읍 안읍과 그것에 인접한 염지鹽池를 할양시켰다(기원전 286). 진은 이 땅을 확보하기 위해 그곳 인민을 위에 돌려보낸 다음 자국에서 희망자를 이주시키고 죄인을 강제적으로 들여보내 방위를 맡게 했다. 이 막대한 자원을 손에 넣자 진의 국력은 점점 더 하늘을 찌를 기세가 되어 여러 나라의 영토를 잠식하고 이를 자국에 동화시키는 정책을 강행했다.

이렇게 되자 동방의 제국은 진의 눈치를 살펴 일시의 구차한 안전을 탐하는 데 급급하고, 소양왕이 56년이란 긴 치세 끝에 죽었을 때에는 다투어 사신을 보내 장의에 참석시켰는데, 특히 진과 가까운 한韓에서는 국왕이 몸소 조의를 표하기 위해 급히 달려오는 전대미문의 추태를 드러냈다(기원전 251).

소양왕의 대를 이어 효문왕孝文王이 즉위했다가 이듬해 사망하고, 아들 장양왕莊襄王이 이었으나 4년 만에 사망해 그 아들로서 즉위한 것이 후일 시황제始皇帝가 되는 진정秦政이다. 즉위한 이듬해를 원년으로 삼고(기원전 246) 그 37년에 사망하기까지 6국을 쳐서 평정해 중국 최초의 대통일을 가져오고 황제皇帝 정치를 수립했던 것이다.

4. 진

시황제 즉위

진은 전국시대 전기에 효공孝公의 재위 때 위魏에서 망명한 상앙商鞅을 기용해서 법가적 개혁을 시행하고 이로써 패업霸業의 기초를 열었다고 하는데, 이것은 아무래도 믿기 어렵다. 상앙의 정책은 상업을 억제하고 농업을 장려하며 농민으로부터 전사를 징발해 강병책強兵策을 꾀했다고 하는데, 실은 진은 후진국이어서 상업이 발달하지 않았고 농민이 인구의 대부분을 차지하는 것이 자연스러운 정세였다. 그 후의 역사 사실을 더듬어 나가면 진은 오히려 상업도 크게 이용해 나라의 부강을 꾀했다고 생각된다.[32]

시황제의 부친 장양왕은 젊었을 때 인질로 조趙에 있었으며,

거기서 대상인 여불위呂不韋와 알게 되어 그의 돈을 빌려 진의 조정 대신들에게 뿌려 매수하고 귀국해 왕위에 오를 수 있었다. 그러나 단기간 재위하다 죽고 아들 시황제가 13세로 뒤를 이어 여불위를 재상으로 삼았다. 상업자본가가 금력으로 일국의 운명을 움직이는 것이 가능했던 것이다. 더욱이 군주가 어렸기 때문에 여불위는 마음대로 정치를 집행할 수 있었다.

그런데 시황제 10년에 내란이 일어나 여불위가 이에 연루되어 파면되고 그를 대신해 초楚에서 온 망명자 이사李斯가 득세했다. 이사는 법가의 학술을 받든 인물로 진의 정치가 법가적으로 된 것은 이사가 중용된 이후의 일로 생각된다. 이사의 정책도 특별히 농본주의라고는 생각되지 않는다. 다만 시황제 즉위 초에 한韓의 수리水利 기술자 정국鄭國이란 사람이 진에 와서 경수涇水를 끌어다 황무지에 관개를 해서 비옥한 경지를 얻고 부강을 이룬 것은 사실이다. 이사는 이 농산 자원과 전대에 획득한 염지의 이익에 의거해 그 적극적 정책을 수행할 수 있었다. 식량이 풍부하면 대군을 소집해도 보급을 할 수 있고, 염지의 소금을 팔아 얻은 황금이 있으므로 다른 나라의 장상將相을 매수해 내응하게 하는 따위의 술책을 쓰는 것도 가능하다. 더욱이 북방에 인접한 유목 민족으로부터 군마를 수입하는 편의의 덕도 보았다. 그리고 이만한 좋은 조건을 구비한 나라는 달리 어디에도 없었던 것이다.

오래 계속된 7국의 전쟁도 최후의 폐막 단계는 참으로 어이없는 것이었다. 진에 의해 먼저 멸망당한 것은 주 왕실로서 장양왕에 의해 궤멸되었다. 주는 그 말년에 동주와 서주로 나뉘어져 있었는데, 그 무렵에는 낙읍 부근의 작은 읍 수십 개를 지배한 데 지나지 않았고 천하의 형세에 관해 아무런 관여하는 바가 없었다. 동주와 서주 모두 시황제의 즉위에 앞서 땅이 이어진 진에 의해 궤멸되고 그 토지와 인민도 진에 병합되었다.

한과 조의 멸망

시황제의 대가 되어 열강 6국 중 최초로 멸망한 것은 가장 약소국이었던 한이었다. 멸망이 임박한 한은 법가 학자이며 이사와 동문인 한비韓非를 진에 들여보내 유세하여 실오라기 같은 명맥의 보존을 꾀했지만 도리어 한비는 이사 때문에 피살되었다고 한다. 이로부터 3년 후인 시황제 17년에 한은 그 영토를 전부 진에 헌상하고 멸망했다(기원전 230).

그 2년 뒤에 조가 멸망했다. 조는 무용을 숭상하는 나라로 기마전에 능해 그때까지 진과 자주 싸워 서로 승패를 가리지 못해 진으로서는 가장 버거운 존재였다. 그러나 이 나라도 이미 시황제가 태어나기 전해에 명장 조사의 아들 조괄趙括이 45만 대군을 이끌고 진과 싸워 진의 장수 백기白起의 기병에 의해 후방의 연락이 끊겨 전군이 섬멸되는 대타격을 입고 있었다. 이때에도 조는 진의 이간질에 걸려 훌륭한 장수 염파를 내쫓고 허명뿐인 장군 조괄을 기용해 실패한 것이라 한다. 이후 조의 국세는 크게 기울어졌지만 과연 상무尙武의 나라답게 용장이 부족하지 않고, 이목이 염파를 대신해 북으로는 흉노를 격파하고 서로는 진과 싸워 쉽사리 굴복하지 않았다. 진은 거듭 황금을 뿌려 조왕의 근신을 매수하고 이목의 모반을 무고해 그를 죽이게 했다. 진의 군대는 이 틈을 타 조를 습격해 조왕을 사로잡고 그 나라를 멸망시켰다.

위의 멸망

그 후 3년, 시황제 22년에 위가 멸망했다. 위는 7국 중 가장 선진국이었기 때문에 선진국으로서의 약점을 어디보다도 먼저 드러내 열국이 속에 감추고 있는 고뇌를 가장 잘 체현했다는 점이 흥미롭다. 전제專制 정체는 원래 부패하기 쉬운 체질을 갖고 있는데, 전국시대 열강 중에서 문화가 진보한 나라일수록 말기가 되면 국왕의 통제력이 이완되어 지배권을 상실해 가고 있었다. 그래서 일족의 공자公子가 구체제 외에 스스로 신체제를 창출해 정부 밖에 새 정부를 만들어 국정을 지도하는 일이 시작되었다. 위魏에서는 신릉군信陵君이 나타나 이 방식을 시작한 것이다. 신릉군은 여러 나라의 유협遊俠을 모아 식객 3천 명을 양성한 것으로 유명한데, 여기서 말하는 유협이란 협객이라기보다는 오히려 낭인浪人이라 하는 편이 가깝다. 열국이 병립해 전쟁이 오래 계속되자 그동안 각국에 애국심이 싹터 국수國粹 정서가 일어남과 동시에 한편으로는 종래의 조국의 존재를 무시하고 국제적 입장에서 직업을 찾아 천하를 횡행하는 유사遊士 계층이 발생했다. 신릉군은 이 같은 이른바 유협을 막하에 불러 각자의 특수한 재능을 발견하고 재능에 따라 직무를 부여했던 것이다. 신릉군은 다시 이 식객의 힘에 의해 위의 국정에 참여했는데, 마찬가지 사태는 조에서도 일어나 평원군平原君이 세력을 얻고 있었다. 그런데 신릉군과 평원군은 서로 자국 국왕의 정부를 무시하고 동맹하며 타국을 권유해 진에 대항하는 동맹, 합종을 획책했던 것이다. 이것도 현실적으로는 그다지 효력이 없었지만, 정부에 의존하지 않는 사적인 개인들의 국제적 활동이 시작된 것은 주의해야 할 현상이다. 유협의 활동과 아울러 생각할 때 국가의 영역을 넘어 개인이 자각을 가지며 국제인이란 새로운 유형이 생긴 것은 실은 천하가 통일되어 이른바 고대 제국이 성립되는 것을 가능하게 한 지반이었다고 볼 수 있다.

그렇지만 신릉군의 신정부는 당연한 귀결로서 국왕 직할의 구정부와 마찰을 일으켰으며, 진에 시황제가 섰던 치세 초기에 신릉군이 국왕의 배척을 받아 실의 속에 세상을 떠나자 위는 더욱 쇠퇴해 얼마 못 가 진에게 병합되어 멸망했다. 춘추오패 중에 손꼽히는 대강국 진晉의 영토를 분할해 성립된 한·조·위, 이른바 삼진三晉은 이리하여 모조리 진의 영토에 추가되었던 것이다.

초·연·제 멸망하다

진이 다음에 예봉을 향한 것은 남방의 초였다. 춘추시대에 중원 여러 나라를 위협했던 가장 가공할 존재는 이 초이며, 그 민족이 미개하다는 점이 동시에 장점이 되기도 했다. 그런데 초는 그 지도층이 중원화됨과 함께 문명의 폐해를 입어 국세가 약해졌다. 왕실을 비롯해 귀족이 사치 생활에 익숙해지고 금전

욕이 강해지니 하층 인민과의 사이에 단층이 생겼던 것이다. 시인 굴원屈原의 고뇌는 바로 이 같은 세태의 반영이며, 그는 왕실의 일족이지만 고립된 왕실, 귀족 유력자의 부패, 당국자의 국제 관계에 대한 무지, 평형감각의 결여, 전부가 비관적 재료뿐인 가운데 유독 중국화한 지식인의 비애를 노래했다. 그가 멱라수汨羅水에 투신해 죽은 것은 기원전 277년경이라 생각되며 진에서는 소양왕 치세 중기에 해당되는데, 그 무렵부터 이미 초는 말기적 증상에 직면해 있었다. 다만 그 영토가 광대하고 기후, 풍토도 다르기 때문에 진은 그 영토를 잠식하면서도 철저히 정복하는 것을 삼가고 있었다.

마침내 삼진을 쳐서 평정을 끝낸 진은 군대를 초로 향했으며, 장군 왕전王翦이 60만 대군을 이끌고 쇄도해서 일거에 초의 광대한 영토를 정복해버렸다. 시황제 24년의 일이다.

그 이듬해 진왕은 원정군을 연으로 보내 그 나라를 멸망시켰고, 다시 이듬해 원정군이 연으로부터 귀환하는 길에 제를 급습해 이를 멸망시켰다. 제는 6국 중 진과 국경을 접하지 않았기 때문에 적대 관계가 발생하지 않았으니, 진 측에서는 감언으로 이를 속여 안심시키고 황금을 보내 조정의 유력자를 매수해 방심하게 했던 것이다. 이에 진의 천하통일 사업이 완성되었다(기원전 221).

황제 제도

이미 천하 평정의 대체적 전망이 섰을 무렵부터 진의 조정에서는 통일 후의 정치 방식에 관해 논의가 오가고 있었던 듯한데, 그 중심인물은 이사李斯였다. 조정 대신의 관위는 승상丞相·어사대부御史大夫·정위廷尉의 순인데, 이사는 정위에 지나지 않았지만 그 학식이 동료들을 능가했다.

시황제 26년 제를 멸망시켜 천하를 통일하자 이윽고 중요한 조명詔命이 잇달아 발표되었다. 그 취지는 요약하면 황제 제도 수립이란 한마디로 모아진다. 종래에는 정치상 최고의 지위는 왕王이며, 일찍이 진秦과 제齊가 나란히 제帝라는 칭호를 자칭하기로 약속했지만 일 년도 지속되지 않고 중지되었다. 제는 원래 최고신을 부르는 명칭으로 실재한 군주의 호칭은 아니었던 것이다. 그런데 진은 이때 중국 군주의 칭호로서 황제皇帝란 이름을 썼으며, 이후 그것이 계승되어 2천여 년, 청조가 멸망할 때까지 지속되었다. 다만 시황제는 스스로 사후의 명칭을 정하여 시始라고 자칭했던 것이며, 자손을 이세二世, 삼세三世라고 불러 만세까지 계속될 것을 이상으로 삼았던 것이다. 그런데도 이 번호제는 진 정권의 붕괴와 함께 이세로 사라져버렸다.

그런데 이 황제란 것의 출현은 단순한 명칭의 변경이 아니고 실질적으로도 갖가지 새로운 의미를 함축한 것이었다. 첫째는 고대 왕자王者란 것의 본연의 이상이 부활한 것이다. 더욱이 그것은 법가가 배척하는 유교의 사상과도 일치하고 있으므로 바로 중국 사상의 특색을 이루는 것이라고도 할 수 있다. 맹자의 말에 '넓은 하늘 아래에 왕의 토지가 아님이 없고 온 땅의 변두리에도 왕의 신하가 아님이 없다'고 했는데, 새로이 탄생한 황제는 이 이상을 체현하는 것이어야 했다. 즉 황제는 단순히 중국 인민의 군주일 뿐 아니라 지구상에 거주하는 전 인류 공통의 주권자여야 한다. 바꿔 말하면 대립하는 자를 인정하지 않는다. 말하자면 황제는 우주 간에 유일한 존재이므로 이것은 즉 고유명사이다. 따라서 어떠한 한정적 형용사도 불필요하다. 시황제의 '시'는 후속하는 이세·삼세에 대한 '시'이며, 생존 중의 조詔에는 언제나 황제일 뿐이다. 이 제도는 진 이후 계속되어 중국의 천자는 자칭할 때 한 황제라든가 당 황제라든가 왕조의 명을 일컫지 않는다. 이에 반해 외국의 군주에 대해서는 왜왕倭王이라든가, 일본 국왕이라든가 지명을 앞에 붙여 불러 그것이 한정된 지역의 군주임을 보여주는 것이다.[33]

더 나아가 말하면 시황제의 치세에는 진秦이란 국호는 불필요하게 되었던 것이다. 다만 전대의 주周에 대비해 진이라고 하는 경우는 있지만 후세의 일을 고려해 구별할 필요는 없다. 왜냐하면 황제의 치세는 영구히 만세까지 계속될 터이기 때문이다. 여기에 중국은 국명을 잃고 황제의 나라가 된 것이다. 하지만 실제로는 진이 멸망하기 일보 전 삼세 황제가 되어야 할 자영子嬰이 즉위했을 때 중원의 영토를 전부 상실하고 진 본국만으로 되었기 때문에 황제란 호칭을 폐지하고 원래대로 진왕이라 불렀다. 천하의 왕은 아니고 진이라는 한정된 지역의 왕으로 되돌아갔던 것이다.

군현제

6국을 평정한 직후 조정에서는 멀리 떨어져 있는 원격지인 연·제·초 지방에는 주를 본떠 봉건封建을 하고 왕을 세우려는 논의가 일어났는데, 이때 이에 반대한 것이 이사이다. 만일 지금 근친을 세워 왕으로 삼아도 몇 대 후에는 관계가 소원해져서 각자 자기의 이익을 추구하게 되므로 결국에는 무궁한 해를 초래하기에 이르리라는 것이 그가 반대한 이유였다. 그래서 새 영토를 전부 천자의 직할로 두기로 하고 천하를 36군郡으로 나누어 군에 수守·위尉·감監을 두고, 군 아래에는 현縣이 있어서 현에는 령令·승丞을 두었다. 모두 중앙정부에서 임명하는 관리이며, 따라서 한 조각의 사령장辭令狀에 의해 즉각 그 지위를 잃지 않으면 안 되는 것이다.

군의 수, 현의 령은 지방장관, 군의 위, 현의 승은 차관인데, 군의 감은 지배하에 있는 현을 감독하는 것이 직무였다. 그렇다면 군수郡守를 감독하는 것은 누구인가 하면 그것은 중앙의 대신 특히 어사대부이며, 또한 황제 자신이 이른바 순수巡狩를 행하여 몸소 지방 정치를 감독하는 한편 통일 군주의 위력을 과시하기 위해 각지에 순행했다. 그 내용은 『사기』의 「진시황본기」에 보이고 있는데, 이르는 곳에 돌을 세워 그 공적을 자랑한 문장을 새기고 있으며 그 비각碑刻의 일부가 현지에 남아 있는 것도 있다. 이 순행을 위해 시황제는 천하에 널리 치도馳道라는 도로를 건설했는데, 이는 『사기』에는 보이지 않고 『한서漢書』 「가산전賈山傳」에 기록되어 있다. 이에 의하면 시황제의 치도는 동으로 연·제까지 다다르고 남으로 오·초까지 이르렀다고 하므로 진의 도읍 함양咸陽으로부터 하북성, 산동성, 절강성, 호남성으로 통하는 대로가 개통된 것이며, 도로의 폭은 75미터로 7.5미터마다 삼나무를 심어 가로수로 삼았다. 이 치도는 유사시에는 그대로 군용도로가 되어 대군을 파견하고 그들에게 군수품과 양식을 보급하는 데 도움이 되었음은 말할 나위도 없다.

대외 정책

황제제가 이상으로서는 대립하는 자를 인정하지 않는다 해도 현실에서 황제의 권력은 무한하지 않고 적대국이 존재해 국경에서 분쟁이 발생하는 것은 어찌 하기 어려웠다. 전국시대 말기 북방 유목 민족 간에도 대동단결의 기운이 생기고 흉노족 가운데 두만頭滿 선우單于란 인물이 나타나 점차 강대해져 갔다. 그래서 시황제는 태자 부소扶蘇와 장군을 보내 흉노를 공격하고 이른바 만리장성萬里長城을 축조해 그 남하를 막았다. 이 장성은 전국시대부터 연이나 조가 이미 부분적으로 축조했던 것인데, 진은 이를 연결시켜 서로는 황하 상류로부터 동으로 요동遼東에 이르기까지 공전의 대요새를 완성했던 것이다. 장성은 그 후 몇 번이나 이동 복원되어 현재의 위치에 정착한 것은 대체로 명明 시대이다. 진의 장성은 그 서쪽 끝에서는 현재의 것보다도 훨씬 내지로 들어와 있어, 임조臨洮. 즉 조수洮水와 황하의 합류점 부근에서 시작해 황하를 따라 북상하고, 다음에는 현재의 장성 선을 가로질러 북으로 나와 오르도스(河套)를 감싸고 동으로 향해 산서성의 북쪽, 음산陰山 선을 따라 동쪽으로 요수遼水를 건너 오늘날의 심양瀋陽 일대를 둘러싸는 것이었다.

처음 시황제가 정한 36군의 영토 내에는 현재의 복건성, 광동성, 광서성 지역은 포함되지 않았다. 시황제는 장성의 공사를 일으킴과 동시에 대군을 보내 오령五嶺을 넘어 당시 육량陸梁이라 불렸던 월인越人의 땅을 정복하고, 거기에 식민을 보내 내지화하여 남해南海, 계림桂林, 상군象郡이란 3군을 두었다. 남해는 대체로 현재의 광동성, 계림은 광서성에 해당되는데, 마지막 상군에 관해서는 종래에는 이를 한대의 상림象林현과 혼동해 현재의 베트남의 유에(順化) 주변에 해당하는 것이라고 생각해 왔지만, 실은 진의 세력은 거기까지는 뻗쳐 있지 않았으며, 역시 하노이(河內) 부근에서 그친 것이라고 생각하는 편이 타당하다.

현재의 복건성 지방에는 당시 민월閩越이라 불리는 민족이 살아 춘추시대 월왕 구천의 후예라고 일컫는 민월왕 하에 각지에 소군장小君長이 할거하고 있었는데, 시황제는 민월왕을 폐위하고 그 땅에 민중군閩中郡을 두었다. 이로써 진의 군은 40군이 되었는데, 대체로 후세의 중국 본토 18성이라 일컬어지는 영역의 외곽이 형성된 것이다. 다만 자세히 말하면 진의 판도는 서북으로 감숙성甘肅省, 서남으로 운남성雲南省의 땅을 포함하지 않고, 그 대신에 동북에서 요수 유역, 현재의 요령성遼寧省 지역을 점유하고 있었다.

통일 강화 정책

시황제는 이 공전의 대영토를 지배하는 데 이사의 법가 학설을 채택해 모든 면에서 획일화 정책을 강행했다. 중앙에서 정한 법제는 현지의 관습을 무시하고 한결같이 비타협적으로 강제되었다. 도량형度量衡은 전부 법정法定의 제도로 통일하고, 마

차도 폭도 일정하게 했다. 또 전국시대 동안 각국에서 문자의
서체가 가지각색으로 변화 발달했으므로 시황제는 이사 등에
게 명해서 교정시킨 창힐편蒼頡篇의 서체로 통일시켰다. 이것이
이른바 소전小篆이며, 창힐은 황제黃帝 때 사관史官의 이름이라
한다. 아마 예부터 전해져온 창힐체라 불리던 것을 이사 등이
개정했을 것이다. 진의 전서篆書는 막대로 써서 선의 두께가 일
정했지만 한대에 들어와 붓이 사용되게 되자 예서隸書가 되고,
다시 모필毛筆의 진보에 따라 현재와 같은 해서楷書의 형태가 되
었다.

진의 법제는 후세에 일반화된 유교의 도덕과는 매우 다른 원
리 위에 있었다. 시황제가 최후의 순행에서 회계산會稽山에 올라
돌을 세우고 명문銘文을 새긴 글 속에 남편이 간통했을 때에는
이를 죽여도 죄가 되지 않으며, 어미가 그 남편을 버리고 타인
에게 달아나 개가했을 때에는 남겨진 자식은 어미와 절연한다
는 따위가 기재되어 있다. 이것은 아마 진 본국에서 당시 행해
지던 풍속이었을 것이다. 그런데 이 진의 법률을 천하에 통용
되는 법률로서 일률적으로 강제하자 도처에서 마찰이 생기는
것이 불가피했다.

진은 종전의 이른바 봉건적 제도를 폐지했지만 그렇다고 하
여 그 빈자리에 근대적인 평등 원칙이 출현했던 것은 아니었
다. 봉건을 대신하는 새로운 작爵이란 계급 제도가 인위적으로
구성되었던 것이다. 작위는 낮은 쪽에서부터 열거하여 1급을
공사公士라 했는데, 이것이 고래의 이른바 사족士族 신분이다. 2
급은 상조上造, 그것이 차차 올라가 5급이 대부大夫이며, 이 이
상이 옛 주周의 제도에서 말하는 대부에 해당된다. 다시 올라가

19급이 관내후關內侯, 20급이 철후徹侯인데, 주의 제도에서는 제후諸侯에 해당된다. 진에서 관내후는 단순히 명목적 지위에 지나지 않고 철후에 이르러야 극히 협소한 봉읍封邑이 주어져 그 땅의 조세를 받는 것이 허용되었다.

계급 제도

작을 갖지 못한 자, 종래의 서민은 검수黔首라고 개칭되었다. 검수는 아무리 부자라도 특별한 사회적 우대를 받지 않는다. 오히려 때로는 부호이기 때문에 재난을 당하는 일도 있었다. 천하 통일 초기에 천하의 부호 12만 호戶를 도읍 함양으로 이주시켰는데, 이는 줄기를 강하게 하고 가지를 약하게 하는 책략이었다고 한다. 동시에 또 이것은 농업을 존중하고 말업末業인 상업을 제거하는 의미도 있었다. 그렇다면 철저하게 자산가를 억제했는가 하면 반드시 그렇지는 않았으니, 파촉巴蜀의 과부 청淸이란 자는 조상 이래의 수은水銀 광산을 경영해 그 가업을 잃지 않았으므로 시황제는 그를 정부貞婦로서 표창하고 빈객의 예로 대우했다고 한다. 이 파촉 지방은 일찍부터 진의 영토가 되었고 그 주민은 특히 조정으로부터 우대받았던 듯하다.

검수 중에서 보통보다도 한 단계 신분이 낮은 자, 혹은 검수보다도 한 등급 아래여서 천민으로 취급되는 자가 있었다. 전자는 새 점령 지역에 수비병으로서 장기간에 걸쳐 파견될 때 먼저 지정되는 인민으로서 그중에는 호적에 흠이 있는 자, 즉 이전에 도망죄를 범한 자, 분가하지 않고 여자 집에 데릴사위가 되어 원래의 성을 고친 자 및 상인의 호적에 등록되어 있는 자 등이 꼽힌다. 다음에 검수의 지위보다 더욱 하등인 것은 죄인으로 형을 면제받아 노예 대우로 떨어진 자로서, 진의 형벌은 엄혹했기 때문에 이런 종류의 사람이 몹시 많았다. 시황제의 장려한 궁전 아방궁阿房宮 건조, 시황제 사후 그 산릉山陵 공사에 충당된 죄인의 수는 70만 명에 이르렀다고 한다. 진은 봉건적 계급을 철폐한 뒤 황제제에 의한 새 계급 제도를 만들어 존비귀천의 차별을 명백히 하는 것이 국가 설립의 대방침이었다.

법치주의

시황제의 시정施政 중에서 가장 학정으로 꼽히는 것이 분서갱유焚書坑儒의 거행이다. 하지만 이때 살해된 것은 이른바 방술方術의 사士였고 유자儒者는 아니었다는 해석도 있다. 시황제는 장생술長生術을 원하여 서불徐市 등을 파견해 동해의 선산仙山에 이르러 영약을 구하게 하고자 한 적이 있는데, 이들 방사들 중에 시황제를 속여 많은 비용을 쓰게 하고 더욱이 험담을 하고 도망친 자가 있어 시황제가 노해서 그 죄를 연좌시켜 460명을 죽였던 것이니, 이를 갱유라고 하는 것은 적절치 않다는 것이다.

분서란 것은 이른바 갱유와는 별개로 이사의 건의에 따라 법가의 학술을 천하에서 배우게 하기로 하고, 이를 배우는 데는 관리를 스승으로 삼고 민간인의 사학私學을 금지한 것이다. 역사서는 진의 사관이 기록한 것에 한해 인정하고, 정부의 학관學官이 소장한 책 이외에는 민간의 시詩·서書·백가百家의 말을 기록한 서적은 모조리 정부에 제출시켜 이를 소각하게 했다. 다만 의약·복서卜筮·농업에 관한 책은 민간에서도 소유하는 것을 인정했다. 이 금서령이 발표된 것은 실은 제생諸生을 죽이기 전해이며, 양자는 내면적으로는 연결이 있을지도 모르지만 표면에 나타난 것은 각기 독립된 두 개의 사실이었다.

시황제는 위대한 전제군주였다. 내가 이를 독재獨裁라고 부르지 않는 것은 송대宋代 이후의 독재군주제와 구별하기 위해서이다. 내 생각으로는 송대 이후는 제도로서 법적인 독재군주가 출현했다. 물론 개국開國 군주는 그 개인의 재능에 의해 개성 있는 독재를 행사했지만 그 방식이 그대로 제도가 되어 자손 대에 답습되었다. 이 경우 독재군주는 제도상 최종적 결재만 하는 기관으로 되어 있고, 모든 정책은 각각의 하부 기관에 의해 사전 준비되어 최후에 재상이 이를 심사한다. 만일 천자에게 두 가지 이상의 결재 방안이 있다고 재상이 생각하면 그 안을 병기해 원안을 작성하고 군주에게 최종적인 재단裁斷을 요구하는 것이다. 그런데 고대 및 중세에는 아직 그와 같은 정치 양식이 제도로서 성립되어 있지 않았다. 군주는 개인의 역량에 의해 전제를 행하지만 그의 죽음과 함께 전혀 새로운 국면이 전개된다. 후계자가 어리석고 약하면 대신이 그를 돕지만 그것은 인적인 신뢰에 의존하는 것에 불과할 뿐이다. 만일 이 신뢰가 흔들리면 어처구니없는 결과를 초래하게 된다.

고대 제국의 이상

시황제가 창설한 진 왕조는 우리가 이를 고대 제국으로 평가해 페르시아의 아케메니드 왕조, 서양의 로마제국, 또 인도의 마우리아 왕조와 대비한다. 모두가 그 지역에서 상고 시대부터의 통일을 향한 경향이 결실을 맺어 최고조에 달하고 최대 판도의 출현을 본 시기이기 때문이다. 그리고 이들을 비교하면 그것들 사이에 매우 많은 공통점을 찾아낼 수 있다.

고대 제국에 우선 공통된 점은 그 광대한 영토를 통치하는 데 봉건영주를 세우지 않고 중앙으로부터 관리를 파견해서 지방장관에 임명해 지배하게 한 것이다. 최초로 고대 제국의 본보기를 세운 페르시아의 다리우스 대왕이 사트랍(속주屬州 장관)을 임명해 지방장관으로 삼은 것은 유명한 사실인데, 진의 군수가 이에 해당되며 다른 세계에서도 유사한 제도를 채택했다. 페르시아의 다리우스 대왕, 마우리아 왕조의 아소카 대왕은 모두가 그 영내를 순행해 통일 군주의 위력을 지방민에게 과시했으며, 이는 시황제의 순수巡狩와 흡사하다. 순행에는 도로의 정비가 필요한데, 다리우스 대왕도, 로마 황제도 군용도로의 정돈에 유의한 것은 시황제의 치도 건설과 궤를 같이한다.

군주가 순행한 지방에 돌을 세우고 명문을 새겨 그 공적을 자랑한 것은 다리우스 대왕, 아소카 대왕이 이미 선례를 만들었으며, 시황제의 각석刻石도 혹은 이를 흉내 낸 것이 아닐까 생각할 수도 있다. 다만 각석이란 것이 시황제에게서 시작한다는 설은 옳지 않다. 그것은 시황제가 산동성 남해안의 낭야대琅邪台에 순행해서 세운 각석의 글에, 옛날의 제帝란 자가 덕이 그다지 높지도 않은데 금석金石에 그 행위를 새겼으므로 다시 본을 보이기 위해 이 돌을 세웠다고 쓰여 있는 것으로도 알 수 있다.

시황제의 죽음

대 전제군주였던 시황제가 급사하자 그것이 정치적으로 심각한 동요를 불러온 것은 불가피한 정세였다. 그는 전제자였던 만큼 한편으로는 몹시 근면해서 매일 결재하는 죽간竹簡의 문서를 10근, 약 6킬로그램을 단위로 한 저울로 계량해 기준량을 정했다고 하는데, 이 같은 일을 대신해 줄 사람은 달리 없었다. 더욱이 그의 사망은 하필이면 순행 도중에 일어나 승상 이사는 환관 조고趙高의 제어를 받고 공모해서 시황제의 유서를 개작해 태자 부소에게 죽음을 내리고 어린 아들 호해胡亥를 즉위시켰다. 이것이 이세 황제이다(기원전 210).

처음부터 왜곡된 방향에서 생겨난 이세 황제의 치세가 그대로 정도로 되돌아갈 리가 없었다. 먼저 이세의 즉위에 불만의 뜻을 보인 형제들이 차례로 숙청되고, 최후에 우유부단한 이사가 환관 조고에게 몰려 피살되었다. 그 정치가 평판이 나쁘다는 것을 안 이세는 내란이 일어나는 것을 막기 위해 외군外郡으로부터 새로이 5만 군대를 징발해 수도에 투입하고, 또 북변에 있던 전 태자 휘하 부하의 반란을 우려해서 신군을 파견해 교체시켰다.

하남성 남부의 평민 진승陳勝은 징발을 받고 한 신병 부대의 장이 되어 장성의 수비를 위해 향하는 도중 장마를 만나 행군

할 수가 없어 도저히 기일까지 도착할 수 없음을 깨달았다. 그래서 부하와 모의해서 기일을 어겨 사형당하기보다는 모반이라도 시도하다가 죽는 편이 낫다고 설득해 지휘관을 죽이고 반란을 일으켰다. 진의 형법은 극히 엄혹했는데, 그것이 도리어 반란을 유발하는 원인이 되었던 것이다.

전국시대 동안 사회에는 통일을 향한 기운이 조성되는 한편, 또한 각국에 동일 문화, 동일 법제가 오랫동안 행해졌기 때문에 그사이에 자연히 공통 감정이 생기고 애국주의가 발생했다. 진에게 평정당할 때는 그다지 강하게 저항하지 못한 각국이었지만, 막상 진의 지배를 받아 보니 지방장관으로 진의 사람들이 부임해 언어가 충분히 통하지 않는 데다 지방의 전통을 고려하지 않은 진의 법률에 의해 행정, 재판이 강행되어 지방 관료와 인민 간에 마찰이 생기는 것을 피할 수 없었다. 특히 전국시대에 일찍이 지방의 지도자이고 특권계급이었던 유력자는 기존의 기득권을 전혀 인정받지 못하고, 중앙에서 새로 부임한 진의 관리가 전횡을 부리는 데 자극받아 반감이 일고 있었다. 진승의 거병은 이들 지방의 불평분자들에게 함께 궐기해 군사를 일으키는 도화선이 되기에 충분한 역할을 했다.

제에서는 전씨田氏가 일어나 제왕齊王이 되고, 위에서는 원래의 왕족이 옹립되어 위왕魏王이 되었으며, 조에서도 조씨趙氏가 일어나 왕이 되었다. 이들은 구 6국의 부활을 표방한 것이고, 이와 별도로 유방劉邦이 일어나 패공沛公이라 칭했는데 진승과 마찬가지로 민간의 신흥 세력이었다.[34]

이들 제 세력은 서로 연결해 진군에 대항하고 구 6국 시대의 정세를 부활시켜 합종合從이라 불렀다. 이 합종의 맹주가 된 것이 초楚의 항우項羽이다.

항우와 유방

초는 춘추시대 이래의 강국으로 그 면적이 넓어 토지의 개발이 진척됨과 함께 그 잠재력이 증대해갔다. 항씨項氏는 전국시대에 대대로 초에서 벼슬을 한 무장 집안으로, 처음 항량項梁이 거병했다가 패하여 죽고 그 뒤를 이어받은 것이 조카인 항우였다.

항우는 유방과 길을 나누어 진에 들어가려 했는데, 항우는 북으로 나와 동맹국인 조가 진의 공격을 받고 있는 것을 구원해 거록鉅鹿에서 진군과 맞부딪쳤다. 항우는 필승을 기하기 위해 전군에 명해 사흘치 양식만 휴대시키고 황하를 건너자 곧 배를 침몰시켜 결사의 각오를 보였다. 계속 치달려 거록성 밖에 이르자 다른 동맹군에게 원조를 구하려 하지도 않고 고군분투해 아홉 번 싸워 진군을 크게 격파하고 거록성을 구원했다. 이 굉장한 분전을 보고 공포를 느낀 동맹군은 나와서 싸우려 하지도 않고 자기 진지에 들러붙어 관망만 할 뿐이었다. 승전 후 그 장군들이 항우의 진영 안에 들어가 축하하는데, 모두 무릎으로 기어 나와 감히 항우를 쳐다보는 자가 없었다. 이에 항우의 패권이 자연히 성립되고 합종의 우두머리가 되어 제군諸軍을 이끌고 서쪽으로 향했다.

그런데 이 사이에 유방은 남쪽 길로 나아가 도중의 진의 성읍들을 함락시키고 무관武關으로부터 관중關中으로 들어갔다.

이때 진에서는 환관 조고가 이세를 시해하고 그 조카 자영子嬰을 대신 세워 황제의 칭호를 버리고 진왕秦王으로 부르게 했는데, 진왕은 조고를 불러들여 죽였다. 내분에 의해 점점 더 저항력을 잃은 진은 패공 유방의 군이 수도에 박두하자 싸우지도 않고 군문에 항복했다. 왕위에 오른 지 46일째였다(기원전 206). 그런데 항우는 뒤늦게 함양에 들어가 진왕 자영을 살해하고 장려한 아방궁을 모조리 불태워버린 뒤 동쪽으로 돌아가 팽성彭城에 도읍해 서초西楚 패왕霸王이라 일컫고 연합국의 지도자 자격으로 전국에 호령했다.

항우는 고국 초왕의 후예를 세워 의제義帝라 하고 이를 명목상의 주권자로 삼았지만 실권은 아무것도 주지 않았다. 각지에는 6국의 후예라고 일컫는 구세력과 진의 가혹한 정치에 반항한다고 일컬으며 일어난 신흥 세력이 뒤섞여 할거하고, 항우는 그 사이에서 이해관계를 조정하는 데 고심했는데, 가장 처리하기 곤란한 상대는 패공 유방이었다. 그는 항우보다 앞서 진의 수도 함양에 들어가 진왕을 항복시키는 대공을 세우고 그 부하에 정예병이 많았기 때문이다. 항우는 유방의 능력을 질시해 그에게 한수漢水 상류의 한중漢中 땅을 주어 한왕漢王으로 봉했는데, 그 나라는 아직 개발이 진척되지 않은 척박한 땅이었으므로 한왕이 몹시 불만이었던 것은 말할 나위가 없다. 때마침 항우가 의제와 불화하게 되어 제멋대로 의제를 시해했으므로 한왕은 이 기회를 틈 타 의제를 위해 항우의 죄를 밝힌다는 명분으로 군사를 일으켰다. 한왕은 먼저 북으로 향해 진의 옛 땅 관중을 평정하고, 진이 남긴 지리적 유리함과 인적, 물적 자원을 이용해 항우의 초군과 해를 넘겨 싸웠다. 이것은 마치 전국

시대 이래 진·초 전쟁이 재현된 것 같았다. 그리고 진·초의 싸움에서 진이 이겼듯이 이번에도 한왕이 최후에 승리를 거두어 항우를 격파하고 항우를 그의 출생지에 가까운 양자강 부근의 오강烏江에 몰아붙여 패사시켰다.

진 시황제는 예로부터 포학한 군주를 대표하는 것처럼 말해져 왔으나 중화인민공화국 성립 이래 공자 및 유교를 반사회적 사상으로 단정하는 한편, 법가 학설을 진보적이라고 재평가해 시황제 또한 개명군주로서 다시 보게 되었다. 그렇지만 기록에 적힌 것이 만일 진실이라면 그의 정치는 독선적, 전제적이고, 공을 서둘러 지나치게 혹독하게 흘렀던 면이 있다는 것은 부정해서도 안 된다. 그 증거는 무엇보다도 그가 7월에 죽고 이듬해 7월 빠르게도 진승의 거사가 일어나 천하가 혼란에 빠진 끝에 죄 없는 인민이 잇달아 내전의 희생으로 쓰러진 것이다. 장래를 염려하는 것이 어려운 일임에는 틀림없지만 만능의 전제군주가 사후 1년 동안의 평화밖에 보증할 수 없었다는 사실은 그의 정치가 대실패라는 것에 대한 최상의 증명이 된다. 하지만 성공도 실패도 전부 그의 전제專制, 즉 그가 6국 평정의 위업을 완수한 그 전제 속에 사망 후 대란의 원인이 숨겨져 있었던 것이라고 생각할 수도 있다.

5. 전한

진에서 한으로

진의 뒤를 이은 한대에 와서도 곧바로 완전한 평화가 돌아온 것은 아니었지만 그래도 사회는 대체로 안정을 회복했다. 전한前漢만으로도 고조高祖 유방에서부터 헤아려 14대째의 유자孺子 영嬰이 왕망王莽에게 제위를 빼앗기기까지 200여 년 명맥을 유지했으며, 어쨌든 그동안에 왕조가 멸망으로 휘말려들 정도의 대란이 없었던 것만은 사실이다. 이것은 다른 면에서 보면 진이 천하를 통일했을 때와 한이 천하를 평정했을 때와는 사회 상황에 커다란 변화가 있었음을 예상하게 하는 것이다.

종래의 중국식 해석은 오로지 유교적 도덕론이었으니, 그 대표적인 것은 한 문제文帝 때 가의賈誼의 과진론過秦論이다. 그의 설에 의하면 진은 이세 황제가 즉위했을 때가 시황제의 적극 정책에 의한 천하 궁핍의 시기였으므로 선정을 베풀어 인심을 얻을 절호의 기회였다. 추위로 어는 자는 몸을 가리면 만족하고, 굶주린 자는 거친 음식도 감수하므로 그 최소한의 욕망을 채워주지 않을 턱이 없었다. 이를 위해서는 공신의 자손을 분봉分封해 나라를 세우게 하고, 법률을 완화해 감옥을 비우고, 엄혹한 형벌을 유예해 그 향리로 돌려보내며, 정부의 창고를 열어 저장된 물자를 방출해서 빈민에게 나눠주고, 세역稅役을 줄여서 인민을 안도시킨 다음 그 위에 교육을 시행해 각자가 자애自愛하도록 하면 충분히 천하태평을 미리 기약할 수 있었을 터이다. 그런데 이세의 정치는 사사건건 이를 어겨서 완전히 정반대의 학정을 계속했으므로 마침내 붕괴하기에 이른 것도 당연한 귀결이었다는 것이다.

이 주장은 확실히 일리가 있다. 시황제의 정책은 어디까지나 강력한 적극 정책이었으므로 언젠가는 이를 고쳐서 소극책으로 옮겨가지 않으면 안 될 때가 왔을 텐데 이세는 그 기회를 상실한 것이다. 그러나 이것은 바꿔 말하면 진의 통일 초기에는 아직 적극책을 행하면 할 수 있을 정도의 여유가 사회에 남아 있었다. 그런데 한 초기에는 천하가 피폐해 적막하기 그지없고 누가 천하를 얻을지라도 이미 적극 정책 같은 것은 내세우지 못할 실정이었던 것이다.

춘추시대부터 전국시대까지 계속된 전쟁은 한편으로는 사회 인민에게 풍부한 체험을 부여하고 문화와 기술 면에서 발달을 촉진한 점도 있었지만 그 이상으로 인민의 힘을 피폐하게 하는 결과를 초래했다. 앞의 가의는 전국시대의 진과 6국 간의 전쟁을 형용하면서 나뒹구는 시체가 백만, 흐르는 피는 방패를 띄운다고 하고 있는데, 진의 시황제의 통일전쟁이 끝나고 얼마 안 가 한·초의 쟁패전이 뒤를 이어 일어났으므로 더 한층 극심한 참상을 가져왔다. 초의 항우는 거록의 승전 후 진의 장군 장한章邯을 항복시켰는데, 그 휘하 군대 20여만 명의 처치가 곤란하자 전부 몰살시켰다. 이 군대는 진 시황제의 여산릉驪山陵을 축조하기 위해 사역시켰던 형도刑徒, 즉 범죄자로서 형에 처해지는 대신 고된 노동에 동원된 70만 명의 노역자들 중에서 임시로 전쟁에 충당한 자들로 그 소질도 가장 나빴다. 마찬가지 참극은 도처에서 일어났을 것이다. 고조의 신하 누(유)경婁(劉)敬의 말에 의하면 한과 초는 큰 전투 70회, 작은 전투 40회로 천하 인민의 간과 뇌가 땅에 가득하고 부자父子가 벌판에 해골을 드러내는 것이 이루 헤아릴 수가 없으며 곡소리는 끊이지 않고 부상자는 일어날 수 없다고 했다. 그래도 간신히 항우는 멸할 수 있었지만 인민은 생업을 잃고 일터가 없는 데다 대기근이 일어나 쌀 한 석石의 가격이 5천 전錢으로 오르니 인민이 서로 잡아먹어 인구가 반감하기에 이르렀다. 민간에 저축이 없어진 것은 물론이고 천자마저도 그 수레를 끌게 할 네 마리의 백마를 갖출 수가 없어 잡색 말로 임시변통했으며, 대신, 대장에게는 마차랄 것도 없이 소로 수레를 끌게 했다 함은 『한서』「식화지食貨志」에 기록된 바이다.

치세와 난세의 순환

그렇지만 사실을 말하면 이 같은 피폐가 전쟁 후 사회를 재건하게 하는 기반이 되었다. 한의 정부가 무엇보다도 바란 것은 시국의 안정이며 인민과 함께 휴식하는 것이었다. 이를 위해서는 법률을 완화해 형벌을 줄이고 관청의 일거리는 극력 간이화해서 관리의 수를 감축하고 민중의 세역을 경감할 수밖에 없었다. 그러므로 비록 진의 시황제와 같은 적극 정책을 취하고 싶어도 실제로 가능하지 않았던 것이다. 그리고 건국 초에 일단 소극 정책이 제기되자 중국과 같은 전통을 중시하는 나라의 상례로서 그 후에는 무언가 여간 특별한 사정이 발생하지 않는 한 그대로 정책이 지속되어 변동하지 않는 것이다.

전쟁에 의한 인구의 감소와 생산 설비의 파괴는 경제상 큰 타격임에 틀림없다. 그러나 이것도 한번 재난이 지나가고 나면 그 이후의 발전을 용이하게 한다. 당시의 인구가 어느 정도였는지 알 수 없지만 아직 개발이 낙후되었던 시대에는 설령 오늘날 보기에는 문젯거리도 안 되는 적은 인구라도 그 나름으로 포화점에 도달해 버리면 잉여 인구를 어떻게 처리할까라는 사회 문제는 부단히 존재했던 것이다. 특히 인민이 성곽 내에 거주하며 경지를 성 밖에 갖고 있는 사회 형태에서는 성내의 택지는 곧 좁아지고 성 밖의 경지는 너무 멀리까지 개척해서는 왕복하는 데 과도한 시간이 걸리므로 경지 또한 좁아지기 쉽다. 게다가 관개 설비가 정비되지 않은 토지에서는 흉작이 자주 일어날 위험이 있다.

그런데 대란 후에 만일 인구가 반감했다고 하면 성내의 거주지에도 여유가 생긴다. 경지에서는 가장 수리水利에 편하고 비옥한 토지를 먼저 경작하므로 기상에 의한 수확 감소의 염려가 적다. 과거의 상처만 잊으면 일하는 보람이 있고 살기 좋은 세상이 되었던 것이다. 바꿔 말하면 전란이 전란을 야기한 원인을 소멸시키게 된다.

이것은 아주 잔혹한 사실이다. 하지만 실은 중국에서 그 후에도 줄곧 이 같은 비극이 되풀이되어 왔던 것이다. 그리고 이것은 역사에서 배워야 할 교훈이다. 당시에는 통계적인 시각이 아직 생기지 않아서 인구와 자원, 생산과의 관계를 수량적으로 생각하는 일도 없고, 주기적으로 일어나는 큰 전란을 불가피한 것으로 여겨 기계적인 일치일란一治一亂, 즉 치세治世와 난세亂世의 순환이라는 운명론으로 처리하고 있었다.

지나가 버린 것은 어쩔 수 없다. 문제는 앞으로 유한한 자원, 생산을 어떻게 활용해 참화를 수반하지 않고 인구와 의식주 사이의 수급 관계를 조절할 수 있을지에 있을 것이다.

임시변통 정치

한 고조의 천하 통치의 이상은 무엇보다도 사회를 안정시키는 데 있었다. 그래서 먼저 행한 것은 봉건封建과 군현郡縣을 병용한다는 지극히 임시변통의 정책(郡國制)이었다. 여기서 말하는 봉건이란 특별히 주대周代의 정치를 부활시킨다는 식의 이상은 아니다. 한은 초와 천하를 다툴 즈음 부하 대장들을 다루는 데 신하로서보다도 오히려 동맹자로서 대우했다. 전쟁이 한창

일 때 한신韓信을 제왕齊王이라 칭하게 한 것이 그런 현상이다. 그리고 천하통일 후에 제장諸將이 목전에 갖고 있는 실력을 그대로 승인해 그에 상응한 영토를 주어 왕으로 삼은 것은 가장 현실적인 해결책이었던 것이다.[35]

그 밖에도 또 현실적으로 봉건을 필요로 하는 사정이 있었다. 진이 군현제를 천하에 시행해 실패한 이유는 원격지의 인민도 군현제 하에서는 공평하게 평등한 세역에 따르지 않으면 안 되어, 이를테면 장성長城 경비의 노역에는 먼 곳 사람들도 일률적으로 동원되어야 했기 때문이다. 그런데 만일 그 땅을 봉건 군주의 영토로 하면 인민은 그 봉건 영주에 대한 의무를 다하면 그만이고 중앙정부의 지배에서 벗어날 수 있었다. 당시에는 아직 통일 제국을 통치한 경험이 없고 법률은 획일적으로 실시하는 것밖에 모르며, 따라서 군현이 아니면 봉건, 봉건이 아니면 군현이라는 양자택일 식의 생각밖에 할 수 없었다. 그런데 원격지의 인민에 대해서는 왕을 봉건해주는 것이 휴식을 주는 유일한 방법이었던 것이다.

다음에 중앙정부가 커다란 저항 없이 제후왕諸侯王의 힘을 약화시키려 하면 거기에는 우선 그들의 봉지封地를 옮기는 수단이 있었다. 한이 가장 경계한 것은 제왕 한신이며, 그는 우수한 전략가여서 자력으로 제의 지역을 평정하고 반은 고조를 강제로 압박해 제왕에 봉해졌던 것이다. 한은 한신의 고향이 초楚 지역이라는 이유로 항우가 멸망한 뒤 그를 초왕으로 옮겼다. 그리고 아직 초의 기초가 굳어지지 않은 사이에 건국 1년 만에 그 나라를 무너뜨렸다. 이어서 양왕梁王 팽월彭越, 회남왕淮南王 경포鯨布 등의 대국, 뒤이어 기타 소국들을 하나씩 부분적 접근으로 몰수해버렸다. 게다가 많은 경우는 속임수를 쓴 것이었다.

친족 봉건제

그러나 한의 정책은 봉건제 자체를 해소시킨 것은 아니었다. 이성異姓의 제후들은 대개 민간으로부터 풍운을 타고 궐기한 무략 있는 장군들이었으므로 그것이 장래 화근을 남기지는 않을까 두려웠기 때문이다. 그래서 공신 제후를 궤멸시키자 그 자리에 고조의 일족을 봉해서 왕으로 삼았다. 그중 가장 큰 것은 아우인 초왕, 아들인 제왕, 형의 아들인 오왕吳王 등이며 합쳐서 9왕이 있는데, 유씨劉氏가 아닌 자는 왕이 되게 하지 말라고 유언을 남길 정도였다. 다만 예외로서 장사왕長沙王이 있는데, 이는 오씨吳氏이지만 그 땅은 변경에 있었던 데다 영토가 가장 작았기 때문에 용인되었던 것으로 생각된다.

이들 제왕은 명목상으로는 그 봉건된 토지·인민을 사유화하고 독자적 지배를 행할 수 있었지만 사실 그들은 단순히 한의 일족으로서 등용되어 범용한 군주가 많았으므로 정치는 중앙에 의존해야 했으며, 그것이 또한 중앙의 목표여서 유능한 관료를 부傅 혹은 상相이라는 이름으로 들여보내 왕의 고문이 되어 지도, 감독하게 했던 것이다.

이러한 점을 보면 한의 동성同姓 봉건제에는 늘 중앙의 눈길이 미치고 있으며 군현과 그다지 다름없는 성질의 것이었음을 알게 된다. 그러나 제후국에 대한 감시역으로 파견된 부·상의 지위는 몹시 모호한 것이었다. 그들은 중앙에서 파견되었다고 해도 그 나라에서는 제후왕의 신하와 다름없었다. 중앙과 제후 중간에 끼여 불운한 죽음을 당한 사람이 수없이 많았다. 문인 으로 유명한 가의賈誼는 양왕의 부로 임명되었는데, 그 왕이 낙 마해 죽으니 부의 임무를 다하지 못한 것을 개탄해 늘 통곡하 다가 1년 남짓 지나 32세의 젊은 나이로 사망했다.

흉노 대책

한 초기의 소극주의는 그 대외 정책에서도 나타났다. 당시 최대의 강적은 새로 북방에서 일어난 흉노匈奴의 유목제국遊牧帝 國이었다. 흉노는 몽골계 민족이라고 생각되는데, 진대秦代에 장 군 몽염蒙恬의 북벌로 타격을 입었다. 이어서 한 초기에는 묵특 (冒頓)이 나타나 선우單于의 자리에 오르고 고비 사막 주변을 정 복해 대영토를 건설했다. 이것은 몽골 지방에서의 최초의 대제 국이며, 역시 기마 전술이 이 땅에 도입된 결과로 일어난 현상 이다.[36]

흉노는 한곳에 정주하지 않고 그 천막을 휴대하여 가축 떼와 함께 물과 풀을 찾아 이동한다. 어릴 때부터 말 등에 걸터앉아 마유馬乳를 마시며 성장한다. 그 재산은 가축이지만 만약 의식 전부를 목축의 산물로만 조달한다면 건강에도 매우 좋지 않고 또 비경제적이다. 그렇지만 만일 그가 양육한 우마牛馬를 농경 민의 곡물과 교환한다면 쌍방 모두에 유리한데, 다만 그때 언 어나 관습이 달라 자칫하면 분쟁이 생기기 쉽다. 전쟁이 일어 나면 기동력이 뛰어난 흉노 부대는 정착성이 강한 중국 군대로서는 상대하기 쉽지 않은 강적이었다.

고조가 봉건한 제후왕 중에 전국시대 한韓 왕실의 후예로 한왕에 봉해진 신信이라는 사람이 있는데, 명장 한신과는 동명이인이다. 한 초기에 한韓으로부터 산서성 북부의 대代로 봉국封國의 교체가 명령되었는데, 이곳은 흉노와의 접촉 지점에 해당되어 정면으로 그 공격을 받기 쉬운 땅이었다. 대왕代王은 중앙에 구원을 요청했지만 중앙의 원조가 충분하지 못했으므로 흉노에게 항복했다. 이번에는 흉노가 대왕을 앞세우고 남하해 내지 깊숙이 진양晉陽, 즉 현재의 양곡陽曲 부근까지 침입해 왔으므로 중앙정부는 더 이상 방치할 수 없었다. 고조 스스로 대군을 이끌고 방어전에 나섰다. 원래 고조라는 인물은 전쟁에 서툴러 명장 한신으로부터 10만 명 이상의 군대를 지휘하는 것은 어렵다는 평을 들었는데, 이때는 30여만 명을 인솔해 출정했다. 처음에는 형세가 좋아 패한 적을 몰아붙여 북진했지만 실은 이것은 흉노 측의 계략이어서, 고조가 평성平城, 즉 지금의 대동大同까지 왔을 때 흉노의 세력에 의해 열 겹, 스무 겹으로 포위되었다. 상대는 한보다 우월한 40만 대군이었다고 한다. 고조는 작은 성 안에 포위되어 7일간 아군과 연락을 할 수 없어 굴욕적 화약을 맺고 철수했다. 한에서는 막대한 황금과 포백布帛을 보내고 황제 일족의 딸을 고조의 장녀라면서 선우에게 혼인시켰다. 다시 매년 막대한 황금과 포백을 증여하지 않으면 안 되었지만 이것으로 평화를 샀던 것이므로 실제로 전쟁을 치르는 군비에 비하면 훨씬 값싸게 치인 것이다.

고조라는 인물

고조는 항우로부터 한왕에 봉해진 뒤 5년 만에 황제의 자리에 오르고 즉위 8년째에 회남왕 경포의 반란을 평정하다 화살을 맞은 상처가 원인이 되어 죽었다. 그는 강소성 북단에 해당되는 패沛에서 출생한 중간층 농민의 아들이었다. 이 부근이 당시에는 화북과 화중의 경계에 해당되는 지역이었다. 원래 독재자는 문화의 경계선에서 출현하는 것이니, 그것은 상이한 두 종류의 문화와 풍기風氣에 의해 단련되고 두뇌가 복잡하게 기능하므로 난세에 처해 난국을 타개하는 데 가장 적합하기 때문이다. 이는 고조 한 사람에 관한 것만이 아니고 함께 거사한 소하蕭何·진평陳平·조참曹參 등이 모두 마찬가지 성질을 갖고 고조를 도왔던 것이다. 만부萬夫가 당하지 못한다는 용맹으로 알려진 번쾌樊噲와 같은 자도 단순한 만용 일변도의 무골武骨은 아니고 진퇴의 절도를 분간하는 분별 있는 사람이었다. 한의 천하는 이들 지혜로운 자들이 힘을 합쳐 만들어낸 합작품이다. 그러니 장량張良과 같은 공신도 타 지방 출신이어서 이 집단에 융해되어 들어갈 자신을 갖지 못한 채, 천하 통일 후에는 스스로 은퇴하여 소영주의 지위를 감수하며 자위책을 꾀했던 것이다.

그러므로 고조는 임종 때 여태후呂太后로부터 현재의 대신인 소하가 죽는다면 후임은 누가 좋겠느냐는 질문을 받자 조참이 좋다고 답하고, 다시 그다음에 대하여 질문을 받고는 왕릉王陵과 진평陳平을 함께 쓰라고 답했다. 모두가 고조의 향리 부근 출신이다. 비록 장량이 조정에 벼슬했더라도 몸 둘 데가 없었던 셈이다. 최후에 진평의 후임에 대해 질문받자 고조는 그 이상은 더 아는 것이 없다고 답했는데, 이것은 동향 출신 인재가 바닥났음을 말한 것이다.

　그 후 전한이 무너졌을 때 한을 중흥시킨 후한의 광무제光武帝는 남양南陽에서 일어났는데, 이는 하남성의 남단에 가깝고 역시 화북의 중원 문화가 끝나는 곳이다. 다음에 후한을 대신한 위魏의 조조曹操는 초譙가 고향으로 일족의 후원에 힘입은 바 컸는데, 초는 안휘성의 북단, 하남성의 경계에 있고 패와 무척 가까운 땅이다.

　고조의 사후 1500여 년을 지나 다시 민간의 필부 신분으로 일어나 천자의 자리에 오른 것은 명明의 태조太祖이다. 그는 회수淮水 유역의 봉양鳳陽 사람인데, 이 무렵이 되면 화북 문화의 남방 한계는 회수 선까지 내려와 있었던 것이다.

　독재자가 지역의 경계선에서 태어나기 쉽다는 경향은 세계에 공통된 현상인 듯하다. 히틀러가 출생한 곳은 독일과 오스트리아의 경계 근처이고, 스탈린이 태어난 그루지야는 기독교 문명과 이슬람 문명의 경계에 해당된다. 일본에서는 오다 노부나가(織田信長), 도요토미 히데요시(豊臣秀吉), 도쿠가와 이에야스(德川家康) 세 명이 모두 한결같이 오와리(尾張)·미카와(三河)에서 출현했는데, 이 주변은 은을 사용하는 서일본과 금을 사용하는 동일본의 경계선 부근이었다. 메이지유신 때의 사이고 다카모리(西郷隆盛)나 야마가타 아리토모(山縣有朋)를 낳은 사쓰마(薩摩)와 조슈(長州)는 일본의 변경인 류큐(琉球)나 쓰시마(對馬)를 통해 해외와 밀무역을 하며 접촉을 유지하고 있었다. 난세에 태어나 패권을 다투는 데는 획일적인 교육에 의해 두뇌의 움직임이 고정되지 않고 사물을 상대적으로 생각하며 균형감각을 작동시켜 현실에 근거한 행동을 하는 게 가장 긴요한 것이다.

혜제와 여후

고조는 재위 12년째에 죽고, 묘호廟號(천자의 영을 종묘에 제사할 때의 존칭)를 태조太祖, 시호諡號(사후의 칭호)를 고황제高皇帝라고 추증받았다. 그러므로 고조라는 호칭 방식은 이상한 것이지만, 사마천이 아마 당시의 호칭에 따라서 『사기』에 「고조본기」를 설정하면서부터 그대로 고정되었다. 그 뒤 반고班固가 『한서漢書』를 저술했을 때 본기本紀의 이름은 올바르게 「고제기高帝紀」라고 붙이면서도 문장 속에서는 역시 고조라고 부르지 않을 수 없었다. 고조가 죽자 뒤를 이어 아들 혜제惠帝가 즉위했다.

혜제라는 것은 물론 사후의 시호이지만 이는 우매한 천자에 대한 시호인 것 같다. 후세에도 서진西晉의 혜제라는 어리석은 황제가 나와 나라를 멸망에 빠뜨려버렸다. 한의 혜제 쪽은 그 정도까지 이르지는 않았지만 친모인 여태후가 권력을 장악하고 전횡을 해서 하마터면 한의 천하를 여씨 일족의 손에 빼앗길 뻔했다. 그러므로 사마천의 『사기』는 「고조본기」에 바로 이어서 「여후본기」를 두어 혜제는 완전히 그 존재가 무시되고 있다.

고조의 사후 여후가 권력을 장악한 사정은 고조가 거사 초기부터 아내 여씨 쪽이 격이 높은 호족이었으므로 그 힘을 빌린 적이 많고 성격상으로도 걸핏하면 여씨의 제어를 받는 경향이 있었다. 다행히 여씨에게는 당시 정치를 맡을 부친이 없었고 재능이 평범한 일족밖에 없었으므로 여후 한 사람의 악업으로 사태가 끝났던 것이다. 과부가 된 여태후는 고조의 총애를 받던 척부인戚夫人을 불러 손발을 절단하고 눈을 도려내어 구경거리로 삼아 살해했는데, 혜제는 이를 보고 충격을 받아 밤낮으로 술을 마시고 음락에 빠져 정무를 돌보지 않았다고 하며, 재위 7년, 24세의 나이로 죽었다. 혜제의 아들을 세워 천자로 삼았지만 여태후는 공공연히 섭정이 되어 정치를 하고 재위 4년 만에 천자를 죽이고 그 아우를 제위에 앉혔는데, 그동안 여씨 일족을 대신, 대장으로 등용해 자신의 지위를 굳혔다. 다행히 조정에는 아직 고조의 동향 집단인 대신 진평과 주발周勃 등이 있었으니 실은 여씨와도 같은 집단이었으므로 여태후의 생존 중에는 자중하고 있었지만, 태후가 병사한 것을 틈타 근위군을 부추겨서 쿠데타를 일으켜 여씨 일족을 주멸하고 혜제의 아우 문제文帝를 맞이해 즉위시켰다.

문제의 정치

문제의 치세 23년은 태평무사의 시대라고 일컬어졌다. 궁중의 생활도 극히 검소해 궁중에 작은 정자를 세우려 했지만 목수가 백만 전이 든다고 하자 이것은 중간층 열 가족의 재산에 해당된다며 중지시켰다. 그러나 그 만년이 되면 이미 건국 초기부터 40년쯤이나 지나 전화戰禍의 기억도 점점 더 희미해가고 생산 기능도 점차 회복되었는데, 한편으로는 이에 따라 각종 폐해가 눈에 띄게 되었다. 그 비관적인 모습은 당시의 문인 가의의 『신서新書』에 보이고 있다. 후세에는 태평지치太平至治의 시대라고 칭송되는 문제의 정치도 그에 의하면 통분해야 할 일 이 한 가지, 눈물을 흘려야 할 것이 두 가지, 길게 탄식해야 할 것이 여섯 가지 있으며, 기타 이치에 어긋나고 도를 손상시키 는 것에 이르러서는 두루 열거할 수가 없다고 말하고 있다.

그 가운데서도 가의가 지적한 가장 큰 우환은 봉건 제왕諸王 들의 세력이 너무도 강대해서 자칫하면 중앙으로부터 이반하 려는 경향이 있는 것이었다. 제왕들은 봉건된 초기에는 지금 까지 고락을 함께한 일족이었지만 세대가 내려감에 따라 본가 와 자연히 소원해졌고, 더욱이 광대한 영토와 인민을 사유하고 있으므로 사치나 포학에 흐르는 자가 나오기 쉬운 경향이 있 다. 아직 사회에는 유교적인 교육이 성립되어 있지 않고, 천자 가 원래 교양 없는 집안 출신이었으므로 가법家法이란 것이 없 어 자제의 교육을 방임했던 탓도 있다. 마침 그 무렵 회남왕淮南 王 장長이 모반을 꾀하다 자살한 사건이 일어났는데, 가의는 여 전히 이 밖에도 마찬가지 이변이 일어날 수 있는 정세를 우려 했던 것이다. 과연 다음 대인 경제景帝 때 오吳·초楚 7국의 대란 이 일어났다.

다음에 가의가 주의를 환기시킨 것은 흉노의 침구侵寇였다. 그에 의하면 흉노의 실제 세력은 한의 큰 현 하나만 못하며, 기 마 무사는 6만 명으로서 5명 중 1명을 징발한 것이라면 전 인 구는 30만에 지나지 않는다. 그런데 늘 적극적으로 침략을 하 는 것은 흉노 측이고 한은 이를 방어하며 명에 따라 바쁘게 움 직이는 데 급급한 것은 대책이 적당하지 않기 때문이라며, 피아의 장단점을 비교 분석해 최후에 한은 그 재력을 갖고 이겨야 할 것임을 논하고 있다. 이 흉노 문제는 경제 다음의 무제武帝 때에 이르러 일단 해결을 보았다.

하지만 가의가 그 폐해를 지적한 이래 경제, 무제는 물론 후세에 영구히 해결할 수 없는 문제는 빈부의 격차, 사치의 증대라는 현실이었다. 가의 무렵에는 건국 초기 이래 이미 30~40년이 지나 생산 능력도 회복되었는데, 자유방임의 정치 하에서 가장 그 혜택을 입었던 것은 부호와 대상인이었으며, 그들은 벽에 천자의 복장이라 할 금수錦繡를 걸고 처첩에게는 황후의 복장과 같은 나환羅紈을 입혔다고 한다. 이러한 사치는 사회의 축적을 낭비해 일단 흉작을 만나면 곧 인민을 기아에 빠뜨려 도적이 발생하는 원인이 되므로 제도를 정해 금지하고, 인민에게 농업을 장려하고 상공의 말업末業으로 기울지 않도록 지도해야 한다고 그는 제창했다. 가의는 32세로 사망해 그 재능을 충분히 펴지 못했으므로 사마천은 그 뜻에 연민을 느껴 『사기』에서는 전국시대 초의 굴원과 같은 권에 배열해 전傳을 두었다. 가의 자신이 굴원을 동정해 그가 몸을 던진 상수湘水에 이르러 그 죽음을 조문하는 부賦를 써서 물에 던지고 제사를 지냈을 정도였다.

오초 7국의 난

문제의 뒤를 이어 즉위한 경제 때가 되어 가의가 우려했듯이 봉건 제왕들의 반란이 일어났다. 그 주모자는 오왕吳王 비濞이며 여러 왕들 중에 가장 연장자였다. 그 나라는 바닷가에 있어 해산물과 소금 생산에 유리했고 또 동 광산을 개발해 부강해져서 제멋대로 행동했으므로, 조정은 이를 억누르고자 조조晁錯의 의견을 채택해 오를 비롯해 제왕들의 영토를 삭감하기로 결정했다. 그래서 오왕은 초왕楚王 등 6국을 부추겨 조조가 일족을 이반시킨 죄를 물어 거병했던 것이다. 경제는 놀라서 우유부단하게도 조조를 참살해 7국을 회유하려 했지만 오히려 오왕 등은 점점 더 기세가 올라 낙양洛陽 근처까지 공격해 왔다. 바로 조조가 말한 대로 제왕들은 교만 전횡하여 삭감해도 모반하고 삭감하지 않더라도 모반한다는 말이 적중했던 것이다. 경제는 부친 문제의 유언을 떠올리고 주발周勃의 아들 주아부周亞夫를 대장으로 삼아 동방 제후들을 정벌하게 했다. 주아부는 낙양으로 치달려 무기고의 병기를 꺼내어 무장을 갖추고 진지를 구축해 반란군을 저지하는 한편 기병을 보내 후방을 위협하고 군량 보급로를 차단했다. 오·초군은 대진對陣 중 시일이 경과하면서 양식이 떨어지고 전군이 와해되어 패주했다. 이리하여 오왕이 수십 년에 걸쳐 준비한 반란 계획은 완전히 실패로 끝났다. 이 내란은 한에게는 비 오고 난 뒤 땅이 굳어지는 이익을 주었고, 중앙에 반항적인 대제후는 이를 계기로 거의 소멸되어 그 대신 수많은 소제후가 세워졌는데, 영지가 세분화되니 이미 본가를 향해 활을 당길 정도의 힘을 갖지 못하게 되었다. 보통 제후의 세력이 쇠퇴한 것은 무제 때 주부언主父偃의 계책에 따라 추은령推恩令이란 것을 시행해 제후의 영토를 그 자손에게 분할 상속시키게 된 때부터라고 하지만 실은 추은이란 것은 경제 때 이미 시행되었으니, 그것은 『사기』「제후 연표 제5」에 보이는 대로이다. 그런데 『사기』가 「주부언전」에서 그가 무제에게 헌책해 추은령을 실시하게 한 듯이 기록한 것은 앞뒤가 맞지 않는다. 공평하게 보자면 열전 쪽은 근거가 애매하고 연표가 사실에 입각해 기술한 정확성만 못하다. 그런데 후세 사람은 북송 왕안석王安石의 유명한 「만언서萬言書」에 「주부언전」의 설을 인용한 것을 읽어 익숙해졌기 때문에 열전의 말을 채택하고 연표의 설을 돌아보지 않은 것이다. 사실은 주부언이 무제에게 말한 것이 아니고 경제에게 헌책한 것이 채용된 것은 아닐까 하는 생각도 든다. 어쨌든 대제후들을 제어하는 문제는 경제 시대에 해결을 본 것이 사실이다. 또 그렇지 않다면 모처럼 7국의 반란을 평정하고서도 당시의 정세를 유효하게 활용하지 못했던 셈이 되며, 경제 시대의 정치가들로서는 참으로 면목이 없는 지경이라고 하지 않을 수 없다.

무제의 통일 완성

경제가 그 16년의 치세를 끝내자 아들인 무제가 뒤이어 즉위해 54년이란 공전의 재위 햇수를 세게 되었는데, 한의 국세도 이 무렵 그 절정에 달했다. 무제의 임무는 그 자신이 과연 자각하고 있었는지는 알 수 없지만 역사적으로 출현한 고대 제국의 통일이라는 대사명을 마무리하는 것이었다. 고조에 의한 무력 통일, 경제에 의한 제왕의 진압을 거쳐 적대 세력의 방해는 제거되었지만, 그것이 역사상 최초의 시험적 작품이라고도 불려야 할 것이었기 때문에 이 고대 제국에는 내용 면에서 아직 완전한 통일체라고 할 수 없는 약점이 남아 있었다. 그것이 무제에 이르러 점차 세부에 이르기까지 잘 다듬어져 다른 세계에 비해서도 손색없는 고대 제국으로 마무리가 된 것이다.

무제가 실시한 통일 정책 중 첫 번째는 사상의 통일이다. 한 초기에는 전국시대 제자백가의 학술이 나란히 발전했던 것을 이어받아 조정의 관료도 제각기 취향을 달리해서 유학이나 노장 혹은 법가의 학술 등이 구별 없이 뒤섞여 행해졌다. 무제는 학문보다도 문학을 좋아해 즉위 초에 문학의 사士를 선발하기 위해 책문策問을 시행했다. 이것은 천자의 질문에 대해 문장으로 답하게 하는 것이었는데, 대책을 답한 백여 명 중 동중서董仲舒의 문장이 가장 무제의 뜻에 맞았다. 동중서가 말한 것은 유교에 의해 정치를 지도해야 한다는 설이었는데, 보통 이로써 한 조정의 유교 채택이 결정된 것처럼 생각되고 있지만 실제로는 그렇지 않고, 그의 말은 아직 정부의 방침을 결정할 정도의 힘은 없었다. 그 뒤 공손홍公孫弘의 건의에 의해 박사博士·제자弟子의 인원을 두고 영재 교육을 실시했다고 하지만, 그 목적은 실제로 도움이 될 문학의 사를 양성하는 데 있으며 유학 교육의 진흥을 위한 것은 아니었다. 결국 조정에 유교 계통의 대신, 관료가 점차로 많아졌기 때문에 자연히 유교가 관학官學의 지위를 획득했다고 하는 것이 진상이었던 듯하다.[37]

그렇다면 유교가 어떻게 다른 학파를 압도하고 승리를 얻었는가 하면 역시 학문 그 자체에 우세해질 수 있는 특징이 있었다고 할 수 있을 것 같다. 유교의 으뜸가는 강점은 그것이 역사학을 토대로 하고 있다는 점이다. 노장은 무위자연無爲自然을 존중해 인위人爲를 배척하므로 역사학이 없다. 묵자의 학술은『서경』이 있을 뿐 『춘추』가 없다. 말하자면 고대사가 있고 중세사 이하는 없다. 전국시대 종횡가縱橫家의 학술은 근세사만 있고 고대사가 없다. 그런데 유학은 옛날로는 하·은·주 삼대三代의 전성기가 있고, 내려와 『춘추』가 그것을 이어받으니 『춘추』의 종말은 공자의 시대이며 그 이하는 맹자, 순자 등의 학자가 계승해 현대사에 이르고 있다. 이러한 일관된 역사 체계를 갖고 있는 것은 유교뿐이다. 바꿔 말하면 유교만이 중국이란 무엇이며, 무엇이어야 할지를 가르치는 게 가능했던 것이다.

결국 무제는 문학을 좋아한 것은 사실이지만 특별히 유학을 국교로 삼으려는 의지는 없었던 것 같다. 그러나 전체적으로 보면 무제의 긴 치세 동안에 유교가 학문의 정통이라는 대세가 결정되었는데, 이것은 오히려 시세時勢의 힘으로 천자 개인의 의향을 초월해 행해졌다. 그렇다면 무제가 6경六經을 표창했다고 해도 그다지 잘못된 말은 아닐 것이다. 그리고 이후 다른 학파는 대개 보잘것없어서 유교에 의한 사상계의 통일이 실현되었다.

연호제

무제 자신의 발상에 의한 통일 정책에는 연호年號의 제정이 있다. 종래의 기년법紀年法은 군주가 선대를 계승하면 그 이듬해를 원년元年으로 하여 셈하기 시작했다. 전국시대에는 7국이 각각의 군주의 즉위 연수를 사용한 것은 물론이지만 한대에 와서도 봉건 군주는 그 영내에서 그 군주의 즉위년으로 해를 기록했던 것이다. 중앙에서는 문제 때 재위 기간이 조금 길어졌으므로 17년째를 또 원년으로 삼아 다시 셈했다. 이를 후後원년이라고 구별하는 것은 후세의 가필加筆이다. 다음의 경제는 8년째를 중원년, 다시 7년째를 후원년이라 하여 두 번의 개원을 했다. 이러한 방식은 기록을 정리할 때 혼동되기 쉬워 몹시 불편하다. 특히 황제에게는 죽고 나서 시호를 받기 전까지는 이름이 없으며 후세에야 경제 중2년이라고 할 수 있고 그 당시에는 황제 2년이라고만 말할 수밖에 없다. 더욱이 지방 봉건 군주의 즉위년이 있기 때문에 더욱 더 혼잡해지기 쉽다. 무제 시대에 와서는 6년을 한 단락으로 하여 7년째가 되면 원년으로 돌아갔는데, 개원이 몇 차례나 되풀이되자 전후의 구별이 안 되게 되었다. 그래서 다섯 번째 개원 때 그 원년에 원봉元封 원년이란 연호를 제정해 셈하기 시작했다. 다시 이전으로 돌아가 최초부터 건원建元 · 원광元光 · 원삭元朔 · 원수元狩 · 원정元鼎이라고 6년씩 묶어 연호를 소급해서 지었다. 이것은 당시로서는 크게 진보한 편리한 제도로서 중앙에서 정한 연호는 국내 도처에서 통용되고 또 이로써 몇 년이 지난 뒤에도 곧 그해라는 것을 안다. 다시 국내뿐 아니라 중국의 주권을 인정하는 이민족 국가에서도 연호를 사용하게 하면 그만큼 연대를 공통으로 하는 범위가 넓어지게 된다. 중국에는 기독교 기원과 같이 어떤 기점을 정해 원년으로 삼고 영구히 셈해 나간다는 생각은 결국 발생하지 않았다.

연호를 창시한 무제는 다시 나아가 달력을 제정하고 태초력太初曆이라 불렀다. 태초는 그때의 연호였다. 이것은 오늘날의 분류로 말하면 태음태양력太陰太陽曆이며, 달의 운행을 기본으

로 한 태음력과 태양의 운행에 기초한 태양력을 합한 것이다. 1
년의 길이를 365일과 ¼로 하고 이를 춘분春分·추분秋分·하지
夏至·동지冬至를 포함한 24절기節氣로 나눈 부분은 태양력이며,
달을 대 30일, 소 29일의 두 가지로 나누어 대강 교대로 배치해
달의 차고 이지러짐에 일치시킨 점은 태음역법인데, 한편 24절
기와 조화를 맞추기 위해 만일 반 달 이상의 차이가 생길 것 같
은 때에는 윤달閏月을 삽입해 조절하는 것이다. 이 달력을 매년
새로 만드는 것이 황제의 특권이 되고, 황제가 내려준 달력을
사용하는 것이 황제의 주권을 인정해 신하가 된 증거가 되며
이를 정삭正朔을 받든다고 하게 되었다.

흉노와의 전쟁

　무제의 치세에 와서 대외 정책에서도 종래의 방침을 바꿔 대
전환을 하고 공세적인 적극 정책으로 돌아섰다. 한과 정면으
로 대립했던 세력은 북방의 흉노인데, 고조의 실패 이래 종기
를 건드리는 듯한 태도로 오로지 전쟁을 회피하는 정책으로 시
종일관했다. 18세로 즉위한, 어리지만 기백이 날카로운 무제
는 선조의 퇴영적 정책을 답습하는 것을 부끄럽게 여기고 일전
을 결의했는데, 여기에는 어쩌면 아래로부터 경제 관료의 압력
도 있었던 것 같다. 건국 초기 이래 대체로 평화가 계속되었고
조정도 절약에 힘쓴 결과 무제 무렵에는 조정의 재정에 여유가
생기고 창고에는 해묵은 쌀이 넘치며 동전이 쌓여 녹이 스는
형편이었다. 이처럼 재물이 사장되면 그것이 세상을 불경기에

빠뜨리는 결과를 초래하는 것이다. 그래서 전쟁을 일으키면 소비가 활발해지고 유통계로부터 숨겨져 모습을 감추고 있던 화폐나 물자가 세상에 나와 경제가 활황으로 끓어오르며, 그것이 또 생산을 자극하고 고용을 왕성하게 해서 실업자를 구제하게도 된다. 후세의 경제 관료 중에도 역시 이와 같은 것을 생각해 전쟁을 야기한 자가 있었던 것 같다.

그러나 흉노와의 전쟁은 무제가 애초에 생각했던 것만큼 만만하지 않았고, 흉노 측에서도 필사적인 반격으로 나와 전쟁은 장기간 지속되었다. 다만 한은 배후에 광대한 생산 수단과 자원을 비축하고 있으므로 장기전이 되면서 한 측에 정세가 유리하게 전개되었다. 한은 흉노의 투항병을 이용해 선봉으로 삼고 내지에도 크게 말을 사육하며 기병을 훈련시켜 대부대를 조직해 원정군을 파견하니, 흉노 측은 유격전으로 저항할 수밖에 없었다.

무제는 흉노 원정군의 장군으로 청년을 발탁해 맡겼다. 전쟁에는 병졸뿐 아니라 지휘관도 젊은 것이 유리하다. 고금의 전사戰史에서 대전투에 임한 지휘관의 연령을 보면 이긴 장군 쪽이 나이가 젊은 것이 원칙이라고 한다. 그런데 젊은 장군을 임명해도 병졸이 마음으로 따르지 않으면 효과를 거두지 못한다. 그래서 무제는 자기와 극히 친한 측근 중에서 인재를 뽑아 천자의 사인私人이라는 권위로써 대장에 임명했던 것이다. 즉 위청衛靑은 위황후衛皇后의 동복동생이고, 곽거병霍去病은 위황후의 언니의 아들이며, 이광리李廣利는 무제의 총애를 받은 이부인李夫人의 오빠였다. 이 세 사람은 모두 천한 신분 출신이었지만 그만큼 천자와 가까워질 수 있었고 대장에 임명되자 각기 기대를 저버리지 않는 군공을 세웠다. 오히려 귀족적인 고풍의 명장 이광李廣 등이 실패를 거듭했다. 이 같은 무제의 인재 등용은 후세의 품위 있는 독재 천자의 시대가 되면 오히려 조정에 많은 물의를 일으켜 도저히 실현될 수 없었을 것이니, 자의적 언동을 관철시키는 고대적인 전제군주였으므로 가능했던 것이다. 이 세 대장의 선임에 관해 청대의 조익趙翼이 『이십이사차기廿二史劄記』에서 무제의 세 대장이 모두 여인에 대한 총애로 인한 것임을 지적해 비난하는 듯한 말투를 쓰고, 그런데도 그들이 대공을 세운 것은 이해하지 못할 일이라고 의아하게 여기고 있는 것도 흥미롭다.

대외 적극책

무제는 이들 장군을 통해 흉노에 대타격을 주고 고비사막 너머로 내쫓았는데, 이와 동시에 남방·동방·서방으로도 군을 움직였다. 먼저 진秦 말기의 내란에 즈음해 광동廣東에 설치된 남해군南海郡의 위尉였던 조타趙佗가 계림桂林·상象 두 군을 병합하고 독립해 남월왕南越王이라 일컬었다. 그러나 한은 고조 이래 애써 무사안일주의를 취해 때때로 사자를 파견해 조공朝貢을 독촉하기만 했다. 무제는 흉노를 토벌해 승리를 거둔 후 남월을 정벌해 조타의 현손玄孫 건덕建德을 생포하고 그 나라를 멸망시켜 그 땅에 9군을 설치했는데, 그 남단의 일남군日南郡은 현재 베트남의 유에(順化) 부근에 해당된다고 한다.

무제는 또 동방의 조선朝鮮에 침입했다. 조선 땅에는 예부터

은殷의 기자箕子의 후예라 자처하는 기씨箕氏의 조선국이 있었는데, 한 초기에 연燕에서 망명한 위만衛滿이란 자가 기씨를 대신해 왕이 되었다. 그 손자인 위우거衛右渠가 한 무제 때에 해당되는데, 국경에 분쟁이 일어났으므로 무제는 해륙으로부터 조선을 공격해 이를 멸망시키고 그 땅에 4군을 두었다. 그중에 가장 오래 후세까지 존속한 것은 현재의 평양平壤에 군 치소를 둔 낙랑군樂浪郡이며 중국의 정치, 문화의 일대 전진 기지가 되었다. 그 동방 바다 가운데 왜국倭國이 있다는 것이 후일 중국에 알려진 것도 이 낙랑군을 통해서였다.

장건의 원정

서방에 대해서도 무제는 대규모의 원정을 행하는 처지가 되었다. 흉노와 대전 중이던 무제는 흉노와 원수이던 월지국月氏國이 이리伊犁 지방에 근거지를 두고 아직 흉노에 저항하고 있다는 소문을 듣고 장건張騫을 파견해 공수攻守동맹을 맺고자 했다. 그런데 장건이 그 땅에 이르렀을 무렵에는 월지는 거듭 흉노의 추격을 받고 서남방으로 도주해, 그리스인이 세운 박트리아 왕국을 멸망시키고 그 영토였던 아무 강 연안 일대로부터 서북 인도에 걸친 지역을 정복해 거기에 대월지 왕국을 건설하고 있었다. 천산북로天山北路의 이리 지방으로부터 아무 강 기슭까지는 몹시 멀리 떨어져 있는 것 같이 생각되지만 실은 이 루트는 몇 번이나 북방 민족이 인도로 향해 남하하는 경로가 되고 있었다. 그래서 장건은 수많은 곤란을 무릅쓰고 대월지의 국도 등에 도착해 흉노를 협공할 것을 제의했지만 대월지는 이미 새 영토에 안주하고 있었으므로 한의 권유에 응하지 않았다. 새 대월지국의 중심은 현재의 사마르칸트 부근이었으며, 기후는 온난하고 물산이 풍부한 데다 동서양 교통의 간선도로로부터 인도로 나아가는 노선의 분기점에 해당되어 사방의 산물이 폭주하는 요충이었다. 그래서 장건은 당초의 목적을 달성하지는 못했지만 대월지국에 머무는 동안 부근의 서아시아 각국, 시르 강 기슭에 있던 대완국大宛國, 페르시아와 그 주변을 영유한 안식국安息國 등의 사정을 조사하고 13년 후에 귀국해 무제에게 보고했다. 무제는 이 새 지식에 근거해 대월지 대신 이리 지방을 점령한 오손烏孫 민족과 동맹해 흉노에 맞서려 했으며, 양국의 관계는 이후 장기간에 걸쳐 지속되었다.

한편 무제는 서아시아 지방에는 중국과는 다른 종류의 문명이 있으며, 진기한 물산이 많다는 것을 알고 대상을 파견해 교역을 열었다. 그 중간에는 타클라마칸의 대사막이 있고 그 서쪽에는 아시아를 동서로 나누는 총령葱嶺, 즉 험준한 파미르 고원이 있어서 여행에도 몹시 곤란을 수반하는 데다 북방으로부터는 자주 유목 민족의 겁략을 받을 우려가 있다. 그래서 무제는 만리장성의 서단을 북으로 밀어올리고 그 남쪽에 주천酒泉·무위武威 두 군을 설치하여 내지로부터 대사막으로 가는 출구인 돈황敦煌에 이르기까지의 통로를 보호하게 했다.[38]

돈황에는 옥문관玉門關이 있으며 그 앞쪽에는 대사막 연변에 이란계 민족이 거주하는 도시국가들이 점재하므로 이들 국가를 한의 조공국으로 삼아 대상의 왕래를 보호하게 했다. 다시 서쪽으로 파미르 고원을 넘으면 거기에 대완국이 있는데 현재의 페르가나 지방이다.

서방 무역

무제는 대완국에 한혈마汗血馬라는 명마가 있다는 말을 듣고 대상隊商을 보내 말을 구하게 했는데, 대완은 사자를 죽여 금을 빼앗고는 말의 수출을 허락하지 않았다. 무제는 이광리를 장군으로 임명해 대완을 정벌하게 했지만 그의 군대는 대완성 아래 이르기를 두 번, 두 번째에야 가까스로 대완을 항복시키고 말 3천여 필을 얻어 귀환했다. 이는 오늘날 아랍 종으로서 알려져 있는데, 실은 이란 고원이 원산지로 폐활량이 크고 경마에 적합한 품종이었던 것 같다. 사마천의『사기』중「대완전大宛傳」은 이 전쟁의 경위를 기록했는데, 그 대완 이외의 부근 각국에 관한 기재는 장건의 보고에 근거했을 것이다.

동·서아시아 간의 통상은 특별히 이때에 처음 시작된 것은 아니다. 특히 북방 유목 민족은 이동성이 있었고 아울러 교환에 흥미를 가진 민족이어서 아마도 태고부터 중계식 물물교환이 실행되고 있었음에 틀림없다. 고대 페르시아 왕조가 성립한 이후에는 그 대상이 중국 부근까지 도달했으리라는 것은 충분히 추측할 만한 이유가 있다. 그러나 국가 간에, 특히 국가의 힘으로 대상 무역이 추진된 것은 무제 때가 최초이다.

대규모의 동서 무역이 개시되자 그것이 사회, 경제적으로 큰 영향을 미치게 되는 것은 피할 수 없었다. 중국이 서아시아로부터 구한 것은 보석·산호·유리·향료 등이고 가공품과 공예품이 많았다. 이에 대해 중국의 수출 품목은 황금과 비단이 위주였다. 비단은 중국의 특산물이고, 황금의 가치는 동방의 중국에서는 낮고 서쪽으로 갈수록 높았기 때문이다. 당시의 문화 수준을 비교하면 뭐라 해도 서쪽이 높고 동쪽이 낮은 경향이 있었다. 많은 경우 선진국과 후진국이 무역을 할 때에는 선진국에서는 수출 초과, 후진국에서는 수입 초과가 되는 것이 보통이다. 그래서 한의 경우 중국에 풍부했던 황금은 해마다 서아시아로 향해 유출되는 경향이 있었다. 이것이 긴 세월 동안 중국의 화폐량이 감소하게 되는 중대한 결과를 초래하게 되었다.

재정 정책

한 정부의 국고도 또한 해를 이은 외정外征으로 지출이 급격히 증가해 그토록 풍부함을 자랑하던 재정도 바닥을 드러냈고 곧 궁핍을 고하게 되었다. 한편 전쟁은 자산가에게 일확천금의 기회를 주었고, 특히 제철업자는 무기 제조를 통해 큰 이익을 얻었다. 그래서 무제는 악화되는 재정을 회복시키는 한편 괘씸한 대상공업자를 억누른다는 명목으로 당시의 대표적 상품인 소금과 철을 정부에서 전매專賣하게 했다. 하지만 이를 실시하기 위해서는 아무래도 각각의 전문 지식이 필요하므로 정부의 염철鹽鐵 전매 관계의 관리에는 원래의 민간 소금상이나 제철업자를 임명하지 않을 수 없었다. 원래 관영官營 상거래란 것은 능률이 오르지 않는 것인데, 거기서 이익을 올리려 했으므로 민간에는 잡물이 섞인 소금, 쓸모없는 철기鐵器를 사야 한다는 불평이 요란하게 되었다. 그래서 무제가 사망한 뒤 소제昭帝가 즉위하자 지방으로부터 천거받은 관리 후보자인 이른바 현량賢良·문학文學의 사士가 조정의 대신인 상홍양桑弘羊 등에게 염철 전매를 중지할 것을 요구해 격한 논쟁을 벌인 경위가 환담桓譚의 『염철론鹽鐵論』에 기재되어 있으며, 오늘날 당시의 실정을 아는 데 귀중한 자료가 되고 있다.[39]

염철 전매의 이익만으로는 어려운 재정을 되살리기가 불가능해지자 무제는 상품의 통과세란 명목으로 배와 수레에 세금을 매기고 술도 전매품 안에 첨가시키며, 다시 제후들에게 헌금을 시켜 그 황금이 만일 품질이 나쁘면 그 영토를 몰수하는 등 갖은 수단을 다해 재정 수입의 증가를 꾀했다. 그 밖에 주목해야 할 것은 균수법均輸法을 시행해 물가의 변동을 막고자 했고 또 처음으로 은을 화폐로 사용하려고 시도했던 것이다. 이들 신정책은 대개 실패로 돌아갔다고 기록되어 있지만, 후세에 송의 왕안석은 균수법의 재생을 꾀한 적이 있고 은을 화폐로 쓰는 것은 그 후 차츰 유행해서 명대明代에 이르러서는 사실상의 본위화폐로 인정되기에 이르렀다.

『사기』「화식전」의 세계

한은 무제 시대에 그 극성기에 도달했다고 할 수 있다. 아니 단순히 한의 극성기일 뿐 아니라 고대사적 발전의 정점에 도달했던 것이다. 한은 진을 대신해 통일을 성취했지만 그것은 시황제의 통일을 능가하는 대통일이었다. 그리고 이 대통일을 가능하게 한 것은 요원한 고대로부터 일진일퇴는 있었지만 대개 순조롭게 발전을 계속해온 경제상의 호경기이며, 그 이면에는 끊임없이 진행되어온 화폐의 축적이 있었다. 무제는 청동으로 오수전五銖錢을 주조시켰는데, 이로써 종래 일정하지 않았던 동전의 형상을 통일시키고 이 형태가 오랫동안 후세의 표준형이 되었다. 청동전과 나란히 황금이 칭량稱量 화폐로 사용되어 황금 한 근(약 600그램)이 동전 1만 개에 해당되었다. 황금은 중국산 외에 사방의 이민족 국가로부터 부단히 유입되고 있었다.

이 무제 시대의 경제적 번영의 상황은 사마천의 『사기』「화식전貨殖傳」 및 반고班固의 『한서』「식화지食貨志」가 기록하는 세계이다. 거기에는 연소득 20만 전錢을 얻어 봉건 제후와 같은 환락을 누린 부상富商 대고大賈가 묘사됨과 아울러 그와 같은 유력자의 집안이 소유하고 있는 8백, 1천 명에 이르는 노예의 존재가 기록되어 있다. 이것은 경제계의 발전이 한편으로는 큰 벼락부자를 배출함과 아울러 한편으로는 자유민에서 몰락하는 자가 무수히 있었음을 이야기해주는 것이다.

그러나 이 같은 번영도 어디선지 어두운 그늘이 은밀히 다가서는 것을 어찌하기 어려웠다. 호경기는 그렇게 언제까지나 계속되는 것은 아니고 곧 커다란 반동이 오리라는 것을 당시 사람들은 예민한 감각으로 탐지해 대책을 세우고 있었다. 사마천은 이것을 말업末業으로 부를 이루고 본업本業으로써 이를 지킨다고 말하고 있다. 투기적인 상업에 의해 재산을 만들었다면 그것을 농업에 투자해 보전한다는 의미이다. 사물은 성해지면 반드시 쇠한다는 것이 중국인의 인생철학이었으며, 무제 시대

의 경제적 번영의 이면에 빠르게도 중세적인 정체의 도래를 예
감한 말이다.

소제

　한 초기 천자와 조정 대신은 동향인同鄕人이라는 신뢰 관계로
결합되어 있고, 후세와 같은 충의忠義라는 도덕으로 규정된 군
신 관계는 아니었다. 따라서 이 신뢰에 지나치게 기대면 여씨
일족의 전횡과 같은 위험한 사태가 발생한다. 시대가 내려오면
동향인의 결합은 차츰 옅어지지만 군신의 관계가 개인적 신뢰
에 의해 결합되어 있다는 점에는 변함이 없었다. 무제는 그 긴
치세를 마칠 즈음에 스스로 죽을 때를 예감해 아들 소제昭帝에
게 제위를 전하기로 결심하고 그 모친 조씨趙氏에게 죄도 없는
데 죽음을 내렸다. 신뢰 관계에 의거해 여씨 사건의 전철을 밟
는 것을 예방하기 위한 것이었다. 그리고 대신 중에서 가장 신
뢰하던 두 사람, 곽광霍光과 김일제金日磾를 골라 후사를 부탁했
다. 곽광은 대장군 곽거병의 아우였고 곽거병은 위청과 함께
황후 위씨의 근친에 해당되어 개인적 신뢰가 성립되기 쉬운 조
건에 있었다. 김일제는 흉노 왕의 아들로서 소박한 민족 출신
인 만큼 정직하여 믿을 만한 인품이었다.
　소제의 재위 13년간은 전대의 외정에 의해 피폐해진 뒤를 이
어받아 건국 초기의 정신으로 되돌아가 힘써 안정과 무사를 취
지로 하여 민력民力의 휴양을 꾀했다. 소제가 죽고 아들이 없었
으므로 형의 아들 창읍왕昌邑王 하賀를 맞이해 천자로 삼았지만

나이도 어린데 수렵을 좋아하고 괴이한 행위가 많아서 곽광은 이래서는 천자의 기량이 없다고 단념하고 재위 두 달 만에 폐위시켰다. 이 비극은 청년 천자가 조정 대신과 친할 줄 모르고 예전의 놀이 친구인 근신과의 신뢰를 단절하지 못한 상태 그대로 조정에 데려오려고 한 데서 일어난 것이었다.[40]

선제

곽광 등은 다음에 무제의 증손에 해당되는 선제宣帝를 민간에서 맞이해 즉위시켰다. 선제는 불우한 가운데 고생스럽게 자란 사람인 만큼 인내심이 강하고 조정 대신과도 친해지려 했지만 조정에 뿌리를 내린 대신 집단의 귀족적 분위기에 융화될 수 없었다. 같은 감정은 대신들 쪽에서도 품지 않을 수 없었다. 이 거리를 축소시키기 위해 대신 측으로부터 비상수단이 취해져서 곽광의 처가 황후 허씨許氏를 독살하고 그 대신 자기 딸을 황후로 세우는 짓을 감행했다.

그러나 선제는 은인자중해 대세에 따르고 곽광이 죽자 그 형과 아들들을 중용해 일족의 더없는 영화를 허용했다. 한편 선제는 스스로 정사를 보고 근면하게 사무를 처리해 독자적 판단으로 인사의 진퇴를 수행했다. 이것은 곽씨 일족의 입장에서 보면 기득권의 침해라고 생각되어 마음에 불평을 품었다. 이때 곽씨 일족이 모반을 기도하고 있다고 고발하는 자가 있어 선제는 곽씨 일족을 모조리 사형에 처했으며, 곽황후도 연좌되어 폐위되었다.

선제는 지방 정치에 유의해 지방관이 되어 성적을 올린 자를 발탁해 중앙의 대신으로 등용했다. 이것은 일면 자연스럽게 조정에 성립된 문벌 세력을 일소하고 개인의 재능을 중시하는 능률 본위의 인사로 전환하려는 시도였다. 그러나 이는 선제와 같은 전제군주로서 전제를 행할 만한 능력이 있어야 비로소 가능한 것이었다. 선제가 재위 25년으로 사망한 후에 범용한 군주들이 잇달아 즉위하자 다시금 개인적 신뢰가 중시되는 대신 등용으로 되돌아갔으며, 그럴 때 가장 신뢰를 얻기 쉬운 외척이 전횡하고 곧 신뢰를 남용해 찬탈에까지 이르는 것이다.

선제는 스스로 왕도와 패도를 병용하는 것이 한조漢朝의 전통이라고 공언했는데, 이른바 패도란 법가주의를 말한다. 법가의 설에서는 군주인 자는 군주권을 스스로 장악해 타인에게 위임하지 않으며 대신에 대해서도 경계를 게을리해서는 안 된다고 가르친다. 그런데 왕도, 즉 유가의 학설은 대신을 선임한 이상 이를 신뢰해 정치를 맡겨야 한다고 제창한다. 이것은 한편으로는 매우 자주성이 없는 태도라고 할 수도 있다.

원제와 성제

선제의 태자는 허황후의 아들이며 선제는 민간에 있을 때 허씨 일족의 비호를 많이 받았기 때문에 그다지 내키지 않지만 이 태자를 세웠다. 왜냐하면 태자가 유약해서 대신이나 측근과의 신뢰 관계에 끌려 들어가면 자주성을 잃어버릴 것같이 보였기 때문이다. 과연 태자가 즉위해 원제元帝가 되니 궁중의 환관과 조정 대신 간에 불화가 일어나도 이를 조정할 수 없어 그저 일이 되어가는 대로 방임했다. 그러는 중에 환관 쪽의 음모가 주효해 강직한 대신 소망지蕭望之를 죽이고 환관 석현石顯이 세력을 떨치게 되었다. 환관은 한대 초기에는 정치에 간여한 적이 없었는데, 무제가 전제 권력을 휘두를 즈음에 궁중의 연회를 성대히 하게 되면서부터 차츰 세력을 얻고 다시 선제가 대신을 억누르기 위해 환관을 중용하기에 이르러 은연중 세력을 쌓게 되었던 것이다.

원제는 재위 16년으로 죽고 아들 성제成帝가 뒤를 잇자 조정의 세력 관계가 돌변했다. 어릴 때에는 호학好學으로 알려졌던 태자가 20세로 즉위할 무렵에는 음란을 좋아하고 술꾼이 되어서 정무에는 조금도 흥미가 없고 모친 왕태후王太后의 오빠 왕봉王鳳에게 정치를 위임했다. 왕봉은 환관 세력가인 석현을 파면해 죽인 것까지는 좋았지만 이에 조정에서의 신뢰 관계의 안정이 깨지고, 왕씨 일족이 대신에 더해 외척이라는 이점에 편승해 권력을 장악하고 약체인 천자를 지도한다는 형세가 성립되었다.

왕봉이 죽으니 아우 왕담王譚, 왕담이 죽자 아우 왕상王商, 왕상이 죽자 아우 왕근王根이라는 식으로 왕태후의 형제들이 잇달아 대신이 되고 왕근이 병으로 은퇴하자 이번에는 그 조카 왕망王莽이 대신이 되어 실권을 장악했다. 왕망은 그 부친이 일찍 죽었기 때문에 왕씨 일족 사이에서 의붓자식 취급을 받았으므로 발분해 학문에 힘쓰고 모범 청년으로 칭찬받고 있었다. 조정에는 점차 왕씨 일족의 전횡을 비난하는 소리가 높아졌으므로 왕태후는 왕망을 촉망해 왕근의 뒤를 이어 등용했던 것이다.

왕망의 등장

성제가 죽고 아들이 없었으므로 조카 애제哀帝가 영입되어 제위에 올랐는데, 그가 재위 6년으로 죽고 또 아들이 없으니 그 사촌동생인 평제平帝가 10세로 옹립되었다. 왕태후는 이미 노년으로 어린 황제의 후견인 역할을 할 수 없어 자연히 왕망이 대신으로서 천자 대신 정치의 중임을 맡게 되었다.

이 왕망이 곧 찬탈해 한 왕조를 중단시키고 새 왕조를 시작했다가 실패하는데, 이 왕망이란 자의 인물됨에 관해서는 오늘날에도 이해할 수 없는 점이 많다. 왕망에 관한 사료는 전부 후한 시대에 쓰인 것뿐이므로 왕망을 최대의 위선자, 극악한 배신자인 것처럼 기록하는 것은 당연하기도 하지만 그의 행동, 그의 정치 중에는 단순히 악인으로 보기에는 석연치 않은 점이 있다. 그래서 근래에는 왕망을 때를 앞질러간 이상주의자로 미화하려는 설도 나오지만 이것 또한 충분한 설득력이 있다고는 생각되지 않는다. 그래서 만약 제삼의 방법이 있다면 그것은 무엇보다도 당시의 시세를 검토해 왕망을 그 배경 속에 앉혀놓은 뒤에 총체적으로 관찰하는 것이 아닐까.

우선 왕망은 왕씨 일족의 힘에 의해 대신의 지위에 오른 것은 틀림없지만 그는 젊은 시절에는 왕씨 일족으로부터 냉대를 받았으므로 그 뜻을 얻은 후에도 왕씨의 꼭두각시가 되어 일족의 번영에 진력하겠다는 생각 따위는 없었다. 그는 왕씨 일족의 종래의 행위를 추하게 여겨 반항할 정도로 정의감을 갖고 있었던 것 같다.

경학 그룹

이미 왕망이 그 일족으로부터 분리되어 독자적인 길을 가고자 하면 따로 마땅한 협력자를 찾지 않으면 안 된다. 다행히 그가 젊을 때 거의 벼슬에 대한 생각을 포기하고 학문에 힘썼을 당시의 동학同學 집단이 있었다. 그것은 새로이 사회적으로 활동하기 시작한 경학經學 그룹이며, 그 중심인물이 유향劉向·유흠劉歆 부자였다. 이 집단은 앞서 무제 시대에 등용된 문학의 사士와는 조금 성질이 다르다. 문학의 사는 그 문학의 재능 때문에 쓰인 것이어서 그들의 경술經術은 실제에 쓸모 있는 경우가 거의 없었다. 그런데 유향 등의 경학은 경학을 그대로 이상으로서 실행하고자 하는 것이다. 다만 경학의 근거인 경서는 아무래도 고전이므로 그 형태 그대로 응용하기 어려움은 누구라도 인정해야 하는 것이다. 그래서 경전을 현대적으로 해석하고, 더 나아가서는 경전에 기초한 예언의 학술, 즉 참위설讖緯說을 덧붙여 유교를 재생시키려고 하는 것이 유향 등의 신학문의 입장이었다.

그렇지만 어느 시대이든 학문에서 얻은 이상을 현실 세계에 실행하고자 하는 데는 수많은 곤란이 따르지 않을 리가 없다. 그래서 반드시 강력한 후견자를 찾아내서 결탁할 수밖에 없는데, 그런 역할에 딱 들어맞는 인물이 왕망이었다. 그러나 이 왕망이 비록 왕씨 일족을 대표해 종래의 행동 방식을 그대로 답습하는 것을 목적으로 했다고 해도 확실한 정권 장악에는 상당한 곤란을 예상해야만 했다. 조정에는 아직 왕씨에 반대하는 세력이 뿌리 깊게 남아 있어 왕망의 시책의 빈틈을 노리고 있는 것이다. 그러므로 더구나 색다른 정책을 시행하고자 할 때는 위험이 더 한층 커지는 것이다. 이 같은 정세에도 불구하고 감연히 고대 유교의 이상을 실행하려는 것이었으므로 왕망의 행동에는 처음부터 이상한 성질이 내재해 있었던 것이다.

왕망의 집권

왕망은 외척이란 지위를 이용해 권력에 접근한 것이므로 먼저 같은 지위에 있는 다른 외척과 싸우지 않으면 안 되었다. 그중 첫 번째는 선대 애제의 모친 정씨丁氏, 조모 부씨傅氏의 일족인데, 왕망은 이들에 대해 애제 시대에 전횡한 죄를 문책해 모두 수도에서 축출해 본적지로 돌려보냈다. 다음은 평제의 모친 위씨衛氏와 그 일족에 대해 앞의 정씨, 부씨의 전철을 밟지 않도록 위해주는 척 겉발림의 이유를 붙여 모두 본적지에서 금족禁足을 시키고 수도에 상경하는 것을 금했다. 이 무렵부터 왕망은 옛날 주공周公이 성왕成王을 보필한 고사를 흉내 내어 스스로 주공으로 자임했는데, 그것은 단순한 연극이 아니고 정말 그 배역에 몰입해 자기도취에 빠진 듯이 보인다. 왕망의 아들 왕우王宇는 부친의 이 같은 행위에 반대해 스승 오장吳章과 상의하고 괴상한 사건으로 부친을 위협해 위씨를 수도로 불러들이려는 시도를 했다. 이 오장은 『서경』 박사였으므로 주공의 일에 관해서는 왕망보다도 잘 알고 있었던 터이다. 왕망은 노해서 자기 아들 왕우, 그 스승 오장뿐 아니라 위씨 일족까지도 책임을 뒤집어씌워 전부 죽여 버렸다. 그리고 자신의 외척이라는 지위를 더 한층 굳건히 하기 위해 12세의 평제에게 동갑인 자기 딸을 결혼시켜 황후로 삼았다. 그러나 평제가 생모 위씨와의 면회마저 방해하고 있는 왕망에게 원한을 품고 있음을 감지하고는 14세의 평제를 독살했다. 그 평제의 용태가 위독해지자 왕망은 주공의 고사를 흉내 내 자신이 평제 대신 죽고 싶다는 원문願文을 써서 금등金縢의 상자에 넣어 궁전 안에 보관했다. 평제가 죽자 그 후사를 근친 중에서 찾음과 동시에 왕망이 섭황제攝皇帝라 칭하며 천하의 정무를 보기로 왕태후의 인가를 받았다. 이듬해를 거섭居攝 원년이라 부르고 평제의 조카뻘인 두 살짜리 아이 영嬰을 제위에 올리니, 14세 과부인 황후 왕씨가 후견인을 위탁받았다.

이리하여 전권을 장악했지만 왕망의 전도는 그때까지보다 더욱 곤란한 것이었다. 그 이유는 당시의 사회는 무제 시대를 고비로 이미 번영의 정점이 지나간 뒤여서 경제적으로 불황이 은밀히 다가서고 있었기 때문이다. 이에 대해 정부에는 왕조의 말기적 증상이 일어나 기강의 해이, 관료의 타락이 점점 빠르게 진행되고 있었다. 그리고 불경기를 한층 심각하게 한 것은 빈부의 격차가 매년 심해지고, 화폐가 부호의 손에 집중, 사장死藏되어 시장에 유통되는 양이 감소하는 것이었다. 이들 바람직하지 못한 현상이 상호 인과관계를 이루어 악순환이 반복되므로 최하층의 빈민은 도탄의 고통에 빠져 있었다. 정부는 그 구제를 시도한 적도 있었지만 매번 실패하고 그 이상은 뭔가 기적이라도 일어나지 않는 한 타개할 길이 없는 것처럼 보였다. 왕망은 바로 그런 때에 권좌에 올랐던 것이다. 그는 교육받은 유교의 입장에서 이 사회의 뒤틀림을 바로잡는 데에는 고대 성왕聖王의 정치를 부활시킬 수밖에 없다는 신념과도 비슷한 이상을 품고 있었다.

평제 원시元始 2년(기원후 2)에 중국에서 최초의 호구조사가 시행되었는데, 이 통계에 따르면 호수戶數 1223만 3062, 인구 5959만 4978이며, 한대의 호구로는 가장 많았다고 한다. 노비는 이 안에 포함되지 않았을 테지만 그것은 대단한 숫자는 아니었다고 생각된다. 그러나 전반적으로 보아 아마 당시의 개발 상태에서는 인구의 포화점에 달했다고 생각되며, 수재, 가뭄 등의 기근 때마다 다수의 아사자가 나왔다. 여기에는 생산 인구가 적고 놀고먹는 무리가 많았던 탓도 있다. 정부는 때때로 유력자의 토지 겸병에 의한 유휴지의 증가를 억제하고자 토지 소유에 제한을 두려 했지만 매번 실패하고, 빈민은 늘 그 경지를 상실할 위험에 노출되어 기근 때에는 몸을 팔아 노비가 되지 않으면 굶어죽든가 도적으로 전락할 수밖에 없었다.

왕망은 맨 처음 가장 저항이 적은 화폐 정책의 전환으로 난국을 타개하려고 했다. 우선 황금의 사유를 금지시켜 이를 정부에 갹출하게 하고, 그 대가로 당오십當五十, 당오백, 당오천이라는 새 동화를 주조해 종래의 오수전五銖錢과 병행해 사용하게 했다. 어느 시대이건 대전大錢이란 것은 명목가치보다 실질가치가 적은 것이 보통이기 때문에 민간으로부터 배척을 받으며, 이때에도 명백히 실패했다. 그러자 왕망은 이는 자기가 섭황제, 즉 가짜 황제이므로 인민이 신용하지 않기 때문이라고 믿은 것 같다. 게다가 지방에서 왕망 타도의 군을 일으키는 자가 나타나기도 했으므로 진정한 혁명을 수행하기 위해서는 어쩔 수 없다고 생각해 네 살 난 황제 영을 대신해 자기가 진짜 황제로 즉

위했다. 어린 영이 성인이 되면 복위시킨다고 약속했지만 이듬
해 곧 그 서약을 깨뜨려 그를 신하로 떨어뜨리고 자신의 아들
을 황태자로 세웠다.

신 왕조

왕망은 국호를 신新이라 고치고 혁신의 첫걸음으로 대신 관
료의 명칭을 크게 바꿔서 사보四輔·삼공三公·사장四將 등을 임
명했다. 그런 다음 또다시 화폐를 일신해서 오수전 등을 전부
폐지하고 새로이 대전大錢·소전小錢 두 종을 주조해 유통시켰
다. 한편 토지 공유의 원칙에 기초해 천하의 토지를 왕전王田이
라 부르고 사사로이 매매하는 것을 금지하고, 경작 능력 이상
의 땅을 소유하는 자는 그 잉여분을 먼저 친척, 다음에는 지방
공동체에 나누어주게 했다. 노비는 종래 우마牛馬와 마찬가지로
시市를 설치해 매매했던 터인데, 앞으로는 이를 사속私屬이라 부
르고 그 매매를 금지했다. 이들 새 칙령은 어디까지 실시되었
는지 기준도 서지 않은 가운데 다른 새 정책이 잇달아 공포되
었다.41

그중에서 주목해야 할 것은 오균법五均法으로 이것은 물가안
정책이다. 먼저 사시司市란 관직을 두어 춘하추동의 중간 달에
상품의 표준가격을 정한다. 만일 민간에서 팔리지 않는 물자가
있으면 균관均官이 표준가로 매입하며, 물자의 가격이 오르면
그것을 표준가로 매도한다. 민간인끼리는 모든 상품을 표준가
로만 매매시킨다. 인민이 급히 금전이 필요할 때는 월리 3퍼센

트로 대부한다는 것이 그 골자이다. 그 밖에도 민간의 술 양조를 금지해 관영으로 하고, 화폐 제도를 세 번째로 고쳐 화포貨布와 화천貨泉이라는 2종의 동전을 주조해 유통시키기도 했다.

왕망의 이들 신정책은 그 취지에서는 상당히 진보적이고 이치에 맞는 점이 있었지만 막상 이를 실행하기 위해 어느 정도 준비가 이루어졌는가라는 점에서는 참으로 한심하기 짝이 없는 것이었다. 처음부터 실무에 어두운 관료로는 도저히 운영할 수 없다고 생각되었으므로 부상·대고大賈를 기용해 그 직무를 맡겼는데, 그들은 장부 표면만 꾸며대고 이면에서는 사악하게 사리를 탐해 마지않았다. 문서 조작으로는 끝내 속일 수 없는 정책, 토지나 노비의 매매 금지 같은 가치 있는 것일수록 그 실행에는 반대가 많아 몇 년도 안 되어 철회하지 않을 수 없었다. 그의 신정책의 거의 대부분이 역사상 아무런 흔적도 남기지 못하고 소멸해간 가운데 새로 주조한 동전인 화천만은 널리 동아시아에 분포해 오늘날도 각지의 유적에서 발견되는 것이 많고, 단기간에 한해 주조되었던 까닭으로 그 유적의 연대 추측에 편의를 주고 있다. 더욱이 그 화천이 널리 유통된 이유가 그가 바꾸려고 했던 한의 오수전과 질량이 같았기 때문이라는 것은 커다란 아이러니가 아닐까.

왕망의 실패

왕망의 공상적 신정책은 국내를 혼란에 빠뜨렸을 뿐 아니라 사방 이민족과의 사이에도 마찰을 일으켰다. 그는 선제 때 이래 한에 복속하고 있던 흉노 선우單于에 대해 그 인장의 새璽 자를 고쳐 장章 자로 바꿔 만들어 수여했으므로(인장의 글자를, 「匈奴單于璽」로부터 「新匈奴單于章」으로 고쳤다) 흉노는 노해서 군사를 일으켜 침입했다. 왕망도 지지 않고 흉노 선우를 항노降奴 복우服于라 부르며 30만 대군을 일으켜 북정했는데, 이 때문에 천하가 소란해져 반란이 사방에서 일어났다. 그중에서도 호북성의 형주荊州에서 일어난 녹림綠林인 평림平林의 반군이 가장 세력이 컸다. 평림군에 있던 한漢의 후예 유현劉玄은 장수들의 추대로 제위에 올라 무관武關을 깨뜨리고 수도 장안長安에 들어갔으며 왕망은 혼전 중에 피살되었다.

왕망이 죽은 뒤 정부의 금고를 검사해 보니 아직 황금이 60여만 근이 있었다. 이 일은 당시의 사회상을 잘 이야기해준다. 경제상의 불경기에 직면해 위로는 조정으로부터 아래로는 개인까지 금전을 손에 넣게 되면 좀처럼 사용하지 않고 그대로 사장시키는 것이 관행이 되어 있었던 것이다. 그리고 금전이란 것은 적당한 때에 사용하지 않고 일단 사용할 기회를 놓쳐버리면 영구히 사용할 시기가 오지 않는데, 그렇게 된 이상 사용해도 효과가 없는 것이다.

이러한 금전 사용을 자제하는 풍조는 다음에 올 중세 시대가 되면 한층 더 보편화되므로 왕망은 말하자면 중세에 모범을 보여준 것 같다. 이 한 가지 일만이 아니라 왕망은 중세에 대해 숱한 선례를 보여주었다. 그가 외척·대신의 지위를 이용해 행한 제위의 찬탈은 중세 시대에 일반적으로 행해진 왕조 교체의 양식이 되었는데, 다만 그것이 선양禪讓이라는 이름으로 변한 것에 지나지 않는다. 또 왕망이 시작한 유교주의에 의한 정치는

다음의 후한 시대에 들어오자 왕조의 기본 방침으로 계승되었
다. 유교가 공공연히 국교로서 정해진 것은 왕망에서 시작되었
다고 말해도 좋다.

6. 후한

광무제의 즉위

왕망 말기에 각지에 군웅이 할거했는데, 그 가운데 한의 일족인 유씨劉氏라 자처하는 자가 많았다. 최초에 세력을 얻은 것은 경시更始장군 유현劉玄이며, 먼저 장안에 들어가 왕망을 멸망시키고 황제라고 일컬었다. 그런데 산동성에서 일어난 적미군赤眉軍은 유분자劉盆子를 옹립하고 장안으로 쳐들어가 경시를 죽이고 그를 황제로 세웠다. 이 동안 경시 휘하에 속해 있던 유수劉秀는 하북河北으로 들어갔는데, 그는 한단邯鄲에서 자립한 유자여劉子興가 성제의 아들을 칭하는 따위는 거짓이며 실은 점술가인 왕랑王郎이란 자가 틀림없다고 하고, 이에 대해 상대방도 유수가 한 경제의 후예라고 칭하는 것은 거짓이라며 언쟁했던 듯하다. 실은 역사가에게는 어느 쪽이라도 상관없지만 한의 후예라고 칭하는 것이 당시에 대단히 유리한 조건이 되었다는 사실은 간과할 수 없다. 특별히 한 왕조의 은택이 깊이 인민 사이에 침투해 있었던 터는 아니라도 그쪽 편이 평판이 좋았던 것이라 하겠다. 한편으로 말하면 그만큼 왕망의 정치는 평판이 나빴다는 것이기도 하다.

유수가 경쟁 상대인 유자여, 즉 점술가 왕랑을 타도하자 중원 일대가 그의 수중에 들어가 패업霸業의 기초가 정해졌다. 그래서 자립해 한 황제라 자칭하고(25), 서정해서 적미군이 옹립한 유분자를 항복시키고 뒤이어 사방의 독립 정권을 평정해 천하를 통일했다. 이 사람이 후한의 광무제光武帝로서 하남성 낙양에 도읍했으므로 동한東漢이라고 불리기도 한다.

전한과 후한

후한이란 시대는 그 이름이 보여주듯이 전한의 역사를 되풀이한 점이 많다. 전제 왕조는 무력에 의해 나라를 세우므로 건국 초기에 무력이 성대할 때는 그 위력에 의해 모든 방면의 일이 순조롭게 움직여간다. 그런데 세대가 흐름에 따라 왕조 자체가 부패, 쇠퇴하는 데다 사회에도 뒤틀림이 생겨 곤란한 문제가 속출하기에 이른다. 그 중압을 견디지 못하고 사회가 혼란에 빠짐과 함께 왕조도 멸망한다. 그 유형을 창출한 것이 전한이며, 그것을 답습한 최초의 예가 후한이었다.

후한의 제1대 광무제가 천하를 통일한 초기는 마치 전한 고조의 시대와 같다. 왕망의 동란 때문에 호구戶口가 반감되었다고 할 정도로 사회의 피폐가 바닥에 처했으므로 오로지 인민과 함께 휴식하는 정책을 취했으며, 재위 33년에 북방의 흉노에 대해서도 전쟁을 피해 오늘날 신강성新疆省의 땅, 이른바 서역西域을 방기하고 돌보지 않았다.

다음 대의 명제明帝, 3대 장제章帝, 4대 화제和帝 때가 되면 민력도 회복되고 재정도 풍부해졌으므로 대외적으로도 적극 정책에 착수했다. 전한이라면 바로 무제와 선제 시대에 해당된다. 당시 흉노는 남북 두 나라로 분열해 남흉노는 한에 귀순했으므로 한은 이를 이용해 북흉노를 공격하는 동시에, 서역 지방의 도시국가들을 위세로 굴복시키고 전한의 선례에 따라 여기에 도호都護를 설치해 감시하고 서아시아 지방과의 무역을 보호하게 했다. 서역도호로서 가장 공적이 있었던 것은 반초班超인데, 서역에 있기를 30년, 그동안 서역 50여 국을 한에 조공시켰다. 또한 감영甘英이 대진국大秦國이라 불렸던 로마에 사자로 파견되었는데, 감영은 안식국安息國의 서쪽 경계인 조지국條支國, 즉 시리아에 이르고 서해, 즉 지중해地中海에 이르러 전도의 항해가 다난함을 알고 거기서 되돌아왔다.

앞서 전한의 무제가 파견한 장건은 사마르칸트 부근까지밖에 못 갔지만 후한의 반초 무렵이 되면 동서의 교통은 그보다 훨씬 용이해져 있었다는 것을 이를 통해서도 알 수 있다. 반초는 화제 때에 귀국했는데, 그 후에는 도호에 인재를 얻지 못하고 서역 여러 나라가 이반했으므로 한도 도호를 두는 것을 단념했다.

북흉노는 후한과 남흉노의 연합군에게 공격을 받아 누차 패배하고, 다시 동방에서 일어난 선비鮮卑족의 침입을 받아 그 주민 다수가 선비에게 항복하고 북선우北單于 직할의 부족은 멀리 서방으로 물러갔다. 그 후 약 250년 정도 지나 로마제국 말기에 유럽에 침입해 민족 대이동의 원동력이 된 훈족은 바로 북흉노의 후예라고 인정된다.[42]

전한에서는 무제 이래 유학을 존숭했다 해도 그것은 신하가 유교를 배우는 것을 인정했다는 정도이며, 천자 스스로 공자의 신도가 된 것은 아니다. 그런데 후한에서는 명제 때 벽옹辟雍이라는 천자의 학습소를 세우고 몸소 유교의 예禮를 수행했다. 이것은 천자가 유교에 귀의했음을 보여주는 것으로 천자의 종교는 곧 인민의 종교와 다름없으므로 이후 유교는 중국의 국교가 되었다고 할 수 있을 것이다.

후한의 쇠퇴

후한은 화제 다음에 5대 상제殤帝가 즉위했는데 여기까지는 황제의 계보가 한 줄기로 부자 사이에 전해졌지만, 상제가 재위 1년도 안 되어 요절하자 아들이 없었으므로 종제從弟인 안제安帝가 영입되어 천자가 되었다. 이 무렵부터 후한 왕조에 쇠퇴의 조짐이 나타나기 시작한다. 그것은 무엇보다도 계보의 혼란이 보여주고 있는 사실로서 천자의 궁중 생활이 사치로 흐름과 함께 그 신체가 건강하지 못하게 되어 요절하며, 요절로 방계에서 후사를 맞이해도 그 또한 심신이 모두 약체라는 패턴이 되풀이되는 것이다. 이것은 전한에서는 극히 말기인 11대 성제 무렵이 되어 일어난 것인데, 후한에서는 이르게도 그 중기, 4대 화제의 다음부터 시작되고 있다. 그만큼 후한은 왕조로서도 생명력이 허약했다고 할 수 있다. 그러한 때에 필연적으로 일어나는 것은 외척의 전횡이 아니면 환관의 음모이다. 화제는 10세로 즉위했으므로 두태후竇太后가 후견인이 되고 이에 따라 태후의 오빠 두헌竇憲과 그 일족이 조정의 요직을 독점해 온갖 횡포를 자행했다. 천자는 이를 불쾌히 여겨 환관 정중鄭衆과 모의해 두헌을 죽였지만 이번에는 환관의 세력이 신장되어 궁중을 수중에 넣고 정부와 대립하는 정세가 되었다.

화제가 재위 17년으로 죽고 황후 등씨鄧氏가 태어난 지 백여 일밖에 안 된 황자를 제위에 올린 것이 상제이다. 그가 얼마 안 가 죽었으므로 그 종제인 안제를 옹립하고 등씨 자신은 황태후로서 후견 역할을 맡게 되었는데 이와 더불어 그 일족이 득세했다.

안제가 재위 19년으로 죽었을 때 그 황후 염씨閻氏는 전대의 예를 본떠 후견인으로 세력을 휘두르려는 생각으로 그 오빠 염현閻顯과 모의해 안제에게 황자가 있는데도 제쳐두고 그 종제뻘인 어린 소제少帝를 천자로 맞아 스스로 황태후가 되었다. 그런데 소제는 재위 7개월 만에 죽었으므로 이를 틈타 환관 손정孫程 등이 궐기해 이전에 안제의 태자였던 순제順帝를 옹립해 염현과 그 일족을 죽였다. 이때의 공로에 의하여 환관 19명이 후侯에 봉해지고 환관의 세력이 점점 더 신장되었다.

순제는 11세로 즉위했는데 성장해 양씨梁氏를 황후로 세우자 그 부친인 양상梁商과 아들 양기梁冀가 서로 이어 대장군大將軍이 되어 조정의 정치를 좌지우지했다. 양씨 일족의 횡포는 전한이면 왕씨의 전횡에 상당하는 것인데 다만 그 결말은 달랐다. 순제가 재위 19년으로 죽고 양황후는 두 살 먹은 충제沖帝를 세웠지만 3개월 만에 죽었으므로 그 종형뻘인 질제質帝를 맞아 황태후가 되어 후견 역을 맡았다. 질제는 나이 8세로 즉위했지만 어린 마음에도 대장군 양기의 전횡을 미워해 발호跋扈장군이라고 무심코 입을 놀려, 이를 들은 양기가 내심 두려움을 품고 독만두를 올려 질제를 살해했다. 재위 1년 반에 지나지 않았다.

그 후에 영립된 것은 숙부뻘인 환제桓帝로 나이 15세였다. 화제 이래 8명의 황제가 즉위했지만 수명이 30세에 이른 사람이 겨우 2명, 재위는 20년을 넘은 자가 없었다. 10세 미만으로 죽은 자 3명, 그 재위는 모두가 1년 안짝이었다. 이래서는 천자 자신이 정치의 친정親政은 물론 발언권마저 상실해버리는 것은 당연하다. 그 뒤에 즉위한 환제는 즉위 때의 나이 15세, 그리고 재위는 21년에 미쳤는데, 연령, 재위 기간의 면에서 큰 문제가 없어지자 이번에는 재능이 범용해서 일단 황실이 놓쳐버린 정권을 회복한다는 그런 중임을 감당할 만한 인물은 아니었다.

환제는 양태후의 누이를 황후로 삼았는데, 재위 13년째 황후의 죽음을 기화로 환관 단초單超 등이 근위병을 움직여 양기와 그 일족을 주살했다. 하지만 그 뒤가 큰일이었으니 이 공에 의해 점점 더 세력을 증대시킨 환관은 이미 누구도 움직이기 어려운 공고한 지반을 형성해 거의 영구 정권을 획득한 듯한 양상을 드러냈다. 중국사에서 환관의 횡포는 후에 당·명 두 왕조가 심했다고 하지만 후한이 그 선례를 보여준 것이다.

당고

명제 이래 유교를 국교로 취급해 지방의 우수한 학도를 명경明經 또는 효렴孝廉이란 명목으로 선발해 중앙정부에 등용한 효과는 이 무렵이 되어 점차 나타나기 시작했다. 수도의 태학太學에는 학생 수천 명이 있어서 조정의 정치·인사를 논의하고, 지방에도 학도가 명사名士를 중심으로 단결해 이에 서로 호응했다. 그들은 비난의 화살을 필연적으로 환관 및 그 당파의 관료들을 향해 쏘았다. 환제는 환관의 사주를 받아 제생諸生이 조정의 정치를 비방한다는 이유로 그중 200여 명을 검거했으며, 이들을 당인黨人이라 부르고 관리 임용을 금했다. 이를 당고黨錮라고 하는데, 중국에서는 학문에 뜻을 두는 것은 장래 관리로 등용되어 학문의 이상을 실현하는 데 있으므로 이를 금고禁錮하는 것, 즉 임관권 삭탈이라는 처분을 하는 것은 현재로 말하면 대학에서 추방하는 것에 해당된다. 그 금고의 이유가 당파의 결성에 있다는 것은, 중국에서 관료는 절대로 중립을 지켜 천자에 직결되어야 하는데 관료끼리 횡적으로 당파를 만드는 것은 그것만으로도 처벌받을 만한 죄악으로 간주되었기 때문이다.[43] 다만 이때에는 황후의 부친 두무竇武 및 대신 진번陳蕃의 운동에 의하여 얼마 안 가 금고는 중지되었다. 진번은 순제 때 효렴으로 천거된 사람으로 이 무렵에는 태위太尉로 임명되어 제생의 전국적 집단의 영수가 되어 있었다.

환제가 죽자 두황후는 조카뻘되는 12세의 영제靈帝를 옹립하고 황태후로서 조정의 정치를 보살피고 두무와 진번이 대신이 되어 이를 보좌했다. 두 대신은 환관이 점점 더 세력을 증대시켜 정치에 간섭하는 것을 보고 이를 억제하려는 모의를 했는데 환관들이 기선을 잡아 쿠데타를 일으켜 두 대신을 살해했으며, 그 당파라고 지목받아 연좌되어 죽은 자가 100명, 금고된 자가 6,700명에 미쳤다. 이것이 제2차 당고이다.

이 같은 비상수단을 쓰니 조정의 평판이 떨어지지 않을 리가 없다. 그래서 조정은 인기 만회책으로 수도에 태학을 신축해 학생을 모집하고 학자들에게 명해서 오경의 정문正文을 교정해 고문古文·전서篆書·예서隸書 세 가지 서체로 쓴 것을 돌에 새겨 그 문 앞에 세웠다. 이른바 희평熹平의 석각石刻이란 것인데, 지금은 그 단편밖에 남아 있지 않지만 현존하는 오경의 가장 오래된 본문이다. 그러나 이런 것으로 당시 지식인의 불만이 해소되었다고는 생각되지 않는다.

지식인에 대한 금고는 또한 지방 인재를 중앙에 등용하는 문호를 폐쇄함을 의미했다. 그래서는 점점 더 지방이 중앙으로부터 이반하는 결과를 초래할 우려가 있으므로 정부는 가장 용이하게 관위官位를 획득하게 하는 방법으로서 매관賣官의 길을 크게 열었다. 중앙의 대신인 사도司徒 자리라도 5백만 전을 내면 살 수 있었다. 이것은 동시에 정부의 재정 곤란의 해소에 도움이 되게 하려는 의도임은 말할 나위도 없다. 과연 이것으로 중앙과 지방의 연계가 어느 정도 보존되었을지도 모르지만 그것은 지방의 부호 계급, 더욱이 학문과는 인연이 없는 품성이 나쁜 부호와 중앙의 환관 내지는 환관의 당파 사이의 연계밖에 되지 않았다.

향제의 붕괴

그렇지만 중앙과 지방의 연계가 원활히 행해지지 않았던 최대의 이유는 후한에 들어와 지방에서 자치제가 붕괴를 향해 갔다는 사실에 있을 것이다. 전한 시대까지는 고대 도시국가의 유제遺制가 강하게 남아 있어 인민의 집락集落은 반드시 그 주위에 장벽을 둘러치고 있으며, 그 안에 거주하는 주민은 강한 일체감으로 지탱되어 공동체 의식을 지니고 있었다. 이 집락은 그 대소에 따라 향鄕·정亭이라 불리며, 그 내부는 몇 개의 리里로 나뉘어지고, 리도 또 주위를 장벽으로 둘러쌌다. 리는 대개 1백 호가 보통이므로 변경의 인구가 적은 곳에서는 때로는 1리가 1정을 이루는 것도 있지만 많은 경우 1정에 몇 개의 리를 포함한다. 그런데 10개 가까운 정이 모였을 때 이를 향이라 부르는데, 또 그 중심의 최대의 정도 향이라 부른다. 이 정을 특별히 도정都亭이라고 부른다. 도정이라 불러 정이란 이름이 사라지지 않은 이유는 토지는 전부 정에 속하고 사람은 모두 리에 속한다는 원칙이 있었기 때문이다. 토지의 위치를 보여주는 데는 반드시 무슨 향, 무슨 정의 어느 곳이라고 일컬어 정을 생략할 수가 없었다. 마찬가지로 사람은 무슨 향, 무슨 리의 아무개라고 불러 리를 생략해서는 안 되는 것이다. 다음에 몇 개의 향이 모이면 현縣이 되며 현령縣令 이하의 관리가 중앙으로부터 임명되는데, 이 현의 치소治所가 두어진 향을 현향縣鄕이라 부르고 또 현이라고도 부른다. 현 위에는 군郡이 있으며, 군은 중앙에 직속해 중앙으로부터 군태수郡太守 이하 관리가 임명된다.

그런데 향·정이라 불리는 장벽을 가진 집락은 고대의 읍邑,

즉 도시국가의 후신이므로 주민은 자치 독립의 의식이 왕성하다. 바꿔 말하면 징세나 재판 등에 관해서는 될수록 중앙의 간섭을 좋아하지 않고 주민 자신의 손으로 자치적으로 행하고 싶다는 것이다. 그래서 주민 중에서 추천해서 향에는 교화教化를 맡기 위한 삼로三老, 조세 징수와 관계된 색부嗇夫, 치안관인 유요遊徼를 두고, 정에는 정장亭長이 있었다. 민간의 사소한 형사·민사 사건은 현에 수고를 끼치지 않고 이들 이른바 향관鄕官의 책임으로 처리되는 점이 한대 지방 제도의 특색이며, 후세로부터 가장 이상적인 미풍이라고 찬양받고 있다. 하지만 이 향제鄕制가 차츰 시대에 뒤떨어져 유명무실해진 것이다.

우선 정치부터 말하면 전제군주를 떠받든 중앙정부의 정치 권력이 바람직하지 못한 협잡물을 수반하면서 지방으로 침투해가는 것이다. 정부의 고관, 때로는 환관 등이 지방에 토지를 구해 자본을 투자하자 지방인 중에는 이들과 결탁해 지방에서의 자기의 지위 향상을 꾀하는 자가 있어 일반 지방인과의 사이에 마찰을 일으킨다. 그리고 실제로 분쟁이 일어나면 중앙정권이 거기에 개입해 중앙의 이익을 지키고 지방자치를 파괴하는 결과를 초래하기에 이른다.

호족과 장원

다음에 지방 측에서 본다면 경제의 발전, 화폐경제의 침투는 지방 인민 사이에 빈부의 현격한 차이, 생활수준의 격차를 낳는다. 종래에는 호족이라 해도 그것은 단순한 대가족으로 양적인 차이에 지나지 않았던 것인데, 사회의 진화에 따라 그것이 질적인 차이가 되어 호족의 생활은 범인이 미치지 못하는 사치로 가득 차게 되었다. 이렇게 되자 옛날처럼 1향, 1정의 사람이 공동체 의식으로 결합되기 어렵게 된 것이다.[44]

또 다른 요소는 장원莊園의 발달이다. 화폐경제가 정점에 달한 다음에 그늘진 면이 보이기 시작하자 이익에 민감한 부자는 자본을 토지에 투하해 보전을 꾀하려고 했다. 원래 인민의 경작지는 장벽을 둘러친 정의 바깥쪽에 거의 원형으로 퍼져 있었는데, 그 교외에는 원야原野가 가로놓여 있는 경우가 많았다. 부자들은 이미 개간된 경지를 찾아다니며 사 모으는 것만으로 만족하지 않고 미개간된 원야를 개척해 이곳을 자신의 별장別莊으로 삼기 시작했다. 이를 별업別業이라고도 하는데, 업이란 산업, 즉 전산田産이란 의미이며 서양에서의 Villa, Manor와 그 뜻이 같다. 단지 별관別館이 있을 뿐만 아니라 주위에는 산림 · 원야 · 연못 · 경지가 부속되어 가지각색의 산물이 나고 그것만으로 자급자족할 수 있는 주위를 둘러친 땅이다. 그 노동력으로는 빈민을 불러 모아 반노예적 사역을 시키는 것이었다.

이런 풍습은 전한에서부터 시작되었으니 진晉의 갈홍葛洪의 『서경잡기西京雜記』에 원광한袁廣漢의 기사가 있다. 그는 장안 부근 무릉茂陵의 부호로 재산이 수억에 달했는데, 낙양에 와서 북망산北邙山 아래에 장원을 만들었다. 동서 4리, 남북 5리(1리는 약 450미터)로 그 가운데 산을 만들고 물을 끌어들여 진기한 나무를 심고 기이한 새를 길렀다고 한다. 거기에 사용한 동복僮僕 팔구백 명의 의식을 다른 곳에서 구입해다가 주었다고는 생각되지 않으므로 자급에 필요한 경지가 부속되어 있었음이 틀림없다. 이것은 천자의 원유苑囿를 흉내 낸 것인데, 후세 귀족의 장원의 중심 부분은 이 같은 구조였다.

전한 말 번씨樊氏의 장원은 생산성에 더욱 비중을 두었다. 개간한 전지田地는 300여 경頃(1경은 약 150m×360m)으로 웅장한 건물을 중심으로 연못에는 물고기를, 들에는 소와 양을 사육하고, 필요한 것은 반드시 공급한다는 자급자족 체제를 확립했다. 가재도구를 만들고자 하면 가래나무와 옻나무를 심어 그 성장을 기다렸다. 이것은 불경기 시대에 들어간 이상 금전은 써버린 다음에는 그것을 되찾는 데 몇 배나 더 노력이 필요하므로 가능한 한 금을 쓰지 않을 궁리를 하는 것이다. 따라서 사마천은 『사기』에 「화식전」을 두고 상대上代부터 당시에 이르는 갑부의 사적을 기록했는데 그 이후에는 그런 벼락부자는 좀처럼 나오지 않았던 것 같으니, 후한 때 반고의 『한서』「화식전」은 완전히 『사기』를 그대로 베낀 것으로 무제 이후의 새로운 재료를 부가할 수가 없었다. 『한서』 이후의 정사正史에는 「화식전」이 없고 그 대신 번씨와 같은 장원 소유주의 기사가 나타난다.

그런데 종래의 향·정이란 지방 도시로부터 먼 교외에 장원이 생기자 거기에는 정부의 힘이 미치지 않았다. 따라서 조세는 향·정에 남은 인민에게 부과되므로 부담이 무거워진다. 그래서 그들이 점점 더 곤궁해지면 본적지를 버리고 장원으로 도망해 들어가 객客이 된다. 이것이 후세 부곡部曲의 기원이다. 장원에는 세금이 부과되지 않으므로 이 같은 유민流民을 거느리고 더욱더 커져 갔다. 이에 반해 정부는 공허한 호적을 간직하고 있어도 부릴 인민은 차츰 적어지고 조세 수입도 감소할 뿐이다.

태평도 운동

이러한 때에 제일 곤란한 것은 실은 일반 인민이다. 한편으로는 정부의 가렴주구가 차츰 심해지고 한편으로는 부호의 장원으로부터 압박을 받는다. 향제도 점차 붕괴되어 향관의 힘도 믿을 만하지 않게 된다. 요컨대 종래의 전통적인 생활방식으로는 안심하고 있을 수 없게 된 것이다. 무언가 새로운 상호부조의 방법을 누구나 생각하게 되었는데, 거기에서 출현한 것이 태평도太平道 운동이다.

거록鉅鹿의 장각張角이란 사람은 황로黃老의 술술術을 얻었다고 자처하고 태평도란 종교를 일으켰는데, 부적과 정화수(符水)의 주술에 의해 의약을 쓰지 않고도 질병을 치료할 수 있다고 주장하며 무리를 모아 10여 년 만에 수십만의 신자를 얻었다. 북으로는 유주幽州·기주冀州, 동으로는 청주靑州·서주徐州, 남으로는 형주荊州·양주揚州, 중앙은 연주兗州·예주豫州 8주의 땅으로 확산되어갔으므로 지방에 36방方을 임명해 대방大方은 만여 명, 소방小方은 6~7천의 무리를 통솔하게 했다. 최초에는 단순한 민간의 상호부조 단체였지만 이만큼 세력이 증대해지자 그것이 당시 민간의 반정부 감정에 편승해 혁명운동으로 전화되었다. 영제의 중평中平 원년은 간지干支가 갑자甲子에 해당되어 이 해야말로 궐기의 해라고 하여 전국에서 일제히 봉기했다(184).

그런데 이 태평도의 성질을 보면 그 단체에는 지식인은 그다지 많이 가담하지 않았던 듯하다. 농민이 많았음은 물론이지만 그렇다고 농민운동이냐 하면 그렇지도 않다. 겨우 십수 년 동안에 교통이 불편했던 시대에 수십만의 도중徒衆을 얻어 그것이

전국적으로 같은 날 봉기했다는 기교는 그들이 뛰어난 교통수단과 정보 전달 수단을 갖지 않았다면 가능할 리가 없다. 아무래도 이 단체의 중심은 운수교통업자가 아니었던가 생각된다. 이것은 동시에 서방에서 일어난 오두미도五斗米道와 관련해서 볼 필요가 있을 것이다.[45]

오두미도

장각과 같은 무렵 같은 수법으로 도중을 모았던 것이 익주益州의 장로張魯이다. 장로의 조부 장릉張陵이 촉蜀에 와서 이 도를 퍼뜨리고 쌀 다섯 말(五斗米)을 입회비로 징수했으므로 오두미도라고 일컬어졌다. 중원에서 장각의 무리가 동방·북방·남방으로 뻗어가면서 서방으로는 조금도 퍼지지 않은 것은 이곳에 장로가 있었기 때문이 아닌가 생각된다. 더욱이 장로 측은 조부 이래로 전도를 했으므로 이쪽이 본가였음에 틀림없다.[46]

장로의 법도 질병을 치유하는 데 의약을 쓰지 않고 부적을 탄 물을 마시고 죄과를 고백하게 해 치료하는 것이 완전히 장각과 같다. 또한 장로에 관한 이야기로는 도로 중간에 의사義舍라는 숙박시설을 세우고 거기에 의연품인 쌀과 고기를 두고 여행자가 필요한 만큼 사용하도록 허용했다고 한다. 또 작은 죄를 범한 자에게는 1백 보步의 도로를 수리시키고 사면했다고 하므로 이 종교는 오로지 교통업자가 중심이 되어 상호부조를 하고 있었다고밖에는 생각할 수 없다. 그러면 장각 쪽도 역시 비슷한 종류의 업자가 결속해 대세력이 되었을 것이다.

장각의 태평도 신도가 드디어 봉기하자 농민에게는 볼 수 없는 기동력을 발휘해 각지에 출몰하고, 아군을 정부군과 구별하기 위해 황색 두건을 머리에 쓰고서 표지로 삼았으므로 황건적黃巾賊이라 불렸다. 단시일 내에 천하가 향응하고 수도(京師)가 진동했다고 한다.

당인의 본질

정부는 정규군을 잇달아 출동시켜 토벌에 나섬과 동시에 앞서 당고에 처했던 인사들을 대규모로 사면해 황건적 토벌에 협력을 구했다. 이렇게 당인을 자기편으로 만드는 것으로써 어떠한 이익이 있었을까. 황건 안에는 원래 독서인은 거의 들어가지 않은 듯하므로 만일 황건에 지식인이 가담해 브레인이 된다면 큰일이라는 소극적 이유도 있었을 것이다. 그러나 적극적으로는 이른바 당인은 당黨이라는 이름이 보여주듯이 그들의 독자적 연락망을 갖고 있었다. 이것이 내란 등에 즈음해서는 정보 제공의 원천으로서 대단히 편리할 것으로 기대되었을 것이다. 이 정보 전달에 관해서는 안제 무렵에 환관 채륜蔡倫에 의해 종이가 발명되어 있었던 것이 더욱 큰 편리를 제공했던 것으로 생각된다. 또한 이 당인 중에는 지방의 유력자 계층이 포함되어 거대한 장원을 소유하고 다수의 예민隸民을 소속시킨 자가 있는데, 이들을 중심으로 의병을 조직하면 정부 측의 동원력은 배가될 가망이 있었던 것이다.

한편 당인 측에서도 그들은 환관이나 부패 관료에 대해서는 반발하지만 한 왕조 자체에 대해 적의를 가진 것은 아니고 오히려 충성을 다하려 했으므로 노골적으로 혁명을 표방하고 한의 상징인 창천蒼天 대신에 신정권의 황천黃天을 세우고자 하는 황건군과는 처음부터 물과 불처럼 서로 용납할 수 없었다. 따라서 정부로부터의 권유가 안성맞춤이 되었던 것이다. 그러나 원래 환관과는 원수지간이므로 황건의 반란이 평정되자 다시금 환관과 다투어 피살된 순욱荀昱과 같은 사람이 많았다.

황건은 원래 오합의 무리이고 적당한 지도자도 없었기 때문에 정규군과 민간의 의용병이 협력해 작전을 하자 도처에서 패배해 얼마 안 가 평정되었다. 그러나 이때 의용군을 조직해 민간에서 일어난 영웅들은 부하들과의 단결이 공고했기 때문에 차츰 두각을 나타내어 정세가 혼란하면 할수록 점점 세력을 떨치게 되었다. 하북 탁군涿郡 사람인 유비劉備가 그러한 예이며, 정부의 하급 관리에 불과했던 조조曹操도 이런 부류에 속한다. 그리고 이들 신흥 세력이 정부를 배경으로 한 구세력인 관료와 대신들과 패권을 다투기에 이르는 것이다.

환관의 주멸

황건이 평정되어 한숨 돌린 후한 왕조에서 영제가 치세 22년의 막을 내리자 이를 계기로 환관과 관료 간에 대충돌이 일어났다. 영제 뒤로 14세의 황자 변弁이 즉위하고 하태후何太后와 그 오빠 하진何進이 후견자로서 정무를 보게 되었다. 수도의 지사에 해당되는 사예교위司隸校尉 원소袁紹는 하진에게 권유해서 궁중의 환관을 주륙해 화근을 제거하려고 했지만 하진은 우유부단한 탓으로 도리어 환관의 계략으로 궁중에서 암살되었다. 원소는 사태가 급함을 보고 군을 인솔해 궁중에 들어가 환관을 보면 나이를 가리지 않고 2천여 명을 전부 몰살해버렸다(189).

이것은 몹시 난폭한 방법이었지만 전제군주가 무능력자인 경우 환관이 대신 전제를 행하므로 그 폐해는 이루 헤아릴 수 없는 면이 있었다. 당시 십상시十常侍라 일컬어진 환관 그룹이 정치를 전단해서 그 친척·당파를 지방에 파견해 토지를 매점하고 이익 증식을 꾀했다. 이것은 필연적으로 지방관의 권한을 침해해 정치를 문란하게 하고 혼탁하게 했다. 그러한 때에 실제 해를 입는 것은 언제나 죄 없는 지방 인민이다. 그리고 지방으로부터 온 소송은 결코 중앙에서 받아들여지지 않았다. 이러한 실상을 보고 환관의 횡포를 나무라고 십상시를 참수해 천하에 사죄해야 한다고 상소한 장균張鈞이란 사람이 있었는데 도리어 하옥되어 살해당한 적이 있었다.

하지만 이렇게 환관이 일소되자 천자의 권력 또한 땅에 떨어졌다. 지금까지 우매한 영제가 환관 한 사람을 부친, 또 한 사람을 모친이라 부르며 전적으로 의지하고 있었는데 그 뒤를 이어 환관이라는 지주를 잃고 즉위한 소년 천자는 완전히 고립무원이었던 것이다. 한편 환관을 도륙한 원소는 아직 관위가 낮아서 정부의 중심이 될 만한 관록이 없었다. 거기에 대군을 거느리고 몰려들어온 것이 장군 동탁董卓이었으며, 조정에서의 자기의 권위를 확립하기 위해 즉위한 지 아직 반년도 안 된 어린 천자를 폐위하고 9세인 아우를 헌제獻帝로 즉위시켜 스스로 상국相國이 되어 조정의 정치를 좌우했다.

천하 대란

이러한 전권專權에 반항해 원소는 도읍에서 도망해 동방 여러 주군州郡의 장군들을 규합해서 낙양으로 동탁을 공격했다. 동탁은 그 세력에 항거하기 어려워 낙양을 버리고, 헌제를 데리고 장안으로 옮겨 그곳을 도읍으로 했지만 포학했던 탓에 그 부하에게 피살되었다.

원소 아래 집결했던 장군들은 동탁의 도망으로 목적을 잃고 각각 근거지로 돌아가 자위의 계책을 세웠으며, 천하는 사분오열에 빠졌다. 그 가운데 가장 유력했던 것은 하북성의 기주冀州에 웅거한 원소와 산동성 동부의 연주兖州를 영유한 조조였다. 원소는 4대에 걸쳐 조정의 최고위인 삼공三公에 오른 대신 다섯 명을 배출한 명문가여서 후한의 연장선에 있는 구세력을 대표했다. 이와 대조적으로 조조는 신흥 세력의 대표라고 할 수 있으며, 그 무력의 근간은 향리에서 친척·붕우의 뿌리 깊은 향당鄕黨적 토대 위에 단결한 농민이었다.

양자는 황하를 경계로 패권을 다투어 전투를 했는데, 조조는 헌제를 장안으로부터 맞이해 자신의 근거지인 하남성의 허許에 도읍하게 하고, 천자의 호령을 받들어 명분을 얻고 원소를 격파했으며, 원소의 사후 그 아들들을 추격해 기주를 병합했다. 이 대적을 패배시키자 황하 유역은 자연스럽게 평정되었으며, 조조는 헌제로부터 위왕魏王에 책봉되고 한의 판도의 대부분을 영유했다. 여기에 한의 천자보다도 유력한 위라는 독립적 세력이 성립되었다.[47]

만일 이것이 2백 년쯤 더 전이었더라면 황하 유역의 평정은 즉 전국의 평정을 의미하며 적대하는 세력의 존재는 생각할 수 없는 것이었다. 그런데 후한 동안에 남방의 개발이 크게 진척되어 양자강 유역에 의거해 화북에 대립하는 세력의 흥륭을 보게 되었다. 그것은 양자강 상류 촉蜀에 웅거한 유비와 하류의 오吳를 중심으로 한 손권孫權이다. 유비는 중원에서 이리저리 옮겨 다니면서 조조와 패권을 다투다가 실패하고 최후에 촉에 들어가 성도成都를 근거지로 삼았다. 손권은 토착 호족 세력을 규합해 수립한 정권으로 유비를 도와 조조의 남하를 적벽赤壁에서 격파한 다음부터 그 지위가 확립되었다. 이에 삼국 분열의 형세가 출현한 것이다. 종래 중국의 대세는 분산으로부터 통일로 나아가는 움직임이 주요한 흐름이었지만, 앞으로의 중국은 분열적 경향이 강하게 나타나 때때로 통일이 출현해도 곧 분열의 물결에 휘말리게 된다. 분명히 세상이 변하기 시작했음을 알수 있다.

제2편 | 중세사

1. 삼국

중세적 선양의 개시

위왕 조조는 스스로를 주周 문왕文王에 비유했다고 하는데, 그의 죽음을 계기로 후계자 조비曹조는 한의 헌제를 압박해 양위하게 하고 위魏 왕조를 창시했다(220). 이 사람이 문제文帝이며, 부친 조조의 시호를 무제武帝라고 했다. 이 왕조 경질은 실질적으로는 찬탈이나 다름없었지만 요·순의 고사를 본떠 표면을 장식했으므로 선양禪讓이라 일컬어진다. 실은 이와 마찬가지 일을 전한 말기 왕망이 이미 행한 바 있지만 이 선양 형식의 혁명이야말로 이후 7백수십 년에 걸쳐 정통 왕조에 필요한 혁명 방식으로서 준수되었던 것이다. 이 점만 들어보아도 이 기간을 중세라고 불러 그 전후를 구별할 충분한 이유가 성립된다.

중국의 조정에서 행해지는 정치 의식에는 예禮라는 것이 있어서 크고 작은 것이 빠짐없이 『예서禮書』에 기재되어 있다. 그런데 선양 때에도 성대한 의식이 행해져서, 단을 쌓고 그 위에 올라 전 황제로부터 주권을 상징하는 인수印綬가 전달되고 새 황제의 즉위가 선언된다. 그러나 새 천자 쪽에서는 그 왕조가 앞으로 만 년이나 계속될 것이라고 여기므로 선양의 예는 1회에 한하며 이를 무한히 반복되는 예의 일종이라고는 생각할 수 없다. 그러나 실제로는 그것은 중세의 혁명 때마다 되풀이되었으므로 이 같은 '예 밖의 예' 속에 중요한 의의가 있는 것이다. 하지만 다수의 예 연구자 중에 이 선양의 예를 연구한 사람은 아직 없는 듯하다.

선양이란 오래된 외형으로 꾸며 보아도 어차피 이것은 실력에 의한 찬탈이다. 이 경우 찬탈자 측인 위 문제가 탄식하며, 경서經書에 쓰여 있는 요·순의 선양이란 실제는 이런 것임을 알게 되었다고 외쳤다고 한다. 그렇지만 일이 평화롭게 진행되어 무력 혁명 때 불가피한 피비린내 나는 희생자가 나오는 것을 막는다고 생각한다면 이는 아주 합리적인 방식이다. 백주에 당당하게 아무도 이의 없음을 확인하고 행해지는 정권 교체라면 이 만큼 공명한 정권 수수授受는 없다. 마치 오늘날 총선거에 의한 수반首班 결정과 같은 것이다.

한이 위에 선양했다는 소식이 전해지자 촉의 유비는 자기가 한의 일족이라는 이유로 우선권을 주장하며 성도에서 황제 위에 올랐다. 조금 뒤늦게 오에서도 손권이 천자의 자리에 올라 사후 대황제大皇帝란 시호를 받았으므로 역사에서 대제大帝라 불린다. 여기에 중국에는 동시에 위·촉·오 세 황제가 출현하게

되었다. 원래 황제란 만민의 주권자이며 한 시기에 한 명밖에
는 인정되지 않는 것이다. 그렇다면 세 황제 중 진짜 황제는 단
한 명이고 다른 사람은 가짜일 수밖에 없다. 그래서 정윤론正閏
論이란 논쟁이 일어나게 된다.

정통론

　실은 황통皇統의 정윤론은 한대부터 이미 있었으니 그것은 오
행五行설에 근거한 것이었다. 오행이란 목木 · 화火 · 토土 · 금金 · 수
水 오덕五德이며 어느 왕조는 이 중 하나의 덕을 받아 생성되고,
그 덕이 다하면 다른 덕을 받은 다른 왕조로 대체된다는 것이
이 학설의 취지이다. 그런데 한의 화덕火德은 진秦을 건너뛰어
주周의 목덕木德을 이어받는다는 것이 한대의 오행상생설五行相
生說이며, 이 경우 진을 정통 왕조로 셈하지 않고 이를 윤위閏位
에 두는 것이다. 그것은 마치 윤달이 정상의 달 뒤에 오지만 12
개월 안에는 들지 않는 것과 같은 취지이다. 그러므로 이 경우
의 정윤론은 하나의 왕조가 정통 왕조 중에 들어 전과 후로 연
속될 것인가 그렇지 않으면 들지 못하고 건너 뛰어버릴 것인가
의 문제였다. 이것이 정윤正閏이라는 문자로 보아도 올바른 용
법이었다.
　하지만 이번에 발생한 정윤론은 병립한 복수 왕조 중에서 어
느 것이 정통이고 어느 것이 윤위인가를 결정하려는 것이다.
정사正史의 하나로 손꼽히는 『삼국지三國志』는 위를 정통으로 삼
고 촉 · 오를 윤위로 끌어내리고 있다. 보통 사마광의 『자치통

감』은 위를 정통으로 삼은 듯이 생각되고 있지만 실제는 그렇지 않고, 연대를 따라 기록해가면서 자연히 그렇게 되었을 뿐으로 단순히 기록의 편의를 위한 것에 불과하다고 스스로 기록하고 있다. 남송의 주자朱子에 이르러 그의 『자치통감강목資治通鑑綱目』에서 촉을 정통으로 정하고, 그것이 근거한 『자치통감』의 기년紀年을 일부러 고쳐 쓰고 있다.[48] 하지만 촉을 정통으로 삼은 이유는 유비가 한의 일족이라는 점에 있었지만 사마광은 그 사실을 의심해서 아무래도 계보가 명백하지 않다고 말하고 있다. 역사학의 입장에서는 사마광 쪽이 조리가 통하는 듯하다.

불경기의 바람

삼국시대 이후 중국에서의 중세적 특징은 불경기가 점점 더 심화되어갔다는 사실이다. 그 첫째 원인은 전한 시대에 대단히 많았다고 생각되는 황금이 차츰 줄어든 것이다. 이것은 서아시아 방면으로 유출된 결과임에 틀림없다. 전한까지는 곳곳에 황금의 막대한 수량에 관한 기술이 자주 보이지만 후한에 들어서면 거의 자취를 감추고 재산이나 거래의 수량을 기재하는 데는 동전으로 표시하는 일이 많다. 하지만 당시에는 주전鑄錢의 양이 그리 많지 않았으므로 이것으로는 화폐의 수량이 부족하다. 이것이 경제계를 위축시킨 근본적 원인일 것이다.

화폐 부족 때문에 불경기가 심각해지자 화폐는 점점 더 사장되고 그 결과 불경기가 더욱 가속화되는 악순환이 벌어진다. 그래서 포백이나 곡물이 화폐를 대체하는 역할을 하고, 사회는 일변하여 자연경제로 되돌아가는 현상이 나타난다. 이것은 한 편으로 보면 기교를 부리지 않는 자연의 섭리, 하늘의 구원이었다고 할 수 있다. 왜냐하면 그 결과 농업의 중요성이 재인식되고 농업·양잠을 위해 지력地力의 개발이 요구되어 널리 개간이 행해지게 되었기 때문이다. 다만 그것이 장원이란 형태에 의거하지 않을 수 없었다는 점에 문제가 있다.

장원은 자급자족을 원칙으로 주위를 둘러친 땅이어서 지형이 복잡한 장소를 골라 설치되고 소유자의 휴양을 주된 목적으로 삼지만, 또한 이익의 증식을 기대할 수 있는 생산 설비를 갖추고 있었음은 물론이다. 전한의 원광한, 전·후한 교체기 번씨의 장원으로부터 중세에 들어와서는 진晉의 석숭石崇, 남조 송宋의 사영운謝靈運의 장원 등은 이 계통에 속한다. 이와 평행하는 현상으로 명전名田이라는 대토지 소유가 진행되었는데, 이는 이미 존재하는 경지를 사서 모은 것으로 그 폐해는 전한 말에 이미 심해져서 그 면적을 제한하려는 안건이 조정에서 논의되었다. 이쪽은 오히려 곡물의 생산에 주안을 둔 것으로 곡물은 당시에는 상품성이 있고 투기 대상으로서 수익률이 높은 것이었다. 이 타인의 명전이 겸병된 대토지 소유도 그 사회에 대한 영향은 장원과 다를 바 없다.

객과 부곡

그런데 장원에서의 노동자는 어떠한 종류의 사람인가 하면 한대에는 이를 동복僮僕이라 부르는 경우가 많았다. 동복은 문자의 의미로는 노예와 다름없지만 중국에는 비유적인 표현이 많으므로 동복이라는 것이 전부 진정으로 매매된 노예였다고는 할 수 없다. 후한 말기가 되면 부곡部曲·사부私付 또는 빈객賓客이란 말이 동복과 나란히 혹은 동복 대신에 보이기 시작한다. 이것은 노예처럼 금전으로 살 수 있는 재산과는 다르며 인격을 승인받고는 있지만, 다만 주인에게 예속되어 있고 그 지배를 면치 못하는, 말하자면 노예와 자유민의 중간에 위치하는 자이다. 이 같은 일종의 천민은 시대에 따라 갖가지 명칭이 부여되었는데, 당대가 되면 부곡이란 이름으로 통일되고, 특히 부곡의 여성을 부르는 데는 객녀客女란 명칭이 쓰였다.

당률唐律에는 부곡을 규정하여, 노비와 달리 매매된 것은 아니므로 또한 이를 매매할 수 없는 것으로 되어 있다. 다만 옛 주인으로부터 새 주인에게로 전사轉事, 즉 옮겨 봉사할 수 있지만 그때 새 주인은 옛 주인에게 의식衣食의 값을 지불할 것을 규정하고 있다. 이 의식의 값의 의미에 대해 종래 대부분의 학자들은 현재까지 옛 주인에게서 급여된 의식의 값이란 식으로 해석했으므로 조금도 의미가 통하지 않았다. 그러면 노년이 되어 이미 일하지 못하게 된 자일수록 의식이 값이 비싸질 터이다. 실은 의식의 값이란 성년, 즉 16세가 되기까지 급여한 의식의 값, 바꿔 말하면 양육비라고 해석해야 했던 것이다. 즉 부곡이란 것의 대표적인 성질은 기근 같은 때에 버려진 아이를 주인이 데려다 기른 자로서 그 은혜와 의리가 있기 때문에 주인 곁을 떠날 수 없는 하인의 경우였다. 그래서 이것과 유사한 자, 예컨대 노비로서 반은 해방된 자 등을 전부 부곡이란 범주에 포함시킨 것이다. 육조六朝 시대에 의식객衣食客이란 것이 있었는데, 이 의식도 똑같이 양육이란 의미이다. 객客이란 본적지를 이탈해 타향에 영주하는 자, 바꿔 말하면 정부의 지배를 벗어나 타향의 부호 밑에 몸을 의탁한 자를 부르는 명칭이다. 서양에서 말하는 콜로나투스Colonatus가 즉 중국의 객에 해당된다.[49]

기아의 시대

후한 말의 반란은 황건적만이 아니었다. 기주冀州에 흑산적黑山賊이 있었고, 병주幷州에 백파적白波賊이 있었으며, 기타 주군州郡에도 어디서나 그 지방의 반란자들이 있어서 큰 것은 2~3만, 작은 것도 6~7천의 도당을 모았다. 이 반란의 원동력은 심각한 불경기의 바람이 거센 가운데 실업 문제, 나아가서는 기아 상태에 노출된 궁핍한 농민들의 봉기였다고 생각된다. 게다가 정치의 빈곤으로 인해 한 지방에 일어난 반란을 평정하기 위해 군수물자를 징발하면 이번에는 그 지방의 인민이 반란에 가담하는 식으로 그칠 줄 모르고 소요가 확대되어 전국이 혼란에 빠져 손을 쓸 수 없게 되었다. 그러나 무질서하게 약탈하고 다니면 그것은 한층 더 생산을 저해할 뿐이므로, 한편으로는 신흥 군벌 세력을 중심으로 질서의 재건을 꾀하는 움직임이 일어났다. 그런데 이 질서 유지를 위한 군대와 군대가 패권을 다투어 서로 전쟁을 했으므로 혼란은 더욱더 가속화되었다. 조조가 원소와 패권을 다투고 있을 무렵 그 영내에 곡식 1곡斛의 가격이 50여만 전이나 되었다고 하는데, 이는 바꿔 말하면 곡물은 보통 수단으로는 절대로 손에 넣을 수 없게 되었음을 보여준다. 그러므로 그 아래 글에 사람이 서로 잡아먹었다고 기록되어 있다.

조조가 황건군에게 최종적인 타격을 가했을 때 투항한 졸개 30여만, 남녀 인구 백여만 명을 받아들이고, 흑산적을 격파해 10여만 명, 흉노의 침입을 격파해 호족胡族·한인 20여만 명의 항복을 받았다고 하는데, 그 밖의 전승의 경우에도 유사한 투항자들을 받아들여야 했을 것이다. 적지를 점령해도 황폐해진 메마른 땅, 투항자를 받아들여도 몸에 걸친 옷뿐인 빈민이었으므로 전후의 처리는 전쟁 이상으로 곤란했다. 조조가 최후에 강적을 쓰러뜨리고 누차의 천하통일 사업을 완수한 것은 그가 군략가였던 것 이상으로 정치가였기 때문이었다. 다만 그 정치의 방식은 현대의 눈으로 볼 때는 결코 찬성할 수 없는 방편적인 것이었다. 그것은 시대가 시대인 만큼 어떻게 먹일 것인가가 최대의 문제이던 시대였기 때문이다.

계엄령의 시대

조조는 천하를 상시 계엄령 체제에 놓고 통치했다고 해도 무방하다. 그의 군대는 도적이나 이민족의 투항자 중에서도 가장 용감한 자를 골라 조직했으므로 이를 지배하는 데 가장 엄격한 군율을 사용했다. 군인은 말하자면 노예와 비슷한 것으로 이를 병호兵戶라 불렀다. 다음에 일반 인민도 또한 고대와 같은 자유시민은 아니고 농노적인 반자유민의 자격으로 내려갔다. 다만 정부에 출사出仕하는 이吏와 군대의 지휘관인 장將은 특권 계급으로 남았다.

　이와 같은 계급 분화는 갑자기 일어난 것은 아니다. 무릇 고대의 도시국가 내부에서의 사士와 서庶의 구별은 전국시대 이후 차츰 희박해져서 한대에 들어와 일단 완전히 해소된 것처럼 보였다. 그런데 후한 무렵 일종의 복고주의가 싹터 지방의 군 태수에 대해 그 치하의 관리와 인민은 군신君臣의 관계가 있다고 생각되고 그에 대해 충의를 다하는 것이 미풍으로 찬양되었다. 바꿔 말하면 관존민비官尊民卑의 풍조가 농후해졌던 것이다. 이미 관존민비가 된 다음에는 관리와 인민이 분리되어 관직에 있는 이吏가 귀해지고 재야에 있는 민이 천해지는 것은 당연한 귀결이다. 그것이 위魏 시기부터 제도로 정해지고, 다시 시대가 내려옴에 따라 관리 중에서 봉건제와 혼동될 만한 특권 귀족이 출현하기에 이르는 것이다. 이는 바꿔 말하면 고대의 사와 서의 계급적 대립의 부활이지만 그것은 고대 그대로의 계승은 아니고 도중에 단절이 있고 난 뒤에 재발생한 것인 만큼 그 성질도 자연히 변한 점이 있었다. 새로 발생한 귀족 계급도 또한 사士라 불렸지만 이 새로운 사는 무에 관한 것(武事)을 비하하고 문화와 교양을 존중한 점에서 고대의 사가 본질적으로 무사였던 것과는 크게 다르다. 거기에 또한 고대와 중세의 차이가 인정되는 것이다.

구품관인법

　이 귀족 제도를 조장한 것으로 구품관인법九品官人法이 있다.

위 문제 조비가 한을 찬탈해 즉위하기 직전 진군陳群의 건의에 의해 종래의 관리 등용이 흔히 세력가와의 인연에 좌우되는 폐단을 없애기 위해 관리 후보자를 정선해서 그 자격을 엄격히 심사하고자 했는데, 지방의 군郡에 중정中正이란 관직을 두어 책임을 지고 등급을 매겨 중앙정부에 추천하게 했다. 중정이 2품品이라고 사정査定한 후보자에 대해서는 중앙이 정한 9품의 관계官階 중에서 2품보다도 4등급 낮은 6품관에 우선 임용하는 것이 그 규정이었다. 종전에 이 법을 구품중정九品中正이라 불러 온 것은 옳지 않으며, 당시의 호칭에 따라 구품관인법, 즉 9품으로 사람을 관으로 삼는 법이라고 불러야 한다.

이 입법의 취지는 아주 좋은 것이었지만 당시는 사회에 귀족적 분위기가 넘쳐흐르고 있었던 시점이므로 이 신법은 금세 알맹이가 빠져 오히려 귀족제를 옹호하는 방파제로 변해 버렸다. 지방의 중정은 자신도 귀족이었으므로 귀족의 자제에 대해서는 2품 이상의 높은 평가를 주었으며, 곧 이 2품이 그 가문의 기득권으로 변해서 가격家格, 즉 가문의 자격을 표시하는 부첩符牒이 되었다. 이것으로는 아무리 우수한 인재라도 가격에 의해 초임관初任官이 정해지고, 그 초임관이 낮으면 출세할 수 있는 전망은 사라진다.

이 구품관인법의 목표에는 지방 유력자와 중앙정부를 결합시키려는 의도가 있었다. 그리고 인재를 연줄에 좌우하지 않고 등용한다는 당초의 목적은 상실되었지만 지방을 중앙에 결부시키는 효과는 거둘 수 있었다고 생각된다. 그러나 그 결과는 중앙·지방을 통해 혼연일체가 된 일단의 귀족군群의 성립을 보기에 이르렀으며, 그들 간에 자연히 전국적인 가격家格의 등급이 정해지게 되었던 것이다.

촌제의 유행

일본에서는 한으로부터 육조를 거쳐 당대唐代까지를 일련의 같은 성질을 갖는 사회 구조라고 보아 이를 고대 제국이라 부르려는 설이 유력한데, 한으로부터 삼국시대로 이행하는 동안에 커다란 사회적 변천이 있었음은 의문의 여지가 없는 사실이며, 그 실례는 취락 형태의 변천에서도 확인할 수 있다. 고대 도시국가 읍邑의 유제遺制는 한대까지 계속되어 현·향·정 등은 성벽을 둘러친 도시 형태를 취하면서도 그 주민은 농민이었다. 이들 도시는 필연적으로 곡물의 집적지가 된다. 그것이 전국적인 동란의 시대가 되어 굶주린 인민이 유동할 때에는 알맞은 약탈 대상이 된다. 이에 대해 도시의 방위력은 몹시 빈약하다. 그래서 정부는 소도시의 주민을 대도시로 옮기고 협력해 방어에 임하게 하기도 했지만 이에는 또한 수많은 위험이 수반된다. 만일 이전移轉이 장기간에 걸칠 때에는 인구 과밀의 결과로 경지가 결핍된다. 더욱이 그 대도시가 함락된 경우에는 참화가 한층 더 대규모로 벌어진다.

그래서 농민은 참화를 회피하는 더욱 현명한 방법을 착상했다. 그것은 도시에 집거하는 과거의 생활방식에 집착하지 않고 자기 경작지에 임시 주거를 지어 삼삼오오 무리를 짓는 촌락 형식으로 전환했던 것이다. 이미 전한 말기 무렵부터 차츰 성행해온 유력자의 기업으로서 장원의 농민 생활이 그러한 것이었으므로, 이제는 전란 때문에 자신의 도시를 파괴당한 농민은 다시금 도시를 부흥시키려 하지 않고 장원의 촌락과 비슷한 농촌을 만들어 새로운 생활을 시작했던 것이다. 만일 적의 습격이 있을 경우에는 곡물을 지하의 움에 숨기고 일시 다른 곳으로 도피한다. 음식물이 없는 곳으로 적이 침입하더라도 오래 머물 수 없으므로 곧 물러나 흩어질 것이다. 그때 다시 돌아와 파괴된 집을 수리하고 거주한다. 촌락이란 그러한 곳임을 처음부터 알고 있으면 적 편에서도 작은 촌락 등을 습격하러 오지 않게 되리란 것도 기대할 수 있다. 이는 이 세상을 임시적 세상이라 생각하는 부평초 같은 생활이며, 무상無常을 달관하는 불교의 전파에 견실한 조건을 만들어냈다고 할 수 있다. 실제로 불교 승려는 이후 남북조의 혼란 시대에 늘 정치적 중립의 입장을 유지하며 적대하는 양 진영의 사이도 자유로이 왕래하며 정보를 수집하고 인민에게 그것을 전달해 주는 역할을 하고 있었다고 볼 수 있다.

그렇지만 설령 임시 주거라거나 일시적이라고 해도 생활의 본거지를 떠나는 것은 생활의 연속성에 큰 타격이 되는 것은 말할 나위도 없다. 그래서 자주 적의 습격에 노출되기 쉬운 지방의 농민은 어느 정도의 자위력을 가질 것을 생각했다. 전략상의 중요한 지점에 작은 요새를 구축해 식량과 무기의 저장처로 삼고 유사시에는 그 안에서 농성하는 것이다. 이를 오塢라고 불렀다. 대체로 전쟁은 상대적인 것이므로 적 편에서도 이득과 손해를 고려해 이득이 적은 오에 대해 많은 손해가 예상되는 공격을 시작하지는 않을 것이다.

도시의 변질

후한 말기 일시 정권을 농단해 위세를 부렸던 동탁이 곧 자기가 정치적으로 실각할 것을 우려해 물러날 장소로서 장안 근처에 만세오萬歲塢를 구축한 적이 있다. 높이와 두께 모두 20미터의 성벽을 두르고 안에 30년분의 곡물을 비축했다. 스스로 호언하기를 일이 이루어지면 천하에 웅비하고 이루어지지 않으면 이곳에서 여생을 보내겠다고 했지만 얼마 안 가 부하에게 피살되고, 오에 안치되었던 일족은 노소 모두 그 부하들에게 도륙되었다. 오 안에 있던 재보는 정부에 몰수되었는데, 황금 2~3만 근, 은 8~9만 근이 있었고 그 밖에 비단·집물什物이 산처럼 쌓여 있었다. 만세오는 동탁에게 조금도 도움이 되지 않았지만 우리는 이로써 오란 것에 대한 개념을 얻을 수 있다.

이처럼 지방에서는 종래의 향·정이라 불리는 농업도시가 몰락하고 촌락 생활로 이행해 갔는데, 현縣 이상의 대도시는 정부로서는 군사상, 행정상으로 필요했으므로 이를 해체시킬 수는 없었다. 그래서 정부는 이들 도시를 무장시켜, 농민을 쫓아내고 오로지 관리, 군대 및 상공업자만 거주하는 요새로 변형시켰다. 큰 도시에서는 그 한 구획만을 견고한 성벽으로 지켰는데, 이 작은 요새는 중앙에 위치하지 않고 한편에 치우쳐 있어 외부와 직접 교통할 수 있게 계획되어 있는 점이 고대 도시국가의 내성內城과 다른 점이다. 이 양식이 수도의 형식에도 영향을 미쳐서 북위北魏의 낙양洛陽이나 당의 장안長安에서 궁성이 북부에 치우쳐 북방의 문으로부터 성 바깥으로 나갈 수 있는 구조로 되어 있다. 일본 고대의 국도 플랜도 대체로 이 형식을 답습하고 있다.

이민족의 내지 이주

유럽 중세가 그러했듯이 중국의 중세는 북방 이민족과의 관계를 무시하고는 말할 수 없다. 보통 서양 중세에 관해서는 이른바 민족 대이동을 중세의 개막으로 삼는데, 그것은 로마제국 말기에 라인 강, 다뉴브 강에 연한 장성선長城線을 넘어 내지로 이주한 게르만 민족이 군벌로서 발전해 내지를 교란시켰을 때, 또다시 새로운 게르만 민족의 이동이 일어나 라인 강의 수비를 넘어 내지로 들어가 도처에 독립 왕국을 건설한 것이었다. 중국에서도 완전히 이와 유사한 현상이 일어났던 것이다.

후한은 건국 초기부터 북방 민족과 밀접한 관계를 가졌다. 광무제가 군웅을 평정할 즈음에 오환烏桓족의 기마병, 이른바 돌기突騎의 무력에 크게 의지했다. 천하 통일 후 한의 국력이 강성해지는 시기에 흉노의 남선우南單于가 북선우와 싸워 이기지 못하고 한에 들어와 살기를 요청하므로, 광무제는 그 8부部의 부락部落을 산서성 북부의 병주幷州 땅에 거주하게 했다. 그들은 한의 군현과는 별개의 계통을 이루어 선우 아래에 통솔되며 한의 감독을 받고 있었는데 전쟁 때마다 징집되어 군역에 종사했다. 후한 말 동탁이 대군을 일으켜 입경할 때 그 부하에 서방·북방의 이민족이 많았다. 이어서 원소가 지금의 하북성 기주 땅에 웅거했을 때도 그 근린의 이민족을 자신의 군에 편입시켰다. 조조는 동탁의 군을 인계받은 여포呂布를 죽이고 원소를 격파해 기주를 평정했으므로 그때마다 적군을 수용, 개편한 결과 그의 군 안에는 자연히 이민족 출신의 전사가 많았다. 그 군대가 병호兵戶라고 불리며 보통 농민 이하의 반 노예적 대우를 받게 된 데는 이러한 점에도 그 원인이 있었던 것이다.

조조가 원소의 조카 고간高幹을 토벌해 병주를 평정했을 때 남선우의 흉노 부락도 역시 그 속에 포함되어 있었다. 아직 충분히 중국화되어 있지 않은 용맹한 흉노족에 대해 조조는 분할 통치의 술책을 썼다. 그는 흉노 무리를 5부部로 나누고 각각의 부락에 부수部帥를 두어 지배하게 하고, 그 위에 흉노중랑장匈奴 中郎將이란 관리를 파견해 감독했다. 바꿔 말하면 위는 이민족 출신자를 군대에 많이 수용해 사역시키고 그 군대의 힘으로 이민족을 통치했던 것이다.

둔전

그렇다면 당시 이민족이 뒤섞인 군대가 위魏 정부가 마음대로 부리는 것을 감수한 이유를 보면 그것은 생활 물자를 얻기 위해서였다. 동란의 세계는 동시에 기아의 세계여서 서로 잡아먹는 상태였으므로 어쨌든 일정한 질서 아래에서 음식물만 제공되면 그것만으로 만족해야 했다. 다행히 중국이라는 토지와 그 근면한 농민의 생산력은 그 축적에 의해 동란 초기 군량의 요구에 즉시 응할 수 있었다. 그러나 동란이 장기화됨에 따라 농민의 죽음과 도망이 잇달아 이대로 가다가는 군과 민이 함께 쓰러질 것이 예측되었다. 그래서 고안된 것이 둔전법屯田法에 의한 군량 자급책이었다.

둔전은 전한 시대부터도 국경에 대군을 주둔시킬 때 자주 시행되어온 것이지만 이를 가장 대규모로 시행한 것이 삼국시대의 위이다. 처음 조조는 하남의 허許에 근거지를 두었을 때 농민을 불러모아 둔전을 시행해 실적을 올렸는데, 남방에 출현한 강국 오吳와 패권을 다투게 되어 대군을 출동시켜 남정한 것을 계기로 회수淮水의 지류인 비수肥水의 물을 끌어다가 작피芍陂의 둔전을 개척한 것이 대규모 경지 조성의 시초였다. 실은 이 같은 개간은 특별히 조조가 창안한 것은 아니다. 민간에서는 일찍이 전한 말기부터 유행하고 있던 장원의 개발을 정부 대표자인 조조가 모방했을 뿐이다. 그러므로 조조의 사후에도 유명한 장군 등애鄧艾가 수도 낙양으로부터 회수에 이르기까지의 지역에 대규모의 둔전을 개척했으며, 또 위와 대립하고 있던 오·촉 두 나라도 마찬가지로 둔전을 했다. 오에서는 장군 육손陸遜이 위와의 국경에서 둔전을 하고, 오왕 손권은 거기에 순시하러 갔을 때 스스로 우경牛耕을 돕는 모습을 보이기도 했다. 촉에서도 승상丞相 제갈량諸葛亮이 위를 공격했을 때 현지에서 둔전을 하여 수송의 노고를 줄이려 했다.

엄밀히 따지자면 군대는 군사에 전념해야 하고 그 양식은 민중이 제공해야 하는 것이다. 그런데 삼국시대에는 어느 나라에서도 군인이 경작도 하면서 또 수비도 한다는 병농 양면의 사역을 당하고 있다. 바꿔 말하면 군인은 스스로 경작해 얻은 곡물을 정부로부터 수령하는 것의 대가로 정부에 다시금 그 군역으로 봉사하는 것이다. 그러나 이것은 정부라는 것의 성격을 생각하면 별로 이상하게 생각할 게 못 된다. 어느 정부에서도 인민에게서 조세를 징수하고 그 세수를 이용해 인민을 지배하고 있기 때문이다. 그렇다 해도 둔전의 군인은 보통 농민보다도 훨씬 많은 착취를 당했다는 점이 특이하다. 수확의 5할 이상이 지대로서 징수된 것이다. 그러나 이것도 둔전이란 것이 원래 정부의 장원이란 성격이 있음을 생각하면 별로 이상하지는 않다.[50]

불안정한 정치

그래도 조조의 정치 방침은 몹시 위태로운 것이었음에는 틀림없다. 이민족이 많이 섞인 군대의 힘을 이용해 이민족을 제압하고 군대로 하여금 납입시킨 곡물을 배급함으로써 군대를 복종시키는 것이다. 조금이라도 그 운용에 차질이 생기면 곧 위험한 파탄이 일어날 듯하다. 그러므로 이 체제를 유지하는 데는 극도로 엄중한 법령의 실시가 불가결하게 된다. 그것은 평상시에도 사회 전체를 계엄령 하에 두는 것을 의미한다.

조조의 정책에서 보이듯이 중국 중세 역사의 추이는 이민족 대책과 토지 정책의 전개가 주축이 되어 진행된다. 더욱더 이 두 가지 문제의 이면에 공통된 요소를 탐색하면 그것은 다만 부양하지 못하기 때문에 생기는 필사적 투쟁이 거기에 있다. 이민족에게도, 빈민에게도 보다 잘 살고자 하는 따위의 한가로운 소망은 없다. 심각한 불경기가 침투한 시대에는 이민족은 이민족대로 식량을 구해 방황하고 빈민은 빈민대로 직업을 찾아 유랑해야만 했다. 그렇다 해도 이처럼 비참한 밑바닥 생활자를 토대로 해서 상류층에는 우아한 귀족 계급이 번영한 것은 어찌 된 일인가. 이것도 그다지 이상할 것은 없다. 계엄령이란 것은 받는 자에게는 도탄의 고통이지만 시행하는 측에는 그

만큼 고마운 것도 없다. 그것은 일본의 전시 중 생활을 뒤돌아
봐도 바로 알 수 있다.

삼국 국력의 비교

한마디로 삼국이라고 해도 그 국력은 결코 동등하지는 않았
다. 후한은 전국을 13주로 나누고 자사刺史를 두어 감독했는데,
위는 중앙의 사예주司隸州 외에 유幽·기冀·청靑·서徐·연兗·예
豫·병幷·량涼주 합쳐서 9주, 오는 양揚·형荊·교交주의 3주, 촉
한蜀漢은 익주益州 1주뿐이다. 그러면 9 : 3 : 1의 비례가 되지만
단 오·촉은 면적이 넓고 개발이 왕성한 토지이므로 호구戶口의
숫자는 비교적 많아지고 있었다. 지금 263년경의 통계를 비교
하면

　　　위: 호 66만, 구 443만

　　　오: 호 52만, 구 230만

　　　촉: 호 28만, 구 94만

으로 되어 있어, 호수戶數의 비율은 대체로 7 : 5 : 3의 비율이
지만 이것이 국력을 표시하는 비율이라고는 생각할 수 없다.
인구수의 비율은 대략 4 : 2 : 1로 되어 이 수치가 진실에 가깝다
고 생각되는데, 다만 위의 인구수는 실제로는 더욱 많았던 것
이 틀림없으므로 결국 삼국의 실력은 6 : 2 : 1의 비율이 아닐까
생각된다.

그런데 지금 제시된 숫자를 기계적으로 합하면 호 146만,
구 767만이 된다. 이를 후한 환제 영수永壽 3년(157)의 통계, 호

1,067만, 구 5,648만과 비교하면 모두 약 7분의 1로 감소해 있다. 물론 통계에는 늘 오차가 따르게 마련이고, 특히 이 경우 장원에 흡수된 예농隷農 등은 보고되지 않았을 것이므로 실제 숫자는 이만큼 격감하지 않았을지도 모른다. 그러나 정부가 장악할 수 있었던 호구가 감소한 것은 논쟁의 여지가 없는 사실이다. 그래서 당시의 기록에 해내海內가 황폐쇠잔해서 존속하는 인호人戶가 열에 하나, 둘도 안 된다고 한 것은 단순한 비유가 아님을 알 수 있다.

삼국 가운데 위는 낙양에 도읍하고 황하 유역을 중심으로 한 9주를 영유해 압도적인 우위를 자랑했다고 해도 이 지방은 동시에 가장 심각한 전화戰禍를 입었으므로 무제 조조, 문제 조비 2대에 걸쳐 몇 번이나 양자강 변으로 진격해 오를 평정하려 했지만 전투력이 지속되지 않아 그때마다 실패했다. 수량에서 열세에 선 오와 촉은 공수동맹을 맺어 서로 상대가 대등한 황제임을 승인한 다음에 공동전선을 폈으므로 위로서도 전력을 다해 공세를 취하는 데는 위험이 따르지 않을 수 없었다. 그렇지만 일단 형세가 안정되고 질서가 정돈되기 시작하자 위의 수적 우위가 주효하게 된다.

촉한의 멸망

위는 문제 뒤에 명제明帝가 즉위했고 장군 사마의司馬懿는 촉의 승상 제갈량의 침입을 방어해 공을 세우며 차츰 조정의 권력을 수중에 넣었다. 명제의 아들 제왕齊王 방芳의 재위 시기 사마의가 쿠데타를 일으켜 승상이 되면서부터 실권은 그 가문에 돌아갔는데, 아들 사마사司馬師는 대장군이 되어 천자 방을 폐위하고 그 종제 고귀향공高貴鄕公 모髦를 맞아들여 즉위시켰다. 사마사의 아우 소昭가 뒤를 잇자 새 천자는 사마씨의 전횡을 참지 못하고 기병해 사마소를 공격했지만 도리어 죽음을 당했다. 사마소는 시해한 천자의 숙부뻘인 원제元帝를 맞아 즉위시켰다.

이 무렵에 이르러 촉은 승상 제갈량이 이미 사망하고 우매한 후주後主 유선劉禪이 제위에 있어 정치가 어지러웠으므로 사마소는 등애 등을 파견해 촉을 공격하고 후주를 항복시켰다. 촉은 선주 유비, 후주 유선의 부자 2대 44년으로 멸망했다. 여기서 선주·후주라는 호칭법은 촉을 윤위閏位에 두는『삼국지』의 서법書法에 따른 것이며,『삼국지』의 저자 진수陳壽는 진晉의 인물로 진은 위를 계승했으므로 필연적으로 위를 정통으로 삼지 않을 수 없었다. 그런데 만일 남송 때 주자의『자치통감강목』및 그 계통의 역사서와 같이 촉을 정통으로 삼는 경우에는 유비를 그 시호에 따라 소열황제昭烈皇帝라 하여 후한 헌제獻帝의 뒤를 잇는다. 유선은 위에 항복해 천자로서의 시호를 갖지 못하므로 어쩔 수 없이 후황제라 일컫는다. 여기서 흥미 있는 것은 촉한을 정통으로 삼은 역사소설『삼국지연의』가 여전히 선주·후주란 호칭을 쓰고 있다는 점인데, 그 대신 위의 무제·문제 이하는 모두 조조·조비라는 식으로 실명만 부르고 있다.

2. 진

진의 흥기와 오의 멸망

그런데 위에서는 실권자 사마소가 진왕晉王으로 책봉되어 위와 진의 이중 국가의 형상을 드러냈는데, 사마소의 사후 아들 염炎이 진왕의 위를 잇자 위의 원제를 폐위시키고 스스로 제위에 올랐다. 그가 진의 초대 천자 무제武帝이다.

오는 대제 손권이 재위 31년이라는, 당시로서는 장수를 하고 죽은 뒤에는 자주 내분이 일어나 국세를 떨치지 못했으며, 그 손자 손호孫皓의 방탕을 틈타 진군은 양자강을 건너 건업建業, 지금의 남경南京을 함락시키고 손호의 항복을 받아 이에 천하는 다시 통일되었다.

진의 통일은 분열 경향이 강한 중세에 있어 첫 번째의 통일이다. 그렇지만 이 통일의 전도에는 험난한 어려움이 기다리고 있었다. 그중에서도 중대한 문제는 이민족의 내지 잡거雜居에 대한 처리였다. 현재의 산서山西성 병주幷州 땅에는 후한 이래 남흉노의 부락이 있었는데, 군현에 속하는 중국인과는 다른 계통으로 부수部帥의 통솔 아래 원야에서 천막생활을 하며 늘 중국인 주민들과 마찰을 빚고 있었다. 오늘날의 섬서陝西·감숙甘肅성 등 당시의 양주涼州 지방은 인구가 백만으로 그 반은 융적戎狄이라 일컬어졌다. 여기서 융적이란 것은 당시의 보통 호칭법에 따르면 저氐·강羌이라 불린 티베트계 민족이다. 이들은 후한 말기부터 반란을 일으키고 중국의 군현에 침입하는 일이 있어, 후한에서는 그때 오히려 내입內入이라 하여 중국인을 내지로 이주시킨 적도 있었다. 다시 조조는 역으로 강인羌人을 내지로 이주시켜 회유한 적도 있어 마침내 중국인과 인구가 절반씩 대등한 수준에까지 이른 것이다.

그 밖에 오늘날 하북·요령遼寧성 등 당시의 유주幽州에는 선비鮮卑·오환烏桓 등의 북방 민족으로 내지에 이주한 자가 적지 않았고, 그 배후에는 더욱 대부대의 유목 부락이 대기하고 있었다.

이 같은 현실을 앞에 두고 진 무제는 왕조의 앞날에 대해 위구심을 품지 않을 수 없었다. 그리고 이런 종류의 곤란을 타개하는 데는 일족의 단결에 의지할 수밖에 없다는 결론에 이르렀다. 진이 위를 찬탈할 수 있었던 것은 조부 사마의 이후 3대에 걸쳐 일족이 잘 단결해 조정 내에 잠재 세력을 부식시켰기 때문이었다. 더욱이 그것은 대신으로서 끊임없이 반대 세력과 싸우면서 세력을 신장시켜온 결과인데, 이제는 진의 천하가 되어 표면상 반대자가 없는 이상 더 한층 일족의 세력 지반을 강화하는 것은 더욱 용이해 보였다. 주의해야 할 것은 조씨의 위가 일족 간에 서로 증오하고 박해해 최후에 천자가 고립되어 멸망한 전철을 밟지 않는 것이었다.

팔왕의 난

이에 무제는 대규모로 그 일족을 봉하여 각지의 왕으로 삼았다. 왕들은 황실의 울타리가 되어야 했으므로 그 영지에서 강대한 군비를 유지하고 군사상의 단독 결정이 가능했다. 더욱이 이 왕들의 상대적 권력을 제고하기 위해 주군州郡의 장관 아래 있던 군대를 해산시켰다. 주의 자사刺史, 군의 태수太守는 순전한 문관에 지나지 않게 된 것이다. 그렇지만 사태는 과연 무제의 의도대로 움직였을까.

무제가 죽고 즉위한 아들 혜제惠帝는 콩과 보리도 가릴 줄 모르는[菽麥不辨] 용렬하고 어리석은 자였다. 황후 가씨賈氏는 공신의 자식으로 전횡이 극에 이르고 간지姦智가 뛰어났다고 한다. 황태후 양씨楊氏를 폐위하고 그 부친을 죽였으며, 조정의 정치를 장악해 여러 차례 대신들을 살해했다. 처음 일족의 연장자인 여남왕汝南王 량亮을 불러 정치를 보필하게 했지만 그 전횡을 꺼려 황제의 아우 초왕楚王 위瑋와 모의해 그를 죽이고 또 초왕도 살해했다. 여남왕의 아우 조왕趙王 륜倫은 조정 정치의 문란함을 보고 군을 이끌고 궁중에 들어가 가황후를 폐위해서 죽였다. 거기까지는 좋았지만 세력에 편승하여 혜제를 폐위하고 스스로 제위에 올랐다. 그래서 일족인 제왕齊王 경冏, 성도왕成都王 영穎, 하간왕河間王 옹顒 등이 거병해서 조왕을 토벌해 죽이고 혜제를 맞아 복위시켰다. 이것으로 소동이 수습된 것처럼 보였지만 이번에는 공을 세운 왕들 사이에 내분이 일어나 제왕 경이 먼저 피살되었다. 이는 제왕의 행동이 그 부하 군단의 수령들의 제어를 받아 그 뜻대로 조종되어 움직인 데서 생긴 필연적 결과였다. 실제로 제왕의 배후에서 이들을 조종한 것은 장방張方·손수孫秀 등 하층 계급 출신의 군벌 장령將領들이었던 것이다. 장방은 자기의 야심을 이루기 위해 하간왕과 성도왕을 움직여 조정에 모반하게 하고, 천자를 편든 장사왕長沙王 예乂를 죽였다. 이 전후부터 장방은 이미 독립된 군벌이 되어 제왕들 밑을 떠나 자유로운 행동을 취하게 되며, 천자를 위협해 장안으로 옮기기까지에 이르렀다. 그러나 이것은 당시의 정세로서는 지나친 것으로 보여 인심이 따르지 않았고 곧 하간왕에게 피살되었다. 그 하간왕과 성도왕이 잇달아 죽음을 당하고 동해왕東海王 월越 한 명만 남아 황실을 보필하게 되었다.

이 사실이 보여주듯이 무제가 황실을 강화하고자 일족을 왕으로 봉건하고 이들에게 병권을 준 결과는 이 팔왕八王의 친족 동란이라는 비참한 실패로 끝났다. 무릇 인간이란 것은 곤란한 때에는 공고한 단결을 과시해도 그 수확을 거둘 경우에는 역으로 서로 반목 증오하는 성질이 있다. 이는 일족 간에만 볼 수 있는 현상은 아니다.

후한 말기 4대에 걸쳐 삼공三公 다섯 명을 배출한 명문가인 원씨袁氏 집안은 그만큼 되기까지는 일족 간의 긴밀한 상호 부조를 위해 노력했음이 틀림없지만 최후에 원소가 기주에 웅거해 패권을 주장하게 되자 곧 그 자식들은 사이가 틀어져 서로 배척해 멸망을 초래했다. 그 틈을 탄 조조는 처음에는 연고자를 규합해 패권을 수립했지만 창업에 참여한 1세대들이 잘 단결해 다른 군웅들을 평정했음에도 불구하고 만년이 되자 이르게도 그 집단에 균열이 생겼다. 조조가 공을 이루어 위공魏公에 봉해지는 것을 앞두고 한 고조의 참모 장량張良에 비견되던 참모 순욱荀彧과 의견이 달라 순욱은 강요를 받아 자살했다는 풍문이 있었다. 조조의 장자인 문제 조비는 그 아우로 무예가 훌륭한 조창曹彰, 문재가 빼어난 조식曹植과 격렬히 다투었으며, 이에 따라 조신朝臣들도 또한 분파 항쟁에 가담해 사마씨가 편승할 수 있는 틈을 주게 되었다. 그러니 조씨를 대신한 사마씨만이 예외일 수 없음은 생각해 보면 처음부터 알 수 있었던 것이 아닐까.

귀족의 사치

진晉 왕조가 쇠퇴한 다른 원인은 그 귀족화, 사치화인데, 이것도 역시 전 왕조의 실패를 답습한 것이었다. 후한 말기 영제는 왕조의 멸망이 예견되는 때에 환관의 말을 듣고 천하의 전지田地 1무畝에 10전錢이란 궁전 수리비를 징수해 궁전을 보수하고 아무 쓸모도 없는 동인銅人을 주조시켰다. 조조는 무장이지만 문예를 좋아해 스스로 시부詩賦를 지었다. 손자 명제에 이르러 사치를 좋아해 크게 낙양궁을 조영하고 방림원芳林苑을 세워 진기한 수목을 심고 기이한 짐승을 사육했다. 그 아들 제왕방芳 때 사마씨 세력의 발흥에 직면해 이에 대항한 것은 일족 조상曹爽, 동향인 공신의 후예 하후현夏候玄 등이었는데, 모두 귀족화해 우유부단했기 때문에 사마의의 반격으로 죽음을 당했다. 다음에는 진 왕조 차례인데, 초대 무제는 즉위 초 검약령을 선포하고 스스로 궁중의 치두구雉頭裘라는 화려한 모피를 꺼내다 궁전 앞에서 소각해 백관에게 모범을 보일 정도였지만 곧 해이해져 감미로운 사치 생활에 탐닉해 후궁의 미녀가 수천을 헤아리기에 이르렀다. 원래 진 왕조에 봉사한 관료의 다수는 전대인 위로부터 인계받은 자들이었는데, 대개 이미 귀족화되어 있어서 무사안일 속에 성장했으므로 군사에 관한 일을 알지 못했다. 이른바 팔왕의 난은 하층 출신 무장들의 암약에 의해 야기된 것이지만 제후인 왕들 및 그 측근 관료가 무능해서 그들의 활동을 허용한 결과였다. 그리고 내부의 혼란보다도 더욱 가공할 만한 충격은 외부의 이민족으로부터 가해졌는데, 이 같은 비상사태에 직면하자 귀족적 관료는 드디어 그 무능을 폭로하고 말았다.

이민족의 봉기

앞서 팔왕의 난 중에 성도왕 영이 모반하면서 병주幷州의 흉노 부족의 통솔자 유연劉淵을 불러 자기편 군대에 가담시키려고 했다. 유연은 아들 유총劉聰과 모의해 표면상 성도왕의 부름에 응하는 거동을 보여 북선우北單于의 칭호를 받고 5부部의 군을 통솔하게 되자 자립해서 한왕漢王이라 일컬었다. 지금까지 흉노

선우는 종종 한의 공주와 혼인했으므로 한의 성인 유씨를 자칭하고 한의 정통을 이어받은 자라고 불러 중국 인민에게 그 주권을 인정하도록 호소했던 것이다.

그러나 흉노의 한은 유연의 사후 내란이 계속되어 족자族子인 유요劉曜와 부장部將인 석륵石勒이 나란히 세력을 얻었다. 진의 혜제가 동해왕 월에게 독살되고 아우 회제懷帝가 서자 흉노뿐 아니라 저氐·선비鮮卑 등의 이민족 및 내지 인민의 반란이 각처에서 벌 떼처럼 일어나 천하는 사분오열 상태에 빠졌다.

이 같은 곤란한 사태에 직면해 진 정부의 현상은 몹시 불안하기 짝이 없었다. 팔왕의 난에서 유일하게 살아남은 동해왕 월은 모처럼 회제를 옹립했지만 회제는 동해왕을 꺼려 권력을 부여하지 않았으므로 동해왕은 이를 원망해 궁중에 들어가 천자의 측근을 죽이기도 해서 점점 더 인망을 잃었다. 그때 일어난 것이 한漢의 석륵의 침입이다. 동해왕은 사방에 격문을 띄워 구원병을 불렀지만 응하는 자가 없었다. 어쩔 수 없이 스스로 직속부대를 이끌고 출진했는데, 그때 조야朝野에 명망이 있던 왕연王衍을 참모로 삼아 동행했다.

왕연은 위 말기부터 진 초기에 걸쳐 세상의 칭송을 받던 청담파淸談派, 이른바 죽림칠현竹林七賢의 한 사람인 왕융王戎의 종제이며, 역시 청담파에 속해 때로는 그 명성이 왕융을 능가했다. 무릇 이 청담이란 것은 당시의 귀족주의에서 생긴 것이었으며, 노장老莊의 허무 사상을 표방하는 것 같이 생각되는가 하면 남보다 곱절 강한 명예심도 권세욕도 부정하지 않는 것이므로 이것은 특권계급에만 통용되는 아주 자기중심적인 논리에 지나지 않는 것이었다.[51]

동해왕 월은 적군이 강성한 데 반해 자기편에서는 응원군을 기다려도 오지 않아 노심초사하던 끝에 진중에서 병사했다. 영수를 잃은 장령들은 명성이 높은 왕연을 추대해 대장으로 삼았다. 이러한 때에도 거부의 말을 할 수 없는 것이 왕연이었다. '나는 젊을 때부터 전혀 출세욕이란 것이 없었는데 사령장을 받고는 사절하지 못하고 질질 끌려 여기까지 와버렸다. 오늘날의 사태는 도저히 내 재능으로 처리할 수 있는 것이라 생각하지 않는다'고 하면서도 거절하지 못하고 인수해버렸다. 그때 노도같이 밀려들어온 것이 석륵의 군으로 10여만의 진군을 포위해 왕연 이하 장령들을 한 사람도 놓치지 않고 전부 포로로 잡았다. 석륵이 왕연을 불러 진의 정치를 힐문하자 왕연은 그 실패를 시인하면서도 자기에게는 조금도 책임이 없었다고 답할 뿐 아니라 석륵에게 만일 천자로 즉위할 의사가 있으면 자기가 돕겠다고 말했다. 정평 있는 석륵도 어이가 없어 '젊을 때부터 관도官途에 나아가 대신의 지위에 올라 명성을 마음껏 누리고도 조정의 정치에 책임이 없었다는 말을 뻔뻔스럽게 잘도 하는군' 하고 면전에서 꾸짖고 퇴출시켰다. 이런 인간은 살려두어도 세상에 도움이 안 된다고 하면서도 유명인을 죽였다는 비난은 피하기 위해 밤을 기다려 숙소의 벽을 무너뜨려 그 밑에 깔려 죽게 했다. 왕연의 말로는 예부터 꼴사나운 죽음의 표본이 되어 있지만 이는 개인의 문제인 것 이상으로 당시 귀족 사회 본연의 자세를 물어야 할 문제였던 것이다.

서진의 멸망

석륵은 낙양을 향해 진군해 유요와 힘을 합쳐 이를 함락시키고 회제를 사로잡아 한漢의 수도 평양平陽으로 보내 곧 사형에 처했다. 회제의 조카 민제愍帝는 낙양 함락의 소식을 듣고 장안에서 천자의 위에 올랐지만 얼마 못 가 한군의 공격을 받고 항복해 평양에 송치되어 죽음을 당했다.

이때의 이민족 봉기는 수도와 가까운 병주의 흉노뿐 아니라 도처에서 일어나 민족 간의 충돌이 진행되고 천하는 형언할 수 없는 혼란에 빠졌다. 이는 앞서 위의 조조가 시작한, 이민족을 제압하고 군대를 이용하여 군대를 통제한다는 위태로운 정책이 파탄이 났음을 의미한다. 이러한 정책이 애당초 아주 위험하고 무리한 성질의 것이었던 만큼 그 한쪽에서 혼란의 막이 열리면 곧바로 그칠 줄 모르고 전체에 파급될 것임은 처음부터 예견된 일이었다. 그래서 중원에 전란이 진행되기 시작하자 일찍이 화북을 단념하고 오의 옛 도읍인 건업에 의거해 자립을 도모했던 것이 진의 일족, 낭야왕瑯邪王 사마예司馬睿였다. 그는 중원의 명망 있는 문벌귀족을 불러 막하에 두고, 아울러 현지의 토호를 길들이며 장안 함락의 소식을 듣자 부하의 추대를 받아 천자 위에 올랐다. 이 사람이 동진東晉의 원제元帝이다.

진의 강남 이동

동진 건국의 기본 방침은 북방 중원으로부터 도피해 오는 군대, 유민流民을 수용해 이들과 협력해서 국방의 제일선을 지키는 데 있었다. 국방의 제일선은 회수淮水이며 이 강은 지리적으로 황하 유역의 화북華北 중원과 양자강 유역의 이른바 강남江南을 구분하는 경계선이다. 오늘날에도 이 선을 경계로 하여 이북은 밭농사, 이남은 논농사 지대로 나뉜다. 국방의 제이선은 양자강인데, 큰 바다와 혼동할 정도의 수량으로 가득 찬 이 대하는 종래에도 북방으로부터의 침입군을 저지하는 천험天險의 역할을 다했다. 위의 조조가 백만이라 주장한 대군을 이끌고 남하해 손권과 유비의 연합군과 적벽에서 싸워 대패를 당한 것은 그리 오래된 일이 아니었다. 그리고 종전보다도 증강된 전선의 국방군에 대한 급여로는 다행히 풍부한 강남의 자원이 있었다. 당시 강남은 아직 개발이 진행 중이었으며, 노동력이 부족한 상태였으므로 새로 도래한 이주자를 얼마든지 수용할 수 있는 여지가 있었다. 더욱 다행인 것은 중원에서 봉기한 이민족은 한 종족이 아니고 서로 반목해 종족 전쟁을 되풀이하고 있었기 때문에 대정복자가 나타나 패권을 수립하기까지는 동진에 대해 남정南征을 시도할 정도의 여유가 없었으며, 그동안에 동진 정권은 재기를 위한 시간을 벌 수 있었던 것이다.

오호의 강성

서진西晉 회제의 영가永嘉 연간에 일어난 까닭에 영가의 난이라 일컬어지는 민족 투쟁에 의해 천하에 유사 이래 미증유의 혼란이 일어났다. 도처에서 학살이 되풀이되고 이 때문에 중원의 남은 인구는 백 명 중 한두 명도 안 된다고 할 정도였다. 이 민족은 오호五胡라고 총칭되는데, 한의 유씨의 흉노 외에 흉노의 별종인 갈羯이라 불리는 것이 있어 석륵은 이에 속한다. 장성 밖에 본거지를 가진 선비鮮卑로서 장성 내에 이주한 자로는 병주의 탁발씨拓拔氏와 유주의 모용씨慕容氏가 있었다. 관중關中에는 같은 티베트계에 속하면서 저족氐族의 부씨苻氏와 강족羌族의 요씨姚氏가 대립하고 있었다. 이에 대해 중국 민족도 필사적인 저항을 보여 도처에 조그만 요새 오塢를 만들어 자위를 꾀했다.

총인구로 말하면 무어라 해도 중국인이 다수를 차지하고 이민족은 소수인 데다 그것이 다시 여러 종족으로 나뉘어졌기 때문에 어느 정권에 참가하는 종족민은 더욱더 소수였다. 이것이 오호 시대에 들어서 어느 종족이 세력을 얻어도 그 패권이 영속되지 않고 지배하는 범위도 한정되어, 약 130년간 중원에서 흥망한 나라가 16개국을 헤아리는 상태에 이르렀던 이유이다.

흉노 출신의 유연이 세운 한은 아들 유총이 죽은 뒤 전조前趙의 유요와 후조後趙의 석륵 두 나라로 분열해 상쟁하다가 석륵이 승리를 거두어 중원의 태반을 영유하고, 양자 석호石虎 때에 전성의 극을 이루면서도 벌써 쇠망의 조짐이 나타났다. 그 대신 요동遼東의 선비 모용씨와 관중의 저족 부씨가 강성해지고, 전진前秦의 부견苻堅이 나타나 모용씨[전연前燕]를 멸망시켜 중원에서 패권을 주장하고 여세를 몰아 남하해 동진을 공략하고 천하 통일의 야망을 달성하고자 했다.

당시 동진은 원제의 손자 효무제孝武帝의 치세에 해당되었다. 그렇지만 원제로부터 효무제 사이에 일곱 명의 천자가 재위했으므로 효무제는 무제를 초대로 해서 12대에 해당된다. 전진 부견의 대군이 남하하는 공세가 날카로워 조야가 모두 두려워 하는 가운데 장군 사석謝石·사현謝玄 등이 이를 회수의 지류인 비수肥水 부근에서 맞아 공격해 패주시켰다. 동진은 그 국방 제 일선에서 적의 습격을 저지하는 데 성공한 것이다. 당시 조정 에서는 사석의 형 사안謝安이 시국을 맡고 있고 일족이 대공을 세웠기 때문에 이후 사씨는 동진의 개국공신 왕씨에 필적하는 명문가로 존숭되었다. 하지만 실제로 비수 전투에서 분전해 공 을 세운 것은 광릉廣陵에 주둔한 중원 출신의 군벌, 이른바 북부 北府군의 공적이었다.

비수의 싸움에서 패해 관중으로 철수한 부견은 숙적 강족 출 신인 후진後秦의 요장姚萇에게 피살되었다. 요장의 아들 요흥姚興 때에 후진은 장안을 수도로 삼아 전성의 극에 이르고, 특히 불 교가 번영해서 인도 경전이 이곳에서 한역漢譯된 것이 적지 않 다.[52]

3. 남북조

북위의 흥기

후진과 동시에 동방에서는 후연後燕의 모용씨가 강성했는데, 곧 가공할 미개족(生蕃)의 나라인 선비족 탁발씨의 대국代國, 훗날의 북위北魏가 장성의 남쪽에 인접해 건국되고 미개 민족의 에너지에 의해 차근차근 군사적 성공을 거두어가고 있었다. 그 수도 평성平城은 오늘날의 대동大同에 가까우며, 현재 남아 있는 대동 석불사石佛寺의 불상 조각은 북위 시대의 옛 모습을 전해 주고 있다.

북위가 화북에서 패권 수립에 이른 최초의 성공은 태조太祖 도무제道武帝 탁발규拓跋珪 때 하북의 대세력인 후연後燕의 영주英主 모용수慕容垂가 파견한 침입군 4~5만 명을 삼합피參合陂에서 요격해 섬멸한 것이었다. 모용수가 병사하자 위는 반격으로 전환하여 후연을 공격해 멸망시키고, 서쪽으로 방향을 돌려 세조世祖 태무제太武帝 때에 흉노족 혁연씨赫連氏가 세운 하夏를 멸망시켜 관중을 평정하고, 다시 돈황敦煌에 이르기까지 여러 나라를 쳐서 평정해 황하 연안의 중원 일대를 통일했다(439).

북위가 중원을 제패하기에 이른 원인은 장성 밖에 같은 유목민족의 집단이 있어 거기에서 끊임없이 인원과 마필馬匹의 보급을 받는 데 편리했기 때문이다. 역으로 말하면 그때까지 여러 나라의 패권이 영속하지 못하고, 예컨대 후조의 석호, 전진의 부견, 후연의 모용수 등이 번영하자마자 바로 쇠락으로 향한 것은 그 동족의 인구가 비교적 소수였기 때문이다. 절대 다수를 차지하는 지방 인민은 그 인종적 반감에서 끊임없이 반란을 기도하고 있었으므로 이를 제압하는 데는 지방 요지에 동족 출신의 군단을 상주시켜 날카로운 감시를 하는 게 필요한데, 어찌하랴, 의지할 만한 심복의 군대는 소수이다. 대군단으로 집결해 두면 주둔할 곳이 적어지고 위령이 지방 말단까지 미치지 않는다. 그렇다고 해서 도처에 배치하면 병력이 분산되어 적측으로부터 각개 격파될 위험이 생긴다. 그와 같은 때에 집결된 병력이 대손해를 입는 패전에 직면하면 단번에 패권은 동요하는 것이었다. 이 점에서 북위는 인적 자원이 풍부했던 터이지만 거기에도 한계가 있었다. 장성 밖의 선비족이 내지로 이주하는 자가 많아지자 몽골 지방에서는 인구가 희박해지고, 곧 사막 북쪽에서 일어난 새로운 민족 유연柔然이 세력을 얻어 북위는 유연의 위협에 직면하게 되었다.

효문제의 중국화 정책

　태무제의 현손 효문제孝文帝 때에 이르러 북위는 그 도읍을 북변의 평성으로부터 역대 중국의 국도가 있었던 낙양으로 이전했다. 이것은 선비족 왕조의 중국화를 의미했다. 미개 이민족이 중국과 접촉하는 사이에 중국화해(華化)가는 것은 자연스러운 추세이며, 오히려 피할 수 없는 운명이라고도 할 수 있다. 다만 이때 효문제의 중국화 정책은 너무도 급격해서, 특히 선비어와 선비 복장의 사용을 금하고 선비족 고유의 인명까지도 고쳐서 한결같이 중국식으로 바꾸게 한 것 따위는 과도하지 않았나 하는 비판이 후세의 역사가뿐 아니라 이미 당시의 선비인 사이에서도 나오고 있었다. 그리고 사실 선비인은 이 개혁 이후 중국화됨과 아울러 본래의 소박하고 강건한 기풍을 잃고 유약해져서 왕조의 쇠퇴 또한 여기에서 시작되고 있는 것이다.[53]

　그렇지만 효문제의 중국화 정책은 한편으로 보면 중국 지배를 위해 필요 불가결한 궁여지책이었다고 할 수도 있다. 선비족의 인구는 오호 중에서는 비교적 다수라 해도 이를 중국인에 비하면 도저히 따라가지 못한다. 더욱이 문화 면에서 중국인은 절대적으로 우수하다. 이 같은 조건 하에서 선비 왕조의 지배를 영속시키기 위해서는 자기가 중국인과 동등한 문화인이 되어야만 한다. 또한 선비족의 적은 인구를 보충하기 위해서는 다른 호족胡族과 하나로 혼합되어 그 조력을 얻을 필요가 있다. 그런데 다른 호족을 동화시키는 문화는 선비족에 고유한 것이 아니며 역시 중국 문화를 채용하지 않을 수 없었던 것은 아닐까. 아마 모든 것은 효문제가 그 측근과 면밀히 이해타산을 한

다음에 결행했음에 틀림없을 것이다.

동진의 쇠퇴

화북에서 북위의 정복이 진행되어가고 있는 것과 나란히 강남에서도 새로운 사태의 진전이 보였다. 그것은 동진 왕조의 쇠망이다.

동진 정권의 약점은 그것이 유민들의 유우流寓 왕조였다는 점에 있었다. 동진은 원래 서진 왕가의 일파가 화북으로부터 관료와 군대를 인솔하고 강남의 신천지에 흘러들어와 언젠가는 중원의 잃어버린 땅을 회복하는 것을 이상으로 삼아 일시적으로 정착한 것이다. 그 때문에 왕가와 함께 남하한 관료 및 인민은 큰 특권을 부여받았다. 우선 관료는 중앙정부의 요직을 독점하고 토착 귀족을 이류로 취급해 고귀한 지위의 배분에 참여시키지 않았다. 또 북에서 온 사람의 호적은 백적白籍이라 하여 토착인의 황적黃籍과 구별되고, 그 본적지의 주·군 이름을 쓰며 그들이 소유한 토지에는 조세가 면제되었다. 바꿔 말하면 북에서 온 사람은 바람직한 권리는 전부 보유하지만 의무적인 부담은 거의 지지 않아도 되었던 것이다.

이 같은 불공평에 대해 토착의 남방인들 사이에 불만이 생기는 것은 당연하다. 그런데도 그것이 폭발에 이르지 않은 것은 조정에는 북에서 온 군대가 시종하고 있는 것을 꺼림과 아울러, 만일 이 군사력이 없다면 더욱 못마땅한 화북의 호족 세력이 남하할 우려가 있어 이민족에 정복당하는 것보다는 그나마 여태까지의 진 왕조의 통치 하에 있는 편이 낫다고 체념한 탓이었다.

그런데 화북 중원을 수복해 지금의 남경인 건강建康의 도읍으로부터 철수해가야 할 동진 정권은 백 년 가까이 지났는데도 조금도 움직일 기색이 없었으며, 사실 화북의 세력이 강해서 남방은 겨뤄보지도 못하고 동진 정권은 그대로 눌러앉아버릴 것 같은 낌새가 보이기 시작했다. 만일 동진이 강남 왕조로 변질한다면 토착의 강남 귀족은 북에서 온 사람들과의 사이에 권리와 의무의 불공평을 시정하도록 요구해야만 했다. 이에 황적과 백적의 구별을 해소하고 북에서 온 사람들도 전부 현지의 토착인으로 등록하는 이른바 토단土斷의 문제가 표면화되어갔다.

제삼자가 보면 전혀 문제도 아닌 극히 당연한 요구에 대해 동진 조정 자체에는 전혀 해결 능력이 없었다. 조정 귀족은 점점 더 귀족화해서 오로지 기득권 옹호에 여념이 없고, 조금이라도 자기의 권익에 손상을 줄 것 같은 제의에는 처음부터 귀를 기울이려 하지 않기 때문이다. 구품관인법은 더욱더 형식화되어 개인의 관료 경력은 완전히 그 가문에 의해 좌우되었다. 더욱이 동일한 관품官品의 직무에 청관淸官과 탁관濁官의 차별이 생겨 상류층 귀족은 청관으로부터 청관으로 정상頂上 경로를 따라 관품이 올라 결국은 삼공三公까지 도달하는 데 반해, 하층 귀족은 탁관에서 탁관으로 저변 경로를 따라 관품이 올라 도중에 오를 계단이 없어지면서 끝나는 것이다. 설령 북에서 온 귀족이라도 가격家格이 낮고 재능에 자신이 있는 자는 일할 보람이 없는 정부에 애착이 떨어져 반체제 운동으로 나아갈 수가 있다. 그리고 더욱 불만인 것은 말할 것도 없이 언제까지나 밑에서 억눌려 지내는 강남 현지의 귀족이다.

이 같은 불만은 흔히 야심가에게 이용되어 현실의 반란으로 돌발한다. 반란은 곧 진정되지만 이는 군인이 두각을 나타내는 데 절호의 기회가 된다. 그리고 세상은 영웅의 출현을 대망하고 있다. 사회적으로 여러 곤란한 문제들을 해결해 불안을 없애주기를 바라기 때문이다.

유유의 송 흥기

이러한 때에 나타난 것이 유유劉裕이다. 북방의 국경에 가까운 팽성彭城에서 태어나 젊어서 천한 일에 종사하고 있던 중 북부北府의 군벌 유뢰지劉牢之의 인정을 받아 그 막하에 참가했다. 유뢰지는 앞서 비수의 전투에서 전진의 침입을 격파할 때의 실제 지휘관이었다. 그 뒤 유유는 유뢰지를 따라 몇 차례 내란을 평정해 공을 세운 다음 양자강 상류에 의거한 대군벌 환현桓玄에게 유뢰지가 속아 죽음을 당한 후 환현의 반란을 쳐서 평정해 더욱더 위명을 높였다.

병권을 장악한 유유는 조정 정치에 참여하고 다년간의 숙제였던 토단을 실시해 북에서 온 자의 백적을 고쳐 토착인과 동일한 황적에 올리고, 종래 국가의 권력 밖에 방치되어 있던 토지와 인민에 세역을 부과했다. 이로써 재정에도 여유가 생겼으므로 그는 이를 이용해 북벌을 감행했다.

당시 화북은 오호 시대의 말기에 가깝고 후진後秦의 요홍姚泓이 진晉의 고도故都 낙양으로부터 장안에 걸친 일대를 영유하고 있었는데, 부친 요흥姚興의 적극 재정책의 뒤를 이어 국력이 피폐해 있었던 시기이므로 유유의 원정군은 어려움 없이 낙양을 점령하고 나아가 장안에 박두해 요흥을 포로로 잡아 철수했다.

그러나 그가 목격한 낙양 및 장안은 동진 사람들이 꿈꾼 선조가 살던 도읍의 면모를 완전히 잃고 있었다. 오호의 전란으로 자주 겁략을 당해 황폐한 모습을 보고 유유는 다시금 이곳으로 도읍을 옮길 생각이 들지 않았다. 다만 그가 이 땅에 약간의 수비대를 남기고 철수하면서 그래도 점령을 지속할 수 있다고 생각했다면 그것은 정세에 대한 낙관이 너무도 지나친 오산이었다. 그의 주력군이 철퇴하자 장안도, 낙양도 바로 주위에서 기회를 엿보고 있던 호족 국가에게 탈환되고 곧 북위의 새 영토로 추가되어버린 것이다.

그러나 유유의 뇌리를 지배한 것은 이미 낙양이나 장안 같은 옛 도읍은 아니고 이미 운명이 다한 것으로 보이는 동진 왕조를 찬탈해 새 왕조를 건설하는 것이었다. 병권을 장악한 실력자가 일단 결심하자 선양禪讓의 계획은 착착 실행에 옮겨졌다. 이리하여 약 150여 년간 역사에 들린 적이 없던 선양이 또다시 하나의 사례로서 재현되고, 더욱이 그것이 일단 시작되자 이후 잇달아 되풀이되는 시대로 접어드는 것이다.

유유는 동진의 안제安帝를 시해하고 공제恭帝를 즉위시키고 나서 얼마 안 가 선양을 받아 나라를 송宋이라 불렀다(420). 그가 초대 무제武帝인데, 3년 뒤 화북에서는 통일자인 북위의 태무제가 즉위했다. 이 무렵 이후 중국에는 남북으로 두 왕조가 대립하므로 남북조南北朝라 일컫는다.

남조의 측근정치

송의 무제는 이미 동진 치하에서 현안이던 토단을 실시했지만 중원 계통의 유우流寓와 강남 출신의 토착土着이란 두 귀족층의 대우 조정에 관해서는 아무 간섭도 하지 않았다. 그는 실력을 존중하는 군인이어서 귀족 문제에는 흥미가 없고 비록 토착 귀족의 지위를 끌어올려 북에서 온 귀족과 동등하게 해도 자기에게는 아무런 이득도 없다고 생각했을 것이다. 오히려 그는 귀족 제도 자체의 알맹이를 뽑기로 생각한 듯하다. 즉 표면상으로는 귀족의 기득권을 존중하는 것처럼 보이면서도 실제로는 귀족 출신의 조정 대신에게 권력을 주지 않고, 따로 자신의 측근에게 내국內局을 만들게 하여 기밀 사항을 모의했다. 이 내국은 중서中書인데, 중서란 원래 상서尚書의 지국支局이었다고 할 수 있다.

후한의 광무제는 정무를 친히 재결하기 위해 공적인 재상인 삼공三公에게 실권을 주지 않고 오로지 궁중의 내국인 상서와 함께 정치를 논의해 결재했다. 그런데 상서가 실제로 정치 의결이란 실권을 장악하자 그 지위가 자연히 공적인 것이 되고, 만일 대신이 실제로 정국을 맡는 경우에는 녹상서사錄尚書事란 직함을 갖고 상서를 지휘하는 권한을 갖지 않으면 안 되었다. 삼국시대 위의 조조는 사실상 천자를 대행해 천자의 정치를 행했는데, 상서는 한의 천자의 공적 기관이어서 이를 경원하고 이것과 같은 기능을 갖는 중서를 설치해 자신의 고문으로 삼았으므로, 위 왕조 성립 후에도 공적인 상서 외에 내국인 중서가 있어서 천자를 위해 이면에서 획책했다. 그런데 중서의 비중이 점점 커지자 이것도 곧 상서와 다를 바 없는 공적 기관이 되고, 그 장관에는 귀족이 임명되게 되었다. 그래서 귀족이 아닌 군인 출신인 송의 천자는 중서란 기관은 그대로 두면서 그 소속 관료인 중서사인中書舍人을 궁중에 불러 이들과 정치상의 기밀 사항들을 모의해 그 결정을 중서의 장관인 감監·령令에게 전해서 실시하게 했다. 이것이 후세 중서사인원中書舍人院의 기원이며, 중서의 한 지국이면서도 또 천자의 직속이 되는 기묘한 성질의 관청이다.

그런데 송의 천자는 이 중서사인에는 우수한 재능을 지녔으면서 가문이 낮아 출세가 억눌려 있는, 이른바 한사寒士 출신자를 등용했다. 똑같은 일은 상서 쪽에서도 행해져서 한사 출신의 하급관리 영사令史가 실무를 처리하게 되었다. 이에 위魏·진晉 이래의 귀족정치에 변질이 생겼으니, 표면상으로는 지금까지와 달라진 바 없는 귀족제이지만 귀족이 표면에 나서는 정식 정부는 실제에서 유리되어 공중에 뜨고, 이면에서 군벌 천자와 한사 출신의 하급 관료가 정치를 움직인다는 변태적인 기형 정치가 행해지게 되었던 것이다.

미천한 한사가 움직이는 중서 정치에는 좋은 면도, 나쁜 면도 있었다. 좋은 면을 말하면 정책이 과거의 인연이나 귀족적 체면에 구애되지 않고 신속히 결정되었다는 데에 있다. 송 무제 뒤에 폐제廢帝, 그 아우 문제文帝를 거쳐 문제의 아들 효무제孝武帝가 즉위하자 더욱더 중서사인을 중용해 비밀 측근정치를 행했는데, 이 기간에 조부인 무제 유유가 실시했으나 아직 미완성으로 남아 있던 토단도 수행했다.

원래 토단은 조정의 고급 관료가 기득권의 침해를 꺼려 반대하므로 정평 있는 유유마저도 상류 귀족이 많이 분포된 지방은 제외해 두었던 것인데 효무제에 이르러 귀족들의 의향에 개의치 않고 이를 단행할 수 있었던 것이다.

그러나 한편 측근정치는 무단武斷에 빠지기 쉽고 특히 우매한 천자가 재위할 때는 모든 결단이 너무 빠르기 때문에 제동역할을 해야 할 기관의 발동이 제시간에 이루어지지 못하고 대신이나 친척을 죽이는 따위의 중대사까지도 사정도 따지지 않고 간단히 시행되었다. 이것은 동진의 귀족정치에서는 거의 볼수 없었던 이상 사태였다. 이 때문에 송에서는 궁중마저 실력행사의 장이 되고 폭위를 휘두르려던 천자가 도리어 재위 중에 피살되는 일조차 드물지 않았다. 그래서 송은 천자 위에 오른 자 9명 중에 폐위, 살해된 자가 6명을 헤아리고 목숨을 보전해 병사한 자는 겨우 3명이었다. 이 같은 정치 운영상의 치명적인 약점이 겹쳐서 송은 치세 60년으로 대신 소도성蕭道成에 의해 멸망했다(479).

남제에서 양으로

소도성이 천자가 되어 나라를 제齊라고 불렀는데, 이 사람이 초대 고제高帝이며, 그 아들인 2대 무제武帝 때까지는 무사했지만 3대 폐제廢帝는 행실이 나빠 인망을 잃고 일족 소란蕭鸞에게 피살되었다. 소란은 폐제의 아우를 세워 천자로 삼았지만 또 죽이고 스스로 천자에 즉위했으니, 그가 명제明帝이다. 명제는 즉위하자 폐제 계통의 일족을 몰살했는데, 그 응보는 그가 죽자 얼마 못 가 돌아왔다. 그의 뒤를 이은 동혼후東昏候는 자신의 황음한 소행도 반성하지 않고 조정 대신이 천자 자리를 노릴까 두려워해 조금이라도 명망이 있는 중신들은 살해했다. 그중 10명째가 소의蕭懿인데, 이에 이르러 소의의 아우 소연蕭衍이 양자강 상류에서 거병해 반란을 일으키고 수도를 포위 공격하자 성내에서 이에 호응하는 자가 있어 천자를 죽이고 소연에게 투항했다. 소연은 피살된 천자의 아우 화제和帝를 즉위시켰지만 1년도 안 되어 이를 폐위해 시해하고 스스로 천자가 되었다(502). 제 왕조도 전대의 송과 같은 실패의 전철을 밟은 것이니, 천자가 태연히 대신을 죽이고 일족이 또 서로 살해하며 최후에 대신이 천자를 폐위해 살해하는 결과가 되었다. 7명의 천자 중 4명이 비명의 최후를 맞이했다.

제를 대신한 소연이 즉 양梁의 무제武帝인데, 군인 출신이지만 일찍부터 일류 문화인으로서도 세상에 알려져 있었다. 무제의 치세 전반기는 피비린내 나는 남북조 기간에 가장 평화롭고 인민은 태평을 구가했다고 일컬어졌으며, 재위 48년, 향년 86세라는 세상에도 드문 기록을 세웠다. 그러나 그 만년에는 불교에 심취한 탓으로 자비를 베푼다며 죄악을 간과하고, 노령으로 인해 결단력이 둔화되어 누차 정책 전환의 기회를 잃고, 마침내는 국가를 황폐에 빠뜨리고 그 자신도 비명에 죽는 결과를 초래했다. 그리고 이 비극을 가져온 원인은 화북에서의 정쟁의 여파였다.

북위의 쇠퇴

북위는 효문제의 중국화 정책에 의해 표면적으로는 화려한 귀족 사회가 번영하고, 새 도읍 낙양을 중심으로 중국 문화의 부흥을 볼 수 있었다. 중국 고대 정전법井田法의 이상에 따라, 삼국시대 위 이래 시행되었던 둔전법의 경험을 살려 이른바 균전법均田法이 발표되고 경작하는 자에게는 토지를 준다는 정책을 실시하고자 했다. 이것은 수당隋唐의 토지법의 직접적 기원을 이루는 것인데, 다만 그것이 어디까지 유효하게 시행되었는지는 명확하지 않다.[54]

오히려 효문제의 정치에는 많은 모순이 보였다. 효문제를 따라 낙양으로 이주해 중국풍의 귀족으로 변신한 선비인은 그 자손도 조정의 고급 관료로서 영화를 구가할 수 있었지만, 지방에 남겨진 동족은 여전히 병영 생활을 계속하는 선비 군인이었다. 그리고 군인이란 것은 건국 초기에는 명예로운 직업이었지만 영달한 선비 귀족의 중국화된 입장에서 보면 그들은 함께 이야기할 가치도 없는 천민적인 존재에 지나지 않게 되었다. 이전에는 북위 국가의 건설을 위해 손잡고 고락을 함께한 같은 종족이 이제는 귀족과 천민의 두 계층으로 분열되어 서로 의사가 통하지 않게 된 것이다. 그래도 내지 근무를 하는 군인이라면 그나마 낫다. 제일 수고하고 더욱이 가장 보수가 적은 것이 북방 장성長城 밖의 음산陰山산맥에 연해 있는 전선 기지의 주둔 부대였다.

북위는 당시 몽골 지방에서 세력을 얻은 유목 민족 유연柔然의 침입에 대비해 6진鎭을 배치하고 방어를 맡겼는데, 당초에는 이 일선에서 전공을 세우면 그 공적에 따라 상여를 주고 출세의 실마리를 잡을 수 있었다. 그런데 낙양 천도 이후 북변 수비대의 장관에는 중앙으로부터 중국화된 귀족 출신의 장군이 파견되고, 그들은 그 가문을 과시하며 군인을 노예시하고 전공이 있으면 자기 공으로 돌려 독점하니 군인은 일할수록 손해를 보게 된 것이다.

이 같은 6진 군민軍民의 불만과 곤궁에 편승해 반란이 일어났으며, 갈영葛榮이란 자의 통솔 아래 그 세력이 차츰 내지에 미쳐 하북의 요충인 업鄴이 위험에 임박했다. 효문제의 손자인 명제明帝는 크게 놀라 정규군의 힘은 믿을 수 없다고 보고 산서山西성 북부의 대호족 이주영爾朱榮에게 원조를 요청했다. 북위는 중앙정부가 중국화되었다 해도 지방에는 아직 오랜 씨족제 시대의 유풍이 남아 있어 천자로부터 빈객 대우를 받아 자치를 허용받은 부족이 있었다. 이주씨爾朱氏는 당시 그중 최대 자치 부족으로 소·양·낙타·말을 방목하면서 털 색깔에 따라 무리를 나눠 열두 골짜기에 가득 차 있었다.

당시 북위 조정에 내분이 일어나 태후 호씨胡氏가 명제를 독살하고 3세의 어린 천자를 즉위시켜 스스로 정무를 보려 했다. 이주영은 군을 이끌고 수도에 들어가 태후와 어린 황제를 황하에 던지고 태후를 추종하던 조신 2천여 명을 함께 죽였으며 효장제孝莊帝를 맞아 천자로 삼았다. 이리하여 뒷걱정을 없앤 다음 이주영은 업의 구원에 나서 기병을 풀어 자기편보다 수십 배쯤 되는 적을 포위하고 군진에 임해 갈영을 사로잡았다. 갈영의 군은 원래 농민을 강제로 끌어온 오합지졸이었으므로 그들에게 서로 친족을 찾아내 모인 다음 해산해 돌아가도록 허용하자 수십만 대군이 일시에 해체되어 버렸다.

이에 이주영은 북위 황제로부터 태원왕太原王에 봉해지고 그 일족이 조정에 포진했기 때문에 귀족화로 인해 일시 시들어 떨치지 못했던 북위 정부가 갑자기 활기를 되찾은 듯 보였다. 그러나 이미 마음속으로부터 중국화된 위의 황실 일족으로서는 천하고 상스러운 이주씨에게 조정이 점령당한 꼴이 된 굴욕을 견딜 수 없었다. 이주영에 의해 옹립되고 그 딸을 황후로 삼고 있는 효장제 자신도 이주영에 대한 반감을 억누를 수 없었다. 황제는 황후 이주씨가 아들을 출산했다며 이주영을 속이고 궁중으로 불러들여 그 근친 등 30명과 함께 살해했다.

그렇지만 이주영 개인을 제거했다고 해서 그대로 실권이 북위 천자의 손으로 돌아올 것 같은 형세는 아니었다. 효장제는 후한 말기 동탁이 궁중에서 살해당한 고사를 연구해 참고했다고 하는데, 동탁은 배후가 없는 개인이고, 이주영은 강대한 부족을 배후에 가진 족장이어서 사정이 전혀 달랐다. 역사의 선례가 그렇게 간단히 도움이 되는 것은 아니었다.

북위의 분열

과연 이주영의 조카 이주조爾朱兆는 일족의 종당宗黨을 이끌고 낙양을 공격해 효장제를 잡아 교살했다. 그런데 이주조는 통솔의 재능이 없어 이주영으로부터 3천 기병의 장수에 불과하다는 평을 받을 정도였으므로 이제 이주영이 갑자기 죽은 뒤의 혼란을 수습하는 중임을 감당하지 못했다. 유동적인 사태는 시세를 통찰하는 영웅의 출현에 좋은 기회를 주는 것이다.

이주영의 옛 부하인 고환高歡은 일찍이 벼슬을 구해 낙양에 나왔는데, 조정 정치의 문란함을 보고는 단념하고 향리로 돌아가 지방 호걸들과 교제했다. 이주영 밑에서 전공을 세워 두각을 나타냈지만 이주조가 장래성 없음을 보고 자립의 계획을 궁리했는데, 6진의 유민으로 옛 갈영의 부하였다가 지금은 이주씨 밑에서 혹사당하고 있던 20만의 무리를 회유해 독립하고 기주에 웅거했다.

고환은 업鄴을 함락시켜 이곳으로 옮겼으며, 이를 탈환하기 위해 대군을 모아 급히 달려온 이주조는 도리어 고환의 요격을 받아 대패하고 도망한 다음 자살했다. 고환은 나아가 낙양을 점령하고 위의 일족 중에서 절민제節愍帝를 골라 천자로 삼았다. 여기에 관중關中 동쪽의 중원은 대부분 고환의 지배하에 들어갔다.

현재의 섬서陝西성을 중심으로 한 관중에는 그동안 별개의 형세가 전개되고 있었다. 북변 6진의 하나로 무천진武川鎭이 있는데, 그 진의 인민은 앞서 갈영의 난 때 홀로 행동을 달리해서 우문태宇文泰의 지도 하에 관중에 들어가 장안을 점령하고 그곳을 거점으로 삼았다. 때마침 고환에 의해 옹립되어 절민제를 대신한 효무제孝武帝가 고환의 전횡을 불쾌히 여겨 낙양으로부터 탈출해 장안의 우문태 아래 몸을 의탁했다.

고환은 효무제를 뒤쫓았지만 따라잡지 못하고 따로 위의 일족으로부터 효정제孝靜帝를 옹립해 업을 도읍으로 삼게 했다. 여기에 위는 동위東魏의 효정제와 서위西魏의 효무제로 분열되었는데, 실권은 명목상의 천자의 손을 떠나 고환과 우문태가 장악했다. 그리고 서위에서는 우문태가 죽자 효무제의 인간됨을 꺼려 이를 독살하고 대신 그 종제인 문제文帝를 천자로 즉위시켰다.

동·서위의 멸망

고환과 우문태는 서로 상대를 쓰러뜨리고 화북을 통일하고자 경쟁해 공격전이 해를 이어 계속되었지만, 어느 쪽도 뒤지지 않는 호적수여서 전투력의 소모가 거듭될 뿐 승부가 나지 않아 이 이상의 대결은 무의미하다고 생각해 각각 자국 내에서 지반을 굳히는 것이 득책임을 깨달았다. 먼저 동위에서는 효정제가 실권 없는 제위를 지킨 지 16년 후 고환의 아들 고징高澄을 거쳐 그 아우 고양高洋 때 제위를 찬탈해 국호를 제齊라 했다 (550). 이 사람이 이른바 북제北齊의 문선제文宣帝이다.

서위에서는 문제가 죽고 아들 폐제가 즉위해서 우문태를 증오해 죽이려다 도리어 폐위되어 시해되고, 그 대신 그 아우 공제恭帝가 세워졌다. 그러나 우문태가 죽고 아들 우문각宇文覺이 뒤를 잇자 공제를 폐위시키고 제위에 올라 국호를 주周라고 했다(557). 이 사람이 북주北周의 민제閔帝이다. 서위의 멸망은 동위보다 7년 늦다.

명분론이 까다로운 중국에서는 동위와 서위 어느 것도 취할 가치가 없는 명목적인, 더욱이 지리적 위치가 치우쳐 편재偏在한 왕조인데도 어느 쪽이 정통인가라는 논의가 행해졌다. 북제의 위수魏收가 『위서魏書』를 편찬했을 때, 자기 입장에서 동위를 정통으로 『위서』에 기록했다. 그런데 후세에 북주를 이어받은 수隋가 정통 왕조라면 북주와 그 이전의 서위가 정통이 되어야 한다는 논의가 일어나고, 사마광의 『자치통감』은 이 설을 따르고 있다. 청대에 와서 사계곤謝啓崑이 『서위서』를 저술해 서위가 북위를 이어받은 것이라고 주장했다. 다만 이 논의가 큰 의미가 없다는 근거를 보면, 당시는 남북조가 대립하던 시대였으므로 만일 북조를 정통으로 삼은 다음이 아니라면 동위·서위의 정윤正閏 다툼은 무의미하고, 만일 남북 병립을 인정한다면 마찬가지로 동위·서위의 병립을 인정하지 않으면 안 되기 때문이다. 그리고 중국에서는 북조를 정통으로 하고 남조를 윤위에 두는 설은 거의 없고 대체로 남조를 정통으로 삼는 것이 상식으로 되어 있다. 정통론은 또한 실력과 명분을 논하는데, 당시의 형세에서는 동위와 서위는 실력에 큰 차가 없고 그 영유하는 면적과 인구란 점에서 말하면 차라리 동위 쪽이 우세했다고 생각된다. 명분상에서 말하면 모두 엇비슷하니, 고환에게 옹립된 효무제가 도망해 우문태에게 의지한 것이 서위이므로 정통이라고 말해보아도 그 효무제가 후에 우문태에게 독살된 이상 그 뒤에 선 문제 측에 정통을 주장할 권리가 있을 것 같이 생각되지도 않는다. 이 경우의 정윤 다툼은 완전히 자질구레한 논의에 불과하지만 이런 점을 다투는 데에 중국적 사고의 특색이 엿보인다고 할 수 있을 것이다.

후경의 난

그런데 위의 서술 중 동·서위가 멸망하기 조금 전 동위에서는 고환이 죽어 그 아들 고징이 이어받아 대승상이 되고 서위에서는 우문태가 생존 중이었을 때, 후경侯景이란 인물을 중심으로 동위·서위와 남조의 양 3국 간에 미묘한 분쟁이 일어나 결국 최후에 가장 혹심한 손해를 본 것은 지나친 욕심을 부린 양의 무제였다는 참으로 역설적인 결과로 끝났다.

후경은 북위 북변의 6진 출신으로 이주영을 따라 갈영을 토벌한 공을 세웠을 무렵부터 세상에 알려지고 이주영의 사후에는 고환에게 속하여 하남河南 13주의 지배를 위임받았다. 그런데 고환이 죽자 그는 후계자인 고징과 사이가 틀어져 양에 자기 지배 하의 하남을 갖고 투항하고 싶다고 신청했다. 동위의 고징은 후경이 반심을 품은 것을 알고 군을 보내 그를 공격했으므로 후경은 다시 서위에 구원을 요청했다. 그러나 서위는 후경의 속마음을 헤아리기 어려워 깊이 관여하지 않았고, 마음이 내킨 양 무제는 일부러 군대를 잇달아 출동시켜 공동으로 동위를 공격할 계획까지 세우려고 했다.

하지만 과연 동위는 고환 이래 실전으로 단련된 무적의 군대가 있어서 후경은 전투에서 격파당해 양의 영토 내로 비호를 구해 망명해 왔다. 후경의 부대는 동위에게는 패퇴했지만 양의 군대에 비하면 현격히 강력했다. 양의 약점을 곧바로 간파한 후경은 모반해 양자강을 건너 양의 도읍 건강建康을 포위하기 반년, 무제는 강화라는 형식으로 후경에게 항복하고 유폐되어 굶어 죽었다. 당시에 86세라면 오늘날의 100세에 해당하는 장수였지만 참으로 속담에 있듯이 목숨이 길면 치욕이 많다는 말 그대로였다.

원시적인 미개인의 강함을 지닌 후경과 그 군대는 그렇지만 너무나도 포학하게 날뛰어 강남 사람들의 분개를 샀으며, 사방에서 양군이 집결해 공격하자 지탱하지 못하고 패주해 도망하는 중에 피살되었다.

이 소란에 의해 번영을 자랑했던 건강 부근 일대는 깨진 기와와 조약돌만 남은 불탄 벌판이 되었으므로 양 무제의 아들 원제元帝는 이곳을 버리고 양자강 상류 호북湖北의 강릉江陵으로 도읍을 옮겼다.

양에서 후경의 내란이 진행되는 동안에 동위에서는 고징이 암살되고 아우 고양이 뒤를 이어 동위 황제를 폐위하고 스스로 즉위해 북제의 문선제가 되었다. 북제는 양의 혼란을 틈타 군을 남하시켜 회수를 넘어 이른바 회남淮南 땅을 점령하여 그 영토로 삼았다.

이것을 보고 서위도 그저 부러워하면서 좌시할 리는 없었다. 승상 우문태는 양 원제가 도읍한 강릉을 공격해 원제를 항복시켰다(554). 원제는 항복하기에 앞서 장서 10여만 권을 불태우며, 책 만 권을 읽어도 여전히 오늘날 같은 일이 있으니 문무文武의 도道는 끝났다고 탄식했다. 후경의 난에 즈음해서도 건강의 도서가 모조리 전화를 입었으므로 이 무렵 서적의 재난이 잇달았던 셈이다. 서위군은 성내의 남녀 수만 명을 모조리 노예로 삼아 북으로 연행했으며, 그 뒤 양 무제의 손자를 천자로 세우고 부근 몇 주의 땅을 영위시켜 서위의 속국으로 삼았다. 이것이 후량後梁의 선제宣帝이다. 그의 부친은 소명태자昭明太

子라 불리며 『문선文選』의 편찬자로서 유명한데, 부친 무제가 장수한 탓으로 제위에 오르기 전에 사망했다.

앞서 후경의 난을 평정하는 데 공이 있었던 장군 진패선陳覇先은 원제의 아들 경제敬帝를 옹립해 건강에서 천자로 즉위시켰지만 곧 경제를 압박해 제위를 선양하게 했다(557). 이 사람의 진陳의 무제武帝이다. 그러나 그 영토는 전대의 양에 비하면 훨씬 협소했으니, 양자강 북쪽의 반은 북제에게 탈취당하고 반은 서위와 후량에게 점령되어 겨우 양자강 이남을 보유한 데 지나지 않았다.

북제·북주의 멸망

북제는 서위를 찬탈한 북주에 비해 땅이 넓고 문화도 번영해 보통의 상식으로 말하면 북주를 압도한 듯이 보였다. 그런데 고환의 뒤를 이은 여러 황제 중에 이상 성격의 소유자가 많고, 문무의 재능은 우수했으나 시의심이 강하기도 해서 일족이 서로 불신을 품고 죽였으며, 그것이 대신들 간에도 동요를 야기해 국론이 분열되고 오히려 북주에게 편승할 틈을 주게 되었다.

북주의 우문씨宇文氏는 선조 우문태 이후 대개 일족이 서로 도와 국세를 유지해 왔다. 그 근거지 장안을 중심으로 하는 관중 땅은 이 무렵이 되면 생산력에서 북제보다 열등하고 수적으로도 압도되는 경향이었다. 이것이 오히려 상하의 단결을 견고하게 했던 것으로도 보인다. 예외적으로는 초대의 민제閔帝, 그 형제인 명제明帝가 잇달아 종형 우문호于文護에게 독살당했지만, 그 후 옹립된 아우 무제武帝가 전횡이 극에 달했던 우문호를 죽이고 친정을 행했다.

북제에서는 초대 문선제文宣帝가 술주정꾼으로 살인을 좋아해 대신·제왕諸王, 전대 북위의 일족 등을 많이 학살했고, 아들 폐제廢帝가 섰지만 숙부 소제昭帝에게 제위를 빼앗겼고 이 사람만이 건실한 보통 인간이었다. 그 후 아우 무성제武成帝가 서자 소제의 아들을 죽이고 자기 아들을 상속인으로 삼고 얼마 안 있어 제위를 선양해 스스로 태상황제太上皇帝라 일컬었다. 이 무성제는 형인 초대 문선제에 뒤지지 않는 포학한 군주로서 왕조의 신용을 완전히 떨어뜨린 데다 그가 죽고 뒤를 이은 천자, 이른바 후주後主는 마찬가지로 우매한데도 나라의 주춧돌이 되는 대신을 살해해 국정이 더더욱 어지러워졌다. 이 틈을 타 오랜 쇠약의 끝에 경멸당하고 있던 남조 진陳의 반격을 받아 회남, 강북의 점령지를 빼앗겼다. 서쪽에 이웃한 적수 북주가 이 호기를 지나칠 리 없었다. 북주의 무제는 총동원령을 내려 먼저 북제의 군사 근거지 평양平陽을 공격해 함락시키고, 이어서 북변의 요지 진양晉陽을 점령해 승세를 타고 수도 업을 포위 공격했다. 북제의 후주는 태자에게 양위하고 도주를 꾀했지만 사로잡혀 죽음을 당했다(577). 이에 6대 28년간 계속된 북제가 멸망했는데, 그 멸망은 일찍이 시조 고환이 호적수 우문태와 서로 치열하게 싸워 장렬한 백병전을 하면서도 결국 자웅을 가리지 못했던 지난날을 돌아보면 믿기지 않을 만큼 취약한 것이었다.

그렇지만 승리자인 북주의 운명도 이에 뒤지지 않게 덧없는 것이었다. 무제가 사망하고 선제宣帝가 서서 같은 무천진武川

鎭 출신의 군벌 양견楊堅의 딸을 황후로 세웠다. 이 선제는 북주의 계통에는 일찍이 없던 음란, 포학한 천자로 오히려 북제의 여러 천자와 유사했다. 개인적인 방종의 생활에 몰입하기 위해 재위 1년 만에 어린 정제靜帝에게 양위하고 상황上皇이라 일컬었다. 상황이 된 지 1년 만에 황음荒淫으로 인해 요절하니, 외척 양견이 수왕隋王에 봉해져 어린 군주의 후견인이 되었다. 후견인이 된 지 1년 만에 양견이 어린 황제를 폐위하고 즉위했는데, 그가 수隋 문제文帝이다(581). 화북을 재통일한 북주의 무제가 죽은 지 겨우 3년째에 북주 정권은 얼떨결에 수 왕조의 수중으로 옮겨 갔던 것이다.

수의 통일

6세기 말 수 왕조 초기 무렵에는 중국의 중심은 여전히 화북 중원에 있었으며, 화북에 강력한 통일 정권이 나타나면 강남의 할거 정권은 언제까지고 독립을 보전하기 어려운 형세에 있었다. 그래서 남조의 멸망은 이미 시간문제로 보였는데, 남조 진에 불행한 것은 총명한 군주 선제宣帝의 재위 14년을 뒤이어 우매한 후주後主가 상속한 것이었다. 도락을 즐기는 청년 천자는 토목사업을 일으켜 궁전을 꾸미고 총애하는 장려화張麗華 이하 미인들을 끼고서 밤낮 주연에 골몰하며 유희에 열중했다. 이것은 천하 통일을 노리던 북방의 수에는 절호의 기회였다.

수 문제는 강남 공략의 발판으로 삼기 위해 양자강 변의 요충지 강릉江陵을 점거하고 있는 후량後梁 정권을 무너뜨리고 몇 주의 땅을 직할로 삼았다. 이곳에서 양자강을 따라 내려가는 수군 선단을 준비하고, 직접 건강建康을 칠 육로군과 더불어 두 길로 나누어 진에 침입했다. 이 기습공격 앞에 진 왕조는 허약하게도 궤멸되어 후주가 포로가 되었다(589).

오랫동안 남북으로 나뉘어져 있던 중국은 이에 이르러 수 왕조에 의하여 다시금 통합되었다. 동진이 자립하고부터 270여 년, 북위의 태무제가 화북을 통일해 남조 송과 대립하게 되고부터 120여 년이 지난 것이다. 다만 중국의 전통적인 사관에서는 수 왕조는 수隋·당唐이라고 뒤의 왕조와 연결하기보다는 남북조 중 북조의 하나로 열거한다. 그러므로 당의 이연수李延壽가 지은 『북사北史』에는 북위로부터 수의 멸망까지의 역사 사실을 기록하고 있다.

덧붙여 육조六朝라는 말은 건강에 도읍한 강남의 문화를 가리키는 경우에는 삼국시대의 오·동진·송·제·양·진의 6대를 말하지만, 또한 남북을 포함해 삼국시대 다음의 진으로부터 당 이전까지의, 말하자면 과도적인 시대를 일괄해 부르는 경우가 있다. 예컨대 명대明代 장부張溥의 『한위육조백삼명가집漢魏六朝百三名家集』의 육조는 진부터 수까지를 포함하며, 이를 더욱 증보해 상고로부터 당 이전의 산문 전부를 모은 청대 엄가균嚴可均의 『전상고삼대진한삼국육조문全上古三代秦漢三國六朝文』의 육조도 같은 용법이다.

중세에서의 통일의 의미

중세라는 시대는 분열적 경향이 강한 시대이지만 한편으로는 그 중세에 통일로 향하는 기운이 있었던 것은 유의해야 한다. 그리고 그 통일의 원동력이 된 것은 구래의 중국 사회 안에서 생긴 것은 아니고 중국과는 이질적인 이민족 사이에서 빚어진 기운이었던 것도 또한 주의해야 할 현상이다.

후한 무렵부터 중국 내지로 들어온 이민족은 차츰 그 이주자의 수를 증대시켜 그들이 봉기했을 때 이른바 오호십육국의 분열을 가져왔다. 그러나 곧 새로운 선비족의 이주에 의해 선비를 중핵으로 한 북위의 강력한 힘으로 화북의 통일을 가져왔다. 이것은 이른바 오호가 수많은 변천을 거쳐 차츰 독자적 국민성을 잃고 긴 군대 생활 동안에 가장 후진적이던 선비족에 동화된 결과로 일어난 것이다. 그런데 북위 조정이 그 중국화 정책으로 인해 더욱 커다란 통일로 향해 전진하는 에너지를 상실했을 때 또 한 번 원초의 상태로 되돌아갈 필요가 있었으며, 6진의 반란이 일어나 일시 화북이 대혼란에 빠지는 동안 무천진 군벌을 중핵으로 두 번째 통일로 향하는 기운이 작동하기 시작한다. 이 두 번째의 통일 경향은 북위 조정이 할 수 없었던 사업, 즉 화북뿐만 아니라 나아가 강남을 합쳐 한 덩어리로 만드는 대통일을 성취할 수 있었다. 그렇지만 그래서 통일이 안정적 태평으로 되었는가 하면 반드시 그렇지는 않다. 중세 중국에는 본래 분열적 요인 쪽이 강하게 작용하고 있었기 때문이다. 따라서 수隋는 단명으로 멸망하고 또 천하의 대혼란이 일어났으며, 더욱이 그것이 무천진 군벌 최후의 대표자인 당唐 왕조의 손으로 수습되는 것이다. 그리고 이 당 왕조는 걸핏하면 한 왕조와 같은 성질을 가진 통일 왕조로 간주되어 때로는 한·당이라고 연속시켜 고대 제국의 연장으로 생각하기도 하지만, 자세히 보면 한과 당은 그 중간에 약 400년의 이른바 육조 시대를 끼고 있어 그 사이에 중국 사회는 크게 변해 있었다. 양자는 결코 같은 성질의 것일 수 없다.

또 수·당의 통일이 있음으로써 중세를 분열 시대라고 규정하는 데 큰 장해가 된다는 견해도 있지만, 내가 말하고자 하는 것은 중세는 늘 분열 상태에 있었다는 것이 아니고 분열의 경향이 강한 시대라는 데 있다. 즉 상태가 아니고 움직임이다. 모든 사실에는 작용이 있으면 반작용이 있다. 분열의 경향이 강한 중세에 동시에 통일의 지향이 나타나더라도 결코 불가사의한 것은 아니다. 그것이 중국 사회 내부로부터 자발적으로 일어난 것이 아니고, 말하자면 외부로부터 오게 된 경우는 특히 그러하다. 사실 외견상으로는 공전의 대통일처럼 보이는 당 왕조에서 뜻밖에 분열적인 경향이 강하게 나타나는 것은 앞으로 그 역사의 자취를 더듬어 감에 따라 차차 밝혀질 것이다.

수 문제의 사업

수 문제 양견楊堅은 역사상 명군의 한 명으로 손꼽히고 있지만 당시의 평판은 반드시 그렇지는 않았다. 그것은 양견이 북주의 우문씨와 더불어 무천진 군벌에 속하지만 그 가문이 그다지 높지는 않았기 때문이다. 그가 뜻밖의 행운을 만나 쉽사리 천자가 되었는데, 그 때문인지 그는 극히 시의심이 강했고 자기의 지위를 안전하게 하기 위해 우문씨 일족을 모조리 죽여버렸다. 이것은 여태껏 일치단결해 난국에 임해온 무천진 집단을 파괴하는 행위라 하여 주위로부터 엄하게 지탄을 받았다.

그러나 문제 자신의 말에 의하면 자기는 힘껏 천하 인민을 위해 공정한 정치를 행할 심산이었다. 관리를 시험하는 데 몰래 뇌물을 보내게 하여 받는지 받지 않는지를 보고 받은 쪽을 엄벌에 처한 일 따위는 천자가 해야 할 일이 아니라는 비난을 받았지만 관리에게 청렴을 기대한 그의 의향은 헤아려 주어야 할 것이다. 종래의 구품관인법이 입법의 취지와 반대로 귀족주의의 아성을 지키는 호부護符로 변하고 있으므로 이를 폐지하고 새로이 재능 본위의 과거科擧를 시작한 것도 같은 의도의 반영이었다. 더욱이 과거 고시의 공과에 관해서는 각종의 다른 의론이 있지만 좋든 나쁘든 그 후 1300년에 걸쳐 중국에서 실행된 것은 거기에 무언가 취할 만한 것이 있었던 것이다. 덧붙여 과거의 개시를 보통 다음 대인 양제煬帝의 대업大業 연간이었다고 하는 것은 오해이며 실은 문제의 개황開皇 연간이었다.[55]

양제의 운명

수 문제는 남조 진을 멸망시켜 오랫동안 분열되어 있던 중국을 재통일하는 위업을 이룩하고 재위 24년으로 사망했다. 보통 문제는 둘째 아들 양제에게 시해되었다는 말이 있지만 이 일은 그리 확실하지 않다. 또 양제는 역사상 드물게 보는 포학한 군주인 것처럼 말해지고 있지만 여기에도 과장이 있으니, 실은 북조의 제나 남조의 제의 여러 군주들에 비하면 그 정도로 심하게 우매한 군주라고는 생각되지 않는다. 다만 호사를 좋아하고 토목공사를 자주 일으켜 민력을 피폐하게 한 것은 의심의 여지가 없다. 그러나 그중에 대운하를 개착해, 북쪽은 백하白河로부터 중간에 황하·회수·양자강을 거쳐 전당강錢塘江에 이르기까지 동서로 흐르는 대하천을 남북으로 연결시켜 교통의 혁명을 일으킨 것 같은 일은 후세에 남긴 은혜를 생각하면 반드시 비난만 할 수는 없을 것이다. 다만 이 대운하는 애초에는 정부 전용의 관영 수로였는데, 그것이 민간에서도 왕성하게 이용되게 된 것은 당대唐代 중기 이후이다. 그것은 마치 과거가 귀족적 운용으로부터 진정으로 탈각할 수 있었던 것은 송대宋代를 기다려야만 했던 것과 마찬가지이다. 중국과 같은 광대한 사회에서는 개시와 성행과의 사이에는 언제나 백 년 단위의 차이가 있다.

수 양제에게 치명적이었던 것은 수차에 걸친 고구려高句麗 원정의 실패였다. 그리고 이것도 양제의 허영심에서 나온 폭거라기보다는 오히려 군대의 맹동을 억제할 수 없었던 수 정권의 체질적 결함에서 온 것인 듯하다. 언제나 또 어느 나라에서도 군인은 전쟁이 직업이므로 전쟁이 없으면 출세할 수 없다. 그래서 늘 일이 터졌으면 하고 노리고 있는데, 수 왕조는 무천진 군벌을 토대로 해서 성립되었으면서도 그 군벌 사이에서 평판이 나빴다. 그래서 그들의 욕망을 강제로 억압하면 그들의 불만이 안으로 향해 황실이 지닌 모순에 공격의 화살을 향하지 않는다고만 할 수는 없다. 양제의 부친 문제조차도 그들의 외정에 대한 욕망을 억누를 수 없어서 명분 없는 고구려 원정군을 일으켰다가 실패했다. 군대란 것은 한 번 실패하면 다음번을 다짐하며 명예 회복을 기도해 한층 더 강하게 전쟁 욕구에 내몰리는 것이다. 양제의 최초의 출병은 요동성遼東城에서 전진이 저지되어 퇴각 때 막대한 손해를 입고 귀환했다. 이 패전 통보가 전해지자 각지에서 수의 지배에 반항해 반란이 일어났지만 그런 정세를 무시하고 제2차 원정이 강행되었던 것이다. 일선의 전투가 한창일 때 후방의 병참을 관장하고 있던 대장 양현감楊玄感이 모반해 양제의 귀로를 끊었다. 양제는 일시 위기에 빠졌지만 양현감이 인망이 없어 패망했으므로 이 경우는 타개되었다. 그런데도 경계할 줄 모르고 제3차 원정에 승부를 걸어 겨우 고구려의 명목적인 항복을 얻고서 철병했지만 그런 와중에 내지의 반란은 그칠 줄 모르고 확대되어 이미 손댈 수 없을 정도로 심각해져 있었다.

양제는 근거지인 수도 장안의 군대가 믿을 수 없다는 것을 파악하고 새로이 근위군을 편제해 대운하를 따라 양주揚州까지 남하하여 여기서 천하의 형세를 관망하던 중에 부하에게 피살되었다. 당시 같은 무천진 군벌에 속하는 이연李淵·이세민李世民 부자가 북변의 전진기지인 진양晉陽에서 거병해 수도 장안에 들어가 양제의 손자 공제恭帝를 세워 천자로 삼았다. 이연 부자에게는 지금까지 역대 수도였던 장안을 근거지로 해서 종래의 조직을 활용하고 천하의 정보를 입수할 수 있었던 것이 무엇보다도 강점이었다. 당시 관동關東에는 쟁쟁한 영웅·호걸들의 할거 정권이 많았는데, 이세민은 이들을 차례로 쳐서 평정했다.

이연은 얼마 안 가 수 공제를 폐위하고 천자의 위에 오르니 그가 당 고조高祖이다. 당시 정통의 천자가 되는 데는 선양의 형식에 의하지 않으면 안 된다는 생각이 일반화되어 있었으므로 고조의 경우에는 특별히 수 황실을 떠받들 필요가 없었는데도 불필요한 수고를 했다. 당의 이씨는 무천진 군벌 중의 가격家格으로는 수 황실의 양씨보다도 상위였던 것이다.

4. 당

당 왕조의 성격

당대唐代 약 3백 년의 역사는 대략 전기와 후기로 나눌 수 있다. 전기는 고조高祖·태종太宗·고종高宗으로 부자가 서로 뒤를 이은 후 측천무후則天武后의 찬탈이라는 뜻밖의 단절이 있었고, 이 소동을 진정시켜 당을 중흥시킨 것이 현종玄宗인데 여기까지를 전기로 잡는다. 전기의 당은 북주北周로부터 시작해 수가 이어받은 무천진 군벌 정권의 연장선상에 있으며, 수도, 당도 한인 출신이라고 일컫지만 실은 그 전의 북주 우문씨宇文氏와 그다지 다를 바 없는 이민족 기질을 농후하게 받은 이른바 한漢·호胡 혼합의 혈통이었으며, 혹은 이민족 그 자체는 아니었는지 의심하는 말조차 있다. 예컨대 수 양제가 부친의 첩과 사통하고, 당 고종이 부친의 첩인 무씨武氏를 황후로 세운 따위의 일은 이를 순수한 중국적 입장에서 보면 완전히 사람의 눈을 경악케 하는 불륜 행위인데, 북방의 유목 민족 간에서는 극히 보통으로 행해지는 습속에 지나지 않는 것이다.

당대는 일본과의 관계에서 일본 고대 왕조 시대의 법률의 모법母法이 된 율령律令을 제정 실시한 점에서 특히 주목을 받아 중·일 양국을 일괄해서 율령 시대라고 말하는 것 같은 통칭마저 있다. 그러나 실제로 율령이란 것은 중국에서는 한漢·위魏 이래, 또 내려와 명·청에서도 행해졌으므로 특별히 수나 당에 한정되는 것은 아니다. 오히려 일본에서 주목받은 것은 당대의 율령 중에 포함된 토지 제도, 이른바 균전법均田法이 특히 문제가 되고 있는 것은 아닌가 생각된다.[56]

그런데 북조北朝에서 시행된 균전법은 멀리 삼국시대 위의 둔전법, 서진西晉의 과전법課田法 계통을 이어받은 것으로, 직접적으로는 북위北魏로부터 시작되고 북주北周·수隋에 계승되어 당에 이른 것이다. 그런데 이 법의 제도 자체 및 그 실시 방법은 실은 그다지 잘 알려져 있지 않다. 그것은 당시의 법전이 완전히 전해지지 않고, 한편 근래 돈황敦煌 문서 등 근본 사료가 발견되어도 그것을 어떻게 이해해야 할 것인가에 관해서 이론이 많은 사실 등으로 인해 법의 전모가 아직 파악되지 않은 상태이다. 그래서 아래에 서술하는 것은 내가 이해한 범위 내의 것에 관해 나의 의견을 소개할 뿐이며 결코 만인의 찬동을 얻은 것은 아님을 단정해두지 않으면 안 된다.

우선 내가 유의하고 싶은 것은 이 균전법은 천하에 한결같이 시행된 것은 아니고, 주로 화북 중원 지방을 중심으로 시행되었다는 사실이다. 다음에 이 토지법은 긴 역사를 갖는 것으로 당대에는 이미 그 말기에 해당되어 수많은 모순을 내포해 붕괴에 임박해 있으며, 결코 법률의 문면대로는 시행되지 않게 되었음에 틀림없는 것이다. 나는 먼저 균전법 붕괴가 임박해 있던 현종 천보天寶 14년(755)의 통계로부터 시작하고자 한다.

응불과호應不課戶 356만	불과구不課口 4,470만
응과호應課戶 534만	과구課口 820만
천하관호天下管戶 891만	구口 5,291만

위의 표에서 만 이하 숫자는 생략했다. 최초의 응불과호應不課戶란 것은 과課와는 관계가 없는 호戶란 것이다. 바꿔 말하면 균전법과는 관계없는 호였는데, 이는 북조의 법에 토지를 받지 않은 자에게는 세역을 부과하지 않는다는 원칙을 보여주며, 이것이 균전법의 일관된 원칙이었다. 결국 정부로부터 토지를 받으면 거기에 비로소 과課라는 의무가 생기지만 토지를 받지 않으면 과라는 의무가 전혀 없는 것이다. 그렇다면 응불과호에는 어떤 종류가 있었는가 하면 첫 번째는 왕공 귀족, 고급 관료이며, 그들의 경지는 조상 이래의 영업전永業田이기도 하고 천자로부터 받은 사전賜田이기도 하여 정부의 공전公田을 분배받은 것은 아니다. 두 번째는 방곽호坊郭戶인데, 시가지에 거주하는 상공업자는 원칙상 경지의 분배를 받지 않는다. 세 번째로 양자강 유역 이남 지방에는 처음부터 균전법이 시행되지 않고 별개의 세법에 의거하고 있었다. 그렇지 않으면 아무리 계산해도 356만 호라는 큰 숫자가 되지는 않을 것이다.

과호라는 신분

그런데 정부로부터 경지 분배를 받은 자는 과호課戶라 불린다. 그러므로 과호는 일종의 신분이다. 따라서 받은 토지의 면적은 관계없다. 그래서 과호의 호戶 내의 정남丁男은 자동적으로 과구課口 또는 과정課丁이 된다. 그 의무는 매년 전조田租로 곡식(粟) 2석石과 비단 2장丈, 역역力役 20일 및 잡요雜徭 40일 미만이다. 이 의무 또한 받은 전지의 면적과 관계가 없다. 다만 과호라도 호 내에 정남이 없을 때는 과의 의무에 응할 수 없으므로 이를 과호현불수課戶見不輸(과호로서 실제 수납하지 못한다)라 하고, 또 이를 불과호不課戶라 하기도 한다. 그러므로 불과호와 응불과호는 다르며, 전자는 임시적인 불과호이지만 후자는 본질적으로 불과호인 것이다. 다만 양자는 혼동될 수 있으므로 주의를 요한다.

과課의 의무를 지는 자가 과구課口이며 과호 1호 당 약 1.5명이 된다. 과구 외에는 전부 불과구不課口인데, 위의 통계표에서 불과구를 응불과호 바로 아래에 둔 것은 실은 혼동하기 쉬운 것이니, 실제로는 불과구 중 다수가 과호의 가족인 것이다. 따라서 과구와 불과구를 합친 것이 천하의 총인구가 된다. 그것이 계산보다도 1만 명 많은 것은 앞의 항목에서 잘라버린 부분의 합계가 나타났기 때문이다. 이 안에 부곡·노비 등 천민도 불과구로서 포함되어 있었다고 생각된다.

그렇다면 과호 이외의 호에는 전혀 부담이 없었는가 하면 그렇지는 않다. 그들에게는 재산세가 부과된다. 천하의 호는 그 재산에 따라 상상호上上戶부터 하하호下下戶까지 9등급으로 구분되는데, 중기 이후에는 상상호는 4천 전錢, 그 이하는 5백 전씩 적어져서, 하상호下上戶는 1천 전에 이르고, 하중호下中戶는 7백 전, 하하호는 5백 전이었음을 알 수 있다. 이것은 현저히 불공평한 누진세율이니, 최하등 호에 대한 비례에서 최고의 왕공 귀족이라도 8배밖에 안 된다. 그 이전 현종 무렵에는 이보다도 가벼워 하중호 452전, 하하호 222전이었다고 하는데, 이것조차도 궁핍한 집에는 상당히 큰 부담이었음에 틀림없다.

과역課役, 즉 조租·조調·역역力役과 호세戶稅는 전혀 원리가 다른 세법이다. 과역은 그 근저에 요역徭役 제도가 있어서 현실적으로 조租와 조調는 각각 15일 간의 역역으로 환산해 징수되기도 하며, 본래의 역역 20일과 합해서 연간 50일의 역, 이것이 원래의 모습이었다. 이것은 당시의 대토지 소유인 장원의 노동자, 즉 부곡의 성질과 아주 흡사하며, 무릇 과호란 것은 정부가 소유한 부곡이라고도 해야 할 것이었다.

이에 반해 호세는 재산의 다과에 따라 화폐로 징수되므로, 말하자면 자본주의적 색채를 띤다. 따라서 이것은 장원의 소유자 혹은 대상인 등 과역의 의무가 없는 경제적 실력자를 대상으로 한 것이다. 그러나 과호도 또한 다소의 자산이 있으므로 대개 8, 9등의 하호下戶로서 소액의 호세 징수를 면치 못했던 것 같다.

당의 재정 중에 호세가 차지하는 비중은 처음에는 매우 낮았지만 중기 이후 차츰 가중되며, 다시 새 세금의 창설도 행해졌다. 덕종德宗 초년(780) 종래의 여러 세역을 통합하고 일원화해 양세법兩稅法을 발표했는데, 이것은 호세와 같은 원리에 입각한 것이었다. 중세적인 요역 제도로부터 탈각해 이를 대신할 새로운 제도를 모색한 점에서 당 왕조의 성격을 엿볼 수 있다.

태종의 사업

당의 고조는 즉위하고 나서 7년 동안 천하의 군웅들을 전부 평정해 통일을 완성했는데, 그 통일 전쟁에서 가장 공적이 컸던 것은 차남 이세민李世民이었다. 그래서 즉위 9년째에 양위해 태상황太上皇이 되었으며, 새 천자가 바로 희대의 명군으로 칭송받는 태종太宗이다. 당이 천하를 평정할 때 나타낸 태종의 군인으로서의 재능은 확실히 우수한 것이었다. 다만 여기에도 배경이 있으니, 그것은 북주 이후 무천진 군벌의 단결이다. 더욱이 필요할 때는 몽골 지방에서 동·서위 시대부터 강성해진 투르크계 돌궐突厥에게서 원군을 빌린 적도 있다. 이것이 천하 통일 이후에는 도리어 당에게 불청객으로서 방해가 되기에 이르렀다.

태종이 스스로 말했듯이 창업 못지않게 곤란한 것이 수성이다. 태종이 재위한 정관貞觀이란 연호의 23년간은 공전의 태평 시대로 일컬어진다.[57] 그러나 이것도 천자의 덕이라기보다 시대가 좋았던 것이다. 당시의 호구 숫자를 보면 수 양제의 대업大業 2년에 890여만 호였던 것이 태종 초에는 불과 300만 호로 감소해 있었다. 대란 후의 부흥 시대에는 노동력이 모든 방면에서 요구되어 실업 문제가 없다. 게다가 중국의 특산물인 비단도 이 무렵 장기간의 전란으로 동서 교통이 두절되었던 뒤이므로 자주 서아시아 방면으로부터 요구가 있었다. 그러나 동서 교통을 방해한 것은 북방 유목 민족 돌궐이었으니, 신강성 사막 연변의 도시들을 지배하에 두고 과중한 통과세의 징수를 기도했다. 그래서 태종은 장군 이정李靖·이적李勣을 보내 동東돌궐을 격파해 돌리突利·힐리頡利 두 카간(可汗)을 항복시키고 그 부중部衆에 명해 장성 북방을 수비하게 했다. 또 신강성 동쪽 끝에 있는 고창국高昌國을 멸망시켜 서주西州로 삼고 이곳으로부터 사막의 여러 도시를 감시하게 했다. 당은 다음 고종 시대에 와서 장군 소정방蘇定方을 파견해 서西돌궐을 평정하고 페르시아 접경까지의 지역을 지배 하에 두었다. 이로써 동서 무역이 성대해졌으며, 이때에는 서방의 은이 중국 비단의 대가로서 유입되어, 이것이 중국 경제를 호경기로 이끌었던 것이다.

당 황실 내분의 배경

당 초기 조정 관료에는 무릇 세 종류의 출신이 있었다. 첫째는 북주 이래의 무천진 군벌 계통의 구귀족[관롱關隴 집단]이며 장손씨長孫氏로 대표된다. 둘째는 수 말기 대란에 편승해서 민간에서 일어나 공적에 의해 고위직에 오른 자로서 그 대표는 이적李勣이다. 그는 수 말기 군도群盜를 따라 일어나 당에 항복한 뒤 전공에 의해 재상까지 되었다. 그 본성은 서徐였지만 당의 성에 따라 이李라 고치고, 더욱이 본명이 세적世勣이었는데 세 자가 태종의 이름(諱) 세민世民을 범하므로 세 자를 없애고 이적이라 했다. 중국인이 성을 고친다는 것은 어지간한 일이 아니어서 그 신분이 낮았다는 증거이다. 셋째는 중국의 토착 호족 내지는 귀족으로 군망群望이라 일컬어진 자들이다. 그중 다수는 한 이래의 오랜 가격家格을 자랑하며 남북조의 쟁란 시대에는 지방에 숨어 경제적 지반을 배양하고 평화 시대가 되자 지방을 발판으로 중앙정부에 진출해 명예로운 지위를 노린다. 긴 역사 동안 이들 귀족 간에는 자연히 전국적인 순위표가 이루어져 당의 시대에는 최씨崔氏와 노씨盧氏가 최고의 명족이 되었는데, 당시 귀족 사회의 평가로는 이에 비하면 천자 가문인 이씨李氏는 축에 끼지도 못했다. 또한 가문의 격식은 그 정도가 아니어도 당이 관중關中에 도읍을 정해 그 수도가 번영한 덕분에 실력이 급상승한 호족이 있다. 고종의 황후 무씨武氏, 중종中宗의 황후 위씨韋氏가 큰 세력을 휘두르게 된 것은 단순히 개인의 재능만은 아니고, 무씨 일족은 병주의 호농豪農으로 장안에 옮겨와 천자 사유의 장원 경영을 담당했고, 위씨는 장안의 토착 호족이어서 그들 일족이 이면에서 황후를 원조하고 있었던 것이다.

측천무후

태종의 아들 고종高宗은 즉위 후 태종의 첩으로 그의 사후 여승이 되어 있던 무씨武氏를 데리고 돌아와 총애하고 비서로 쓰는 중에 무씨는 궁중에 세력을 확장해갔다. 처음에는 궁중에서 적수인 황후나 귀비貴妃들과 다투어 차례로 이들을 죽이고, 다음에는 조정의 대신들과 싸우고 황족을 살육했으며, 최후에는 외척의 대장로인 장손무기長孫無忌를 추방해 살해했다. 장손무기의 선조는 북위 황실에서 나와 서위·북주·수를 거친 명문이며, 그의 누이동생은 태종의 황후가 되었으므로 당 초기 최고의 귀족이었다. 그가 무씨에게 패한 것은 보기 민망했지만 무씨로서는 이로써 조정의 전권을 수중에 넣게 되었다. 고종의 사후 무씨는 아들 중종中宗과 예종睿宗을 잇달아 세웠으나 곧 그들을 폐위하고 스스로 천자로 즉위해 국호를 주周라고 일컬었으니, 그가 이른바 측천무후則天武后이다.

무후의 권력 찬탈은 애초에 무리한 것이었기 때문에 한번 무리를 하니 거듭 무리를 강행하지 않을 수 없었다. 자기에게 적의를 가진 반대 세력, 당의 종실宗室, 대를 이어 황실을 모신 공신 가문들을 일부분씩 파멸시켜 그 일족을 살해했다. 그러나 이것은 긴 안목으로 보면 당 황실을 위해 좋은 결과를 가져왔다고도 할 수 있다. 이후 당 황실은 전통의 속박에서 해방되어 홀가분해지고 자유로운 정책을 시행할 수 있었기 때문이다.

무후가 주라고 국호를 고친 지 16년, 연령도 82세가 되었을 때 재상 장간지張柬之 등이 거병해 무후의 측근들을 죽이고 무후를 유폐시켜 죽게 하고 중종을 맞아 복위시켰다. 그런데 이때의 숙청이 불철저했기 때문에 궁중에 잔존해 있던 무씨 일족의 세력이 중종의 황후 위씨韋氏와 결탁해 위황후가 흡사 무후가 다시 온 듯이 조정에 임했다. 재상 장간지 등은 방심하는 사이 위황후에게 속아 피살되고 곧 위황후의 부정한 행실을 알아차린 천자 중종도 독살되었다. 중종의 아우 예종은 일찍이 무후 때 명목적인 천자로 즉위한 적이 있었는데, 그 아들 이융기李隆基가 거병해 황후 위씨와 그 측근 및 무씨의 잔당 등을 모조리 살육하고 부친을 맞아 복위시켰다. 즉위한 지 3년 만에 예종은 이융기에게 양위했으니 그가 재위 44년에 이른 현종玄宗이다(712).

현종 조의 영화

앞서 무후에 의한 구귀족의 숙청이 있었고, 이제 또 궁중에 뿌리를 가진 전통 세력이 일소되어 당 왕조는 현종 치하에서 재생의 첫 걸음을 내디뎠다. 조정에서의 인재 등용도 구습에 구애받지 않고 비교적 자유로이 행해지게 되었다. 현종 초기 그 연호에 따라 개원開元의 치治라고 일컬어진 태평 시대의 재상 요숭姚崇·송경宋璟은 모두 배경이 없는 관료였다.

현종 초기는 경제적으로도 호경기의 시대였다. 당대의 호구戶口는 처음 호 수 300만에서 출발해 고종 때 380만 호였는데, 그것이 현종 말기에 수대隋代와 같은 890만 호에 달한 것은 생산이 끊임없이 상승을 계속했음을 이야기해준다. 초기에는 경제가 아직 자연경제여서 비단이나 곡물이 교환의 매개로 사용되었다. 그러므로 전대의 형식을 이은 율律의 규정에는 비단을 화폐의 척도로 사용하며, 속죄 때에는 동銅 몇 근이라 하여 전錢이란 단위를 쓰지 않았다. 따라서 당 초기의 호경기란 것도 농민이 스스로 생산한 비단이 그대로 화폐로서 구매력을 갖고 원하는 물건이 무엇이든 살 수 있는 것을 의미했다. 이 비단은 곧 집결되어 외국 상인에게 팔리고 은이 되어 중국에 들어와 부호의 창고에 수장되었던 것이다.

당 고조 때에 개통원보開通元寶라는 동전이 주조되었지만 널리 통용되지는 않았다. 그것은 고종 때 와서 동전의 양식을 변

경한 것으로도 살필 수 있다. 하지만 현종 때에 같은 동전 개통
원보를 주조하면서부터 이것이 표준적인 화폐 형태가 되고, 그
중량이 후세까지 오래 답습되었을 뿐 아니라 일본에도 전해져
일본 동전의 모범이 되었다. 그 중량이 정확히 일본에 전해져 1
몬메(匁, 3.75그램)란 단위가 되었는데, 문匁이란 글자는 전錢이란
자의 약자이다. 한의 오수전五銖錢 이래 중단되어 있던 화폐 제
도가 이에 이르러 부활을 보게 된 것이다.

중국 경제에 더욱 큰 발전을 가져온 것은 페르시아인, 뒤이
어 아라비아인의 도래이다. 당 초기에 즈음해 아라비아에 무함
마드가 나타나 이슬람교를 일으키고 이른바 사라센 제국을 세
워 태종 시대에 사산조朝 페르시아를 멸망시키고, 그 세력이 차
츰 중앙아시아에 진출했다. 종교가 달라 배화교拜火敎(조로아스터
교)를 믿는 페르시아인은 아라비아인에게 쫓겨 중앙아시아의
이른바 실크로드를 따라 중국에 들어왔다. 그들은 숙련된 상인
으로, 특히 보석·귀금속의 감정에 뛰어나고 이익을 늘리는 솜
씨가 교묘해서, 중국에 들어오자 그 장점을 이용해 동산 자본
가로서 두드러졌다. 좀처럼 있을 수 없는 자의 예로서 궁파사窮
波斯, 즉 가난한 페르시아인을 들었다. 중국에서의 동산 자본의
발흥은 페르시아인에게 힘입은 바 컸다고 생각된다.

페르시아인을 뒤쫓아 다음에는 대식大食, 즉 아라비아인이 중
국에 도래했다. 그들은 육로뿐 아니라 해로로부터도 나아와 광
주廣州·천주泉州·양주揚州 등에 그 거류지가 있었다. 거기에는
아라비아인만이 아니라 페르시아인은 물론 유대인 등도 거주
해 번방蕃坊이라 불렸으며, 그들은 당 정부에 의해 자치를 인정
받고 있었다.[58]

이에 당 국내의 주요 교통로는 세계적인 순환 교통로의 일부분으로 편입되게 되었다. 만일 기점을 지중해에 둔다면 시리아―페르시아―중앙아시아―신강―돈황―장안―낙양―개봉―대운하―양주―동중국해―천주―광동―참파(占城)―말레이―스리랑카―아라비아해―홍해―시리아라는 식으로 아시아 대륙을 일주할 수 있었던 것이다. 물론 이 대간선의 임의의 지점으로부터 세계의 각 지방으로 무수한 지선이 뻗어 있었다.

현종 시대에 당 왕조가 재흥해 국제무역이 극히 번성하자 현종은 이전의 정관貞觀 시대에 설치되었던 6도호부都護府를 본떠 변경 지방에 10절도사節度使를 두고 국경의 경비, 무역의 보호를 담당하게 했다. 10절도사 중 안서安西·북정北庭은 다 같이 신강 내에 있어 같은 이름의 도호부가 부활된 것이며, 모두 서방무역에 종사하는 대상隊商을 보호하는 것이 목적이었다.

안사의 난

이처럼 경제가 활발해지는 것은 좋았지만 동시에 폐해도 수반되었다. 그것은 빈부의 계급 차가 빨리도 두드러지게 나타나기 시작한 것이다. 현종 시대는 각 방면에 신흥 계급의 진출이 눈부셨는데, 그들이 전통에 의한 속박을 느끼지 않고 능력을 충분히 운용해 성과를 올리는 한편 방약무인한 사치 생활에 탐닉해 반성하는 모습이 없는 것이 점점 더 빈부의 대립을 두드러지게 했다. 천자 현종 자신이 그 좋은 예였다. 현종과 양귀비

楊貴妃의 일락逸樂 생활은 관료와 군대의 기강을 무너뜨렸다. 이
민족[이란계 소그드인] 색채가 농후한 하북河北의 군벌인 안록산安
祿山·사사명史思明의 반란은 이른바 개원의 치라고 일컬어진 현
종 초기의 영광을 하루아침에 진흙탕에 내던지기에 이르렀다.

현종은 반란을 피해 촉蜀으로 도망가고 아들 숙종肅宗이 세워
졌는데 그 재위 5년간은 완전히 반란 진압을 위해 소모되었다.
상황上皇 현종이 78세로 죽고 나서 곧 숙종도 사망해 아들 대종
代宗이 즉위해 재위 18년에 이르렀다.

이른바 안사安史의 난은 가까스로 진정되었지만 그 후의 당
은 이미 이전의 당이 아니었다. 안사의 난의 주모자는 주멸되
었으나 거기서 분파된 군단은 하북을 중심으로 잔류해서, 표면
상으로는 조정에 귀순했지만 사실은 절도사란 이름을 갖는 군
벌로서 할거를 계속했다. 현종 말년에 호 수가 891만을 넘었던
것이 숙종 때에는 293만 호로 줄어버렸다. 이것은 실제로 그
숫자가 감소했을 뿐 아니라 군벌들이 반독립 상태가 되어 관할
지역 내 호구 수를 보고하지 않은 경우가 많았기 때문이다. 어
쨌든 간에 중앙정부가 장악하는 인구가 감소되었다는 점에서
는 변함이 없다.[59]

재정국가로의 변질

이와 더불어 당이란 국가 자체가 변질되어갔다. 종전의 당은
무천진 군벌 계통을 잇는 무력국가였다. 무력을 근간으로 삼
아 무력에 의해 치안을 유지하며 법제를 시행하고 조세를 징수

해 국가를 유지했다. 그러나 이 순환의 사이에 화폐가 개재하는 국면은 몹시 적었으며, 정부는 인민을 아무런 중개 없이 직접 군사 역역力役에 사용하는 경우가 매우 많았다. 그런데 안사의 난에 직면해 정부는 이 같은 조직은 이미 완전히 시대에 뒤처져 있음을 발견하고 시대에 상응하는 새로운 방식으로 전환하지 않으면 안 된다는 것을 깨달았다. 그것은 인민으로부터는 오로지 조세만 징수하고 그 조세에 의해 군대를 양성한다는 방법이다.

숙종이 즉위한 지 3년(758) 만에 당 정부는 제오기第五琦의 건의에 따라 각염법榷鹽法, 즉 소금 전매제를 실시했다. 소금 전매는 일찍이 한 무제 때에 시행된 적이 있고 그 후에는 때로는 중단하고 때로는 시행되었는데, 이 시기 이래로 이것이 역대 정부에 답습되어 거의 중국의 국시國是인 듯한 양상을 드러냈다. 더욱이 그 목적이 군사비 충당에 있었으므로 세율이 대단히 높았다. 최초에는 소금 한 말을 원가 10전의 열 배인 100전을 부가해 110전에 팔았다. 이것도 엄청난 고가인데, 시대가 내려옴과 함께 정부의 재정난이 가중되어서 이에 따라 소금 가격도 올라서 310전, 또 370전이 되었다. 바로 원가의 37배인데, 당이후의 각 왕조도 대체로 이 정도의 세율을 유지해 청조 말기까지 이르렀다. 메이지유신 이후 일본인이 중국에 건너갔을 때 소금이 사탕보다도 비싼 것에 놀라기도 했다.

전매는 소금에 한정되지 않았다. 소금과 거의 동시에 술의 전매가 시작되었는데, 이쪽은 실시하기가 곤란했기 때문에 때로는 시행되고 때로는 중지되었다. 곧 차茶의 전매, 광산세·나루터세 등도 시행되기 시작했다. 무릇 세금의 대상이 되는 것은 백방으로 찾아내서 다 거두어들였던 것이다.

숙종 다음 대종을 거쳐 덕종德宗 즉위 초에 양세법兩稅法이 시행되었다. 이것은 균전법均田法의 폐지를 의미하며, 농민은 공전公田에 대해서도 토지 소유가 인정되고, 종래의 과역課役, 즉 조租·용庸·조調 대신에 봄·가을 두 계절에 세전稅錢을 상납해야 하는 것으로 규정되었다. 이미 각종 상품의 전매법이 시행되고 정부가 금전 수입을 중심으로 재정을 운용하게 된 이상 토지세 또한 동전으로 납부하는 전납화錢納化가 되는 것은 필연적 추세였던 것이다. 다만 조세 부담자가 현금 수입원을 갖지 못한 농민이었기 때문에 동전으로 납부하는 방법은 실시하기 어려운 상황이었다. 이 때문에 실제로는 비단과 곡물로 환산해서 납부(折納)하는 편법을 취하지 않을 수 없었다. 또 양세법의 첫 취지는 정부가 매년 예산을 세우고 예산에 따라 세금을 계상해 필요한 액수만을 징수할 예정이었지만 장기간 세입을 계산해 세출을 절제한다는 방식해 익숙해온 관료에게는 이것을 완전히 반대 방식으로 행할 적응력이 없었다. 그래서 최초에 정한 세액은 그대로 언제까지나 답습되고, 부족해지면 그 부분만큼 증액하여 징수한다는 기계적이고 융통성 없는 수단이 취해졌다. 그리고 토지 이용 상황의 변화 등에 대응해 새로운 토지대장을 바꿔 만드는 일을 좀처럼 하지 않았기 때문에 늘 과세가 불공평해지기 쉬웠다.[60]

숙종으로부터 덕종에 이르는 동안에 시작된 일련의 신경제 정책은 당이란 국가의 성질을 일변시켰다. 여태까지의 무력국가武力國家는 이에 이르러 재정국가財政國家로 변질된 것이다. 무엇보다도 재정을 우위에 두고 세입을 증가시켜 재정을 풍부하게 하면 평화도, 문화도 그것으로 산다는 생각이다. 국내에 반란이 일어나면 금전을 주고 이민족의 군대를 고용해 사용하고, 다음에 이민족 국가로부터 침입을 받으면 금전을 주고 이와 화해하는 것이었다. 이러한 재정국가 방식은 나중의 송 왕조에게 선례를 보여준 것이며, 또한 이것은 중국에 한한 것이 아니라 서아시아 문명의 오랜 나라들에서도 자주 실행된 정책이었다.

당쟁의 폐해

그 경제 정책에서도 볼 수 있듯이 당 왕조는 그 후반에 들어가면 북조北朝적인 색채를 상실하고 중국적인 색채를 짙게 드러내기 시작한다. 그것은 때로는 일찍이 중국적 사회의 딜레마를 보여준 후한 말기가 재현된 듯한 양상을 나타냈다. 당 왕조의 전반기에 무후·위후 등 여성이 정치에 참견한 것은 중국 사회에서는 상상도 할 수 없는 현상으로 이것은 당 왕조가 이민족적 성격을 지니고 있었음을 이야기한다. 이 성격은 현종 이후에 와서 소멸되지만 다음에는 그 대신 중국적 사회의 약점에서 생기는 여러 특징들이 나타나기 시작했다. 그것은 후한 말에 일어난 관료의 당파적 단결, 이것과 연결되어 생기는 환관의 전횡이다.

덕종 조에 재상 노기盧杞가 중용되고 권력을 휘둘러 간사한 자로 일컬어졌다. 덕종의 아들 순종順宗의 1년 미만의 재위 중에는 당파를 만들어 조정의 정치를 좌우하려는 야심가가 나타나 명문장가 유종원柳宗元도 그 당파 속에 있었는데, 순종이 죽고 헌종憲宗이 즉위하자 모두 추방에 처해졌다. 헌종 때 이길보李吉甫가 재상이 되어 올바르게 인재를 등용했다는 말을 들었는데, 그 가운데 시인 백낙천白樂天도 포함되어 있었다. 그러나 이길보에게는 한편으로는 천자의 뜻에 영합한다는 비난도 있었다. 이 이길보의 아들이 이덕유李德裕이다.

목종穆宗의 아들 경종敬宗은 궁중에서 환관에게 시해당하고 아우 문종文宗·무종武宗 형제가 잇달아 천자가 되었다. 문종 때 이덕유가 한림학사翰林學士가 되어 언로言路를 담당하자 신진新進인 이종민李宗閔이 이전에 그 부친의 실정을 비난한 것을 증오해 그 당파를 배척했는데, 이종민은 환관의 도움을 빌리고 우승유牛僧孺를 끌어들여 함께 재상이 되어 이번에는 이덕유와 그 당파를 조정에서 축출했다. 당시 이종민과 우승유를 아울러 우이牛李의 당黨이라 불렀는데, 후세에 이 말의 의미를 오해해 이덕유와 우승유란 양파의 당쟁黨爭이라고 해석하게 되었다.

조신朝臣의 당쟁은 지극히 중국적인 현상인데, 특히 이때에 이덕유는 부친 이길보가 재상이었기 때문에 그 덕분으로 아무런 전형銓衡도 거치지 않고 임관할 수 있었던, 이른바 임자任子(음서蔭敍) 출신인 데 반해 이종민과 우승유는 과거제의 진사進士 출신이고, 특히 두 사람은 같은 해에 과거에 급제했다는 우의가 있었다. 임자와 진사는 모두 중국적인 제도인데, 이를 배경으로 성립된 당파 싸움이 그 후 20년에 걸쳐 계속된 그 집념 또한 상당히 중국적이었다고 해야겠다.[61]

우승유가 재임 중에 서장西藏에 대한 정책 실패가 문제가 되어 실각하자 이번에는 이덕유가 기용되어 재상이 되고 이종민도 축출되었다. 그런데 이덕유는 환관에게 거역해 사직하니 그 대신 이종민이 재상이 되고 이덕유는 면직되었다. 이 시기에는 이덕유는 임자 출신의 귀족이어서 자존심이 높아 환관과 결탁하는 것을 깨끗한 일로 여기지 않은 데 반해, 이종민 등 진사파는 벼락출세자가 늘 그렇듯이 목적을 위해서는 수단을 가리지 않고 환관이 함부로 부리는 것도 감히 감수한다는 점에서 평판이 나빴던 것이다.

무종이 형 문종을 이어 천자가 되자 이번에는 이덕유를 불러 재상으로 삼았다. 필연적으로 우승유와 이종민이 물러나 좌천되어 유배를 당했다. 그러나 무종이 죽고 숙부뻘인 선종宣宗이 들어와 즉위하자 바로 이덕유를 면직시켜 지방으로 내치고 이듬해 다시 관위를 좌천시켜 추방했는데, 거의 동시에 우승유도 죽고 이종민은 그 전해에 죽었으므로 두 당파의 수령은 점차 일소되게 되었다 이 선종은 당 왕조 후반에서는 헌종과 더불어 명군으로 일컬어졌지만, 조정에서의 당파 싸움을 진정시켰는데도 궁중에서의 환관의 전횡을 억누를 수가 없었다. 이 선종이 사망하자 당 왕조는 완전히 환관의 왕조인 듯한 양상이 되었다. 하지만 환관 세력의 신장은 급작스레 시작된 것은 아니고 그 연원을 찾으면 현종 때까지 소급될 수 있다.

환관의 전횡

현종이 양귀비를 총애해 연회 향락으로 세월을 지새우자 이에 따라 궁중 사무를 관장하는 환관이 자연히 세력을 얻었으며, 조정 관료가 장상將相의 지위에 오르기 위해서는 환관 고력사高力士에게 알선을 의뢰하는 것이 첩경이라고 일컬어졌다. 희한한 것은 고력사는 미인을 아내로 맞아 영화에 탐닉하고 금전·재화를 쌓아 불사佛寺·도관道觀을 건축해 국가의 힘으로도 미치지 못할 만큼 화려하기 그지없는 생활을 했다. 그 후 명군으로 칭송받는 헌종은 환관의 세력을 억압하려다가 도리어 환관에게 시해당했다. 다음의 목종은 재위 4년으로 끝나고 아들 경종은 재위 2년 때 환관에게 시해되어 아우 문종이 환관의 힘으로 옹립되었다. 그렇지만 문종은 환관의 전횡을 좋아하지 않고 재상 이훈李訓 등과 모의해 환관을 주륙하고자 했지만 환관들은 근위병을 장악하고 있었으므로 반격에 나서 이훈 등 조정 대신들을 모조리 잡아 죽였다. 그래도 천자에게는 손을 대지 못했지만 그 이후 정사는 죄다 환관의 손으로 들어가고, 천자도, 재상도 다만 문서에 서명만 할 뿐 그 천자의 폐립廢立마저 환관의 뜻대로 행해지게 되었다. 문종은 환관의 전횡에 이를 갈면서도 결국 대항 조치를 찾아내지 못한 채 재위 14년을 마쳤다. 문종이 죽자 그의 뜻에 반해 아우 무종이 환관에게 옹립되어 즉위했다. 이 같은 상태였으므로 대신 관료 간의 당쟁이라 해도 그것은 정치의 본질에 관계될 정도의 것은 아니고, 단순한 관료의 인사이동, 승진의 늦고 빠름을 주안점으로 한 것이었음을 알 수 있다. 다음의 선종 또한 환관에 의해 제위에 올랐다. 영명하다고 일컬어진 선종은 환관을 주살할 뜻은 있었지만 결국 그 기회를 얻지 못하고 끝났다. 그의 아들 의종懿宗, 그 아들 희종僖宗, 그의 아우 소종昭宗이 모두 환관에게 옹립된 천자여서, 당시 천자는 환관의 문하생에 불과하다는 말이 나돌았다. 그러나 조정에서 대신이 파벌 싸움을 하고, 궁중에서는 환관이 천자를 우롱하니, 천자는 자포자기가 되어 사치와 연회 향락에 빠져 있는 사이에 사회에는 천지를 놀라 뒤흔들리게 할 만한 대사건이 진전되어 가고 있었다.

황소의 난

정부가 소금을 전매해 값비싼 소금을 인민에게 강매한 것은 단순히 소비자들을 경제적으로 힘들게 하는 것에 그치지 않고 더욱 커다란 부작용을 야기하기 마련이었다. 그것은 비밀결사秘密結社의 성립이다. 모든 통제에는 암거래가 따르기 마련인데, 통제 가격이 높으면 높을수록 암거래의 이익이 커진다. 이를 방임하면 관염官鹽이 팔리지 않게 되므로 정부는 엄중한 단속을 실시해 암거래 상인에 대해서는 사형도 포함하는 중죄로 대처한다. 그러면 암거래 상인 쪽에서도 자위책을 강구해 비밀결사를 조직해 전국적으로 연락을 취하고 최종적으로는 무장해 반항 운동으로 나설 준비를 갖추는 것이다. 당의 소금 전매 이후 중국 사회는 일종의 기형적인 상태로 떨어져 한편으로는 비밀경찰, 한편으로는 폭력단이 있어서 인민의 생명과 재산이 늘 불안의 위협을 받고 있었다. 이후의 중국에서는 평화로운 시대라 일컬어져도 늘 크고 작은 반란이 국지적으로 일어난 것은 이 때문인데, 그 최초의 예가 당 희종 초년에 일어난 왕선지王仙芝·황소黃巢의 반란이다.

이 두 사람은 하남성 접경에 가까운 산동성의 교통이 편리한 황하 연변에서 사염私鹽 밀매에 종사하고 있었는데, 재해와 중세重稅 때문에 지방 도처에서 소규모 반란이 일어난 것에 편승해 먼저 왕선지가 기병하고, 뒤이어 황소가 이에 호응해 부대장이 되었다. 당시 실업자가 흘러넘치고 있었으므로 갑자기 수만 명의 군중이 집결했다. 주의해야 할 것은 이들 중 북방 이민족으로서 투항해 각 도道에 유배된 자가 많이 섞여 있었다는 사실이다. 그들은 천부적으로 숙련된 군인인 데다가 비밀결사 간의 연락·정보망이 천하에 두루 펼쳐져 있었으므로 그 전투력도 기동력도 관군보다 훨씬 우월했다. 이 점에서는 결코 농민전쟁 따위의 말을 할 수 있는 성질의 것이 아니었다. 그들은 무인지경을 달리듯 천하를 횡행해 양자강을 건너 광주廣州를 함락시키고, 다시 양자강의 남북을 왕복하다가 최후에는 낙양을 거쳐 수도 장안을 점령했다.

천자 희종은 촉으로 도망해 산서山西 북부의 진양晋陽에 이주해 있던 사타沙陀 부족의 족장 이극용李克用에게 원조를 요청했다. 사타는 돌궐계 민족으로 앞서 당에 투항해 국성國姓인 이씨를 하사받고 있었다. 이극용은 여러 차례 황소를 격파했으며, 황소 반란군에 있다가 투항한 주전충朱全忠과 협력해 황소를 궁지에 몰아넣어 이를 죽였다.[62]

반란 평정에 공이 있었던 이극용과 주전충은 그 후 패권을 다투어 공방전을 했는데, 이극용이 불리해 산서로 돌아가니 중원은 주전충의 독무대가 되었다. 그는 대운하와 황하의 교차지점인 개봉開封에 의거해 장안의 당 조정을 제압했으며, 희종의 아우 소종 때 군을 이끌고 장안에 들어가 궁중의 환관들을 모조리 주륙했다.

그렇지만 환관의 장악으로부터 해방된 당 조정은 더 한층 고립무원이 되었으며, 환관을 주살한 주전충 외에 누구도 의지할 자가 없었다. 더욱이 천자 소종은 기질이 영명해 중흥의 뜻을 품었으므로 두려운 마음이 든 주전충은 수도를 자기의 근거지 개봉에 가까운 낙양으로 옮겼다. 백관 이하 인민까지 강제적으로 장안에서 퇴거하지 않으면 안 되는 대소동을 연출했다. 상하에 슬피 우는 소리가 높은 가운데 천자는 낙양에 도착하자 얼마 못 가 죽음을 당하고, 막내아들 애제哀帝가 옹립되었다. 형 아홉 명은 살해되고, 애제 자신도 곧 즉위 4년 만에 강박을 받아 주전충에게 제위를 선양하고 그 후 결국 피살되었다. 이것이 한때는 전성을 자랑하며 3백 년 가까이 계속된 당 왕조의 최후였다. 주전충은 즉 오대五代 후량後梁의 태조太祖이다.

5. 오대

최후의 분열 시대

안록산의 난 이후 당 왕조는 이미 통일 국가는 아니게 되고 하북을 비롯해 각지에 군벌 세력이 할거해 반독립 상태에 있었다. 그러나 장안을 수도로 삼은 당 왕조는 대운하의 연선沿線을 확보함으로써 재정국가로 변신해 그 명맥을 보존할 수 있었다. 여기에 중세적 분열 경향이 다시금 강하게 나타난 것인데, 당 왕조에 다행이었던 것은 분열 경향은 지방 군벌 자신에게도 미쳐서 그들 간에 대단결이 생기는 것을 막은 점에 있었다. 그런데 황소의 동란은 천하를 대혼란에 빠뜨렸으며, 이 대혼란 중에 국지적 통일의 중심이 각지에 출현했다. 그중 최대였던 것이 주전충의 집단인데, 이것은 황소군의 중핵 세력이 외피만

벗은 것에 지나지 않았다. 그러나 주전충이 당을 찬탈해 오대의 양梁을 세웠지만 그 정령政令이 미치는 범위는 황하 연안의 화북 중원 지방에 지나지 않았고, 양자강 유역 이남에는 같은 황소 집단으로부터 분파되거나 또는 이것에 적대하면서 서로 유사한 성질을 지닌 군인 집단들이 중심이 되어 각각 세력 범위를 정하고 독립 정권을 수립해가고 있었다.

우선 절강성浙江省 일대에 항주杭州를 수도로 해서 전류錢鏐의 오월吳越이 일어났으며, 이 나라를 북방으로부터 엄폐하듯이 강소江蘇·안휘安徽·강서江西 3성에 걸치는 양행밀楊行密의 오吳(그 뒤를 이은 남당南唐)가 있었다. 그 서쪽 호남湖南성 방면에는 마은馬殷의 호남국(楚)이 성립되었다. 이 3국의 군사력의 중심은 모두 황소 집단의 분파이다. 이리하여 화북과의 연락이 단절된 복건성福建省에는 왕심지王審知의 민閩이, 광동성에는 유암劉巖의 남한南漢이 독립했다. 그 밖에 사천성四川省에는 왕건王建의 촉蜀이 독립하고, 그 동쪽으로 이어지는 양자강 중류의 형주荊州 부근에 고계창高季昌의 형남荊南 또는 남평국南平國이 주위의 세력 균형의 틈 사이에서 반독립 정권을 수립했다. 이들 남방 여러 나라는 무역상의 필요로 인해 때로는 중원의 양 왕조에 대해 명목상 그 주권을 인정해 신하의 예를 취하기도 하고 평화적 태도를 보였지만, 양에게 가장 큰 위협은 산서성 북부에 웅거한 이극용의 사타 왕국이었다. 이 나라는 진晉이라 불렸는데, 이극용의 아들 이존욱李存勗 때가 되면 양이 쇠퇴한 데에 반해 그 땅의 특수 자원을 이용함으로써 갑자기 세력을 만회해 강국이 되었다. 이 진이 최후에 양을 압도, 멸망시켜 후당後唐이 되고, 그 후당은 후진後晉에게 넘어갔으며, 후진이 쓰러진 후에 후한後漢이 대체하고, 후한은 후주後周에 제위를 선양한다. 이것이 이른바 화북 중원의 다섯 왕조인 오대五代인데, 지방에는 대소의 독립 정권들이 속출하는 가운데 송대 구양수歐陽修의 이른바 『신오대사新五代史』는 십국十國을 끄집어내 『사기』를 본떠 세가世家를 설정했다. 이른바 십국이란 오와 남당을 나누어 둘로 하고, 촉을 왕씨王氏의 전촉前蜀과 맹씨孟氏의 후촉後蜀 둘로 나누고, 여기에다 남한·초·오월·민·남평 및 후한 왕조에서 갈라져 나온 북한北漢을 합쳐 열 나라가 되는 것이다.

이 전후가 중세적 할거가 절정에 달한 시기이다. 종전의 중국에서는 분열은 화북에 일어나는 경우가 많고, 강남은 대체로 통일을 보존하고 있었다. 그것은 강남 지방의 개발이 아직 충분하지 않아서 이곳저곳에 독립 정권을 만들어 이를 유지할 정도의 인적, 물적 자원이 갖추어져 있지 않았음을 이야기한다. 그런데 오대에는 주로 양자강 유역 이남이 분열의 주체가 되고 있다. 특히 호남성의 초의 경우는 이색적이니, 종전에는 호남성과 같은 곳이 상당히 장기간에 걸쳐 독립 정권을 꾸려온 예가 일찍이 없었던 것이다.

군벌의 통합

이 같은 분열의 형세도 그것이 귀착점까지 가면 다음에는 이로부터 크게 방향을 바꿔 통일로 향하는 움직임이 생겨, 그것이 가속화되면서 통일의 실현을 향해 매진하게 된다. 여기에는 두 가지 요인을 생각할 수 있다.

첫째는 군벌 세력의 동향이다. 할거 정권은 전쟁의 결과 생긴 것이지만 그 전쟁이 계속되면 언젠가는 승패의 운명이 결정되고, 그때의 승자가 중심이 되어서 통일이 진전되어 간다. 그 좋은 예는 중원에서의 후량의 주씨와 산서의 진晉 나라 이씨와의 전쟁이다.

이존욱의 근거지인 진은 양질의 철광을 산출하고 또 무연탄을 생산하므로 당 무렵부터 제철이 성하고 이기利器의 제조로 알려졌다. 게다가 명반明礬이라는 특산물이 있는데, 이것은 피혁을 무두질하는 데 불가결의 물질이다. 그 군사는 사타란 유목 민족이고, 군마의 보급은 장성 밖으로부터 무한히 지속될 수 있었다. 이 같은 이점으로 인해 진은 차츰 개봉의 후량 정권에 대해 우위에 서게 되었다.

후량에게 불리한 것은 이 나라가 황소 군단의 후신이었으므로 교양이 부족하고 살벌한 기풍이 강해 통치자로서의 자격이 충분하지 못한 점에 있었다. 그것은 안사의 난의 최후에 방불한 것이었는데, 안록산과 사사명이 모두 그 아들에게 피살된 전례대로 난폭 음란한 후량의 태조도 그 아들 주우규朱友珪에게 피살되었다. 우규가 자립했지만 바로 아우인 말제末帝 우정友貞에게 피살되었다.

후량의 영내인 하북 지방에는 당 이래로 군벌이 위주魏州를 중심으로 반독립 상태에 있었다. 이는 안록산 집단의 자손이다. 이 위주 군벌이 배반해 진에 항복한 것이 후량에게 치명타가 되었다. 진왕 이존욱은 위주 병력의 선도를 받아 개봉으로 들어가 후량의 말제를 공격해 죽였다. 말제는 그때에 이르러서도 형제가 모반하지 않을까 두려워해 이들을 모두 다 살육했다.

진왕 이존욱, 즉 장종莊宗은 개봉을 점령하고 제위에 오르자 자기 성이 이씨이므로 대당大唐의 뒤를 잇는다고 자처해 국호를 당이라 하고, 낙양이 당의 동도였던 까닭으로 개봉을 떠나 낙양으로 천도했다.

후당의 성립에 의해 화북의 3대 군벌이 통합되었다. 그 중심은 사타족이며, 여기에 안사安史 집단의 자손인 하북 군벌 및 황소 집단의 후신인 후량의 투항병들이 덧보태진 것이다. 바꿔 말하면 대당 후기의 군벌의 역사가 이 새로운 후당 왕조에 집약된 듯한 양상이었다. 이에 중국 전체의 통일로 향하는 원동력이 조성된 셈이다.

후당의 장종은 의제 명종明宗에게 제위를 뺏기고, 명종의 아들 민제閔帝는 또 의형 노왕潞王에게 찬탈당하고 피살되었다. 하지만 이 노왕은 또 의제 석경당石敬瑭의 공격으로 피살되었다.

거란의 흥기

석경당은 국호를 진晉이라 하고 고조高祖란 묘호廟號로 불리는데, 후당을 대신하자 도읍을 개봉으로 되돌렸다. 그가 후당과 싸웠을 때 새로이 장성 밖에서 일어난 몽골 인종의 거란(契丹, 키탄 또는 키타이)으로부터 원병을 빌렸는데, 성공의 사례로서 장성 내의 이른바 연燕·운雲 16주州를 거란에게 할양해준 것은 후세에 길이 분쟁의 씨앗을 남겼다. 보통 연·운 16주라고 하지만 실은 연이란 유주幽州를 말하는 것이며, 16주란 즉 유幽·계薊·영瀛·막莫·탁涿·단檀·순順·신新·규嬀·유儒·무武·운雲·응

應·환寰·삭朔·울蔚주이다. 그 뒤 후주後周의 세종世宗이 이 가운데 영·막 2주를 회복하고, 거란 측이 새로 역주易州를 점령했으므로 송대까지 넘어간 것은 15주이다. 그 밖에 영營·평平·난灤 3주가 있는데, 이것은 훨씬 전부터 거란령이 되어 있었으므로 문제가 되지 않았다.

중국 중세에서는 오대 중반경인 후당 무렵부터 통일 경향이 나타난 것에 비해 북방 이민족 간에는 이보다도 한 걸음 빨리 당 말기에 이미 통일의 기운이 움터, 장성長城 밖의 시라무렌 강[요하遼河 지류] 유역을 중심으로 거란 제국이 발흥하고 있었다. 거란 태조太祖 옐리 아바구치(耶律阿保機)는 이보다 앞서 오랫동안 송화강松花江 유역에 나라를 세워 당·일본과 교통하고 있던 발해국渤海國을 멸망시키고, 내·외몽골을 점차 병합해 아시아에서 최대의 무력국가가 되었다. 이것은 고대의 흉노, 중세의 돌궐·회흘回紇 제국의 재현을 상기시키는 것인데, 여태까지의 여러 나라는 모두 서방에서 일어나 동방으로 세력을 미친 것에 반해 거란에 이르러 비로소 동방에서 일어나 서방을 위복시켰다. 이것은 아시아 대륙에서의 동·서의 비중에 변화가 일어나기 시작했음을 보여주는 것이다.

종래 파미르 고원을 경계로 하여 아시아를 동서로 나눌 때 서아시아 여러 나라의 문화·경제는 대개 동아시아보다도 우세했으며, 따라서 문물의 흐름은 서로부터 동으로 향하고 있었다. 이것은 필연적으로 북방 유목 민족의 형세에도 영향을 주어, 직접 서아시아 문명과 접촉하는 서방 유목 민족은 늘 동방 유목 민족을 압도해 패권을 주장했다. 그런데 당 말기, 오대 무렵부터 동아시아의 중국 문화가 서서히 흥륭해 생산에서도 서방을 능가하는 새 국면을 맞이했다. 이것이 바로 북방에도 반영되어, 예상대로 동방에서 일어난 거란의 패업이 가능해진 것이다.

거란의 발흥은 또한 동아시아에서의 제 민족의 민족적 자각이 왕성해진 결과 나타난 하나의 현상이었다. 이 여러 민족 중에 중국 민족도 포함되는 것은 물론이다. 그리고 이 민족적 자각의 발달이 중국의 근세 사회의 한 특징으로서 중세와 구별되는 표지가 되는 것이다.[63]

민족 투쟁

후진後晉에서는 고조의 아들 출제出帝 때 조정에 민족적 국수론國粹論이 왕성해지고, 거란에 대해 신하의 예를 취함을 부끄러이 여겨 대등한 국교를 추구해 연례적인 세폐歲幣의 기증을 중지했으므로, 거란 측은 크게 노해서 태조의 아들 태종太宗이 대군을 일으켜 개봉에 쳐들어갔으며, 스스로 중국을 지배하고자 하여 거란의 국호를 고쳐 중국식으로 요遼라고 불렀다. 그러나 중국 인민은 이민족의 지배에 따르지 않고 사방에서 유격 활동을 전개했으므로, 태종은 중국 통치를 단념하고 군을 거두어 북으로 귀환하는 도중에 병사했다. 진과 요의 전쟁은 두 민족의 국수주의의 충돌인데, 또 서로 상대를 압도하는 것이 불가능하다는 사실을 실증하는 결과가 되었다.

중국인의 유격 활동이 왕성했을 때 산서성의 군벌 유지원劉知遠이 군을 일으켜 유격대를 돕고, 요군이 북으로 돌아가자 그 대신 개봉에 들어가 천자로 즉위해 국호를 한漢이라고 했다. 이 천자 고조高祖는 재위 1년으로 사망하고 아들 은제隱帝가 즉위했지만 재위 3년에 주周의 태조太祖 곽위郭威에게 제위를 찬탈당했다. 후한은 겨우 4년, 역대의 정통 왕조로 열거되는 것 중에서 이처럼 덧없는 왕조는 전에도, 후에도 달리 없었다.

후주後周에 들어와서 중국은 드디어 통일의 서광이 비쳐왔다. 그것은 후당 이후 정부의 중앙집권 정책이 차츰 효력을 나타냈기 때문이다. 당시 중원 지방은 그때그때의 중앙정부에 복속하기는 하지만 아직 중앙의 정령政令이 지방 구석구석까지 관철되지 못하는 취약함이 있었다. 그것은 당 후기 이래 지방정부의 군軍 절도사節度使, 주州 자사刺史가 그 지방의 조세를 징수하면서 그 군대를 양성한다는 봉쇄성을 지반으로 삼는 것으로 인해 자연히 자치성이 강하고 중앙의 명령을 간섭으로 받아들여 반항하고자 했기 때문이다. 그래서 중앙정부는 지방의 조세를 일단 중앙의 손에 거둬들이고 그 조세를 지방에 교부해 군대를 양성시키고 이 군대는 중앙에 직속시킨다는 식으로 차츰 정책을 전환해 갔다. 그리고 지방 군대 중에서 건장한 자를 선발해 중앙에 보내게 했으며, 이리하여 수도의 금군禁軍을 강화했던 것이다.

명군 후주의 세종

후주 태조는 재위 3년으로 사망하고 양자인 세종世宗이 즉위했다. 세종은 오대 50여 년 동안에 나온 제일의 명군이라 칭송된다. 세종이 최초로 위명을 드러낸 것은 북한北漢의 침입을 격퇴한 사건으로 인해서이다. 앞서 후한이 후주에 찬탈되었을 때 후한의 일족 유숭劉崇이 산서성 북부에서 자립해 주의 지배에 복종하지 않았다. 이것을 북한이라 하는데, 이제 주 세종이 태조를 계승함에 즈음해 아직 통치권이 확립되지 않은 기회를 노려 거국적으로 군을 일으켜 결전을 도발하고자 습격해온 것이었다. 세종은 스스로 금군禁軍을 이끌고 이에 대적한 격전에서 대승을 거두었다. 이 전투 직전에 적을 보자마자 도망친 장교 70여 명을 문책해 모조리 참형에 처했다. 이것은 많은 뇌물에 유혹되어 적에게 내응한 죄를 힐책한 것이며, 당시 군대에서 흔히 있었던 악폐였기 때문이다. 한편 이 싸움에서 공이 컸던 장군 조광윤趙匡胤 이하에게는 후한 상을 내렸다. 세종은 군기를 떨쳐 숙정하고 상벌을 엄명히 했으므로 당시로서는 비할 바 없는 강병을 구사할 수 있게 되었다.

세종은 예봉을 남당南唐으로 향해 회남淮南 강북江北의 땅을 탈취하고 남당을 보호국으로 삼았다. 이로써 50년간 세력 균형을 유지하던 천하의 형세가 붕괴에 직면하고 급전직하 통일을 향해 나아가게 되었다. 그것은 이 해안의 염장鹽場을 포함한 새 영토의 획득으로 후주는 양자강 상류 각국의 존망을 제어할 수 있었기 때문이다.

중국에서는 소금 생산지가 한정되어 있음으로 인해 자연히 생산지와 소비지 간의 결합이 고정되어왔지만 이 경향을 결정적으로 만든 것이 당대에 시작된 전매법이니, 어떤 산지의 소금에 대해 소비 구역이 엄중하게 지정되고 그 경계에는 국경과 같은 엄한 경계선이 설정되었다. 이 인위적 경계선이 설정되자 그 안과 밖에서 관염官鹽의 가격에 커다란 차이가 생기는 것을 피할 수 없었다. 그래서 만약 값싼 지역의 소금을 값비싼 지역으로 가지고 들어가면 그것이 관염이라도 사염私鹽과 마찬가지의 무거운 형벌을 받는다. 이리하여 생산지와 소비지는 긴밀하게 결합되었던 것이다. 하지만 당대에 양자강 유역의 개발이 크게 진척되자 그 지역에 공급하기 위해 강소성 해안, 이른바 회남 염장의 소금 생산이 급격히 증가했다. 그리고 이 땅을 영유하는 남당이 양자강 유역을 압도해 강남에서 패권을 잡고 있었다. 하지만 그 염장을 이제는 후주에게 탈취당한 것이다. 이 결과 남당의 잔여 지역 및 호남의 형남荊南 지방은 후주의 소금 공급을 받지 않으면 안 되었다. 그 소금의 대가는 필연적으로 비싼 것이므로 이 점만으로도 이들 지방은 자립 능력을 잃어버렸던 것이다.

이 형세는 해안선을 따라 나라를 세운 오월吳越 · 민閩 · 남한南漢 등의 나라에도 영향을 미쳤다. 이들 각국은 영지가 협소한 만큼 독립 정권을 유지한다는 게 보통 어려운 것이 아니었으니, 무역의 중계, 혹은 차나 도기陶器 등 특수 산업의 육성에 의해 농업 이외에서 이익 징수의 증가를 꾀하고 관리와 군대를 양성하지 않으면 안 되었다. 종래에는 각국의 노력이 서로 보완해 가까스로 균형을 유지하고 있었던 것인데, 남당이란 큰 기둥이 동요하기 시작했으므로 그 영향은 큰 것이었다. 북방에서 오는 중압에 의해 남방의 여러 정권들이 붕괴해가는 것은 이미 시간문제로 생각되었다.

그렇지만 후주 세종은 이 예견된 성과를 자신의 손으로 거두기에는 너무나도 운이 나빴다. 북정해서 거란과 싸우고 앞서 후진이 할양한 영토의 일부를 회복하는 등 눈부신 활약을 보였지만 재위 겨우 6년, 39세의 젊은 나이로 아깝게도 병사했다. 아들 공제恭帝가 7세의 어린 나이로 즉위하자 병변兵變이 일어나 근위군 대장 조광윤이 옹립되어 천자가 되고, 송 왕조가 출현했다. 그가 송宋의 태조太祖인데, 그의 손으로 후주 세종이 남긴 통일 사업이 대략 달성되게 되었다.[64] 폐위된 공제는 종래와 같이 가혹한 운명에 부딪히지 않고 살았다. 선양이란 충분한 실력을 갖춘 자가 당당히 행하는 정권 주고받기의 수단이어서 전 왕조의 반격을 두려워할 아무런 필요가 없다는 삼국시대 위의 선례가 오랜만에 부활했던 것이다. 그리고 이와 동시에 중세는 종말을 고했다. 송 태조의 즉위를 최후로 하여 중세의 특징이라 볼 수 있는 선양은 영구히 중국사에서 볼 수 없게 되어버린 것이다.

제3편 | 근세사

1. 북송과 요

송의 통일

오대 후주後周의 뒤를 이어받은 송의 태조 조광윤은 재위 17년간 남방에서 독립해 있던 남당을 비롯해 촉·남한 등 도합 6국을 평정했으며, 다음에 아우 태종太宗은 북방에 잔존하던 북한, 남방 양자강 하구에 위치한 오월을 멸망시켜 당 말기 이래 오랫동안 분열되어 있던 중국을 재통일했다. 다만 오대 동안 북방의 유목 민족 거란의 요遼 왕조에게 점령당한 백하白河 유역, 이른바 연·운 16주 땅은 태종이 두 번에 걸쳐 회복의 군을 일으켰는데도 그때마다 실패해 오랫동안 요의 영토로 내버려 두지 않을 수 없었다.

송 태조의 통일 사업이 비교적 원활하게 진행된 것은 전대 후주의 명군 세종의 유업을 계승했기 때문이었다. 태조가 상속한 유산 중 첫째는 강력한 금군禁軍이었다. 오대의 분열 시대에는 표면상으로 통일을 유지하고 있었던 듯이 보인 화북에서도 그 내부에 또 군벌이 할거해 반독립 정권을 수립하고 있었다. 그런데 이 군벌 정권이 다시 분열해 세분화되면 다음에는 그 결과로 약체화되어갔다. 이에 편승해 중앙정부는 지방 재정을 흡수해 중앙에 집중시키고, 그 힘으로 천자 직속의 금군을 증강시켰다. 이 군사력의 중앙 집중 정책은 후당後唐 무렵부터 시작되어 후주의 세종에 의해 강화되고, 다시 송 태조에 의해 완성되었던 것이다. 태조의 직속군인 금군은 19만 명이었는데, 4대째인 인종仁宗 무렵에는 82만 명에 달했다.

태조가 후주의 세종으로부터 상속한 재산 중 둘째 것은 회수로부터 양자강에 이르는 해안의 염산지, 이른바 회남淮南 염장의 재정 수입이었다. 이 땅에서 생산하는 소금은 거의 양자강 전 유역의 인민에게 배급되고, 정부는 거기에 고액의 염과鹽課를 부과했으므로 막대한 수입을 올릴 수 있었다. 태조는 이를 사용해 병선을 만들고 무기를 확충해 대거 남하했으므로 남방 여러 나라는 거의 아무런 저항도 못하고 투항할 수밖에 없었다.

남방에 대해서는 압도적인 강세를 보인 송군도 북방의 요에 대해서는 손을 쓸 수가 없었다. 요는 정예의 기마 부대를 거느리고 신속한 기동력을 이용해 송군의 약점을 찌를 수 있었기 때문이다. 송군이 도보 부대를 주력으로 해서 행동이 완만함을 자각해가면서도 결국은 기마 전술로 전환할 수 없었던 것이 전대의 한이나 당과 다른 점이며, 그것이 통일 중국을 배경으로 하면서도 전대와 같은 혁혁한 무훈을 세울 수 없었던 원인이었다. 그러나 그중 어느 쪽이 좋았던가는 그 자체로 별개의 문제이다.

송의 정치기구

오대란 이름이 보여주듯이 오대 50여 년 동안 표면에 나타난 것만으로도 5회의 왕조 혁명이 있었는데, 그 밖에 한 왕조 내부에서 상속에 의하지 않은 제위 계승이 세 차례 정도 있었으므로 이 시대는 바로 혁명의 연속이었다. 바꿔 말하면 천자의 지위가 몹시 불안정했으며, 그 원인은 천자와 군대의 힘 사이의 불균형에서부터 온 것이었다.

오대 화북의 군대에는 북방 유목민계 출신의 군인이 많았는데, 그들 간에는 고대 게르만족과 마찬가지의 공화共和적 사상이 농후하게 보존되어 있었다. 즉 그들의 군주는 상속해야 할 지위가 아니라 대체될 때마다 그들 가운데서 추대해야 하는 것이라고 생각되었다. 그래서 로마 제정 말기의 군주가 게르만 군대 가운데서 추대되었듯이 오대의 군인 황제는 군대 내의 여론의 동향에 의해 결정되는 일이 많았던 것이다. 다만 이를 중국의 전통적 입장에서 말하면 혁명이고 찬탈이었다.

태조의 사후 천자의 자리가 태조의 자손으로부터 떠나 아우 태종의 손에 떨어진 것은 오대의 유풍이 아직 남아 있었다고 봐야 할 것이다. 중국식으로 말하면 결코 정당하다고는 생각할 수 없는 태종의 즉위에 대해 군대는 미동도 하지 않고 오히려 호의적으로 지켜보고 있었기 때문이다. 그러나 다음에 태종으로부터 진종眞宗으로 계승된 것은 태종의 후계자 지명권이 상하로부터 승인되어 완전히 중국적 상속 형식에 의해 진행되었다. 일단 이 형식이 정착되자 그 후로 북송北宋 170년, 이어서 남송南宋 150년, 도합 320년 정도의 기간에 천자의 상속에 관해 조금도 의문이 일어난 일이 없었으며, 송조의 천하는 일찍이 중국사에서 유례를 보지 못할 만큼 고도의 안정성을 보여주었다. 이는 천자 독재권獨裁權의 확립이 그렇게 만들었다고 볼 수 있는 것이다.

송 정부의 통치 형태는 태조·태종 2대 동안에 기초가 놓였는데, 그 근본 방침은 바로 분할 통치의 원칙이었다. 우선 지금까지의 왕조 혁명 운동의 원동력이 된 금군의 단결을 깨뜨리지 않으면 안 되었다. 이를 위해 태조는 이를 세 계통으로 분할해 3명의 최고지휘관인 도지휘사都指揮使의 권한을 절대 평등하게 만들어 천자에게 직속시켰다. 더욱이 이 3인의 도지휘사는 단순한 부대장이어서 작전의 입안에는 참여하지 못한다. 참모본부에 해당되는 것은 추밀원樞密院인데, 그 장관인 추밀사樞密使, 차관 추밀부사樞密副使는 거의 전부 문관 중에서 임명된다. 정작 출정시의 총지휘관도 임시로 문관이 선발되는 경우가 많았다. 평시에는 금군이 지방 요지에 주둔 명령을 받는데, 그때에는 경략안무사經略按撫使(로路에 파견되어 군사를 관장한 직관)의 지휘 하에 놓이며 이것도 문관이다. 한마디로 말하면 군인은 부대장이 되는 것이 고작이고 그 이상으로 오르는 것은 거의 허용되지 않았다. 언제나 문관이 머리 위에 있어서 억압을 받는 것이다. 이래서는 혁명 운동을 일으키는 따위의 생각도 못하지만 동시에 사기가 저하되어 전쟁에 나가서 투지가 솟아오르지 않는 것도 무리는 아니다. 그러므로 송군은 외국과 싸우면 거의 패배를 거듭했다.

송의 천자는 행정상에서도 분할 통치의 책략을 썼다. 송의 지방 구분은 전국을 대개 20개 정도의 로路로 나누고 로 아래에 주州가 있으니, 이것이 지방 정치의 중핵이 되는 것이다. 주 중에서 특별히 중요한 것을 부府라고 불렀는데, 부의 수는 차츰 증가하는 경향이 있었다. 주 아래에 현縣이 있고 이것은 주의 출장소 같은 성격의 것이다.

송대 이후 중국 행정의 특색은 모든 행정기관에서는 부국部局의 말단에 서리胥吏라 불리는 서기들이 존재해 실제 사무를 수행한 점에 있다. 서리의 기원은 육조六朝 시대에서 찾을 수 있지만, 그것이 부동의 지위를 확립한 것은 송대부터라고 해도 좋다. 서리는 형식적으로는 정부의 임명을 받지만 실제로는 관청에 기생하는 사무 하청업자이며 정부로부터 봉급을 받지 않고 사무를 수행할 때마다 인민에게서 수수료를 징수해 생활한다. 말하자면 살아 있는 타자기이므로 결재권을 갖지 못한다. 결재권을 갖는 것은 중앙정부에서 파견된 문관이며, 중요한 직위는 과거科擧 출신의 관료가 차지한다.

지방 정치의 말단인 현에는 수백 명의 서리가 있고, 그 위에 지현知縣을 장으로 하는 몇 사람의 문관이 있다. 지현의 주된 일거리는 조세의 징수와 재판인데, 그 권한은 극히 한정된 것으로 최고 곤장 백 대까지의 형을 실시할 수 있을 뿐이다. 중요한 안건은 전부 주로 보내진다.

주의 아문衙門에도 다수의 서리가 있고, 그 위에 지주知州 이하 몇 사람의 문관이 임명된다. 지주는 재판에서 사형 판결을 내릴 수 있지만 다만 그 실시에는 상급인 로의 제점형옥提點刑獄 (로에 파견되어 사법을 관장한 직관)을 통해 중앙정부에 보고하고 그 재심·삼심을 거친 다음에 허가를 받고나서 집행하는 것이 요구된다. 더욱이 주에는 지주의 차관으로서 통판通判이 임명되는데, 이는 속료屬僚가 아니고 지주와 마찬가지로 천자에 직속되는 관직이다. 따라서 지주는 명목적으로는 지방정부의 장관이지만 실은 장관으로서의 실권을 갖고 있지 않다. 이것을 일본에도 시대의 봉건제 하에서 1만석의 다이묘(大名)라도 영내의 인민에 대해 생살여탈의 전권을 장악하고 있었던 것과 비교하면 대단한 차이이다. 송대의 정치는 이 경우에 볼 수 있듯이 장長이 없는 정치였던 것이다.

가장 큰 지역 구분인 로에 이르러서는 명목상의 장관마저 없다. 경제를 관장하는 것은 전운사轉運使, 사법을 관장하는 것은 제점형옥이었으며, 각각의 직무에 따라 관하의 주를 감독한다. 군사를 관장하는 경략안무사는 로 안에서도 가장 중요한 주 또는 부의 지주·지부를 겸직한다. 이 세 직책은 모두 로의 장은 아니고 주를 감독만 하는 관직이므로 감사監司라고 불린다.

중앙정부에는 최고의 기관으로서 중서中書와 추밀원樞密院이 있는데, 중서는 재상宰相의 관부官府로서 동평장사同平章事와 참지정사參知政事를 두며, 양자 모두 인원이 복수인 것이 보통이다. 국가의 최고 정책의 결정은 천자가 좌장이 되어 동평장사·참지정사들을 불러 함께 논의한 다음에 시행되며, 때로는 추밀사·추밀부사가 참가하는 일도 있다. 이 경우에도 최종 결정은 천자가 내리며, 다른 누구도 전단專斷하는 것이 허용되지 않는다. 재상부宰相府라 해도 결국은 수장이 없는 관청이며, 천하의 정치에서 중요 사항에 결단을 내리는 것은 전부 천자 한 사람의 권리인 동시에 책임이었다. 송대의 중앙 관제는 6대 신종神宗 때 대개혁이 있어 당대唐代의 관직명을 부활시킨 것이 많지만 다만 수장이 없는 관청의 병렬 설치라는 근본정신에는 변화가 없었다.

요컨대 송대의 정치기구는 군인이란 것은 혁명을 일으키고 싶어하고, 문관이란 것은 오직汚職을 하고 싶어 하는 자라는 기본 인식 위에서 그 폐해를 방지하는 데 중점을 두고 있다. 이러한 제도 하에서는 군인도, 정치가도 발군의 공적을 올릴 것은 바라서는 안 된다. 남송의 주자는 북송의 정치를 비평해 의론만 많고 실적이 적다고 했는데, 오히려 자유로운 언론이 허용되었던 점에 우리는 송대 사회의 진보성을 인정해야 할 것이다.

요와의 관계

송은 태종 때에 이른바 연·운 16주의 회복을 목표로 두 차례 요와 전단을 열었지만 모두 의외의 패배를 당하고, 이후 양국 간에 국경을 끼고 소규모 분쟁이 계속되었다.

요라는 왕조는 역사가 시작된 이래 최초로 만리장성 밖에서 안정된 정권을 수립한 유목 민족 국가였다. 그 영토는 남쪽은 장성을 넘어 10여 주에 걸치는 중국 주민을 지배하고, 서쪽은 천산天山 산록에 미쳤다.

요의 태조가 오대 초기 제위에 오른 뒤(916)부터 6대째 성종
聖宗이 나타나 그 재위 49년간(983~1031)이 요의 극성기였다. 성
종은 송의 3대 진종眞宗 때 대거 남침해서 국경을 돌파해 황하
에 도달하고 전주澶州를 포위했다. 진종도 이에 대해 친정親征에
나서 황하를 사이에 두고 요군과 대치했는데, 송군은 야전에서
는 승리할 자신이 없지만 성벽에 의거해 방위할 때에는 상당한
저항력을 보였다. 그래서 요군으로서도 중국 정복의 전망도 서
지 않은 채로 송으로부터의 화의의 제의에 응해 이른바 전연澶
淵(전주澶州의 별칭)의 맹약盟約이 성립되었다(1004). 송에서는 이후
매년 은 10만 냥, 비단 20만 필을 세폐歲幣로 증여하고 서로 국
경을 침범하지 않기로 서약했다.

이 화약은 북송이 멸망하기 직전까지 약 120년에 걸쳐 쌍방
에서 준수된 진기한 현상이었다. 이 조약이 송 측에 대단한 굴
욕이 되는 것임은 세폐를 증여하는 의무를 진 데다 이민족 왕
조의 군주를 황제라 부르고 대등한 입장에서 국교를 행하지 않
으면 안 되었기 때문이다. 그렇지만 송 측에 유리한 점이 있었
음을 간과해서는 안 된다. 종래 중국은 만리장성에 의해 북방
유목민의 남하를 차단하고 자위自衛를 해왔지만 끊임없이 몽골
지방에서의 여러 유목 민족의 쟁패전에 영향을 받아 그 소란
에 휘말려 드는 사태를 피할 수 없었다. 설혹 상호불가침 조약
을 맺으려 해도 그 상대를 찾을 수 없었다. 사막의 정권은 끊임
없이 이동하기 때문이다. 그런데 이번에는 요 왕조라는 안정된
정권의 성립에 의해 송은 걸맞은 교섭 상대와 대면하게 되었
다. 세폐는 경제적 부담이기도 하고 불명예스러운 의무임에는
틀림없지만 평화의 보상이라 생각한다면 딱히 지나치게 비싼

것은 아니었다. 경제적 선진 대국인 중국이 개발도상국인 요에 대해 경제 원조로 무상 증여를 해서 나쁠 이유는 없었다.[65]

　요에 대한 세폐는 송 정부의 재정에서 봐도 크게 부담을 느낄 정도는 아니었다. 그렇기는 고사하고 건국 초기 이래의 경제 성장은 아직 지속 중이었고, 이에 따라 국고 수입도 매년 증가를 계속했다. 지금의 입장에서 보면 부러운 이야기인데 매년 지출 잔고가 누적되어 너무 많은 금전·물자가 국고에 사장되면 그것이 민간 경제를 압박해 불경기를 초래하지는 않을까 하는 염려마저 나왔다. 그래서 정부의 경제 관료는 천자 진종에게 정부 보유금을 방출해 경제를 윤택하게 하고 경기를 자극하도록 대공사를 일으킬 것을 권했다. 이리하여 장려하기 그지없는 경령궁景靈宮 등의 건조가 차례로 착수되었다. 무익한 조영 공사임에는 틀림없지만, 그래도 인명의 손실이 수반되는 전쟁보다는 나았다.

화폐경제의 융성

　4대 째의 인종仁宗은 41년의 재위를 기록했다(1023~1063). 다행히 경제 성장은 평화의 뒷받침을 받아 여전히 지속되어 건국 초기부터 헤아려 백 년 남짓 되었는데, 이것도 중국사에서 진기한 현상이었다. 이 같은 좋은 조건을 배경으로 이른바 중국의 '르네상스'가 일어났다고 해도 이상한 것은 아니다.

　북송 초기의 호경기는 무엇보다도 화폐경제의 성행이 그 지표가 된다. 예부터 중국의 법정화폐는 동전이었는데, 한대에 오수전五銖錢이 유행한 이후 중세로 들어서자 크게 전환해 화폐의 유통이 쇠퇴하고, 정부도 동전을 주조하려는 열의를 잃어버렸다. 당대에는 개통원보開通元寶란 동전이 널리 통용되었는데, 오늘날에도 다량으로 존재하는 개통원보는 오히려 오대의 남당南唐에서 주조된 것이 많지 않을까 생각된다. 남당은 남방의 대국으로 자원이 풍부하고 문화도 크게 번영한 나라였다. 오대의 북방 정통 왕조의 동전 중에 후주後周의 주통원보周通元寶가 현재도 상당히 많이 남아 있는 것은 다섯 왕조 중에서 후주에 이르러 국력이 강화되었음을 말해준다. 그것이 송대가 되면 최초의 동전인 송통원보宋通元寶 이후 각 황제대의 연호를 주조해 넣은 동전이 극히 다량으로 중국은 물론 일본에서조차 발견되고, 그 때문에 송대 동전의 골동품적 가치는 몹시 낮아서 거의 말할 가치도 없다. 이는 송 정부가 각 대에 전력을 기울여 주전鑄錢에 노력했기 때문이며, 다량의 통화를 공급하는 것이 민간에 호경기를 유지하기 위한 필요불가결의 조건이라 생각한 탓인 듯하다. 동전은 1천 문文을 한 묶음으로 사용하고, 이 단위를 민緡 또는 관貫이라 했다. 관이란 중량의 명칭은 동전 1천 매의 무게에서 나온 것이다. 그렇지만 실제로는 770문 정도를 1민으로 통용하는 일도 있었다. 일종의 평가절하이다.

구리는 가치가 낮은 금속이므로 큰 가격의 거래 때에는 동전의 중량이 너무 커져 취급이 불편하다. 그래서 금·은, 특히 은이 화폐의 용도로 사용되었다. 한대 이후 금속의 무게는 근斤(600그램)으로 계산되는 일이 많았는데, 송대가 되면 귀금속의 중량 단위로서 근은 너무 크므로 대신 그 16분의 1인 냥兩을 단위로 하여 셈하는 것이 일반화되었다. 황금은 송대가 되면 중국에는 매우 적어지고, 은 또한 중국에서는 생산량이 적으므로 사회에서 부족을 느꼈다. 따라서 동전과 교환해 금·은이 외국에서부터 유입되는 경향이 있었는데, 다만 금·은의 가치 비율은 중국에서는 예부터 6 대 1 정도를 표준으로 하며, 외국에 비하면 금이 싸고 은이 높았다. 그래서 중국에는 외국으로부터 은이 유입되어 축적되는 경향이 생기고, 명대明代에 들어서면 은이 실제상의 본위화폐가 되었어도 부족을 느끼지 않을 정도로 보유량이 많아졌다.[66]

송대가 되면 상업이 활발해짐에 따라 지금地金 화폐 외에 유가증권이 화폐의 용도를 갖게 되었다. 처음 사천성 지방에서 부호들이 사적으로 교자交子라는 현금보관증을 발행해 그것을 가진 자에게는 누구를 불문하고 초면에 지불에 응했다. 최초에는 맡긴 금액만큼의 교자밖에 발행하지 못했으므로 교자는 세인들에게 절대적 신뢰를 받고 지폐처럼 민간에 유통되었다. 이에 자신을 얻은 교자포交子舖는 한도 이상의 교자를 발행해 세간에 내놓았으며, 이로써 얻은 현금을 유용해 투기를 시도하고 이중의 이익을 얻으려 했다. 이 투기 사업이 실패하면 자기가 발행한 몫은 물론 손님에게서 의뢰받은 몫의 교자에 대해서도 현금을 태환兌換할 수가 없어 결국 어음을 부도낸 결과가 되고, 사람들의 환불 요구에 직면해 파산하는 자도 생겨 공황을 야기하게 되었다. 그래서 정부는 민간 자본가의 교자 발행을 정지시키고 정부의 책임으로 스스로 교자를 발행하기 시작했다(1023). 이것이 세계 최초의 지폐인데, 이 경우에 정부의 교자 운영의 방법을 보면 그 발행고는 결코 준비금의 범위를 지킨 것은 아니고 다액의 한도 이상의 발행을 감행하고 있었다. 결국 그만큼 화폐의 주조가 증가한 것과 같은 결과를 초래한다. 그것은 반드시 항상 재정이나 경제가 항상 불건전해졌음을 의미하는 것은 아니지만, 만일 정부의 준비금이 바닥나서 교자의 태환이 지체되는 것 같은 사태가 일어나면 교자는 그 신용이 실추되고 액면대로는 통용되지 않게 된다. 결국 교자의 가치하락은 바로 물가 상승으로 연결된다. 이후 중국에서의 지폐의 역사를 더듬어가면 지폐 남발에 의한 인플레이션의 폐해가 송대뿐 아니라 어느 시대에도 크든 작든 일어나고 있는 것이다.

사천四川에서는 엄연히 지폐라 보아야 할 교자 외에 각종 어음·증권 혹은 권리증으로 봐야 할 다른 증서류가 존재하고 있어서, 이들도 어느 정도 화폐의 역할을 했다. 당시의 사회가 그런 것을 필요로 할 만큼 진보해 있었다고 할 수도 있다. 그리고 그것들은 금속화폐와 함께 작용하면서 당시의 교환경제를 원활하게 했다. 하지만 이로움과 해로움은 늘 절반씩 공존하고 있어 이에 따라 일어나는 폐해를 피할 수는 없었다.

대운하 시대

화폐경제는 결국 교환경제이므로 그것이 성대해지기 위해서는 광대한 지역에 걸친 교통이 그 지반이 되지 않으면 안 된다. 송대에 이 교통의 대동맥이 된 것은 말할 나위 없이 동서로 달리는 자연 하천을 남북 세로로 관통해 수로를 결합시키는 역할을 한 대운하大運河였다.

송은 북방에서 사나운 정예 기마 민족 국가인 요와 대치하고 있었으므로 이를 막는 데는 오로지 물량의 우위에 의지해 성채를 견고히 하고 병력을 충실히 해서 유사시에 대비해야만 했다. 국방 제일선의 중요 지역은 송이 신설한 주인 웅주雄州였으며 대운하의 북단에 해당되었다. 송은 해마다 막대한 군수품을 멀리 강남으로부터 대운하를 통해 운반해 전방의 군영에 공급하지 않으면 안 되었다.

웅주로부터 대운하를 따라 남하해 황하와 교차하는 지점에 국도 개봉부開封府가 있는데, 그 바로 서쪽의 옛 도읍 낙양洛陽, 즉 서경西京에 대해 동경東京이라 불렸다. 이곳은 중앙정부의 백관 이외에 대부대의 금군禁軍이 주둔해 군사상 최대의 기지였다. 독재군주의 도성답게 전국으로부터 사람과 물자가 이곳으로 모여들어 인구는 1백만을 넘었다고 생각된다.

개봉부는 원래 당대의 변주卞州이며, 변주는 그곳을 흐르는 변수汴水에서 그 이름을 얻었다. 변수를 이용한 운하인 변거卞渠는 원래의 통제거通濟渠에 해당되며, 그 남단 회수淮水와 교차하는 지점에 초주楚州가 있어 거기서부터 남하하는 운하, 산양독山陽瀆(한구邗溝)이 양자강에 도달하는 부근에 양주揚州가 있는데, 회남淮南 해안에서 산출되는 소금의 집산지로서 번영했다. 양주와 가까운 진주眞州에는 운하 행정의 총감독이라고 해야 할 발운사發運使가 주재해 관물官物의 수송, 이른바 조운漕運을 관장했다. 양자강 이남의 운하는 이른바 강남하江南河인데, 태호太湖 동쪽 연안에 접한 부근에 소주蘇州가 있어 풍광이 아름다운 수향水鄉으로 문화의 중심지였다. 강남하가 전당강錢塘江과 합치며 끝나는 곳에 항주杭州가 있으며 오대 오월국의 옛 도읍이었다. 항주만 대안에는 명주明州[현재의 영파寧波]가 있어 동쪽은 신라·

일본, 남쪽은 남해 여러 나라로 나아가는 해운선의 발착지로서 번창했다.

송대 이후 청조 중기에 이르기까지 중국 경제는 대운하 시대라고도 할 수 있으며, 인구는 대운하를 따라 집중되고 방대한 상업 도시가 발달했다. 국내의 교통은 대운하를 간선으로 하고, 이것과 교차하는 자연 하천이 대소의 지선이 되어 전국적인 교통망을 형성했다.

이른바 영남嶺南 지방, 오늘날의 광동廣東·광서廣西 두 성의 땅은 얼핏 보면 상술한 운하망으로부터 독립해 있는 듯이 보이지만, 실은 인종 말기에 호남湖南의 상강湘江 상류의 수원지와 광서의 계강桂江 상류의 수원지를, 분수령에서 운하를 굴착해 연결하는 공사가 완성되었다(1058). 그러므로 이론상으로는 북방의 국경에서부터 남해에 면한 광동까지 한 번도 상륙하지 않고 수로만을 따라 여행할 수 있게 되었다고 할 수 있다. 하지만 실제로는 대운하의 각 구간에는 그것과 교차하는 대소 하천의 수면도, 풍파의 강약도 지방마다 달랐으므로 그때마다 배를 바꿔 타지 않으면 안 되었다. 그렇다 해도 분수령 상에서 남북으로 나눠지는 큰 강의 수원을 운하로 연결하겠다는 발상은 하천의 말단에 가까운 산중의 시골까지 교환경제가 침투한 뒤에 생길 수 있는 것이며, 사실 송대 사회는 농촌의 구석구석까지 화폐경제의 와중에 말려들어갔던 것이다.[67]

하지만 중국의 내지가 넓다고 해도 적어도 인간이 거주하고 있는 한 거기에는 교통로가 뻗어 있었던 터이니, 이는 굳이 송대까지 와야 되는 일은 아니라고 볼 수도 있다. 문제는 교통선이 얼마나 정비되었는가라는 것인데, 대체로 교통이란 것은 먼저 도로·수로가 널리 열린 다음에 왕래가 왕성해지는 것은 아니다. 교통의 필요가 먼저 느껴진 연후에 그 사회적 수요에 응하기 위해서 부득이 교통로가 정비되는 것이다. 교통로를 혈관에 비유한다면 신체가 살고 자라기 위해 양분을 포함한 혈액이 신체의 각 부분에서 요구되어 그 목적을 위해 순환 계통의 기관이 발달을 이루는 것이다. 그러면 그 혈액의 흐름을 내보내는 고동의 근원은 어디에 있었던가 하면 그것은 바로 다름 아닌 국도 개봉부였다.

동경 개봉부의 번영

송의 국도 동경 개봉부는 정치 도시임과 아울러 군사 도시이고, 경제 도시임과 아울러 문화 도시였다. 물론 수도인 한 그것은 각 시대에 공통된 성질일지도 모르지만 각각의 정도의 차이에서 송의 수도는 전대의 수도들과 커다란 차이가 있었다.

만일 어떤 사람이 당의 수도 장안에 들어갔다면 오른쪽으로도 왼쪽으로도 긴 장벽만 계속되는 게 보였을 것이다. 장안 성내는 백수십 개의 구획, 방坊으로 나뉘었으며, 이 장방형의 방이 주위에 장벽을 둘러친 하나의 성으로서 동서남북에 설치된 방문坊門에서만 출입할 수 있고, 내부에 들어가면 비로소 민간 주거가 있다. 상업은 그것을 위해 특설된 동서의 시市라는 구획 내에서만 행하는 것이 허용된다.

하지만 송의 개봉은 성내의 거의 대부분이 번화가처럼 되어, 도로 양측에는 상점이나 노점들이 늘어서 있었다. 이것은 당의 시기에는 시에 한정되어 있던 상업이 전 지역으로 확대되어, 성내 전체가 시가市街로 변했음을 이야기하는 것이다.

어느 시대라도 그렇지만 수도에는 한가로운 사람이 많다. 아직 오늘날처럼 학교 제도가 시행되지 않았으므로 취학 연령의 젊은이는 만일 직업을 찾아내지 못하면 오락을 찾아 시내를 어슬렁거릴 수밖에 없었다. 지방에서 직업을 구해 상경하는 자, 그중에는 관료가 임기를 끝내고 교체되어 다음 부임 때까지 대기하는 동안 권력자의 대문을 두드리며 청탁 운동하러 돌아다니는 자도 포함된다. 중앙정부의 관료도 순휴旬休라 하여 열흘에 한 번 휴가를 받고, 군인도 근무 이외에 얼마든지 자유 시간을 가질 수 있었다. 인구를 백만이라 추산하고 열 명 중 한 명이 순번대로 자유로운 몸이 되었다고 해도 십만 명의 한가한 사람이 나오는 셈이다.

수도는 이러한 한가로운 사람들의 시간을 소화해 주어야 했다. 매일 아침 오경五更(오전 4시 전후)이 되면 야간통금이 해제되고 각 성문, 성내의 관문이 일제히 열려 성 안팎으로부터 사람들이 속속 도로로 몰려나온다. 연극이나 가설 흥행장이 집결된 곳을 와사瓦肆라 하여 야담·마술·곡예·그림자극 등이 연출되어 관객을 즐겁게 한다.

식당이나 술집도 도처에 있다. 선술집의 문지방을 넘으면 급사장이 있는데 이를 다반양주박사茶飯量酒博士, 그 밑의 심부름하는 소년은 대백大伯이라 불린다. 부르지도 않는데 여자가 들어와 술을 따르고 국물을 새로 가져다준다. 혹은 남자가 다가와서 용무는 없는지, 기녀妓女는 어떤지 따위를 묻는다. 하급 기녀는 건너편으로부터 몰려와서 노래를 부르기 시작하고 팁을 받을 때까지는 떠나지 않는다. 한가로운 사람이 많은 곳은 또 노동력이 남아도는 곳이기도 하므로 모든 서비스를 돈으로 살 수 있다.

성내의 거의 중앙에 있고 가장 유명한 절은 상국사相國寺인데, 매월 5회 시장이 설 때는 넓은 경내가 인파로 메워진다. 커다란 삼문三門의 누각 위에는 개, 고양이뿐 아니라 진기한 새나 짐승 등 모든 종류의 애완동물 시장이다. 삼문을 들어서서 광장에는 임시 오두막을 설치해 깔개, 바구니, 상자, 통, 대야 따위 일용 가구로부터 안장, 고삐, 활, 칼 같은 무기에 이르기까지 없는 것이 없다. 더욱이 여기에는 지금까지 없었던 것으로 송을 송답게 한 르네상스 문화의 상품이 있었다. 그것은 서적, 애완물, 도화圖畫, 필묵筆墨류이다. 특히 서적의 상품화에 주목해야 할 것이다.

매스컴 시대

동양에서 인쇄술의 기원은 다른 어느 지역보다도 오랜 것이라 할 수 있다. 일본 호류지(法隆寺)의 『백만탑다라니百萬塔陀羅尼』가 현존하는 세계의 가장 오랜 목판木版 인쇄물(770)이라 일본에서 일컬어졌지만 중국은 이보다 더 한참 전으로 소급할 수 있어 언제 실물이 발견될지 모르는 일이다. 송대 초기가 되면 많은 분량의 불교 경전이 인쇄된 일도 있으며, 유교의 경서는 말할 것도 없고 당대 명인의 저서·문집에 이르기까지 이익을 목적으로 인쇄 발매되게 되었다.

인종 때 필승畢昇이란 사람이 활자 인쇄를 시작한 것은 기록으로 알려져 있지만 중국의 한자는 자모字母로 분해하기가 곤란하기 때문에 모처럼의 발명도 널리 유통되기에 이르지 못하고 중절되어 그대로 세인들에게서 망각되었다는 것이 지금까지 오랫동안 믿어져 온 전설이었다. 그런데 중국에서 활자 인쇄는 줄곧 끊임없이 행해져 왔다는 것이 요즈음에 와서 차츰 분명해지고 있다. 그것이 고려에 전해져서 동활자가 발명되고, 다시 그 활자가 일본에 반입되어 경장慶長 활자판으로 서적이 간행되었던 것이다.[68]

중국의 한자가 인쇄에 불편한 것은 흔히 주장되어 왔다. 그렇지만 중국의 영토가 넓고 방언의 차이가 큰 것을 고려에 넣으면 이 설은 그대로 받아들일 수 없다. 현재에도 북경어는 상해까지 오면 이미 일반인은 이해할 수 없다. 북경어와 상해어의 차이는 이를 유럽에 비한다면 프랑스어와 이탈리아어, 혹은 스페인어의 사이만큼의 차이가 있는 듯하다. 그래서 만일 중국에 한자가 없고 로마자와 같은 알파벳을 사용하고 있었다면 북경에서 발행된 서적은 상해나 광동에서는 읽히기 어렵다. 그렇다면 각 지방에서 그 방언으로 번역해 출판하지 않으면 안 된다. 예상을 뒤엎고 중국은 언어가 다른 몇 개의 문화권으로 분열되고, 곧 그것이 정치적으로도 독립했을지도 모르는 것이다.

하지만 한자의 이점은 발음에 구속되지 않고 자형字形이란 시각으로 통용되는 데 있다. 동일한 문자를 북경인은 북경어로 읽고, 광동인은 광동어로 읽는다. 아니 한국인과 일본인도 이를 한국어, 일본어로 읽어 구성과 의미가 통하는 것이다. 한자를 판에 새겨 넣을 때 한 번 노력을 들이고 나면 그 뒤에는 그대로 국내 도처에서 통용된다. 이를 몇 번이나 번역하고 개판改版하는 수고에 비한다면 어느 쪽이 편리한 것일까.

출판도 영리 사업으로서 채산이 맞지 않으면 발전하지 않는다. 다행히 송대의 중국은 1억 이상으로 추정되는 인구 가운데 문화국가라는 이름에 부끄럽지 않은 비율을 차지하는 우수한 독서인 계급을 갖고 있었다. 그리고 이 독서 인구도 당의 시대에 비하면 현격한 증가가 있었다고 볼 수 있다. 그 원인은 과거科擧의 성행에 의한 것이 틀림없다.

송대도 초대 태조 때에는 아직 오대의 전란이 끝난 뒤를 막 이어받은 지 얼마 안 되는 시대로서 과거도 명목적인 것에 불과했지만, 2대 태종 때부터 무를 억누르고 문을 존숭하는 풍조로 변하고 통일 후의 광대한 영토를 지배하기 위해 다량의 문관이 필요했던 탓도 있어서 과거가 성대하게 실시되었다.

무릇 과거에서 시험되는 학과목은 크게 나누어 경의經義·시부詩賦·책론策論 세 종류를 벗어나지 않는다. 경의는 유교 경서의 의리義理, 즉 의미를 질문하는 것이므로 지금의 철학에 해당된다. 시부는 고체古體의 운문韻文으로 제제題를 주고 형식을 정해 짓게 하므로 이는 문학이다. 다음에 책론은 정치 문제에 관해 의견을 구하는 것인데, 많은 경우 전대의 역사 사실史實에서 예증을 구해 입언立言을 해야만 하므로 이는 넓은 의미로 해석해 사학에 해당된다. 결국 과거의 시험 과목에는 철학·사학·문학이 포함되므로 이래서 전인적인 교양이 시험된다고 하는 것이다.[69]

그래서 과거를 위한 공부에도 지난 시대의 모든 학과를 배우지 않으면 안 되지만 단순히 종래 그대로의 고전 독해법을 따르고 종래의 정형에 따라 시문을 짓는 것만으로는 좀 미흡하게 된다. 사회가 진보하면 인간의 생활방식과 사고방식도 진보해 가는 것은 자연스러운 이치이다. 특히 당 이전의 중국은 귀족 사회이며, 귀족 문화는 형식을 존중한다. 철학은 형식 논리, 문학은 규칙에 맹종하는 정제된 미, 사학은 독창이 없는 매너리즘이었다. 이에 대해 송대의 지식 계급은 대개 문벌이 없는 서민 계급 출신의 신흥 계급이다. 서민에게는 서민 특유의 인생관과 새로운 정의감이 없어서는 안 된다.

유교의 경전을 읽으면서 종래의 자질구레한 스콜라학적 주소注疏에 따라서 해석을 가하는 데 만족하지 않고, 불교의 세례를 거친 논리를 이용해 신철학을 수립한 데서 이른바 송학宋學이 탄생한 것인데, 송학의 시조로 볼 수 있는 것은 인종의 치세를 중심으로 살았던 주돈이周敦頤(1017~1073)이다. 그의 저서『태극도설太極圖說』은 송학의 우주론·인생론에 근거를 부여한 것이다. 그 문하에 정호程顥·정이程頤 형제가 있어 둘을 합쳐 이정二程이라 일컬었으며, 그 학통은 멀리 남송의 주자朱子에게 이어지고, 주자에 의해 송학은 집대성되었다.

시부는 운문인데, 부賦는 한대漢代, 시詩는 당대唐代에 완성되었다고 일컬어진다. 따라서 송대에 들어오자 그것은 이미 고체古體가 되어 있었다. 과거 고시에서는 이 전통적인 양식을 답습하지만 송대에 와서 성해진 신체新體의 운문은 사詞라고 불린다. 또 장단구長短句라고도 불리는 신곡新曲은 음악에 맞추어 잡극雜劇, 즉 연극 속에서 주인공이 노래하는 가사와 같은 것이다. 말하자면 가극의 가사와 같은 것이었다. 송사宋詞는 당시唐詩와 아울러 그 시대를 대표하는 문학으로 간주된다.

과거 고시의 책론은 의론의 내용도 중요하지만 그것과 아울러 문장 또한 그에 못지않게 중요시된다. 당 이전 중세의 산문은 이른바 사륙변려체四六騈儷體이며, 4자구字句와 6자구를 배열해 대구對句로 삼고 한 자, 한 구의 고르고 정제된 표현에 정력과 끈기를 기울였다. 이 문체는 매우 장중한 느낌을 주는 리듬이 있는데, 이는 일방적으로 작자의 주관을 독자에게 주입하는 데는 적합하지만 미묘한 논리를 전개해 대화자를 납득시키는 설득력을 기대하기는 어렵다. 그런데 송대의 지식 계급이 요구한 것은 선험先驗적인 것이 아니고 추리推理이며 귀납歸納이었다. 그리고 이를 표현하기 위해서는 오히려 변려체가 성립되기 이전의, 형식이 없는 고문古文 쪽이 적당하다고 생각했다. 이에 고문 부흥 운동이 일어난 것이며, 그 대표자로 언급되는 것은 인종 시대에 문인으로 정치가로서도 두각을 나타낸 구양수歐陽修(1007~1072)이다. 그러나 그가 과거의 답안에서도 사륙체를 배척하고 고문을 채용하고자 했을 때는 크게 세간에 물의를 불러일으켰다. 그런데도 대세는 도도하게 고문으로 쏠리고 의미에 통달한 글로 이름난 명문장가가 속출했다. 왕안석王安石·소동파蘇東坡(蘇軾) 등이 그 예이다. 송대의 신문화를 르네상스, 즉 고대의 부흥이라고 명명할 수 있는 것은 다름 아닌 이 고문 부흥 운동의 중대한 의의를 인정하기 때문이다.[70]

　과거에는 서도書道 또한 하나의 중요 요소로 남았다. 하지만 과거의 답안은 시험관이 수험자와 기맥을 통해 재량이 작용하는 폐해를 막기 위해 답안 전부를 일단 별도의 지면에 등사한 것을 시험관에게 건네주는 것이 제도화되었다. 그때에는 수험자의 성명 부분을 풀로 봉하고 수험번호만을 겉에 표시한다.

이를 호명등록糊名謄錄의 법이라 하는데, 최후의 전시殿試[황제가 임석한 최종 고시]만은 호명은 해도 등록은 하지 않는다. 이는 결과의 발표를 서두르기 위해 등록의 시간이 없기 때문이며, 또 이때의 시험관으로 조정 대신이 예비 채점을 맡지만 최종 결정은 천자 스스로 행하게 되어 있기 때문이기도 하다. 대신은 호명 부분을 펴볼 수 없지만 천자는 봉한 것을 뜯어 성명을 본 다음에 결정을 내릴 수도 있다. 이때 답안은 실물로써 심사되므로 내용과 함께 그 필적도 당연히 고려에 들어가게 된다. 송대의 답안은 오늘날 볼 수 없지만 이는 딱딱하게 말하면 천자에게 올리는 상주문에 해당되므로 아마 그 서체는 근엄한 안진경顔眞卿류의 해서楷書였을 것이다. 그러나 그 밖의 일반적인 경우 송대 사람들의 글씨는 옛 사람이 정한 형식에 구애받지 않고 자유롭고 활달하게 각자의 개성을 펴는 데 유의했다. 소동파의 글씨가 그 대표적인 것이고, 남송에 들어와 근엄한 인격으로 알려져 있는 주자라 해도 그 글씨에는 시대에 상응하는 분방한 분위기가 나타나 있다.

서하의 건국

송의 국운은 건국 초기부터 인종 무렵까지 대체로 순조롭게 발달해 경제 성장에 따라 경기도 상승을 계속했으므로 표면상으로는 지극히 태평무사하게 보였다. 그러므로 송대의 관료는 우리나라는 내외가 무사해 삼대三代 이래 치평治平의 시대가 지금처럼 성대한 적은 없었다며 태평을 구가하기 일쑤였다.

그렇지만 인종 중기가 되면 송조의 번영에도 그늘이 드리우기 시작해 무조건 앞길을 낙관할 수만은 없는 추세가 되었다. 그것은 국내에서 관료 기구의 경직화, 빈부 계급의 분열 등 곤란한 문제가 차츰 표면화되고 있을 때, 마침 서북 국경에 티베트계 탕구트(黨項) 민족이 독립해 서하西夏란 국가를 건설했고 송은 이와 싸워 누차 패배를 맛보았기 때문이다.

송대의 상업은 국내에서는 대운하를 간선으로 하여 도처의 나루터, 포구에까지 교환경제 속에 휘말려 들어갔는데, 그 여파는 당연히 국외에도 미쳐서 외국과의 무역 또한 융성을 향해 나갔다. 해외에 대해서는 명주明州로부터 고려·일본으로, 또한 광주廣州로부터 남양南洋 여러 나라를 향해 교통이 열리고, 중국의 동전이 바다를 건너 널리 외국까지 퍼졌다. 북방의 적대국 요에 대해서도 전주澶淵의 맹약 이후에는 국경에 특별히 지정된 무역장, 이른바 각장榷場에서 평화롭게 상거래가 계속되었다.

서방 무역이 예부터 중국으로서는 다른 세 방면보다도 오히려 중요한 의미가 있었다는 것은 그것이 문화적으로 선진적인 서역 여러 나라와의 교역이었기 때문이다. 현재의 신강성, 즉 타클라마칸 사막 주변의 오아시스 도시국가들은 옛날에는 이란계 민족의 거주지였는데, 당 말기에 이곳에 투르크계 유목민족인 위구르(回紇)인이 침입하여 선주민을 정복하고 이 땅을 투르크화시켜 각처에 독립 정권을 세우고 할거했다. 송은 전대와 마찬가지로 내지의 서북단인 사주沙州 돈황敦煌현에서 이들 위구르인을 통해 서역·인도의 문화와 접촉을 유지하고 교역을 행했다. 이 땅의 위구르인은 언어상으로는 선주민을 투르크화시켰지만 문화상으로는 이란인의 전통에 동화되어서, 상업 민족이 되어 동서 교통의 중개 역할을 하고 무역의 이익에 의해 생계를 꾸리고 있던 것이다.

이 무역의 이익에 착안한 것이 황하의 만곡彎曲으로 에워싸인 오르도스(河套) 사막에 거주하는 티베트계 탕구트족이었다. 그 족장인 이계천李繼遷은 이 동서 교통로의 지배를 꾀해 송 진종 때 장성의 남쪽 영주靈州를 탈취해 발판을 얻고(1002), 곧 이곳을 도읍으로 삼아 서하를 건국했다.

송과 서하 간에는 동서 교통 노선의 쟁탈 이외에 서하에서 생산한 소금을 송의 영내로 수입할 것인지 여부를 둘러싼 성가신 경제 문제가 존재했다. 그것은 서하 영내 오르도스 서남단의 장성 가까이에 오지烏池·백지白池라는 함수호鹹水湖가 있고, 거기에서 채취되는 청백염靑白鹽이 당 이래 중국에 계속 수입되어 섬서陝西 일대에서 소비되고 있었던 것이다. 그런데 송대에 들어와 소금 전매 제도, 이른바 염법鹽法이 강화되어 중국 인민에게는 중국산 소금을 공급한다는 원칙이 확립되었던 것인데, 청백염만은 종래의 기득권이 그대로 묵인되어 여전히 수입이 계속되고 있었다. 그것은 이 청백염의 대금이 탕구트족의 생계를 지탱하는 중요한 수입원이었기 때문이다. 그런데 이제 이계천이 반기를 들자 송 정부는 이를 기화로 청백염의 수입을 금지하고, 섬서 지방에도 해주解州 염지에서 생산한 소금을 보내 인민에게 배급하기로 했다. 이 정책은 더욱 탕구트족의 반발을 초래해 그들의 민족의식을 높이고 그들을 내몰아 독립 정권의 수립에 매진하게 한 것이다.

서하의 이계천이 송과 싸우는 한편 서방을 향해 위구르족과 싸우다가 전사한 후 서하는 송의 조공국이라는 형태로 일시 평화가 회복되었지만, 이계천의 손자 이원호李元昊 때 흥주興州[현재의 영파寧夏 은천銀川]를 도읍으로 삼고 대하大夏 황제라 일컫고 송으로부터 완전한 독립을 꾀했다. 송 인종은 당대의 명신이라 칭송받던 범중엄范仲淹·한기韓琦 등 대신들을 파견하고 대군을 동원해 서하군과 대결해 4년에 걸쳐 고전했으나 승리를 얻을 수 없었는데, 서하 또한 경제력의 소모를 감당하지 못했으므로 송으로부터 세사歲賜로서 매년 비단 13만 필, 은 5만 냥, 차 2만 근을 받는 것으로 화약을 맺었다(1044). 이 세사 중에 차가 있는 것은 유의해야 할 현상으로 이 무렵부터 중국의 차는 비단과 아울러 혹은 비단보다도 더욱 중요한 국제적 무역품으로서 중요성을 갖게 되기 시작했다. 비단은 오히려 사치품이어서 곤궁하면 없어도 되는 것이지만 차는 일단 습관이 붙으면 건강상으로도 빠뜨릴 수 없는 필수품이 되었다.

서하의 독립에 의하여 송은 감숙성甘肅省 방면의 영토를 방기했으며, 돈황 회랑回廊을 포함해 장성 남쪽에 연한 땅은 전부 서하의 점령지가 되었다. 이것은 송으로서는 서역과의 교통로를 탈취당하는 결과를 가져왔다. 물론 이것은 교통의 두절은 아니고 교통로를 지배하에 둔 서하가 통과하는 상품에 대해 마음대로 관세를 부과할 수 있게 된 것을 의미한다. 그것이 송으로서는 크나큰 고통이었으므로 예상대로 송은 이전의 적국이었던 요에 대해서보다 한층 더 강한 결의를 갖고 서하와 다투어 사력을 다해 전투를 한 것이다. 그러나 송은 그 물량의 우위에도 불구하고 번번이 패배를 당해 결국은 서하의 독립을 인정하지 않을 수 없는 입장에 몰렸던 것이다.

송은 종래의 교통로를 상실했으므로 이를 대체할 길을 찾아

청해青海 지방에 거주하는 티베트계 서번西番족을 회유해 위수渭水 상류 진주秦州로부터 청해로 나와 기련祁連 산맥 남쪽을 따라 신강의 위구르족과 교통했다. 당시 숙련된 상업 민족이 되어 있던 위구르인은 이 새로운 교통로를 따라 동쪽으로 와서 수도 개봉부에도 정주하며 상거래를 활발하게 하고 있었다.

서방으로 향한 중국의 교통로는 이 밖에 서남쪽 티베트를 거쳐 인도로 나오는 경로가 있었다. 그러나 이 경로는 심산유곡을 거쳐야만 하고 더욱이 많은 큰 강을 횡단하지 않으면 안 되었다. 큰 강을 횡단하는 것은 그때마다 높고 험준한 고개를 넘어야 함을 의미하며, 이것은 끝없이 아득히 넓고 단조로운 사막을 행진하는 것보다도 더욱 크고 많은 곤란과 위험을 수반하는 것이다. 그래서 이 교통로의 가치에 따라 국가로서, 또 민족으로서의 티베트가 갖는 의의가 중국사에서 비교적 경시된 것도 어쩔 수 없는 결과이다. 요즈음 세계 역사를 다루는 역사가의 태도가 특수 지역에만 흥미를 집중해 이른바 문화적 후진국을 소외시키는 경향에 대한 비난의 소리를 듣는 일이 빈번한데, 하지만 생각해 보면 역사의 움직임은 대략 교통량에 비례하는 것이다. 현재 세계 문화의 중심이 되어 있는 북대서양 연안의 여러 나라도 고대 동지중해에 문화의 중심이 있었던 시대에는 그곳의 교통량이 극히 미미했다. 따라서 세계의 움직임을 문제시하는 역사가가 그 같은 시대에는 그런 지방을 그다지 중시하지 않았다 해도 그것은 오히려 당연한 귀결이 아닐까.

민족주의 시대

서하의 존재는 송의 역사와 거의 병행하는데, 송의 성립보다 조금 늦게 성립되어 남송의 멸망보다 조금 앞서 멸망했다. 서하가 강국의 하나로 활동하던 중에도 그 문화 수준은 결코 높다고는 할 수 없고 그것이 멸망해버린 후에는 그 민족도 완전히 소멸해 자취도 없어졌는데도 불구하고 오늘날 아직 역사학적, 문헌학적으로 서하가 좋은 연구 대상으로 남은 데에는 특수한 이유가 있다. 그것은 서하가 사막 가운데에 풍부한 유물을 남겨두었기 때문이다.

현재 감숙성 북단 에티나 강이 사막으로 흘러들어가 증발하는 부근은 원대元代 무렵까지 오아시스가 있어서 번영하고 있었던 지방이었기 때문에 사막 가운데 오랜 유적과 유물이 존재하는 것으로 유명하다. 유물 중에는 수만 점에 이르는 한대의 목간木簡이 있어 거연한간居延漢簡이라 불리고 있다. 거연은 당시 존재하고 있던 내륙 호수의 이름이다. 서하 시대의 유적은 카라호토khara khoto라고 불렸으며, 러시아의 코즐로프Pyotr K. Kozlov 탐험대가 이곳에서 다수의 유물을 채집해 돌아간 다음부터 유명해졌다(1908~1909). 이 가운데 서하문자로 서하어를 기록한 문헌, 또 서하어와 한어를 대역對譯한 자서字書 등도 있어서 학자들의 연구심을 자극했다.

중국의 근세는 민족주의 시대인데, 이것은 중국만이 그러했던 것이 아니라 주위의 이민족 간에도 또한 민족의식의 앙양을 볼 수 있다. 그들의 민족적 자각은 무엇보다도 그들 정부가 채택한 국어 보존 정책에서 나타나고 있다. 중국 주변의 이민족은 모두 문화적으로는 중국에 비해 후진국이었으므로 장기간 중국과 접촉하는 중에는 방치하면 차츰 중국화해서 곧 언어도, 습속도 독특한 전통을 망각하기에 이르는 것은 필연이다. 그래서 무엇보다도 언어의 중국화를 막기 위해 자국의 언어를 적기 위한 특별한 문자가 필요했다. 그래서 요에서는 태조가 거란대자契丹大字를 만들고(920), 그 황자 질라迭剌가 거란소자契丹小字를 만들어 이를 영내에서 통용시켰다. 요는 동아시아의 대강국이고 그 문화도 상당히 고도에 달했으며, 특히 불교 대장경의 인쇄를 시작했다고 일컬어졌는데도 거란문자의 유품은 비교적 적다. 다만 요령遼寧성 파림좌기巴林左旗의 백탑자白塔子에서 발견된 3기의 분묘, 성종聖宗의 경릉慶陵, 흥종興宗의 흥릉興陵, 도종道宗의 복릉福陵에서 한자와 거란자 2체로 새겨진 묘지명墓誌銘이 출토된 것이 가장 중요한 사료인데, 안타깝게도 한문과 거란문은 완전히 대역되어 있지 않아서 언어 자료로서 연구하는 데 충분한 역할을 하지 못하고 있다. 그 뒤 만주滿洲에서 일어나 요를 멸망시킨 여진女眞족의 금金도 요를 본떠 여진대자와 여진소자를 만들었는데, 이것도 의외로 남아 있는 자료가 적다.

이에 비하면 서하문자 쪽이 훨씬 자료가 많고 또 잘 정리되어 있다. 하지만 서하는 왕조로서 요와 금 두 왕조를 합친 정도로 장기간에 걸쳐 지속된 까닭도 있겠지만, 풍부한 자료가 남은 이유는 카라호토 성이 몽골군의 침입, 혹은 어떤 원인으로 폐허가 되고 주민이 없는 죽음의 도시가 되어 유적이 사막 가운데 보존되었다는 점에 있을 것이다. 이것은 돈황 천불동千佛洞의 한 석굴에서, 이곳도 아마 몽골군의 침입을 받았을 때 절의 주지가 중요한 경문과 서류를 가져와서 입구를 봉했기 때문에 그 속에 당대唐代 이래의 고문서가 다수 보존되는 결과가 된 것과 비교할 때 매우 흥미 깊은 사실이다.

코즐로프가 반출해간 서하의 서적 중에 『번한합시장중주番漢合時掌中珠』라는 제목이 붙은 서하어와 한문의 대역 자서字書가 있다. 이것은 고작 20매 안팎의 소책자에 불과하지만 각 단이 4행으로 성립되고, 중앙의 오른쪽 행이 서하문자의 단어를, 또 그 오른쪽 행에 그 발음을 한자로 기록했으며, 이 서하어의 의미를 한자로 중앙의 왼쪽 행에 기록하고, 다시 이 한자 발음을 그 왼쪽에 서하문자로 주기注記하고 있으니 참으로 친절하기 그지없는 사전이다. 이로써 서하문자의 성질이 명확해졌는데, 그 구성은 완전히 한자와 마찬가지로 변偏에 해당되는 부분과 방旁에 해당되는 부분의 합성으로, 예컨대 일본이 만든 글자[중국의 한자에는 없는 새로운 한자식 조자造字]들을 연상시키는 면이 있다. 다만 일본이 만든 한자의 요소는 한자 그대로이지만 서하문자에는 한자와 공통된 형태가 어디에도 없다.

중국 주변의 민족이 자국민의 언어를 적기 위한 독자적 문자를 사용한 것은 근세 이전에도 있었다. 당대의 돌궐은 이른바 예니세이 문자를 사용해 돌궐어를 적고 이를 석비에 새긴 것이 외몽골에 남아 있는데, 그 문자는 서방의 영향을 받은 알파벳이고 한자의 구성과는 전혀 성질이 다르다. 그런데 서하문자는 한자의 원리에 입각한 이체異體의 문자이며, 거란문자, 여진문자의 본질은 아직 충분히 해명되지는 않았지만 외관상으로는 한자와 상당히 흡사하고 그것이 한자의 영향 아래 성립된 것은 틀림없다.

이 같은 민족 문자의 성립을 민족주의 발생의 한 표지로 볼 때 일본에서의 가나(假名) 문자의 성립은 연대상으로 보아 대단히 빠르다. 일본에서는 6세기경부터 이미 만요가나(萬葉假名), 즉 한자를 그대로 단순한 소리 부호로 사용하는 방법이 발생한 것을 볼 수 있으며, 이로부터 순수한 표음문자인 히라가나(平假名)·가타가나(片假名)가 성립된 것은 헤이안(平安)조 초기, 즉 8세기에서 9세기로 바뀔 무렵이니 거란문자에 비해 백 년쯤이나 빠르다. 한국에서는 7세기경부터 이두(吏讀)라 하여 만요가나처럼 한자음으로 신라어(新羅語)를 적기 시작했지만 그것이 순전한 표음문자인 언문(諺文)(한글)의 성립을 보기에 이른 것은 조선(朝鮮) 왕조의 세종(世宗) 때(1443)이다. 한국도, 일본도 그 독자적 표음문자를 만든 것은 모두 중국 문화의 영향 아래서이긴 하지만 일본 쪽이 한국보다도 훨씬 빨리 그것이 일어난 것은 주목할 필요가 있다. 일본이 중국 문화를 수입하는 데는 한국을 경유한 것이 많은 것은 사실이지만 그 수용 방법은 늘 한국의 방식을 모방하지는 않았다는 것을 이 일 하나로도 알 수 있는 것이다. 이 차이점은 중국과의 거리의 원근 차이에 기인하고 있으며, 한국에서는 무엇보다도 중국을 실력으로서 피부로 느끼지 않을 수 없는 입장이었고, 일본에서는 중국을 단순한 문화로서 평가할 만큼의 거리적 여유가 주어져 있었던 것이다.

재정의 경직화

인종은 재위 40여 년에 이르고(1023~1063), 그 말년은 송 초기로부터 헤아려 약 백 년에 해당된다. 개국 초기의 백 년 동안 요의 침입이나 서하와의 전쟁이 있었지만 그것은 국지적 분쟁에 그쳤고 대국적으로는 대체로 평화가 지배했다. 이처럼 백 년 동안이나 태평무사했던 시대는 종래의 역사에서도 그다지 선례가 없는 것이었다.

이 평화 시대의 출현도 실은 오대라는 동란의 시대가 있어서, 말하자면 그동안 일종의 세상 바로잡기 과정이 있었던 뒤였기 때문이다. 그 뒤에 평화가 영속되자 다음은 그동안의 평화의 폐단이 축적될 차례이다. 대개의 왕조라면 이 폐해에 시달려 백 년이란 평화가 보존되지 못했을 테지만 송대는 예외적으로 시운이 좋았다. 그렇지만 행운은 역사적 필연에는 이기지 못하니, 송조宋朝의 전도에 위험한 적신호가 보이기 시작했다.

송 정부가 직면한 문제는 정치의 경직화와 사회·경제의 왜곡 현상이었다. 건국 초기 이래의 경제 성장, 이에 수반한 호경기는 그럭저럭 계속되어 왔지만 곤혹스럽게도 그것은 심한 파행跛行 경기였다. 어느 시대에나 법률은 부자의 권리를 옹호하는 데 관대하고 빈민의 곤고함을 돌보려 하지 않는다. 그래서 평화가 영속하는 가운데 자연히 빈부의 격차가 심해진다. 그 불균형이 나타나는 방식은 사회 각 방면에서 다르다. 그렇게 말하는 이유로는 한편으로 관리와 서민 간의 격차가 넓어지는가 하면 다른 편으로는 도시와 농촌 간에 불평등이 점차 생긴 것이다.

관호官戶라는 명칭은 당대唐代에는 정부에 예속된 천민의 명칭이었는데, 송대에는 그것이 관리를 배출하는 가문으로 정부로부터 온갖 특권이 부여되는 지배계급의 명칭이 되었다. 그 중심은 아무래도 과거 출신의 문관 관료이지만, 그 밖에 고관의 자제가 부형의 천거에 의해 관직을 제수받거나 혹은 오랜 기간의 공로가 인정되어 관직을 받는 자도 있다. 이 밖에 무관이 있는데 무과거武科擧 출신이거나 혹은 연공年功·무훈 등에 의해 임관된 자도 있다. 총체적으로 관아官衙의 사무 기구도, 군대의 수도 해마다 팽창하는 경향이 있으므로 문·무관의 수도 계속해서 증가한다. 특히 과거 출신 관료는 3년에 한 번인 전시殿試 때에 수백 명의 진사進士가 배출되는데, 진사가 되면 임관되지 않아도 관리와 동등한 대우를 받는다. 그런데 문·무관을 배출한 집안인 관호는 납세 혹은 요역徭役의 의무에 대해 감면의 특전을 받는 것이 보통인데, 그러면 그 부담은 관호가 아닌 일반 민호民戶에 전가되지 않을 수 없다.

송대에는 도시와 향촌을 엄격히 구별해 도시에 거주하는 자를 방곽호坊郭戶라 부르고 이들에게는 조세 이외에 물자 조달의 책임을 지우며, 농촌 인민을 향호鄕戶라 불러 이들에게는 요역의 의무를 부과했다. 그런데 향호의 요역은 실은 역역力役이 아니고 조세 징수 혹은 자치경찰 등 지방 행정 말단의 업무의 보조였다. 이 같은 업무의 일부는 직업화된 서리胥吏의 손에 청부로 맡겨져 있었지만 직업화하려 해도 돈벌이가 되지 않기 때문에 직업화되지 않는, 이른바 손해 보는 업무가 언제까지나 남아 있어서 농민에게 요역으로 부과되고 있었던 것이다. 이것은 시간의 낭비와 아울러 약간의 금전을 부담해야 하는 것인데, 특히 금전 부담이 무거워 농민이 두려워하고 있었던 일은 현縣에서 징발되어 주州로 보내지고 주에서 아전衙前(관물의 보관과 수송에 종사하는 직역)이라는 직무를 받는 역役이었다. 물론 이 같은 큰 역에는 농민 중에서도 자산이 많은 상등호上等戶가 선발되었지만 그 비용 지출이 너무나 크기 때문에 파산하는 자가 잇따르는 사태가 야기되었다.

이 같은 우려할 만한 사회, 경제 동향에 대해 조정 관료는 대처해야 할 방도를 알지 못했다. 어쨌든 과거 출신의 문관 관료가 중앙·지방의 요직을 차지해, 말하자면 일당一黨 전제專制로 백 년이나 계속해서 정치를 지도해온 것은 역사상 일찍이 없었던 일이다. 그러므로 이 같은 때에는 어떠한 대책을 세우고 어떻게 개혁을 행하면 좋은지 알고자 해도 역사상의 선례가 없다. 선례라 하면 그것은 건국 초기 이래 자기들의 선배가 남긴 선례밖에 없다. 관료란 것은 걸핏하면 선례를 중시하고 신규기획을 두려워하는 자들이므로 오로지 인습을 지켜 무사안일을 원하며 선배들의 발자취를 더듬어가는 가운데 사회적 왜곡은 점점 더 커지고 계급적 단절은 더욱 결정적이 된다. 그래도 무언가 표면적 개선을 해왔지만 마침내 그것으로는 사리에 맞는 대책이 될 수 없는 시기에 이르렀다. 그것은 서하와의 전쟁에 의해 송의 정치적 약점이 일시에 폭로되었기 때문이다.

송 왕조는 경제를 모든 것에 우선시키는 재정국가이며, 먼저는 요에 대해 금품으로 평화를 샀는데, 다음에는 서하에 대해서도 금력만으로 처리하고자 했다. 최초에는 오로지 물량에 의지한 전쟁으로 맞섰는데, 오직 병력을 증원하고 군수를 풍부하게 해서 서하를 압도하고자 했지만 그것은 생각만큼 효과를 올릴 수 없었다. 그리고 최후에는 금품을 주고 평화를 살 수밖에 없었다. 이 전쟁 중에 정부의 재정은 금세 고갈되기 시작했다. 정부는 기업체가 아니므로 세입은 대략 고정되어 있고 재정 결산이 흑자인가 적자인가는 대개 지출의 신축성에 좌우된다. 건국 초기에는 정부의 기구도 간소하고 병력 수도 적었으므로 항상 재정에 여유가 있었으며, 태조 이래 잉여금을 천자 주변의 내장고內藏庫에 비축함으로써 유사시에, 특히 요와의 개전에 대비했다. 그 후 요와의 사이에 화약이 성립되자 이 잉여금이 너무 많이 축적 사장되어 그것이 민간 경기를 압박하게까지 되었다. 그런데 이제 서하와 사태를 일으켜 지출이 증대했기 때문에 종래의 축적을 다 써버렸는데, 일단 팽창된 지출은 전쟁이 끝나도 축소하기가 용이하지 않았다. 재정은 경상經常적으로 해마다 적자를 계상하게 되었다. 조정 관료들에게 재정의 핍박은 얼버무릴 수만은 없는 냉엄한 현실이어서 이에 대해 어떻게든 손을 쓰지 않으면 안 되었다.

서하와의 전쟁은 민생에도 중대한 영향을 미치지 않을 리가 없었다. 다만 당 말기 이후의 중국은 병·농이 분리되고 천자의 금군禁軍은 정부의 모집에 응한 용병傭兵이었기 때문에 전쟁의 영향은 종래와는 다른 특수한 양상을 드러냈다. 즉 전장이 된 곳 이외의 다른 지역 인민은 직접 전쟁의 재난을 입지 않고 군대에 징발되는 일도 없이 평화로운 생활을 계속할 수 있었다. 다만 전쟁이 초래한 경제적인 영향은 피할 수 없었다. 그리고 이 영향은 아주 불균형하게 작용해 한쪽에서는 전쟁 경기에 편승해 큰 돈벌이를 하는 상인이 있는가 하면, 다른 쪽에서는 임시적인 물자의 징발, 징세의 증가로 고통을 받는 인민이 나온다. 어느 경우에나 마찬가지로 도시보다는 농촌이 이러한 때에는 피해를 많이 입었다.

정부가 재정에 압박을 받자 중앙은 지방의 비축을 중앙으로 회수했다. 지방의 주州는 재정이 궁박했으므로 가장 안이한 방법으로서 요역에 끌려나온 아전에게 부과금을 내도록 명령했다. 아전은 대지주가 많았지만 주의 재정을 떠맡는 것은 감당할 수 없어서 도산하는 자가 잇따랐다. 이런 때에 일찍이 자제에게 학문을 시켜 과거 관료를 배출한 집안은 이런 재난을 면했다. 요역은 관호에게는 미치지 않는다는 규정 때문이었다. 관호는 자신의 재난을 면할 뿐 아니라 오히려 도산한 지주의 토지를 병탄할 기회를 얻어 점점 더 힘이 커지고 농민 지주는 도산에 의해 그 수가 감소하니 그 부담은 한층 더 무겁게 그 어깨를 짓누르기 시작했다.

정부가 재정 궁핍에서 벗어나기 위해 채택한, 그것도 가장 안이한 증세의 방법은 전매 수익금의 증액이었다. 특히 편리한 수단이 소금 가격의 인상이었다. 그렇지 않아도 전쟁의 군수 경기로 물가가 상승하고 있던 때이므로 이것은 물가를 더욱더 올리게 된다. 이러한 때 언제나 시달리는 것은 빈민이다. 군수 경기의 혜택을 볼 일은 거의 없고 물가 등귀의 고통만 맛보게 되니, 그들의 세계만은 큰 불경기인 것이다. 이런 궁핍한 사람들이 먹고 살 수 없게 되었을 때 택하는 최후의 수단은 비밀결사에 투신해 암거래 상인이 되는 것이다. 다행히 소금 가격은 정부에 의해 한계선까지 올라 있다. 관염의 가격이 높으면 높을수록 암거래는 벌이가 좋다. 이 같은 비밀결사의 증대로 사회는 급속하게 소란스러워져갔다. 그들은 경찰 조직에 몰리면 궁지에 몰린 쥐가 고양이를 물듯이 공공연히 반란을 일으킨다. 그리고 이러한 종류의 반란은 기동성을 갖는 것이 특징이어서 여러 지방을 전전하며 노략질하고 돌아다닌다. 그러므로 이것을 농민반란이라고 하는 것은 적절하지 않고, 원래는 농민이었

다고 해도 일단 비밀결사에 들어가 암거래 상인이란 사회적 신분으로 변신한 다음의 활동인 것이다.[71]

사태가 이렇게 되자 그렇게도 느긋했던 조정의 과거 관료들도 더 이상 좌시할 수 없게 되어 진지하게 국정의 재정립을 도모하지 않으면 안 되게 되었다. 인종 말년이 되면 조정의 관료 간에 시끄럽게 정치론을 주고받게 된다. 하지만 이 관료들 사이에서 자연발생적으로 솟아난 정치 개혁 운동은 의외의 장해에 부딪혀 일시적으로 좌초되지 않으면 안 되는 사태가 일어났다. 그것은 인종이 죽은 뒤 방계에서 들어온 영종英宗이 제위를 이었을 때 영종의 친부 복왕濮王을 어떻게 대우해야 할 것인가에 관해서 조신들 간에 정부 당국자의 조치를 부당하다고 비난하는 이른바 복의濮議가 일어나 길지도 않은 영종의 재위 4년간을 거의 허송해 버렸기 때문이다.

복의와 예론

인종은 나이가 들어도 아들이 없었으므로 종형 복왕의 아들 종실宗實(後에 서曙)을 양자로 삼아 황자로 세웠다. 인종이 54세로 죽은 후 그 뒤를 이은 것이 5대 영종이며 나이 32세였다. 이 제위 계승 때 영종과 인종의 황후 조씨曹氏 사이에 어떤 감정의 대립이 있었던 듯하다. 영종 쪽에서는 조황후가 딴 사람을 후계자로 세우고자 기도해 자기를 독살하려 했다고 확신하고 즉위 후 잠시 병을 핑계 대고 정무를 돌보려 하지 않아 그 대신 조황후가 섭정을 했다. 대신 한기, 구양수 등이 황후를 설득해 정무를 영종에게 반환했지만 아직 천자의 국새國璽를 인도하는 것을 주저했던 사실이 있다. 이윽고 영종이 천자의 직무를 맡게 되자 황태후 쪽에서는 영종이 자기 자녀를 후대하고 선제先帝의 공주를 박정하게 취급한다고 분개해 대신들을 책망했다. 이 같은 서먹서먹한 감정의 응어리가 있을 때 즉위 이듬해 영종의 친부 복왕의 예제例祭를 행할 때 그 전례典禮가 문제가 되었다. 영종과 조정 대신들이 제문 속에 복왕을 황친皇親이라 부르겠다는 원안을 냈더니 조정의 젊은 관료들은 맹렬히 이를 반대했다. 그 이유는 인종이 이미 영종을 입양해 황자로 삼았으니 영종은 인종의 아들이 되었다는 것이다. 이에 비하면 친부 복왕과의 관계는 사적인 것에 지나지 않게 되었으므로 공적인 입장에서는 무시해야만 한다. 다만 복왕은 인종의 형뻘이므로 영종의 입장에서는 백부뻘이 된다. 그래서 천자 영종으로서 복왕을 제사 지낸다면 황백皇伯이라 불러야 한다는 것이 그 주장이었는데, 사마광司馬光·여회呂誨 등이 주창해 이를 추종하는 자가 다수를 차지했다.

이에 대해 당국자 측인 구양수 등은 이를 반박해 친부를 백부라고 부르는 것은 자고이래로 들은 적이 없으며, 실제 『의례儀禮』에도 타인의 양자가 된 자는 자기 부모를 위해 보은의 상을 치른다고 쓰여 있으니 분명히 부모라고 불러 그 호칭을 고치지 말아야 할 것이 아닌가라고 반박했다. 그러자 사마광은 『의례』의 글은 그 같은 의미로 해석해서는 안 되며 이전의 부모라고 읽어야 한다고 반론했지만, 이는 옹색한 말이었다.

이 논쟁, 복의의 근저에는 조태후와 영종 간의 반목이 있으며, 사마광 등은 태후의 체면을 세워주려고 했던 것이다. 그래서 대신들은 손을 써서 태후와 영종의 화해를 꾀해 먼저 太后 쪽으로부터 영종에게 복왕을 황皇이나 친親으로 호칭해도 무방하다고 말하게 하고, 이에 대해 영종 측에서는 복왕은 제위에 오른 적이 없는 몸이라는 이유를 들어 황 자를 사양하고 다만 친이라고 부르기로 하여 사태를 수습했다.

그러나 논자는 다시 대신 측이 영종에게 복왕을 친이라 부르게 한 책임을 추궁해 탄핵했으므로 이는 언론의 남용에 해당된다 하여 정직 처분을 했다. 그러나 대신 측에서도 부내部內의 통솔이 부족했음이 폭로되어 쌍방이 무승부라는 결과로 개운치 않은 뒷맛을 남겼다.

이와 유사한 사건은 중국에서는 누차 일어나고 있으며, 일본에도 또한 에도 시대에 존호尊號 사건이라는 것이 있다(1789). 그러나 복의의 경우는 당사자인 복왕이 이미 죽은 뒤이므로 특별히 그것이 실제 정치에 악영향을 미칠 염려는 전혀 없었던 단순한 이데올로기 논쟁에 지나지 않는다. 중국인은 현실적이고 이론에는 그다지 흥미가 없다는 따위의 견해를 듣는 경우가 흔히 있지만 결코 그렇지는 않다. 이론을 위한 이론도 상당히 성했던 것이다. 다만 이데올로기의 내용이 다를 뿐인 것이다.

복의의 경우 군이 이렇게나 집요하게 영종의 짧은 4년간의 치세를 의론으로 허비하고 끝내는 천자를 신경쇠약에 걸리게 할 것까지는 없었다. 거기에는 송대 과거 관료의 약점, 엘리트 의식이 강해 다른 의견에 대한 관용이 없고 다수를 믿고서 부화뇌동하는 경솔한 모습이 뚜렷이 보인다. 이것이 다음 대에 와서 송의 정치를 혼란에 빠뜨린 당쟁黨爭 전개의 서곡이 되었다.

신종과 왕안석

영종은 재위 4년, 36세로 죽고 태자였던 신종神宗이 뒤를 이었다. 당시 나이 20세였는데, 이듬해 개원하여 희녕熙寧 원년으로 했다(1068).

당시 정부의 대신 구양수와 한기가 복의의 상처를 입고 잇달아 사직을 청원했으며, 신종도 또한 인심을 일신하기 위해 독자적 입장에서 인사를 행하여 정치의 침체를 타파하고자 했다. 그래서 나이 든 부필富弼을 지금의 총리에 해당하는 동평장사同平章事로, 젊은 신진 왕안석을 부총리에 해당되는 참지정사參知政事로 임명했다. 신종이 기대를 건 것은 물론 왕안석이고, 부필은 단순히 이의를 억누르기 위한 무게추로 삼은 것에 불과하다. 부필은 이전에 송이 서하의 침입에 시달리는 틈을 타 요가 난제를 제기해 조약 개정을 강요한 것을 처리한 주역인데, 이때에는 이미 나이 70세에 가까워 대신의 격무를 감당하지 못하고 세론의 비난에 부딪히면 대결할 용기가 없어서 자주 노환을 이유로 사직을 요구했으므로 자연히 정부의 중심은 왕안석이 차지하게 되었다.

왕안석은 원래 오대 남당南唐의 영내였던 임천臨川현(강서성) 사람으로 송의 정치, 문화에 새바람을 불어넣은 남인南人이라 일컫는 그룹의 한 사람이었다. 그는 일찍이 인종 때 천자에게 상서를 올려 정치 개혁이 필요함을 주장했는데, 이 만언서萬言書는 천하의 명문이란 칭송을 받았다.

그는 이 상서에서 현재의 중국이 밖으로는 이민족의 모멸을 받고 안으로는 재정 궁핍으로 인민까지 고통을 당하고 있는 것은 무엇 때문인가 묻고, 그것은 정치에 올바른 법이 시행되고 있지 않기 때문이라고 답한다. 또 그에 의하면 정치가 합당하지 못한 것은 인재를 얻지 못하는 인사의 문제이며, 그 인재 결핍의 원인은 교육이 나쁘기 때문이라고 결론짓는다. 만일 모든 것이 인간의 문제라면 인간의 힘으로 재건하지 못할 리가 없으며 더욱이 성패는 천자의 열의 여하에 달려 있다고 주장한다. 신종은 왕안석의 의견에 크게 찬성하고 또 그 인물에 심취해 밤낮으로 그와 정치를 논의한 끝에 과감히 여러 정치적인 개혁에 착수했던 것이다.

왕안석은 시인인 동시에 철학자였다. 하지만 그의 철학은 이데올로기로 무장된 논리 사상은 아니며 한 번 보고 사물의 진상을 해석적으로 파악하는 직관주의 철학이다. 그는 이념에 구속된 이론을 싫어해, 그것이 리理에 엄폐된 것, 이론 때문에 진실을 놓친 것이라고 비난했다. 그러므로 그의 정치 개혁은 먼 장래에 공허한 영상을 그리며 그것에 끌려드는 것이 아니라 어디까지나 현실을 직시해 거기에 있는 왜곡을 밝혀내고 불합리를 바로잡아 합리화의 궤도에 올린다는 방식이었다. 그는 유교의 경전 중에서 주공周公이 제정한 정부 기구를 기록했다고 일컬어지는 『주례周禮』에 새로운 주석을 가하고 이 책에 『주관신의周官新義』란 제목을 붙였는데, 그것은 손이 닿지 않는 이상향을 먼 과거에 묘사한 것은 아니고 고대의 정치 원리는 언제라도 실제로 행하고자 하면 행할 수 있는 모범이라고 생각한 것이었다. 그의 정치는 이상주의가 아니라 합리주의였다.[72]

균수법

왕안석이 최초로 착수한 것은 재정의 합리화였으며 균수법 均輸法이라 불렸다. 균수에는 물가 조절의 의미도 포함되지만 종래의 평준平準과는 다르다. 무릇 물가의 기복에는 두 종류가 있는데, 하나는 시간적 변동이며 또 하나는 지역적 격차로 모두 민생에 큰 영향을 준다. 시간적으로 물가의 등락이 심한 시기에 정부가 물자를 값쌀 때 매입해 비싸졌을 때 매각하는 것을 평준법이라 하며, 일찍이 한 무제나 신新의 왕망이 시도했다고 한다. 균수는 이와는 달리 아직 교통이 발달하지 못하고 정보도 불충분한 시대에 같은 물자가 한 지방에는 남아돌고 다른 지방에서는 바닥나서 가격에 커다란 격차가 생기는 그러한 때 정부의 힘으로 물자를 남아도는 지방으로부터 부족한 지방으로 이전시키는 것이다. 이것도 일찍이 중국에서 실시되었다고 하는데, 왕안석은 그것의 부활을 시도했다.

당시 정부의 재정은 아직 완전히 금전화되어 있지 않고 쌀과 비단은 말할 것도 없고 갖가지 현물이 조세로 징수되고 있었다. 이 현물 수입은 일단 정해지면 그대로 고정화되어 실적이 되고 정부에서 이미 필요하지 않게 된 뒤에도 계속 징수되었으며, 한편 민간에서는 이미 생산하지 않게 된 물품도 강제 징발된다. 이것은 재정이 예산화되지 않은 시대에 언제라도 일어나는 폐해이다.

왕안석은 당시의 재무부에 해당되는 삼사三司의 규칙을 개정해 우선 재정을 예산화하고 1년 동안 필요한 물자를 미리 계상하게 했다. 그리고 지방의 재무 관리에게 실정을 조사 보고하게 하고 물자를 조달하는 데는 되도록 가까운 곳에서 또한 되도록 값싼 곳에서 입수하는 원칙을 세웠다. 이것이 균수법이니 현재의 입장에서 보면 대수롭지 않은 지극히 당연한 정책이다. 그러나 지금으로부터 8백 년 전 앞으로 봉건 시대에 돌입하려는 시기 전후에 해당되는 것임을 생각하면 통일된 대제국의 구석구석까지 물자의 동태를 파악한다는 이 정책은 높이 평가되어야 할 것이다.

그렇지만 왕안석의 이 합리적 신법新法은 곧 기성 정치 세력의 현실의 이해관계와 충돌하지 않을 수 없었다. 당시 재정국가로 변모한 송 정부에는 대소의 정상政商이 떼 지어 소용돌이치고 있었다. 어느 시대이든 마찬가지지만 정상들에게는 부패한 정부, 불합리한 정책만큼 고마운 것은 없다. 정부가 되도록 불필요한 물자를 많이 인민에게서 징수해 그것을 되도록 값싸게 불하해주어야만 정부는 고마운 존재이다. 그러던 것이 정부가 갑자기 합리주의를 채택해 필요한 물자는 어김없이 인민에게서 입수하고 불필요한 물자를 아무것도 방출하지 않아서는 정상들은 끝장이다. 정상들 일당은 단결해서 신법에 반대해 기세를 올리고 왕안석과 대립하는 정치 세력을 찾아내 동맹을 맺고자 했다. 그 구호는 '왕자王者는 인민과 이익을 다투지 않는다'는 맹자의 말이었다.

청묘법

왕안석이 다음으로 착수한 것은 농민에 대한 저금리 융자를 목적으로 하는 청묘법靑苗法이었다. 당시 농촌에까지 화폐경제가 침투한 결과 농민들도 금전 지불이 부득이한 경우가 많고, 특히 그것은 작물의 파종 시기에 일어나기 일쑤였다. 이제부터 작물을 파종하고 생산 활동에 들어가려 할 때 농기구를 구입, 수리하고 수확기까지의 소금·곡물을 비축해 두려는 경우에 가장 금전이 필요하다. 이를 대금업자에게 빌리는 데는 이자가 터무니없이 높아서 봄부터 가을까지를 1년으로 셈하여 그 이율은 5~6할까지 달한다. 현재의 일본처럼 금리가 비교적 낮은 세상에서도 일단 돈을 빌리면 완전히 변제하기가 용이하지 않는 것이 예사이므로 5할 이상이나 이자를 수취하면 파산할 우려가 매우 크다. 청묘법은 이와 같은 때에 융자를 하는 법인데, 융자를 희망하는 농민은 10호 이상 모여서 보保를 만들어 연대 책임을 지고 저당 없이 관청에서 돈을 빌릴 수 있다. 변제는 빌릴 때의 시가에 따라 정해진 액수의 곡물로 한다. 만일 그때 곡물 가격이 등귀해 있으면 금전으로 변제할 수 있지만 이자가 2할을 넘어서는 안 된다고 하는데, 보통 청묘법이 2할의 이자를 취하고 돈을 대부한 것처럼 언급되는 것은 합당하지 않으며 돈을 대부하고 곡물로 납입하는 것이 원칙이다. 그리고 이 변제는 시가에 따라 이루어지며 이자를 취한다는 말은 하고 있지 않다. 실은 여기에는 이유가 있다.

당시 군대의 수가 대단히 많아 전투부대인 금군이 82만, 이밖에 노동, 잡역에 종사하는 명목상의 군대로 상군廂軍이라 불린 부대가 대략 금군과 같은 숫자였는데, 이들에다 관리를 보태면 정부가 부양해야 하는 비생산 인구는 방대한 수에 달했다. 한편 조세는 고대처럼 곡물만을 주로 하는 것은 아니므로 조세만으로는 이를 부양하는 것이 불가능하다. 그래서 화적和羅이라 불리는 제도로 민간에서 강제적으로 곡물을 매입한 것인데, 정부의 재정이 군색해지자 충분한 대가를 지불하지 못하게 되어 이것이 인민을 괴롭히고 있었다. 청묘법은 이 화적의 역할을 대신 떠맡은 것이며, 곡물 구입의 대금을 선불하게 되는 셈이다. 정부는 종래 놀고 있던 현금을 발견해 재원으로 삼아 이를 미리 민간에 방출하면 민간은 저금리 융자를 얻어 목전의 절박한 고비에서 구제받는 것이다.

청묘법이 발표되자 별안간 중앙·지방에서 반대의 기세가 올랐다. 정부 내에서는 노신 부필이 여론의 공격을 두려워해 사직하고 왕안석의 동료로는 여공저呂公著가 반대해 해임되었으며, 이에 따라 그의 제자 정호程顥가 갑자기 태도를 바꾸어 반대당으로 돌아서서 몰려나고, 다시 소식蘇軾·소철蘇轍 형제가 동조해 해임되었다. 이처럼 반대의 목소리가 거세지자 이에 부화뇌동해 떠나는 자도 또한 많아졌다. 이에 대해 신종과 왕안석 측에서는 정치 개혁은 아직 예비적 시험 단계이므로 지금 여기서 반대당에게 굴복해서는 이후 아무것도 못하게 되니, 반대론에 대해서는 다시 논박을 전개하고 소신을 진술함과 아울러 떠나는 자는 붙잡지 않는다는 태도를 취했다. 그래서 청묘법이 실시된 시점에서 대체로 조신들 간에 찬성파와 반대파의 구별이 확정되고 반대파는 대부분 조정을 떠났기 때문에 이후의 신법에 관해서는 그다지 큰 장애는 일어나지 않게 되었다.

시역법

왕안석은 정부 내에서 차츰 지위가 확고해지자 다음에는 공공연히 입장을 드러내 당시 수도를 비롯해 지방 대도시에 터를 잡고 경제를 지배하던 대상인들의 과점寡占 체제를 바로잡는 정책을 내놓았다. 이것이 시역법市易法이다. 우선 수도에 시역무市易務, 지방 대도시에 시역사市易司를 두고 거기서 적체된 화물을 매상하고 또는 이를 저당으로 받고서 돈을 대부하는 것이다. 이 무렵 경제는 비약적인 성장을 이루어 자본주의적 경향이 현저히 나타나기 시작했고, 소수의 대상인들에 의한 과점 체제가 시장을 지배했다. 특히 외국의 대상隊商이 물자를 운반해 국경 혹은 수도 등의 시장에 도착했을 때 그 지방 대상인들은 연합해 보이콧한 끝에 상품 가격을 대폭 깎아서 샀다. 이것은 자유 사업의 원칙에서 볼 때 어쩔 수 없으나 이 때문에 물자의 이동이 저해되어 가격의 등귀를 초래하게 되며, 이 물가 변동이 또한 대상인이 폭리를 탐하는 기회가 된다. 이 폐해는 누구나 인정하면서도 운반자나 소상인 또한 소비자나 개인의 힘으로는 아무래도 대항하기 힘든 강자의 권리 행사였다. 왕안석은 이 불합리에 대한 호소를 듣고서 국립은행 격으로 창고업을 겸한 새 기관인 시역무를 설립한 것인데, 다만 그 의도하는 바는 결코 상인 자본가의 퇴치와 같은 계급적 의미를 내포하지는 않았다. 어디까지나 상업을 원활하게 진행되게 한다는 합리주의의 표현이었다. 그러므로 그 뒤에는 대상인들 측에서도 현금이 필요할 때는 자신의 상품을 저당 잡혀 이 은행에서 현금을 빌리게 되었다.

모역법

이와 거의 같은 시기에 모역법募役法이 시행되었는데, 이것은 농촌 부유 계급의 이익 보호를 위한 것이었다. 송 초기에 농촌의 향호鄕戶는 자산 정도에 따라 9등급으로 분류되고 1등호부터 4등호까지는 요역의 의무가 부과되었는데 이를 차역差役이라 일컬었다. 차差란 것은 지시해 사역시킨다는 의미이다. 그것이 현의 아문衙門에서 사역하는 동안에는 그다지 큰 비용을 수반하지 않지만 1, 2등의 상등호上等戶는 현으로부터 주의 아문으로 보내져서 아전衙前의 역역에 복무하는 단계가 되면 굉장히 힘거운 것이다. 주에 집결된 조세의 관리, 관물을 중앙정부에 운송할 때의 감독, 게다가 관리의 연회를 주선하는 역할 등을 맡게 되는데, 그 비용은 전부 스스로 부담해야 했다. 이 비용의 부담을 배비陪備라 불렀다. 그리고 만약 보관하는 관물에 손실이 생기면 가산을 탕진해서라도 변상하지 않으면 안 되었다. 만일 이대로 방치하면 상등호가 전부 다 파산해 정부의 차역을 할 수 없게 될 지경이 되었다.

왕안석의 모역법은 이 같은 불합리한 역법役法을 근본적으로 개혁하는 것이었다. 그는 여기서도 예산 제도를 도입해 우선 주·현의 아문에서 필요로 하는 요역의 인원수, 거기에 필요불가결한 경비를 산출해 이를 요역 의무가 있는 4등의 향호로부터 자산 정도에 따라 면역전免役錢이란 명목으로 징수한다. 그리고 이 재원을 사용해 노동력 제공자를 모집해 아문에서 사역시키고 필요한 경비는 관청에서 지급한다. 이로써 종래 주·현의 관리가 안이하게 농민을 착취하고 낭비하던 악습이 그치고, 정치 운영에 꼭 필요한 최소한의 경비를 종래의 요역 의무자로부터 정규적인 조세 이외의 부가세로서 징수하는 것이다. 이 경우에도 신법은 결코 농촌의 자산가의 존재를 악으로 적대시하는 따위의 의향은 당초부터 갖지 않았던 것이다.

농촌에서의 향호의 배비에 해당되는 의무를 도시 방곽호坊郭戶 중의 상공업자의 경우에 대비한다면 이는 행호行戶의 지응祗應이라 불리는 것이었다. 도시의 상공업자는 각 업종마다 조합을 만들었는데 이를 行이라 했다. 행은 서양 중세의 길드와 같은 것으로 각 업종마다 독점권을 인정받는 대가로 정부가 필요로 하는 물자를 무상으로 제공했다. 이것이 지응인데, 관원은 구실을 붙여 물자를 요구하기 때문에 행호는 그 끝 모르는 요구에 시달렸다. 여기서도 왕안석은 그 합리화를 꾀해 관청에 필요한 물자를 예산화하고 그 금액을 행호로부터 자산 정도에 따라 징수했는데, 이를 면행전免行錢이라 했다. 이미 면행전을 납부한 이상 행호는 종래의 지응에서 완전히 해방되고, 관아에서는 면행전으로 필요한 물품을 구입하도록 바뀌었다.

보갑·보마법

이 밖에 왕안석의 신법 중 거론해야 할 것으로 보갑법保甲法·보마법保馬法이 있다. 이것은 중국이 당 말·오대 이래 채택하고 있던 용병傭兵 제도에 대한 반성이며, 그 폐해를 고쳐 끝내는 고대의 병·농 합일의 제도로 복귀시키려는 시도였다.

용병 제도는 군인의 직업화이다. 이미 군인이 직업이므로 섭

사리 이를 해직시킬 수 없다. 군인 개인의 노령화나 혹은 정부 재정의 긴축 때문에 인원을 정리할 필요는 늘 느꼈으나 용병제 하에서는 이것은 실업 문제로 변할 우려가 있다. 더욱이 직업 군인은 완전한 봉급생활자로 변해서 봉급을 손에 넣는 것이 주목적이 되어 향토를 지키려는 투지가 결여된 경우가 많다. 그 결함이 실제로 발생해 송의 군대는 중기 이후 눈부신 군공을 세운 적이 거의 없다. 외적에 대해서뿐 아니라 내지에 반란이 일어난 것 같은 경우에도 직업군인은 신변의 안전을 지킬 뿐 향리를 지키려는 전의가 없는 경우가 많았다.

그래서 왕안석은 농민에게 향토방위를 위한 자위단을 조직하도록 지도했는데, 이를 보갑법이라 한다. 보保도, 갑甲도 인민의 조합이다. 이것은 향鄕을 단위로 자위단을 만들게 했으며, 10가구를 보, 50가구를 대보大保로 하여 각각 장을 두고, 10대보를 도보都保라 하여 도보의 정·부 지휘자를 두고 농한기에 무예를 연습시킨다. 처음에는 보 내의 경찰을 담당시키고 장래에는 정규군을 대체해 향토방위에 출동시키려는 것이다. 이를 위해 필요한 비용은 금군禁軍에 퇴역자가 나왔을 때 결원을 보충하지 않고 그 비용을 따로 저축해둔 금군궐액전禁軍闕額錢이란 것으로 충당했다. 이것이 보갑법의 내용이다.

전쟁에는 군마가 불가결하다. 하지만 송의 내지는 당시 모두 개간되어 완비된 목장을 얻기 어려웠으며, 금군을 위한 승마용 말조차 입수하기 어려운 상태였다. 그래서 왕안석은 장려금을 내서 보갑에 말을 사게 하거나 관마官馬를 대여해 사육하게 했다. 유사시에는 이 마필을 징발해 정부군의 전열에 참가시켰다.

왕안석의 신법은 이 밖에도 열거하려면 한이 없을 정도로 여러 방면에서 시행되어 종래의 관례를 개정했다. 이들 신법은 결코 왕안석이 개인의 생각만으로 만들어 낸 것은 아니다. 각 개혁에는 따로 제안자가 있었고 많은 경우 이름을 알 수 없는 민간인이었는데, 경험에서 개량책을 착상해 상언한 것이다. 왕안석은 그들의 의견에 귀를 기울이고 위로는 천자, 아래로는 관료와 상담해 숙고한 끝에 단행했던 것이다. 이것이 왕안석이 정치가로서 걸출한 점이며, 현재에도 정치가라면 정말 피해를 입기 쉬운 하층 인민의 의견을 흡수해 그것을 정치에 유용하게 쓰지 않으면 진정한 정치가가 아니다. 그러므로 왕안석의 신법의 특징은 정부의 형편에 유리한 그런 개혁이 아니라 약자의 이익을 옹호한다는 입장에서 이루어진 개혁이라는 점에 있다. 청묘법·모역법·시역법이 모두 그러하지만 약자의 권익을 보호하는 것은 당연한 결과로서 종래 강자의 기득권이라고 생각하고 있던 영역을 침해하는 것은 피할 수 없다. 그래서 조야朝野의 유력자들 사이에서 반대의 기세가 높아가는 것도 필연적인 추세였다. 그러나 그들이 자산가인 까닭에 왕안석의 눈총을 받았다고 느낀 것은 완전한 오해였다. 왕안석이 증오한 점이 있다면 그것은 부호였기 때문이 아니고 재력을 이용해 소민小民을 겸병하는 행위였다. 그러므로 왕안석에게는 겸병兼幷이란 제목의 고시古詩가 있다. 이에 대해 소철蘇轍이,

    '왕개보王介甫(안석)는 소장부이다. 빈민을 연민하여 부호를 깊
    이 질시하니 그래서 빈민에게 혜택을 주고도 그 옳지 못함을
    알지 못한다'

고 한 것은 완전히 빗나간 말이다.

구법당

신종 치세의 전반기 희녕熙寧이란 연호를 쓴 기간은 대체로 왕안석이 재상으로서 정치의 중임을 맡았지만, 그 후반기 원풍元豊 연간에는 신종도 이미 삼십대가 되어 친정親政을 하고, 왕안석은 현재의 남경 교외 반산半山에 은거했다.

신종의 친정 초기에 당 말기 이후 형식만 남아 유명무실해져 있던 중앙정부의 기구를 개조하고 당대에 확립된 6부部를 부활시켰다. 6부 위에 있는 재상, 또 6부의 부족한 점을 보충하는 관아인 9시寺 등의 명칭은 이후 여러 차례 변했지만, 행정의 중심이 되는 6부는 줄곧 지속되어 청조 말년까지 변하지 않았다. 이 중앙 조직이 점차 지방에도 침투해서 말단 현의 아문衙門 내부까지 6부의 형식을 갖추게 되었다.

신종의 모친인 황태후 고씨高氏는 원래 신법에 반대 의견이었다. 그래서 신종이 38세로 사망하고(1085) 아들 철종哲宗이 뒤를 이었지만 아직 10세밖에 안 되므로 태황태후가 된 고씨가 섭정이 되자 조야의 시끄러운 여론에 동조해 정치의 방향 전환을 꾀했다. 최초에는 종래의 정치가 너무나도 좌경으로 보였던 것을 조금 오른쪽으로 되돌리려는 정도의 의도였지만, 막상 신법을 반대하고 구법의 부활을 제창한 사마광, 여공저가 정부에 들어오니 이제까지 신법을 수행해온 채확蔡確·장돈章惇 등과 공동으로 일을 담당할 리가 없었다. 신법당은 차츰 배척당하고, 그 대신 지금까지 20년 가까이 군색할 수밖에 없었던 구법파 정객들이 중용되어 신법 자체가 차례로 폐지되었다. 이 혼란의 와중에 은퇴해 있던 왕안석이 66세로 병사했다.[73]

왕안석의 신법에 의해 그때까지 적자가 계속되던 국가 재정은 호전되어 오히려 잉여가 생기게 되었다. 재정이 너무 건전해져 정부의 창고에 금전과 미곡이 산적하게 되자 다음에는 경기를 정체시키는 결과가 되었다. 물론 이것은 하층민을 괴롭힌 것은 아니다. 적어도 실업자가 적었던 것은 신종 시대에 지방에 비밀결사의 반란이 거의 보고되지 않았던 것으로도 알 수 있다. 문제는 종래의 방임 정책에 의해 경기의 묘미를 누려왔던 자산가 계급이다. 신법에는 어딘가 사회주의적 성질이 있고 정부의 통제가 엄했으므로 투기적인 돈벌이를 기도할 여지가 없었다. 그러한 사태가 자산가들에게는 심각한 불경기와 같은 느낌을 갖게 한 것이다. 구법당의 정치가들은 그 점을 간파하지 못했다. 그러므로 신법 폐지의 혼잡한 상태에서 뒤얽혀 애석하게도 국가 재정에서 자산가가 단물을 빨아들인 점이 적지 않았다.

　시역법을 폐지할 때 자산가는 다액의 동전을 시역무市易務에서 차용하고 있었다. 시역무가 민간에 대출하고 있던 227만 관貫은 지금껏 정부가 민간과 이익을 다투어 축적한 것이므로 인민의 것은 인민에게 반환한다며 호기롭게 전부 탕감해 주었다. 그러나 실은 그중 154만 관은 대자산가 62호가 차용한 것이었으므로 1호 평균 2만 5천 관을 정부로부터 공짜로 받은 셈이 된다. 이에 비해 소상인은 2만 5천 호가 모두 46만 관을 차용하고 있었으므로 1호 평균 18관의 이득만 보는 것으로 끝났다. 그건 그렇다 쳐도 이처럼 물 쓰듯이 정부 자금을 방출한 것이므로 경기는 갑자기 호전되었을 것임에 틀림없다. 그렇지만 시역법은 폐지되고 대자산가는 돈이 있는 데다 또 큰돈을 받았으니 이전처럼 상품을 불매 동맹하고 매점하기도 하는 폐해가 부활하지 않을지 누구나 염려하게 되었다.

시역법의 경우는 정부 측의 손실을 고려하지만 않으면 대안 없이 폐지를 명령할 수 있었다. 하지만 역법役法의 경우 지금까지의 모역법을 폐지하고 인종 말년의 차역법差役法을 부활시키라는 명령을 내려도 이는 시행될 수도 없었다. 인종 말년으로부터 이미 20여 년이 지났으므로 관청의 구성도, 인민의 호적도 무엇이든 전부 변해 있는 시기에 시간을 20년 전으로 되돌리라고 말해도 그것은 무리이다. 이 때문에 지방 정치는 대혼란에 빠지고 중앙정부에 지시를 구하는 서류가 잇달아 쇄도하지만 중앙에서는 이에 대해 신속한 대응을 할 수가 없었다. 무원칙, 무방침의 행정이 진행되기 시작했다.

그래도 중앙정부에 관한 한은 신종 시대의 축적이 있는 만큼 이를 탕진하면서 그날그날 연명하는 정치를 할 수 있었으나, 여기에도 한도는 있었다. 한편 천자 철종은 차츰 성장해 지혜가 늘어감과 함께 가까이서 시중들던 환관 등으로부터 부친 시대의 이야기를 듣고 조모 태황태후의 정치 방침에 의문을 품게 되었다. 철종이 18세 때 조모인 태후가 62세로 죽고 선인宣仁황후란 시호諡號를 받았다. 구법당이 지팡이와 기둥으로 의지하고 있던 태후는 여인 중의 요·순 같은 이라는 칭송을 받았지만, 실은 신경증이 심한 여성으로 구법당에게 이용되어 송의 정치를 필요 이상으로 혼미에 빠뜨렸다. 중국의 역사에는 이런 여성이 자주 등장한다. 이 조모 태후의 죽음에 의해 다음에는 신법당의 반격이 시작되고, 당쟁은 정권의 교체 때마다 치열함의 정도가 커져갔다.

왕안석이 사망한 시점에는 신법당이 구법당에게 권좌를 내주었다고는 하나 양파의 적대감정은 그토록 첨예하지는 않았다. 왕안석이 문공文公이란 시호를 받은 것은 구법당의 정부에 의한 것이었다고 생각된다. 문文이란 한 글자의 시호는 신하의 시호로서 가장 높은 최상의 것이고, 문정文正이 그 다음이다. 왕안석의 뒤를 따라 사망한 사마광의 시호가 문정이어서, 구법당 정부조차도 사마광은 왕안석만 못함을 시인하고 있다고 생각된다. 하지만 그 후 당쟁이 점차로 격화됨에 따라 두 사람에 대한 평가는 몇 번이나 역전된다.

일단 평가가 확정된 것은 남송 시대에 들어선 뒤인데, 사마광은 성심·성의의 인격자, 왕안석은 편견·독단에 찬 괴팍한 자라는 것이 일반적 세평이 되었다. 이것이 거의 영구적으로 확정된 결론인 것처럼 생각됐는데, 청대에 들어와 고증학考證學이 성행했을 때 고증학자 채상상蔡上翔이 『왕형공연보고략王荊公年譜考略』을 저술해 왕안석이 종래 불확실한 사료에 의해 그릇된 인간상으로 변형되었음을 실증했다. 다시 청조 말기에 양계초梁啓超가 『사전금의史傳今義』를 내서 그 안에 「왕형공전王荊公傳」을 수록하고 채상상의 설을 부연해 이것이 세간에 크게 유행했다. 이에 의하면 왕안석은 중국 역사상 제일급 인물이고, 이에 반해 종래 인격자로 지목되어 온 구법당의 정치가들은 타인의 재능을 질투하는 소인배가 되어버린 것이다. 이후의 평가는 대개 이를 답습해 현재의 중국에서도 왕안석의 평판은 높은 듯하다.

신법의 부활

철종이 친정을 하자 그때까지의 연호 원우元祐를 고쳐 소성紹
聖이라 했다. 원우는 구법당적인 느낌의 자구로 원우의 우祐는
인종 최후의 연호인 가우嘉祐의 우 자였다. 구법당은 그 정치를
인종 시대로 복귀시킨다는 구호를 내걸었으니 그 생각대로 연
호를 원우라고 불렀던 것이다. 이에 대해 철종 친정 시기의 정
치는 부친 신종의 정치를 부활시키는 것이었으므로 신종의 성
덕聖德을 이어받아 밝힌다(紹述)는 의미로 연호를 소성紹聖이라
한 것이다.

정부에서는 이제까지 구법에 집착하고 있던 소철, 범순인范純
仁 등이 쫓겨나고, 신법당의 장돈, 채변蔡卞 등이 복귀했다. 장돈
의 동료였던 채확은 앞서 선인태후의 미움을 사 죄를 입고 유
배되어 유배지에서 병사한 다음이었다. 그래서 신정부는 왕안
석의 정치를 부활시킴과 아울러 구법당 시대에 박해받은 동료
를 위해 보복을 꾀했던 것이다.

구법당 시대에 구법당 대신들이 선인태후에게 올린 상소는
그대로 궁중에 보존되어 있었다. 이제 신법당의 정치가들은 이
문서를 고스란히 압수하고, 이를 저자별로 분류해 이것에 〈편
류장소編類章疏〉란 제목을 붙였다. 이를 보면 구법당 시대에 누
가 무슨 짓을 했는지 일목요연하게 드러난다. 이 움직일 수 없
는 증거에 의해 각자의 언동을 조사하고 처벌했으므로 한 사람
도 모면할 수 없었다. 생존해 있던 소철 등은 물론이지만 이미
사망한 사마광, 여공저 등도 소급해 처벌을 받아 영전榮典이 취
소되었다. 이 〈편류장소〉는 오늘날 남아 있지 않지만 다행히 그

중요 부분이 남송 때 이도李燾의 『속자치통감장편續資治通鑑長編』에 인용되어 있는데, 이 부분을 읽으면 대단히 흥미롭다. 이 책은 북송 전 시대에 관한 완비된 편년체編年體 역사인데, 안타깝게도 왕안석이 활약한 시대 부분 같은 빠진 곳이 있다. 그러나 이 책을 보면 정치의 동향을 세부까지 알 수 있어 유익할 뿐만 아니라 흥미진진하기도 하다. 이에 비하면 정사인 『송사宋史』는 무미건조한 사료의 기계적 나열이어서 전혀 재미가 없다. 그러나 『송사』가 재미없기 때문이라고 해서 송대의 역사까지 재미없다고 해버릴 필요는 추호도 없다. 물론 『속자치통감장편』도 사료의 집적임에는 틀림없지만 그것을 일관된 통사通史로서 읽게 된 다음부터 일본의 송대사 연구가 진보하기 시작한 것 같다.

휘종과 채경

철종은 태어나면서 신체가 허약하고 성격도 신경질적이었다. 재위 기간이 15년이었는데, 그 전반기는 구법당 시대여서 신법을 뒤엎는 데 바빴고, 그 후반기는 신법당이 득세해 신법을 부활시키는 데 경황이 없었다. 따라서 그 정치는 신인가 구인가를 물을 뿐으로, 이데올로기 논쟁이 앞서서 정치의 실체를 보지 못하고 마는 폐해가 일어났다. 그래서 철종이 후사가 없이 죽고 아우 휘종徽宗이 천자가 되자 이 기회에 좌우의 대립을 해소시켜 중도정치를 시행하려는 기운이 일어났으며, 신종의 황후로 휘종에게는 모친이 되는 태후 상씨向氏를 중심으로 그것이 실현되게 되었다. 처벌된 구법당의 정치가들은 삭탈된 관직이 회복되고, 그때까지 정부에 있던 신법당의 대신 장돈, 채변, 채경蔡京이 면직되고 그 대신 한충언韓忠彦·증포曾布가 대신이 되었으며, 휘종이 즉위한 이듬해를 건중정국建中靖國[중도를 세워 나라를 안정시킴] 원년이라 바꿨다. 한충언은 인종 시대의 대신 한 기韓琦의 아들이고, 증포는 왕안석의 제자이긴 하지만 당시에는 방계로서 소외되어 있던 사람이다.

그렇지만 신·구 양당의 다툼은 이미 물과 불처럼 서로 용납할 수 없게 되어 있었으므로 한충언이나 증포처럼 비교적 중립적인 입장에서 온당한 인사를 하려 해도 그것으로는 좌우 양파 어느 쪽도 만족하지 않았다. 사태는 신·구 어느 한편으로 명백한 낙착을 해서 명확한 기치를 내걸고 철저히 상대를 배제하지 않고는 수습되기 어려운 지경까지 와 있었다. 문제는 누가 어떤 방법으로 최후의 승리의 영광을 손에 넣느냐 하는 것이었다.

그리고 이러한 때 일어나기 쉬운 것은 정치에 신념이나 절조를 가지고 있는 자는 오히려 실격이 되고, 때에 따라 무엇으로든 변신하며 필요한 때에는 무엇이라도 거리낌 없이 이용하는 편의주의자가 이겨 살아남기 쉬운 것이다.

최초에 원우元祐의 정변으로 구법당이 정권을 차지했을 때 대신 사마광은 5일 안으로 차역법을 부활시키라는 긴급명령을 내렸다. 전국의 지방장관이 우왕좌왕하며 당황해 어찌할 줄 모르는 중에 천자가 있는 수도의 지사로 지개봉부知開封府였던 채경은 하루 만에 신법을 고쳐 구법에 의한 차역법을 부활시켰다고 보고해 사마광의 칭찬을 받았다. 그러나 채경이 신법당의 쟁쟁한 인물이었음은 숨길 수 없는 사실이었으므로 곧 탄핵을 받아 실각했다.

두 번째 소성紹聖의 정변으로 신법당이 부활했을 때 대신 장돈이 차역을 다시 모역으로 복구할 방법을 채경에게 상담하자 채경은 희녕 시대에 차역을 폐지한 방식을 그대로 채택하면 좋겠다고 권했다. 그러나 채경의 너무나도 타산적인 태도에 반감을 품은 자가 많아 휘종 즉위 초에 정직의 명을 받고 항주杭州에서 은퇴 생활을 보내고 있었다. 서화와 골동품을 수집하라는 천자의 명을 받은 환관 동관童貫이 항주로 파견되었을 때 채경의 협력을 요청했다. 동관은 환관이라고는 하나 역사力士와 같은 거한으로 오히려 억센 일을 좋아하고 문화적인 취미 면에서는 서툴렀는데, 채경은 당시 첨단의 문화인으로 서화·기예技藝·문학·음곡音曲 무엇이나 통하지 않은 데가 없는 재주꾼이었다. 이에 양자의 동맹이 성립되어 동관은 궁중에서 천자에게 채경을 천거하고, 채경은 외부에서 동관의 모든 요구에 호응해 천자의 욕망을 채우는 데 노력하기로 약속했다. 천자의 독재권이 확립된 시대에는 천자의 측근인 환관을 자기편으로 삼는 것이 외정外廷의 대신에게는 가장 유효한 지위 보전책이란 것은 손쉽게 알 수 있는 이치였다. 그러나 이전의 관계에서는 대신이 그와 같은 비겁한 수단을 쓰면 곧 사람들의 입에 오르내리게 되어 관료들의 비난을 받고 도리어 자신의 입장이 손상되기 쉬웠다. 하지만 채경은 대담하게도 공공연히 환관과 손을 잡고는 거리낌이 없었다. 분명히 세상은 인정이 메마른 말세가 되었으니, 권력과 금력만이 행세하게 되면 거기에 음모가 스며들어 오는 것도 어쩔 수 없는 일이었다.

환관 동관은 수도에 돌아와 복명하고 천자에게 채경의 인물됨을 천거했는데, 정부에서도 구법당계의 한충언과 신법당계의 증포가 세력을 다투고 있었다. 증포는 채경을 수도로 소환하고 신법의 부활을 기도해 우선 한충언을 축출하고 이듬해를 숭녕崇寧 원년(1102), 즉 희녕熙寧을 존숭한다는 의미의 개원을 하여 조정의 방침을 명확히 했다. 건중정국이라고 허풍을 치던 중도 정치는 겨우 1년 만에 붕괴되었다.

숭녕으로 연호가 바뀌자 조정은 일단 이전에 처벌이 취소되었던 구법당 정치가에 대한 재처분에 착수해 죽은 자에게는 관직을 삭탈하고 살아 있는 자에 대해서는 직위에서 추방해 그 자손까지 연좌시켰다. 이 기간의 책임자였던 대신 증포는 그 조치가 미온적이라고 공격받아 실각하고, 그 대신 가장 급진적이라 자임한 채경이 대신이 되었다. 그리고 채경이 재상이 되자 공약대로 구법당에 대한 조처를 철저히 해서 물샐 틈 없는 당인黨人의 적籍을 만들어 죄의 대소에 따라 등급을 매기고, 그 직위와 성명을 돌에 새겨 전국의 관청 앞에 세우게 했다. 중국에서는 예부터 관리들은 사사로이 당을 만들어서는 안 되고 그 목적 여하에 관계없이 당을 조직하는 것 자체가 처벌받을 만한 행위로 간주되었다. 그러므로 당인이란 것만으로 악당의 의미가 되는 것이었다.

이후 채경의 전권專權 시대가 20년쯤 계속된다. 그렇지만 채경은 독재군주제 하에서 대신 한 사람이 오래 권력을 장악하는 것이 얼마나 지난한 일인지 잘 알고 있었다. 군신 사이가 물과 물고기의 교분 같았다는 신종 시대의 왕안석마저 그 집권 기간은 고작 7년이어서 10년에도 못 미쳤다. 그런데 채경이 20년 가까이나 권좌에 있을 수 있었던 것은 그에게 특유의 처세술이 있었기 때문이다.

우선 대신은 천자를 안심시켜 조금도 대신이 전횡한다는 염려를 끼쳐서는 안 되었다. 그러기 위해서는 일시적으로라도 자주 권력에서 손을 떼고 하야해 천자의 명령이 한번 내리면 언제 어느 때라도 대신을 면직시킬 수 있다는 자신을 갖게 할 필요가 있었다.

최초의 하야는 숭녕 5년 구법당에 대한 탄압이 지나치게 혹독했다는 비난이 높아지며 혜성이 나타나고 태백성太白星이 낮에 보이는 이변이 일어났을 때로서, 채경은 당인의 비를 철거한 다음에 책임을 지고 사직했다. 하늘의 별의 운행으로 사직한다는 것은 중국에는 한대부터 전례가 있지만 송대쯤 되면 그것 때문에 대신이 인책해야 한다고 진정으로 생각하는 사람은 없었다. 그러나 이를 이유로 사직하게 되면 그것은 가장 상처를 입지 않고 물러날 수 있는 기회가 된다. 바꿔 말하면 재기가 용이한 것이다. 과연 채경의 당은 하늘의 이변이 결코 대신의 책임이 아니었음을 상주하고, 물론 환관의 운동도 있어서 이듬해에는 채경이 다시 재상으로 복귀했다.

두 번째 하야는 그 2년 뒤인데, 이번에도 별로 죄상은 없고 다만 천문가가 해 속에 흑점이 나타났다고 상주했기 때문에 채경은 책임을 지고 사직했다. 게다가 또다시 혜성이 나타났으므로 채경은 관위가 강등되어 항주에서 은거의 나날을 보내게 되었다. 그러나 이번에도 혜성이 사라짐과 더불어 채경의 책임도 소멸되어 2년 뒤에 다시 수도로 소환되었으며, 더욱이 태사太師라는 정부 최고의 칭호가 수여되어 실무를 면제받은 원로로서 정치의 고문으로 참여하게 되었다.

이때 채경은 이미 66세였는데 그 뒤에도 10년 가까이 더 권
좌에 앉았던 것이니, 이것은 애당초 무리한 일이었다. 현재에
비해 평균 수명이 짧고 일반적으로 늙기 쉬운 시대였으므로 채
경의 기력과 체력도 이미 국정의 중임을 맡아 격무를 수행하기
에는 너무 쇠잔해 있었다. 그래도 그는 권력을 타인에게 빼앗
기지 않으려고 아들 채유蔡攸를 발탁해 자신의 대리로 이용했
다. 하지만 이 채유의 눈에도 부친은 이미 노쇠해 별 쓸모가 없
겠다고 단념하게 되었다. 그래서 끝까지 권력에 매달리려는 채
경과의 사이에 이번에는 부자간의 싸움이 전개되었다. 그리고
이번에는 아들 채유 쪽이 이겨 천자의 신임을 얻고 부친 채경
에게 억지로 사직을 강박해 은거시키는 데 성공했다.

정치의 붕괴

채경의 집권 기간 중에 송의 정치는 크게 어지러워졌다. 그
는 천자에게 풍형예대豐亨豫大의 설을 진언해 적극 정책을 주장
했다는데, 풍豐과 예豫는 모두 『주역周易』의 괘卦의 이름으로 점
을 쳐 이 괘가 나왔을 때는 망설이지 말고 적극적으로 행동하
면 무엇이든지 생각대로 되고(亨) 양호한 결과를 얻을 수 있다
(大)는 참으로 단순한 낙관론이다.

그런데 채경은 이 예언이 오류가 아님을 실증하기 위해 경기
의 동향에 대해 큰 관심을 갖고 있었다. 다만 그가 관심을 가진
경기는 자산가의 경기, 대도시의 경기이며 지방의 시골에 거

주하는 빈민은 그 희생이 된 채 방치되었다. 그의 정책은 가능한 한 지방에서 착취를 하고 그 수입을 도시로 옮겨와 낭비하는 데 있었다. 이렇게 하면 천자가 있는 수도에서는 호경기에 들떠 인민이 태평을 구가할 것임이 틀림없다. 송대의 천자는 그 독재권을 옹호하기 위해 정부를 경유하지 않는 직속 첩보기관으로 황성사皇城司라 불리는 기구를 두었다. 이는 민간에 나가 여론을 수집해 보고하는 것인데, 그 범위는 수도 주변에 지나지 않고 원격지까지는 이목이 미치지 않았던 것이다. 채경은 환관 동관과 연락하는 한편 이런 것까지 어김없이 계산에 넣고 있었다. 지방 인민이 얼마나 고생하든지, 그런 것은 여론이 되어 들려오지는 않는다. 도회의 군중만이 정치를 품평할 발언권이 있는 것이다.

세론의 형성에 결정적인 역할을 하는 것은 지식 계급과 관료 집단이다. 채경은 그 동향에도 세심한 주의를 기울였다. 관료들에게 인기를 얻는 데는 그들이 가장 바라는 것, 즉 관위官位를 아낌없이 주는 것 이상은 없다. 그렇지만 관위에는 한계가 있으므로 곧 요구에 응할 수 없다. 그래서 관제 개혁을 실시해 재상의 명칭을 바꾸어 태사太師·태부太傅·태보太保를 삼공三公이라 하여 재상으로 삼고, 소사少師·소부少傅·소보少保를 삼소三少라 하여 부재상으로 삼아 모두 정원을 정하지 않았다. 이리하여 관제의 양적 증대로 새로운 직위를 만들어 이를 순차로 배분했다. 최고위인 태사에는 자신 이외에 동관과 또 한 명이 있고, 태부가 4명, 태보는 11명으로 그 필두가 채유이다. 삼공이 도합 18명이고, 삼소에 이르러서는 그 수를 헤아릴 수 없다는 호화판이었다. 이러한 관직에 정상적인 봉급이 지불되는 것은 물론인데, 그 밖에도 각종 파격적인 사여賜與로 우대받았다. 이것이 풍형예대의 적극책다운 이유이며, 관작과 재물을 보기를 썩은 흙과 같이 했다고 일컬어졌다.

이래서는 볕이 드는 부분은 인플레 경기에 취할 수 있지만 볕이 안 드는 부분은 비참한 경제 공황의 물결을 덮어쓰고 신음하지 않을 수 없었다. 그러나 과연 그들에게는 이러한 파행 경기에 대해 항의할 방법이 없었던 것일까. 실은 많이 있었다. 우선 처음에는 비밀결사로 흘러들어가 소금 등 금제품禁制品의 밀매를 하는 것이다. 그리고 기회를 엿보아 어딘가에서 반란의 불길이라도 올랐을 때는 곧 거기에 참가해 복수할 수단을 생각한다. 만일 역사적 필연이란 것이 있다면 그것은 이 같은 인과관계이다. 영리한 듯해도 채경은 이를 생각할 만큼의 통찰이 없었다. 교활한 지혜는 결국 졸렬한 우둔함만 못한 것이다. 그가 태사의 필두로서 인신人臣의 최고 지위, 나는 새도 떨어뜨리는 권세를 과시하고 있을 때 인과응보의 이치가 곧 거기에 함정을 마련해 기다리고 있다는 것은 누가 생각이나 했을까.

채경이 은거하게 되고 아들 채유가 휘종의 총애를 받게 되자 정치는 한층 더 악화되었다. 채경의 재상 노릇이 애당초 연회석의 시중꾼처럼 천자에게 오직 비굴하게 자기비하를 하는 것이어서 국가의 주석柱石인 대신으로서의 체통을 지키지 못했다. 그 때문에 최후에는 아무런 저항도 못하고 해임되어도 호소할 방도가 없었다. 이 같은 부친의 태도가 눈에 익은 채유는 천자에게 아첨하는 것이 정치라고 굳게 믿게 되었다. 궁중에서 연극이 개최되면 채유는 동료 대신 왕보王黼와 함께 얼굴에 백분을 바르고 붉은 안료로 얼굴을 분장해 배우 속에 섞여 익살

꾼 역을 해서 갈채를 받았다. 부친 채경은 뭐라 해도 격렬한 당쟁을 경험하고 세상의 달고 쓴 맛을 다 맛본 자로서 그런 다음 시중드는 일이 최상의 전술임을 깨달았던 것이다. 그런데 부친보다 딱 30세 연하인 아들 채유는 말하자면 유전적으로 타고난 시중꾼이었다. 그가 또 부친 신종과는 조금도 닮지 않은 자식인 천부적 탕아 휘종과 단짝이 되었기 때문에 더없이 근사한 것이다. 대개 좋은 결과가 실현되기 위해서는 무수한 유리한 요인이 필요하지만 나쁜 결과가 일어나려면 단 하나라도 큰 결함이 있으면 그것만으로 충분한 것이다. 적임이 아닌 천자에다가 또 적임이 아닌 대신으로는 당연히 국가가 위태로운 운명에 노출되는 것인데, 다음에는 외부적 요인으로서 지금까지 북방 국경의 안전을 보장해왔던 요의 멸망이라는 대사건이 발생했다.

금의 흥기

송이 채경의 정치에 의해 도시와 농촌 간 경기의 불균형이 심해져가자 이와 완전히 같은 사태가 북방 요의 국토 내에서도 일어나고 있었다.

요는 성종聖宗의 손자 도종道宗의 긴 치세(1055~1101) 동안에 유목 민족과 토착 민족의 복합체라는 모순이 차츰 표면화되어 곤란한 사회 문제가 발생하게 되었다. 남방의 송과는 대체로 평화가 유지되고 국경 무역이 계속되는 가운데 중국 문화가 도도한 대세가 되어 흘러 들어왔다. 이로써 혁명적인 변화를 겪은 것이 지배 계급인 거란 귀족들이다. 그들은 종래에는 용감한 기마 민족이었으나 차츰 중국적인 도회인이 되었으며 중국어를 말하고 중국 문학을 배우게 되었다. 이것은 바꿔 말하면 생활수준의 향상인데, 이렇게 된 이상 그 생활을 지탱하기 위해서는 중국의 물자가 불가결해지고, 중국 물자를 입수하기 위해서는 화폐가 필요하다. 그래서 거란의 유력자들은 그 지위를 이용해 온갖 방법으로 피지배자들을 착취하게 되었다. 그 현저한 예는 여진女眞 민족에게 거란의 관리들이 사금砂金의 헌납을 강제한 사실이다.

흑룡강黑龍江의 지류 송화강松花江 유역에는 당시 여진 민족이 거주해 요에 복속하고, 매년 수렵에 길들여진 해동청海東青이라는 매를 공납하고 있었다. 이 공납을 독촉하기 위해 거란 관리가 송화강 부근을 순시하러 들렀는데, 당시 이 지방에서 사금이 산출되는 것을 안 그들은 해동청 이외에 사금을 예물로 요구하게 되었다. 황금은 때와 장소를 불문하고 늘 화폐로서 비싼 값으로 통용되기 마련이다. 이 때문에 여진 민족과 거란 관리 사이에 계속해서 분규가 끊이지 않고, 여진 민족의 불만도 요 조정에 호소할 방도가 없었다. 한편 사금의 산출 자체는 여진 민족에게 유력한 자원을 공급하게 된 것이니, 그들의 실력을 양성함과 아울러 그 민족적 자각을 촉구한 효과 또한 부정할 수 없다. 그들은 언제까지나 요의 학정을 감수해야만 할 이유가 어디에도 없다고 점점 느끼게 되었다.

송에서는 채경이 세 번째 권좌에 오른 후 2년째에 여진 완안부完顏部의 족장 아쿠다(阿骨打)가 공공연히 요에 반기를 들어 요가 파견한 원정군을 격파하고 그 이듬해에 황제로 즉위해 국호를 금金이라 했다(1115). 신흥 민족의 독립운동의 기세에 편승한 금군의 공세 앞에 이미 퇴폐기에 들어서 있던 요 왕조의 방위 노력은 모조리 수포로 돌아가고, 금은 곧 바로 요하遼河 동쪽의 땅을 평정해 발해만渤海灣 해안까지 진출했다. 이에 금은 좁은 만의 입구를 사이에 두고 송의 영토까지 접근해 온 것이었다. 송이 이런 형세를 알고 이른바 연운 16주 회복의 시기가 도래했다고 판단한 것도 무리는 아니었다. 하지만 양국 간에 사자의 왕래가 시작되고 의사의 소통이 이루어지면서 그것이 급속하게 군사동맹으로 발전하지 못했던 것은 때마침 이때 송이 서북 국경에서 서하와 싸우고 티베트계의 서번西蕃을 초무招撫해 오늘날 청해靑海 지방의 내지화를 꾀하고 있었기 때문이다. 그 총대장이 감군監軍이란 칭호를 가진 환관 동관童貫이었다. 그리고 전공을 세우자 이미 환관으로서가 아니라 공식적인 대신의 지위를 얻어 군대를 지휘할 수 있게 되었다.

그렇지만 이럭저럭하는 사이에 금의 발전은 눈부신 것이어서 요의 근거지인 상경上京 임황부臨潢府(현재의 내몽골 자치구 파림巴林 좌기左旗 남파라성南波羅城)를 함락시키고 금의 선봉은 장성長城 지대를 향해 남하해오는 형세가 되었다. 그래서 송은 급히 금과 교섭하여 군사동맹을 맺고, 양군이 남북에서 요를 협격해 연운 16주를 송이 탈환한다는 방침을 세웠는데, 이 계획에 가장 열심이었던 것은 동관과 채유 두 사람이었다. 그래도 역시 노신답게 채경은 그것이 극히 위험한 도박임을 알고 채유의 제안에 동의하기를 계속해서 망설이고 있었다. 역시 예상대로 채유는 공을 세우기에 초조해 부친을 강제로 사직시키고 미덥지 못한 천자 휘종과 획책해서 영토 회복의 군을 일으키는 결의를 단행했던 것이다.

하지만 더욱 운이 나쁘게도 서북 국경의 군대를 동북으로 전용하도록 일단 수도에 집결시켰을 때 동남쪽의 절강성에서 방랍方臘의 난이 일어났다. 방랍은 목주睦州의 지주였는데, 지방관의 착취가 견디기 어려워 거병해 반기를 들자 곧 사방에서 향응해 순식간에 몇 주의 땅을 점령했다. 특히 항주杭州 함락은 중대한 사태였으니, 이곳은 대운하의 종점이므로 만일 반란이 운하를 따라 만연한다면 그 파급력은 엄청날 것이다. 그래서 송 정부는 동관에게 명하여 수도에 집결된 원정군을 방향을 바꿔 동남쪽으로 향하게 했으며, 무난하게 반란을 평정하고 수도로 개선했다. 방랍의 난과 같은 시기에 산동山東·회남淮南에 송강宋江이 일어나 지방을 겁략하며 돌아다녔는데, 이들도 얼마 못 가 포로가 되었다. 소설 『수호전水滸傳』에서 이 송강이 귀순해서 방랍 토벌군에 참가해 큰 공을 세웠던 것처럼 쓰여 있는 것은 동관의 부장 중에 또 한 명의 송강이 실재했던 것으로 인해 와전된 데 근거한 것이다.

이런 일로 시간을 끌고 있는 사이에 금군은 장성을 넘어 남하해 요의 서경西京 대동부大同府, 이른바 운주雲州를 함락시키고 부근의 몇 주를 점령했다. 몹시 서둘러 달려온 동관의 군은 요의 남경南京, 즉 연경燕京(지금의 북경)을 공격했지만, 방랍 정벌에서 막 되돌아와 피곤한 탓도 있어 도리어 무참히 격파되어 패퇴하는 추태를 드러냈다.

채유와 동관이 은밀히 모의해 금군에게 원조를 요청하자 금군은 바로 연경을 공략하고 약속 밖의 출동이란 이유로 군사비를 요구해왔다. 송군이 어쩔 수 없이 이에 응하자 금군은 얍전히 철퇴했으므로 송군이 교체해 입성했지만, 값나가는 물자는 모조리 약탈당한 뒤여서 단지 텅 빈 성에 피난민만 들끓고 있었다. 그래도 송에서는 오랜만에 중국 영토를 되찾았다고 크게 기뻐해 야단법석을 떨고 연경 부근의 몇 주를 연산부로燕山府路라고 이름 지었다.

하지만 그 서쪽 대동부는 여전히 금군이 점거해 움직이지 않았다. 앞서 양국이 군사동맹을 맺었을 때 군사 행동의 범위나 전후 처리에 관해 행한 약정이 극히 애매해서, 금군은 당연한 전리품으로서 이 지방을 영토화해가고 있었던 것이다.

북송의 멸망

송 측으로서는 이래서는 영토 회복의 목적이 절반밖에 달성되지 못한 셈이 된다. 그리고 만일 이 시기를 잃으면 다음 번 기회는 또 몇 백 년이나 기다려야만 할지 모른다는 초조감이 나타났다. 이제 목적을 위해서는 수단을 가리지 않는다는 얕은 생각에서 송 정부는 요의 수도에서 도망한 최후의 천자 천조제天祚帝의 소식을 탐문하고, 서신을 보내 요의 재기를 촉구하며 이와 동맹해 금군에 대적할 것을 제안했다. 천조제는 도종의 손자로 송의 휘종보다 1년 늦게 즉위해 재위 이미 24년이었기 때문에 요의 멸망에 관해서는 누구보다도 많은 책임을 져야 한다. 그 암군暗君다운 면모도 휘종과 완전히 판박이였다.

천조제가 결국 음산陰山 밑에서 금군에게 생포되자 송이 요와 통하고 있던 음모가 폭로되었으며, 동맹 관계는 일변하여 적대 관계가 되었다. 당시 금 태조太祖 아쿠다가 병사하고 아우 태종太宗이 재위에 있었는데, 전운이 갑자기 짙어져 금군은 남하해 장거리를 달려 동경 개봉부를 공격했다(1125).

송의 상하의 낭패감은 비할 데가 없었고 경악한 휘종은 급히 아들 흠종欽宗에게 양위하고 남방으로 달아났는데, 금군에 포위된 흠종의 정부는 금군의 화친 제의에 응해 막대한 배상금을 지불하는 것 외에 하북·산서의 전방 기지를 이루는 3진鎭을 할양하기로 약속했으므로 금군은 그대로 철수했다(1126).

그동안 여론은 채경 등의 종전의 정치·외교의 실패를 규탄해 마지않으니, 채경은 해남도海南島로 유배되는 도중에 죽고, 동관은 일단 유형에 처해졌지만 뒤쫓아가 죽음을 내렸으며, 동시에 채유도 피살되고 왕보는 이보다 앞서 유배지에 도착하기 전에 난민에게 살해되었다. 이리하여 종전의 송 정부 책임자는 전부 일소되어버렸으나 이를 대신한 새 정부의 외교도 결코 교체한 보람이 없었다.

그러한 이유를 보면 금군이 철퇴하자 송 정부 내에서는 급속히 강경론이 왕성해져 배상금도 지불하려 하지 않고 영토를 할양하려는 고려도 하지 않으며 오히려 수비를 굳히기 시작한 것이다. 전쟁에서 이길 정도의 자신도 없으면서 번번이 스스로 약속을 깨뜨리는 것만큼 위험한 정책은 없다.

이듬해 금군은 다시 질풍같이 남하해 이번에는 상황上皇 휘종도 수도에서 도망할 겨를이 없어 흠종과 함께 적에게 사면으로 포위되고 말았다. 송군 일부는 성에서 나가 싸웠지만 효과가 없고 도리어 성벽이 완전히 점령되니, 천자·백관·군대가 자루 속의 쥐가 되어 생살여탈의 권리를 금군이 장악하기에 이르렀다.

금군은 휘종·흠종 두 황제를 군영으로 불러들여 인질로 삼고 이들을 교환하기 위한 조건으로 막대한 금, 은을 요구했다. 송 정부는 수도의 인민이 소유한 금, 은을 강제 징발했지만 금군이 요구하는 액수의 10분의 1도 채우지 못했다. 그래서 금군은 성내의 부고府庫에 있는 재보를 모조리 노획하고 휘종 일족 이하 3천여 명을 포로로 삼아 금의 내지로 보냈으며, 수도에는 대신 장방창張邦昌을 세워 초楚의 천자로 삼아 금의 속국임을 서약하게 하고 군을 철수시켰다. 그러나 장방창의 새로 만들어진 초는 금군이 철퇴하자 곧 무너졌다.

이처럼 송·금의 교섭은 송 측에 참담한 결말로 끝났다. 이것은 오히려 송 측에 그 책임의 과반이 있으며, 외교 정책의 졸렬함이 화를 자초한 것이었다. 즉 대책을 낼 때마다 모조리 예상밖의 역효과가 나서 차례차례 최악의 사태가 전개되어갔던 것이다. 이것은 송의 정치가들의 본질을 폭로한 것으로 송 국내에서 통용되어온 가장 효과적인 정략이 대외적으로는 가장 어리석고 졸렬한 얕은꾀밖에 안 되었음을 이야기해 준다. 왜냐하면 금은 후에 나타난 몽골족과는 달리 인구도 적고 경험도 부족한 시골 무사여서 애초부터 세계 제패라는 따위의 거창한 야심은 갖지 않았다. 만일 송 측에서 대응을 그르치지 않았다면 재해를 도중에 저지할 여지가 있었을 것이다. 그리고 이 같은 최악의 사태에 빠진 것에 관해서는 맹목적인 강경론을 부르짖은 애국자 쪽에도 책임이 있다. 무릇 국가가 멸망에 빠질 때는 가장 부적절한 인간이 국정의 중임을 맡게 되는 것이다.

북송의 문화

휘종의 정치는 최후에 가서 비참한 파국으로 끝나고 후세의 웃음거리가 되었는데, 만일 이 최후가 없었더라면 일종의 도시 문화의 모범을 창조했다는 명예를 얻었을지도 모른다. 설령 그것이 전국 농촌의 희생 위에 선 것이라 해도 이만큼 풍부한 물자가 수도에 집중되고 그것이 이 정도로 세련된 지식 계급의 생활을 윤택하게 한 것은 역사상 일찍이 없던 현상이었기 때문이다. 미술사에서 선화宣和 시대로 일컬어지는 선화는 휘종 치세의 최후의 연호인데, 실제로는 선화 7년 동안만이 특별히 미술의 황금시대였던 것은 아니다. 이른바 선화는 북송 후반을 대표하는 총칭인 것이다.

송대의 조정에는 한림도화원翰林圖畫院이 설치되어, 거기에는 대조待詔, 즉 천자의 근시近侍로서 화가가 채용되었다 중국의 회화는 다른 세계와 마찬가지로 최초에는 단순한 장식화여서 화가도 화공畫工, 즉 기능공에 지나지 않았는데, 당대唐代 무렵부터 그것이 지식 계급의 손으로 넘어와 글씨와 나란히 예술로서 인정받게 되었다. 특히 시인 왕유王維의 산수화는 후세 남화南畫의 시조로 인정되고 있다. 오대로부터 송에 걸쳐서 산수도, 화조도, 인물도가 더욱더 발전을 이루었으며, 각 유파가 차츰 화원畫院의 화가 중에 망라되게 되었다. 신종 시대에 곽희郭熙가 산수화의 명인이라 불리고, 휘종 시대에는 미불米芾이 이른바 미점산수米點山水를 창안해 널리 알려졌다. 화조화花鳥畫는 휘종 자신이 초심자답지 않은 명인의 기예를 보여주고 섬세하고 유려한 극채색의 밀화密畫를 제작했다.

휘종은 취미를 즐기는 사람으로는 두말할 여지없는 문화인으로 도성 내의 동북에 간악艮嶽이란 인공 산을 조영했는데, 그것은 도시의 사치 생활을 만끽한 끝에 간소한 자연으로 복귀하기를 희망한 귀인貴人의 이상을 체현한 것이었다. 다만 이 인공 산에 갖다놓기 위한 암석·꽃·나무를 멀리 강남에서 운반했으며, 이 임무를 맡은 주면朱勔은 천자의 권력을 앞세워 난폭한 위세를 휘둘러 이것이 후에 방랍 등의 반란을 야기하는 원인이 되었던 점은 상찬하기 어렵다. 그러나 이렇게 이루어진 인공 산 간악은 아무 의도 없는 자연의 정취로 만들어졌고, 건물의 기둥이나 판목은 칠하지 않은 나무의 결을 그대로 살려두었다.

　오늘날 파리를 찾는 여행자들은 베르사유 궁전에 근접한 프티 트리아농의 한 구획인 르아모Le Hameau까지 발길을 옮기지 않는 이가 없을 것이다. 이것은 오스트리아 황실로부터 루이 16세에게 시집온 마리 앙투아네트(1755~93)가 환락을 다한 후에 즐겨 소박한 시골 생활에서 마음의 안정을 찾은 무대장치의 자취인 것이다. 그 취지는 휘종의 간옥과 완전히 겹치는데, 양자 간에는 무려 6백 년 이상의 시간 격차가 있다. 그런가 하면 북송 시대에 이미 예술사에서 확고한 지위를 획득한 산수화가 유럽에서 가까스로 독립적 지위를 인정받은 것이 푸생(Nicolas Poussin, 1594~1665), 바토(Jean-Antoine Watteau,1684~1721) 무렵이라 하면, 여기도 전후 수백 년의 시간차가 있다. 자연에 대한 인식은 뭐라 해도 동양에서 먼저 진보했다는 증좌가 될 것이다.

2. 남송과 금

남송의 중흥

    단순히 경제적 조건만으로 말하면 북송에는 아직 꼭 멸망해야만 할 필연성은 없었다. 바꿔 말하면 송 정부는 전도에 몇 겹이나 되는 위험 신호를 감지하면서도 그 기능은 정상적으로 작동하고 있는 부분이 많았던 것이다. 이를 통화 면에서 봐도 휘종 최후의 연호인 선화宣和와 그 직전의 정화政和 연간에 발행된 동전은 그 이전 각 대의 동전과 같은 정도로 다량이 남아 있고, 특히 선화 시대의 동전은 제작이 정교하다. 그러므로 정치의 방식에 따라서는 아직 영속할 가능성이 있었던 것이다.

    송 왕조가 아직 인민으로부터 완전 버림받지는 않았던 증거는 금에 의해 옹립된 장방창의 초 정부가 전혀 인기가 없었고,

금군이 북으로 물러나자 곧 붕괴될 수밖에 없었던 사실로도 알 수 있다.

송의 근친은 휘종·흠종 두 황제를 비롯해 전부 3천 명 가까이나 송두리째 포로가 되어 북방으로 연행되었는데, 그 밖의 단 한 사람, 흠종의 아우 강왕康王 구構만이 금에 사신으로 가기 위해 수도에서 나와 하북에 머무르며 형세를 관망하고 있었으므로 재액을 면했다. 지금 부친과 형, 두 황제가 북으로 끌려가자 천하의 인심은 기약 없이 강왕에게 집중되었다. 장방창도 천자의 위를 버리고 투항했으며, 신하들이 강왕을 강남의 남경南京 응천부應天府로 맞이해 황제로 추대했다(1127).

대의명분이라는 이데올로기가 엄격했던 송대의 지식인들은 이 새 황제 고종高宗의 즉위를 과연 정통으로 간주해야 할 것인지 염려했다. 왜냐하면 상황 휘종으로부터 정식으로 제위를 물려받은 흠종이 설령 적국 내에서라 해도 당장 생존해 있었기 때문이다. 아직 폐위되지 않은 이상 원칙적으로는 흠종이 정통 천자여야 한다. 그렇다면 아우 고종은 무엇인가라는 문제가 일어나는 것은 당연하다. 그래서 고종은 상황 휘종의 형인 철종의 전 황후 원우태후元祐太后를 업고 나왔다.

앞서 철종은 조모 선인태후宣仁太后의 구법당에 기울어진 정책을 좋아하지 않고 태후가 고른 황후 맹씨孟氏도 미워했다. 태후 사후 신법당의 시대가 되자 황후는 폐위되어 여승으로 궁중에 거주하고 있었다. 금군이 송의 일족을 모조리 포로로 납치했을 때 황후는 이미 황실의 적籍을 떠나 있었기 때문에 화를 면하고 잔류해 있었다. 이 원우황후가 일족 중의 최고 존속으로 상황 휘종에게도 형수이니까 지위가 위이다. 그래서 이 원우황후의 명에 의해 어쩔 수 없이 천자로 즉위한다는 형식을 이용해 정통성을 주장했던 것이다. 이념 논쟁은 외부에서 보면 우스꽝스럽게 보일 때에도 당사자들은 아주 진지한 것이다.

금군이 세운 위성국인 초가 붕괴하고 송의 일족이 자립했다는 소식을 듣고 금은 다시금 거국적으로 대군을 일으켜 남하했다. 이에 대해 고종은 하남·산동을 방어할 수 없어 마침내는 양자강을 건너 소주蘇州·항주杭州 등을 전전하면서 금군의 공격을 피했는데, 한때는 명주明州(현재의 영파寧波)로부터 해상으로 도망친 적도 있었다. 최후에 항주 임안부臨安府에 귀착해 이곳을 행재行在, 즉 임시 수도로 정한 것은 금군과 싸우면서 각지를 유랑한 지 12년 뒤였다(1138). 바꿔 말하면 이 무렵에 와서 점차 천자로서 고종의 지위는 국내적으로는 일단 안정되었다고 볼 수 있을 것이다.

전쟁에 관해서는 송군이 거의 상대가 안 될 정도로 정예한 금군이 끝내 고종의 남송 정권을 타도할 수 없었던 것은 중국인이 일제히 반항했기 때문이다. 고종은 이를 이용해 각지에서 의용군을 조직시켜 함께 금군과 싸웠다. 이 기간 중 송군 내에 군벌적인 세력이 발흥하는 기미가 나타나기 시작했다. 그 두령으로 지목된 것은 한세충韓世忠·악비岳飛·장준張俊 등이다. 한세충은 휘종 시대 방랍의 난의 평정에 나서 손수 방랍을 사로잡았다는 맹장이다. 악비는 하북 농민으로 전호佃戸 출신이라 하며, 그 군대는 의용병 색채가 특히 강해서 악비와 부장, 부장과 병사들 간에 부자간의 의리 같은 사적 관계로 결합되어 그만큼 단결력이 강하고 여러 차례 뛰어난 전공을 세웠다. 만일 이것이 당조 시기 이전이었다면 이들 대장은 그대로 봉건적 영주로 변모했을 것이다. 그런데 남송에서는 군대 내부의 인사의 진퇴 등에는 임시로 자치적인 권력 전단을 인정했을지라도 대장이 지방 인민을 지배하는 것은 허용되지 않았다. 반드시 문관을 임명해 지방을 다스리게 하고, 조세를 징수해 조정의 재정으로 삼아 이를 군대에 공급해 군수軍需를 처리하게 했다. 그러므로 대장들의 전횡이 있다 해도 봉건적 할거에는 이르지 않았던 것이다.

금군은 남송 영내에 너무 깊이 들어가자 그때마다 호된 반격을 받아 패퇴하지 않으면 안 되었다. 그래서 점령지 지배를 대체로 황하 이북의 하북·산서 지방으로 한정하고, 하남·산동 이남은 위성국으로 삼아 중국인으로 중국인을 지배하게 하는 것이 득책이라고 생각하게 되었다. 여기에 유예劉豫란 자를 옹립해 개봉을 수도로 삼아 제齊를 만들게 한 이유가 있다. 처음 하남·산동을 그 영토로 주고, 금군의 원조에 의해 차츰 남방을 잠식해 송을 병합하는 것이 그 목표였다.

금·송의 화의

그러나 중국인들 간에 전혀 인망이 없는 제의 군대는 금군의 원조를 받아 남침하지만 언제나 악비 등의 군에 격파되어 패퇴하기만 했다. 끝내는 금 측에서 애써 세운 유예를 오히려 무거운 짐으로 느끼게 되었다. 이에 금과 송 사이에 화친 교섭이 추진될 가능성이 생겼다.

고종은 그 배후에 송 왕조의 역사를 짊어지고 있는 만큼 그 행동에는 자연히 한계가 있었다. 만일 그가 악비처럼 민간에서 일어선 영웅이라면 원수인 금에 대해 건곤일척의 대결전을 벌일 수도 있었을 것이다. 그렇지만 그랬다가 만일 실패한다면 밑천도 이자도 잃을 위험이 있었다. 그렇게 되면 한 개인의 문제로 끝나지 않고 송 왕조라는 것이 소멸되어버린다. 그래서 그의 태도는 언제나 신중하고 퇴영적이 되지 않을 수 없었다. 표면적으로는 휘종과 흠종 2성聖을 탈환할 것이라고 말하며 부하 군인들을 고무했지만, 본심은 설령 어떠한 조건 하에서라도 화친해 가능한 만큼의 영토를 확보하고 싶었던 것이다.

이러한 고종의 본심을 간파하고 천자에게 접근해온 것이 진회秦檜이다. 그는 북송의 태학생太學生(관료 양성을 위해 수도에 설치된 최고 학부의 학생) 출신으로 수도가 함락되었을 때 포로로 북방으로 연행되던 도중에 탈출해 돌아와 고종에게 적군의 사정을 보고함으로써 그 재능을 인정받는 기회를 얻었다. 혹은 금의 장군이 은밀히 진회와 모의해 양국의 화약和約을 성립시키기 위해 금의 밀정으로서 일부러 방면 귀환시켜 송 조정에 들여보낸 것이라는 설도 있지만, 이것은 이야기가 너무 지나치게 그럴듯한 것 같다. 그러나 그 같은 소문이 유포될 정도로 그는 열심히 화의를 추진했다.

고종이 금과 화친을 꾀하는 절호의 구실은 화약이 이루어지면 부친 휘종 및 친모 위씨韋氏 등을 송환시켜 봉양의 효도를 다한다는 데 있었다. 중국에서는 효행孝行이라고 하면 충군忠君보다도 소중하다는 사고방식이 있으므로 이것이라면 명분이 선다. 그러나 막상 실행에 착수해 교섭을 위해 사절이 왕래하게 되자 갑자기 반대 여론이 요란해지게 되었다. 천자를 직접 공격할 수는 없으므로 책임자인 대신 진회와 이에 찬성하는 저자세의 정객들을 국적國賊으로 몰아붙였다. 강경론 쪽이 기세가 좋으므로 태학생이라든가 아직 지위를 얻지 못한 지식인들이 모두 그 편에 붙어서 소요를 일으키기 시작했다 이러한 가운데 반대를 무릅쓰고 화의를 강행해 성공시킨 진회의 역량은 컸던 것이다. 그리고 널리 중국 인민을 위해서 생각하면 체면을 버려서라도 화친을 성립시킨 편이 나았다고 할 수 있다.

양국 간에 화의의 예비회담이 결정되자 그 뒤에는 이를 실행에 옮기는 일뿐이었다. 송 측에서는 화평에 반대하는 세력을 압살했다. 금 측에서는 유예의 제를 파괴했다. 처음부터 인망이 없었던 정권은 멸망할 때도 인민 사이에 아무런 동요도 일으키지 않았다. 처음 제의 영토였던 하남·산동 지방은 화의가 성립된 뒤 남송에게 줄 작정이었다. 그런데 이 안건에 대해 국내에 정변이 일어나고 강경파가 정권을 장악하자 금·송 간의 화친이 깨져 거듭 전투 상태에 들어갔다. 그래도 진회는 인내심 강하게 화평의 희망을 버리지 않았고, 금 쪽에서도 전쟁을 수반한 강경책이 기대한 만큼의 성과를 거둘 수 없었으므로 또다시 화평의 기운이 일기 시작했다. 그래서 제의 옛 영토는 금의 지배로 돌아가고, 남송은 회수淮水 이남 지역의 영유밖에 인정받지 못하는 것으로 변경되어도 진회와 고종은 그 조건을 받아들이지 않을 수 없었다.

이런 악조건으로 화의의 체결을 공표하는 데는 화의에 반대할 듯한 내부 세력을 억눌러 두지 않으면 안 된다. 그중에서도 문제가 되는 것은 반독립 세력을 유지하고 있는 군벌이다. 그래서 진회는 군벌의 해체를 꾀해 한세충·악비 등 대장들에게서 병권을 해제하고 그들을 수도로 불러 추밀사·추밀부사 등에 임명했다. 이것은 아주 명예로운 대신의 지위로서 표면상으로는 파격적 발탁처럼 보이지만 실은 부하로부터 분리해 고립시키는 것이었다. 그런 다음 그들의 옛 부하 장교들은 중앙에 직속시켜 그 지위와 대우를 향상시켰다. 이것은 단순한 군인들을 내심 기쁘게 할 만한 것이었다. 그래도 강직한 악비는 반드시 화의에 반대를 표명할 것이라고 통찰한 진회는 선수를 쳐서 악비를 파면시키고 이어서 그를 모반 혐의로 투옥시켰다. 얼마 안 가 악비는 원통한 죄로 죽음을 당했지만 그토록 악비를 숭모하던 부하 군대는 아무 소리도 없이 정숙함을 지켜 누구 하나 소동을 일으키는 자도 없었다.

이런 희생을 치른 다음에 이윽고 양국 간에 체결된 화약(1141)은 송으로부터 세폐로 은 25만 냥, 비단 25만 필을 증여하는 위에 대송大宋 황제가 대금大金 황제에게 신하의 예를 취한다는 전대미문의 굴욕스럽기 그지없는 것이었다. 예상 밖으로 송은 유예의 제와 완전히 같은 지위를 할당받은 것이다(1141).

굴욕과 화평의 대가로 고종은 이미 죽은 부친 휘종의 영구와 아직 살아 있던 생모 위씨韋氏를 송환받았다. 휘종의 영구라 해도 그 속에 무엇이 들어 있는지 알 수 있었던 것은 아니다. 위씨는 휘종의 황후는 아니었으므로 아마 금에서는 노비 취급을 받고 있었을 것이다. 다행히도 돌아오자 황태후로 존중되고 더 이상 없을 융숭한 대우를 받았다. 사람의 일생만큼 알 수 없는 것은 없다. 그런가 하면 고종의 형인 흠종은 아직 살아 있는데도 돌아오지 못했다. 그것은 송 쪽에서 요구하지 않았기 때문이다. 송 측에서는 만일 돌아오면 그 처리가 곤란한 것이다. 대의명분론이 몹시 비인도적인 결과를 야기한 것이다.

남송 정권의 성격

이리하여 휘종 말년 이래 20년 정도 계속된 전쟁의 불길은 가까스로 수습되었는데, 이 전쟁은 송 왕조뿐 아니라 중국 인민에게도 헤아릴 수 없는 대재난이었다. 황하 연안의 화북, 이른바 중원 지방은 몇 번이나 전쟁터가 되어 토지가 황폐해진 뒤 금의 영토가 되었으며, 금은 연경을 수도로 정했다. 금은 중원 지배의 편의를 위해 여진 민족을 대량으로 이주시키고, 예로부터 내려온 부족 조직으로 천 명 단위의 맹안猛安, 백 명 단위의 모극謀克이란 제도에 따라 토지를 경작하면서 군무에 종사하게 했다. 이를 위해서는 필연적으로 중국인의 토지를 징발할 수밖에 없어 중국인과의 사이에 마찰이 생기지 않을 수 없었다.

그러나 가장 심한 전화戰禍를 입은 것은 회수 이남의 운하 연변 지대였다. 몇 차례나 금군이 남하했다가는 철수해 주민은 그때마다 롤러 아래 깔리듯 분쇄되었다. 이 지방은 널리 양자강 유역 일대에 식염을 공급하는 생산지였는데, 그곳이 전장이 되자 상류 지방에 소금 배급이 불가능해졌다. 그래서 복건福建·광동廣東의 해안에서 생산한 소금이 산맥을 넘어 역류해왔다. 거기에 새로운 소금 밀매 조직이 발생하고 관헌과 대항해 독립 정권을 형성할 정도로 유력해져갔다.

이 같은 반란 평정에 종사해 송 조정을 위해 무훈을 세운 것이 명장 악비였다. 당시 일어난 반란군은 어느 정도의 기동력을 갖고 있어서 그것이 염도鹽徒[소금 밀매 조직]였음을 입증해 주고 있는데, 그들은 아직 인민의 지지를 받기까지는 이르지 못했다. 이것이 예컨대 명明 말기의 이자성李自成 등 왕조의 말기적 증상에 편승해 일어난 유적流賊과는 다른 점이다. 그러므로 악비에게 농민운동을 탄압한 반동 장군이라는 따위의 비평은 잘못된 생각일 것이다. 당시의 송 왕조로서는 북방에서 금에 대한 군사행동을 활발히 수행하고자 하면 그 군비 조달을 위해 소금법을 정비해야만 했으며, 끝내는 금과의 전쟁에도 필요한 악비의 군을 쪼개서 내지의 반란군 토벌을 향해 돌려야만 했던 것이다.

남송의 재건, 고종 정권의 수립을 당시부터 중흥이라 일컬었지만, 실은 중흥이라 말하기에는 전혀 영광 없는 중흥이어서 그 옛날 후한 광무제의 중흥 같은 것에는 비교도 할 수 없다. 그렇지만 이를 북송 말기의 상태에 비한다면 각 방면에서 어느 정도 재건 현상이 있었던 것 또한 사실이다.

이를 정치상으로 본다면 남송 초기의 정치 기구는 북송 말기에 비해 산뜻하게 홀가분한 자세로 되돌아갔다고 할 수 있다. 어느 나라에서나 그렇지만 원래 관료 조직은 인민을 위해 존재해야 하는 것인데도, 시대의 경과와 함께 주객이 역전되어 관료 쪽이 주가 되고 관료의 존재를 위해 인민이 사역하게 된다. 그러면 관료 조직 사이에 본래 아무 쓸모도 없는 협잡물이 들어와 기식寄食해 관료 조직을 비대하게 함과 아울러 최후에는 그것을 움직이지 못하게 만든다. 이렇게 되면 인민은 관료의 존재를 완전히 폐가 되는 성가신 존재로 생각하지 않을 수 없다. 북송 말기가 그러했다.

하지만 급조된 남송 정부는 처음부터 재정 곤란으로 관료도 겨우 임시변통할 수 있을 정도의 진용밖에 두지 못했다. 군대도 그 편제를 대장들에게 일임했으므로 대장들은 자신의 업적을 올리기 위해서라도 병사를 정선하고 노약자는 자연히 도태되어 효율적으로 군제軍制가 운용되게 되었다.

그렇다 해도 영토와 인구는 반감되고 더욱이 국경 북쪽에는 언제 공격을 시작할지도 모르는 믿지 못할 적국 금을 앞에 두고 부단히 군비를 갖추어두지 않으면 안 되는 것은 남송 정부로서는 재정상의 커다란 부담이었다.

금은 전대의 요에 비하면 송에게 훨씬 방심할 수 없는 존재였다. 요는 스스로 기마 민족의 유목 국가로 자임해 수도를 사막 중의 상경上京 임황부臨潢府에 두고 내·외몽골을 포함한 북방 지역이 그 본토였으며, 중국인이 거주하는 연운 16주는 식민지에 지나지 않았다. 그런데 금은 너무도 일찍이 중국과 접촉해 그 팽창의 대상은 주로 중국이었다. 금은 몽골 지방의 경략經略에는 전혀 흥미를 보이지 않고 방치했으며, 오로지 남으로 향해 중국에 들어와 그 절반인 화북을 점령했다. 그 수도도 연경燕京에 두고 중국인에 둘러싸여 중국인과 함께 생활해야만 했다. 그러므로 모처럼 중국과 화친을 맺어도 곧 약속을 위반해 침입하는 사태도 생기는 것이다.

송의 고종과 화친한 금의 희종熙宗은 태조의 손자이며 태종의 뒤를 이어 3대째에 해당되는데, 그 재위 15년째에 종제인 해릉왕海陵王에게 시해되어 해릉왕이 4대 황제가 되었다(1149). 해릉왕은 중국 문화의 애호가로서 시문에 능했다고 하는데, 이러한 자야말로 중국으로서는 방심할 수 없는 상대이다. 해릉왕은 스스로 중국의 통일자로 자임해 수도를 북송의 고도故都 변경汴京으로 옮겼으며, 화평 조약을 유린하고 송의 영토로 진격해 양자강을 건너 지금의 남경을 공격하려 했다. 송군이 이를 채석기采石磯에서 맞아 격파했으므로 해릉왕은 성과 없이 철수했다(1161).

해릉왕은 국내에서도 포학한 군주였으므로 국인國人들이 심복하지 않고 서로 모의해서 그 종제인 세종世宗을 옹립해 즉위시켰다. 해릉왕은 진퇴양난의 궁지에 몰려 부하에게 시해되고 세종의 주권이 확립되었다. 이 사건에 의해 송의 금에 대한 입장이 호전되어 고종 다음의 효종孝宗 때에 와서 새로 체결된 화약에서는 금·송의 군신 관계를 고쳐 숙질叔姪, 즉 숙부와 조카의 관계로 하고, 또 종래 송으로부터 보내졌던 세공歲貢인 은과 비단을 각기 5만 냥, 5만 필씩 감액해 각각 20만으로 낙착되었다(1165).

이 같은 상태이므로 몇 번 화약을 맺어도 안심할 수 없었던 송 정부는 항상 군비 지출에 시달렸다. 그리고 재정의 급박함을 견뎌낼 때 채택한 정책은 회자會子라 이름붙인 지폐의 발행 증대였다. 지폐의 발행은 남송이 북송에게서 이어받은 편리한 정책인데, 편리한 만큼 그것이 남발되기 쉽고 남발되면 물가의 등귀를 초래해 이것은 인민을 괴롭힘과 동시에 정부도 괴롭히는 결과가 되었다. 그리고 고종 시대에 군비 때문에 어쩔 수 없이 남발했던 회자의 뒤처리는 다음 대의 효종의 치세를 기다려야만 했다.

효종의 정치

고종에게는 황자가 한 명뿐이었는데 요절했다. 하지만 근친은 모조리 금군에 의해 북방으로 연행되어 아무도 없었다. 금과 귀환을 교섭해 불러들이는 것은 가능하지만 고종은 당연한 권리가 있는 후계자 같은 표정으로 들어오는 근친보다도 차라리 설령 혈연은 멀어도 자기 눈으로 확인해 마음에 드는 인물에게 뒤를 잇게 하고 싶었다. 그렇다면 그것은 여지껏 소외되어 있던 태조太祖의 후예 외에는 없었다.

무릇 초대 태조가 죽고 아우 태종이 즉위한 사정은 극히 특이한 것으로 송대부터 의혹의 눈길이 쏠리고 있었다. 그럴 만한 이유로는 태조에게는 이미 성인이 된 아들 두 명이 있었기 때문이다. 그래서 태종이 혹시 형의 병문안을 하면서 시역弑逆을 행하고 그대로 천자 자리에 바꿔 앉은 것은 아닌가 하는 설도 나돌았다. 그런가 하면 태종이 즉위한 것이 10월이니 보통의 경우라면 다음 해를 기다려 연호를 바꾸는데, 그해 연말이 다가온 12월에 돌연 개보開寶 9년을 고쳐 태평흥국太平興國 원년이라 부른 것도 아주 특이하다(976). 그 후 태조의 두 아들은 모두 박해를 받아 끝이 좋지 않았고 그 자손은 더욱더 소외되어 있었는데, 알 수 없는 것이 행운이어서 그 소외되었던 이유로 금군이 송의 일족을 송두리째 연행해갔을 때 운 좋게 모면해 숨을 수 있었던 자가 많았다. 당시 금군의 총수는 인상이 태조와 흡사해 이야말로 태조의 환생임이 틀림없다는 따위의 그럴싸한 이야기가 나돌기도 했다.

고종은 그런 자 중에서 태조의 둘째 아들 덕방德芳의 6세손,

결국 자기의 조카뻘인 효종孝宗을 찾아내 궁중에서 양육해 황자로 삼고, 56세가 되었을 때 양위해 태상황제太上皇帝가 되고 이십 몇 년을 더 살다가 81세로 사망했다. 그는 왕성하게 일할 동안에는 전란으로 바빠 몹시 고생하긴 했지만 만년에 편안한 여생을 보낼 수 있었던 것은 형 흠종과 완전히 대조적이다. 왜냐하면 흠종은 송으로부터 봉영奉迎 사절이 오기를 초조하게 기다리다가 결국 그 기회를 얻지 못하고 최후에는 금의 폭군 해릉왕에 독수에 걸려 참살되었기 때문이다.

고종이 찾아낸 효종은 모범 청년의 이름에 욕되지 않게 양부養父의 위임을 잘 감당했다. 먼 인척 출신인 양자의 상례로서 후궁이나 원로대신들에 둘러싸여 시름이 많은 환경 속에서 겸손하고 근면하게 그 지위를 지켰다.

정부가 당면한 최대의 문제는 전쟁 중에 증대해 있었던 누적된 적자의 해소였다. 정부의 재정 부족은 오늘날이라면 당장 국채의 발행으로 견뎌내겠지만 당시에는 완전히 같은 의미에서 불환지폐인 회자의 발행으로 꾸려가려 했다. 이 회자도 본래는 태환권이었는데, 그 본전이 다른 곳에 유용되어 태환의 가망도 없는 채로 회자를 발행해서 정부의 지불에 충당했으므로 그것이 남발되면 될수록 가치가 하락하고, 하락하면 다음번에는 더욱 많은 회자를 발행해야 한다. 그리고 회자의 가치가 하락하면 그것에 반비례해 물가가 상승한다. 어느 사회에서도 일반 인민의 생활을 압박하는 원흉은 물가 등귀가 첫째이다.

이런 때의 유일한 해결책은 회자의 발행액을 억제하는 것이다. 이를 위해서는 정부 재정을 건전화해서 세입을 확보함과 아울러 지출을 긴축하는 것이 필요하다. 정부의 지출이란 것은 한 가정의 경제와 달라서 어느 시대이든 반드시 낭비가 많은 것이다. 그러므로 절약하고자 하면 얼마든지 절약의 여지가 있는 것인데, 그것을 하기 시작하면 반드시 반대의 목소리가 높아진다. 그러므로 문제는 이 반대를 아예 억누를 것인지 여부에 달려 있다. 이전에 왕안석의 경우에도 그러했듯이 효종은 반대를 무릅쓰고 긴축 재정을 잘 수행했다. 이를 위해서 효종 스스로 절약해 타인에게 모범을 보였다.

다행히 당시의 남송 정부는 북송 말기 이래의 혼란의 뒤를 이어받아 정부의 관료 기구가 간소화되어 있고 헛된 군살을 잘 라내서 일하기 편한 체질로 변해 있었다. 그 영토는 협소해졌다고는 하나 양자강 유역의 비옥한 평야는 아직 무한한 개발의 가능성을 지니고 있었으므로 평화가 회복되고 인구도 증가해 인민이 생산에 힘쓰면 정부의 세입도 자연히 증가하는 것이었다.

효종의 재위 27년간의 노력은 보답을 받았다. 회자는 민간에서 신용을 되찾고 경우에 따라서는 액면보다도 높은 가치로 거래에 사용되었다. 생각해 보면 그것이 당연한 것이니, 가벼운 지폐 쪽이 무거운 현금을 취급하는 것보다 훨씬 편리했기 때문이다. 지폐의 사용이 시작된 이후 민간의 경제생활에서는 경기의 변동보다도 오히려 지폐 가치의 변동에 의해 생기는 물가 동태 쪽이 중시되게 되었다. 이는 결국은 같은 것일지도 모른다. 남송 시대 동안 지폐의 신용이 안정되었던 효종의 시대가 제일 살기 좋은 시대였기 때문이다.

주자학의 성립

효종 시대에는 평화와 번영을 배경으로 학문이 번영했다. 이는 과거의 융성과도 관계가 있다. 그런데 과거는 관리 채용 시험이므로 아무래도 거기에 정치가 개입된다. 그것은 정치상으로는 붕당朋黨이 엄격히 금지되었지만 자연스럽게 당파가 형성되어, 그것이 학풍學風이란 형태를 취해 과거의 답안 심사에도 영향을 주기 때문이었다.

북송의 당쟁은 남송까지 계속되었다. 고종의 즉위에 즈음해 원우황후를 이용해, 휘종의 실패는 신법당의 채경이 그르쳤기 때문이라는 여론이 일단 확정된 다음부터 남송에서는 표면적으로는 왕안석의 학문은 조정으로부터 배척받고 있었다. 그러나 남송 초기에 활동한 정치가 중 다수는 북송 말기 신법당 시대에 교육을 받은 사람들이므로 그 학문의 경향은 왕안석 유파였다. 특히 고종의 신임을 얻은 진회는 북송 말기 태학생이었으므로 태학에서 교육받은 것은 왕안석의 학문이었다. 그래서 남송 조정에서 권력을 장악한 실무파 관료는 왕안석의 유파를 이어받아 학문과 정치의 양립을 믿었지만, 관료가 된 이상 실제 정치 쪽을 더 중시하는 편이었다.

이에 대해 구법당 계통은 북송 말기 신법당 전성시대에서조차 끊임없이 그 학문을 줄기차게 지속해왔다. 그 주류는 구법당 계열의 학자 중에서 정호程顥·정이程頤 형제를 시조로 추앙하고 있다. 채경의 전권 시대에 이 이정二程의 학문을 전한 양시楊時, 즉 구산龜山선생이 있어 채경의 추천으로 관직을 얻었는데, 금군이 남하할 때 채경을 탄핵하고 그 학문이 왕안석에게서 나왔다며 그 책임을 지워 왕안석이 받고 있던 영예를 삭탈해야 한다는 취지의 상언을 해서 물의를 빚었다. 양시는 남송 고종 초기에 죽었지만(1053~1135), 그 학문이 남방에 확산되어 그 가운데서 주희朱熹(1130~1200)가 출현했다.

주희는 중급 관료의 아들인데 과거를 통해 진사進士가 된 후 관직을 피하고 스승을 찾아 학문을 계속했으며, 곧 복건 제일의 명산으로 일컬어지는 무이산武夷山 속에 집을 짓고 독서에 정진했다. 조정에 주희의 학문과 인물됨을 아는 자가 있어 자주 천거해 관위에 나아가게 하려 했지만 사절해 나아가지 않고, 나아가도 오래 있지 않았다. 당시 사록祠祿이라 불리는 연금 제도가 있어, 그의 생애는 거의 명목상인 관위에 나아갔을 뿐 사직하고는 사록을 받고 있었다. 그런 일이 가능할 만큼 당시는 지식 계급에게는 좋은 시대였다.

그러나 주희의 제자가 많아지자 그의 학파는 자주 도학道學이라는 이름으로 공격을 받고 배척당했다. 도학이란 정이程頤의 학통을 총칭하는 이름이었는데, 주희가 도학의 대성자가 된 뒤부터 이른바 주자학朱子學·송학宋學, 또한 서양인이 말하는 신공자학파를 도학이라고 불렀다. 그 뒤 원대元代에 편찬된 정사인 『송사宋史』에는 전통적인 「유림전儒林傳」보다 위에 「도학전道學傳」이란 것을 설정하고 있다. 「유림전」에는 한·당 이래의 주소注疏 학자들을 싣고, 「도학전」에는 주자를 중심으로 위로는 주돈이周敦頤·이정자二程子로 거슬러 오르는 신학파를 기술한다는 취지였던 것 같은데, 오늘날의 견지에서 보면 그 구별이 명확하지는 않다. 아무래도 「도학전」은 대단히 명예 있는 지위로서 공맹의 도를 재흥시킨 공로자들을 위해 특별석을 만들어 우대할 생각이었던 듯하다.

그런데 주자 일파의 도학이 자주 비난을 불러온 이유는 무엇일까 생각하면, 그것은 첫째 몹시 관념론적이라는 것, 둘째로 그 관념론을 바로 실행 가능한 듯이 믿어 타인에게 강요하는 데 있었던 것 같다.

만일 관념론이란 점을 말한다면 도학에만 한정되지 않고 송대의 학문은 모두 관념론이다. 그러나 왕안석 학파는 한편으로는 객관을 중시하므로 실제적이기는 하지만 동시에 거기서 현실과 지나치게 타협한다는 비난도 생기기 시작한다. 그런데 도학파는 때로는 그것이 선종禪宗에 가까워 유교의 형태를 취한 불교라 할 수 있을 만큼 주관적이고 또 독단적이라는 결점이 확실히 있었다.

주자의 학문의 근본은 주돈이의 『태극도설太極圖說』에 기초하는데, 이것은 원래 도가道家의 손으로 이루어졌다고 생각되는 태극도에 대한 설명이며, 주자는 또다시 여기에다 해석을 붙였다. 이는 우주의 생성을 논하지만 물리학도, 천문학도, 생물학도 아니다. 억지로 말하자면 선험적인 우주론인 것이다. 그리고 이로부터 인성론이 도출된다. 당시의 학문에서는 무엇이든 그것으로써 설명이 잘 되면 그것은 진리였던 것이다.

주자의 우주론에 있어 정신적 원리인 리理와 물질적 원리인 기氣의 이원론에서는, 궁극적으로는 운동이 없는 절대 정지靜止라는 태극太極의 장場에 이르면 기는 리에 내포된다는 점이 특색이었다. 마찬가지로 인성론에서도 천연天然의 성性인 양심과 기질氣質의 성인 욕망이 대립되면서도 역시 절대 정지인 경敬의 장에서는 기질의 성은 천연의 성에 내포되며, 그런 까닭에 성선설이 성립하는 것이다.

주자는 이러한 입장으로부터 종래의 경서를 고쳐 읽고 독자적 주석을 달았는데, 특히 『논어』·『맹자』와 『예기禮記』 중의 「대학大學」·「중용中庸」 두 편을 합친 사서四書의 새로운 주석이 널리 세상에 유행되었다. 오경五經 쪽도 주자의 뜻에 부응한 새 주석이 순차적으로 만들어졌으나, 이후 오경보다도 사서 쪽이 중시되게 되었다. 오경은 끝까지 규명해가면 넓은 의미의 예학禮學이 되며, 따라서 그 해석은 자연히 형식논리에 의한 번쇄煩瑣철학으로 끝나는데, 사서는 말하자면 불교의 논부論部에 해당되어 자유롭고 신선한 사상을 주입해 해석을 가하는 것이 가능하다. 그것이 이해하기 쉽기 때문에 크게 유행하자 또 한편에서는 종래의 주소注疏, 이른바 고주古注를 읽지 않게 되었다는 비난의 소리도 높아졌다.

주자는 또한 실천 규범으로서 『주자가례朱子家禮』를 지었다고 한다. 성인聖人이 만든 예禮는 증감이 허용되지 않는다는 입장에서 말한다면 이는 차라리 아니함만 못한 행동이다. 그러나 불교 쪽에서도 율律 밖의 율이라 비난받으면서도 선사禪寺의 청규清規(선종禪宗의 도량道場에서 수행승이 지켜야 할 규칙)가 행해지고 있음을 보면 시대의 변화에 따라 현실이 요구한 제작이라 할 수 있을 것이다.

주자는 또한 사마광의 『자치통감』에 기초해 『자치통감강목資治通鑑綱目』을 저술했다. 그 목적의 하나는 학도들에게 역사를 읽도록 종용하는 데 있다. 대체로 중국의 정사正史는 모두 분량이 상당해서 주자 시대에는 『오대사五代史』까지 17사史가 있었는데, 이를 독파하는 것은 예삿일이 아니다. 사마광의 『자치통감』

은 말하자면 정사의 발췌본으로 최소한 이 책 정도는 읽으라는 의미도 포함되어 있다. 하지만 이것도 전체 294권이나 되어 누구나 읽을 수 있는 것이 아니다. 그래서 주자는 문인들에게 명해서 다시 이를 간략화해 59권의 『자치통감강목』으로 만든 것이니, 기술記述이 강綱과 목目으로 나뉘어져 있기 때문에 한층 더 재빨리 읽어갈 수 있다. 주자쯤 되는 사람이 이런 책의 편찬을 도운 것을 보면 송대의 지식 계급은 청대의 고증학자들과는 달라서 별로 책을 읽고 싶어하지 않았다는 것을 알 수 있다. 그래서 청대가 되면 고증학자들은 이 책을 경멸해 『사고전서四庫全書』 중에 채록하기는커녕 그 총목總目 속의 존목存目[내용 해제 없는 서적 목록]에마저 넣어주지 않았다. 『자치통감강목』은 또한 대의명분을 추켜세운 이데올로기 서적이다. 특히 정윤正閏 문제에 관해 『자치통감』은 삼국시대에서는 형식상 위를 정통으로 열거한 데 비해 『강목』은 촉한을 정통이라고 고쳐 썼다. 국가란 것은 도의道義 국가란 점에 존립 가치가 있다고 생각한 것이다. 그러나 촉을 정통으로 삼아 역사를 기술하고자 하면 실제 형세에 맞지 않게 되는데, 그런 것은 따지지 않는다. 이러한 주자학의 태도가 현실의 정치, 외교에 적용되면 거기에 현상의 분석을 소홀히 하고 공론空論이 폭주할 위험이 생기는 것을 피할 수 없다.

송·금의 화의와 전쟁

효종은 63세 때 아들 광종光宗에게 양위하고 은거해 수황壽皇

이라고 불렸다. 그런데 광종은 황후에게 미혹되어 효심 봉양이 부족한 점이 있고 5년 뒤 수황이 사망했을 때 상喪에도 임하지 않았다. 그래서 대신들은 고종의 황후로 당시 태황태후였던 오씨吳氏의 명을 받아 광종을 압박해 아들 영종寧宗에게 양위하게 했다. 이리하여 남송에서는 3대에 걸쳐 상황上皇이 계속 나왔다.

이 양위의 실행에 당면해서 그 수완을 드러낸 것이 한탁주韓侂胄이다. 그는 북송의 명신 한기韓琦의 증손에 해당되고 모친은 태황태후의 여동생이며, 또 자신의 조카딸이 영종의 황후라서 이중의 외척이자 또 명문가 출신이다. 그래서 재상 조여우趙汝愚가 양위의 모의를 추진하는 일에 당면해 연락 업무에 이용했던 것이다. 하지만 조여우는 도학 계통이고 한탁주는 신법당 계통이므로 대신이 되어 공동으로 정치를 수행하는 데 서로 기질이 맞지 않았다. 게다가 도학이 신진 학도의 환영을 받게 되자 과거에서 진사로 급제하는 자가 그 파에 차츰 많아지고, 곧 관계가 전부 도학화되지는 않을까 염려하게 되었다. 그래서 한탁주는 먼저 조정으로부터 조여우의 당파를 배척하는 데 착수하고, 다시 과거 또한 임관 때에는 도학의 무리를 일체 채용하지 않는다는 사상 통제령을 발표했다. 이것을 위학僞學의 금禁이라 한다(1196). 위학이란 도학을 말하는 것으로 도학의 무리를 전부 위선자라고 규정한 것이다. 그러므로 학문 그 자체를 위험한 사상이라 하여 치안 유지를 위해 금절하고자 한 것은 아니고, 다만 정치가로서 인민 위에 임하는 데는 알맞지 않은 곡학曲學으로서 경멸했던 것이다. 그래서 주자의 관위를 삭제하는 것도 그 경학經學 탓이 아니라 채식菜食하며 마귀를 섬기는 요술로 후진들을 미혹시켰다는 이유에서였다. 채식과 마귀 신봉은 당시 서역에서 중국에 유입된 마니摩尼교의 일파 마즈다교를 말한 것인데, 물론 주자가 이런 종교를 선전했다는 것은 사실일 수 없다.

그런데 이렇게 해서 조정의 권력을 한 몸에 다 가진 듯 보였던 한탁주는 취약하게도 자멸에 빠졌는데, 그것은 외교 정책의 실패 때문이었다. 당시 금의 후방 외몽골 지역에 타타르(韃靼)족이 흥기하고 금은 이를 토벌하려다가 대패했다는 통지가 들어왔다. 원래 금은 송에게 원한이 쌓인 적국으로 금에게 화북의 영토를 빼앗긴 데다가 누차 굴욕을 당한 원수이므로 애당초 송에서는 정부가 금과 화친하는 것조차 반대론이 끊이지 않았다. 특히 도학파는 그 대의명분론에 따라 금과의 관계 단절을 주장해왔다. 실은 이 점에서는 조정의 실무파도 마찬가지여서 현실의 외교 정책에서는 양자가 공통된 것이었다. 다만 정치상의 현실 문제로서 금과 전단戰端을 열어 성공 가망이 있는 터는 아니므로 잠시 은인자중하고 있는 데 지나지 않았다. 그러면 도학파 쪽에서는 그것은 정의보다도 타산을 중시하는 비겁한 태도라고 공격하는 것이었다.

그런데 금이 멸망에 임박해 있는 것이 사실이라면 이야기는 달라지게 된다. 실제 정책상에서도 실무파와 도학파 간의 차이가 해소될지도 모른다. 아마 그러한 생각에서인지 이른바 위학의 금은 그로부터 8년째에 완화되고 이미 죽은 조여우·주희 등도 원래의 관위가 회복되기에 이르렀다. 그리고 점점 더 조정의 논의가 금의 정벌로 기울자 악비岳飛를 추봉追封해 악왕鄂王으로 봉하며, 진회秦檜에게 수여되었던 왕작王爵을 박탈하고 시호도 무추繆醜라고 고치기도 했다. 이것은 과연 도학파가 기뻐할 듯한 조치이다.

그런데 실제의 외정外征은 그렇게 유리하게 일이 진행되지는 않았다. 송의 군대는 국경을 넘자 곧 반격을 받아 오히려 금군이 송의 영내로 침입해 오는 형편이었다. 금은 확실히 북방에서는 몽골의 칭기즈칸에게 시달리면서도 송에 대해서는 아직 저력이 있음을 보여줄 만큼의 여유가 있었던 것이다. 싸움을 건 쪽인 송은 어쩔 수 없이 체면이 말이 아니게도 다시금 화의를 요청하는 추태를 드러냈다. 그리고 금의 요구에 따라 전쟁 책임자인 대신 한탁주의 목을 베어 금군에 보낸 것은 치욕을 한층 더한 것이었다. 오히려 금군이 놀라 이것은 애국자의 머리라 하여 정중히 다루었다는 이야기마저 있다. 그러나 이것도 한탁주 자신의 책임이다. 나폴레옹의 말일 텐데, 정치가의 과실은 범죄보다도 나쁘다고 했다. 동기로써 실패를 변호할 수는 없는 것이다.

송은 불명예스러운 강화를 해서 국위를 손상시켰는데, 그 후 알게 된 대로 금이 몽골의 공격을 받아 궁지에 처해 있었던 것은 사실이며 송이 몇 년 더 기다렸다면 좋았을 것이다. 그러나 그사이의 대처 요령을 알지 못했다는 것은 역시 치명적인 실패였다는 점에서 변함이 없다.

당시 금은 희대의 명군으로 칭송된 세종世宗이 사망한 후 그 손자 장종章宗의 시대였으며(재위 1190~1208), 한탁주의 머리가 금에 도착한 해에 장종이 죽자 그 숙부 위소왕衛紹王이 즉위했다. 이 상속은 세대가 역행했다 하여 내란이 일어나 위소왕이 살해되고 장종의 아우 선종宣宗이 즉위했다(1213). 선종 한 대는 몽골 때문에 계속 시달려서 이번에는 송이 다시금 절연장을 들이밀어도 반격할 힘을 상실하고, 그 송에 대해서도 화친을 요청했다가 거절당하는 한심스러운 상태로 몰락했다.

물가와 경기

송의 영종寧宗은 자질이 우매해서 외척이나 대신의 보좌에 의해 간신히 제위를 지켜냈다. 그러므로 한탁주의 이른 폭주도 제어할 수 없었던 것이다. 금군의 침입으로 당황해 한탁주를 암살할 때 활동한 것은 대신 사미원史彌遠과 두 번째 황후 양씨의 오빠인 양차산楊次山이었다. 이후 조정의 지도권은 사미원의 손으로 옮겨갔다.

영종이 재위 30년으로 죽고 아들이 없었으므로 다시금 혈연이 먼 태조의 자손을 맞아 제위를 잇게 해야 했다. 이번에 즉위한 이종理宗은 태조의 아들 덕소德昭의 9대손으로, 즉 영종의 조카뻘에 해당된다. 중국에서는 이와 같이 아무리 혈연이 먼 자라도 상속하는 데 세대를 논하고 같은 세대를 피해 낮은 세대 중에서 골라 후사後嗣로 삼는 것이 관례이다.

실무가인 사미원은 도학자를 혐오해 자주 그들과 충돌했다. 당시 도학의 영수는 진덕수陳德秀와 위료옹魏了翁 두 사람이었는데, 두 사람은 함께 당대의 정치를 비판해 사미원의 뜻을 거슬러서 관위가 좌천되었다. 그런데도 세상에는 도학이 유행해 이미 이를 저지할 수 없는 것이 대세였다. 무엇보다도 천자 이종이 도학을 좋아해 음으로 양으로 이를 보호하고 도학자를 존숭하기도 했다. 당시 주자와 상이한 이론을 제창해 일부 사람들 사이에서 중시되었던 사상가 육구연陸九淵(호는 상산象山)의 자손을 불러 관직을 주기도 하고, 주자에게는 태사太師 신국공信國公이란 관작을 내리기도 했다. 도학이 유교의 정통으로 인정받아 구파의 유교보다 상위에 위치한다는 상식은 이종의 치세 동안에 완성된 것이다. 그 시호인 이理라는 명칭은 종래에 일찍이 없었던 것이며, 그것이 이 천자에게 바쳐진 것은 역시 도학에서 중시한 리理에서 유래하고 있다.

그렇지만 이종은 재상 사미원이 살아 있는 동안에는 이 노대신 앞에서 근신해 노골적으로 도학자를 조정에 등용하는 것은 꺼렸다. 하지만 사미원이 70세로 죽은 것을 기회로 조야에 명성이 있던 도학파의 신인을 발탁하고, 지금까지 타성에 젖은 인순고식의 정치에 대개혁을 실시하고자 했다.

당시 사회에서 최대의 관심사는 물가의 등귀였다. 중국 사회가 지폐를 사용하기 시작한 뒤부터 정부는 재정이 핍박받으면 안이하게 회자의 발행을 늘려 한 시기를 얼버무렸던 것인데, 그것이 필연적으로 물가 상승을 초래하고 물가 상승은 점점 더 정부 재정을 군색하게 해서 또다시 회자를 발행해야 하는 상황에 몰린다. 이 물가 상승의 재해를 정면으로 입는 것은 언제나 민중, 특히 영세민이다. 그리고 그 원인이 회자의 남발, 따라서 그 가치의 하락에 의한 것임은 누구의 눈으로도 명확했으므로 민중도 정치의 동향에 관심을 갖고 조정의 인사 문제에까지 민감하게 반응하게 된다. 이러한 때에 민중에게 평판이 좋은 것은 항상 그렇지만 야당이며, 이 경우에는 도학파였다. 대체로 송대부터 인쇄가 용이해져 종래 같으면 쉽게 서적으로는 되지 못할 내용, 예컨대 학자의 어록 같은 것까지 인쇄되어 널리 읽히게 되었다. 이 어록의 학문은 현재의 매스컴 기관에 해당되며, 이것이 학문을 안이한 것으로 만들었다는 비난이 있는 한편 학문을 대중에게 가까워지게 한 공적은 부정할 수 없을 것이다.

야당인 도학파의 정치 논의는 일단 인쇄물에 의해 지식 계급 사이에 확산된 데다가 다음에는 입소문에 의해 민중 사이에 전파된다. 물가가 등귀하는 것은 정치가 나쁘기 때문이다. 정치가 나쁜 것은 정치가가 나쁘기 때문이다. 정치가의 어디가 나쁜가 하면 그것은 마음이 나쁘기 때문이다. 성인과 군자가 자리에 앉지 않고 소인과 간사한 자들이 정부의 요직을 차지하고 있기 때문에 허사인 것이다. 그렇다면 현재는 누가 위대한가 하면 그것은 다름 아닌 진덕수와 위료옹이다. 당시 수도에서는 이런 풍설이 유행했다.

> 만일 온갖 물가가 내리기를 바란다면(若欲百物賤)
> 오직 진직원을 기다릴 뿐이네(直待眞直院)

직원直院은 직학사원直學士院, 즉 한림학사翰林學士 대우란 의미로 진덕수의 관직명이다.

사미원이 죽고 천자 이종이 몸소 정치를 하기 시작하면서 이듬해를 단평端平 원년으로 개원하고 대단한 의욕을 갖고 정치 개혁에 몰두했다(1234). 이를 단평의 경화更化라 한다. 무엇보다도 먼저 진덕수와 위료옹을 중앙정부로 불러들였다. 자격으로는 바로 재상이 될 수 없으므로 천자의 고문인 한림원 관원에 임명했다. 천하의 여망을 짊어진 등용이었으므로 수도 민중은 눈을 크게 뜨고 그 동정을 주목했는데, 진덕수는 입조하자 먼저 그의 저서 『대학연의大學衍義』를 진상하고, 정치의 요체는 무엇보다도 첫째로 마음을 바르게 하는 것부터 시작하지 않으면 안 된다고 의기 높은 일장 강의를 하고는 물러났다. 그러나 그 후 경제 방면은 아무리 기다려도 개선되지 않고 물가는 조금도 내리지 않았다. 그래서 수도 민중은 앞 구절에 이어서

　　서호 물이나 먹자꾸나(喫了西湖水)
　　국수 한 솥 지어서(打作一鍋麪)

　라고 노래하며 체념했다. 진덕수는 이듬해 부재상에 임명되었지만 얼마 못 가 죽고, 위료옹도 이어서 관위를 떠났는데 곧 2년 뒤에 죽었다.

몽골의 흥기와 칭기즈칸

　이종의 재위 중에 북방 몽골 세계에 대변동이 일어나고, 이로 인해 생긴 파동은 곧 남송의 국경에까지 박두해 송 정부를 뒤흔들었다.
　금을 세운 여진 민족이 거주하고 있던 만주滿洲는 몽골(蒙古)인의 거주지가 초원이었던 것과는 달리 오히려 삼림 지대였으므로, 여진족은 유목 민족이 아니라 오히려 정착적인 수렵 민족이었다. 그래서 그들은 거란의 요와는 달리 몽골의 사막, 초

원 지역에 흥미가 없었고, 따라서 그 국가의 발전 방향도 서쪽으로 향하지 않고 남으로 내려와 중국에 침입해 화북을 영유하기에 이르렀다. 그 때문에 종래 요에 복속하고 있었던 몽골 지방은 패자覇者가 없어졌으므로 군웅할거의 무정부 상태에 빠졌다. 이 가운데서 나타나 몽골 민족을 재편성해 대제국을 건설한 것이 칭기즈칸(成吉思汗)이다.

고비라고 불리는 대사막 주변에서 패권을 잡을 때 언제나 근거지가 되는 것은 외몽골의 오르콘 강 유역이다. 예전의 흉노, 뒤이어 돌궐, 위구르는 모두 이곳에 기지를 두었다. 고대의 흉노는 한漢과 접한 동부 내몽골에서 일어났지만, 그 후 돌궐, 위구르 등 중세의 유목 왕조는 모두 서방에서 일어나 동방으로 세력을 미쳤다. 이 사실은 유목 세계의 쟁패전은 원래 그 남방에 접한 토착 세계의 문화의 우열을 반영하는 것임을 이야기해 주는 것 같다.

하지만 중세 말기 동부 내몽골의 임황臨潢, 현재의 요령성遼寧省 임서현林西縣에서 일어난 거란 민족의 요는 다시금 동방의 우월성을 실증했다. 이것은 결국 무기 제조를 위해 필요한 철의 재료가 풍부했음을 보여준다. 얼핏 보아 이상하게 생각되는 현상은 만주 북부에서 예부터 제철업이 행해진 사실이다. 요의 태조 옐리 아바구치(耶律阿保機)가 흑룡강 유역에 널리 분포해 있던 실위室韋족을 정복했는데, 이 지방은 금·은·동·철이 산출되고 인민은 동기·철기를 잘 만들었다고 한다. 그것이 사실이었던 것은 1961년경 흑룡강성 하얼빈(哈爾濱)의 동남쪽 아성현阿城縣에서 오래된 야철 유적지가 발견됨으로써 증명되었다. 거기서 북송 신종 시대의 원풍통보元豊通寶란 동전이 발굴된 점으로 살펴보면 아마 요대遼代에 왕성하게 가동되고 있었던 것으로 생각된다. 후에 여진족의 금이 일어난 것도 실은 이 주변이었으며, 가까운 곳에 상경上京 회령부會寧府가 설치되었다.

요는 몽골족을 지배했지만 그들의 세력이 강해지는 것을 두려워해 철기를 그들에게 판매하는 것을 엄금했다. 그런데 금대金代에 그 금지가 느슨해지고, 특히 금이 화북을 영유했을 때 섬서陝西 지방에서 통용되고 있던 송의 철전鐵錢이 몽골족 사이에 유입되었다. 철전은 물론 주철鑄鐵인데, 아마 몽골족들은 이를 연철鍊鐵, 혹은 강철鋼鐵로 다시 주조하는 기술을 알고 있었을 것이다. 다량의 철을 획득해 마음대로 무기를 사용할 수 있게 된 뒤부터 그들의 세력도 제지할 수 없게 되었다고 한다.

사막 북쪽 외몽골에서 몽골 민족을 통일한 칭기즈칸은 남하해 먼저 서하西夏를 항복시켰다.[74] 북송 시대에 발흥한 뒤부터 서하는 서역과 중국 간의 교통로를 제압했는데, 영내를 통과하는 대상들에게 무거운 세금을 부과했던 듯하다. 그래서 서역의 대상은 서하 영내를 피해 그 북방 내몽골 사막을 통해서 동쪽으로 나아가 요의 상경 임황부 혹은 연경으로 가려고 했다. 이 사막을 여행하는 데는 역시 그만큼 여행 방법의 발달이 없으면 안 되는데, 아마 대상의 규모를 확대한 것에 더해 낙타의 수도 여유를 두고 준비했을 것이다. 그래서 이 교통로의 요충으로서 후세의 수원綏遠 부근을 가리키는 천덕군天德軍이 번영해, 텐독이란 지명은 훨씬 후세의 서양 지도에도 반드시 나타나게 되었다. 이처럼 동서 교통로가 한 단계 북상해 먼저 내몽골 지방이, 다음에는 외몽골 지방까지 세계 교통의 일환으로 편입되었던 것이 몽골 민족의 발흥을 재촉해 칭기즈칸의 대정복을 가능하게 한 지반이 되었던 것이다.

다음에 칭기즈칸은 금으로 나아가 금이 수도를 연경에서 개봉으로 천도한 뒤 이를 추격해 화북을 유린했다. 이 소란 중에 여진인에게 토지를 빼앗겼던 중국 인민이 봉기해 여진인을 살육했으며, 그 사이에서 일어난 군벌 세력은 몽골 정권에 종속하면서 봉건 제후와 같은 할거적 지방 정권[한인漢人 세후世侯]을 곳곳에 수립했다. 이는 당시의 몽골 민족 자체가 봉건적 체제에 의해 그 지배를 확대해갔던 때이므로 이와 같은 성질의 정권을 인정하는 것이 몽골이 그 위에 서서 통치를 수행하는 데 가장 편리하다고 생각했던 것이다. 이때 칭기즈칸의 한 팔로서 중국 경영을 맡은 것이 태사太師에 봉해진 무칼리(木華黎)였다.

앞서 요가 멸망했을 때 그 일족 야율대석耶律大石이 부족을 이끌고 서역으로 도망쳐 서역의 패자였던 셀주크 투르크 세력을 격파해 영토를 확장하고, 다시 현재의 신강 지방도 병합해 서요西遼 왕국을 건설했다. 그런데 칭기즈칸과 싸워 패한 나이만(乃滿) 부의 잔당이 서쪽으로 달아나 서요국의 왕위를 찬탈하고 몽골에 대한 복수를 꾀한다는 것을 듣고, 칭기즈칸은 중국 경영을 무칼리에게 일임하고 스스로 군을 이끌고 서방 정벌의 길에 올랐다.

몽골군은 한 차례 전투로 나이만 세력을 소탕하고 서요의 옛 영토를 평정한 다음에, 서아시아 일대에 군림하던 투르크계 호레즘 왕국의 공략에 착수했다. 이 싸움에 칭기즈칸은 그 네 아들 조치(朮赤)·차가다이(察合臺)·우구데이(窩闊臺)·톨루이(拖雷)를 대동하고 부강한 것으로 알려진 서西투르키스탄의 성읍들을 차례로 탈취해 호레즘 왕을 패사시켰으며, 그 왕자 잘랄 웃

딘을 뒤쫓아 인도 북부에 침입했다. 따로 몽골의 선봉군은 투르크계 킵차크(欽察) 부의 영내로 진격해 러시아 원군과도 싸워 이를 격파했다. 이것은 몽골군이 유럽인과 교전한 최초의 경험이었다. 이때 몽골군이 정복한 동·서 투르키스탄 지방은 대체로 둘째 아들 차가다이에게 주어져서 차가다이한국汗國이 형성되었다.

칭기즈칸은 서정에서 돌아와 서하를 멸망시켜 그 영토를 병합하고, 다음에 금을 공격하려다가 병에 걸려 74세로 사망했다 (1227). 몽골족 사이에는 주권자를 정하는 과정에서 군주의 후계자 지명권이 인정되지 않고 쿠릴타이라 불리는 유력자의 집회 석상에서 선거를 하는데, 이는 유럽 게르만 민족의 관습과 공통된다. 그런데 칭기즈칸의 후계자로는 셋째 아들 우구데이가 쿠릴타이에서 뽑혀 대한(大汗, 카간)으로 즉위했다. 중국식의 묘호廟號로는 태종太宗이라 한다. 태종은 부친 태조의 뜻을 이어받아 금을 정복하는 데 뜻을 두고 남송에게 동맹을 맺어 공동작전을 펼 것을 제의했다.

남송 이종의 조정은 이번에도 역시 전에 요를 멸망시켰을 때의 실패를 되풀이하는 결과가 되었다. 물론 금에 대해서는 두 황제가 포로가 된 굴욕을 당한 원한은 있지만 신흥 몽골은 그에 앞선 발흥기의 금보다도 더욱 가공할 강적이라는 인식이 결여되어 있었던 것 같다. 몽골군에게 쫓겨 개봉을 함락당한 금의 마지막 천자 애종哀宗이 남송 국경과 가까운 채주蔡州로 도망해오자 송이 몽골군과 협력하여 공멸한 것까지는 괜찮았다 (1234). 하지만 그 후 남송은 회수淮水 이북의 질서가 충분히 확립되지 않은 것을 보고 몽골군이 이 지방을 포기한 것이라고

오판해 옛 수도 개봉을 회복할 군을 일으키고 진군해 황하선에
도달했다. 이전에 중국의 문화·경제의 중심으로서 인구가 조
밀하기 그지없던 고도故都와 그 주변은 전란으로 황폐해져 처량
하게 조락凋落한 모습을 드러내고 있었다. 송군은 부근에 있던
북송의 황릉皇陵에 제사를 올렸는데, 능묘는 앞서 유예의 제齊
시절 모조리 도굴되어 있었다. 그런데 송군 침입의 통지가 전
해지자 몽골군은 어느새 사방에서 집결해 송군에게 공격을 가
하니 송군은 대패하고 도망쳐왔다. 이때에도 조약 위반의 잘못
은 송 측에 있으며, 앞서 금에게 범한 것과 같은 실패를 또 되풀
이했던 것이다.

송으로서 다행인 것은 이처럼 몽골과의 평화가 깨지고 국경
에서 단속적으로 작은 충돌이 계속되어도 몽골군이 대거 침입
할 기색이 느껴지지 않는 것이었다. 그것은 태종이 방향을 바
꿔 유럽 진입을 결행했기 때문이었다.

몽골의 서정

이 원정군의 지휘는 칭기즈칸의 손자들이 맡았다. 조치의 아
들 바투(拔都)가 총지휘관이 되고, 태종의 아들 구육(貴由), 톨루
이의 아들 뭉케(蒙哥)가 여기에 참가했다. 몽골군은 먼저 러시아
를 유린하고 폴란드에 들어가 실레지아의 발슈타트에서 폴란
드·독일 연합군을 격파하고 장거리를 달려 이탈리아에 다가갔
지만, 때마침 태종의 부음이 전해졌으므로 군대를 돌렸다. 이때
의 정복지는 대체로 바투의 영토로 부여되고 러시아의 대부분

을 포함했는데, 그 동쪽에 이웃한 주민 킵차크 부의 이름을 따 이 나라는 킵차크한국汗國이라 불렸다.

이 원정에 앞서 태종은 하동도河東道의 서경西京 대동부大同府 와 교성현交城縣에 야철소를 세웠다(1236~37)는 것이 정사인『원사元史』「식화지食貨志」에 보이는데, 이것은 이듬해부터 시작된 서정西征에 무기를 보급하기 위한 것이었음은 의심할 여지가 없다. 어느 시대나 지속적 전쟁의 승패를 결정하는 최대의 요소는 군수품 보급이 어느 정도 수행되는가에 달려 있다. 왜냐하면 전쟁이란 바로 소모의 경쟁이기 때문이다. 몽골군이 유럽 깊숙한 부분까지 진격해 끊임없이 전쟁과 소모를 계속하면서 조금도 쇠약한 형세를 보이지 않았던 것은 끊임없이 후방에서 무기의 보급을 받았기 때문이다. 그 원료인 철의 생산액에서 중국은 송대 이후 석탄을 사용하는 제철법의 도입으로 세계에서 으뜸가는 지위를 차지하고 있었다. 몽골 대제국의 성립 기반에는 중국의 생산력이 있었던 것이다.

몽골 태종은 재위 13년, 56세의 나이로 사망했는데, 그는 술에 빠져 스스로 그 약점을 알면서도 억제할 수 없어 죽음을 앞당겼다고 한다. 태종 사후 그 황후가 쿠릴타이에서 후계자 선임에 이의가 일어날 것을 두려워해 스스로 정권을 장악하고 섭정을 주장해 4년간 그대로 관철시켰다. 그 후 황후의 주재로 쿠릴타이를 개최해 그 아들 정종定宗 구육을 대한大汗으로 추대하는 데 성공했다(1246). 그런데 정종은 재위 3년으로 죽었으므로 다시금 그 후계자가 문제가 되었다. 정종의 황후는 모후의 옛 지혜를 모방해 스스로 섭정이 되어 대권을 2년 계속 행사했지만 이번에는 전과 같이 사태가 진행되지 않았다. 유력한 왕공王

公들은 황후를 무시하고 쿠릴타이를 개최해 칭기즈칸의 막내아들 톨루이의 아들인 뭉케를 추대해 4대 대한으로 삼았다. 중국식으로는 헌종憲宗이라 불린다. 이에 불만을 표명한 정종의 황후는 신정권 하에서 피살되었다.

몽골 민족 간에는 막내 상속의 풍습이 있는데, 그것은 연장자인 형부터 순차적으로 재산을 받고 분가해, 그동안 막내아들은 오랫동안 부친과 동거하기 때문에 부친이 죽으면 그때의 재산을 전부 상속하는 것이 자연스러웠기 때문이다. 하지만 톨루이의 경우는 칭기즈칸의 사랑을 가장 많이 받아 동거하고 있었기 때문에 독자적 영지를 나눠받지 못하고, 또 대한의 지위를 태종 계통이 낚아챘으므로 겨우 중국 내지에 협소한 봉지封地를 받은 데 그쳤다. 그 때문에 이때에 와서 톨루이의 아들 뭉케가 대한이 된 것은 왕공들의 동정이 집중되었기 때문이다.

그렇지만 대한의 지위는 세습될 수 있다고는 규정되어 있지 않았으므로 대한의 직할 영지인 몽골과 화북 지역은 자손이 언제까지나 지배할 수 있다고만 할 수는 없다. 그래서 헌종은 새로이 영토를 확대해 이를 자손들에게 영구적인 봉지로 상속시키려고 계획했다.

헌종은 둘째 동생인 쿠빌라이(忽必烈)에게 중국을 공략하게 하는 한편 셋째 동생 훌레구(旭烈兀)에게 명해서 서남아시아에 진입하게 했다. 훌레구는 아프가니스탄으로부터 이란·메소포타미아에 걸치는 지방에 할거해 있던 투르크 제후들을 차례로 정복하면서 그 명목상의 주권자로서 바그다드에 도읍하고 있던 사라센 제국 최후의 칼리프 무스타심을 공격해 멸망시키고 (1258), 다시 시리아 지방까지 평정해 여기에 일한국을 건설했다.

한편 쿠빌라이는 남송의 영토에 들어가 사천四川·운남雲南을 거쳐 티베트를 정복하고 그곳의 라마를 회유해 보호 아래 두고 다시 인도차이나도 평정했다. 이로써 남송은 삼면이 몽골 세력에 의해 포위되게 되었다. 이미 남송의 몰락은 누구의 눈에도 시간문제로 보이기 시작했다.

가사도 시대

남송 이종은 영종의 양자가 되고 모범 청년으로서 전도가 촉망되었다. 노재상 사미원의 사후 처음 모든 정사를 직접 챙길 기회를 얻어 예상한 대로 거물 유학자를 등용해 단평端平의 경화更化라 불리는 정치 개혁에 착수했지만, 그것은 완전히 기대를 저버리는 결과가 되었다. 유교의 이데올로기는 냉엄한 현실에 직면해 완전히 무력함을 폭로했던 것이다. 여기에 실망한 청년 천자는 일변해 허무주의적인 방탕한 천자가 되었다. 궁중에서는 연회가 성대해지고 환관이 득세해 무용한 토목 건조 사업을 일으켜 천자의 환심을 이어가는 데 노력했다. 이에 대해 도성 안의 학생들은 도학의 이념을 내세워 당국자의 무능과 무방침을 공격해 마지않았다. 수도 임안부臨安府의 지사는 학생운동이 너무나도 무질서로 흐르므로 강권으로 이를 단속하려 했고 학생들은 점점 더 그에 반발해 동맹휴학을 기도해 소요를 일으켰다. 결국은 정부가 지사를 파면해 학생들을 달래는 사태로까지 발전했다.

이와 아울러 물가는 점점 더 천정부지로 올라 인민을 괴롭혔다. 이종은 자기가 내심으로는 결코 기분 좋게 생각하지는 않았던 사미원 시대가 평판이 나쁜 정치이긴 했지만 어떻게든 시국을 수습해왔음을 상기하고 그 조카 사숭지史嵩之를 등용해 강권 정치를 재현하고자 했다. 이를 알아차린 학생들은 사숭지가 당장 부친상 복상 중이면서 천자의 명이라 해도 기한을 단축해 현직에 취임하려는 것은 더할 수 없는 불효라고 공격을 가했다. 더욱이 여기에는 조신 중에도 호응하는 자가 있어 우유부단한 천자 이종은 곤혹스러워 어쩔 줄 모르고 사숭지의 임명을 취소하는 실태를 연출했다. 다만 남송에 다행인 것은 몽골에서 태종 사후 후계자가 없는 공위 시대가 4년, 다음에 정종의 사후 거듭 공위가 2년이라는 정정 불안이 계속되었기 때문에 대외적인 압력도 따라서 약해진 채로 시간이 허비되고 있었다는 점이다. 그런데 헌종의 등극에 의해 다시금 적극 정책이 개시되고 국제 관계는 갑자기 긴장이 높아지게 되었다.

이미 티베트로부터 인도차이나에 이르는 새 영토를 개척해 남송을 세 방면에서부터 위협하게 된 몽골의 대한 헌종은 일거에 남송 공략의 준비를 갖추고 스스로 군을 이끌고 사천四川을 공격했으며, 아우 쿠빌라이에게는 북방 정면으로부터 양자강 중류로 진출하게 하고, 별장 우량카다이(兀良哈臺)에게 명하여 인도차이나로부터 광서廣西·호남湖南으로 침입해 양자강 유역에서 다른 두 군과 회합해 그대로 강줄기를 따라 동으로 향해 남송을 석권하려고 했다. 그런데 헌종은 사천 평야로 나오자 남송군의 완강한 저항에 부딪혀 중경重慶에 도달하지 못하고 군중에서 병사해, 그 부대는 뜻을 이루지 못하고 본국으로 철수했다.

한편 쿠빌라이는 현재의 무한武漢에서 양자강 남안으로 도하해 악주성鄂州城을 포위했다. 남송에서는 이종의 귀비 가씨의 동생인 가사도賈似道가 여러 군대를 감독하며 방위를 맡아 몽골군과 대치했다. 쿠빌라이가 이미 헌종의 부음을 알면서도 감히 이 땅에 눌러앉아 있었던 것은 인도차이나를 출발한 별군의 소식을 알기 위해서였다. 과연 우량카다이의 별군은 호남으로 나왔지만 쿠빌라이 군과 합류할 수가 없었으며, 강서江西로 들어가 가까스로 연락을 취하고 기일을 정해 양자강을 건너 북으로 귀환하려고 했다. 그런데 이것을 탐지한 남송의 가사도 군은 북으로 돌아가는 몽골군과 양자강 위에서 싸워 지리적 이점을 이용해 상당한 전과를 거둘 수 있었다.

이번 몽골군의 대침입은 남송의 상하를 뒤흔들어 엄청난 공포를 야기하기에 충분했다. 그것이 설령 헌종의 갑작스러운 죽음에 의한 것이라고는 해도 몽골군이 하릴없이 철수함으로써 송은 조야가 모두 자신을 회복하고, 이 전쟁의 책임자 가사도는 그 전공이 과대하게 선전되어 일약 시대의 영웅으로 떠올랐다. 그는 중앙정부에 들어가 재상이 되고 이종의 신임이 비견할 자가 없어 국가의 대권을 한 손에 장악했다. 이후 남송의 멸망에 이르기까지 약 15년간 가사도 시대가 출현한다.

남송에서 그의 지위는 북송에서의 채경의 지위에 대응된다. 그러나 북송의 채경이 휘종 앞에서 오로지 저자세를 취하고 비굴할 정도까지 겸양했던 것에 반해 가사도는 대신으로서 긍지를 지키고 때로는 불손하게 보이기조차 하는 태도를 취했다. 특히 이종이 죽고 아들이 없어 아우의 아들 도종度宗을 맞아 즉위시킨 다음부터는, 마치 주周의 성왕成王을 보필한 주공周公으로 자임해 태사太師의 지위를 더하고 위국공魏國公에 봉해져 서호西湖 서쪽의 갈령葛嶺에 별장을 마련해 거주하며 열흘에 한 번 입조해서 정무를 볼 뿐이었다. 그렇다면 정치는 어떠했는가 하면 채경이 늘 환관과 공동전선을 편 것과 대조적으로 가사도는 권모술수를 써서 환관의 전횡을 억누르고 궁중에까지 감시를 엄격히 해 그 망동을 허용하지 않았다. 더욱이 종래에는 외척이 특별한 지위를 이용해 정치에 개입해왔던 것을 고쳐 가사도의 권위 앞에서는 위축되어 감히 공사의 구분을 문란케 하는 따위의 일을 하지 못하게 했다. 더욱 놀랄 만한 것은 지금까지 사건이 있을 때마다 동맹휴학을 기도해 정부를 위협하고 관리의 인사에까지 참견해 세간의 이목을 쏠리게 해왔던 학생들의 운동을 봉쇄하고 유유낙낙 학관學官의 지도를 따르게 했던 것이다. 아마 그 술수가 보통 사람을 넘어서 있다는 것이 당시 세상의 평판이었다.

가사도는 정부에서의 확고한 지위를 이용해 경제 안정의 새 정책을 실시했다. 그 하나는 공전公田의 수매이다. 당시 북방 국경을 경비하는 군대에 군량을 공급하기 위해 정규적 양세兩稅 금액으로는 부족하므로 화적和糴이라면서 실제로는 강제에 의한 미곡 매입을 실시했다. 이것이 민간에 일으킨 소요가 적지 않으므로 가사도는 일로영일—勞永逸, 한번 노력을 다해 영구히 안일을 얻을 수 있는 대책으로 민간의 대토지 소유자로부터 그 3분의 1을 강제적으로 수매해 이를 공전으로 삼고, 정부가 이를 경영해 그 수확을 군량에 충당하기로 했다. 이렇게 하면 공전 설치 때는 일시적 소요를 면치 못하지만 장래 영구히 안정된 기초 위에서 재정을 운영할 수 있다고 주장하며, 당시 곡물 생산성이 가장 높았던 절강浙江 서안의 6개 부·주에서 이를 실시했다.

정부 기관이 대토지를 경영해 차지인借地人을 농노화하지 않고서 지대地代를 거두어간다는 것이 이런 시대에 어떻게 가능했는가 하면, 그것은 당시의 대토지 소유 형태가 완전히 변천해 있었기 때문이다. 당시의 대토지 소유자는 도시에 거주하는 부호가 많아서 토지 자체에 흥미가 없고 다만 그 지대로서 소작미 수입을 얻고자 했을 뿐이었다. 그러므로 그들은 차지인인 전호佃戶와 계약을 맺고 지대만 납부하면 그 뒤의 토지 이용에는 간섭하지 않았다. 그래서 경작의 집약화에 의해 토지의 생산력이 상승함과 아울러 전호는 소지주가 되었다. 즉 그 차지를 노동자에게 다시 대여해 재再소작료를 납부시켜 그중 일부를 토지 소유자에게 보내는 것조차 가능했다. 실제로 경제 조건이 복잡해지고 농작물이 다양화하며 더욱이 토지가 세분되어 여기저기에 분산적으로 존재할 때, 대지주 한 사람이 소유지의 구석구석까지 주의를 기울여 전호 하나 하나에게 지령을 내리는 것은 불가능해지고 있었다. 그래서 전호에게 독립적인 경영권을 인정하고, 자기는 말하자면 금리생활자와 같은 자본주가 되었다. 말하자면 자본과 경영의 분리가 행해진 터이니, 이것은 원래 전호가 자유민의 자격이었기 때문에 일어날 수 있는 현상이었으며, 이러한 점에서도 전호는 결코 농노란 따위의 말을 할 수 있는 존재는 아니었던 것이다.

가사도의 공전 정책은 이 같은 대토지 소유 형태 위에서만 출현할 수 있는 것이었다. 정부는 종래의 대토지 소유자로부터 그 일부를 매입해 지주가 되었지만 그 토지의 경영은 종래의 전호에게 그대로 맡겨두고 다만 지대인 곡물만 납입시켰다. 이 지대는 그 성격이 소작료이므로 필연적으로 정부가 다른 토지에 매기는 지세보다도 세율이 훨씬 높았다. 그래서 같은 지방에서 서로 인접해 있으면서도 공전(또는 관전官田)과 사전에서 정부에 납부하는 곡물 량의 차이가 현격해지는 결과가 되었다. 그것도 송 정부가 존속하고 있는 동안에는 아직 괜찮았지만 얼마 못 가 송이 멸망하고 원元의 시대가 되자 관전과 사전의 본래의 의미가 망각되고 단순히 불공평한 두 종류의 세율이 존재한다고 생각되게 되어, 역대 이 지방의 관리도, 민간도 과중한 지세 징수와 인민 부담의 불공평에 대한 여론의 불만에 시달리지 않으면 안 되었다.

가사도는 또 불환지폐가 된 회자會子의 가치 하락과 이로 인한 물가 등귀를 근본적으로 해결할 대책으로서 태환 가능한 새 지폐 관자關子를 발행하고 서서히 회자를 폐지해 관자로 일원화하는 정책을 내세웠다. 당시의 기록에 의하면 이 정책도 앞의 공전 정책과 마찬가지로 민간에서는 상당히 나쁜 평판을 사고 물가는 오히려 등귀했을 뿐이었다고 한다. 그러나 백여 년에 걸쳐 계속되어온 정부의 인플레 정책에 결말을 짓는 데는 일시적인 혼란은 피할 수 없는 것인데, 불행히 그 효과를 확인할 정도의 시간 여유 없이 남송은 멸망했으므로 우리는 그 정책의 시비를 적확하게 판단할 만큼의 풍부한 사료를 갖지 못한 것이다.

원의 통일

남송 정벌군을 집결시켜 철수한 쿠빌라이는 동부 몽골의 개평開平[상도上都, 돌론 노르 부근]에 도착했다. 한편 헌종의 직속 부대는 헌종의 영구를 지키며 외몽골의 근거지 카라코룸(和林)으로 철수해 거기서 부재중의 책임을 위임받고 있던 헌종의 아우 아릭부케(阿里不哥)와 합류했다. 여기에 몽골에는 두 곳의 중심이 생겨 개평의 쿠빌라이와 카라코룸의 아릭부케가 서로 대립해 대한의 지위를 다투는 형세가 되었다. 만일 서방 여러 한국汗國의 유력한 왕공들을 불러 쿠릴타이를 열 때는 형세는 아우 아릭부케 편에 유리하게 전개될 것이 틀림없어 보였다. 그렇지만 가장 풍부한 자원, 즉 중국의 화북 지방을 지배해 그 인적, 물적 자원을 이용할 수 있는 우위에 선 것은 쿠빌라이였다. 그래서 쿠빌라이는 뜻을 굳히고 자기의 당파로 볼 수 있는 유력 왕공들만을 개평에 소집해 쿠릴타이를 개최하고 예정대로 대한에 추대되었다. 이에 쿠빌라이는 한 걸음 더 나아가 몽골의 대한은 동시에 중국의 황제라는 해석을 가해 연경燕京을 수도로 하고 이를 대도大都라 불렀다. 또 중국 지배를 위해 중서성中書省을 중심으로 하는 신정부를 조직하고 중국인[화북 한인]을 위주로 관리를 임명했다. 또한 연호를 세워 중통中統 원년(1260)이라 했는데, 국호는 여전히 대몽골국大蒙古國이었다. 국호를 『역경易經』의 문구에서 따서 대원大元이라 정한 것은 다시 10년 뒤의 일이다. 쿠빌라이의 묘호를 세조世祖라고 한 것은 그가 사망한 직후이지만 선조 칭기즈칸을 태조太祖, 우구데이를 태종太宗, 이하 정종定宗, 헌종憲宗 등의 묘호를 추증追贈한 것은 다시 한참 내려와 7대 무종武宗 때의 일이었다(1309). 몽골 민족의 중국화는 세조 쿠빌라이와 같은 이해심 있는 군주가 출현했어도 좀처럼 한꺼번에 이뤄지기 어려웠음을 이것을 통해서도 알 수 있다.

세조의 대한 등극에 대해 아우 아릭부케를 비롯해 카라코룸파의 왕공들은 일제히 반발해 마침내 아릭부케를 추대해 대한으로 정했다. 여기에 양파의 충돌이 불가피해졌는데, 중국의 자원을 배경으로 한 세조 편이 우세한 가운데 전황이 진전되었다. 아릭부케는 패해서 항복을 빌고 형제의 화해는 성립되었지만, 아릭부케를 후원한 여러 세력, 특히 태종 우구데이의 자손은 여전히 불만을 품어 후세에 화근을 남겼다.

카라코룸 세력을 평정한 세조는 다시 남송에 대해 적극적 공세로 나왔다. 당시 남송은 먼저 번 몽골군의 침입으로 취약하게도 내지의 주·현들이 유린된 경험을 거울삼아 국력을 기울여 국경선의 방위를 강화했으므로 몽골군도 이전처럼 기습전에 의해 낙승을 거두는 것은 불가능하다고 생각했다. 그래서 정공법으로 나갈 수밖에 없었는데, 몽골군은 특히 남송의 방비가 가장 엄중하기 그지없는 양양성襄陽城 공략에 착수했다. 양양은 호북湖北 동북부에 있고 하남河南과 접경해 양자강 지류 한수漢水에 다가서 있는 요충지이며, 중국이 남북으로 나뉠 때에는 공격과 수비에서 모두 반드시 쟁취해야 할 땅으로 일컬어졌다.

이 양양 공방전은 6년간의 사투 끝에 송의 수장守將 여문환呂文煥의 항복으로 끝났으며, 송이 이곳에 투입한 거국적인 물자와 인력은 거품처럼 사라졌다. 난공불락이라 믿었던 제일선이 붕괴되자 몽골군은 노도와 같은 기세로 송의 내지로 밀려들어와 수도 임안의 전면에 들이닥쳤다.

당시 남송에서는 약체 천자 도종度宗이 죽고 아들 공종恭宗이 어린 나이로 즉위해 조모 사태후謝太后가 후견인이 되었는데, 여론은 재상 가사도의 전횡과 패전 책임을 탄핵해 마지않으니 가사도는 복건福建으로 유배된 다음 그곳에서 죽음을 당했다. 가사도는 원대에 나온 『송사宋史』에서 채경·진회·한탁주와 함께 「간신전奸臣傳」에 들어 있는데, 이 중에서 간신다운 것은 채경뿐이고, 다른 세 사람은 권신이라고는 할 수 있지만 간신은 아니다. 이로써도 『송사』를 물들이고 있는 도학 이데올로기가 얼마나 편파적인 것인지 알 수 있다. 왕안석마저 「간신전」에 넣어야 한다는 논의가 있었을 정도이다.

가사도가 추방된 후의 송 조정은 누구 한 사람 책임지는 자가 없고 다만 우왕좌왕할 뿐 대신들은 하나 둘 야반도주해버려 그 후임을 보충하면 그 또한 야반도주했다. 그런 상태에서 뜻밖의 젊은이들이 재상 자리에 부상해왔다. 문천상文天祥도 그 가운데 한 사람이다. 그는 후에 몽골 군영에 사절로 가서 억류되었다가 탈주해 강서江西로 들어가 근왕군勤王軍을 일으켰지만 패전해 포로가 되고 대도로 송치된 뒤에 죽음을 당한 것은 널리 알려진 대로이다.

섭정 사태후는 군신의 태도에 정나미가 떨어져 몽골군의 총지휘관 바얀(伯顔)의 진영 앞에 항복하기로 결심했다. 똑같은 수도의 항복이라도 남송의 경우는 북송 때와는 크게 달랐다. 송 정부의 부고府庫의 재물, 송의 황족과 대신들은 북방으로 호송되었는데, 이 대사건을 직접 목격하면서도 임안의 수도 인민은 철시하지 않고 평소대로 상거래를 계속했다고 기록되어 있다.

공종의 형제 제하帝昰·제병帝昺은 장세걸張世傑 등 군인들에게 옹립되어 해상으로 탈출해 잇달아 황제를 일컬으며 송의 부흥을 꾀했지만, 그 보람도 없이 광동廣東의 애산厓山 해상에서 최후의 잔존 세력이 전멸당했다. 수도가 함락되고 정권이 붕괴한 지 3년 뒤의 일이었다.

역사는 반복된다

송은 남송 150년, 북송과 합쳐 317년의 명맥을 보전했다. 송의 역사는 그 문화와 아울러 길이 후세의 모범을 드리웠다. 송대의 정치는 새로운 근세라는 사회에 대응해 종래와는 다른 새로운 양식을 산출해야 했다. 그래서 주자의 저서로서 송대 사람들의 전기집이라고도 해야 할 『송명신언행록宋名臣言行錄』은 후세의 중국 정치가들에게 처세의 지침을 주는 책으로서 애독되었다. 당 이전의 인물의 행동은 이미 근세인에게는 딱 들어맞지 않다. 송대의 인물이라면 청조 말경까지는 살아 있다 쳐도 이상하게 보이지 않는다. 역으로 청 말기의 증국번曾國藩 같은 인물은 그를 송대에 살게 하더라도 크게 위화감을 품지 않았을 것이다.

송대의 문화, 사회가 고도로 발달해 그 이후 오랫동안 비약적인 진보가 일어나지 않았던 것은 사실인 것 같다. 이 점을 특히 강조한 것은 나이토 코난인데, 더 나아가 유럽의 산업혁명 문화 이전까지가 송 문화 정도의 것이라고 파악하고 있다. 이미 문화의 진전이 제자리걸음을 하면 그 이후의 역사는 반복에 지나지 않는 것이다. 사실 송 이후의 역사에서는 반복 현상을 볼 수 있다.

송은 북방 민족과 대항하면서 독자적인 역사를 전개해왔지만 그동안에 사회 내부에 모순이 축적되어 노화 현상이 일어나자 곧 북방에서 요·금·몽골로 잇달아 일어나는 세력과의 경쟁에서 패해 나라가 멸망하고 몽골의 원 왕조 지배 시대를 맞이했다. 이 송에서 원까지를 한 주기로 한다면 이를 되풀이한 것이 다음의 명·청 두 왕조의 역사이다. 명은 중국인의 천하를 회복하고 송 왕조의 재현이라 자임했는데, 늘 북방의 타타르 민족과 항쟁을 계속했다. 그런데 명 왕조가 또 노화됨에 따라 타타르를 대신한 만주의 청 왕조의 공세를 버텨내지 못하고 맥없이 무너져 대청 제국의 동아시아 제패 시대를 맞이한다. 송·원을 중국 근세사의 제1라운드라고 한다면 명·청이 제2라운드이다.

이러한 입장에 서면 송의 되풀이가 명이고, 원을 반복한 것이 청이다. 다시 이 네 왕조가 모두 근세의 왕조라는 점에서 후속하는 세 왕조는 어딘가에서 송을 되풀이하고 있다는 느낌이 강하다. 역사란 것은 모든 각도에서 다시 보고 검토를 함으로써 이해를 심화시킬 수 있는 것이다. 이 같은 고찰을 할 때 근본적 표준이 되는 것은 송대의 역사이다. 내가 필요 이상이라 생각될지도 모를 정도로 많은 지면을 송대에 할애한 것은 이 같은 이유 때문이다.

3. 원

원대의 정치

원 왕조는 세조가 남송을 멸망시켜 천하를 통일한 다음부터 중국에 약 90년 동안 군림했는데, 다만 그 이전에 칭기즈칸이 몽골족을 통일한 이후 약 70년의 전사前史가 있다. 그러므로 세조는 결코 창업의 군주가 아니며 오히려 수성·확장 시기의 군주라고 해야 할 것이다. 다만 그는 몽골의 역사를 배후에 짊어지고서 금·남송 두 왕조가 멸망된 후의 사회 혼란을 정리해야 할 중국의 통일 군주로서의 역할을 인수하지 않으면 안 되었다.

우선 몽골 대한인 세조는 당연한 일이지만 칭기즈칸 이래의 정복의 추진자였다. 그리고 그 정복 방법 또한 칭기즈칸 이

래의 전술의 계승자였다. 그 정복 방식은 밀어내기 전법이라고
불러야 할 것이다.

칭기즈칸의 몽골 민족 통일은 실질적으로 무력 정복에 의한
통일이었다. 그런데 이 정복에 의해 생긴 통일된 몽골 민족의
힘으로 먼저 중국의 화북을 정복했다. 화북에는 중국인 이외에
북방에서 이주해 온 거란인·여진인이 다수 거주하고 있었는
데, 이들을 총칭해서 한인漢人이라고 했다. 세조는 다음에는 한
인을 이용해 남송을 공격해 멸망시켰다. 최후의 대규모 남벌의
총지휘관은 한인 사천택史天澤이 예정되었지만 갑작스러운 질
병 때문에 몽골인 바얀이 그를 대신했다. 애산厓山에서 송의 어
린 황제를 멸망시킨 원 나라 군대의 장수 장홍범張弘範도 한인
이었다. 이리하여 남송을 멸망시킨 후 그 옛 영토의 주민은 남
인南人이라 불렀다. 다음에 일본에 원정군을 보낼 때에는 남인
이 사용될 차례이다. 그때의 대장 여문환呂文煥, 범문호范文虎는
항복한 남인이었다.

같은 일은 고려高麗에 관해서도 말할 수 있다. 한반도의 왕씨
王氏 고려는 몽골 태종 때에 항복했지만 반항과 복속이 무상한
상태였으며, 24대 왕 원종元宗 때 내란[삼별초三別抄의 난]을 평정
하기 위해 몽골의 원조를 요청한 다음부터 완전한 속국이 되었
다. 다음의 충렬왕忠烈王 이후에는 역대 몽골로부터 왕비를 맞
아 내치·외교가 모두 몽골의 지도 아래 들어가 관리는 전부 몽
골풍으로 변발하고 혹은 몽골식 이름을 쓰는 자도 있었다. 고
대에 중국의 한사군이 설치된 시대는 별도로 하고 민족 국가가
성립된 중세 이래 이 시대만큼 한국이 외국화된 시기는 없었
다. 이 같은 상황이었으니 세조가 일본 원정을 할 때는 오로지

고려군을 동원해 진공하게 했다. 그러니까 제1차 원정(文永의 役, 1274) 당시는 아직 남송이 멸망되기 전이었으므로 원정군의 주력은 고려군이었으며, 다음 제2차 원정(弘安의 役, 1281)에서는 북로에서는 고려군, 남로에서는 남송의 투항 병사들이 밀려들었던 것이다.

당시의 호조(北條)씨 가마쿠라 막부가 세조가 권유한 조공을 거절한 것은 당연한 태도였다. 세조가 일본에 보낸 국서의 서식은 확실히 중국 황제의 것으로서는 비교적 정중히 쓴 셈이었다. 그렇지만 조공국이 되면 차츰 속국이 되고 속령屬領이 되는 것을 피할 수 없을 것이다. 그 가장 좋은 사례가 조선의 왕씨 고려였던 것이다.

다음에 몽골의 대한 쿠빌라이는 중국 황제의 후계자로서 금의 옛 영토인 한인의 거주지 화북과 자신이 이번에 정복한 남송의 옛 영토를 한 덩어리로 뭉친 새로운 중화제국을 만들어내야 했다.

종래 화북에서 세습적 봉건 세력을 구축하고 있던 한인 군벌들은 헌종의 즉위 이래 차츰 궤멸되어 갔으므로 중국 전토를 획일화된 정치로 조직하는 것은 그리 어려운 일은 아니었다. 하지만 원 조정의 지방 정치는 역시 전대와는 다른 점이 있으니 그것은 그 행성行省 제도에서 볼 수 있다. 종래의 황제 정치에서는 중앙정부 하에 지방 아문衙門이 예속되는 형식으로 양자는 명칭이 전혀 다른 것이었다. 그런데 원대에는 중앙에 중서성中書省이 있어 황하 이북의 광대한 영역을 직할하고, 그 외의 10개소에 중앙과 완전히 같은 행중서성行中書省을 두어 중앙과 필적할 정도의 광대한 지역을 지배했다. 行은 출장소란 의미이며, 행중서성을 줄여서 행성行省, 더욱 간단히 성省이라 하고 그것이 동시에 그 지방행정 구분의 이름으로도 되었다. 이것이 현재까지 계속되고 있는 성 이름의 유래이다. 원대의 행성 이름으로 현재까지 남아 있는 것은 하남河南·섬서陜西·감숙甘肅·강서江西·사천四川·운남雲南의 6성인데, 대개 현재의 각 성보다도 넓고 그중에는 두 배 정도 되는 것도 있다.

수도의 중서성과 지방의 행성은 물론 권한이 같은 것은 아닌데, 그것은 중서성은 천자에 직속해 천자로부터 결재를 받는 것이 가능했기 때문이다. 지방의 중요한 안건은 말단의 현縣에서 주州로, 주에서 부府로, 부에서 로路로, 로에서 행성으로, 행성에서 중서성으로 문서를 제출하고, 최후에 중서성이 천자의 성지聖旨를 얻어 그것을 역순으로 지방 말단에까지 보낸다. 이 천자의 성지는 먼저 천자가 몽골어로 말하고 이를 직역체의 한문으로 번역해 하달했던 것이다. 이 기묘한 문체의 한역 성지는 오늘날에도 『원전장元典章』 등의 법률서 속에 보이며 학자들에게 적절한 연구 주제를 제공하고 있다.

얼핏 생각하면 소박한 몽골 민족의 중국 지배는 행정이 간소화되고 전통적인 번쇄한 절차가 없어졌을 것으로 상상할 수 있을지 모르지만 그것은 큰 오산이다. 원대만큼 관청 간의 문서 왕복이 번잡하고 시간의 허비를 고려하지 않았던 시대는 없다. 그것은 원 정부가 장기간에 걸쳐 과거를 시행하지 않아 진사를 채용하지 않고 주로 관청에서 실무 수련을 밟아 올라간 서리를 그대로 관원으로 등용했기 때문이다. 진사는 무용한 학문을 공부했다고는 하나 그런대로 엘리트 의식에 뒷받침되어 개인적인 결단력을 갖고 있지만, 단순히 경험뿐인 실무가 출신의 서

리는 책임지는 것을 두려워해 결단을 회피하고 문서를 남발해
오직 상사의 의향을 엿보는 것으로 시종일관하는 것이었다.[75]

원대의 사회

원대에는 몽골인·한인·남인 이외에 색목인色目人이라 불리
는 집단이 있었다. 이는 위구르인 등 서역에서 도래한 잡다한
민족의 총칭이므로 제색목인諸色目人, 즉 여러 종류의 인간이라
이름 짓고, 줄여서 색목인이라 한 것이다. 그들 중 다수는 상인
으로 일찍부터 몽골의 황실과 왕공들에 아첨해 몽골인의 경제
관념이 발달하지 않은 것에 편승해서 계산에 밝은 그 독특한
재능을 이용해 회계 고문으로 등용되고, 금·은·재보를 맡아
그 이자를 불려 자신도 막대한 이익을 얻으면서 예금주에게 이
식利殖을 지불했던 것이다. 몽골이 서쪽을 향해 대정복을 한 것
은 그때의 막대한 약탈품을 그들에게 예탁할 기회를 부여하게
되므로, 그들 색목인이 가장 환영하는 것이었다. 그러므로 몽골
의 서정西征은 실은 그들의 지도를 받은 결과라고도 할 수 있는
것이다.

몽골의 군주에게는 정복해서 얻은 영토 또한 약탈품의 일종
이며 이를 개인적인 이식에 이용해도 무방한 것이었다. 인민이
납입하는 조세는 국가의 경비라기보다도 군주 개인에 대한 공
납貢納으로 간주되었다. 그래서 세조는 영토·인민으로부터 가
능한 한 많은 수입을 올리기 위해 페르시아인 아흐마드(阿合馬)
를 기용해 정부의 재정 담당관인 제국용사사制國用司使로 임명

하고 조세 청부를 맡겼다. 괴로운 것은 천하의 인민이니 개인 야심가를 위해 중세가 부과되는 운명에 떨어졌던 것이다. 과연 이에 대해서는 정부의 중국계 관리가 반대하고 아흐마드의 전횡을 증오해 조정에서 그를 격살했다(1282). 다음에 기용된 위구르인 상가桑哥는 평장정사平章政事라는 재상직에 임명되어 자주 증세를 해서 천하 인민의 원망의 표적이 되었는데, 최후에는 그 부정이 탄핵되어 그 일당과 함께 사형을 당했다(1291). 이들 색목인의 등용에 의해 원대의 조세 제도는 현저히 서방적인 색채를 띠고 여태까지 토지 재산을 주된 대상으로 과세해왔던 것을 고쳐 호戶·인두人頭 수에 따라 할당하는 것을 위주로 하는 것 외에 은과 생사生絲를 징수하는 등 새로운 방법이 채용되었다. 하지만 남송을 병합한 뒤에는 군사비의 지출도 감소되고 새 영지의 인민이 소요를 일으키는 것을 꺼려 강남에는 종래대로 양세법兩稅法을 시행해 변동이 없었다.

그래서 화북과 강남에서는 같은 중국인의 거주지이면서도 세법이 다르다는 기괴한 현상이 생겼지만, 변함없는 것은 교초交鈔라는 지폐를 사용하는 화폐 정책이었다. 송대에는 지폐가 아직 보조화폐였지만, 원대에는 지폐가 오히려 본위화폐로 사용되고 기타 은괴나 동전은 보조적인 지위밖에 인정되지 않았다. 따라서 송대에 그토록 다량으로 주조된 동전은 원대에 들어서는 극히 단기간에 겨우 몇 종류의 연호를 주조해 넣은 동전밖에는 발행되지 않았다.

지폐를 본위화폐로 삼으면서도 이상하게도 원대 초기에는 인민이 인플레이션과 그로 인한 물가 등귀에 시달린 일이 적었다. 그것은 정부가 지폐를 발행함과 동시에 그것을 회수하는

데 노력했기 때문이다. 그렇다면 인민의 생활이 송대에 비해 넉넉했던가 하면 결코 그렇다고 할 수는 없다. 그것은 지폐를 회수하기 위하여 소금을 중심으로 무거운 세금을 부과했기 때문이다. 이래서는 화폐가 안정되어 있더라도 아무 효과도 없다. 언제나 궁핍한 사람들의 생활은 힘들었던 것이다.

원대 사회에 유일한 도움이 된 것은 대제국의 출현에 의해 종래의 국경이 철폐되고 광범위한 시장이 누구에게나 개방된 것이다. 시장의 확대에 의해 원거리 상업이 용이해지고, 상업의 융성은 결과적으로 호경기를 가져왔다. 베네치아의 상인 마르코 폴로가 이른바 실크로드를 따라 중국에 들어와 대도大都에서 세조를 알현하고 남으로 내려가 천주泉州로부터 해로로 페르시아 만을 통해 귀국했다. 비록 그사이에 공무용 여행이 끼었다 하더라도 이 같은 대여행에는 막대한 비용이 필요하다. 실은 그가 출발할 때 비용 전액을 자기가 부담한 것은 아니고 도착한 곳에서 상품을 사서는 다음 장소에서 팔면서 빈틈없이 상거래를 하면서 다녔을 것임에 틀림없을 것이다. 상품 가격의 지역 차는 예부터 일정해서 변함이 없는데, 예컨대 황금은 서쪽으로 갈수록 비싸지는 데 반해 서아시아의 공예품은 동쪽으로 오면 올수록 비싸게 팔린다. 다만 도자기 같은 것은 송 이후 중국에서 사방을 향해 수출되었다. 은의 가치는 시대에 따라 다른데, 예전부터 중국은 은 수입국으로 알려졌지만 원대에 교초가 사용되자 악화가 양화를 구축한다는 원칙 그대로 은괴는 서방을 향해 유출되었다. 또 북송 시대에 주조된 거액의 동전은 이미 당시부터 일본과 남양南洋 여러 나라에 유출되고 있었는데, 남송 시대에도 유출이 계속되고 특히 원대에 심했던 것으

로 생각된다.[76]

　바로 최근인 1976년의 일인데 한국의 목포木浦 근처 신안新安 앞바다에 중국의 해양선이 침몰되어 있음을 알고 선체·하물의 인양이 시작되어 1977년 7월까지 도자기를 주로 한 유물 6,700여 점과 함께 동전이 10만 매 정도 발견되었다. 그 동전 중 다수는 송대의 것이지만 가장 뒤의 것은 원 무종武宗 재위 기간 (1308~1311)에 주조된 지대통보至大通寶인 점에서 볼 때 이 중국의 배는 아마 당시로서는 가장 잘 팔리는 상품을 적재하고 일본으로 향하던 도중에 이곳에서 침몰했을 것으로 추측되고 있다. 따라서 이 동전도 만일 배가 침몰하지 않았더라면 아마 일본에 도착해 금이나 은과 교환하기 위해 일본에 양륙되었을 것이 틀림없다. 사실 일본 각지에서 송대의 동전을 위주로 원·명의 것을 포함한 다수의 동전이 발굴되었다는 보고는 자주 접하는 것이다.

정복 왕조

　세조 쿠빌라이는 중국인 사이에서는 너그럽고 중후한 인군仁君으로 기억되는 것 같다. 그러나 그의 재위 35년간의 정치는 모순투성이였다. 이는 그가 몽골의 대한과 중국 원조元朝의 황제라는 성격이 완전히 다른 두 가지 역을 한 몸으로 연출해야만 했던 필연적 결과이기도 하다

　원조에 앞선 요·금 2대의 정복 왕조도 이 점에서는 마찬가지였다. 처음으로 중국 내에 영토를 갖고 중국인을 지배해야만

했던 요 왕조는 이중체제의 국가를 창시해, 북방 민족에 대해서는 북면관北面官을 설치해 전통적인 관습법에 의해 지배하게 하고, 따로 남면관南面官을 설치해 중국적 법제로써 중국인을 통치하게 했다. 이 양자를 통일하는 것이 거란의 칸인 요 황제였다. 하지만 요 시대에는 중국적 요소가 비교적 적고 실질적으로는 최후까지 대거란 칸국이었다.

요의 뒤를 이어받은 여진 민족의 금 왕조는 요와는 반비례로 영토로나 인구로나 중국적 요소가 결정적인 위치를 차지했다. 그러므로 그 군주는 여진의 대大 보기레(勃極烈, 금의 관명으로 각 관官의 수장)란 성질보다도 중국적 금 왕조의 황제란 성격이 강했다. 동시에 여진 민족 자체의 한화漢化가 두드러졌다. 그래서 금이 몽골의 공격을 받아 멸망할 때의 상황은 순수 중국 왕조의 최후를 떠올리게 하는 듯 애수에 찬 것이었다.

그런데 원의 경우는 어느 면도 다 극히 강렬했던 것이 그 특징이었다. 우선 몽골의 대한으로서는 그 본부를 이루는 동아시아 직할령의 외부에 북쪽으로 북아시아로부터 중앙아시아, 서아시아에 걸치는 동족의 4개 한국 위에 서는 종주宗主의 지위에 있다. 특히 세조는 개인으로서도 몽골식의 정복을 계속할 임무를 다해 남송을 멸해 중국을 통일한 데다가 다시 일본, 자바에까지 원정군을 보냈다. 이 군사비를 조달하기 위해 예상대로 역시 색목인을 시켜 중국 내지에 미증유의 큰 증세를 시행해 가렴주구를 일삼아야만 했던 것이다.

세조는 몽골의 여러 군주들 중에서는 중국 문화에 대해 가장 깊은 이해를 보였다고 일컬어진다. 중국인을 등용해 특히 유사儒士, 즉 유교를 익힌 교양인을 우대했으므로 비로소 남방의 도학이 화북에도 들어와 성행하게 되었다. 몽골인의 생각에 의하면 유교는 종교의 일종이어서 유교를 배우는 유호儒戶는 도교의 선생先生, 불교의 화상和尚, 기독교 선교사인 엘리카온(也里可溫) 등과 동렬에 두어져 요역을 면제받을 수 있음과 아울러 그 도의 수행에 정진해야 할 자로 규정되어 있었다. 따라서 세조가 한인 허형許衡이나 남인 조맹부趙孟頫를 중용했다고 해도 그것은 중국인을 회유한다는 목적이 표면화되어 있어서 결코 자신이 유교에 공명했던 터는 아니었다. 그러므로 중국 교양인이 열망한 과거의 재개도 실현되지 않았고 또 중국 관리가 자주 요청한 율령의 편찬도 결국은 실행에 옮겨지지 않았다. 다만 세조는 재판의 기준이 되는 법칙을 보여준 『지원조격至元條格』을 선포해 그 시정 방침을 밝혔다. 그러나 이것은 너무나 단순한 규칙이었기 때문에 실제로는 이것으로는 불충분했으며, 그 후의 구체적인 판례를 쌓아 관습법 예규집을 집대성해가지 않으면 안 되었다. 다만 원대가 법제상으로 전대의 송보다도 우월했던 점은 법규 또는 판례를 공간公刊하는 것을 허가한 것이다. 송대의 천자가 스스로 의식한 형태의 독재제 하에서는 법제는 통치자 측에만 있어야 하며, 일반 서민은 다만 예로부터의 도덕률에 따라 생활하면 되고 이 도덕률을 범해서 그 범위 밖으로 나간 행위에 대해서는 통치자 측의 관리가 이를 처벌하는 것이 덕치주의 정치라고 생각되고 있었다. 그래서 송대에 성립된 정령집政令集이라 해야 할 편칙編勅은 물론 전대의 당률唐律마저도 간행이 금지되고 있었다. 민은 따르게 해야 할 자들로 이들에게 법률을 알게 할 때에는 민은 어떻게 그 법망을 빠져나가야 할까 하는 간계를 짜내는 까닭에 도리어 풍속 교화에 악영향을 끼치게 될 것이라는 우려에 근거한 것이다. 그런데 원대에 법률을 공개해 인민에게 지켜야 할 행동 기준을 보여준 것은 매우 진보적인 사상이었으니 혹시 이것도 서방 문화의 영향은 아닐까 생각된다.

정책이란 입장을 떠나 세조 및 일반 몽골인의 마음을 매혹한 것은 티베트에서 행해진 불교의 일종인 라마교였다. 세조는 즉위 전에 형 헌종의 명을 받아 사천으로부터 티베트로 들어갔으며, 라마 파스파(八思巴)를 만나 그 설을 듣고 그 후 그를 제사帝師로 존봉해 천하의 승려를 통할하게 했다. 세조가 라마교의 심오한 교의를 어디까지 이해할 수 있었는지는 의문인데, 일반 몽골인들에게 이해된 라마교는 오히려 그 세속적 응용의 면이었고, 특히 그 음미淫靡한 향락성에 매혹된 부분이 많았을 것으로 생각된다. 당시 티베트에서 유행한 것은 이른바 홍교紅敎 라마이며, 몽골 왕공과 결합했기 때문에 한층 더 타락하게 되고 중국에서도 인민을 괴롭히는 일이 많았다. 다만 라마교 사원이 널리 몽골 각지에 건립되고 그 국교처럼 된 것은 훨씬 후세의 일에 속한다.

여러 한국의 반란

원 세조가 중국의 황제가 될 수 있었던 것은 몽골의 역사를 그 배경에 갖고 있었기 때문이기는 하지만 이것은 세조에게 늘 유리하게만 작동했다고 할 수는 없다. 왜냐하면 그는 동시에 몽골의 대한이었기 때문에 몽골 민족 간의 내분에 휘말려들어 중국 지배에 전념해 평화를 향유하는 원조의 황제일 수만은 없었기 때문이다.

몽골 대한에 종속된 서방의 4개 한국 중에서 세조에 대해 가장 불만이었던 것은 태종의 후예인 우구데이한국이었다. 그 초대인 우구데이는 칭기즈칸의 셋째 아들이며 수도 카라코룸 서쪽에 인접한 척박한 땅 알타이 지방을 봉지로 받는 데 그쳤다. 그러나 그는 부친의 사후 대한으로서 만주, 내·외몽골, 중국 화북 지방을 지배했으므로 장형의 후예인 킵차크한국, 둘째 형의 차가다이한국에 대해 별로 열등감을 느끼지 않았다. 그런데 그 아들 정종 구육의 사후 쿠릴타이에서 대한의 자리를 헌종 계통에 빼앗기고 우구데이한국은 추운 불모지인 벌판이 많은 본령지에만 한정되어 다른 3개 한국에 비해 가장 초라한 지위로 떨어져버렸다. 예상대로 우구데이한국의 각 왕은 이때의 쿠릴타이를 거부했지만 헌종 편의 무력에 압도되어 굴복할 수밖에 없었다. 헌종의 사후 그 두 사람의 아우, 쿠빌라이와 아릭부케가 서로 독자적 쿠릴타이를 열어 세력 다툼을 하는 계제가 되자 형세는 또 변화했다. 우구데이한국의 왕들은 처음에는 아릭부케를 편들어 세조와 싸웠지만 그 아릭부케 자신은 전쟁에 패하자 곧 전의를 상실해 형의 진영 앞에 항복했다. 그러나 수습되지 않은 것은 의기 높은 혈통적 자존심을 가진 우구데이 칸 일족이었다.

우구데이한국의 중심인물은 정종의 조카인 카이두(海都)였는데, 그는 세조가 남송과 항쟁 중인 틈을 타 차가다이 칸, 킵차크 칸을 자기편으로 끌어들여 이들 세력을 규합해 쿠릴타이를 열고 몽골 대한에 추대되어 공공연히 세조에게 도전적인 태세로 나왔다. 세조는 이들 적대 세력의 침구侵寇에 시달리다 남송이 멸망하기를 기다려 당시의 총수 바얀에게 명해서 군을 돌려 카이두를 토벌하게 했다. 우구데이한국의 군대는 송군과는 달리 몽골 민족 중에서도 가장 원시적인 상태에 머물러 있었던 유목 부대였으므로 이 전쟁은 매우 치열했지만, 바얀은 그 임무를 잘 감당해 몇 번이나 아군의 위기를 구하고 마침내 카이두로 하여금 뜻을 이룰 수 없게 했다. 하지만 이 내란은 전후 거의 40년에 이를 정도여서 몽골 대제국 전체를 약체화시켰으며 그 활동을 저해하는 결과를 초래했다. 최후의 장면에 와서는 우선 원조 측에서는 세조와 바얀이 잇달아 사망하고 손자 성종成宗이 제위를 이었다. 한편 카이두도 그 2년 뒤에 사망하면서 세 한국의 연합이 해체되고, 곧 차가다이한국이 우구데이한국을 쳐서 이를 병합한 다음에 원조와 화해했다. 이로써 내전이 종식된 것이다(1304).

원 왕조의 중국화

몽골 민족 간의 구제도에서는 주권자인 대한은 유력한 왕공의 집회인 쿠릴타이에서 합의한 다음에 추대되어야 하는 것이며, 어떠한 군주도 후계자 지명권을 갖지 못했다. 다만 쿠릴타이는 합의라고는 해도 그 대세의 향방을 사전에 미리 알 수 있으므로 거기에 갖가지 음모를 꾸밀 수 있는 여지가 있었다. 실제 쿠빌라이 같은 이도 정규의 쿠릴타이가 열리면 아우 아릭부케가 지명될 듯한 추세를 헤아릴 수 있었으므로 자기편 왕공만을 소집한 소小 쿠릴타이를 개최해 형식을 갖추고 대한을 자칭했으며, 다음에 이를 중국에 적용해 황제라 일컬었던 것이다. 그러므로 본래 황제의 지위는 대한 자리의 그림자와 같은 것이었다. 그런데 세조는 이 황제 제도를 기준으로 하여 거기서부터 대한 자리에 관한 새 해석을 가하고자 했다. 그중 첫 번째로 착수한 것이 적자 친김(眞金)을 황태자로 삼은 것이다. 중국의 황제라면 태자를 세우는 것이 상례이지만 몽골의 대한에는 태자에 해당하는 것이 없다. 아마 세조의 진의는 자기의 사후 태자가 당연히 황제가 되고 황제 자리에는 필연적으로 대한의 지위가 부수되는 것이라고 예정했을 것이다. 그렇다면 이는 몽골 전통의 파괴이며 중국 것으로 몽골을 개변시킨 셈이다. 이는 몽골인 사이에서 엄청난 반감을 사지 않을 수 없다. 서방의 세 한국의 반란, 이에 대한 세조 측 내부에서의 호응은 세조의 이같은 중국화라고 볼 수 있는 편의적 정책이 그 원인이 되었음은 의심할 나위 없다.

그런데 세조의 태자 친김은 세조보다 먼저 병사했다. 이 태자는 부친보다도 중국 문화를 더 잘 이해하고 유교 신료의 말을 듣고 따랐으므로 중국인들에게 전도가 촉망된 지식인이었다. 그렇지만 이 사람도 태자라는 지위가 정해지자 일찍이도 중국식 붕당의 화를 입어 만년에는 부친 세조와의 불화가 소문으로 나돌았다. 그러자 세조는 태자의 사후 다시금 태자를 세우는 일은 단념했던 듯하다. 태자의 셋째 아들, 나중의 성종成宗에게 희망을 걸었지만 그를 황태손으로 세우지는 않았다. 다만 태자의 인印을 받아 북변의 군대를 감독했다고 하는데, 이는 태자 책립冊立의 선언은 아니고 단순히 측근들에게 그 의향을 비친 데 지나지 않은 듯하다. 그러니 세조가 사망한 뒤 성종이 즉위한 것은 첫째로 대신 바얀의 결단에 의한 것이었다. 바얀은 여러 신하들 사이의 이론異論을 일축하고 먼저 성종을 즉위시킨 뒤 제왕諸王, 종친, 문무백관을 조근朝覲시켰다. 이미 쿠릴타이를 열 필요도 없이 중국식 군신의 관계가 처음부터 정해져버린 것이다. 그렇지만 몽골인 간에 전해지는 군주 공선公選의 전통[공선 대상은 칭기즈칸의 자손에 한정]은 뿌리 깊은 면이 있어서 이후에 황위 계승 때마다 분규가 일어나는 것을 피할 수 없었다.

성종이 재위 13년으로 죽은 후 약 25년간(1308~32)은 제위 계승을 둘러싸고 미증유의 혼란이 계속된 시대였다. 몽골적인 전통이 상실되고 게다가 중국적인 전통이 아직 정착되지 않았다고 하면 뒤에 남는 것은 실력과 모략에 의한 권력투쟁밖에 없다. 송 앞의 오대의 분쟁 시대조차 이렇게 혹심한 혼란은 일어나지 않았다.

성종은 조부 세조를 본떠 태자를 세웠지만 운이 나쁜 것도 세조와 비슷해 이 독자인 태자는 성종보다 먼저 사망하고 게다가 아들도 없었다. 두 달 뒤에 성종이 사망한 다음에는 한차례 소동을 면치 못했다. 대신들은 세조의 아들로서 성종의 숙부에 해당되는 안서왕安西王을 세우려고 도모했지만 이것은 세대가 소급하는 역연逆緣에 해당된다. 성종의 근친 비속卑屬으로서는 형의 아들 카이샨(海山) 등이 있었다. 이 카이샨이 아우 부얀투와 함께 무력으로 수도에 들어와 반대파를 죽이고 즉위했는데, 그가 무종武宗이다. 무종은 아우를 태자로 세웠는데, 무종이 죽고 그가 즉위하니 즉 인종仁宗이다.

인종의 정치

인종의 재위 9년간(1312~20)은 그 전후의 혼란기 사이에 유일한 예외적 안정기였다. 무종·인종 형제는 비교적 중국 문화에 대한 이해가 있었고 유신儒臣의 말을 잘 채용했다고 할 수 있다. 그중에서 중국의 문화인들을 가장 기쁘게 한 것은 남송 멸망 이래 오랫동안 폐지 상태였던 과거제의 부활이 이루어진 것이다.

그렇지만 이때의 과거 내용을 검토하면 이것이 한마디로 중국 전통을 존중했기 때문이라고만은 낙관할 수 없는 대목이 있다. 진사 급제 인원이 1과科에 100명인데 그 가운데 몽골인·색목인·한인·남인이 각각 25명씩으로 되어 있다. 형식적으로는 과연 평등해 보이지만 인구와 지식 정도를 고려에 넣으면 이만큼 불공평한 것은 없다. 이 무렵의 한인과 남인을 합친 중국인의 총 인구 수는 한 통계에 따르면 약 1300만 호, 5880만 구로 되어 있는데, 중국에 이주한 몽골인의 수는 약 40만 호로 추정된다. 색목인의 수는 분명하지 않지만 몽골인보다 많았을 리는 없다. 이 숫자의 배분을 보는 한 당시의 원 정부는 중국인 진사를 요구하는 것 이상으로 몽골인과 색목인 진사를 필요로 했음이 틀림없는 것이다. 왜냐하면 원대의 관제에서는 전체 관청의 장상관長上官으로 두어진 다루가치(達魯花赤)에는 몽골인 혹은 색목인을 임명하도록 규정된 데 반해 한인·남인은 주로 하급 관료로 임용되었으며, 또 당시의 몽골인은 자존심이 극히 강해서 한어·한문을 배우는 자가 적어 관청의 장관이 되어 중국인 관계의 안건을 처리할 수 있는 인재는 매우 적었기 때문이다. 그리고 몽골인·색목인이어야만 하는 관직의 수로 말하면 50명이란 수는 상당한 것이지만 만일 이것을 중국인의 입장에서 말한다면 일찍이 송대에는 1과에 500명, 때로는 900명이나 진사를 급제시킨 것을 생각할 때 50명이란 숫자는 말할 거리도 안 된다. 이렇게 생각해가면 과거 재개의 의미는 중국 문화에 정통한 관리를 구함으로써 몽골인에게 한학 공부를 장려함에 있으며, 그러니 그 채점은 극히 유리해 도저히 예전의 중국 진사에 비할 것이 못 되었다. 그리고 몽골인 진사를 급제시킬 때 이에 따른 단순한 부록으로서 같은 수의 중국인 진사를 채용한 것에 지나지 않는다는 것이 진상이다. 그럼에도 오랫동안 열망했던 과거 재개의 염원이 이루어진 것은 중국 독서인을 미칠 듯 기뻐하게 만들기에 충분했다. 그래서 중국의 사가들은 이 인종을 보기 드문 명군이라고 찬사를 아끼지 않는데, 실제로 인종은 술을 즐기는 폭주가로서 조정에 나와 정무를 보는 것조차 싫어한 게으름뱅이였다. 다만 인종은 몽골의 군주에게 흔했던 시비를 분별할 줄 모르는 난폭자는 아니었던 것 같다.

천자 개인을 떠나 인종 시대는 역시 하나의 전환기였다. 그것은 세조 이래의 몽골인의 중국 지배 실적이 이 무렵이 되면 자연히 퇴적되어 하나의 유형을 만들어냈던 것이다. 원 왕조는 세조의 『지원조격』 이래 근본적인 법전을 완성한 적이 없었지만 정치에는 무언가 의거해야 할 법전이 필요했다. 그래서 각 관아는 각기 자기의 직무상 필요한 선례가 되는 문서를 보존하고 이를 지침으로 해서 정무를 처리해왔는데, 그것이 인종의 치세가 끝날 무렵에 와서 점차 정리된 것이다. 송대 이래 강서江西란 곳은 인민 사이에 법률 사상이 왕성한 지방이었는데,

인종의 치세가 끝나고 다음에 즉위한 영종英宗의 연우延祐 7년 (1320)에 강서 관아에서 편찬 간행된 것이 『대원성정국조전장大元聖政國朝典章』 60권이며, 줄여서 『원전장元典章』이라 불린다. 그 2년 뒤에 『지치이년신집조례至治二年新集條例』가 부록으로 추가 되었다. 당대와 같은 율령격식律令格式의 편찬이 없고 또 송대처 럼 편칙編勅의 집대성도 행해지지 않았던 원대에 설령 그것이 정부의 명령에 의한 공식 법전은 아니고 한 관청의 사적인 작 성에 의한 것이라 해도 중국식과 몽골식이 뒤섞인 많은 분량의 관습법 기록의 집성은 법제 사료로서 매우 진귀하고 소중한 자 료이다.

제위 계승의 내분

무종이 인종을 황태자로 세워 그에게 양위한 것은 문제를 남 겼다. 이럴 때 언제나 분쟁이 일어나는 것은 그다음에 다시 제 위를 형의 아들에게 양도해야 할지 혹은 자기 아들에게 전해 야 할지에 관해 천자도 망설이고 대신들의 의견도 둘로 나눠지 기 때문이다. 이 경우 인종은 형의 아들을 제쳐두고 자기 아들 영종에게 제위를 전했는데, 이것이 죽은 형의 유지에 어긋난 행위인 것은 명백하다. 영종은 조신들 간에 이론이 많고 자기 의 지위가 불안한 것에 의구심을 품고 오로지 불사佛事를 거행 해 현실로부터 도피하고자 했다. 그러나 한편 이 때문에 조정 의 재정이 곤란에 빠지고 재해가 일어나 인민은 기아에 시달렸 다. 대신들은 황제의 인망이 없음을 보고 당파를 만들어 황제를 죽이고 태정제泰定帝를 옹립했다. 태정제는 세조의 태자로 요절한 친김의 적손嫡孫에 해당되므로 중국식으로 말하면 제위 계승권을 주장할 만한 가장 유력한 지위에 있었다. 그러나 천자 4대 동안에 신하의 지위에 있었고 정권으로부터도 소원해져 있었으므로 조신들과 친숙하지 않고 대신들 중에는 이전의 무종의 자손인 여러 왕들에게 호의를 품는 자가 적지 않았다.

태정제가 재위 4년으로 죽고(1328) 9세의 태자가 즉위하니 그가 천순제天順帝인데, 과연 신하들 사이에 동요가 일어나고 이 틈을 타 무종의 아들 툭 테무르(圖帖睦爾)가 기병해 대도에 들어가니 천순제는 도망쳐 행방을 알 수 없게 되었다. 태정제, 천순제 두 황제는 사후에도 제사를 받지 못하고 묘호가 추증된 적도 없으므로 편의상 당시의 연호에 따라 불린다. 그러나 실은 천순제는 9월에 즉위했으나 그 위령은 수도 밖에서는 행해지지 않았고 10월에는 일찌감치 실각했으므로 천순이란 연호는 거의 실시되지 않았던 것이다.

대도에 들어간 툭 테무르는 스스로 제위에 오르려 하지 않고 형을 맞아 천자로 옹립했으니 그가 명종明宗이다. 명종은 천순제의 존재를 무시하고 동년 9월에 연호를 고쳐 천력天曆 원년으로 했는데 이것은 혁명의 형식이다. 그런데 이 명종은 자신의 즉위에 공이 있었던 아우 툭 테무르를 태자로 세웠지만 기묘한 것은 이듬해에 이 태자를 불러서 만난 뒤에 급사했다. 사서史書에 갑자기 붕어崩御했다고 기록되어 있는 것은 언제나 시역弑逆을 당했을 경우의 서술 방식이다.

이 태자가 즉위한 것이 문종文宗이다. 그는 일찍이 영명하다는 칭찬을 받고 태정제의 눈총을 받아 변방을 전전하며 이봉

移封되더니 최후에는 종적을 감추고 외몽골 사막에 숨어 있었다. 태정제의 사망을 알고 군을 일으켜 대신 엘 테무르(燕帖木兒)의 영접을 받고 대도에 입성했다. 사람들은 그가 제위에 오를 것으로 기대했지만 그는 굳이 사양하고 형 명종에게 양보했다. 그의 형제는 단 둘뿐이므로 모두 그 겸허함을 찬양했다. 그런데 명종이 이상한 변사를 당했으므로 당연한 결과로서 자신이 제위에 오른 것이다.

그런데 중망을 업고 즉위한 문종도 막상 천자가 되어서는 천하의 기대에 부응하지 못했다. 문종은 라마승을 존숭해 티베트로부터 제사帝師를 부르고 대신 이하 관리들로 하여금 교외까지 출영하게 했다. 그러자 유교 측도 이에 편승해서 공자의 부모와 안회顔回 · 증삼曾參으로부터 이정자二程子(정호 · 정이)에 이르기까지 각각 왕 또는 공의 봉작을 추증하도록 운동했지만 이 대항전은 실질적으로는 유교 측의 패배였다. 이후에도 라마교의 세력은 더욱더 증대한 것에 반해 유교는 위축되어 부진했기 때문이다.

순제의 즉위

문종이 재위 3년으로 죽고 후사가 어렸으므로 다시금 황위 계승이 문제가 되었다. 대신들이 명종의 둘째 아들 영종寧宗을 세웠는데 재위 겨우 2개월로 죽었다. 그래서 형인 순제順帝를 세웠는데, 그가 원朝에서 세조로부터 헤아려 11대째, 왕조 최후의 천자이다. 순제는 재위 35년에 걸쳐(1333~67) 장기간이란 점에서는 세조를 능가하지만, 단순히 기간만 길 뿐 조금도 돋보이지 않는 기간이었다.

무릇 순제가 형이면서 아우 영종 다음에 즉위한 것은 그 모친이 몽골이 아닌 이민족 출신이며 부친 명종이 사막에 있었을 때 결혼해 둔 아들이었기 때문에 명종한테도 냉대를 받았으며, 그다음 숙부 문종 시대에는 고려로 추방되기도 해서 황자다운 대우를 받지 못했기 때문이다. 아우 영종이 죽자 달리 근친이 없었기 때문에 역순의 계승이지만 그 뒤를 이어 천자가 되었다. 즉위 초에 조정에는 대신 엘 테무르가 정권을 장악해 천자·왕공을 무시하고 전횡을 다해 뇌물을 탐하고 사치에 탐닉했는데 주색에 빠진 응보로 곧 병사했다. 그러나 순제는 아직 나이 겨우 14세이므로 이 기회에 정권을 장악해 독재군주가 될 수는 없었다. 그뿐만 아니라 순제 자신이 즉위한 사정이 오래 영향을 미쳐 그 치세의 결함이 되고 황제의 지위를 약체화시키는 원인이 되었다. 그렇게 된 이유로는 순제의 즉위 때 가장 유력한 후원자였던 게 숙부 문종의 황후로서 당시에는 황태후였는데, 우선 순제를 세우고 그다음에는 문종의 아들 엘 테구즈(燕帖古思)에게 제위를 전하고자 하여 대신들이 입회한 자리에서 서약을 하게 되었던 것이다. 그래서 엘 테구즈를 세워 태자로 삼았는데, 순제가 21세가 되었을 때 태자를 옹립해 쿠데타를 하려는 군사 변란이 일어나자 이 기회에 순제는 문종의 황후인 황태후를 폐위하고 태자를 고려로 추방해 도중에 그를 살해했다. 다시 문종에 대해서도 그가 신하와 함께 명종을 시해한 죄악을 폭로해 문종이라는 묘호를 박탈한다는 이상한 조치를 했다. 이것은 너무나도 각박한 처사라 하여 조신 간에도 이론이 높았음은 당연하다.

엘 테무르는 그 전권 시대에 그 아들 탈라카이(塔剌海)를 문종의 양자로 삼고 또 딸을 순제의 황후로 세우니, 탈라카이의 형 탄치시(唐其勢)가 부친 사후에도 권세를 휘두르고 있었다. 순제는 엘 테무르 일족의 전횡을 못마땅하게 여겨 바얀(伯顔)을 기용해 태사太師 우승상右丞相으로 삼아 그에게 정치를 일임했다. 몽골의 제도에서는 중국과 반대로 우가 좌보다 높아 우승상은 문자 그대로 재상의 최우익인 것이다. 이에 대해 엘 테무르의 자손이 불만을 품어 탄치시는 쿠데타를 꾀해 바얀을 배제하고 천자를 폐립하려 했지만 도리어 바얀의 반격을 받아 포살되었다. 그 아우 탈라카이는 황후의 무릎 아래로 달아나 숨었지만 끌려나와 참살당해 피가 황후의 옷을 물들였다. 바얀이 나아가 황후를 잡으려 하니 황후는 순제에게 구원을 요청했지만 순제는 태연히 황후를 궁중에서 내쫓아 사형에 처하게 했다(1335).

이로써 바얀의 권력은 점점 더 커졌으며, 그해 11월에 와서 지원至元 원년이라 개원했다. 지원은 세조의 치세 31년간 계속된 연호이다. 한 왕조에서 같은 연호를 두 번 되풀이하는 것은 예전에 일찍이 없었던 일인데, 이것은 순제의 시대도 세조를 닮아 재위 기간이 장구할 것을 기원하는 의미였다고 한다. 그러나 설령 연호는 같더라도 세조 때는 원 왕조가 해가 떠오르는 기세였을 때이며, 순제 때는 원 왕조가 쇠망에 임박한 낙조의 운명에 있었다. 순제의 지원 연호는 겨우 6년 지속되었을 뿐인데, 같은 지원 연호가 앞뒤로 있는 것은 역사를 기술하는 데는 몹시 성가신 일이다. 그래서 순제의 지원을 후지원後至元이라 불러 앞의 지원과 구별하는 것이 관례이다.

바얀은 국수주의자로서 인종 때 모처럼 재개된 과거를 폐지해 중국인 사이의 평판을 한층 악화시켰다. 폐지한 이유를 보면, 부분적이라도 과거를 재개한 본래의 취지는 이로써 몽골인의 향학 풍조를 장려하고 중국의 전통에 이해가 있는 몽골 정치가를 육성해 등용하는 것이었는데, 그런 예상이 싹 빗나가 과거에 응하는 것은 중국인뿐이고 각별히 따분한 학문 따위는 하지 않아도 충분히 입신출세의 길이 열려 있는 몽골인은 자진해서 과거에 접근하려 하지 않았기 때문이다.

바얀은 아우의 아들 톡토(脫脫)를 양자로 삼고 숙위병宿衛兵을 맡겨 자기 세력 부식을 위한 도구로 삼았는데, 톡토는 일찍부터 중국 고전의 학문을 익혀 그 사우師友에 중국인이 많았다. 바얀의 전횡이 너무나 심해지는 것을 보고 자신에게 누가 미칠 것을 두려워해 천자와 모의해 바얀을 사로잡아 영남嶺南으로 유배를 보냈는데 바얀은 도중에 병사했다.

바얀이 실각해 죽고 톡토가 정국을 담당하게 되자 지금까지의 정치 방침이 바뀌며 연호도 지원을 폐지하고 지정至正이라 했다(1341). 일단 폐지가 선언된 과거도 부활시켜 황제의 치세가 끝나기까지 계속되었다. 이 톡토의 이름은 중국의 전통적 정사 중 『요사遼史』, 『금사金史』, 『송사宋史』 3사의 총재관總裁官으로서 각 사서의 권두에 나열되어 있다. 3사의 편찬은 세조 때부터 준비되고 있었지만 그 의례義例를 어떻게 해야 할지 의견이 통합되지 않아 착수가 지연되고 있었는데, 이때에 이르러 톡토를 국사원國史院 도총재都總裁로, 구양현歐陽玄 등을 총재관으로 임명해 수사修史 작업을 발족시켰던 것이다. 그런데 이르게 문제가 된 것은 으레 정통론이었으니, 중국인의 의견은 다수가 송을 정통으로 삼고 요·금을 그 속의 재기載記(어떤 왕조 시대에 지방에 할거해 있던 정권에 관한 역사 기술)로 넣어 『진서晉書』와 같은 체재로 해야 한다고 주장했다. 하지만 몽골인은 이에 동의할 수 없었다. 요의 건국은 송보다도 시대가 앞서며, 또 남송은 금에 대해 신하의 예를 취하고 있으므로 한마디로 송을 정통으로 인정하기는 곤란하다는 것이니, 이는 확실히 조리가 서는 의론이다. 혹은 요와 금을 통합해 북사北史라 하고 북송을 송사로, 남방으로 도강한 이후를 남송사로 하려는 논의도 나왔지만, 결국 현재와 같이 요·금·송을 각각 1사로 하여 서로 독립적 성격을 인정한 것은 가장 이치에 합당한 것이라 하겠다. 하지만 그래서는 동시에 두 명의 황제가 공존한 것을 인정하는 결과가 되어, 정통론이 어딘가 매몰되어 버리므로 중국인 사이에서는 불만이 남았던 것 같다.

그러나 순제로부터 정치를 일임받은 톡토도 순제의 개인적 생활까지 바로잡을 수는 없었다. 순제는 선대의 여러 군주보다 더 라마교를 신봉했다. 이 경우의 라마교는 명백히 음사淫祠·사교邪教인 라마교였다. 순제가 티베트의 라마승에게서 받은 비밀의 법이란 것은 실은 방중술房中術이었으며, 궁중에 이들 명승이나 불법을 깨우친 고승들을 모아 남녀가 알몸으로 법열法悅에 잠겼다고 한다. 이들 라마승이 티베트와 대도(북경) 사이를 왕래할 때는 연도의 인민으로부터 노동력, 물자, 가옥을 징발하고 더욱이 이에 반항해 서방의 승려(티베트 불교 승려)를 구타하는 자는 그 손을 자르고, 욕하는 자는 그 혀를 자르는 극형을 내렸다. 원의 천하는 반은 승려로 인해 멸망했다는 말까지 있었다.

반란이 크게 일어나다

이 같은 상태였으므로 원의 지배에 대한 중국인의 반감도 강해서 순제가 즉위한 지 15년 무렵부터 양자강 유역 각지에서 반란이 일어났다. 이 반란은 매우 뿌리 깊은 것으로 한 곳의 반란이 진정되면 곧 딴 곳에서 또 반란이 일어나는 식이니, 이것은 왕조의 말기적 증상에 다름없다. 더욱이 그것이 몽골인들에게 가장 경시된 이른바 남인의 거주지인 양자강 유역에서부터 일어난 것이 이 시기의 특징이었다.

이런 위험한 때에 하필 불운하게도 황하의 대범람이 일어났다(1351). 당시의 황하는 송의 수도였던 개봉부開封府 부근에서부터 남방으로 향해 대운하와 거의 평행선을 그으며 회수淮水로 유입되어 함께 바다로 들어갔다. 그래서 황하가 범람하면 대운하의 수로가 휘말려들어 뒤죽박죽이 되어 버린다. 대운하가 기능을 잃게 되면 화북에서는 식량이 부족해서 정부뿐 아니라 민간까지도 대공황에 빠지는 것이다.

그래서 황하의 물길을 개수改修해 제방과 제방 사이의 고정된 수로에 강물이 흐르도록 해야만 하는데, 이를 위해서는 무엇보다도 노동력이 필요하다. 때마침 당시는 경제적으로 불경기여서 실업자가 많으므로 노동자는 당장이라도 얼마든지 모집할 수 있었다. 하지만 그러한 때이면 공사가 끝난 뒤 그들을 해산시켰을 때의 뒤처리가 더욱더 두려운 것이다. 무리를 모으기는 쉽고 해산시키기는 어렵다는 것이 중국의 예부터의 교훈이다. 중국의 내란은 이른바 농민 봉기에 딱 들어맞는 것은 적고 대체로는 실업자의 반란인 것이다. 그래서 가뜩이나 실업자가 많아 위험을 느끼고 있는 때에 다수의 노동자를 모으고 그들을 해산시킬 때 어떻게 손을 쓸까 하는 것이 당시 정치가의 걱정거리였다. 하지만 대수재를 그대로 방치하면 어떻게 될 것인가 하면 그 결말도 굶주린 백성이 일제히 봉기하는 것임을 우선 쉽게 생각할 수 있다. 그래서 대신 톡토가 이렇게 최종 결단을 내렸다.

역役은 크게 일으키지 않으면 해를 그치게 할 수 없다.

이것은 조운사漕運使 가로賈魯가 건의한 결론인데, 톡토는 이를 그대로 채용하고 가로에게 하도河道 수리 공사를 일임했다. 가로는 황하 남북의 병사와 인민 17만 명을 사역시켜 5개월의 돌관공사로 훌륭히 황하의 강물을 수로에 수용했다. 가로는 기술자로서는 유능한 관리였고 이 시기의 계획도 아주 합리적이었으므로, 이때 고정된 하도가 후세에 오랫동안 가로하賈魯河라고 불렸다.

그러나 공사 완성 후의 노동자의 해산, 그로부터 일어나는 실업 문제는 기술자인 가로에게는 힘에 부치는 정치 문제였다. 함께 일했던 노동자 무리들은 해산 후에도 서로 연락을 취하며 직업을 찾는 것이 당연한 경향이며, 정규 직업이 없으면 암거래, 비밀결사 일당으로 빠져드는 것도 피하기 어려운 형세이다. 그렇게 되면 곧 다음 단계는 공공연한 반란이다.

그렇지만 반란은 좀 더 이전부터 이미 일어나고 있었다. 그중 나중에까지 계속되어 커다란 세력으로 성장한 것만 들어도 절강浙江 대주臺州의 방국진方國珍, 하남河南 영주潁州의 유복통劉福通, 호북湖北 나전羅田의 서수휘徐壽輝 등이 있었다. 방국진은 해운업자라는 신분을 이용해 사염私鹽 판매로 이익을 올리고 있었

는데, 관헌의 추포追捕를 받자 반항해 반란을 일으키고 해적이
되었다. 원대에는 수도가 대도大都, 즉 지금의 북경에 있었으므
로 강남의 곡물을 가져오는 데 대운하를 사용하면 너무나 도정
이 길어지므로, 해운도 이용해 양자강 하구로부터 바다로 나와
산동 반도를 우회해서 백하구白河口에 도착했다. 그래서 방국진
이 해상에서 날뛰자 이 해상 조운漕運도 영향을 받았으므로 정
부는 여러 각도로 타협을 꾀했지만 그때마다 방국진 쪽의 세력
이 강화될 뿐이었다.

하남 유복통의 반란은 황하의 범람 및 그 수복 공사 때 사람
들이 집결하면서 갑자기 세력이 확대되었다. 그는 한산동韓山童
이란 자를 받들어 송 휘종徽宗의 8세손이라 사칭하고 원을 대신
해 중국의 군주여야 한다고 선전했다. 이 한산동은 백련회白蓮會
라는 비밀결사의 회주會主로 조부 이래 미륵불彌勒佛 하생下生의
예언을 하며 민중을 속여왔는데, 유복통과 함께 거병해서 홍건
적紅巾賊이라 일컬어졌다. 한산동은 얼마 못 가 정부군의 토벌
로 체포됐는데, 그 아들 한림아韓林兒는 도망쳐 유복통과 행동을
함께하고 뒤늦게 일어난 여러 반란군들의 정신적 지주로서 존
봉尊奉을 받았다. 후에 명明의 태조太祖가 되는 주원장朱元璋 등도
그 초기에는 한림아가 대송大宋 황제임을 인정해 그에게 신하로
복속하고 부원수로 임명되었던 적이 있었다.

주원장은 처음에 회수에 연한 호주濠州에서 거병한 곽자흥郭
子興의 부하로 반란군에 투신했다. 이 곽자흥은 한림아를 받들
고 그의 비호를 구해 일어난 군적群賊의 하나였으며 주원장을
아껴 그 양녀를 아내로 맞게 했다. 그녀가 후일의 마황후馬皇后
이며 이슬람교도가 아니었던가 생각되는데, 현명하고 덕이 있

492

어 내조의 공을 찬양받았다. 곽자흥은 오로지 주원장의 활동에 의해 차츰 군웅 가운데서 두각을 나타내기 시작했지만 얼마 못 가 병사하고, 그의 부하는 주원장의 지휘 하에 들어갔다. 주원 장은 한림아 등 홍건군이 함께할 만하지 못하다는 것을 깨닫고 이탈해 새로운 세력을 열기로 마음먹고 남으로 향해 양자강을 건너 남조南朝의 옛 도읍이던 남경을 공략해 이곳을 근거지로 삼았다.

주원장이 태어난 호주는 회수 바로 남쪽에 있는데, 회수는 역사적으로 남북의 경계선이다 이 강을 경계로 하여 자연 환경 도, 농작물도, 경제 상태도, 인정 풍속도 단번에 변해버린다. 하 지만 이 경계선 상에서 자란 사람은 그 양자의 성질을 겸비하 고 있으므로, 이는 당시와 같은 난세에 활동하는 데는 큰 장점 이 된다. 왜냐하면 거기서부터 북상하든 남하하든 간에 어느 지방에서도 위화감이 적기 때문이다.

주원장이 남하해 강남에 근거지를 구축한 데 반해 그의 종 주宗主였던 한림아는 북으로 향해 유복통과 함께 하남에 들어 가 송의 옛 도읍 개봉을 함락시키고 이곳을 수도로 삼았다. 그 별장 모귀毛貴는 산동에 들어가 제남齊南을 함락시켜 일시 북벌 군의 위세가 크게 떨쳤지만, 곧 모귀는 자중지란으로 피살되고 한림아도 원 정부의 토벌을 받아 개봉에서 축출되었다. 유복통 은 한림아를 받들어 남으로 도주해 회수를 건너 안휘安徽의 안 풍安豊에 머물렀는데, 소주蘇州에 근거를 마련하고 주왕周王이라 자처하던 장사성張士誠의 부장에 의해 공격을 받아 피살되었다. 한림아 자신은 주원장에게 원조를 요청해 구출되었지만 곧 죽 음을 당했다. 송 황제를 참칭한 지 12년 만에 멸망했다.

한림아의 세력이 성대할 때에는 이에 향응하는 자가 화북 중원을 뒤덮어 원의 상도上都(현재의 내몽골 자치구 시링골맹盟 다륜현多倫縣)를 점령해 궁전을 불태우고 고려의 국경까지 소란에 휘말려들었다. 이때의 형세를 본 자는 북방으로 향한 것이 한림아에게 대성공이었다고 생각했을지도 모른다. 그러나 한림아의 부하는 군기가 없고 약탈과 살인을 제멋대로 하여 민심을 잃고 곧 토붕와해土崩瓦解되기에 이르렀다. 이에 대하여 쇠퇴했다고는 하지만 원 정부의 정규군은 아직 상당한 전력을 갖고 있어 오합의 무리에 불과한 반란군과 정면으로 충돌하면 많은 경우 정부군이 승리를 거두었다. 다만 전쟁에는 이겨도 반란을 철저하게 평정할 만한 힘은 갖고 있지 못했다. 왕조의 말기적 증상은 군대의 힘으로 치유할 수 없을 정도로 악화되어 있었던 것이다.

주원장이 원 정부군과의 충돌을 되도록 피하고자 남으로 향해 양자강을 건넌 것은 역시 현명한 계책이라고 할 만했다. 만일 고대나 중세라면 강남에 근거지를 갖는 것은 할거적 세력을 유지할 뿐인 퇴영적 대책이었겠지만 근세에 오면 형세가 다른 것이다. 그러므로 비록 한림아가 화북에서 원군과의 전쟁에서 이겨 뜻을 얻었다 해도 막상 그 뒤에 필연적으로 일어나는 것은 식량 보급 문제이다. 남방에서 곡물 보급을 받지 않으면 화북의 정권 유지는 어렵다. 이 원리는 원 왕조라 해도 피할 수 없다. 양자강 유역이 분리 독립해버리면 몽골 조정은 화북에 머무를 수 없게 되는 것이다.

한림아·유복통의 군대에 최후의 일격을 가한 주왕 장사성의 전신은 으레 그렇듯이 사염 밀매업자였다. 소금의 최대 집산지인 양주揚州에 가까운 태주泰州 사람으로 아우 셋과 함께 배를 타고 소금을 널리 팔았다. 대주의 방국진도 그렇고 이 장사성도 중국 반란 지도자의 대표적인 유형이라 할 수 있다. 일본 학자들은 농민반란을 좋아해 무엇이든 농민으로 처리해버리고 싶어 하는데, 내가 언제나 의아하게 생각하는 것은 그 농민이란 지주일까 소작인일까라는 것이다. 지주 연합의 반란이라면 농민운동이라고는 말할 수 있을 것 같지도 않고, 소작인이라면 교제 범위가 좁아서 큰 소동이 되기는 어려운 것이다. 반란에 성공하기 위해서는 사전에 광범위한 연락이 이루어져야만 하며, 이를 위해서는 교통망을 이용하는 착상이 불가결하다. 운반 수단을 가지면서 사염 밀매의 비밀결사를 조직하고 있는 것이 반란에 가장 적합한 지반이 되는 것이다.

장사성은 당시 봉기한 군웅 중에서는 희귀하다 해도 좋을 문화인이었다. 소주를 도읍으로 삼고 강소성에서 절강성에 걸치는 지역을 영토로 했는데, 이곳은 당시의 중국에서 가장 생산성이 높은 풍요한 지방이었다. 처음 국호를 주周라 부르고 나중에는 오吳라 고쳐 왕호王號를 일컬었다. 원 정부는 장사성의 출현에 의해 식량이 전혀 북상하지 않게 되었으므로 크게 고통을 받아 여러 차례 타협을 꾀했지만 성공하지 못했다. 장사성의 오는 풍요롭고 또 비교적 평화로웠기 때문에 많은 문화인이 피난해 이주해 왔고, 장사성은 이들을 매우 우대했다. 그러나 너무 부유한 것이 오히려 장사성에게 진취적 기상을 잃게 했다. 그는 국경을 닫고 안도하며 사치와 일락에 탐닉하는 동안에 외부의 군웅들이 서로 사투를 되풀이해 커다란 형세의 변화가 일어나고 있는 것도 깨닫지 못해 결국 서쪽에 이웃한 주원장에게 병탄되고 말았던 것이다.

주원장의 활동

남경의 주원장은 양자강 상의 전략적 요지인 남경을 확보했으나 동쪽으로는 장사성이 있고 서쪽으로는 진우량陳友諒이 있어 어느 쪽도 상대로서 방심하지 못할 강적이었다. 진우량은 무한武漢 부근 양자강의 어부의 아들이었다 하니 『수호전水滸傳』의 장횡張橫·이준李俊 같은 무리일 것이다. 부근의 나전羅田에서 일어난 홍건적의 일파 서수휘를 따라 각지를 전전하며 노략질하고 다니는 가운데 강서江西의 강주江州를 함락시켜 근거지로 삼았으며, 곧 서수휘를 죽이고 그를 대신해 황제라 자칭하며 국호를 한漢이라고 불렀다.

주원장은 이 두 세력의 중간에 끼어 쌍방으로부터 압박을 받고 있었는데, 그는 장사성이 현상에 안주해 진취적 야심이 없는 것을 간파하고 공손한 언사로 우호 관계를 맺었다. 혹은 신臣이라 자처하며 그 정삭正朔을 받든 것은 아닌가 라는 생각이 드는 구절이 있다. 이리하여 장사성을 안심시키고 서쪽으로 향해 진우량과 쟁패했으며, 병선을 이끌고 양자강을 거슬러 올라 진우량의 함대를 패주시키고 그 근거지 강주를 공략했다. 싸움에 패해 일단 무한으로 패주한 진우량은 다시 세력을 만회해 내습하니, 양군이 파양호鄱陽湖에서 결전을 벌여 진우량의 군대는 화공을 받아 그 전선이 불타고 수뇌부는 모조리 전사해 대패배로 끝났다. 그 잔존 세력도 이듬해에는 모두 평정되어 양자강 연안의 군웅 가운데 한漢이 먼저 멸망했다(1364).

이듬해 주원장은 동으로 향해 장사성과 싸웠는데, 이때는 진우량을 칠 때처럼 단기 결전을 할 수는 없었다. 장사성 측은 재력을 다해 견고하게 성읍의 방비를 굳건히 하고 있었기 때문이다. 주원장의 군은 먼저 남북의 국경 외변에 침입해 차츰 포위망을 좁혀 최후에 고립된 소주를 향해 사방으로 육박했는데, 포위 공격 10개월 만에 결국 함락시키고 장사성을 생포해 돌아왔다. 장사성은 소주에 웅거한 지 12년 만에 멸망했다.

이리하여 주원장의 세력은 양자강 중하류 평야를 뒤덮고 중요한 경제 거점은 모조리 그 안에 포함되었다. 절강의 방국진은 토벌을 받아 항복하고, 사천四川에 의거한 하夏의 명옥진明玉珍은 이미 사망하고 유약한 아들 명승明昇이 위를 이었으므로 이는 이미 문젯거리도 안 되었다. 그래서 지금까지 장사성과 겨루며 똑같이 오왕吳王이라 일컫고 있던 주원장은 이에 군신群臣의 추대를 받아 황제로 즉위해 국호를 대명大明이라 하고 연호를 홍무洪武라 개원했다. 좌승상에는 이선장李善長, 우승상에는 서달徐達이 임명되었다. 이선장은 실무가로 재정·법률에도 능통해서 한漢의 소하蕭何·조참曹參과 같은 존재이고, 서달은 유능한 장군으로 한으로 말하자면 결국 한신韓信이다. 그래서 서달을 총지휘관으로 삼고 크게 북벌군을 일으켜 도중에 원군을 격파하고 대도를 공략했다(1368). 중국사에서 중세 이래 남방에 근거지를 두고 북벌에 성공한 예는 명이 시초이며, 그다음은 국민정부國民政府의 장제스蔣介石이다.

원의 순제가 대도(북경)에서 상도로 도주하자 명군이 다시 추격해 상도를 함락시키고 사방에 군을 파견해 화북을 평정했으니, 순제는 외몽골의 근거지인 카라코룸으로 달아나 2년 뒤 병사했다. 태자가 즉위해 제위를 지키고 연호를 고쳐 선광宣光이라 일컬었지만 이미 중국의 지배자로서의 실질은 완전히 상실하고 세조 이전의 사막의 유목 국가로 되돌아갔다. 순제가 대도 함락으로 쫓겨난 이후의 원 왕조를 역사상에서는 북원北元이라고 부르는 것이 보통이다.

원 왕조의 약점

파죽의 기세로 유라시아를 정복해 공전空前의 대제국을 건설한 몽골 민족도 세조 쿠빌라이가 원조의 황제로서 남송을 멸망시켜 중국을 통일한 뒤 93년으로 지배가 끝났다. 근세의 왕조로서는 비교적 짧은 편이며, 결국 이는 원이 중국 통치에 실패했음을 이야기해준다. 그 무력이 강대했던 만큼 아쉬운 마음도 드는데, 실은 너무 지나치게 무력이 강했던 것이 중국 통치에 실패한 원인이 되었다고도 할 수 있다.

몽골인은 그 민족적 자각이 몹시 강해서 몽골 지상주의라고 할 수 있는 신조를 갖고 있었다. 특히 정치상으로는 책임 있는 장상관長上官이나 다루가치(達魯花赤)의 지위는 거의 몽골인이 독점하고 색목인이 이를 보좌했으며, 한인과 남인은 낮은 지위에 억눌려 있었다. 주권자가 되어 중국을 지배하는 데도 종래의 중국 사상의 전통에 대한 고려가 적었다. 천자란 천하 인민의 이익을 위해 존재한다는 중국적 이념을 끝내 이해할 수 없었다.

몽골인은 처음에 유목 생활을 할 만큼 충분한 짐승 떼를 소유할 수가 없어서 수렵으로 생계를 꾸리고 있었던 듯하다. 그 때문에 그들이 정복에 의해 대제국을 건설하고서도 그 정치는 수렵인의 논리였다. 즉 정복한 토지도 인민도 수렵에 의한 노획물에 지나지 않았다. 바꿔 말하면 토지와 인민은 정복자의 사유물이었던 것이다. 그러므로 문제는 이를 어떻게 소유자에게 유리하게 운영하는가에 있다. 피정복자는 물건과 같아서 아무런 발언권도 갖지 못한다. 따라서 그 정치가 극히 참담하고 가혹해지는 것은 피할 수 없었다.

그들의 주권자는 유력한 왕공들의 집회인 쿠릴타이에 의해 추대된다고 해도 거기에는 하나의 제한이 있었다. 위대한 정복자가 나타나면 새 군주는 그 혈통 중에서 선출하지 않으면 안 되는 것이다. 칭기즈칸은 위대한 정복자였기 때문에 이후 몽골 민족 간에 부족의 칸(汗)이 되는 자는 반드시 그 자손 중에서 뽑히는 것이 필요해지고 이 규칙은 최근까지도 이어졌다고 한다. 이는 칭기즈칸의 영토는 칭기즈칸의 사유물이 되었다는 논리에 기초한다. 마찬가지로 세조가 원 제국을 세우자 제위 계승 때 끊임없이 분규가 일어났지만 황제로 선출되어야 할 후보자는 늘 세조의 자손에서 나왔다. 이는 세조가 대정복에 의해 원 제국을 세웠으므로 원 제국은 세조의 사유물이니 그 자손이 상속해야 하며, 타인이 그 소유권을 침해해서는 안 된다는 도의가 존재했기 때문이다. 그리고 이 소유권을 주장하고 소유물을 지키기 위해 가차 없는 투쟁이 되풀이된다. 이런 종류의 정권 밑에서 인민을 위한 정치 따위는 기대할 수 있을 리가 없다. 몽골의 중국 지배 성적은 최악이었다.

4. 명

송과 명

명의 역사는 그 이전, 특히 송의 역사가 되풀이되는 부분이
많다. 자연의 지리 환경이 그다지 변화하지 않고, 문화면에서도
송대에 너무 지나치게 진보한 결과 그 뒤에는 바로 이렇다 할
정도의 혁명적 진보가 없는 이상 역사가 반복되고 마는 것은
오히려 당연한 결과라고 할 수 있을지도 모른다. 종래 명의 역
사가 전혀 재미없는 것처럼 생각되어 온 것은 이 점을 간과했
기 때문이며, 그것을 인지하고 난 다음에 읽으면 그 나름으로
재미가 있는 것이다. 왜냐하면 무대 운용은 대체로 같더라도
배우가 다르면 연기도 달라진다. 설령 명의 역사가 송의 역사
를 본보기로 해서 그대로 본뜬 것이라 하더라도 그 완성된 결

과는 모양도 틀리고 음색도 달라서 역시 독립된 한 왕조의 역사인 것이다.

명이 송의 되풀이라는 것에 관해서는 창립자인 태조도 내심으로 그렇게 자각하고 있었던 듯한 구절이 있다. 태조가 예상한 명 제국은 송과 같은 민족국가이기 때문에 이민족이 거주하는 식민지는 오히려 무거운 짐이 되니 불필요했다. 그리고 단일 민족국가이기 때문에 한 걸음 더 나아가 쇄국주의가 생겼다. 중국은 땅이 넓고 문화가 우월하므로 생활에 필요한 어떤 물자도 산출되지 않는 것이 없다. 그런데 사방의 이민족은 토지의 기운이 편벽되어 있고 문화생활을 위한 필수적인 물자 중에 없는 것이 많았다. 이들 물자는 중국에서 구하지 않을 수 없으므로 중국으로서는 이를 무역품으로서 주는 데 인색하지 않지만 다만 그때에는 하나의 조건이 있다. 외국에 필요한 물자는 중국인에게도 필요한 물자이므로 이를 입수하고자 하는 외국 군주는 무역을 허가하는 중국 황제의 관대한 자비심에 깊이 감사하고 조공국이 되어 공순하게 신하의 예를 취하며 그 인민을 훈계해 중국의 국경을 소란하게 하지 않도록 단속해야 한다는 것이다. 이 조공무역朝貢貿易 제도는 송대에서 연원한다고 볼 수 있는데, 당시에는 아직 그만큼 명확한 국시國是가 되어 있지 않았으므로, 명대에 와서부터 창안된 것이라고 할 수 있다.[77]

명 태조는 유교 신료 유기劉基·송염宋濂 등을 고문으로 기용했지만 그 지위는 극히 낮은 것이었다. 유신보다는 실무관을, 실무관보다는 무인을 중시하는 것이 태조의 방침이었다. 유신인 유기는 후세에야 마치 태조의 주석柱石이 된 신하로 중용되었던 것처럼 역사에도 기록되어 있지만, 건국 초기 그의 봉록俸

祿은 한 해 240석石이었으며, 이에 비해 실무가로 대신들 중 최상위의 좌승상 이선장은 4천 석, 위계는 그보다 못한 차석인 우승상 서달은 군인이기 때문에 5천 석이었다. 유기는 실은 그다지 쓸모없는 서생 취급을 받았던 터인데, 사실 이는 송 태조가 그 재상 조보趙普에게 "너희 서생 무리(書生輩)"라고 말한 선례를 따를 속셈이었는지도 모른다. 하지만 송의 조보 편이 훨씬 후한 대우를 받고 있다. 그리고 명 태조가 무를 숭상하고 문을 경시하는 태도는 부지불식간에 원대의 습관을 이어받은 것이었다.

몽골의 지배가 90여 년 계속되는 동안에 중국인의 심리 또한 심각한 영향을 받았다. 순사殉死를 중시하는 습속이 명대 초기에 일반적으로 행해진 것도 몽골에서 받은 영향임에 틀림없다. 이는 요컨대 생명 경시의 관념이 그 밑바탕에 있는 것이다. 그로부터 명대의 정치에 매우 바람직하지 못한 현상이 나타났는데, 그것은 천자가 이유도 없이 간단하게 대신들을 죽이는 공포정치이다. 이것은 송대 사람들에게는 생각도 못할 이변異變으로서 송 태조는 뇌물죄(贓罪) 이외에는 결코 사대부를 죽이지 않기로 맹세했다고 하며, 사죄死罪에 해당되는 자라도 영남嶺南의 기후가 나쁜 땅으로 유배시켜 고통을 주는 데 그치는 것이 보통이었다. 하지만 명대에는 대신·관료들이 살해되는 일이 드물지 않았다. 그리고 이를 시작한 자가 태조였다.

태조의 정치

명 태조가 송대 이래 중국에 확립된 군주독재제를 답습한 것은 당연하다. 그런데 창업의 군주에게는 천하 통일 후 독재를 행하려 할 때 가장 방해가 되는 것은 지금까지 행동을 함께해 온 개국공신이다. 군웅과 대치해 임기응변의 조치를 요할 때에는 부하 중신들에게 대담하게 자유재량권을 부여하지 않으면 안 된다. 그러한 관습은 한번 성립되면 갑자기 바꾸기는 어려우며, 수성의 시기로 들어간 뒤에도 표면적으로는 천자의 존엄을 인지하면서도 실제로는 종래의 타성에 떠밀려 행동하기 쉽다. 이래서는 황제 제도가 아니라도 독재 체제 하에서는 형세가 일단 안정되었다고 생각하면 곧 피의 숙청이 벌어지는 것을 피하기 어려운 것이다.[78]

태조의 재상으로는 최초에 이선장이 기용되고 그 후임을 왕광양王廣洋이 이어받았는데, 왕광양이 죄를 얻어 쫓겨나 죽임을 당한 뒤에 호유용胡惟庸이 뒤를 이었다. 그런데 이 호유용이 승상의 지위를 이용해 당파를 결성하고 개인적 애증으로 인사의 진퇴를 행하고 있다는 비난이 일어나고, 다시 이로 인해 천자의 의심을 받자 좌천될 것을 두려워해서 선수를 써서 천자를 암살하려 한다는 소문이 났다. 그래서 혹독한 심문이 이뤄지고 호유용의 죄상이 판명된 터인데, 그 가운데 그가 일본과 통모해 태조의 정부를 전복하려 했다는 따위는 아무래도 신용하기 어렵다. 그리고 보면 그의 죄상에는 무엇 하나 물적 증거가 없고 여러 사람의 자백에만 의거해 얻은 결론인 것이다. 그러나 이것은 지금으로부터 6백 년 정도나 전의 이야기로 현재의 문명국에서도 마찬가지 일이 행해지기도 한다는 것을 생각하면 특별히 이상할 것까지는 없다. 다만 놀랄 만한 것은 이 의옥疑獄에 의해 생긴 희생자 수가 막대하다는 것이다. 이 호유용의 당이 되어 역모에 가담했다고 인정되어 사형에 처해진 자는 가족으로 연좌된 자를 포함해 1만 5천 명을 넘었다고 한다(1380). 게다가 이 사건은 한 번의 처분으로 끝나지 않고 잇따라 꼬리를 물고 이 당에 가담했다는 지적을 받아 사형을 당하는 자가 줄을 지었다. 이 사건은 정월에 일어났는데 그해 가을에 와서 이번에는 유신 송염의 손자 송신宋愼이 호유용의 당으로 고발되어 72세의 몸으로 사형 선고를 받았지만 마황후의 필사적 주선으로 겨우 목숨만 건져 사천으로 유배를 가던 도중에 죽었다.

더욱 심한 것은 그로부터 8년이 지나 이미 퇴직해 있던 전 승상 이선장이 역시 호유용의 당이었다는 판정을 받아 77세의 노신이 자살의 명을 받고 일족 70여 명이 연좌되어 죽음을 당했다. 그 밖에도 이름난 다수의 공신들과 그 가족이 연루되어 피살된 자가 또다시 1만 수천 명에까지 미쳤다고 한다.

마지막의 가장 혹심한 학살은 장군 남옥藍玉의 옥獄이다. 그는 서달 다음가는 신진의 무장으로 여러 차례 원정군을 지휘해 사천四川·운남雲南의 평정에 공을 세웠고 또 원군과 싸워 무훈을 세웠다. 서달의 사후 명군의 중심적 인물의 지위를 차지하게 되자 곧이어 전횡의 행동이 있으므로 그에게 모반의 뜻이 있다고 고발하는 자가 있었는데, 태조는 이를 기화로 남옥 및 그 당파로 지목된 자들을 가족을 포함해 2만여 명을 주륙했다(1393). 이 거듭되는 숙청으로 인해 태조를 도와 명 왕조의 기초를 구축한 문무 대관들이 거의 일소되어 버렸다. 태조는 이때 나이 66세였는데, 당시의 평균 연령으로는 보기 드문 장수라고 해도 좋을 것이다. 이와 아울러 그의 정신력은 이미 쇠퇴해서 자기에 대한 자신감을 유지하지 못하는 것과 반비례해 시의심만 강해지고, 일단 자기 자손의 장래의 일을 생각하면 유력자 전부가 제위를 노리는 방심하지 못할 강적으로 보이게 되었다. 편집광이 되어 사람을 죽이기 시작하자 태조는 더 한층 자신을 제어할 수 없게 된 것 같다. 말하자면 중국의 스탈린이었다.

이처럼 태조가 고독감에 휩싸이게 된 데에는 우선 55세 때 조강지처였던 마황후를 잃고 다음에는 황태자가 먼저 죽은 것도 함께 작용했다. 그래서 태자의 적자를 황태손으로 세웠지만 이때 그는 아직 16세로 당시 65세의 태조가 보기에는 아무래도 미덥지 않은 미성년자였을 터이다. 그래서 태조는 이 연약한 황제 후계자를 위한 번병藩屛으로서, 앞서 자신이 아들들을 각지에 대거 분봉分封해 둔 번왕藩王들, 즉 황태손에게는 숙부가 되는 여러 왕들의 협력에 큰 기대를 걸었던 것이다.

태조는 재위 31년, 71세로 황태손의 장래의 운명을 염려하며 고독 속에서 병사했다(1398). 그 연호는 시종 홍무洪武로 하고 연호를 바꾸는 개원改元은 하지 않으니, 이후 중국에서는 1세世 1원元의 관습이 확립된다. 그래서 천자를 부르는 데도 종래의 시호諡號·묘호廟號 대신 연호로 부르게 되었다. 천자의 시호는 고대에는 극히 간단한 미칭美稱 한두 자로 끝냈는데, 후세에 그것이 차츰 길어져서 명 태조는 21자를 중첩시키게까지 되었으므로 신하로서는 이를 생략해 불러서는 실례가 아니라고 할 수 없다. 묘호는 늘 한 글자이지만 각 왕조 모두 묘호로 쓰는 글자는 대개 고정되어서 태조·태종·인종이란 명칭이 자주 나오므로 앞 왕조와 헷갈리게 된다. 그래서 연호에 의해, 예컨대 홍무제洪武帝와 같이 부르면 이것은 정식 명칭은 아니지만 일목요연하여 착오나 혼동을 할 우려가 없이 해결되니 매우 편리한 것이다.

비운의 천자 건문제

태조가 죽고 황태손 건문제建文帝가 즉위했을 때 그의 나이는 22세였다. 그러나 이를 보좌하는 대신으로 제태齊泰·황자징黃子澄 등 경험 없는 논객에 불과한 자가 많아 외부에서 보아도 매우 불안한 진용이었다. 태조가 승상 호유용을 숙청한 다음부터 정부에 승상을 두지 않고 천자 스스로 승상의 일을 겸하여 직접 6부를 지휘하게 되었다. 이는 태조와 같은 경험자로서 완강한 심신을 가져야 비로소 가능한 것으로 약체인 건문제한테는 짐이 지나치게 무거웠다. 게다가 새 황제는 총명하고 독서를 좋아하는 미덕이 있었으나 다른 한편으로는 유약하고 결단력이 결여되어 있었다. 그는 조신들 중에서 제태 등을 골라 고문으로 삼았는데, 그들은 현실보다도 이론을 중시하는 서생書生 기질이 다 빠지지는 않아서 그것이 국가 기반을 동요시키는 심각한 재앙을 초래하는 원인이 되었다.

전한前漢은 고조가 일족을 대거 제후왕으로 봉한 뒤 오吳·초楚 7국의 반란이 일어나 이를 평정하고 비로소 전국 통일의 내실을 거두었음은 역사가 가르쳐주는 사실이다. 그리고 그때 조조鼂錯가 7국의 전횡을 탄핵해서 지금 비록 그 영토를 삭감해도 모반하고 삭감하지 않아도 역시 모반한다고 하여 경제景帝에게 강경책을 권했던 것도 유명한 사실이다. 그런데 이제 제태 등은 건문제에게 권하여 삭감해도 모반하고 삭감하지 않아도 역시 모반한다는 이론을 실행하고자 했던 것이다. 그런데 한의 시대에는 실제로 제후왕諸侯王들의 전횡이 있었고 더욱이 그것이 오랫동안 계속되어온 것이다. 그러므로 전한 4대째인 경제 때에 그들을 무너뜨리려는 의견이 나와도 조금도 이상한 것은 아니다. 그러나 명대에는 황태손이 즉위한 그해 안에, 아직 건문이라고 개원도 하지 않은 홍무 31년 내에 벌써 번왕국들을 붕괴시키는 데 착수한 것이다. 과연 지나치게 강력한 번왕의 존재는 독재를 기도하는 천자에게 방해가 되는 것은 말할 나위도 없다. 그러나 원래 일가 근친 사이의 일이다. 건문제는 그 나름의 정치 이상을 세워 그 실시에 노력하고, 그래서 막상 번왕이 반항한다면 신중히 대응책을 세워 연구해, 이윽고 상대의 모반의 뜻이 명백해졌을 때 부득이 탄압에 나선다는 것이 일의 순서가 아닐까. 그런데 건문제 정부의 방식은 기선을 잡으면 남을 제압한다는 전술을 위주로 해서 아직 현실화되지도 않았는데 단순한 정치적 이데올로기를 관철시키기 위해 자진해서 파란을 일으켰던 것이다.

태조에게는 황자가 26인이 있었는데 태자를 제하고 다른 25인을 각지에 봉해 왕으로 삼고 그들에게 병권을 위임해서 2천명 내지 2만 명의 군대를 직속 부하로 주었다. 이 가운데 만리장성 내외에 평행 배치된 이른바 새왕塞王들이 가장 강력했으며, 그중에서도 특히 발군이었던 것이 북평北平, 즉 원의 대도에 봉해진 연왕燕王 주체朱棣인데, 그는 태조의 넷째 아들로 그 인물도 걸출하고 병력도 강대했다. 따라서 건문제 정부가 표적으로 삼은 것도 바로 이 연왕이었다. 하지만 연왕이 강력하면 할수록 붕괴시키는 데 착수하는 시기가 문제였다. 상대방의 허를 찔러 어디보다도 먼저 전광석화의 속도로 해치우든가 혹은 다른 데서 실험을 해보고 자신을 얻은 다음에 단행하든가 중에서 어느 하나이다. 건문제 정부는 우선 하남에 봉해진 주왕周王의 제거를 꾀하여 장군 이경융李景隆에게 군을 주어 파견하고 다짜고짜 주왕을 체포하고 작위를 삭탈해 서민으로 격하시켰다. 이 것은 여러 번왕들에게 큰 충격을 주었는데, 특히 연왕은 다음 에는 자신이 표적임을 깨닫고 군사를 정돈해 모반의 뜻을 굳혔다. 그동안 민왕泯王·상왕湘王·제왕齊王·대왕代王이 폐위되어 서민으로 격하되는 것을 보면서, 연왕은 드디어 결심을 하고 건문제 정부가 임명한 지방관을 죽여 행정권을 손에 넣고 공공연히 반정부 행동을 일으켰다. 건문제는 이에 대해 30만의 토벌군을 집결시켰지만 막상 누구를 대장으로 삼아야 할지를 두고 갑자기 당혹했다. 정말 쓸 만해 보이는 무장은 태조의 숙청으로 모두 다 피살되어 버렸던 것이다. 간신히 찾아낸 것이 경병문耿炳文이란 노장이었다. 그는 서달이나 남옥 휘하에 있던 백전불굴의 용사였지만 나이 이미 65세, 아무래도 믿음이 가지 않아 보였다. 과연 하북河北의 중앙부까지 진출해 연군과 조우해 패배를 당했다. 건문제는 즉시 경병문을 면직하고 그 대신 이경융을 임명해 50만 대군을 이끌고 북평으로 향하게 했다. 이 이경융은 개국 훈신 이문충李文忠의 아들이었으나 2세로서 실전의 경험이 적고 오로지 독서로써 병법을 담론하는 도상圖上 전술가였다. 이경융은 북평 교외에 박두했으나 두 차례의 회전에서 대패하고 산동으로 철수했다.

이리하여 양자의 대립은 지구전에 들어간 것처럼 생각되었지만 외교에서도 착착 지반을 얻은 연왕은 정예 기병을 이끌고 곧바로 남하해 남경을 찌르니 수장守將 이경융, 내정內廷의 환관들이 내응해 성이 함락되고 건문제는 분신자살했다(1402). 연왕은 남경에 들어가 즉위하고 이듬해 홍무 36년을 영락永樂 원년으로 개원했다. 명대의 흠정欽定 사서에는 4년간의 건문이란 연호는 삭제되어 소멸하고, 그만큼 태조의 홍무란 연호가 연장되어 영락으로 연결된다. 건문이란 연호가 부활한 것은 청대에 들어선 다음의 일이며, 건륭제乾隆帝 원년에 전 왕조의 일이지만 건문제에 대해 공민혜황제恭閔惠皇帝란 시호를 주었으므로 건륭 4년(1739)에 완성된 정사인 『명사明史』 권4에도 「공민제본기恭閔帝本紀」를 두고 있다. 이상한 것은 목록을 보면 혜제惠帝로 되어 있으니, 양쪽을 합하면 비로소 공민혜황제가 되는 것이다.

성조 영락제

연왕 즉 영락제永樂帝의 묘호는 처음에 태종太宗이었지만 후에 성조成祖로 고쳐졌다. 영락제가 건문제를 이긴 것은 건문제 정부가 약체였던 데도 기인하지만 또한 영락제의 근거지가 원의 대도여서 필연적으로 다수의 몽골 기병을 군중에 수용해서 기동력이 뛰어났기 때문이다. 앞서 원 왕조가 멸망했을 때 그 왕공들은 대개 몽골 사막으로 도망해 돌아갔지만 생산력이 낮은 몽골 지방에서는 너무 많은 인구를 부양할 수가 없었다. 그래서 하층 군인 계급은 그대로 대도에 잔류해서 명 정부에 항복해 군인이 되었다. 그중에는 남경으로 연행된 자도 있지만 대다수는 기후가 다른 남방으로 가는 것을 좋아하지 않고 연왕의 부하가 되어 북평에 머물기를 바랐던 것이다. 영락제는 타고난 영명한 천자라 하더라도 부친 태조가 즉위 3년째에 그를 연왕에 봉했을 때는 아직 11세의 소년에 지나지 않았으므로 부친과 노고를 함께한 사이라고는 할 수 없다. 때로는 북방 민족과의 전쟁에 종군한 적은 있지만 그것은 전하를 모시는 출진이었고 결코 직접 용병술 훈련을 쌓은 터는 아니다. 그러므로 건문제에 대한 이른바 정난靖難의 전역, 즉 임금 곁의 간신을 토벌한다는 명분의 전쟁이 그에게는 최초의 시련이었던 것이다. 전쟁에 익숙하지 않기 때문에 때로는 사지에 빠진 일도 있지만 이를 구원해 결과를 승리로 이끈 것은 몽골 출신의 기병군이었다. 이 몽골적 풍기가 영락제에 감염된 것인지 그는 성공 후에 남군의 지도자에 대해 부친 태조 못지않은 대량 살육을 단행했다. 건문제의 측근이었던 학자 정치가 방효유方孝孺의 일족·문인 합쳐 팔구백 명이 학살되었으며, 제태·황자징이나 다른 무장들은 본인은 모두 책형磔刑으로 죽이고 일족·연고자까지 색출해 멸족시켰다. 이 때문에 한 촌락이 전멸된 곳도 있다고 한다. 이는 반대 세력에게 철저한 타격을 가해 재기불능에 빠뜨린다는 유목 민족 간의 상호 살육 풍습 그대로이다.

관료의 혹독한 수난이 명대만큼 극심했던 시대는 없었다. 사건이 있을 때마다 대량 살육이 되풀이되는 것 말고도 사소한 과실 때문에 언제 어느 때 어떤 허물을 입을지 몰랐다. 이전에 태조 때의 관료들은 늘 두려움 속에 하루하루를 보내고 저녁에 관청 문을 나서며 이것으로 하루 더 살아남을 수 있었다고 서로 경하했다. 관료란 것은 보통 사람 이상의 무거운 책무가 있으므로 그 결과에 대해 어디까지나 책임을 추궁한다는 원칙은 올바르다. 실은 이로써 명 왕조는 3백 년 가까이 명맥을 보존할 수 있었다. 그러나 이래서는 관료의 생활은 몹시 불안해서 견딜 수 없다. 확실히 그와 같지만 그것이 불만스러우면 관료가 되지 않으면 그만이다. 하지만 관료라는 지위는 예부터 만인이 침 흘리는 표적인 것이다. 지위가 오르면 오른 것만큼 그날부터라도 확실히 으스댈 수 있는 매력적인 직업은 그 밖에 달리 없다. 그러므로 누구나가 거기에 어떤 위험이 기다리고 있을지라도 기꺼이 호랑이 새끼를 찾을 생각으로 호랑이 굴에 들어가는 것이다. 다행히 공포 시대는 언제까지나 계속된다고만 할 수는 없다. 시대가 변하면 다시금 관료의 황금시대가 되돌아올지도 모르는 것이다. 그러나 한편 그런 무서운 지위는 진정으로 사절하고 위계도 특전도 없는 일개 서민으로서 도회都會의 티끌에 파묻혀 심신의 평화를 향수하고자 하는 지식인도 나온다. 이처럼 문화인의 생활이 상반하는 두 개의 방향으로 분열된 것이 명대의 특징이며, 그것이 송대와 다른 점이다.[79]

원 세조의 후계자

영락제는 남경을 점령하고 이곳을 수도로 삼았지만 그대로 안일하게 있을 수는 없었다. 그것은 일단 몽골 사막으로 도망친 원의 잔존 세력이 기회를 보아 남침을 꾀하고 대원大元 제국의 부흥을 꿈꾸며 국경을 소란케 했기 때문이다. 이에 대해 영락제는 부친 태조의 소극적인 쇄국주의의 범위를 넘어 누차 원정군을 지휘해 몽골 민족과 싸웠다. 그러나 적도 만만치 않은 상대로서 기동력이 뛰어난 유목 민족이므로 건문제 정권을 상대할 때처럼 철저한 타격을 입혀 일거에 숨통을 끊을 수는 없었다. 전쟁이 오래 시간을 끌자 천자가 남경에 있어서는 민첩한 대응을 할 수 없어서, 자연히 남경을 떠나 북평北平에 주류하는 경우가 많아져 북평을 고쳐 북경北京으로 했다. 처음에는 이곳이 행재行在이고 남경이 수도였는데, 곧 지위가 역전되어 북경을 수도로 하고 남경에는 형식만인 정부를 존속시켜 이를 별도別都로 삼았다(1421). 그 이후 북경은 중국의 수도로서의 지위가 확립되고 다음 청대를 거쳐 중화민국 초기까지 변함이 없었다.

명과 북방 민족의 항쟁은 명 일대에 계속되는데, 이는 태조가 정한 국시에 그 원인이 있다. 그것은 쇄국주의, 즉 조공무역 제도였으니, 중국과의 무역을 바라는 외국 군주들은 명의 속국이 되어 조공을 하면 이에 부수해서 무역을 허용한다는 방침이다. 이 명의 정책에 대해 홍안령興安嶺 산맥 이동, 즉 대개 만주에 해당되는 지방의 여러 민족은 명에 조공하고 그 위衛가 되어 명의 관작官爵을 받고 무역을 할 권리를 취득했다. 그러나 독립심이 왕성한 몽골 민족은 명의 속국이 되는 것을 원하지 않고 대등한 지위로 무역을 하려 했고 그 요구가 용납되지 않을 때에는 무력을 사용해 자주 국경을 소란스럽게 했던 것이다.

처음 몽골 민족을 대표한 것은 이른바 북원北元인데, 순제의 아들 소종昭宗, 그 아우 투구즈 테무르(脫古思帖木兒)가 태조의 군과 싸워 서로 승패를 나눠 가졌다. 영락제가 즉위했을 무렵 북원의 세력이 쇠퇴하고 주류인 푼야스리(本雅失里)가 부하 족장 아룩타이(我魯臺)에 옹립되어 세력을 얻었다. 명에서는 동몽골의 북원 잔당을 달단(韃靼, 타타르)이라 불렀다. 영락제는 달단 정벌군을 파견했으나 케룰렌 강에 이르러 10만 군이 복멸되었다. 이듬해 영락제 스스로 50만 대군을 이끌고 친정하니 푼야스리는 오논 강의 전투에서 패해 서몽골에서 발흥한 오이라트(瓦剌) 부로 달아났다가 거기서 피살되었다. 아룩타이는 흥안령에 근거를 두고 저항했지만 패해서 명에 항복했다. 동몽골의 타타르가 명에게 타격을 받자 다음에는 서몽골의 오이라트가 세력을 얻어 동으로 침입해 왔다. 영락제는 다시 친정에 나서 오이라트 부를 툴라 강변에서 격파했다. 이것은 명과 오이라트 간의 최초의 충돌이며 대회전이었는데, 명은 대포의 위력에 의해 승리를 거둘 수 있었다. 오이라트가 패하자 다시 동몽골이 강해지고 아룩타이가 명에 반항하므로 명은 이번에는 아룩타이 정벌에 나섰다. 영락제 스스로 두 차례 친정군을 일으켰으나 아룩타이는 숨어서 모습을 나타내지 않았다. 최후의 친정에서 돌아오는 도중 영락제는 병을 얻어 사망했다(1424). 중국인 천자로서 여러 번 몸소 몽골 사막을 넘어 북방 민족과 싸운 것은 영락제 단 한 사람뿐이다.[80]

영락제의 대외 정책은 명백히 부친 태조의 정책과 모순된다. 태조는 최초의 원정군이 실패한 다음부터 장성선長城線을 고수해 중국인의 거주지를 보호하는 데 그쳤으며, 민족국가로 만족해 쇄국을 전제로 해서 외국과 교섭했다. 그렇지만 이 정책은 시세時勢에 역행하는 것이었다. 이전의 원 시대에는 중국·몽골·만주가 한 덩어리로 뭉쳐진 대제국의 영토가 되고, 교통·무역이 한 국가 내의 왕래로서 자유롭고 장애 없이 행해졌다. 그런데 명이 장성을 국경으로 하여 국내와 국외의 차별을 두고 조공무역 제도를 채택하자 장성 남북의 교통·무역은 엄중한 통제를 받게 되었다. 이를 통해 특히 불편을 느낀 것은 북방 민족이어서 국경의 분쟁이 끊일 새가 없었고, 동시에 중국인들도 피해를 입었던 것이다. 이 사태를 해결하는 데는 다시금 원 왕조와 같은 세계제국을 재흥시킬 필요가 있다. 그리고 이번에는 중국이 주도권을 갖고 북방 민족을 자국 영토 안에 수용할 차례이다. 영락제의 북벌은 이 같은 이상과 요구에 의해 일어난 것인데, 다만 그것이 원 왕조처럼 성공하지 못했을 뿐이다. 그러나 영락제가 이 목적을 위해 수도를 원의 대도(大都)였던 북경으로 정한 것에서도 볼 수 있듯이, 영락제의 이상은 태조의 충실한 후계자는 아니고 오히려 원 세조의 재현에 있었던 것인데, 그것이 완전히 실현되지 못했던 점에 문제가 남겨졌다. 더욱이 태조의 쇄국주의는 엄연한 선조의 법(祖法)이어서 자손이 반드시 준수해야 할 철칙이기 때문에, 그 속박을 받는 명의 여러 황제는 이를 변경할 수단이 봉쇄되어 멸망에 이르기까지 그 모순에 시달리지 않으면 안 되었다.

남해를 위복시키다

영락제는 남방을 향해서도 부친 태조가 정한 원칙과 상반되는 적극 정책으로 나왔다. 그 가운데 첫 번째는 베트남(越南) 병합이다. 당시에는 안남왕安南王 쩐씨(陳氏)가 쇠퇴하고 외척으로서 대신인 레뀌리(黎季犛, 후에 호胡·뀌·리)가 권력을 장악해 마침내 쩐씨를 폐하고 왕이 되어 국호를 다이우(大虞)라 했다. 이에 대해 쩐씨의 잔당 및 인접국 참파(占城, 베트남 중·남부의 나라)가 복종하지 않고 상쟁했으므로 영락제는 군을 보내 다이우를 멸망시키고 명의 영토에 편입시켜 내지화를 꾀했다. 이것은 분명히 영락제의 침략주의의 구현이며 원대의 대제국 재건을 꿈꾼 것에 다름없다. 동시에 이것도 쇄국주의의 결과인데, 외국 무역이 극도로 제한되니 국경 무역을 자유로이 하고자 하면 국경을 무한히 전방으로 밀고나가 점령지를 내지화해야만 하는 것이다. 물론 이에 대해 격렬한 반발이 일어나는 것은 필연이며, 안남인들은 레러이(黎利)라는 인물을 따라 저항운동을 일으켜 영락제 사후에 명은 결국 안남왕 레씨의 독립을 인정할 수밖에 없었다.

　영락제의 두 번째 남방 정책은 환관 정화鄭和에게 명하여 수행시킨 대항해에 의한 남해南海 여러 나라의 초무招撫이다. 명이 쇄국정책을 취하자 종래 중국과 무역하고 있던 여러 외국은 형세를 관망하고 명 정부가 기대한 것처럼 조공해오지 않게 되었다. 그러자 곤란한 것은 명 측이다. 중국은 지대물박地大物博, 즉 땅이 넓고 물산이 풍부해 생산되지 않는 것이 없다고 뽐내지만 그것도 정도 문제이다. 예컨대 도기에 그림을 넣는 데 사용되는 코발트는 페르시아 산에 한정된다고 하며, 그 밖에 향료·보석 등은 남양南洋의 산물이 많다. 그것도 태조 때처럼 만사에 검약을 주지로 삼으면 없어도 될 것이나 영락제는 호사를 좋아해 조정 의식을 성대하게 거행하게 되니 장식품 등에 어느 품목이 하나라도 빠지면 완성미가 손상되는 경우가 많았던 것이다. 그래서 영락제는 이슬람교도라고 생각되는 환관 정화를 지휘관으로 삼아 대규모 무역 함대를 조직해 남양·인도양 연안의 여러 나라를 돌며 시위운동을 하며, 한편으로는 무역을 하고 다른 한편으로는 조공을 권유하고 다니면서 순종하지 않는 자에게는 무력을 행사했던 것이다.

최초의 원정은 영락제의 즉위 3년째(1405)에 장병 27,800여 명을 62척의 큰 배에 분승시키고 남경으로부터 출발해 양자강을 따라 내려가 바다로 나와 인도 해안에 도달했으며, 귀로에 수마트라 섬의 삼불제국三佛齊國에서 화교華僑 진조의陳朝義란 자가 반항하는 것을 공격해 사로잡아 돌아왔다. 이후의 항해도 대동소이한데, 2차 때는 별동대를 파견해 아라비아 반도의 아덴(阿丹)·메카(天方)에 도달했으며, 최후인 7차 때는 영락제의 손자 선덕제宣德帝의 즉위 5년째의 파견으로 가장 멀리 아프리카 동해안의 모게독스(木骨都束, 소말리아의 모가디슈)까지 갔다가 돌아왔다.

이 장대한 거사는 당시 명의 항해술이 뛰어나게 진보해 있었음을 보여주는 것이며, 아마 이것은 원의 세계제국의 유풍을 이어받고 이미 알려져 있던 항로를 따라 이슬람 항해술을 응용해 수행되었을 것이다. 그 사정은 이후 약 80년 뒤 포르투갈 선박이 희망봉을 돌아 인도양에 나타난 때의 사정과 유사하며, 당시의 포르투갈은 앞서 이베리아 반도에 침입했던 사라센인의 항해술을 답습해 해상에서 활동하기 시작했던 것이다. 포르투갈의 바스코 다 가마는 1498년 아프리카 대륙을 돌아 모가디슈에 기항했는데, 그는 같은 세기 초에 명의 정화가 이미 이 땅에 도달한 일이 있었다는 따위의 일은 알 도리가 없었던 것이다.

전후 7차에 걸친 대항해를 수행해 남해 제국諸國에 조공을 권하고 듣지 않으면 무력을 떨쳐 그 나라들의 군장君長들을 공파한다는 정화의 행동은 오늘날 생각하면 몹시 이해하기 어렵다. 그러나 미국의 페리 함대가 일본에 같은 일을 하고 그 일본이 조선을 향해 마찬가지 일을 한 것은 그렇게 오래된 옛날의 일이 아니다. 정화는 실은 일본에도 사자로 파견되어 와서 아시카가 요시미쓰(足利義滿)에게 입공入貢을 권유한 사실이 있다. 다행히 이때에는 양자의 의사가 합치되었으므로 요시미쓰는 영락제로부터 일본 국왕으로 책봉되는 동시에 조공의 의무와 무역의 권리를 사여받았던 것이다. 이렇게 보면 요시미쓰의 조공도, 명의 안남 침략도, 정화의 원정도 모두 명의 대외 정책의 동일한 실질이 다르게 구현된 것으로 이해할 수 있다. 그렇다 하더라도 명의 정책이란 실로 제멋대로이고 무원칙하기 그지없는 것이었다. 먼저 쇄국주의를 펴서 외국이 자발적으로 접근해 오는 것을 배척하고 자국민이 무역을 위해 외국으로 나가는 것도 엄금한다. 다음에 뜻대로 되지 않는 외국을 위협하기도 하고 달래기도 하면서 조공국으로 삼는다. 조공국이 되면 자유로이 무역할 수 있는가 하면 그렇지는 않고 조공의 횟수를 한정하고 무역선의 척 수, 인원수를 제한해 그 밖의 것은 밀무역으로서 엄벌에 처한다. 전부가 자기 기준에서 시책이 도출되고 자기 희망을 타국에 할당해 강제하는 것이다. 안남은 일찍이 중국의 속령이었다는 이유로 다짜고짜 정복해 점령한다. 다만 일본은 태조의 유언에 정복하지 못할 나라의 하나로 들고 있었

으므로 성조成祖도 조심스럽게 조공을 권유하는 데 그쳤다. 영
락제의 남방 정책의 본보기로는 역시 원대의 세계지도가 분명
히 남아 있었던 것이다. 그래도 명의 국력이 원 세조 때의 국력
과 가까웠던 시대에는 무리라도 어떻게든 통했던 것이나, 차츰
정치가 문란해지고 국력도 부진해지자 갑자기 내재해 있던 모
순이 표면으로 부상했다. 이른바 왜구倭寇 전쟁이란 것도 당연
히 일어날 수밖에 없어 일어난 것에 지나지 않는다.

전제인가 독재인가, 황제와 내각제

　명 태조, 그 아들 성조 영락제의 정치는 이를 군주독재라고
하는데, 실은 이것은 송대의 군주독재제와는 성질이 아주 다른
것으로 오히려 고대적인 전제정치의 부활이라고 해야 할 것이
다. 우리가 생각하는 중국 근세의 군주독재라 함은 군주가 최
후의 결재를 내리는 정치 양식을 말하는 것이니, 모든 정무는
관료가 안건을 다듬고 다듬은 다음에 대신이 이에 대해 심사에
심사를 거듭해서 최후에 천자 앞에 가져가 재가를 청하는 것
이다. 그러므로 천자가 스스로 적극적으로 발의하는 것은 오히
려 드물다. 그렇지만 고대의 전제군주, 이를테면 진의 시황제
등은 자기 의지를 위주로 그 실현 방법을 대신에게 묻고 대신
의 제의가 마음에 들면 이를 실행하게 한다. 물론 자기의 의지
를 곧바로 대신과 측근에게 전해서 실시하게 하는 것도 가능하
다. 시황제의 뒤를 이은 이세二世 황제처럼 우매한 천자라도 대
신 이사李斯를 죽일 수 있었다. 태조나 영락제의 정치는 이에 가

깝다. 그러나 이처럼 천자가 주도권을 발휘해 정치를 움직이는 데는 그 천자가 상당히 강인한 신체와 정신을 갖고 있지 않으면 불가능하다. 명은 영락제 이후에 약체의 천자가 잇따랐으므로 그때까지와 같은 전제정치는 지속할 수 없게 되고 필연적으로 송대와 같은 군주독재 체제로 이행해갔던 것이다.

성조는 영락 22년, 나이 65세로 원정의 귀로에서 사망했는데, 황태자가 즉위하니 그가 인종仁宗 홍희제洪熙帝로 나이 47세였다. 그런데 즉위한 이듬해 홍희라고 개원했으나 반년 만에 병사하고, 태자 선종宣宗이 즉위해 다음해에 선덕宣德이라 개원했다. 선덕제는 재위 10년, 나이 37세로 죽고 태자 영종永宗이 9세의 나이로 즉위했다. 이 10여 년 동안에 성조로부터 아들로, 아들에서 손자, 손자에서 증손으로 공을 굴리듯이 일직선으로 천자 자리가 미끄러져 내려갔던 것이다. 이래서는 천자가 주체성을 갖고 독자적인 전제정치를 하는 따위는 생각도 못한다. 그래서 반드시 천자의 측근인 재상의 직책이 필요해지는 것인데, 이미 태조의 명에 의해 승상丞相을 폐지한 다음이므로 선조의 법을 어기면서까지 공공연히 재상을 임명할 수는 없다. 그래서 천자의 사설 비서라는 형태로 내각內閣이란 제도를 만들었다. 이보다 앞서 영락제는 궁중에 문연각文淵閣·문화전文華殿 등의 명칭을 지닌 학술 기관을 두고, 거기에 한림원翰林院(명대에는 서적 편찬이나 경서의 진강 등을 담당하는 중앙 관청)의 학사學士·편수編修 등의 관리 중에서 문학에 우수한 자를 불러 천자의 자문에 대비하는 한편 황자·황손의 교육을 담당하게 했다. 이들 가정교사 중에 삼양三楊이라 불리는 양사기楊士奇, 양영楊榮, 양부楊溥가 있는데, 세 명이 전후해서 후에 인종이 되는 태자에게 독서를 가르쳤다. 그래서 영락제가 죽고 인종이 즉위하자 3인의 지위는 갑자기 상승해 전殿·각閣의 대학사大學士·학사學士에 임명되었으며 가장 친밀한 천자의 고문으로 기용되었다. 이것이 내각제의 기원이다. 하지만 그 공식적인 지위는 아주 낮아 원래의 한림관 그대로였는데, 이는 6부의 상서尚書에는 도저히 미치지 못하는 위계였다. 인종이 죽고 태자 선덕제가 즉위해서도 세 사람의 지위는 변함이 없고 오히려 큰 신임을 받았던 것은 선덕제의 숙부 한왕漢王의 반란에 즈음해 양사기와 양영이 대국적 판단을 그르치지 않고 천자에게 강경책을 진언해 완승을 거둔 적이 있기도 했기 때문이다. 다음에 영종이 9세로 즉위해 조모 장태후張太后가 섭정이 되자 태후는 정무의 처리에서 전부 내각대학사의 의견을 듣고 따랐다. 당시 내각에는 삼양三楊이 나란히 입각해 장태후의 절대적인 신임을 받았으므로 여기에 내각 제도가 확립되고, 내각대학사가 실제로 재상의 직임이 되었다. 이와 아울러 천자가 송대의 독재군주의 성질에 가까운 것이 된 것이다. 하지만 전통을 중시하는 중국이므로 표면적으로는 내각은 말하자면 한림원의 분점에 지나지 않고, 내각대학사는 겸직이므로 각자가 지닌 본래의 관직에 따라 좌석의 상하가 정해져야 했다. 대학사가 제도적으로 독자적 지위를 인정받아 6부 상서보다 상석에 앉게 된 것은 훨씬 뒤인 가정제嘉靖帝 시대부터이다.

그런데 내각대학사의 직무 중 가장 중요한 것은 표의票擬 또는 의지擬旨의 역할이다. 지旨란 천자의 결정이란 것이며, 대학사는 천자를 대신해 백관이 올린 상주上奏를 미리 읽고 천자가 내려야 할 지에 관해 입안을 하므로 이를 의지라 한다. 이 의지는 작은 종이쪽지인 표票에 기입해 이것을 상주문의 제일 말미에 첨부해 두므로 이를 표의라 한다. 만일 결재 방법에 관해 두세 가지 원안을 생각할 수 있을 때에는 2~3매의 표를 만든다. 다음에 천자는 대학사를 인견引見하고 최종 결재를 내리는 것인데, 많은 경우 대학사가 작성한 표에 쓰인 의지의 문구를 그대로 상주문의 여백에 주필朱筆을 사용해 베껴 적는다. 이 문서를 그것이 제출된 관아, 관장에게 반송하면 거기서 천자의 결재에 따라 안건이 처리되는 것이다. 송대에는 아직 재상이 표의를 행하는 제도는 없고, 재상은 천자 앞에서 의견을 진술하고 그것에 따라 천자가 결재를 내릴 뿐이며 전부 구두로 수행되었던 듯하다. 그러던 것이 시대가 흐름에 따라 정치는 훗날 증거가 남도록 전부 문서화되었다. 재미있는 것은 천자의 말은 이야기한 대로 구어체로 필사되었던 것이니, 이것은 원대의 이른바 성지聖旨를 한역한 문체와 조금도 다름이 없다. 그러나 후에 이 원문서를 자료로 해서 실록 등의 역사로 편찬할 때에는 모두 문어체로 고쳐 썼다. 그러므로 오늘날 우리가 명의 천자가 내린 구어체의 지를 볼 수 있는 것은 아주 드문 경우이다.

환관의 전횡

천자가 내각대학사가 입안한 의지를 상주문에 대한 응답으로서 그 여백에 써넣는 것은 별로 큰 수고도 아닐 테지만 그 수가 많아지면 역시 피곤했던 것일까. 천자는 의지가 적힌 표 위에 체크를 하는 것만으로 끝낸다. 그러면 가까이 대기하고 있는 환관이 천자를 대신해 의지의 말을 문서상으로 베껴 적었다. 이 환관을 병필태감秉筆太監이라 한다. 태감이란 환관 중의 최고 지위이며 대항해의 정화도 태감이었다. 이처럼 환관의 몸으로 천자의 정무 중 가장 중요한 천자의 정무 결재 때에 입회할 기회를 부여받았던 것이 곧 환관이 천자를 대신해 실권을 장악하는 첫걸음이 되었던 것이며, 곧 무한한 재난을 전 인민에게 끼치는 결과를 초래했다. 전제정치와 독재정치는 군주의 권력이 절대적인 만큼 이 권력이 타인에게 도용되면 엉뚱한 방향으로 향한다.

명대는 중국 역대 왕조 중에 후한·당과 아울러 환관의 세력이 강성했던 시대라고 하는데, 실은 명 태조는 과거의 역사를 거울삼아 엄하게 환관의 행동을 단속했던 것이다. 그는 궁문에 철패鐵牌를 두고

내신은 정사에 간여할 수 없으며, 간여하는 자는 참한다

(內臣不得干五政事五者斬)

는 열한 자를 새겼다. 환관 수를 백 명 이하로 억제하고 봉록을 박하게 하며 지위를 낮추고, 특히 독서를 엄금하며 외관外官과의 왕래를 엄히 단속했다. 다음 건문제도 환관을 박대했으므로 그중에 원망을 품은 자가 있어 정란靖亂의 전쟁 때 영락제와 내통했다. 영락제는 이것을 은덕으로 생각하고 또 그 독재를 철저히 하기 위해 밀정 정치를 강화했으며, 이를 위해서는 환관을 이용하는 것이 득책이라 생각했다. 그래서 그가 북경에 수도를 정하자 어마어마한 궁전을 건조하고 수천 명이나 되는 환관을 양성하기에 이르렀다. 궁중에 환관의 소정부가 출현해 12감監, 4사司, 8국局으로 나뉘어졌는데, 이를 합쳐 24아문衙

門이라 불렸다. 그중에 사례감司禮監이 가장 지위가 높고 병필태 감도 그 가운데서 나왔다. 태감은 감의 장인데, 곧 환관을 전부 태감이라 부르게 되었다. 환관이 궁중에 소정부를 형성하게 되자 문필을 잡는 재능이 요구되었다. 그래서 태조의 훈계를 잊고 궁중에 문서방文書房이란 것을 두어 환관에게 독서를 가르쳤다.

재능 있는 환관이 요구된 것은 궁중만이 아니었다. 영락제 이후 환관은 천자의 대리로서 지방에 주재하는 장군 밑에 감군監軍, 즉 감찰관으로 파견되었다. 더욱이 이 밖에 북경성 내에 동창東廠이란 특무경찰이 설치되고 제독동창提督東廠 이하의 밀정에 환관이 채용되었다. 이런 것을 보면 영락제는 조정 관료를 전혀 신뢰하지 않고 문무 관료는 전부 사리사욕을 차리는 자들이므로 천자라는 자는 모름지기 관료와는 완전히 별개의 계통을 이루는 천자의 사인私人, 즉 환관을 최대한으로 이용해 관료의 부정을 막지 않으면 안 된다는 빈곤한 철학의 신봉자였다고 생각된다. 이것도 파고들면 천하의 토지와 인민은 천자의 사유재산이므로 어떠한 수단을 다하더라도 이를 가능한 한 오래 자손에게 전해야 한다는 욕망에 내몰린 결과이다. 이것은 몽골 천자의 사고방식과 부절符節을 맞춘 듯 합치하는 것이다. 과연 송대의 천자는 황제 자리를 셀 수 없는 막대한 부富라고는 말하고 있지만 이 정도로 노골적으로 인민의 존재를 업신여기지는 않았다. 설령 겉보기일지라도 유교의 가르침에 따라 군주는 그야말로 인민을 위해서 존재한다고 일컫고 있었다. 천자 독재제 하에서는 손길이 조금만 빗나가면 그 영향이 절대적이어서 명대의 인민은 송대의 인민보다도 불행했다고 생각된다. 역사는 늘 시간과 함께 진보한다고만 할 수는 없다. 특히 역사가 되풀이되는 경우 모방은 원형보다 못한 경우가 많은 것이다.

명대의 환관에 의한 폐해는 영종英宗 시대부터 시작된다고 하지만 영종의 치세도 그 초기에는 조모 장태후가 삼양三楊을 기용해 내각 정치의 원형이 형성되었을 때이므로 아직 환관도 숨을 죽이고 있는 상태였다. 그런데 양영, 장태후, 양사기, 양부가 잇달아 사망하자 사례태감 왕진王振이란 자가 급속히 권세를 얻어 이면에서 정치를 움직이게 되었다. 왕진은 천자 영종이 태자였을 때 독서를 가르친 적이 있고, 즉위 후에도 영종은 그를 선생이라 불렀다. 연소한 천자에게는 대신과 환관을 명확히 구별해 대우할 만큼의 식견이 없었던 것이다. 환관의 전횡이라는 점에서 보아도 명대는 송대 정치가 양호한 데 미치지 못했다. 송대에는 북송·남송 모두 그 멸망 직전에 이르러 환관이 정치를 문란케 한 적은 있으나 조정 대신을 우롱할 정도의 권력을 부여받은 적은 없다. 하지만 이를 한·당과 비교하면 명대의 환관은 천자의 신임을 얻어야 비로소 전횡을 하는 것이어서, 일단 천자의 은총을 잃으면 금세 지위뿐 아니라 생명까지도 보전하기 어렵게 된다. 한·당의 환관이 궁중에 틀어박혀 병권兵權을 쥐고 천자의 지위를 위협하고 제멋대로 폐립을 행하는 따위의 사태는 명에서는 일어날 수 없었다. 이는 천자 전제정치와 천자 독재정치 사이의 다른 점이니, 전제 천자의 권력은 개인적인 것인 까닭에 큰 약점을 내포하지만, 독재 천자는 제도적인 것이므로 사적인 환관 세력은 이에 대항하려 해도 최후에는 패하는 것이다.

환관 왕진은 천자 영종의 신임에 편승해 이미 삼양 시대부터 사례태감의 지위를 이용해서 천하의 정치와 인사에 참견해 권세를 드러냈는데, 삼양의 마지막 인물 양부가 죽은 다음에는 점점 더 기탄없이 조정의 최고 기밀에 간여했다. 그런데 이것이 원인이 되어 그의 실각을 부르게 되었다.

영종의 실정과 말기적 징후

당시 몽골 사막에서는 동방의 타타르와 서방의 오이라트가 명의 군사 행동을 지렛목으로 하여 혹은 번영하고 혹은 쇠퇴하는 시소게임을 되풀이하고 있었다. 영종 시대에 와서 서방 오이라트가 에센(也先)의 지도하에 강성해지고 국경에서의 말 무역을 둘러싼 불화로 인해 대거 침입해왔다. 왕진은 천자에게 권유해 친정군을 일으키고 직례直隷의 선부宣府를 거쳐 산서山西의 대동大同에 이르렀는데, 적의 세력이 거대함을 보고 여러 신하들이 천자에게 간언해 퇴각했으며, 선부를 출발해 북경으로 돌아오는 도중 토목보土木堡에서 오이라트군의 포위를 받아 영락제 이래의 용장들도 모조리 전사하고 전군이 궤멸해 죽은 자가 수십만이었다 한다. 왕진은 근위장교에게 맞아 죽고 천자 영종은 적군의 포로가 되어 사막으로 연행되었다. 천하의 지배자인 중국의 천자가 북방 민족의 포로가 되는 것 같은 이상 사태는 북송 말기 휘종 이래 처음 있는 일이다.

토목보의 패보를 받은 북경 조야朝野는 경악을 감추지 못했고, 모태후 손씨孫氏는 서둘러 영종의 아우 경제景帝를 제위에 앉히고 병부상서兵部尚書 우겸于謙을 중심으로 방어 계책을 세웠다. 이런 때가 되자 연공순으로 내각대학사가 된 관료, 6부 상서尚書는 완전히 무능해 신뢰를 얻지 못하고 시랑侍郎에서 새로 상서로 발탁된 우겸이 사태를 지휘하게 된 것이다. 뜻밖에도 명의 관료 정치는 이때 이미 경직화되어 조금도 쓰임새를 가질 수 없게 된 약점을 드러냈다. 이래서는 환관이 정권을 장악한다 해도 별로 놀랄 일이 아니다.

환관은 거의 전부가 하층 사회 출신인 만큼 세상물정에 밝았으니, 독서인 계급 가정에서 배불리 먹고 따뜻한 옷 입는 유복한 환경에서 자라나 단지 앞만 보며 과거 시험만을 유일한 목표로 삼아 무익한 학문 경쟁에서 이겼을 뿐인 고급 관료에 비해 실무 재능에서 탁월함은 비교도 안 되는 것이다. 그렇다면 차라리 과거 관료를 전폐하고 환관 정부에 만사를 맡긴다면 좋은가 하면 그럴 수는 없다. 그들은 말하자면 염치廉恥와는 동떨어진 이익 추구자의 집단으로 모든 지혜를 짜내 그 지위를 이용해 뇌물을 탐하는 데만 유념하는 것이다. 물론 전근대의 중국에서는 직책상의 부수입은 상식이며 표면상으로는 고귀한 대신, 재상이라 하더라도 분수에 상응하는 선물을 받는 것은 반은 공인되어 있었다. 다만 그것이 너무 두드러질 때는 비난을 받는다. 실제로 삼양의 한 사람인 양영 같은 이는 선물을 상당히 받아 변방 장군들에게 시시때때로 양마良馬를 보내게 했다는 비난의 소리가 높았다. 이래서는 환관의 탐욕을 책망할 수 없는 것이다. 다만 환관이 권세를 얻었을 때는 그 규모가 비교가 안 될 정도로 엄청났다. 토목보 사변 직후 북경 정부가 왕진의 죄상을 엄히 물어 그 족당族黨을 모조리 주살하고 그 가산을 몰수했더니 집 안에 금·은의 창고가 60동이 있고, 산호수珊瑚樹가 높이 6, 7척 되는 것만도 20여 그루가 있었다고 한다. 이는 단순히 이만한 금액이 국고로부터 소실되었다는 것을 의미하는 것에 그치지 않는다. 이만한 재보가 환관의 품으로 들어간 것과 병행해서 얼마나 많은 부정이 행해지고, 그것이 얼마나 사회에 해독을 끼쳤던가 하는 점이 문제인 것이다.

포로로 잡힌 천자, 환관의 전횡, 이것만으로도 이미 왕조의 말기적 징후이다. 또 하나 영종 시대에 일어난 말기적 현상은 강서江西에서 일어난 농민 등무칠鄧茂七의 반란이다(1448~1449). 근래 중국사에서 빈발했던 반란의 성격에 대해 다수의 논자들은 중국 사회를 농업 사회라 전제하고 농업 사회에서 일어난 반란이므로 농민반란이라고 안이하게 결론 내리는 것 같다. 실제로 그 내용을 검토하면 실은 농민반란보다는 종교적 비밀결사이거나 밀매업자, 혹은 그 양자의 성질을 합친 것이 다수를 차지하고 있다. 하지만 등무칠의 반란만은 조금 성질이 다르며, 이는 진정한 농민반란이라고 규정해도 좋을 듯하다. 그리고 밀매업자들과는 달리 반란 같은 것을 일으키기 가장 어려운 농민들이 지도자도 없이 전술도 모르면서 폭동을 일으켰으며, 그것이 갑자기 광범한 지역으로 전파되어갔다는 것은 얼마 못 가 진압되었다고는 해도 역시 왕조의 말기적 증상에 다름없다.[81] 북송 시대로 말하자면 방랍方臘의 반란이 이와 약간 유사한 성질을 갖고 있다.

영종 시대는 명이 시작한 다음부터 겨우 80년쯤 지났을 뿐이어서 보통으로 말하자면 왕조의 전성기로 접어드는 때이다. 거기에 말기적 징후가 나타났다는 것은 얼핏 보면 불가사의한 현상인데, 실은 그것이 되풀이가 되풀이인 까닭인 것이다. 왕조는 새로운 생명을 불어넣어 경신更新한 셈 치더라도 그 근저가 되는 사회에는 전대 이래의 역사가 퇴적되어 있으며, 말기적 증상을 야기한 병의 근원도 도처에 잠복해 있는 것이다. 그러므로 정치가 조금이라도 틈을 보이면 때와 장소를 불문하고 독기가 퍼지기 시작하는 것이다. 다만 그것으로 인해 왕조가 곧바로 멸망에까지 간다고는 할 수 없다. 젊은 왕조에는 병독에 못지않은 생명력이 있는 것이다.

영종의 복벽

영종을 포로로 잡은 에센은 승세를 타고 북경으로 공격해 들어갔으나 경제와 우겸은 장병들을 독려해 방어전에 힘썼다. 그러는 중에 지방에서부터 근왕군勤王軍이 집결해왔으므로 에센은 뜻을 이루지 못하고 철수했다. 무릇 에센의 침입은 무역 문제에서 발단한 것인데, 전면전이 되어 무역이 전부 정지되자 설령 영종을 억류해도 에센으로서는 아무런 소득도 없었다. 그래서 북경 정부에 대해 누차 화의를 신청했으나 경제에게 이 제의는 난감한 이해관계가 있었다. 만일 화의가 성립되면 일단 상황上皇으로 떠받든 영종이 귀환해 그를 다루기가 곤란하기 때문이다. 그러나 조정 대신들은 대세가 이미 정해져서 경제가 즉위한 이상은 설령 영종이 돌아와도 현상이 동요할 리가 없다고 논의가 결정되어 에센과의 화의에 응하기로 방침을 정했다. 북경 정부로서도 사막의 민족과 사태를 일으켜 늘 국경의 국지적인 충돌로 신경이 피로해지는 것은 견디기 힘들었기 때문이다. 이리하여 영종은 유수幽囚 생활 1년여 만에 석방되어 돌아와 경제의 영접을 받아 별궁에 거주하게 되었다. 하지만 상황과 경제 두 형제 사이는 황태자 문제로 깊은 골이 생겼다. 경제는 즉위할 때 영종이 정해두었던 태자를 그대로 인계받고 장래는 영종 계통에 제위를 양보한다는 양해를 통해 손태후孫太后의 승낙을 얻었지만 자신이 천자가 되고 나자 자기 아들에게 양위하고 싶어졌다. 그래서 대신들을 매수해 이의를 억누르고 결국 영종의 아들인 태자를 폐하고 대신 자기 아들을 태자로 삼았다. 이것은 조야의 상당한 비난을 초래하는 원인이 되었는데, 불행히도 새 태자는 얼마 못 가 병사하고 말았다. 한편으로는 전 태자 복위의 논의도 일어났지만 일단 사이가 나빠진 이상 영종의 아들에게 양위할 마음도 나지 않아 이에 조신들마저 경제파와 상황 영종파로 나뉘어버렸다. 경제 즉위 8년째에 경제가 병에 걸려 중태라는 소문이 퍼지자 상황 편의 조신과 환관들이 실력으로 궁중을 점령해 상황을 맞이해 복벽復辟시켰다. 경제는 별궁에 옮겨진 채로 병사했다. 영종은 경제의 연호 경태景泰 8년을 개원해 천순天順 원년이라 했는데, 이것은 혁명 때의 형식이다. 경제는 사후 종묘에 제사를 받지 못해 따라서 묘호가 없고 또 일단 제호帝號도 삭제되었는데, 그 후 제위만은 인정되어 경제라는 시호를 받았다. 영종 쪽은 전의 연호가 정통正統, 복위 후는 천순이므로 연호로 부르면 혼란이 생기기 때문에 이 천자에 한해 묘호인 영종으로 부르는 것이 보통이다.

영종 복벽의 사정은 남송 고종高宗의 입장과 아울러 생각하면 흥미롭다. 고종은 입으로는 부친 휘종徽宗, 형 흠종欽宗을 금

으로부터 봉영奉迎하고 싶다고 하면서 실은 산몸으로 귀환하는
것을 원치 않았다. 그것은 바로 자신의 지위에 영향을 주기 때
문이었다. 명 영종의 경우는 혹은 에센 측에서 지혜로운 자가
있어서 일부러 명 조정을 혼란에 빠뜨리기 위해 영종을 석방해
돌려보냈는지도 모른다. 이러한 기미는 전대의 역사를 함께 읽
지 않으면 알 수 없는 것이다.

　명 왕조가 이르게도 말기적 증상을 드러내면서 그로 인해
곧바로 멸망하지 않았던 것은 관료에 대한 책임 추궁이 엄했
기 때문이다. 영종은 복위 후 경제를 옹립해 북경을 적의 습격
으로부터 지켜 큰 공을 세운 우겸을 죽였다. 그러나 우겸이 억
울하게 뒤집어쓴 죄는 대학사 서유정徐有貞, 무신 석형石亨 등의
참언에 의한 것임이 밝혀지자 이 두 사람은 영종 복위의 공신
이었는데도 먼저 서유정을 운남에 유배시키고, 다음에 석형을
모반의 기도가 있었다는 혐의로 죽였다. 또 한 명의 영종 복벽
의 공신은 환관 조길상曹吉祥이었는데, 후에 영종의 은총을 잃
게 되자 쿠데타로 영종을 강박해 태자에게 양위시키려고 기도
하다 실패해 책형磔刑에 처해졌다. 이 같은 일은 명조에서 끊임
없이 반복해 행해졌는데, 관료도 환관도 세력이 있을 때는 조
야를 움직이지만 갑자기 실각당해 참살되는 경우가 많았다. 명
대만큼 관료가 많이 피살된 시대는 달리 없다. 송대는 사대부
를 죽이지 않는 것을 원칙으로 했으며, 다만 장리贓吏, 즉 오직汚
職 관리만은 사형을 면치 못했다. 그러나 생각해 보면 일반 인
민은 극히 엄중한 법률 아래 두어져 하찮은 죄과로도 엄형을
받는 것이므로, 만일 관료가 그 범죄와 과실에 대해 특히 관대
한 처분을 받는다면 이는 명백히 불공평하다. 명대의 정치는

사대부와 서민 간에 차별을 두지 않고 한결같이 엄벌로 다루었으니, 보기에 따라서는 이는 오히려 공평한 정치라고 할 수 있다. 특권계급을 인정하지 않는다는 점만을 문제로 삼는다면 민주적인 정치라고 말할 수 없는 것도 아니다. 근세의 군주독재제를 파고들면 자연히 이와 같이 되지 않을 수 없으니, 천자 앞에는 만민이 평등하지 않으면 안 되기 때문이다. 그러므로 명대에는 오래 지속된 명문가란 것이 없고 이 점에서 송대와 다르다. 송대에는 극히 희귀한 예이긴 하지만 인종 때의 재상 한기韓琦의 아들 한충언韓忠彦이 휘종 때 재상이 되고, 남송 시대에 내려와 한기의 증손 한탁주韓侂胄가 영종寧宗의 재상이 되었다. 이것은 송대는 아직 당대唐代로부터 멀리 떨어져 있지 않았으므로 자연히 중세적인 문벌제가 사회의 어딘가에 남아 있었던 것이니, 한씨의 경우는 천자 독재와는 본질적으로는 서로 용납되지 않는 것이다. 문벌은 엄밀히 천자 가문에만 한정되는 것이 근세의 특색이기 때문이다. 이 점에서 명대는 명백히 송대보다도 진전했다고 할 수 있다. 이러한 평등 정신은 고대 때는 훨씬 진귀하지 않지만 중세 이래로는 오히려 용이하게 나타날 수 없었던 현상이며, 그것이 부활된 것은 상당히 사회가 진보했다는 증거이다.

명 전성기의 문화

영종은 복위 후에는 이전의 실정을 반성했기 때문에 천순 연대 8년간(1457~64)의 정치는 무사히 보냈다고 한다. 다음 헌종憲宗의 성화成化 23년간은 궁중에 환관 왕직汪直의 횡포나 귀비 만씨萬氏의 전횡 등이 있어 어두운 그림자를 드리우긴 했지만 그것이 중대한 결과를 낳는 데 이르지는 않았다. 더욱이 그 다음에는 명대의 명군이라 칭송받는 효종孝宗의 홍치弘治 시대(1488~1505) 18년이 있으니, 이 천자는 즉위하자 바로 권신 만안萬安 일당을 추방하고 여러 가지 폐정을 고쳐 그 영명함이 대단한 칭송을 받았다. 효종의 모친 기씨紀氏는 광서廣西 하현賀縣의 묘족苗族 여인으로 매우 민첩하고 슬기로워서 헌종의 총애를 받아 효종을 낳았다. 그런데 총애받던 만귀비가 이를 알고 질투해 기씨를 독살했다고 전해진다. 다행히 만귀비의 음모에 의해 폐위의 우환을 겪었던 전 황후 오씨吳氏가 궁중에 있어서 효종을 양육했으므로 무사히 성장할 수 있었다. 이 같은 역경에서 자라난 것이 효종의 인생관에 영향을 주어 추악한 전통에 대해 비판적이 되지 않을 수 없었던 것이라 생각된다.

기씨의 경우만 그런 것이 아니라 명대에는 후궁의 후비로 공신이나 귀족의 딸을 맞이하는 것은 극히 드물고 많은 경우에 중하류의 생활력이 왕성한 계급 중에서 선택했다. 이것이 제실의 귀족화를 막는 효과가 있었다고 생각되며, 연약해서 아들을 낳지 못했다는 천자는 한 사람도 없고, 따라서 천자의 제위는 대체로 일직선으로 효종의 아들 무종武宗 대까지 이어져 오고 있다. 이는 역대 왕조에서는 볼 수 없었던 현상으로 다만 북위北魏 왕조가 얼마간 이에 가까우나 원래 소박한 이민족 왕조였고, 더욱이 이 경우는 오히려 대대로 한인과 통혼해 아들을 두는 것이 관례였다.

효종 전후가 명대에서 가장 번영한 시대라고 할 수 있다. 하지만 효종은 명군으로 크게 예찬받았지만 그 전대의 헌종, 다음 대의 무종이 둘 다 우매한 편이고 환관에 의해 정치가 어지러워졌는데도 명이 극성기를 자랑하는 데 방해가 되지 않은 것은 경제가 호황이었기 때문이다. 그리고 명대에는 정치의 중심은 수도인 북경에 있었지만 경제와 문화의 중심은 강남 델타지대의 요충을 이루는 소주蘇州였다.

소주가 번영을 자랑하게 된 것은 명대에서 시작된 것은 아니다. 옛날 춘추시대에는 오의 도읍이었고, 당대唐代에는 항주杭州와 나란히 강남을 대표하는 번화한 도시가 되어 있었다. 그렇지만 소주가 다른 여러 도시를 압도해 경제와 문화 도시의 이름을 마음껏 누리게 된 것은 원 말기 장사성張士誠이 이곳에 오吳를 세운 다음의 일이었다. 명 태조가 장사성을 멸망시켰을 때 장씨 정권을 육성한 여러 세력은 모두 가차 없는 탄압을 받았다. 부호는 그 재산을 몰수당한 것에 더해 남경으로 이주하라는 명을 받아 소주는 일시 경제적으로 빈사 상태에 빠졌다. 더구나 장사성 정권과는 직접적인 관계 없이 소주에 거주하던 문화인 또한 박해를 받았다. 그 가장 현저한 예는 시인으로 유명한 고계高啓(靑邱)가 부府 아문의 신축 축하문에 '용이 도사리고 범이 웅크린다(龍蟠虎踞)'는 글을 썼다는 이유만으로 요참腰斬의 형에 처해진 따위의 일이 있다. 용은 천자의 상징으로 그것을 소주에 도사리게 하는 것은 모반의 뜻이 있기 때문임에 틀림없다는 당치도 않은 혐의 때문이니, 요컨대 반항적인 문화인을 아주 혐오하는 태조의 생트집에 다름없다. 그 아들 성조 영락제 때가 되면 이번에는 북경을 충실하게 하고 남방의 경제력을 약화시키려는 의도적인 정책에서 다시금 소주의 부민富民들을 북경으로 이주시켰다. 이처럼 거듭되는 정부의 탄압에도 굴하고 않고 소주는 몇 번이나 재기해 전국 최대의 경제 도시라는 지위를 확립했다. 인간에게는 탄압을 가할 수 있어도 그 자연 환경과 강남 전체의 생산 활동을 탄압할 수는 없는 것이다. 소주는 태호太湖를 끼고 대운하와 수로망으로 서로 연결된 대평야의 중앙에 있어서 곡물의 보고일 뿐 아니라 견직물의 생산, 염색 가공의 대중심지였다.

경제의 중심지에는 문화가 흡인된다. 소주 및 그 주변에는 학문이 번영하고 3년마다 치르는 과거에는 이 지방 출신 수험자의 성적이 뛰어나게 우수했다. 따라서 그중에서 고위 관직에 오르는 자도 배출되지만 중국 문화는 그들의 손으로 향상되는 것은 기대할 수 없다. 관계의 인물이 되면 세속적인 업무가 많아 젊은 때와 같은 공부를 계속할 수 없게 되는 것이다. 이 점에서 명대의 관료는 송대의 사대부보다 못하다. 송대에는 고명한 문인과 학자가 정치가로서도 중요한 지위에 올라 활약한 예가 많다.

명대의 문화는 오히려 관료계를 헤엄쳐가는 데 실패해 벼슬살이에 희망을 접고 일개 시민으로서 도회지의 티끌 속에 묻힌, 이른바 시은市隱에 의해 추진되었다. 이 점 또한 송대와 다르다. 물론 송대에도 은자隱者는 있었다. 그러나 그 가운데 대표적인 소순흠蘇舜欽이나 임화정林和靖은 당시의 실력자 집단 사이에서는 오히려 주변적인 지위를 차지했다. 다만 중심에서부터 일탈하기는 했지만 그것은 저항을 했기 때문은 아니다. 그런데 명대에는 이러한 은자가 문화의 중심을 차지하고 있고, 더욱이 그것이 북경 조정을 배경으로 한 사이비 지식인 정치가와 대립, 저항하고 있었던 것이다.

물론 은자도 무리를 짓기는 하지만 본래 개성이 강한 독립인이므로 결사結社를 만들지 않는다. 세상을 버리는 방식에도 각종 단계가 있어서 일률적으로는 말할 수 없다. 지금 그중에서 대표적인 존재라고 할 수 있는 축윤명祝允明의 경우를 들어보겠다.

축윤명은 지산枝山이란 호로 알려져 있다. 소주 태생으로 애초에는 세상의 대세에 따라 과거에 뜻을 두었지만 진사進士까지는 가지 못하고 거인擧人으로 끝났다. 한때 광동성에서 지현知縣으로 근무하고 남경 응천부應天府의 통판通判(명대에는 지부知府, 즉 부지사府知事를 보좌하는 지방관)이 되었지만 관리 생활에 염증이 나서 임기 도중에 소주로 돌아와 이후 일생을 시은으로 지냈다. 경經·사史에 통달하고 문장이 훌륭하며 서화의 솜씨가 좋았다. 개인으로서 모든 분야에 독자적 식견을 지녔으나 실제 생활에서는 반드시 이념에 구애되지는 않았다. 일세에 문명文名이 높아서 가보家譜·비명碑銘 류의 의뢰를 받으면 윤필潤筆 사례금의 수입이 많았지만 들어오는 즉시 유흥에 소비했다. 이런 종류의 문장은 응세應世의 글, 곧 세속에 영합하는 문장이라 불러 의뢰자의 주문대로 써주었다. 그의 처세 철학은 바보는 진심으로 상대하지 말라는 것으로 이러한 경우는 자기주장을 굽혀도 수치가 되지 않는 것이었다. 이 점에서는 그의 일생은 언행의 불일치라 할 수 있다. 무엇보다도 취미를 중시하는, 뜻이 커 얽매이지 않는(磊落不羈) 생활을 보내고자 한다면 천자가 아닌 한 이처럼 되는 것은 어쩔 수 없다. 이런 부류의 은자는 전대에서는 비교할 만한 것을 찾아볼 수 없다. 아마 명대에 시작된 새로운

생활양식일 것이다.[82]

양명학의 성립

축윤명의 생활방식은 문명이 극히 난숙한 도시에 특유한 것으로 취미에 도취하므로 체계가 없고, 실행은 있지만 이론은 없으며, 반권력적이긴 하지만 투쟁은 없다. 어느 모로 보아도 이것은 유교는 아니고 이단이다. 그래서 더욱 보편적인 교육 원리가 될 만한 철학은 없을까라는 요구에 응해 나타난 것이 축윤명보다 10년쯤 늦게 나온 왕수인王守仁(陽明)이다. 그는 정규 관료의 길을 밟고 정치가로서도 무인으로서도 뛰어난 재능을 보여주었다. 그러나 후세에 미친 영향은 학자로서 주자학에 대항해 양명학陽明學을 수립한 점에 있다. 주자학은 불교의 선禪에 비유하면 누적된 수행에 의해 깨달음을 얻는 조동종曹洞宗의 점오漸悟에 가깝지만, 양명은 정신의 집주集注에 의해 별안간 깨달음을 얻는 임제종臨濟宗의 돈오頓悟와 통하는 데가 있다. 주자학은 태극太極·무극無極의 이론을 근저에 두고 독서에 의해 이지적으로 성인의 도를 탐구하지만, 양명은 이런 물리학 같은 태극 이론으로부터 윤리학은 나오지 않는다며 윤리학은 처음부터 윤리학으로 인간의 주체를 이루는 마음(心)의 문제라고 설파한다. 사람의 마음은 본래 절대선이므로 이를 본래 모습인 절대선으로 되돌리지 않으면 안 된다는 것이 그의 심즉리心卽理의 학설이며, 이를 위해서는 마음의 작용으로 가장 중요한 양지良知[선천적 도덕지道德知]를 충분히 활동시켜야 한다는 것이 그의 치량지致良知[양지의 발현]의 학설이다. 그 지知라는 것은 단순한 인식은 아니고 반드시 그 인식을 행위로 옮겨가는 인식이어야 한다는 것이 그의 지행합일知行合一의 학설이다. 이처럼 그의 학설은 처음부터, 그래야만 한다는 명령형으로 구성되어 있는 것이 특징이다.

왕양명의 학문은 금세 강남 일대를 풍미해 양명학파의 서원이 각지에 건립되어 강학講學의 도장이 되었다. 하지만 양명학은 소주에서는 그 주위를 둘러쌀 뿐 그 중앙으로 들어가 점령할 수가 없었다. 왕양명은 절강浙江 해안에 가까운 여요余姚 사람이며, 따라서 그 학문은 시골 냄새가 나는 의지意志의 철학이었다. 실은 거기에 장점이 있는 것인데, 이는 취미에 탐닉하는 소주 도회인의 성격에 맞지 않았던 것이며, 오히려 양명학 쪽이 소주 문화에 동화되는 경향이 있었다. 양명파의 학자들은 개조開祖인 왕양명 같은 유능한 정치가가 되기보다도 개인으로서 도를 즐기는 은자적 성격이 강해져갔다. 왕양명의 3대째 제자 이지李贄(卓吾) 등은 인요人妖라 불려 세간의 비난을 받았으나 그 풍격은 왕양명보다도 오히려 축윤명에 가깝다.[83]

역사의 주기

축윤명이나 왕양명은 효종의 홍치 연간을 중심으로 활약한 사람들인데, 당시는 명의 극성기로서 특히 강남은 경제적으로 호경기의 덕을 본 황금시대이므로 그만큼 행복했다고 할 수 있다. 그렇다는 이유는 다음 무종武宗의 정덕正德 연간을 거쳐 세종世宗의 가정嘉靖 연간(1522~66)에 들어서면 이미 극성기를 지나 세상의 정세가 어쩐지 소란하고 경제에도 그늘이 보이기 시작하기 때문이다. 이 사회 상황의 변천에 관해서는 이미 명대 사람이 절실한 체험에 의해 정확하게 간파하고 있었다.

고염무의 『천하군국이병서天下郡國利病書』 권32에 「흡현풍토론歙縣風土論」이란 문장이 인용되어 있다. 흡현은 안휘성安徽省 휘주徽州의 치소로서 절강과의 경계에 가까운 변두리 산지에 있으며, 토지의 생산성이 낮아서 인민은 외지로 벌이를 나가 소주를 비롯해 각지에서 상인으로 활약하고, 휘주 재벌[신안新安 상인]을 형성해 경제계에서 주도권을 잡았다. 따라서 산간이라고 하지만 중앙의 경제 변동에 대해 아주 예민하게 느끼는 지역적 풍토가 있었다. 이 문장의 저자는 명 일대의 성쇠를 한 해의 사계절에 비유해 다음과 같이 묘사했다.

국가의 두터운 은택과 깊은 인仁으로 광휘가 겹치고 화평이 지속되어 무릇 홍치弘治에 이르러 지극히 융성했다. 당시 집집마다 넉넉하고 사람마다 만족했다. 살 집이 있고 경작할 토지가 있으며, 땔감을 마련할 산이 있고 김맬 채마밭이 있었다. 과세 독촉으로 어지럽지 않고 도적이 생기지 않으며, 때 맞춰 혼인하고 여염집은 안도하여, 부인은 방적하고 남자는 공명功名의 뜻을 품었다. 노비는 기꺼이 노고하고 이웃은 친목했다. 참으로 한때의 삼대三代였다. 어찌 다만 송宋의 태평太平, 당唐의 정관貞觀, 한漢의 문文·경景 시대뿐이겠는가. 속임수가 아직 싹트지 않고 소송은 아직 일어나지 않으며, 분잡화려함에 아직 물들지 않고 호사豪奢함이 아직 이르지 않았으니, 이는 바로 동지 이후 춘분 이전의 때이다.

이윽고 정덕正德 말, 가정嘉靖 초(1522)에 이르면 다소 달라진다. 상인이 이미 많아지고 전토田土는 중시되지 않아서 자산을 다루고 교제했으며, 기복이 한결같지 않아서 능력 있는 자는 바야흐로 성공하고 졸렬한 자는 곧 파멸된다. 동쪽 집이 이미 부유하니 서쪽 집은 저절로 가난해져서 상하가 균형을 잃고 한 치를 서로 다툰다. 서로 업신여겨 빼앗고 각자 위세를 부린다. 이에 거짓이 싹트고 소송이 일어나며, 분잡 화사함에 물들고 호사함이 이르니, 이는 바로 춘분 이후 하지 이전의 때이다.

이 문장은 여기서 자구를 해석할 겨를이 없다. 그러나 그 의미는 대강 알 수 있을 것으로 생각되며 그것으로 족하다. 대체로 독서에는 한 자 한 구절 천착함에 1년 반 걸려도 좋은 경우도 있고, 대략적 의미를 다 포착하면 충분한 경우도 있다. 사전 없이 외국어를 읽어 대의를 파악하는 연습은 사전을 찾는 방법을 깨우치는 것과 같은 가치가 있다.

여기서 건국 초기 이래 홍치까지의 약 140년간을 봄, 그 이후 가정 초까지의 20년이 못 되는 시기를 여름에 비유한 것은 명백히 시간적 길이의 비례를 잃고 있다. 그러나 이는 당시 사람들이 실감한 것이므로 어쩔 도리가 없다. 오히려 이를 읽는 사람이 명대 사회는 가정 시기 이후 급속한 변화가 와서 그것이 몰락으로 연결되어 가는 정세의 변천으로 이해한다면 그것으로 족하리라 생각한다.

무종이 치세 16년으로 후사 없이 나이 31세로 죽은 것은 명 왕조로서는 선례가 없는 일이었다. 그래서 숙부 흥헌왕興獻王의 아들이 즉위했으니 그가 세종世宗이다. 이듬해를 가정嘉靖 원년이라 개원했는데, 이 연호는 45년까지 계속되었다.

세종이 즉위하자마자 일어난 정치 문제는 그 실부인 흥헌왕을 제사할 때의 호칭을 어떻게 할 것인가라는 이른바 대례大禮의 논의였다. 중국의 관습으로는 세종은 방계로부터 들어와 천자 가문을 이었지만 무종과 같은 세대이므로 그 후사가 되지는 않는다. 그래서 백부 효종을 잇는 사자嗣子가 될 터이므로 대신 양정화楊廷和 등은 효종을 부친 즉 황고皇考라 하고 흥헌왕은 그 아우이므로 황숙부皇淑父로 불러야 한다고 주창했다. 이에 대해 진사 장총張聰이란 자가 반대하는 상소를 올리고 친부를 숙부라고 부르는 것은 인륜을 어지럽히는 처사라 하여 세종의 뜻에 크게 부합했다. 그러나 거의 모든 조신은 대신의 설에 가담해 세종이 흥헌왕을 황고헌황제皇考獻皇帝라 일컫는 것에 반대했으며, 양신楊愼 등 230여 인이 궁정에서 연좌시위를 했다. 천자가 환관을 보내 퇴거를 명하자 일동은 궁문을 흔들며 크게 통곡해 그 소리가 궁중에 울려 퍼졌다. 천자는 점점 더 노해서 그중 130여 명을 체포해 하옥하고 대신 이하 86명에게 정직을 명했다.

이어서 세종의 조칙에 의해 효종을 황백고皇伯考, 그 황후로 생존 중인 장씨張氏를 황백모라 부를 것을 선언해 전부 천자의 의지대로 결말이 났다. 이 문제는 명확히 송대 복의濮議의 재탕이며, 관료 측의 인정에 어긋난 독단적 논리도 거의 송대에 못지않다. 모든 이데올로기 논쟁은 본인들로서는 아주 진지한 것이지만 조금 거리를 두고 제삼자의 입장에서 바라보면 완전히 무의미한 경우가 많다. 이 명의 대례 논의 같은 것도 대신이나 관료들의 의견이 무시되었다고 해서 그것이 국가의 존립에 영향을 준 것도, 그래서 사회 질서가 혼란스러워진 것도 아니었던 것이다.

북로남왜의 우환

세종의 가정 연간은 북로北虜 남왜南倭의 침입에 시달린 시대이다. 그러나 이것도 명 태조의 조법祖法인 쇄국주의, 즉 해금 정책에 근거한 조공무역 제도를 묵수함으로써 자초한 결과라고 할 수도 있다.

명대 전반기 경제의 호경기는 외국과의 무역에 의해 다량의 은이 유입되었기 때문이라고 생각된다. 이 은의 공급원으로서 갑자기 각광을 받고 등장한 것이 일본이었다. 일본은 아시카가 요시미쓰가 영락제로부터 일본 국왕으로 책봉받고 이로써 조공무역을 행할 권리를 얻었으나 이 무역은 극히 제한된 범위의 특권계급에 혜택을 주는 데 그치고 지방의 호족이나 상인들의 희망과는 전혀 관계없는 것이었다. 사정은 중국에서도 마찬가지여서 일본과의 접촉이 허용된 극소수의 특허상인 이외에는 무역의 이익에 참여하는 것이 엄금되고 있었다. 그래서 양국 인민 사이에 밀무역이 시작된 것은 극히 자연스러운 추세였다.

최초에 밀무역의 중계지로 등장한 것은 절강浙江의 영파寧波에 가까운 해도海島인 쌍서雙嶼였으며, 그 기원은 분명하지 않지만 아마 명 초기부터 다소간에 상습적으로 무역이 행해지고 그것이 또 강남, 특히 소주蘇州의 번영에 간접적으로 기여한 바가 적지 않았을 것이다. 하지만 종래 못 본 체해왔던 밀무역에 대해 가정 연간에 들어와서부터 갑자기 금지 방침이 명확히 제기되었던 것이다. 이에 관해서는 포르투갈인이 남양南洋으로부터 북상해 쌍서의 밀무역에 동참했다는 등의 보고가 들어와서 명 관헌의 신경을 자극했다는 사정도 있었던 듯하다.

가정 21년(1542) 영파 지부知府가 쌍서 무역에 대해 최초의 탄압을 가했다. 이듬해에 포르투갈인이 처음으로 일본에 도래해 다네가시마種子島총[조총鳥銃]을 전했는데, 이것은 일본 상인이 쌍서로부터 안내해온 자라고 생각된다. 그렇지만 처음에 명 정부는 쌍서의 무역 근거지 자체를 무력으로 탄압하는 행동으로는 나오지 않았는데, 지방관에게 맡겨서는 실효가 적다고 본 중앙 정부는 도어사都御史 주환朱紈을 특파해서 중국인 밀무역자를 검거하기 시작했던 것이다.

이에 반항해 폭동을 일으킨 것이 이른바 왜구倭寇인데, 실은 반란의 주체를 이룬 것은 중국인이고 일본인은 이에 가세한 것에 지나지 않는다. 소란이 점점 더 확대되자 이것은 양국 인민에게 바람직하지 못한 사태이므로 중국 측의 무역 대표 왕직王直이란 자가 중재를 해서, 명 정부는 주환이 멋대로 살인한 죄를 물어 그를 면직시키고 명·일본의 민간에서는 폭동 책임자를 자수시켜 명 정부에 송치했다. 그러나 이 조정안도 정부와 민간의 불신감으로 인해 중도에 정세가 변하고, 명 정부는 왕직이야말로 밀무역의 수괴라고 지목해 체포하려 했으므로 소란은 한층 확대일로를 걸었다.

그러나 전쟁 상태가 계속되는 동안에는 무역이 완전히 두절되어버리므로 무역업자들은 남으로 내려가 복건의 아모이(厦門) 앞바다 오서浯嶼 및 남쪽으로 더 내려간 남오서南澳嶼에 새로운 근거지를 설치해 무역을 개시했다. 하지만 이 새 밀매장도 명 정부의 날카로운 감시의 눈을 벗어날 수 없었다. 곧 정부의 순시선단이 남오서에 들이닥쳐 지금까지의 평화로운 교역장은 갑자기 피투성이의 수라장으로 변했다. 이에 대해 밀무역을 하는 측에서도 반격으로 나와 복건 연안 일대까지 이른바 왜구의 침략이 미치게 되었다.

전선이 확대되자 중국 측에서도 대응에 곤란을 느끼게 되었다. 현지의 상비군만으로는 부족하므로 다른 지방으로부터 이른바 객군客軍의 내원을 요청했으나 이 객군은 규율이 문란해 그것이 빚는 폐해는 왜구보다도 심하다고 일컬어졌다. 그래서 일어난 반성은 도대체 왜구의 원인은 무엇인지에 대한 검토였으며, 결국 그것은 바로 쇄국주의 자체에 있다는 결론에 도달했던 것이다.

가정제가 치세 45년으로 죽고 아들 목종穆宗이 즉위해 융경隆慶이라 개원한 것을 기화로 명 정부는 큰 영단을 내려 하문을 포함한 장주漳州항을 열고 이곳으로부터 중국인이 해외로 도항해 무역하고 돌아오는 것을 승인했다. 이로써 중국 상인 및 중국 상품은 대만臺灣 또는 필리핀 등에 모습을 나타내게 되고, 일본인이나 서양인은 거기서 자유로이 교역할 수 있게 되었다.

이와 서로 전후해 명의 지방정부는 포르투갈인의 마카오(澳門) 조차租借를 승인했다. 이곳에는 유럽인뿐 아니라 일본인도 자유로이 출입이 허용되었다. 일본에서는 이를 아마가와(天川)라 불렀는데, 모모야마(桃山) 시대에 들어오면서부터 이른바 어주인선御朱印船은 중국 해안을 오른편으로 보면서 접근하지 않고 마카오에 도착해 모든 외국 상품을 입수해 돌아왔다.

이미 장주로부터는 중국인이 외국으로 도항할 수 있고 마카오로는 외국인이 자유로이 와서 정박할 수 있다고 하면 명의 쇄국주의는 실질적으로는 전면적으로 붕괴된 셈이 된다. 다만 극히 비좁은 장소상의 제약이 남아 있었을 뿐이다. 그렇다면 왜 좀 더 일찍 깨달아 이 같은 조상의 법을 형해화하지 않았을까? 그것은 명의 정치가 인민으로부터 완전히 유리되어 있었기 때문이다. 건국 초기에는 방국진의 잔당이 해상 세력으로 남아 명의 지배에 저항한 사실이 있었으므로 일시적으로는 인민을 단속해 해외와 단절할 필요가 있었는지도 모른다. 그러나 그 일시적 정책이 언제까지고 남아 조법으로 준수하도록 강제되어 아무 의미도 없이 쇄국이 고수되었다. 인민은 다만 외국의 은을 원할 뿐 다른 뜻이 없었는데도 이른바 통번通蕃, 즉 외국과 교역한 죄는 극형에 처해졌다. 그 가운데는 부유한 상류계급도 섞여 있었으므로 지방 유력자로부터 자주 의견이 올라왔지만 그것마저도 중앙을 움직이는 데까지 이르지 못했던 것이다. 그래도 남방의 문제는 그럭저럭 해결할 수 있었지만 언제까지고 영향을 남기며 최후에 명 왕조의 치명적인 요인이 된 것은 북방 민족과의 관계이다.

앞서 영종을 포로로 잡아 위세가 성대했던 에센이 내란으로 인해 피살되자 서방의 오이라트가 쇠퇴하고 그 대신 동방의 타타르가 강성해졌다. 칭기즈칸의 혈통을 이어받은 다얀(達延) 칸(汗)이 효종·무종 무렵에 나타났으며, 그 손자 알탄(俺答) 칸이 세종의 가정 연간 남방의 왜구와 때를 같이하여 북쪽 변경을 어지럽혔다. 알탄 칸은 청해青海를 정벌해 이 땅을 몽골화하고, 국론을 통일하기 위해 티베트의 달라이 라마(3세)와 결합해 라마교를 내·외몽골 일대에 보급시키고 국교의 지위를 획득하게 했다. 이처럼 몽골 지방에 입지를 구축해 북방 민족을 조직화하기 위해서는 또한 중국과 타협하는 것이 득책이라고 생각한 알탄 칸은 기꺼이 명 정부로부터 책봉을 받고 순의왕順義王이란 칭호와 아울러 무역의 특권을 얻었다(1571). 그러나 알탄 칸이 라마교를 이용해 국민을 평화롭게 균일화하는 정책은 일시적으로는 자신의 지반을 공고하게 했지만 장기적으로 보면 몽골 민족의 활력을 종교로 소모시킨 결과가 되었고, 모처럼 구축한 몽골인의 우위와 함께 중국을 괴롭혀 온 실적을 곧 동쪽에 이웃한 만주족滿洲族에게 빼앗기는 결과를 초래했다.

만력의 정치

목종 융경제의 6년이란 짧은 치세가 끝나고 어린 아들 신종神宗 만력제萬曆帝가 뒤를 이었다. 만력제의 치세 47년은 조부 가정제보다도 2년 길다. 당시 순의왕 알탄 칸은 이미 투항하고 동남에서는 왜구가 종식되어 표면적으로는 국가가 전성기처럼 보였지만, 실은 그것은 외관뿐이고 중심은 어느덧 병독에 침식되어 공동화되어가고 있었다. 그래도 만력의 초년은 명대의 왕안석이라 할 수 있는 재상 장거정張居正이 10세로 즉위한 어린 황제를 보필해 책임 있게 정치의 중임을 맡고 있었기 때문에 아직 괜찮았다. 장거정은 조세 부담의 공평을 기하기 위해 토지의 측량(丈量)을 행한 것이 부유층의 원한을 사서, 죽은 뒤 처벌을 받아 생전의 봉작封爵이 삭탈되고 그 가산은 몰수되고 일족까지도 먼 곳으로 유배되는 사건이 일어났다.[84] 이후 조정의 시책은 일정한 방침이 없고 바람에 쏠리는 갈대처럼 끊임없이 동요가 계속되기만 했다.

　장거정의 감시의 눈길이 사라짐과 동시에 환관이 세력을 얻어 후궁後宮의 비용이 늘어갔다. 이를 조달하는 재원이 필요하므로 신종은 지방에 환관을 파견해 지방관을 무시하고 천자의 칙명을 내세워 광산을 개발하고 상세商稅를 징수시켰다. 이른바 광사鑛使·세사稅使이니 이들의 폐해는 천하에 미쳤다고 하며, 환관의 망동에 반항해 각지에 폭동이 발생했다. 이때만은 온순하기로 정평이 난 소주蘇州 사람들도 여러 차례 폭동을 일으켰다. 다만 그것은 결코 혁명을 전제로 한 폭동은 아니고 천자와 정치가들에게 반성을 요구하기 위한 폭동이었다.[85] 하지만 그것은 당국자에게는 통하지 않았던 것이니, 이리하여 명 왕조는 차차 인민으로부터 버림을 받게 되었다. 앞서 소개한 『흡현풍토론歙縣風土論』은 이 같은 세태의 변천을 다음과 같이 서술하고 있다.

　　가정嘉靖 말기 융경隆慶 연간에 이르러서는 아주 달라졌다. 말부末富[상업]가 많고 본부本富[농업]는 더욱 적어졌다. 부자는 더욱 부유해지고 빈자는 더욱 가난해졌다. 일어나는 자는 홀로 호령하고 몰락하는 자는 놀라서 뒷걸음친다. 자본이 있으면 이에 재난이 있고 재산은 본래 항구함이 없다. 교역이 번성하니 주구誅求는 각박하고 엄중했다. 간사한 세력가(奸豪)는 변란을 일으키고 큰 악한(巨猾)은 침탈한다. 이에 거짓 속임에 귀역鬼蜮(숨어서 사람을 해치는 괴물)이 있고 쟁송爭訟함에 창(戈矛)이 있으며, 번화함에는 파도가 있고 호사함에는 언덕과 골짜기가 있다. 이것은 바로 하지 이후 추분 이전의 시기이다.

지금에 이르는 30여 년은 현격히 달라졌다. 부자는 백 명에 하나, 빈자는 열 명 중에 아홉 이다. 빈자는 이미 부자에 대적할 수 없으며 소수자도 도리어 다수를 제압할 수 있다. 금의 계절(金令)은 하늘을 맡고 돈의 신은 땅에 우뚝 섰다. 탐욕은 다함이 없고 골육이 서로 해치고 죽이며, 육신을 향수享受해서 낭비를 견디지 못하니, 따라서 또 응보를 이루어 영락함이 그치지 않는다. 이에 귀역은 잠복하고 창은 전쟁의 재난을 동반하며, 파도는 구릉에 오르고 언덕과 골짜기는 뭍과 바다가 되었다. 이는 바로 추분 이후 동지 이전의 시기이다. 아! 나중에 내일이 있다면 그것은 오직 첫 햇빛(陽)이 회복되는 것이다. 어떻게 정치를 세우고 관문을 폐쇄해 행상이 통행하지 못하며, 안정安靜함으로써 미세한 햇빛(微陽)을 배양할 것인가!

이 최후의 부분은 융경 연간이 지나간 다음 30여 년이라 쓰여 있으므로 만력 30여 년 무렵의 상황인 심각한 불경기, 구제할 도리가 없는 현실에 대한 비통한 절규이다.

이를 전후해 장래의 명 왕조의 운명을 결정할 큰 사건이 발생했는데, 당시의 정객들은 조금도 그 중대함을 알아차리지 못했다. 그것은 만주의 오지에 여진女眞족의 족장 누르하치(奴兒哈赤)의 세력이 발흥해 이 시기에 이르러 점차 강성해졌던 것이다.

누르하치의 활동이 최초로 알려진 것은 몽골의 알탄 칸과 대신 장거정이 잇달아 사망한 이듬해인 만력 11년(1583)의 일이었다. 누르하치는 그해에 원수인 니칸와이란(尼堪外蘭)을 투룬(圖倫)성에서 공격해 이겼지만 그의 세력은 아직 미미해서 병사

100인, 갑옷 30벌에 지나지 않았다. 그것이 차츰 융성해진 것은 도요토미 히데요시(豊臣秀吉)의 조선 침략과 관계가 있다.

일본 국내를 통일한 도요토미 히데요시는 분로쿠(文祿) 원년, 명 만력 20년(1592)에 돌연 군을 일으켜 조선에 침입했는데, 이 명분 없는 침략 전쟁은 어째서 일어났을까. 아무래도 그 이면에는 사카이(堺) 상인의 선동이 있었다고 생각된다. 사카이 상인은 총기와 화약을 수입해 도요토미 세력에게 공급하고 있었는데, 국내가 평화로워지자 그들의 상거래도 끝났다. 그래서 다시 전쟁을 계속하도록 히데요시의 과대망상을 부채질했던 듯하다.

이후 7년간 일본은 조선에서 조선을 구원하러 멀리서 온 명군과 싸웠는데, 명군의 통과에 의해 군수 경기의 혜택을 본 만주에서 누르하치는 차근차근 그 세력을 신장할 수 있었던 것이다. 이 만주 세력의 발흥에 대해 명 조정이 의지한 것은 토호 이성량李成梁의 사적 군사력이었다. 그는 조선 출신의 이주자로서 만력 43년(1615) 90세로 죽기 직전까지 조정의 관작을 받으면서도 자기 세력을 부식하고, 자제들도 고관으로 발탁되었다. 일본군과 싸웠던 이여송李如松 · 이여백李如柏은 그의 장자 · 차자였다. 그러나 그의 만년에는 공을 과시해 자의적인 전횡을 휘두르는 일이 많고 허위로 전승을 보고하여 은상을 탐하는 가운데 만주의 세력은 점점 더 강성해졌다. 그가 죽은 이듬해 누르하치는 흥경興京(요령성 신보현新賓縣)에서 제위에 올라 국호를 금金(後金)이라 하고, 천명天命이라 개원하기까지에 이르렀다(1616). 흥경은 요하遼河의 지류인 혼하渾河 상류에 있는데, 명 정부는 이에 대해 4로路의 원정군을 일으켜 토벌에 나섰으나 그 주력은 혼하에 인접한 사르후(薩爾滸) 산의 전투에서 전멸당했는데 (1619), 이로써 만주에서 누르하치의 패권이 확립되었다. 이때 이여백도 일로의 군을 이끌고 출진했지만 주력군이 패배했다는 보고를 듣고 서로 밟으며 도망해 돌아와 어사御史의 탄핵을 받고 두려워 자살했다.[86]

그렇지만 누르하치의 출현은 만리장성 이북의 먼 곳에서 일어난 사건이며 명의 군신에게는 아직 중대한 사태로는 받아들여지지 않았다. 그들의 관심은 유교 이데올로기와 관련된 궁정의 사소한 일에 집중되었다. 당시 관료의 세태를 가장 잘 보여주는 것이 만력 말년부터 천계天啓 초년에 걸쳐 벌어진 세 사건, 이른바 삼안三案의 시말이다.

삼안을 둘러싼 당쟁

신종은 만년에는 조정에 나와 대신들을 보는 일이 거의 없이 궁중에서 환관과 정무를 결재했다. 장자가 태어나 그를 황태자로 삼았으나 후에 정귀비鄭貴妃에게 오로지 총애를 쏟고 그녀가 낳은 복왕福王을 귀여워해 태자 폐립廢立의 의향이 있다는 소문이 났다. 하필 때마침 몽둥이를 휘두르며 태자궁에 뛰어든 한 시골 출신 남자가 체포되어 단순한 광인의 불경죄로 책형에 처해졌는데, 조신 중에는 이를 정귀비가 태자를 암살하려는 음모였다며 배후 관계를 들춰내야 한다고 주장하는 자가 있었다. 이것을 정격挺擊 사건(案)이라 한다(1615).

만력 48년(1620) 7월에 신종이 병사하고 태자가 즉위했는데 그가 광종光宗이다. 그런데 광종은 조신 이가작李可灼이란 자가 올린 붉은 환약을 복용하고 급속히 병세가 악화되어 9월에 죽었다. 광종의 장자가 뒤를 이어 즉위했는데 그가 희종熹宗이다. 즉위한 이듬해를 천계天啓라 개원했는데, 그렇다면 광종 치세의 연호가 없어진다. 그래서 소급해 만력 48년 8월 이후를 태창泰昌 원년이라 고쳤지만 실제로 광종은 불과 1개월밖에 재위하지 않았던 것이다.

광종의 급사에 관해 정부는 이를 이가작의 단순 과실로 처리했지만 조신 중에는 이것도 후궁의 음모라 생각해 그 배후 관계를 추궁해야 한다고 주장하는 자가 많았다. 이를 홍환紅丸의 사건이라 한다. 죽은 광종은 정비正妃를 잃은 다음부터 궁인宮人 이씨李氏를 총애해 즉위 후 이를 황후로 세우려 했으나 뜻을 이루지 못했다. 이씨는 광종의 뜻에 따라 희종의 생모를 대신해 희종을 양육해왔으므로 대신들은 이씨가 궁중에서 세력을 휘두를 것을 두려워해 이씨를 별궁으로 옮겨 희종에게서 멀어지게 했다. 이에 대해 이씨의 당파인 환관 위충현魏忠賢은 이를 은혜를 잊은 행동이라며 반격에 나섰다. 이 논쟁을 이궁移宮의 사건이라 한다.

이 세 사건(三案)의 추이는 환관 위충현의 강경 수단에 의해 첫 단계의 낙착을 보았다. 그는 희종의 유모 객씨客氏를 통해 먼저 희종의 신뢰를 얻고, 다음에는 조신들 사이에 자기편을 만들어 내외가 상응해 반대자들을 붕당朋黨이라고 탄핵했다. 위충현과 제휴한 조신들은 엄당閹黨이라 불렸는데, 엄閹이란 환관을 의미한다. 이에 대해 환관 및 엄당을 공격하는 데 가장 앞장선 것이 동림파東林派의 정객들이었다. 동림은 원래 서원書院의 이

름으로 송대에 양시楊時가 창건했는데, 명의 만력 연간에 고헌
성顧憲成 등의 학자들이 조정에서 축출되어 이곳에 모여 서원을
재건하고 학문을 공개 강론하는 강학의 장소로 삼아 조정 정치
의 시비를 비판해 천하의 여론을 좌우하기에 이르렀으므로, 조
정 대신들 중에도 이를 끌어다 후원자로 삼는 자가 있었다. 한
편 위충현은 특무경찰이라고 할 수 있는 동창東廠의 제독提督이
되고 그 직권을 이용해 반대당에게 가차 없는 탄압을 가해 닥
치는 대로 체포 투옥하고 고문해 억울한 죄를 자백시켜 그 때
문에 옥중에서 절명한 자도 적지 않았다.[87]

이것은 이미 정치라 말할 것도 없고, 공포 수단에 의한 지배
이다. 동림계 정치가들은 송두리째 검거되어 죽음을 당하거나
유배되기도 했다. 어느덧 천자의 대리인으로 떠오른 위충현은
『삼조요전三朝要典』이란 관찬서를 공포하게 했다. 이 중에서 정
격挺擊을 논란하고 홍환紅丸을 고발하며 이궁移宮을 지지하는 자
는 전부 이를 통해 정권 탈취의 음모를 기도한 사악한 당파(邪
黨)였다고 선언했다. 이 결단을 내려 국론을 통일한 위충현은
회천回天의 공로를 세운 것으로 자랑하고, 지방관에게 명해 자
기의 덕을 칭송하기 위해 생사生祠를 세워 살아 있는데도 신으
로 제사하게 했다. 그러나 이런 무리한 짓은 영속할 수 없다. 천
자 희종이 재위 7년으로 죽고 아우 장열제莊烈帝가 즉위하자 형
세는 하룻밤 사이에 뒤집혀버렸다.

명대가 되면 예전의 당대와는 달라서 아무리 환관 위충현이
권세를 휘두를지라도 그것은 천자를 수중에 넣은 다음의 일이
며, 같은 환관 일당 중에도 천자의 명에는 따르지만 위충현에
게 마음으로부터 따르고 있는 것은 아니라는 자가 많았다. 하

물며 조정에는 엄당보다도 반대파 쪽이 수가 많았다. 이런 때에 새 천자가 즉위하면 만사는 천자가 어떤 태도를 취하는가에 따라 결정된다. 그런데 새 천자 장열제는 당시 연소하고 기세가 날카로운 18세로 전부터 형의 실정을 들어 잘 알고 있었다. 형세의 변화에 자신을 얻은 조신들은 차츰 위충현과 그 당파의 전횡을 고발하고 새 천자의 영단으로 위충현을 유배시켰는데, 그는 이미 사면받을 가망이 없다고 단념해 자살했다. 과연 조정에서는 그의 시체를 가져다가 객씨의 시체와 함께 책형磔刑에 처했다.

후금의 발흥

내부 문제는 이것으로 결말이 났으나 그럼에도 형세가 더욱더 위중해지고 있었던 것은 북방의 국경 방위선 바깥쪽과 안쪽이었다. 바깥과 안이라고 한 것은 바깥쪽에서 만주 후금의 세력이 그 후 더욱더 강성해진 것은 말할 나위도 없고 안쪽에서도 명군의 동향이 매우 이상한 상황이 되었기 때문이다.

후금의 태조 누르하치는 사르후 산에서의 전승 후 만주에서 적대 세력들을 일소하고 발해만의 해안선을 따라 남하해 힘을 다해 영원성寧遠城을 공격했다. 영원은 만리장성의 동쪽 끝 산해관山海關을 옹호하기 위한 전진기지이다. 명군이 이 방위전에서 유일하게 믿은 것은 명장 원숭환袁崇煥이 거느린 포병대였으며, 그 홍의포紅衣砲라 불리는 대포는 서양인 선교사 아담 샬(湯若望)이 명을 위해 설계, 주조하기도 했다.[88] 후금의 태조는 이 포의 위력을 모르고 영원성을 공격하려 육박했다가 포탄을 맞아 부상을 입고 돌아와 그 상처가 원인이 되어 죽었다고 한다. 백전백승의 영웅이라도 이 근대적 병기에는 이기지 못했던 것이니 참으로 얼떨결에 당한 패전이었다.

태조의 사후 후계자 문제로 내분이 일어났으나 여덟째 아들 태종太宗 홍타이지(皇太極)가 제위에 올랐다. 여기에는 그의 모친이 만주의 명문가 출신이었다는 사실이 이유의 하나로 꼽힐 수 있을 것이다. 태조 자신은 만주 민족 사이에서는 오히려 낮은 가문이었고, 그가 적수로서 멸망시킨 명문 씨족 여허(葉赫)부에서 맞이한 아내가 낳은 것이 태종이었던 것이다. 그런데 태종이 천자가 되었지만 당시의 만주족 간에는 아직 봉건적 제도가 남아 있고 천자의 지위는 비할 바 없이 존엄한 것은 아니었다. 이보다 앞서 태조는 유명한 팔기八旗 제도를 창설해 전 인민을 8부, 즉 기旗로 나누고 각 기로부터 일정 수의 장정을 징발해 군대를 편제했다. 태조 일족은 이 기를 소유하는 봉건 군주인 버일러(貝勒)이며, 태조는 자기가 2기를 소유한 데다가 다른 6기의 소유자 위에 서서 주권을 행사하는 것에 지나지 않았다. 그러므로 태종의 즉위라 해도 그것은 자기 고유의 1기에다 태조의 몫인 2기, 합쳐서 3기의 소유자가 되며, 다른 5기를 소유한 네 명의 봉건 군주 위에 서서 총지휘권을 발동할 수 있는 직위에 취임한 것에 지나지 않았다.

태종이 즉위했을 당시 후금의 앞날은 꼭 낙관할 만한 상황은 아니었다. 무엇보다도 약점으로 아프게 드러난 것은 무기의 후진성과 물자의 부족이다. 만주족의 전술은 마상에서 활을 쏘는 기병 전법이며, 이것은 야전에는 유효하지만 공성攻城에는 그다지 효과가 없다. 하지만 명 내부의 내분으로 인해 명의 비장의 무기라는 홍의포가 후금군의 손으로 넘어가게 되었다. 명군의 전선 군사령관 원숭환은 문신 출신이지만 영원성을 사수해 공이 있었던 한편 몇 차례 실패도 있어 비난을 받았으며, 더욱이 연소한 장열제는 환관의 참언을 믿고 그에게 반심이 있다고 의심해 증거가 불충분한데도 그를 책형에 처했다. 장열제가 환관 위충현 일파를 주륙할 때에는 그 과단성이 다행스러운 것이었지만 그 뒤에는 국세가 날로 기울어지는 것을 보고 초조감을 느껴 누차 대신들을 사실무근인 죄로 살해해 도리어 자신의 입장을 약화시켰다. 이런 와중에 원숭환 휘하의 포병대장이 탈주해 다수의 대포를 후금에 헌상했다. 무기 면에서 대등해지자 갑자기 후금은 명군을 압도하는 우위에 서게 되었다.

다음에 후금 태종은 즉위 10년째에 국호를 청淸이라 고치고 나서 자원의 빈약함을 다소나마 보충할 목적으로 조선을 속국으로 삼기 위해 대군을 이끌고 남하했다. 조선은 앞서 이미 후금에게 항복한 상태였지만, 태종이 대청大淸 황제를 일컬으며 조공을 요구하자 조선 왕 인조仁祖는 황제라는 칭호는 명 황제가 당장 존재하는 이상 다른 사람을 황제라고 부르라는 요구에는 응하기 어렵다고 회답해 태종의 분노를 샀던 것이다. 인조는 남한산성에 농성한 지 50일 만에 힘이 다해 항복을 청하고 청의 속국이 되었으며, 청의 관대한 조치를 칭송하는 사은비(대청황제공덕비)를 삼전도三田渡에 세우는 굴욕을 당했다. 이것이 청조 초기의 재정난을 타개하는 데 어느 정도 공헌했을 것임은 의심할 여지가 없다.

명 정부는 전력을 다해 청조의 침입에 맞서며, 북경의 북방을 달리는 장성의, 동쪽 산해관에서 서쪽 대동大同에 이르는 구간의 방비를 엄중히 했다. 오랜 공격전으로 인해 청조가 피폐해진 것과 마찬가지로 명 쪽에서도 피폐가 극심해졌다. 더욱이 방위의 파탄은 청조의 정면에 해당되는 전방선이 아니라 장성의 서쪽 끝에 가까운 섬서陝西 내부의 군사 반란이었다.

명의 내란과 멸망

　섬서는 고대에는 국도國都가 위치하고 생산력이 가장 높은 비옥한 땅으로 알려졌는데, 시대가 내려옴과 함께 기후가 건조해져 자주 가뭄의 피해를 입는 척박한 땅이 되어 갔다. 그렇지만 군사상의 요충지라는 점에는 변함이 없어서 명이 중시하는 북방의 9개 변진邊鎭 중 3개 변진이 섬서에 배치되어 있었다. 그런데 명의 북방 방위는 중점이 동부로 편중되기 쉽고 서방은 등한시되는 경향이 있었다. 이 방면은 교통이 불편하므로 중앙에서 군수품을 운반하기가 곤란했기 때문에 은을 급료로 주어 현지에서 조달하게 했는데, 은은 상관에 의해 횡령(中飽)되기 쉽고 또 토지가 척박하기 때문에 식량을 입수하기 곤란했다. 마침내 군대가 기아를 호소해 폭동·반란을 일으키는 사태가 잇따랐지만 명 정부는 이에 대해 아무런 유효한 수단을 쓰지 못하는 가운데 반란은 더욱더 확대되었다. 이 반란군 토벌에 나선 정부군 또한 급양給養(병사나 말에 공급되는 물자)이 나쁜 데 반발해 반란을 일으킨다는 결과가 되었다.
　이 반란군 중에 가장 세력을 신장해 강성하게 된 것이 이자성李自成과 장헌충張獻忠이었다. 처음 장헌충이 연안延安에서 반란을 일으키자 이자성이 이에 합류해 이후 두 사람은 때로는 합치고 때로는 떨어지며 이른바 유적流賊이 되어 사천四川·하남河南·산서山西·안휘安徽 각지를 전전하며 겁략했다. 이자성은 사람의 피를 군마에게 마시게 하고, 장헌충은 인육을 식량으로 했다고 일컬어진다. 명 정부도 때로는 필승을 기해 대규모의 토벌군을 파견했지만 몇 차례 승리를 거두어도 반란군은 조금도 줄어들지 않았다. 이것은 바로 왕조의 말기적 증상이다. 그러므로 이자성이나 장헌충은 여러 번 패주해 포로가 될 뻔했는데, 비록 이때 그들이 포살되었다 해도 그것으로 반란이 수습되지는 않았을 것이다. 왕조의 말기적 증상으로 일어나는 반란은 개인 한두 명이 기도한 것이 아니며 굶주린 민중이나 군대가 사회적 필연의 결과로서 일으킨 반란이기 때문이다.

이 같은 중대한 국면에 대해 명 정부로서는 어떤 대책이 있었나 하면 그것은 사실 거의 없는 것에 가까웠다. 그리고 그것도 결국 조법祖法이라는 전통적 정책에 속박되어 형세의 변화에 대응할 수 없었기 때문이다. 그렇게 된 이유로는 당시의 청조는 아직 역량이 미약해 태종 시대에 내몽골의 타타르 부를 평정했다고 해도 그 상대적인 역량은 송대의 요遼에 미치지 못했다. 청조에서도 그 점을 자각해 명 왕조에 대해 대등한 입장에서의 평화적인 무역 관계를 몇 번이나 신청해 왔다. 만일 명이 황제 제도에 집착한다면 청조 쪽에서는 무리하게 황제라고 칭하지 않아도 좋고 칸(汗)이라는 칭호를 사용해 통호通好해도 무방하다고까지 양보했다. 하지만 명에서는 군신이 함께 이적夷狄에 대해 대등한 교제는 있을 수 없다고 주장하고 어디까지나 조공 관계를 요구해 마지않았다. 이 점에서 명의 정책은 송대의 중국이 요를 대요국大遼國이라 부르고 이와 대등한 조약을 맺은 유연성을 완전히 결여하고 있다. 이 완고한 강경책은 건국 초기 이래 타타르의 알탄 칸을 상대한 무렵까지는 어떻게든 유지되었지만 새로 이를 대신해 나타난 청조에게는 통하지 않았다. 장기간에 걸친 전쟁의 피폐로 인해 명은 먼저 국내적으로 약점을 드러내어 내란이 유발되고 마침내 자멸에 빠진 것이었다.

장열제의 숭정崇禎 17년(1644) 이자성은 섬서로 돌아와 대순왕大順王이라 일컫고, 영창永昌이라 개원하며 백관을 두었다. 반란을 일으킨 지 15년째 지금까지 오로지 각지를 겁략하고 있었는데, 오랜만에 반란의 출발지로 돌아와 왕호를 참칭한 것은 뭔가 새로운 계획이 있었음에 틀림없다. 이자성은 군을 이끌고 산서를 횡단해 정부군의 빈틈을 찌르며 북경을 목표로 진군했다. 이를 막는 장애물은 어디에도 없었다.

이자성군이 북경 바로 근처까지 다가갔을 때 명 정부는 비로소 국경의 정예 실전부대에 수도에 들어와 구원할 것을 명했으나 이미 늦어 시간에 대지 못했다. 북경의 허울뿐인 수비군은 무기를 버리고 흩어졌다. 성문에서 한두 차례 작은 충돌이 있은 뒤 천자 측근의 환관이 성문을 열어 적에게 항복했다. 천자는 백관을 소집해도 누구 하나 입궐하는 자가 없자, 자금성 내의 경산景山 정상에 올라 황후와 황녀를 손수 죽인 다음에 자살했다. 옷깃의 유서를 확인하니 내 몸은 도적이 찢도록 내맡기고 백성은 하나도 상하게 하지 말라고 적혀 있었다. 환관 단 한 명이 순사했다. 명 왕조는 이로써 276년 만에 멸망했다(1644).

장열제는 명군이 될 만한 자질을 가진 천자였다. 즉위한 날 저녁 혼자 궁전 앞에 앉아 명상하고 있으니 기이하게 욕정이 동하는 것을 느꼈다. 문득 보니 가까이 있는 향로에 기이한 향연香煙이 피어오르고 있다는 것을 알아차렸다. 급히 환관을 불러 향로를 가져가게 했다. 그래서 청대에 이루어진 정사인 『명사明史』에는 재위 17년 성색聲色을 가까이 하지 않았다고 쓰여 있다. 하지만 과연 정말일까? 『숭정실록崇禎實錄』에는

> 태감 조화순曹化淳, 강남의 가희歌姬 몇 명을 진상해 몹시 총애를 얻었다

고 기재되어 있다. 시초에는 단단한 결의로 정치에 뜻을 두었던 장열제도 수백 년 전통을 가진 궁정의 분위기, 환관들의 교활한 유혹 전술에는 마침내 지고 말았던 것이다. 그리고 이 환관 조화순이야말로 북경 성문을 열어 제일 먼저 이자성에게 투항한 배신의 장본인이었다. 또 장열제가 이 같은 환관을 신뢰하지 않으면 안 되었던 이면에는 조정 대신들이 모조리 무사안일주의자로 누구 한 사람 책임을 지려 하지 않는다는 사실이 있었다. 그러므로 명의 멸망은 모든 점으로 보아 정치가 부패와 타락의 극에 달했기 때문이니, 왕조가 버텨낼 만한 기한이 지나가버렸던 것이다. 권력만 믿은 강압 정치의 당연한 귀결이었다.

5. 청

청조의 통일

당시 명·청 대립의 주 전장은 장성의 동쪽 끝 산해관山海關이었으며, 명 측에서는 주장 오삼계吳三桂가 정예 부대를 이끌고 방어에 임하고 있었다. 이를 상대하는 청조 측은 마침 태종이 재위 16년으로 사망하고 아들 세조世祖 순치제順治帝가 6세의 어린 나이로 즉위해 숙부인 예친왕睿親王 도르곤(多爾袞)이 2년째 섭정을 맡고 있었다. 예친왕은 부형의 유지를 계승해 거국적으로 대군을 일으켜 명 정벌을 위해 출발했는데, 이는 세조의 계승에 관해서도 내부에 상당한 이의가 있었던 때에 국론을 통일하기 위해서는 명에 대한 적극 정책을 추진할 수밖에 없었기 때문이다.

산해관의 수장 오삼계는 장열제에게서 입경해 구원하라는 명령과 북경 함락의 비보를 잇달아 받았다. 진퇴양난에 빠진 오삼계는 무엇보다도 북경을 회복하고 반란군을 일소해야만 한다고 생각해 청조에 사정을 호소하고 원조를 요청했다. 이때 예친왕의 상황 판단은 눈에 띄게 선명한 것이었다. 그는 전군을 이끌고 산해관에 들어가 오삼계의 출영을 받았는데, 그것은 대등한 동맹은 아니고 오삼계의 항복을 받아들인다는 태도였다. 이를 대하는 오삼계 측에서는 이의 따위를 품을 여유는 없었다. 청군은 오삼계를 선도로 삼아 북경을 향해 진발했다.

한편 북경에 입성한 이자성은 명의 궁전에 들어가 옥좌에 앉아 대순大順 황제라 자처하고 명의 백관을 소집하니 과연 수치를 아는 소수의 사람이 자결한 것을 제하고는 거의 전 관료가 고분고분 출두해 새로운 관직의 임명을 받았다. 그러나 이자성의 부하들은 여태까지 전투와 약탈만 일삼다가 유랑한 끝에 살아남은 난폭자들일 뿐이어서 북경 시민이 입은 재해는 형언할 수 없는 것이었다.

바로 그때 들어온 소식은 청군이 오삼계와 함께 북경을 목표로 남하해온다는 정보였다. 이자성은 이제까지 언제나 야전에서 명군을 격파하곤 했으므로 스스로 정예부대를 이끌고 요격하러 갔다. 그러나 이번의 상대는 종래의 명군과는 전혀 달랐다. 이자성군은 청군의 기병에 포위당해 철저히 타파되고 이자성 자신은 허둥지둥 북경으로 도망쳐 돌아와 금을 있는 대로 남김없이 긁어모아 도망쳤다. 이런 부분이 15년간의 약탈 생활을 통해 몸에 밴 지혜로서 유적流賊의 생태를 여실히 보여주고 있다. 그 점에서는 과연 타고난 천자 장열제의 태도는 달랐다.

그는 측근으로부터 남경으로 천도하자는 진언을 받았을 때도 의연하게 '국가의 군주는 사직社稷에서 죽어야 하니 짐이 또 어디로 가겠는가'라며 움직이지 않았다고 한다.

예친왕은 세조를 받들고 북경에 들어와 이곳을 수도로 정하고 명의 중앙, 지방 관료에게 귀순을 권하는 한편 군을 파견해 이자성을 추적해 섬서를 거쳐 호북湖北에 이르러 그를 죽였다. 이자성의 동배인 장헌충은 앞서 이자성과 나뉘어 별도 부대로 행동했는데, 사천 동부에서 빈번하게 잔학 행위를 해서 이후 100년간 사람의 흔적이 끊어지는 지경에 이르렀다고 한다. 그러나 그도 청병의 추격을 받아 체포되어 죽임을 당하고, 각지의 유적이 대체로 평정되면서 화북은 손쉽게 청조의 영토가 되었다.

앞서 북경에서 장열제가 자살했다는 소식이 전국에 퍼지자 별도別都인 남경南京에서 신종의 손자 복왕福王이 뭇사람의 추대로 황제에 즉위해 이듬해를 홍광弘光이라 개원했다. 그러나 이 정권은 만 1년밖에 유지하지 못했다. 새로 세운 남경 정부에는 이 시기에 와서도 아직 종래의 당파 투쟁이 이어져 뭇사람의 마음을 모아 외적에 임하기보다도 각파가 내부에서 항쟁하는 데 온 정력을 소모하고 있었다. 바로 그때 청군이 다수의 투항한 중국 병사들을 이끌고 밀어닥치니, 잠시도 버티지 못하고 남경 정부는 붕괴하고, 복왕은 체포되어 피살되었다(1645). 이를 대신해 복주福州에서 태조의 9세손 당왕唐王이 황제라 일컫고 이듬해를 융무隆武 원년으로 개원했는데, 이 정권 역시 1년 2개월밖에 유지하지 못했다. 그래서 그 대신 복왕의 종제 계왕桂王이 광동廣東 북부에서 자립하고, 이듬해를 영력永曆 원년으로

개원했으나 청군에 쫓겨 광서廣西로 들어갔다가 다시 운남雲南
으로, 최후에는 버마로 도망갔는데, 청군의 추격의 손길은 다시
이곳까지 뻗쳐왔다. 그 청군의 주장은 앞서 산해관에서 청군에
투항한 바로 그 오삼계였다. 오삼계는 계왕을 사로잡아 철수했
는데, 이 공으로 평서왕平西王에 봉해져서 운남에 진주해 지키게
되었다. 이 밖에 명의 변경의 장군으로 청에 투항한 광동의 평
남왕平南王 상가희尙可喜, 복건의 정남왕靖南王 경계무耿繼茂가 있
어 오삼계와 아울러 삼번三藩이라 불렀다.

이 밖에 명 태조의 10세손인 노왕魯王이 있어 남경이 함락되
었다는 소식을 듣고 절강浙江에서 회복을 꾀했으나 청군에게
격파되어 해상으로 도망쳤다가 토호 정성공鄭成功의 옹립을 받
아 네덜란드인을 내쫓고 대만臺灣을 근거지로 삼았다(1661). 정
성공은 중국 연해의 인민이 조직한 해양 선단의 지도자로서 종
전의 이른바 왜구倭寇 세력의 계승자라 할 수 있다. 대개 바다를
영토로 삼고 선단을 국가로 삼는 해상 세력은 서양사에서는 자
주 나타나지만 중국에서는 아주 희귀한데, 일찍이 동진東晉 말
기의 손은孫恩이란 자가 해상에 세력을 펴고 반란을 일으켜 장
군 유유劉裕에게 평정된 예가 있을 뿐이다. 이때의 해상 세력이
일본 고대의 이른바 5왕五王이 중국 남조南朝에 조공하도록 재
촉한 한 원인이 되었을 것으로 생각되는데, 그 이후 명대의 왜
구가 이를 재현한 것이다. 그 때문에 정성공의 세력은 극히 강
성해 청조의 해군은 이에 대적할 수 없었다. 그래서 청은 연해
거민들을 강제로 내지로 이주시켜 명대보다도 더욱 엄중한 쇄
국 정책을 취해 중국 인민의 해외와의 교통을 일체 엄금했다.
대만의 정씨 정권은 북으로는 일본, 남으로는 남양南洋 여러 나

라들과 연락하고, 때로는 대거 대륙 내지로 침입하려고 꾀했지만 이는 실패로 끝나고 단순한 할거 정권으로서 고립이 계속됐다. 그래도 정씨가 정성공으로부터 아들 정경鄭經, 손자 정극상鄭克塽에게로 3대 23년에 걸쳐 청에 대항해 해상에 군림한 것은 보기 드문 사실이다.

명의 말로는 송의 말로와 극히 유사하다. 다만 송은 두 황제가 해상으로 도망할 수 있었지만 겨우 4년 만에 애산厓山 전투에서 패해 멸망했다. 하지만 명은 황제를 칭한 자가 세 명, 최후에는 버마까지 도망해 들어가 멸망했고, 그 밖에 노왕은 황제를 일컫지 않고 황제 대리인 감국監國이라 자처하며 대만에 근거지를 두고 가장 오래 명맥을 보존했다. 두 양조를 비교하면 명 쪽이 저항력이 강했던 것처럼 보이지만 이로써 명대 중국인의 양이攘夷의 적개심이 송대보다도 왕성했다고 결론짓는다면 그것은 꼭 타당한 것이라고 할 수는 없다. 오히려 송대 이후 명 말기에 이르는 400년 가까운 기간에 화남華南의 경제가 현저하게 개발이 진행되었음을 이야기하는 것이다. 송대에는 대만은 아직 완전히 미지의 야만의 섬이었고, 또 광서로부터 운남을 거쳐 버마까지 도망가는 것 같은 교통의 가능성은 거의 생각할 수 없었을 것임에 틀림없다.

강희제의 무공

청조의 중국 정복은 면밀한 계산에 의해 자국의 국력을 고려하면서 신중하게 추진되었다. 청 초기의 병력은 만주·몽골·한

군 각 팔기八旗로서, 1기는 7,500명이 표준이므로 전체 24기는 약 18만 명이 된다. 그것으로 생각해 보면 인구는 대략 100만 명 내외가 될 것이다. 그것이 1억을 넘는 중국을 정복하고자 하는 것이므로 대단한 일이었다.[89]

한군 팔기는 중국인 귀순 투항자들인데, 그들은 전부 만주의 국가 풍속에 따라 두발은 주위를 깎고 중앙만 길러 그것으로 변발辮髮을 땋도록 강요받고 있었다. 그래서 청조는 북경에 들어가자 귀복한 관리·군대·인민에 대해 일률적으로 변발로 바꾸어야 한다는 명령을 내렸다. 하지만 이에 대한 중국인의 반대는 강렬해서 각지에서 반발의 횃불이 올랐으므로 청조는 놀라서 이 변발령을 거둬들였다. 그렇지만 청조로서는 정복자의 변발 풍습을 피정복자인 중국에 강제할 수 없어서는 절대적 충성을 요구할 수 없을 것이라 생각했다. 그래서 남경의 복왕 정권을 정복한 후 다시 비상한 결의로 두 번째 변발령을 전국에 선포해 머리카락을 남겨두는 자는 머리를 남겨두지 않겠다며 모반자에 대한 것과 같은 형벌로 위반자를 대했다. 이에 대해 각지에서 폭동과 반란이 일어났지만 청조는 사정없이 진압하여 변발령을 강행했다. 다만 불승佛僧과 도사道士만은 면제되어 종래의 모습을 보존하도록 허용되었다. 그래서 각지에서 마음에도 없는 승려 모습을 한 사람들이 눈에 띄었다고 한다.

중국 정복 후 남방에 삼번三藩의 존재를 허용한 것도 청조의 이러한 현실 정책이 나타난 결과였다. 반 독립적인 삼번을 원거리에 존치해 그곳을 불평분자와 야심가의 수용소로 삼았던 것이다. 특히 평서왕 오삼계의 군대 안에는 이자성과 장헌충의 옛 부하들이 많았는데, 청조는 해마다 막대한 군비를 지급해

이 불량 군인 부대를 부양했던 것이다. 하지만 이런 것이 그렇게 오래 계속될 리는 없다.

세조 순치제는 재위 18년으로 죽었지만 나이 24세였다. 나이답지 않게 유학을 좋아했고 글씨를 잘 썼으며 또한 선禪에도 통했다고 한다. 아들 성조聖祖 강희제康熙帝가 제위를 이었는데, 이후 여러 황제도 모두 중국의 학술을 익히고 상당한 문화인이 되어 우매한 군주라는 자는 한 사람도 나오지 않았다. 이 점은 원元의 군주들이 중국 문화를 경시한 것과 크게 다를 뿐 아니라 역대 중국 왕조에 비해서도 손색이 없었다고 할 수 있다. 강희제는 8세에 즉위해 재위 61년이라는 중국사상 일찍이 없는 긴 치세의 기록을 남겼다. 청조의 중국 지배는 이 기간에 부동의 태세를 확립했다고 해도 좋다.

강희제는 우선 삼번의 철거에 착수했다. 이 같은 이질적 요소를 잔존시켜서는 진정한 통일이라고 할 수 없기 때문이다. 이럴 때 언제나 참고로 인용되는 것은 전한 조조鼂錯의 말, 삭감해도 모반하고 삭감하지 않아도 역시 모반한다는 이론이다. 운남의 오삼계는 조정이 먼저 광동 상가희의 번을 철폐해 북으로 옮기고 삼번의 일각을 붕괴시키려 하고 있다는 통보를 듣고, 복건의 경정충耿精忠과 획책해 연명으로 자신들도 광동과 같이 번을 폐지하고 싶다고 상소해 청원했지만 실은 이로써 조정을 위협한 셈이었다. 그런데 강희제는 기다리고 있었다는 듯이 그 청을 허락해 번의 철폐 사무를 처리하는 관리를 파견하고 세 번왕藩王이 이전할 곳을 산해관의 북쪽으로 지정했다. 예상이 빗나간 오삼계는 거병해 반란을 일으키고 그 명분으로 명의 부흥을 제창했지만 이것은 몹시 거북한 것이었다. 명의 최후의 황제를 자처하던 계왕을 잡아 죽인 것이 바로 오삼계 본인이었기 때문이다. 더욱이 그 자신은 이미 청조의 풍습에 따라 머리를 깎아 변발을 하고 있었다. 순역順逆의 이치는 처음부터 명백했다.

오삼계는 호남湖南으로 진출했으나 다른 두 번과 공동작전을 펼 수가 없어 복건과 광동은 각개 격파되고 호남의 전선도 악주岳州에서 교착되고 말았다. 강희제는 새로 귀순한 한인 부대인 녹영병綠營兵을 향해서 이번의 반란은 중국인의 반란이므로 이를 진정시키는 데 중국인 부대의 분기가 기대된다며 격려했다. 전선이 고착되자 물자가 풍부한 정부군이 차츰 우세해졌다. 드디어 패전을 각오한 오삼계는 무슨 생각에서인지 돌연 황제로 즉위해 국호를 대주大周라 하고 소무昭武라 개원했다(1678). 혹시 실패를 자각하고 조화를 꽃피우게 할 속셈이었던 것일까? 그 후 3개월 만에 병사해 손자 오세번吳世璠이 제위를 이어 홍화洪化라 개원했다. 그러므로 소무란 연호는 매우 짧았던 것인데도 소무통보昭武通寶란 문자가 들어 있는 직수입의 동전이 일본에까지 상당한 수량이 전해져오고 있다. 아마 군대의 급여로 상당히 다량으로 주조했던 것으로 보인다. 오세번 대에 와서 대주의 영토는 더욱 축소되고 호남의 진지를 지탱하지 못해 운남으로 도망쳐 돌아가자, 청군은 그 뒤를 추적해 곤명昆明을 포위하니 오세번은 자살하고 삼번은 평정되었다.

삼번과 호응해 대만의 정씨 정권도 연안 지방에 침입했다. 그러나 당시 대만은 정성공의 아들 정경이 죽고 내분 끝에 아들 정극상이 뒤를 이었는데, 유약해 장군들을 통솔할 수 없었으며 대륙에서의 전황도 좋지 않아 차츰 쇠망의 징조가 나타났다. 청조는 운남을 평정한 기세를 타고 네덜란드 해군의 원조를 빌려 정씨의 해군을 격파한 다음 대만으로 진공해 정극상을 항복시켰다(1683). 대만이 중국의 영토로 편입된 것은 이것이 최초이다. 강희제는 그리하여 해금海禁을 풀고 여러 외국들이 중국의 연해 항구에 와서 무역하는 것을 허락했다.

강희제는 다음에 장성長城 밖의 북방 민족에 대한 경영에 착수했다. 내몽골은 일찍이 태종 때에 귀복해 있었는데, 외몽골의 할하(喀爾喀) 부는 그 서쪽에 인접한 일리(伊犁) 지방의 준가르(準噶爾) 부와 공쟁을 계속하고 있었다. 준가르 부는 오이라트의 일부로 명 말기에 오이라트 부를 통일해 강성해지고, 티베트를 복종시켜 라마와 동맹하며, 또 천산남로天山南路의 이슬람화된 도시들을 정복했다. 당시 준가르 부에는 명대의 유명한 수장 에센의 자손이라 일컫는 갈단(噶爾丹)이 나타나 동으로 향해 외몽골에 침입하고 다시 내몽골을 압박했다. 외몽골의 할하 부는 달아나 청조에 원조를 요청했으므로 강희제는 그 투항을 받아들여 대군을 이끌고 내몽골로 친정해 열하熱河(承德)와 가까운 울란부퉁(烏蘭布通)에서 준가르군을 크게 격파했다. 이때 청조 측에서 사용한 대포의 위력이 승패를 결정했다(1690). 그로부터 6년 뒤 다시 강희제는 외몽골로 진군해 갈단에 치명적인 패배를 안겼다.

중국의 천자가 외몽골에 친정한 것은 명의 영락제永樂帝 이래 처음이다. 하지만 영락제의 경우는 외몽골을 신복臣服시키는 데 이르지는 못했지만, 강희제는 외몽골을 준가르 부의 침입으로부터 보호함으로써 완전한 복종을 서약하게 할 수 있었다. 이 것은 실로 중국 역사가 시작된 이래 최초의 사태이며, 이후 200

년 남짓 외몽골은 완전히 청조의 영토였다. 현재의 중화인민공화국의 입장에서 중국은 중화민국을 거쳐 청조의 영토를 상속한 것이므로 외몽골은 따라서 완전한 중국의 영토여야 하는 것이다. 이를 무력으로 독립시켜 소련의 위성국으로 만든 것은 소련이 패권국가이기 때문이라는 것이 현재 중국인의 논리이며, 이 외몽골 문제가 해결되지 않는 한 중·소 화해는 있을 수 없다는 것이 내 생각이다.

원과 청

청조의 중국 지배는 세조의 치세 때 대략적으로 규모가 정해지고, 강희제의 긴 재위 기간에 통치 조직이 형성되었다. 청조의 역사는 북방 민족 사이에서 일어나 중국을 정복한 점에서 바로 원조元朝의 반복이지만 그 정치는 원조의 정치보다도 훨씬 탁월한 것이었다.

우선 원은 그 강력한 무력에 지나친 자신을 가졌기 때문에 중국의 토지와 인민을 자기가 취득한 재산으로 간주하는 경향이 강했다. 그런데 청조는 처음부터 중국 인민을 질고疾苦에서 구한다는 대의명분을 내걸고 쳐들어온 것이다. 남경의 복왕 정권이 북경에 눌러앉은 청조에 대해 산해관 바깥으로 퇴거할 것을 요구하고 그런 다음에 이웃 국가로서 우호를 트겠다는 제의를 한 데 대해 예친왕은 청조의 입장을 다음과 같이 주장했다.

청조는 원래 명의 우호국(與國)이었다. 그런데 명은 정치가 문란해 유적의 동란에 직면해 마침내 사직社稷을 잃는 데 이르고 인민은 도탄의 고통에 빠졌다. 그래서 청조는 차마 보기가 딱해서 유적을 토벌하고 인민을 화란禍亂 속에서 구제했다. 그 공덕에 의해 백 성의 추대를 받아 중국에 군림하고 있는 것이니 이는 천명이다. 지금 남경의 명의 유신遺臣들은 명의 후계자라는 권리를 주장하고 있지만 너희들은 일찍이 북경의 명의 천자가 유적의 침구侵寇에 시달리고 있음을 알면서도 일찍이 화살 하나 쏘아 들어와 구원한 적이 있는가?

이는 남경 정권에 대한 엄한 힐문이다. 이와 동시에 청조야말로 천명을 받아 만민을 안도시킬 임무를 부여받은 왕조라는 선언이기도 하다. 선언인 이상 그 내용은 충실히 지켜야만 한다. 입국立國의 정신부터 청조는 원조와 달랐다.

물론 선언은 에누리해 들어야 한다. 청조는 강남 정복에 임해서 각지에서 대량 학살을 저지른 죄의 자취를 숨길 수는 없다. 그러나 그 이상의 학살을 이자성이나 장헌충은 자행했던 것이다. 아마 당시 중국 인민의 대다수는 명이든 청이든 하루라도 빨리 혼란을 수습해 평화가 돌아오기를 원했음이 틀림없다.[90]

원 왕조의 중국 지배는 몽골 민족만을 위한 것이었다. 중앙·지방 관아의 최고 관직인 다루가치(達魯花赤)에는 몽골인이 임명되고, 정치상의 결정권은 전부 그 손에 장악되어 중국인 관리는 보좌관에 머물렀다. 이에 반해 청조는 만주인과 중국인이 협동해 정치를 하는 형식이었다. 중앙정부에서는 위로 내각內閣 대학사大學士 이하 고급 관리는 전부 만滿·한漢 두 민족을 같은 수로 임명해 형체와 그림자 같은 이중 체제를 채택했다. 예컨대 내각대학사는 만·한 각 3명, 협판대학사協辦大學士는 만·

한 각 1명, 이吏·호戶·예禮·병兵·형刑·공工 6부部에서는 상서尚書·좌시랑左侍郎·우시랑右侍郎이 모두 만·한 각 1명, 그 아래의 낭중郎中·원외랑員外郎·주사主事가 모두 만·한 같은 수를 임명했다. 공용어는 만주어이지만 중국어를 첨부하므로 번역을 위해 각 아문衙門에 필첩식筆帖式 약간 명을 두는데, 이 관직은 전부 기인旗人[팔기 호적 소속]이 임명되어 기결旗缺이라 불린다. 또한 전체 아문의 실제 사무는 중국인 서리胥吏에 의해 운영되므로 그 총감독 역할로서 수령관首領官이 설치되는데, 이는 한결漢缺, 즉 중국인만이 임용되어야 하는 직책이 된다.

지방 정치에 관해서 청조는 전부 중국인의 자치에 맡기는 방침을 취하고 많은 지위에 중국인을 임명했는데, 감시를 위해 만주인을 배치하기는 하지만 장관 이외에는 만주인이 임용되지 않은 것은 그들의 품위를 보존하기 위한 것이었다.

지방의 방비는 중국인으로 조직하는 녹영綠營 군대가 담당하는데, 이는 성省의 총독總督·순무巡撫·제독提督에 의해 통할된다. 총독·순무는 민정 장관이라 할 수 있어 중국인과 더불어 만주인도 임명된다. 지방의 군사적 요충지에는 팔기八旗 군대를 주방군駐防軍으로 주둔시키는데, 그 지휘관인 장군은 기결, 즉 기인 출신자 전용의 직책이다.[91]

청조의 정치 조직은 극히 교묘해서 만주인과 한인이 협력해 작업한다고 하면 정말 듣기는 좋지만 실제로는 만주인과 한인을 서로 견제하고 감시해 나쁜 일을 기도할 수 없게 배려된 것이다. 그러나 나쁜 일을 할 수 없음과 아울러 좋은 일도 하기 어려운 것인데, 원래 중국에서는 정치가에 대해 좋은 일을 하라고 요구하기보다도 나쁜 일을 하지 말라고 요구하는 면이 강하다.

아무리 중앙정부에서 대관大官의 수를 만·한 두 민족에 같은 수로 하고자 해도 천자만은 만주인 한 사람이며 여기에 한인을 또 한 사람 첨가할 수는 없다. 그래서 천자의 결재를 받드는 문서는 전부 만주어이고, 한문 문서는 만주어로 번역하든가 혹은 요지를 번역해 천자에게 제출한다. 천자의 명령, 조칙도 만주어 원문에 그 한문 번역을 첨부해 두 문체로 선포한다. 이 작업을 실시하는 것이 내각이며, 따라서 청 초기의 내각은 정책을 입안하기보다는 번역 사무에 전념하게 되었다. 그리고 번역에는 시간이 걸리므로 결정이나 실시가 지연되거나 기밀이 도중에 누설되는 폐해가 두드러지게 되었다. 이것은 이민족 왕조의 숙명적인 과제라고 하더라도 그대로 내버려 둘 수 있는 문제는 아니었다. 이는 강희제 다음의 옹정제雍正帝에 의해 해결된다.

청조의 전성기 시작되다

강희제는 무술에 능하고 또 중국 고전에도 통해서 시詩·서書를 잘 했다. 재위 61년간 안으로는 삼번의 난을 평정하고 대만을 새로운 영토로 편입시켰으며, 밖으로는 준가르 부를 궁지에 몰고 외몽골을 신복臣服시켜 청조 지배의 기초를 견고히 했다. 그래서 중국의 역대 황제 중 손꼽는 명군이라 하는데, 한편으로는 그 시대가 좋았던 탓이기도 하다. 대만 평정 후 해금을 풀고 해외 무역을 허용하자 네덜란드·영국 등 각국이 도래해 때로는 절강의 영파寧波까지 와서 교역을 했다. 무역 상대로는 명대까지는 가톨릭 국가인 포르투갈 위주였으나 청대에 오면 더욱 활동적인 개신교 국가들이 추가되었으며, 중국의 산물인 차·비단·도자기 등이 요구되고 그 대가로 다량의 은이 유입되었다. 이로 인해 중국의 경제는 비상한 호경기의 혜택을 보고, 그 자극에 의해 생산도 더욱더 확대되었다. 이는 필연적으로 국고 수입의 증대를 가져왔다. 원래 중국의 재정은 몇 번인가 예산주의의 채용이 시도되었으나 그때마다 실패했다. 한번은 세입·세출의 예산을 세우고 예산에 따라 과세하는 방침을 정해보았는데, 결국 그것이 어느새 고정되어 실적에 의해 세입이 정해지고 세입에 따라 세출이 가감된다는 전통으로 되돌아가 버렸다. 그러므로 경제가 고도성장을 이루어가는 시대에는 세입이 점점 증가해 간다. 그러한 때에는 전쟁을 하면 이기는 것이 당연해서, 강희제의 외정外征의 무훈도 실은 조금도 위대하다고 할 만한 게 아닌 것이다.

그런데 전쟁이 없어지자 이번에는 재정에 잉여가 생겨서 금전과 곡물이 국고에 축적되어 둘 곳이 없어진다. 또 현금이 너무 많이 사장되니, 그것이 경기에 영향을 주어 불경기의 원인이 될 우려가 있었다. 그래서 경기 대책으로서도 축적된 것을 소비해야 할 필요가 생겼다. 송대에도 일시 그런 시대가 있었지만 무심코 궁전 건축 등을 시작하자 그 뒤의 유지비가 힘겨워졌다. 그래서 청대의 재정가들은 천자의 유람 여행을 착상했다. 이를 위해서는 풍광이 명미明媚하며 기후가 온난한 강남보다 나은 곳은 없다. 이에 천자의 남방 순행(南巡)이란 것이 시작되었다.

강희 23년(1684) 천자는 동방으로 순행해 태산泰山에서 제를 올리고, 곡부曲阜의 공자묘孔子廟에 배례한다는 명목으로 출발했다. 하지만 태산을 내려오자 바로 근처의 곡부에는 가지 않고 남방으로 향했다. 여기에는 황하의 치수 공사, 즉 하공河工의 시찰이라는 명목이 있었다. 당시 황하는 하남의 개봉開封 동쪽으로부터 남으로 흘러 회수淮水와 합류해 동으로 흘렀는데, 하도河道가 좁은 탓으로 자주 범람해 재해를 일으키고 또 대운하를 침범하므로 막대한 비용을 투입해 치수 공사가 기획되고 있었다. 그래서 강희제는 공사 현장을 시찰한 것인데, 또다시 행정行程을 연장해 양자강을 건너고 소주를 거쳐 남경에 이르렀다. 거기서부터 되돌아와 다시금 태산 기슭의 곡부에 나타나 공자묘에 배례했다. 동순東巡이라 선언하고 나섰는데 서둘러 남순을 했으므로 뭔가 수업을 빼먹고 돌아온 악동과 같은 표정이었을 것이다. 원래 강남의 풍물은 북경 주변에서는 볼 수 없는 우아한 것이었으므로 천자의 마음에 이 즐거움은 잊을 수 없었다. 강남은 재부財賦의 땅으로 알려져 있으나, 인정人情의 순박함은 북방보다 못하다는 따위의 말을 하면서도 그 후 강희 28년, 38년, 42년, 44년, 46년 전후 6회에 걸쳐 남순을 행했다. 천자의 여행이므로 규모는 몹시 장대했으나 비용은 전부 정부에서 지출하고 인민에게는 상을 줄지언정 한 푼도 폐를 끼치지 않는다는 것이 천자 자신의 말이었다.

그 밖에 강희제가 국고의 잉여를 지출하기 위해 행한 사업으로 후세에 은혜를 남긴 것은 도서의 편찬이다. 이른바 강희 시대의 흠정서欽定書로는 『강희자전康熙字典』·『패문운부佩文韻府』·『연감류함淵鑑類函』·『변자류편騈字類編』 등 수없이 많은 가운데 『고금도서집성古今圖書集成』 1만 권은 그야말로 문자 그대로 압권이다. 이 같은 성대한 문화 사업은 원대에는 물론 없었고, 중국인 왕조 중에서조차 억지로 찾자면 송 초기에 이와 유사한 것을 약간 볼 수 있을 뿐이다. 그리고 이들 사업을 위해 전국으로부터 문화인이 북경으로 소집되어, 북경도 유력한 문화 중심이 될 수 있었다. 그렇게 말하는 이유는 당시에는 여전히 소주, 항주 등 강남 지방이 문화의 원천인 점에 변함이 없었기 때문이다.

강희제의 남순 및 도서 편찬 사업은 그 손자 건륭제에 의해 한층 더 성대하게 계승되었다. 한 왕조의 짧은 기간 중에서조차 역사의 반복은 자주 이뤄지는 것이다. 그래서 후세에 청조의 전성기라 하면 입을 모아 강희·건륭이라고 일컫는데, 실은 이 중간에 의외로 눈에 띄지 않고 치세도 비교적 짧았지만 실은 중대한 의미를 갖는 옹정 시대가 존재했던 것이다.

옹정제의 내치

강희제는 자식 부자로 아들 35명을 두었는데, 만년에 이르러 황제의 심신 쇠약이 나타남과 더불어 황자·조신들이 붕당을 만들어 세력 다툼을 하는 폐해가 일어났다. 황제가 69세로 사거한 뒤 넷째 아들 옹정제雍正帝가 뒤를 이은 것은 다행이었다. 당시 옹정제는 45세로 그때까지 상속권이 없던 오랜 기간 중 얻은 경험과 밝은 통찰력이 있는 천성적 자질로 강희 말년의 방종으로 흐른 정치를 긴장시켜 기강의 숙정을 꾀했다.

옹정제는 명 이래의 내각 제도가 불편함을 보고 내각을 형해화하고 이를 대신하는 것으로 따로 군기처軍機處란 최고 기관을 설치했다. 청 초기의 내각은 천자와 그 측근이 만주인이기 때문에 제1공용어를 만주어로 하고, 중국에 관계된 한문 문서도 일일이 만주어로 번역해야만 했다. 그런데 실은 청조는 순치제 이후 적어도 천자는 중국어를 잘하고 중국인 이상의 문화인이었으므로 결재를 위해 한문 문서를 번역할 필요가 전혀 없어졌으나 정복자의 체면으로 중지하지 못했던 터이다. 합리주의자인 옹정제는 그것을 어리석은 전통이라고 생각했다. 서북 국경에서 준가르 부와의 전쟁이 있었을 때 그는 궁중에 군기처를 설치해 몇 사람의 군기대신軍機大臣과 그 아래의 군기장경軍機章京을 만·한족 같은 수로 임명했다. 전방 일선에서 오는 문서는 만주문滿洲文이면 만滿 장경이 취급하고 한문이면 한漢 장경이 취급하며, 천자는 대신들과 상의해 만문 문서에는 만주어로, 한문 문서는 중국어로 결재를 하기로 했다. 이렇게 하면 문서를 일일이 번역하는 수고도 시간도 줄어서 신속하고 민첩하게 처리를 할 수 있다. 군기처가 생기자 긴급을 요하는 중요한 문서는 차츰 이곳을 경유하게 되고 내각에서 취급하는 것은 회계 보고 등 평상적인 문서만 남게 되어, 이에 따라 내각대학사는 한산한 명예직으로 변하고 실권은 군기대신의 손으로 옮겨 갔다. 그 아래의 군기장경에는 유능한 젊은 관료를 발탁했는데, 이 임무를 감당하는 데는 무엇보다도 빨리 문장을 쓰지 않으면 안 되었다. 그 이유는 군기처에는 예외적으로 서리를 두지 않았기 때문이다. 장경이 서리의 역할까지 맡는 것이다. 서리의 폐해는 역대 계속해서 지적된 것이지만 청조에 이르러 모처럼 그 중추부에 이러한 신식 기관이 창립되었다. 이로 인해 청조의 명맥이 다른 왕조에 비해 오래 지속되었다고 해도 과언은 아니다.

옹정제의 정치 방식은 예컨대 왕안석과 같은 합리주의였다. 원래 중국에서는 관리의 봉급이 극히 낮게 억제되어 그것으로는 생활을 할 수 없으므로 조세에 화모火耗라 불리는 사적인 부가세를 징수하고 이를 제멋대로 나눠 갖고 있었다. 옹정제는 이를 고쳐 제한을 두고 부가세를 공적으로 징수하도록 지도하고, 그 가운데서 양렴은養廉銀이라 불리는 것으로 관료들의 급여를 늘려주었다.

옹정제는 또 지방 고관들과 공문서 외에 수신인이 직접 펴보는 사적인 서신을 교환하고 지방의 실상을 숨기지 말고 보고하게 했다. 그는 늦은 밤까지 홀로 이 주접奏摺을 열람하고 거기에 주필朱筆로 답신, 즉 주비유지硃批諭旨를 기입해 돌려보냈다. 이 문서는 다시금 천자에게 반납되는데, 이 주비유지가 붙은 문서가 궁중에 산적해 복도에까지 쌓였다고 한다. 옹정제처럼 정력적인 노력가에게나 비로소 가능한 일이었다. 군주독재의 근세에 들어간 중국에서도 이만큼 전형적인 독재군주는 달리 없었다. 청조 특유의 중국 지배 체제는 옹정제에 의해 완성되었다고 해도 좋다.[92]

중국 군주의 특권 중에는 후계자 지명권이 포함된다. 그렇게 말하는 이유는 몽골·만주 같은 북방 민족의 군주는 유력자의 집회에서 선거를 해야 했으니, 바꿔 말하면 군주는 1대에 한한 것이었다. 청조에서도 태종까지는 후계자를 예정해 두는 것조차 할 수 없었다. 세조 때에 와서 점차 중국식 천자가 되었는데, 그런데도 사후의 유조遺詔에 의해 강희제를 지명했던 것이다.

완전히 중국식이 된 것은 강희제 때였으니, 그는 아직 젊을 때 적장자嫡長子를 황태자로 책립冊立했다. 그런데 불초한 태자에 편승해 장래의 투기에 뜻을 둔 조신들이 태자에게 아첨해 당파를 만들고, 마침내는 부친인 황제를 시역弑逆하려는 음모로까지 발전했으므로 강희제는 태자를 폐한 채로 결국 태자를 세우는 권리 행사를 체념해 버렸다. 그리고 임종 때 옹정제를 후사後嗣로 지명했던 것이다. 옹정제는 이 실패를 목격했으므로 자신도 태자를 세우지 않고, 이른바 태자밀건법太子密建法이란 것을 고안했다. 그것은 후계자의 이름을 적은 쪽지를 상자에 넣어 궁중의 정대광명正大光明이라고 쓴 액자 뒤에 숨겨두고, 만일 천자가 지명을 하지 않고 죽는 경우에는 대신들이 입회한 가운데 상자를 열어 유지에 따라 새 천자를 세운다는 방법이다. 그런데 옹정제도 실제로는 즉위 13년째 임종할 때 넷째 아들 고종高宗을 지명해 대신들에게 준행시켰던 것이다(1735). 그 고종 건륭제는 치세 60년에 아들 인종仁宗을 태자로 세우고, 이듬해 정월에 양위해 태상황太上皇이 되었다. 표면상으로는 조부 강희제의 재위 61년의 기록을 깨서는 안 된다는 이유였지만, 실제로는 태자밀건법이라는 면목이 서지 않는 방법을 따르기가 싫고 당당히 중국의 독재군주답게 후계자 지명권을 발동해 보고 싶었기 때문이었을 거라고 생각된다.

건륭의 정치

건륭 60년은 강희 61년을 되풀이한 부분이 많다. 대외적으로는 조부 이래의 과제였던 준가르 부와의 항쟁에 종지부를 찍고 그 본거지인 천산북로天山北路를 석권하여, 그 지배 아래 있던 천산남로의 사막 주변 이슬람 도시들을 평정하고 남북 양로를 합쳐 신강新疆으로 했다. 그 남쪽으로 이어지는 청해青海·티베트(西藏)는 이미 옹정 시대부터 귀복하고 있었으므로, 이에 청조의 최대 판도가 형성되어 중국 본부 18성省과 만滿, 그리고 몽蒙[몽골]·회回[이슬람]·장藏[티베트]을 포함한 번부藩部가 한 덩어리의 영토가 되었다.[93]

건륭제의 도서 편찬 사업은 강희제를 훨씬 상회하는 것이었다. 그중 최고의 정점은 뭐라 해도 『사고전서四庫全書』의 완성이다. 강희 시대의 편찬은 발췌 사업이어서 모처럼 모은 자료를 카드에 발췌해 쓰고 그것을 배열해 묶은 책[類書]으로 오로지 독서인들에게 검색의 노고를 덜어주는 편의를 제공하는 것이 목적이었다. 이에 대해 건륭의 『사고전서』는 전국에 명령해 모든 도서를 정부에 진정進呈하게 하고 그 가운데서 가치 있다고 인정된 것을 책 전체를 그대로 수록한 일대 총서叢書이다. 경經·사史·자子·집集 4부部 3,458종 79,224권을 36,383책으로 장정裝幀하고, 우선 4질帙을 필사해 북경 궁성과 원명원圓明園·봉천奉天·열하熱河의 이궁離宮에 소장했다. 이는 천자의 개인용인 것이다. 다음에 3질을 만들어 당시 민간 문화가 가장 진보한 강소江蘇·절강浙江 지방의 양주揚州·진강鎭江·항주杭州 세 곳에 두어 학자의 열람을 위해 제공했다. 이 목록 해설이 『사고전서총목제요四庫全書總目提要』이며, 현재도 서지학書誌學에서 불가결한 문헌이다.

강희제는 주자학을 좋아했지만 건륭 연간이 되자 세상은 고증학考證學이 성행하게 되고, 『사고전서총목제요』의 작성에 가장 많은 공헌을 한 기윤紀昀도 최대의 노력을 고증학에 쏟고 있다. 고증학의 입장에서 보면 자료들을 가위와 풀로 붙여 엮은 것은 속서俗書여서 가치가 없었다.

청조에는 원조가 되풀이된 점들을 볼 수 있으나 국고를 기울인 수서修書 사업이란 것은 원대의 몽골인에게는 꿈에도 생각할 수 없는 것이었다. 원대에 이루어진 것이라면 『요사』·『금사』·『송사』 3사의 편찬 정도이다. 더욱이 그것이 극히 소홀히 만들어졌기 때문에 그 완성도가 몹시 조악하다고 일컬어졌다. 그러나 한편 원대에는 중국 문화에 대한 이해가 없어서 이를 방임했기 때문에 청대에 일어난 것 같은 문자옥文字獄이라 불리는 필화筆禍 사건 또한 발생하지 않아도 되었다.

중국 문화에 대한 이해를 갖고 중국의 문학 도서를 읽을수록 만주 출신의 군신은 중국인이 품고 있는 양이攘夷 사상의 심각한 일면을 엿보고 알지 못할 불안감에 시달렸다. 중국인은 표면상으로는 청조에 복종하고 그 정치를 칭송하는 것처럼 보이지만 그 속마음에는 무엇을 생각하고 있는지 알 수 없다. 이래서는 청조의 지배가 과연 언제까지 지속될지 의심스러워진다. 만주 조정은 싫든 좋든 간에 중국의 양이 사상과 대결하지 않을 수 없게 된 것이다.

순치 말기부터 강희 초기에 걸쳐 최초의 문자옥이 일어났다. 장정롱莊廷鑨이란 자가 이름을 팔려는 동기로 타인이 쓴 명대의 역사를 『명서明書』라는 이름으로 출판했는데, 그 책 속에 청조를 나쁘게 쓴 것 때문에 본인은 물론 관계자 2백여 명이 사형에 처해졌다. 이 일이 발생한 이후 조정에서 『명사明史』의 편찬

을 기도했지만 학자들은 두려워해 책임을 회피하고 진정으로
집필하려 하지 않아, 건륭 4년에 와서 겨우 완성되고 흠정서로
서 출판되었다. 동시에 역대의 정사正史에도 손을 대 북방 민족
의 고유명사에 나오는 헐뜯는 문자를 고쳐 쓰는 따위의 세세한
작업을 하고, 이들을 『명사』와 합쳐 흠정 24사史가 성립되었다.
흠정서인 이상 어느 곳을 누가 인용해도 무방한 것이니 그 범
위 내에서 학문의 자유를 인정한 것이다.

　문자옥은 옹정·건륭 시대에도 여전히 되풀이되었다. 실은
바로 『사고전서』의 편찬 같은 것도 그 이면에 전국의 도서를
검열해 괘씸한 양이 기사를 일소하려는 기도가 숨어 있었다고
볼 수 있다. 만일 불온한 기사가 극히 적을 때에는 그 부분을
정정訂正시켜 간행을 계속하도록 허용하지만 양이 사상이 많이
포함된 것은 금서로 지정해 공간公刊은 물론 개인적 소장도 엄
금했다. 이 금서 사냥은 상당히 철저하게 행해져서 적어도 표
면적으로는 사회로부터 자취를 감추었으며, 중국인은 청조가
이민족임을 거의 망각할 뻔했다. 그런데 이 금서가 일본에 유
입되어 보존된 것이 적지 않고, 청조 말기에 중국으로 역류해
양이 사상을 선동하는 결과가 되었다는 것은 기이한 인연이다.

청대의 문화

　내가 청조는 원대를 되풀이한 것이 많다고 말한 데는 앞에
서술한 것 외에도 또 하나의 의미가 있다. 그것은 원도 청도 서
방 문화의 영향을 강하게 받았다는 공통점이 있기 때문이다.

원대에 서방의 사한국은 물론이고 중국 본토에도 또한 서아시아에서 이주해온 이른바 색목인에 의해 서방 문화가 수입되었다. 특히 현저한 것은 천문·역학 분야에서인데, 원조에서 사용한 곽수경郭守敬의 수시력授時曆은 회회력回回曆, 즉 이슬람 역법에 의거한 것이며, 그가 사용한 천문 관측기구는 그 후 명·청을 거쳐 현재까지 북경의 천문대 유적에 보존되어 있다.

청대의 문화는 원대와는 달리 유럽 문화의 영향을 강하게 받았다. 그것은 청조에 들어서부터 갑자기 시작된 것은 아니고 명 중기 이후 일어난 현상이다. 특히 예수회 선교사 마테오 리치(利瑪竇)가 명 말기 만력萬曆 시대에 광동을 거쳐 남경에 들어와 당시의 정치인, 문화인과 친교를 맺어 그들 중 어떤 자는 천주교로 개종시키고 어떤 자에게는 서양의 학술을 전했다. 그 이후 같은 예수회파 선교사들이 잇달아 도래해 서양 문화를 중국에 소개하는 한편 중국 문화를 연구해 그 성과를 유럽에 보고했다. 중국인이 처음으로 지구의 형상과 그 속에서의 중국의 위치를 안 것은 이때부터이며, 또 조선·일본도 중국을 통해 올바른 세계 지도의 모습을 알 수 있었다.

17세기는 유럽에서는 르네상스 문화운동이 일단 성과를 거둔 시대이며 선교사들은 그 완성된 문화를 중국에 가져온 것이었으니, 그것은 자연과학을 근저에 둔 실증적 문화인 만큼 중국 사회에 준 영향도 컸다. 중국에서는 명·청의 교체를 계기로 경학經學에서는 유심적唯心的인 양명학이 쇠퇴하고 실증적인 고증학이 일어났는데, 나는 이 새로운 학풍은 유럽 문화의 자극에 의해 생긴 것이라고 생각하고 있다.[94]

그만큼 당시의 유럽 문화는 우수했던 것이 틀림없지만 다만 그 우위를 너무 과대평가해서는 안 된다고 생각한다. 결론부터 말하면 당시의 중국도 유럽도 그 문화의 기반은 다 같은 르네상스 단계에 있었다. 다만 중국은 오래전에 르네상스를 경험하고서도 그 후 새로운 발전을 보여주지 못한 채 저조한 상태에서 헤매고 있었음에 반해, 유럽에서는 훨씬 뒤늦게 발달했기 때문에 그동안에 서아시아, 다시 중국으로부터 필요한 요소를 섭취해 르네상스 문화를 꽃피웠으므로 그 신선한 노력이 훨씬 오래 지속되고 어느 지역보다도 우수한 근세를 만들어냈다. 그 신예의 문화가 역으로 중국에 전해져온 것이다.

그러나 당시 중국과 유럽은 문화의 낙차가 극히 적었기 때문에 필요한 이점은 바로 배워서 도입할 수 있었다. 명 왕조가 서양 선교사의 힘을 빌려 홍의포紅衣砲를 만들자 만주에서 일어난 청조는 곧 그 일부를 손에 넣어 명으로 진공하는 데 사용할 수 있었다. 특히 강희제 시대에 오면 이 대포의 위력에 의해 강적 준가르 부에게 외몽골 사막 중의 조우전에서 대승을 거두었다.

강희제가 직면한 다른 강적은 동으로 시베리아를 침략해온 표트르 대제의 러시아군이었다. 러시아군이 흑룡강黑龍江 상류에 나타나 식민지를 건설하면서 남하해 왔을 때 강희제는 군을 출동시켜 러시아의 전진기지 알바진을 공격해 점령했다. 러시아 측이 본국으로부터의 거리가 멀다는 이유도 있지만 군사적으로 주도권을 장악한 것은 언제나 청 측이었다. 이 전쟁의 결과 이른바 네르친스크(尼布楚) 조약이 체결되고 외흥안령外興安領 산맥을 경계로 삼아 흑룡강 유역의 거의 대부분은 청의 영토로 정해졌다(1689).[95]

당시의 중국과 유럽의 두 문화를 비교해 유럽 문화에 우월한 점이 있다고 했지만 중국 문화 쪽이 우월한 경우도 있었음을 잊어서는 안 된다. 그러면 어떠한 이유가 있었던 것일까. 중국 문화는 송 이래 되풀이가 많았음을 앞서 지적했지만 문화 속에는 이렇게 되풀이되는 사이에 진보하는 성질의 것이 있다.

도기를 예로 들면 송·원의 청자靑磁는 그 나름으로 완성의 경지에 도달해 하나의 극치를 보여주고 있다. 실용의 면이나 관상觀賞의 면에서 말해도 이 이상으로 만드는 것은 어렵다는 지점까지 와 있다. 하지만 명 초기 영락永樂·선덕宣德 무렵에 염색 자기磁器가 나타나 이 또한 하나의 극치를 나타냈다. 그러나 이것이 모든 점에서 이전 시대의 청자보다도 우수하다고는 할 수 없다. 그러던 것이 명 말기에 가까운 만력 연간이 되면 적회赤繪가 완성되었다. 이것도 하나의 극치이지만 마찬가지로 전대의 것을 무용화해버린 진보라고 하기는 어렵다. 다시 청조에 오면 화려한 오채五彩가 완성되었는데, 이것도 하나의 극치임에는 틀림없다. 그렇다고 해도 무엇이든 오채면 충분하다고 할 수만은 없다. 그러나 도기 제작이 이만큼 다양하게 발달하는 데는 역시 오랜 시간이 필요했으니, 역사 그 자체가 비슷한 듯한 것을 오랜 시간에 걸쳐 되풀이하고 있었기 때문에 출현할 수 있었던 것이다. 청자보다 앞서 염색이, 적회보다 앞서 오채가 나오는 것은 있을 수 없었다. 이러한 점에서 보면 역사의 반복은 결코 무용한 것은 아니었다고 할 수 있다.

이에 비하면 청조 당시의 유럽은 르네상스 개시 이후의 역사가 극히 일천하다. 시간이 적으면 적을수록 손이 미치기 어려운 장소가 생기고 진보의 이면에서 보이지 않는 곳에 공백이 남아 있는 것이다. 그러한 장소로부터 오랜 문화 지역을 바라

보면 거기에는 자신들이 따라잡지도 못할 우수한 점이 있어서 그것에 마음이 끌리는 것은 극히 자연스러운 일이다. 18세기 유럽에서의 중국 취미는 이 같은 데서 필연적으로 발생한 것이다.

이러한 입장에서 볼 때 18세기 중반을 중심으로 하는 건륭제의 시대는 동·서 문화가 균형을 이룬, 참으로 희귀하다고 할 만한 시대였다. 건륭제는 선교사들에게 명해서 북경 서교西郊의 이궁 원명원圓明園 안에 베르사유 궁전을 모방한 한 구획을 영조하고 분수 장치를 만들어 즐겼으며, 다른 한편인 유럽에서는 각국의 왕과 제후들이 그 궁중에 중국궁, 일본관을 설치하거나 혹은 궁전 속의 방 하나를 중국실로 만들어 거기에 수집한 중국 도기를 일상적으로 전시해 내외 신료들에게 그 재력의 풍부함과 취미의 고아함을 과시했던 것이다.

광동에서의 영국 무역

강희제가 러시아에 굴복하지 않았듯이 건륭제도 영국에 굴복하지 않았다. 앞서 강희제는 마카오를 거쳐 입국하는 서양 선교사들을 관대하게 다루고 어느 정도 가톨릭의 포교도 인정했지만, 옹정제 시기부터 단속을 엄중히 하는 경향이 생겨 중국인이 가톨릭에 입교하는 것을 엄금하고 내정內廷에 봉사하는 것 이외에는 선교사의 입국을 금지했다. 건륭제에 이르러 유럽 문화를 애호했음에도 불구하고 유럽과의 무역을 제한해 연해의 개항장을 폐지하고 다만 광주廣州 한 항구에서만 교역을 인정했다. 이 광동 무역에서 유럽을 대표한 것이 영국이었다.

16세기 유럽인의 도항 초기에 그 선두에 섰던 것은 포르투갈인인데, 그들이 곧 마카오에 설치한 거류지가 차츰 그 식민지로 발달해갔다. 17세기에 들어와 해양 국가로 새로이 네덜란드·영국·프랑스의 활약이 활발해져갔다. 네덜란드는 자바를 중심으로 동인도 제도諸島를 차차로 약취하고 일본과의 무역을 독점했다. 이에 대해 영국과 프랑스는 인도에서 무굴 제국의 쇠미를 틈타 영토 확장에 뜻을 두고 패권을 다투어 사투를 되풀이했는데, 18세기 중반 무렵이 되어 영국이 최후의 승리를 얻었다. 이에 영국은 인도를 발판으로 해서 그 물자를 이용해 광동 무역으로 진출해왔으므로 다른 여러 나라는 경쟁할 수 없게 되었다.

그렇지만 광동에서 중국과 영국의 무역은 평등의 원칙에 의해 행해진 것은 아니며, 명대의 조공무역 제도의 정신은 그대로 청조에 계승되고 있었다. 청조는 모든 외국들에 대해 천자에의 조공을 요구하지 않았으나 여전히 무역은 중국 천자가 그 속국에게 베푸는 은전恩典이라고 생각했다. 그래서 외국의 무역 당사자는 중국 관헌에게 한 단계 낮은 배신陪臣의 예禮를 취해야만 했다. 그러므로 영국 측이 갖가지 요구를 제출하고자 해도 그것은 인민이 장관에 대해 탄원한다는 입장 이상으로 나아갈 수는 없었던 것이다.

영국은 중국에 그 특산품인 모직물을 판매하고 싶었다. 이를 위해서는 더위가 심한 광동에서는 불리하다. 가능하다면 훨씬 북방의 발해만渤海灣 연안, 그렇지 않으면 하다못해 양자강 하구에 가까운 영파寧波 부근까지 북상해 교역할 수 있기를 바랐다.

그렇게 되면 영국이 원하는 중국의 차도 더 값싸게 손에 넣을 희망이 있다.

광동에서의 불리한 편무역片貿易이 언제까지나 지속될 듯한 상황에 속이 탄 영국은 중국 천자에게 사절을 보내 직접 담판을 열어 영국 정부의 요구를 호소하고자 했다. 그래서 매카트니가 대사로 파견되었던 것인데, 세 척의 배에 분승한 사절들은 발해만의 대고大沽에서 백하白河로 들어가 북경을 거쳐 건륭제의 피서지인 열하熱河의 이궁까지 나아갔다. 그런데 대사가 천자를 알현할 때 삼궤구고두三跪九叩頭, 즉 세 번 무릎을 꿇고 그때마다 세 번 엎드려 절하는 신하의 예를 강요당했다. 영국 측에서는 대사는 독립국의 군주를 대신하므로 빈객의 예로 영접받을 것으로 기대했지만 중국 측에서는 황제의 신하인 영국 국왕의 신하, 요컨대 배신陪臣이니까 그에게 천자가 알현을 허락한 것만으로도 더없는 영광이 아닌가라는 태도였다. 결국 건륭제가 관용을 베풀어 한쪽 무릎만 꿇는 예로 알현을 끝내게 했다고 하지만 무역에 관한 교섭 따위는 전혀 받아들이지 않고, 어디까지나 만이蠻夷의 조공으로 받아들여져 은혜가 두터운 칙명을 내려주며 추방해 돌려보냈다(1793).

외교 교섭으로 목적을 달성하지 못했으나 영국은 국내적인 이유로 광동 무역에서 다대한 이익을 얻어야만 할 필요가 절박했으므로 중지할 수는 없었다. 당시는 때마침 산업혁명이라는, 인류의 역사가 시작된 이래 없었던 커다란 경제상의 실험이 진행 중이어서, 이를 수행하는 데는 막대한 설비 투자가 요구되었던 것이다. 그래서 영국은 인도에서 아편을 재배하고 이를 중국에 팔았더니, 예상 밖으로 중국인의 기호에 맞아 중국의 아편 수입액은 해마다 증가해 종래의 무역 수지가 곧 역전되고, 독물 수입의 결제를 위해 중국의 은이 그치지 않고 유출되는 중대한 사태에 이르게 되었다.

매카트니가 중국을 방문한 18세기 말은 영국에서 산업혁명이 한창 진행되던 시기임과 동시에, 그 이웃 프랑스에서는 정치 대혁명의 흥분이 절정에 달한 때였다. 이 물심양면의 혁명이 성취되자 그 영향이 미치는 범위는 단지 유럽 사회만이 아니고, 곧 전 세계가 그 사회 조직의 근본까지 발본拔本적인 변혁을 하지 않을 수 없게 된다. 이 세계적인 충격을 정면으로 받고서는 아무리 강력한 전통의 지지를 받는 중국이라 해도 예외는 없으며, 여기에 중국의 역사는 미증유의 동요의 시대로 들어간다.

아편 문제

강희·건륭이라 일컫는 청조의 황금시대는 단지 청조 정치의 융성기일 뿐 아니라 경제의 호황, 즉 외국 무역에 의한 은의 유입으로 뒷받침되고 있었다. 하지만 건륭제 이후 가경제嘉慶帝 시대에 들어서면 갑자기 무역 수지가 역전되어, 지금까지 축적되어온 은이 유출되니 곧바로 나타난 것이 경제 불황이었다. 불황은 실업을 부르고 실업은 암거래 상인의 증가를 초래하며, 그것이 반란의 발발로 이어지는 인과관계는 종래의 역사에서 증명되었던 것이다.

과연 가경 연간에 들어서자 각지에서 반란이 일어나 편할 날이 없고 청조의 지배에 그늘이 드리우기 시작했다. 이 시대의 반란은 흔히 교비教匪, 즉 백련교도白蓮教徒의 봉기라고 불리는데, 이 금제를 받는 백련교를 감히 신앙하는 것은 실은 밀매업자의 단결을 공고히 하기 위한 편의 수단에 지나지 않았다. 간과해서 안 되는 것은 이 시대의 반란의 주력은 종래의 비밀결사와 그 성격이 달라서 아편의 밀매매가 시작됨과 더불어 새로운 별개 계통의 비밀결사가 성립되고 종래의 계통과 나란히 그 세력을 신장해 갔던 사실이다. 이 새 결사는 다수가 삼합회三合會란 이름을 썼고 또한 회비會匪·연범烟犯 따위로 불렸다. 이 회비 계통의 비밀결사가 급격히 그 세력을 신장해 광동으로부터 양자강 유역, 다시 화북의 황하 평야에까지 만연하기에 이른 데에는 그 이유가 있다.[96] 즉 종래의 소금의 경우라면 사염私鹽이 성행하면 그 지방의 관염官鹽이 팔리지 않게 되니까 정부는 이를 위험 신호로 보고 염도鹽徒를 엄중히 단속했다. 그런데 아편은 극히 소량을 단위로 하는 상품으로 잠행성이 강하고 비록 그것이 성행하더라도 외부에 그 징후를 드러내지 않는다. 아편 흡입으로 생기는 황홀경에는 어떤 매력이 있었던 것인지, 아편 거래를 단속해야 할 입장에 있는 관헌·경찰·군대도 자기편으로 끌어들이고 때로는 요로要路의 고관들마저 이 악습에 물드는 사례를 볼 수 있다.

인종仁宗 가경제가 25년의 치세를 끝내고(1820) 다음 선종宣宗의 도광道光 연간에 들어서자 조정 정치의 중심 문제는 오로지 아편의 처리를 둘러싼 논의였다. 그것은 어떻게 중국인을 단속해 아편 흡연의 악폐를 단절시켜야 할지, 어떤 방책으로 영국인의 아편 밀수를 금압해야 할지, 어떻게 전국에 만연한 비밀결사의 준동을 탄압해야 할지, 그 어느 것에 대해서도 이미 약체화되어가고 있던 청조 정부가 감당하기에 벅찬 어려운 문제였다.

이 같은 사태에 직면해 정부에는 황작자黃爵滋 등이 주장했듯이 어떠한 희생을 치르더라도 아편 무역을 저지하고자 하는 엄금론이 있는 한편 소수이기는 하지만 차라리 아편 매매를 공인하려는 매우 현실적인 이금론弛禁論이 있었던 것이 주목된다. 이 이금파의 대표자인 허내제許乃濟 등에 의하면 아편은 엄금하니까 그 매매가 비밀이 되고 엄청난 가격이 생기는 것이니, 그것은 외국 상인이나 비밀결사를 살찌게 할 뿐 아니라 동시에 다액의 은이 유출된다. 만일 공인해서 아편 매매를 정규 경로에 올려 세금을 부과한다면 상품으로서 아편 가격이 하락하고 필요한 제한을 가할 수도 있게 되며, 비밀결사가 소멸되어 치안상으로도 이득이 있다는 것이다. 다만 이처럼 한다면 아편 환자의 수가 더욱더 증대할 것이 예측되는데, 이는 교화에 의해 자제시켜야 하며 이에 따르지 않는 난민亂民은 도외시해도 좋다는 결론에 이르러 이 점이 이금론의 약점이 되고 있다.

결국 도광제와 조정 대신들의 의견은 독물이 인민의 건강을 침식하고 있는 것을 좌시할 수만은 없다는 형식적인 정론으로 낙착되었다. 이 점에서 청조는 과연 인민을 위한 정치라는 건국 초기 이래의 구호를 그대로 끝까지 지켜내려 했던 것이니, 만일 원 왕조였다면 이것은 처음부터 문제가 되지 않아도 되었을 것이다.

이에 관해 영국인의 생각은 역시 독특한 것이었다. 아편은 상품이며, 사는 자가 있으니까 파는 것이다. 만일 청조가 정말 아편 무역을 금절하고 싶다면 청조 지배 아래 있는 인민을 단속하면 된다. 영국인은 원하지 않는 자에게 원하지 않는 상품을 팔 수는 없다고 하니, 매우 교활한 핑계에 지나지 않으나 동시에 청조 정치의 아픈 곳을 찌르고 있는 점은 확실히 있다.

도광제는 숙려 끝에 강경론자인 임칙서林則徐를 양광총독兩廣總督으로 임명해 아편 무역의 근절을 도모하게 했다. 이것이 악화되어 아편전쟁으로 발전하는 것인데, 이 무렵의 영국은 이미 산업혁명의 대사업에 일단 성공을 거둔 때이므로 이미 50년 전 건륭 시대의 영국이 아니었다. 광동을 공격한 영국 해군의 주력은 아직 범선이었지만 그 보조함으로 처음 기선이 광주만 안을 항행했는데, 그 민첩한 행동이 작전에 편리함을 준 것이 주목된다.

영국 정부는 광동에서의 충돌에서 현지 영국 관헌이 채택한 태도를 시인하고 전면적인 전쟁을 전개했는데, 그 증강된 함대는 중국 연해에 공격을 가하면서 북상해 마침내 양자강에 들어가 상해上海 · 진강鎭江을 점령하고, 다시 남경으로 향할 기세를 보였다. 청 조정은 이렇게 되면 대운하의 항행이 남북으로 분단될 것을 두려워해 굴욕적인 남경 조약을 조인하고 평화를 회복했다(1842).

중국의 개항

아편전쟁 및 남경 조약 체결은 종래의 중국 역사에 일찍이 없었던 새로운 국면이었다. 그도 그럴 것이 당시의 영국 그 자체가 종래 전 세계의 인류가 일찍이 경험한 적이 없는 산업혁명이 만들어낸 신제국이었던 것이다. 이 영국이 대표하는 유럽의 신예 문화는 서서히 중국에 습격해 들어와 종래의 중국 역사에서 통용되던 상식의 그물로는 떠내려고 해도 걸려들지 않는 이질적인 것을 투입한다. 그러나 과연 중국 문화의 연원은 심원하고 그 경험은 풍부했으므로 무조건적으로 외래문화에 동화되지는 않았다. 그러므로 표면적으로는 무언가 대단히 새로운 사상事象이 나타난 것처럼 보여도 실은 그것은 전통적인 오랜 논리로 해명할 수 있는 경우도 적지 않다. 우리들에게는 이 신·구의 정체를 착오 없이 확인하는 것이 이 이후의 역사에 대해 가장 중요한 과제가 된다. 그리고 사실이 보여주는 대로 최초에는 이질적인 것이 점點으로서 정착해 끊임없이 이를 배제하려는 저항에 부딪히면서 차츰 그 존재를 확대했으니, 곧 선線이 되고 그물이 되며 새로운 체제를 수립해 구체제를 대신해 나간다. 실은 이것도 종래에 부지불식간에 같은 일을 몇 번이나 되풀이해온 것이다. 거기에 역사의 진보가 있었던 것이다.

아편전쟁은 아편이 원인이 되어 일어났으면서도 아편 문제에 관해서는 해결된 게 아무것도 없었다. 청은 임칙서가 소각시킨 아편에 관해 배상금을 지불했지만 그렇다고 해서 아편 수입을 공인한 것은 아니고, 중국 인민에 대한 아편 매매의 금령은 여전히 유효했다. 영국인은 아편전쟁이란 명칭을 꺼려서 이 전쟁은 상이한 두 체제, 즉 쇄국주의와 자유무역주의의 충돌이며 중국의 개방을 위한 전쟁이라고 설명하고 싶어 하지만 이것은 본말전도의 속임수였으며, 전단을 열게 된 원인은 영국 아편 상인의 이권 옹호였다는 사실을 은폐해서는 안 된다.

영국은 남경 조약에서 광동廣東 이외에 상해上海·영파寧波·복주福州·아모이를 개항장으로 하고 외국인이 거주하며 교역하는 것을 인정하게 한 것 이외에, 광동 전면의 홍콩 섬을 할양하게 했는데, 이 섬은 당시 해적의 근거로 아무 설비도 없는 벌거숭이 섬이었다. 이를 경영해 오늘날과 같이 번영한 일대 국제시장으로 발전시키는 데는 대단한 노력과 긴 세월이 필요했다. 따라서 당시에 목전의 무역 진흥책에 홍콩은 아무 쓸모도 없었다. 영국에 가장 유익했던 것은 상해의 개항이었다.[97]

앞서 매카트니가 광동보다 북방에서 개항장을 구한 것에 대해 건륭제가 이를 허가하지 않았던 것은 중국 내지에서의 실업자의 발생을 두려워했기 때문이라 한다. 즉 개항장이 광주항 하나라면 중국의 물자는 북에서부터 남으로 향해 움직이고 장거리 운송 뒤에 다시 오령五嶺산맥을 넘어 광동으로 나와야 했다. 이 물자의 이동에는 막대한 노동력이 필요하며, 그것이 운송업자에게 일을 가져다주는 것이다. 만일 개항장을 북으로 옮기면 운송의 노동력이 줄어들지만 이로 인한 이익은 영국인의 수중에 들어가고 만다.

상해의 개항은 바로 이 같은 점에서 생각할 때 영국인이 생각하는 급소였다. 급속도로 영국을 비롯한 구미 여러 나라의 대 중국 무역의 거점은 상해로 이동하고 장래 중국의 경제·문화 중심지가 되는 단서를 열었다. 매카트니가 예측했듯이 상해에서는 중국의 물산을 광동보다도 훨씬 풍부하고 또 훨씬 저렴하게 손에 넣을 수 있었던 것이다.

그러면 중국에서는 건륭제가 염려했듯이 종래 남북으로 물자를 운송하고 있던 노동자의 실업 문제가 일어나지 않았던가

하면 그것이 크게 일어났던 것이다. 더욱이 그 영향은 참으로 심대해서 청조의 운명이 동요될 정도의 중대의 결과를 야기했다. 태평천국太平天國 동란이야말로 남경 조약에 의한 상해 개항이 낳은 엉뚱한 산물이라 할 수 있다.

상해 개항에 의해 중국 내지의 물자가 종래보다도 단거리로 외국선에 적재되게 되면 그만큼 중국의 노동력이 남아돌게 되는 것은 쉽게 알 수 있는 이치인 동시에, 외국 물자가 중국 내지로 운반되는 경로 또한 큰 변동을 겪어 종래 번영하고 있던 간선幹線이 급속히 한산해지는 현상이 일어나는 것을 피할 수 없었다. 그중에서 가장 큰 피해를 입은 것이 광동으로부터 광서廣西를 거치고 호남湖南에서 양자강으로 나오는 경로이다. 특히 이 경로는 광동에 양륙된 아편이 중국 내지로 운반되는 주요 도로가 되어 있었다. 아편은 값비싼 상품이므로 보통은 교통이 불편한 이 궁벽한 산길이 관헌의 눈을 피해 빠져나가는 데 도리어 알맞았던 것이다.

그런데 다른 무역 상품과 마찬가지로 아편이 양륙된 항구가 광동으로부터 상해로 이동하자 거기에 일어난 것이 광서·호남 루트 아편 상인의 실업이다. 이것이 중대한 결과를 낳았다는 것은 원래 밀매 상인이란 것의 본질은 실업자가 많고, 선의로 받아들이면 실업보험금의 수령자였다고 할 수도 있는데, 이번에 그들이 실업했다는 것은 실업보험금을 받지 못하게 되었음을 의미하는 것이다. 실업자가 또 실업했다면 그들은 대체 어디로 가면 좋을까. 폭동, 반란을 일으키는 것밖에 도리가 없다. 이리하여 일어난 것이 태평천국이었다.[98]

태평천국

태평천국의 표면적인 주모자는 광동에서 기독교 교의를 배운 홍수전洪秀全이지만 실제 중심인물은 아편 밀매를 하고 있던 양수청楊秀淸이었다. 아편 밀매자는 자신은 아편을 피우지 않는 것이 원칙이다. 그러나 홍수전 쪽은 아편에 중독되어 자신이 그리스도의 아우라는 환각을 일으키고 상제를 믿어 세상의 요마妖魔를 일소해야 한다고 제창해 상제회上帝會를 조직했다. 이 상제회가 사교로서 관헌의 압박을 받아 반란을 일으키게 되는데, 홍수전의 역할은 거기까지이고 그 이후는 양수청의 손에 주도권이 옮겨가 홍수전이 맡을 역할은 거의 없어져버렸다.

상제회의 발상지는 광서성 계평현桂平縣의 금전촌金田村인데, 이 부근 일대의 주민은 반미개 상태의 산간 민족이고 그것이 태평군의 중핵이 되었다. 이른바 광서 노형제老兄弟다. 홍수전은 곧 국호를 태평천국이라 하고, 스스로 천왕天王이라 일컬으며 태평천국력太平天國曆을 만들어 사용했다. 당시 청조에서는 선종宣宗 도광제道光帝의 치세 30년이 끝나고, 아들 문종文宗 함풍제咸豊帝가 즉위했을 때로 함풍 원년(1851)이 즉 태평천국 원년 신개辛開(辛亥)의 해에 해당된다. 이후 함풍제의 치세 11년간 청 정부는 태평천국과의 공방으로 날을 지새 편안한 날이 없었는데, 함풍제는 이 반란의 평정을 보지 못하고 죽는 것을 가장 한스러운 일이라고 탄식하면서 세상을 떴을 정도였다.

광서에서 일어난 태평군은 토벌군의 예봉을 슬쩍 피하고 배후로 나오거나 혹은 토벌군을 격파해 그 뒤를 추적하면서 근거지를 나와, 분수령을 넘어 북으로 흐르는 상수湘水의 상류로부터 호남湖南으로 들어갔다. 그동안 태평군은 각지의 삼합회 무리를 규합하고, 호남에서는 광산 노동자 출신의 실업자를 흡수해 그 세력을 증대시켰다. 그리하여 상수를 따라 양자강으로 진출하고, 다시 양자강을 따라 내려와 남경을 함락시키고 이곳을 수도로 삼아 천경天京이라 불렀다(1853).

청조 당시에 장발적長髮賊이라 불렸던 태평천국은 근래에 와서 역으로 그 혁명성과 근대성이 높이 평가받게 되었으나 이 운동은 구래의 중국 사회의 논리에 의해 해명할 수 있는 부분 쪽이 많고 이질적인 것은 오히려 적다.[99] 오히려 이 반란을 평정하는 주된 동력이 된 증국번曾國藩의 상군湘軍 쪽에 발전성 있는 새 요소가 발견된다. 상군은 원래 증국번 개인이 정부의 의뢰를 받아 조직한 의용병으로 그 간부 장교에는 유교 독서인을 채용했다. 이것은 종래의 중국에는 없었던 새 구상이다. 다음에 그는 상수·양자강의 수전水戰에 서양 대포를 수입, 사용해 성공을 거두었다. 전쟁이 오래 계속되는 가운데 양측 군대가 다같이 대포와 소총을 사용하게 되었는데, 그렇게 되면 청조의 국력을 배경으로 한 상군 쪽이 고정된 영토라는 것을 거의 갖지 못한 태평군보다 훨씬 유리한 입장에 선다. 더욱이 증국번의 막료 출신 이홍장李鴻章이 조직한 회군淮軍은 상해 상인들의 후원을 얻고 또 구미歐美인을 지휘관으로 삼은 상승군常勝軍과 제휴해 작전을 함으로써 태평군과 외국의 접촉을 단절해 태평군을 고립시켰다. 그 후 이 회군이 청조 상비군의 주력이 되어 그 군사 태세를 일변시키게 되고, 이러한 군사화된 한족의 지방 권력이 오히려 청조 멸망의 원인이 되었다. 태평군의 반란 그 자체보다도 이에 수반해 일어난 군비 근대화에 좀 더 큰 의의

가 인정되는 것이다.

마찬가지의 변화는 청조의 정치, 특히 외교면에서도 일어나고 있었다. 광주항 내에서 중국 관헌의 영국 국기 모욕의 문제가 발단이 되어 영·불 양국의 함대가 북상해 세 차례 발해만 부근 백하구白河口에서 전투가 있었으며, 특히 세 번째 전투에서는 양국의 육전대가 북경을 점령하는 비상사태가 초래됐다. 청조는 성하城下의 맹약을 하지 않을 수 없었으며, 북경 조약에서 군사 배상금을 지불하는 것 외에 천진天津 등 북방의 개항장을 추가하고, 또 북경에 외국 공사를 주재시키며 외국 인민이 중국 내지를 통행할 권리를 갖는 것 등을 약속하게 되었다 (1860).**100**

중국의 개국

이 북경 조약의 의의는 실로 중대하다. 앞의 남경 조약은 단순히 중국이 개항한 것에 지나지 않았다. 그런데 이번에는 나라를 개방한다는 의미의 개국을 하지 않을 수 없게 된 것이다. 중국의 천자는 외국 공사를 접견하면서 동등한 예로 교제하지 않을 수 없게 되었다. 이는 종래의 중국적 체제에서는 생각할 수도 없는 것이었다. 청조의 중앙정부에는 조공국과의 사무를 취급하는 홍로시鴻臚寺는 있지만 대등한 외국과의 교섭을 취급하는 외무부에 해당되는 것이 없었다. 그래서 청조는 새로 총리각국통상사무아문總理各國通商事務衙門, 줄여서 총리아문이란 관청을 설치하고 함풍제의 아우 공친왕恭親王을 주무 대신으로 임명했다. 그런데 이후 대외교섭이 청 조정의 정치의 중심 문제가 되고 실권이 총리아문으로 옮겨가, 종래의 군기대신이 발언권을 상실하고 한직이 되었다.

북경 조약에서 청조 정부의 태도에 안심한 영·불 양국은 이 조약을 효과적으로 실시하기 위해 태평천국의 조기 평정을 희망하고 군사 무기로 청조를 원조하기로 방침을 정했다. 때마침 외국을 꺼리던 함풍제는 열하의 이궁으로 피난 중 사망하고, 외국에 대한 이해가 있는 공친왕이 어린 목종穆宗 동치제同治帝를 보필해 신정新政을 펼치고, 상군을 독려해 태평군 진압을 담당하게 했다. 동치 3년(1864) 남경이 함락되어 태평천국은 멸망하고, 서양 문명의 위력을 똑똑히 보게 된 청 정부는 이른바 양무파洋務派의 새 지식층을 등용해 제반 정치의 개혁을 꾀했다. 이른바 동치중흥同治中興이란 것이 이것이다. 그러나 오랜 전통을 배경으로 한 구체제는 붕괴할 것처럼 보여도 쉽게 붕괴되지 않으며, 신·구 충돌의 시대가 여전히 계속되었다.

동치중흥이라 함은 실은 대수롭지 않은 내란의 진정인데, 그것이 중흥으로서 지식인 간에 평가되고 일종의 자신감을 심어준 것은 실은 그 이면에 국가주의의 대두가 있었다. 태평천국 동란 중 영·불 연합군과의 전쟁으로 북방에서는 백하 하구의 대고大沽, 남방에서는 광주가 점령되고, 다시 북경까지 함락되어 이궁 원명원圓明園이 불타버렸다. 그 결말은 배상금 지불 이외에 개항장에서의 조계租界 설치 등 굴욕적 약정으로 끝났다. 더욱이 이 약점을 이용한 러시아에 의해 아이훈(愛琿) 조약에서는 흑룡강 이북을(1858), 북경 조약에서는 다시 우수리(烏蘇哩)강 이동을 할양했다(1860). 중국인은 원래 천하주의로서 근대적인 국가라는 관념이 희박했는데, 이처럼 사방으로부터 열강에 의해 압박을 받게 되자 싫든 좋든 간에 청이라는 국가, 그 국민이란 자각이 생겼다. 그리고 잦은 굴욕은 태평천국이라는 내란의 발생 때문이었으므로 그 내란이 진정된 지금은 이미 대외적으로도 평온하다는 자신감도 출현했던 것이다. 그리고 증국번이나 이홍장이 국가적 영웅으로서 신망을 모았다. 사실 동치제의 치세 13년 동안은 대외적으로도 커다란 파탄이 생기지 않고 끝났다.

동치제가 19세로 죽고 아들이 없었던 것은 청조가 시작된 이래 없었던 이상 사태로 그에 따라 후계자 선정에 관해 논의가 비등했다. 동치제의 생모 서태후가 동치제의 종제 덕종德宗 광서제光緖帝를 옹립한 데에는 이론이 많았으나 갖가지 이의를 배제하고 이를 감행한 다음부터 서태후의 권위가 확립되고 후견인으로서 정무를 독재했다.

청조의 쇠망

그런데 광서 시대에 들어서부터 동치중흥의 자신감이 차츰 상실되는 사건이 잇달아 일어났다. 광서 7년의 일리(伊犁) 문제에 관한 조약에서는 러시아에 발카시 호湖 일대의 땅을 할양했으며(1881), 4년 후의 청불전쟁에서 패했을 때는 조공국 베트남의 프랑스 귀속을 승인했다. 그러나 자신감을 상실한 최대의 사건은 일본과의 청일전쟁에서 패해 조공국 조선에서 손을 떼고 대만을 할양해 화약을 맺은 것이었다(1895).

청일전쟁에서 청조의 패인은 그 육·해군인 회군淮軍과 북양
해군北洋海軍이 아직 충분히 국민군이 되지 못하고, 가장 큰 군
벌 수령이라 할 수 있는 이홍장의 사군私軍이라는 성격을 탈피
하지 못했기 때문인데, 태평천국 전쟁 때의 성격이 아직 짙게
남아 있었던 것이다. 중국 해군의 주력을 이루는 북양함대도
이홍장이 경영주인 윤선초상국輪船招商局의 기선단과 마찬가지
로 이홍장의 재산처럼 생각되었다. 북양에 대립하는 남양南洋함
대의 대신은 일본에 대해 자기 배 한 척이 전쟁 중 북양함대 소
속으로 오인되어 나포되었으니 반환하기 바란다는 신청을 해
왔던 적이 있었다.

청일전쟁에서 패전한 결과 청조의 약점이 폭로되자 세계열
강은 다투어 청에 이권을 요구해 철도 부설, 광산 채굴을 요구
하는 이외에 조차지를 설정했다. 독일의 교주만膠州灣, 러시아
의 여순旅順·대련大連, 프랑스의 광주만廣州灣, 영국의 위해위威海
衛가 그것이다. 이것은 개항장에서의 조계와 더불어 국가 안에
또 국가가 있는 듯한 것이니, 중국의 행정에 커다란 장해가 된
동시에 신문화를 소개, 보급하는 효과도 현저했다.

이 같은 외국의 전횡에 대해 당연히 국민적 반감이 집결되는
것은 피할 수 없었다. 여기에 의화단義和團 운동이 일어나는데,
이는 가장 소박한 형태로 일어난 외국 배척 운동이었다. 그러
나 그 속에서 근대적 진보성을 인정하기는 극히 곤란하며 역시
구중국의 체질을 여실히 드러내는 것이었다. 그 원인도 실은
대운하의 운송업 노동자들이 기선의 외양外洋 운행에 의해 직업
을 빼앗기고 실업으로 내몰렸기 때문에 외국 문명을 저주해 일
어난 폭동인 것이다. 그러므로 그 성질을 간파한 산동 순무巡撫

원세개袁世凱는 자신의 관할 구역으로부터 이들을 일소하고 북경으로 향해 내몰았던 것이다. 수구파가 많은 청조는 이를 자기편이라 믿고 북경으로 불러들였기 때문에 재난은 더 한층 커졌다(1900). 마침내 영국·러시아·독일·일본 등 8개국 연합군이 북경을 점령하게 되어 청조는 막대한 배상금을 지불하지 않을 수 없게 되었다. 이로 인해 관세를 담보로 삼는 사태가 발생하고, 남경 조약 당시 강요된 종가從價 5분이라는 저율 관세를 개정하기가 더욱더 곤란해졌다.

이 같은 국면을 맞아 국가주의도 당연히 변질되어가지 않을 수 없었다. 지금까지는 청조를 받든 채로 조야朝野가 일치해 국권을 옹호한다는 생각이었으나 청조의 거듭된 실태로 인해 청조는 민심을 잃고 오히려 청조를 타도하는 것이 국가주의의 첩경이라고 생각할 수 있게 되었다. 여기에 혁명을 목적으로 하는 민족주의가 발생한다. 그 계기가 된 것은 청일전쟁으로부터 10년 후에 일어난 러일전쟁이다. 일본이 유럽에서도 대국으로 기탄의 대상이던 러시아의 남침을 격파한 것은 과연 중국인 상하의 각성을 촉구하지 않을 수 없었다.

당시 이유도 없이 황화론黃禍論이 제창되었는데, 실은 백인 강국들이 세계에 식민지를 확장해가고 있는 시대에 민족주의라 일컫는 운동 중에는 같은 동양 민족이 서로 도와 구미에 대항하고자 하는 의식도 자연히 발생해왔다. 중국에서 혁명가 쑨원孫文 등의 초기 이상 중에는 청조를 타도해 중국의 민족주의를 성취하기 위해 일본의 원조를 기대하는 태도가 보인다.

쑨원 등의 혁명운동에 장해가 된 것은 의외로 중국의 개혁론자 강유위 일파의 보황당保皇黨이었다. 강유위는 앞서 청일전쟁

직후 광서제의 지우知遇를 입어 청조를 중심으로 한 정치 개혁에 뜻을 두고 일본의 메이지유신을 본뜬 개혁을 중국에 실시하려고 했다. 그를 중심으로 한 변법파變法派의 개혁운동은 서태후의 손에 의해 압살되었는데, 이것이 무술戊戌정변(1898)이다. 강유위 자신은 해외로 도망했으나 유학자인 그는 어디까지나 청조에 대한 충성을 버리지 않고 청조를 적대시하는 혁명당과는 격렬히 대립했다. 그리고 일본 정객 중에는 혁명이란 명칭을 꺼려 강유위의 공상적 사회주의인 대동론大同論에 공명하는 자가 적지 않았다. 특히 군부, 보수파 정계의 유력자 사이에는 오랫동안 그 영향이 남아 있었던 것이니, 그것이 다음 번 중·일 간 전쟁과 평행해서 나타나 만주국滿洲國이 출현했을 때 집정執政 부의傳儀의 첫 연호가 대동大同 원년이기도 했던 것이다. 일본 정부 측의 동향이 이처럼 강유위 쪽으로 기울어짐과 더불어 쑨원의 혁명 운동에 대한 협력은 오히려 민간 지사 미야자키 도텐(宮崎滔天)이나 야당 정치인 이누카이 쓰요시(犬養毅) 등 소수에 한정되었다. 그리고 일본의 정책은 차츰 중국의 민심과 괴리되어 갔다.

제4편 | 최근세사

1. 중화민국

신해혁명과 군벌

청조 말기부터 민국民國에 걸쳐 중국의 문화·경제의 중심은 수도 북경도 아니고 옛 문화 도시 소주蘇州도 아닌 신흥 도시 상해上海였는데, 그것은 거기에 외국의 조계租界가 있었기 때문이다. 그러나 이 조계도 남경 조약에서 설치가 규정된 때부터 그 번영이 운명지어져 있었던 것은 아니다. 최초에는 단순히 외국 인민의 거류지로서 상해 현성縣城으로부터 떨어진 궁벽한 땅을 지정해 거기에 외국인을 가두어두기 위한 것이었다. 그런데 외국인이 자치를 허락받고 청조 관헌의 권력이 미치지 않았기 때문에 내란의 영향이 파급되지 않고 중국에서 가장 안전한 지역이란 것을 알게 되자 중국인 유력자들이 앞다퉈 조계로 들어왔다. 조계 지역은 곧 현성의 번영을 빼앗고, 다시 가까운 소주의 지위를 대신해 중국 제일의 문화·경제 도시로 약진했던 것이다.

상해는 모든 방면에서 서양화되고 일본으로부터 납활자를 수입해 신문·잡지도 발행되었다. 활자 그 자체는 원래 중국의 발명이지만 이때처럼 신속하고 대량으로 인쇄 발행을 할 수 있었던 적은 일찍이 없었으니, 실로 커다란 혁명이었다. 이에 수반해 다수의 신지식 계급이 발생했다. 역대 정치가들이 아무리 노력했어도 경서經書도 문학도 아닌 뉴스의 문자를 이렇게 많은 민중이 탐독한 적은 없었다. 그 내용은 조계 정부라고 해야 할 공부국工部局에 대해 반항하는 것만 아니면 어떤 혁명 문서를 그곳에서 인쇄하고자 하든, 일본에서 수입해 배포하려 하든 아무 문제가 되지 않았다. 다만 조계와 상해현의 경계를 넘을 때가 문제일 뿐이었다.

조계 공원의 입구에 중국인과 개는 들어와서는 안 된다는 팻말이 있었던 것은 사실이지만 동시에 만일 그렇게 하지 않으면 공원은 부랑자나 거지의 소굴이 되어버렸을 것도 확실하다. 그러므로 만일 부랑자가 거주하고 창녀가 출몰해도 좋은 공원으로 상관없다면 현성의 호심정湖心亭에 가면 되었다. 중국인이 국권 상실이라고 하여 혐오하는 조계였지만 만일 그것이 없었다면 중국의 혁명은 훨씬 늦어졌을 것임에 틀림없다. 중국공산당의 제1차 대회가 프랑스 조계 내에서 열렸던 사실이 이 추측이 잘못되지 않았음을 뒷받침해 주고 있다.

무술 개혁에 실패한 덕종 광서제는 서태후 때문에 유폐되어 그 후 허울뿐인 제위를 지키는 데 지나지 않았지만 그래도 34

년 재위 후에 서태후와 전후해 거의 동시에 사망한 것은 더욱 더 청조의 존재의 그림자를 희미하게 했다(1908). 광서제의 조카 부의傅儀가 3세로 즉위해 생부 순친왕醇親王이 섭정이 되었지만, 이듬해 선통宣統이라 개원한 지 3년째인 신해辛亥년에 공화혁명이 일어났다(1911).**101**

그렇지만 준비 부족으로 우연히 발발한 혁명 운동은 결과적으로 볼 때 이홍장의 의발衣鉢을 물려받은 북양北洋 군벌의 수령 원세개에게 이용당하는 지경에 빠졌다. 완전히 우연한 요행으로 무한武漢과 남경南京을 점령한 혁명군은 신뢰할 만한 군대도 없고 오합의 무리인 군대를 동원하는 데 충분한 무기도, 군자금도 없었으며, 기대했던 외국의 원조도 얻지 못한 채 다만 여론이 비등해 천하가 향응해주기를 기다릴 뿐이었다.

이에 대해 순친왕을 실각시키고 조정의 전권을 위임받은 원세개는 재정·군대·무기·탄약이 있었으나 다만 빠진 것은 대의명분이었다. 만일 혁명 운동을 압살해버린다면 시대에 뒤진 구식 정치가로서 내외의 버림을 받고 말 것이다. 그래서 양자 사이에 이면에서 극비 교섭이 진행된 것인데, 무력의 압박을 받고 운신을 못할 궁지에 몰린 혁명군은 임시 대총통에 추대된 쑨원이 사퇴하고, 그 자리를 대신한 원세개가 청조 황제를 퇴위시킨 다음에 정식 대총통에 취임해 중화민국中華民國 정부를 조직한다는 놀랄 만한 거래가 성립되었던 것이다. 혁명군은 원세개가 남경에 와서 쑨원의 자리를 물려받는 형식을 취할 것을 조건으로 했던 것인데, 원세개는 이를 실행하지 않고 부하 군대를 사주해서 선통제를 위협해 퇴위시킨 뒤 북경에 눌러앉은 채로 중화민국 대총통에 취임했다(1912). 이것은 종래의 찬탈과 아무런 다를 것이 없었다.

그렇지만 진대秦代부터 계속되어 온 황제 제도가 붕괴되고 공화국이 성립된 것은 바로 정치상의 일대 변혁이며, 중국 사회는 새로운 의상으로 갈아입은 것이다. 애석한 것은 정부의 외형은 바뀌었지만 이를 운영하는 주인은 고색창연한 구식 인물이었다는 점이다. 원세개는 공화정의 의미도, 민주주의의 성격에도 아무런 이해가 없었고 다만 권력의 효용만 신봉할 뿐이었다. 신정부에는 단원제 국회인 참의원參議院이 설치되었지만 원세개는 쑨원 등 국민당國民黨을 혐오해 갖가지 구실을 만들어 압박을 가하더니 반 원세개 운동인 제2혁명을 진압한 것을 계기로 국민당 의원들의 자격을 박탈했으므로 국회는 자연히 소멸되었다.

그런데 원세개가 반대파를 모조리 축출해 전권을 장악함과 동시에 독재의 최면이 시작되었다. 그는 독재자이면서 그 독재가 공화제 하에 있는 한 황제 제도에서처럼 운영할 수는 없다는 것에 불만을 품고 황제제를 부활시켜 자신이 황제가 되려는 야심을 품기 시작했다. 측근의 아첨에 홀린 그는 중화민국 5년 새해 첫날을 기해 황제로 즉위하고 연호를 홍헌洪憲 원년으로 고쳐 황제제의 준비를 갖추었다. 과연 이에 대해서는 반대가 많아 먼저 서남西南 군벌 일파가 운남雲南에서 제3혁명을 외치며 원세개 반대의 기치를 올리고, 여러 외국이 내정 간섭도 불사하며 제정 실시 연기를 일치해 권고하는 데에는 정평 있는 원세개도 굴복해 이미 국내에서 부분적으로 실시하고 있던 제정帝政을 취소하고 원래의 대총통으로 돌아갔다. 그러나 내외에 가득한 원세개 반대 운동은 더욱더 기세를 얻어 중앙으로부터 독립을 선언하는 성省들이 잇달아 원세개는 진퇴가 막힌 상태에서 59세로 병사했다(1916).

원세개는 낡은 인물임에는 틀림없으나 그가 살아 있는 동안에는 그의 부하 군벌을 통솔할 수 있었는데, 이윽고 그가 죽자 대소 군벌 수령들이 각자의 이익을 추구해 행동하니 때아닌 전국시대가 출현했다. 그 이후 약 10년간 주로 화북을 무대로 원세개의 북양군 직계로 지목되는 안휘파安徽派의 돤치루이段祺瑞, 그 방계인 만주 봉천파奉天派의 장쭤린張作霖, 이에 대립해서 북양 직계 직례파直隸派의 우페이푸吳佩孚 등이 주마등처럼 출몰했다. 그렇지만 그 군대는 단순한 용병이므로 전쟁에 몰고 나가도 조금도 전의가 없고 비가 내리면 자연히 휴전이 된다고 일컬어졌다. 그러나 이 군대는 그 자질이 형편없이 나빴기 때문에 전쟁 때마다 약탈과 살인이 되풀이되어 일반 인민이 입는 재해는 이루 형언할 수 없는 것이었다.

5.4 신문화운동

북경 정부는 성립 이후 민간의 평판이 아주 나빴음에도 불구하고 단 하나 국민의 신망을 모은 것이 국립 북경대학北京大學이었다. 민국 7년 차이위안페이蔡元培가 총장이 되자 문과계에 천두슈陳獨秀·후스胡適·리다자오李大釗 등의 인재를 모았다. 북경대학의 공적인 발표 기관지로는 고전 연구를 위한 『국학계간國學季刊』이 있어 그 나름으로 유익했지만, 그보다도 많은 대중에게 커다란 영향을 준 것은 그들이 사적으로 편집, 집필한 『신청년新青年』이었다. 이 잡지를 무대로 하여 각종 신문화와 사회운동이 생겨났다.

그중 첫째는 천두슈가 먼저 주창한 사상혁명이다. 그는 '자유로우며 노예이지 말라' 이하 6대 신주의를 강령으로 해서 중국의 구사상을 비판하고, 특히 유교의 해악에 대해 철저하기 그지없는 공격을 가했다. 그들 신지식인에 의하면 유교는 식인食人을 가르치는 봉건 시대의 가르침이고, 그 창시자 공자가 후세에 끼친 죄악은 그 시대의 대도적인 도척盜跖이 한 시대에 폐를 끼친 죄보다 더욱 무거우며 수천 년에 걸쳐 인민을 계속해서 미혹시켰다고 주장했다. 이것은 당시 청 말기 무술 개혁의 주역이었던 강유위가 아직 생존해 국회에서 유교의 국교화(孔敎) 운동을 하고 있었던 데 대한 반박의 의미를 내포하고 있었다.

다음에 후스를 중심으로 한 문학 혁명은 구래의 특권계급에 의해 독점되었던 귀족 문학을 배척해 민중을 위한 신문학 건설을 제창했다. 이를 위해서는 문학의 용어는 당시의 구어로 써야만 하며, 근세의 중국 문인들이 애써 고대인의 문체를 모방한 독창성 없는 의고문擬古文을 만들어온 것은 전혀 의미가 없다며 도리어 종래 비속하다고 배제되어 있던 원대의 백화체白話體 잡극雜劇인 원곡元曲을 높이 평가했다.

다음에 첸쉬안퉁錢玄同은 한자의 개량을 꾀하여 중국어 음부音符의 문자화를 제창해 문자혁명이라 불리웠다. 이들을 총칭해서 신문화운동이라고 부르며, 그 영향이 매우 컸다. 이것은 종래 중국 문화의 정수라 하여 그것이 있음으로써 중국을 주위의 야만인과 구별할 수 있다고 생각했던 이른바 유교의 예교를 비판해, 그것이 권력에 봉사한 공자의 발명이며 그 때문에 중국 사회의 발달을 지체시킨 해독으로써 배척했다. 실로 180도의 전환이며 지금까지 일찍이 없었던 이질적인 운동이었다. 이에 비하면 청대에 일어난 고증학 등은 그 학문 방법에 과학적인 점이 없지는 않지만 그 신선함을 과대평가해서는 안 된다. 특히 청 중기 이후 고증학자들의 학문은 사회로부터 유리되어 있고 그들 자신의 인생관 내지 실천 행동에서는 구태의연한 주자학이었다. 그들은 중국 사회에 대해 아무런 새로운 것을 창조하지 못했다.

그런데 신문화운동은 민중의 인생관을 바꾸고 일용의 문체를 고쳐 언문일치체를 유행시키며, 문자에서는 주음자모注音子母를 정부가 제정해 교육 현장에 사용하기까지 했다.

이 신문화운동은 대체로 민국 4년(1915)경부터 시작되는데, 이에 자극된 학생들을 중심으로 하는 신세대의 혁신운동은 민국 8년의 5·4운동에서 최고조에 달했다. 이것은 유럽의 제1차 세계대전 중에 일본이 산동山東에 출병해 독일의 조차지인 교주만膠州灣을 점령한 뒤 이른바 21개조 요구를 원세개 정부에 승인시켰을 때 일어난 반일 운동의 연속인 동시에, 당시 베르사유 강화회의에서도 중국 측의 제의가 무시되고 일본의 산동 이권이 인정된 것에 항의해 친일파 군벌 돤치루이 및 그 당파의 차오루린曹汝霖 등을 배척하고자 한 실력 행동이었는데, 그 이면에는 대총통 쉬스창徐世昌 및 반 안휘파 군벌의 책모도 있었다.[102]

북경대학을 중심으로 한 신문화운동은 각 방면에 걸쳐 있는 만큼 그 선두의 제창자들 사이에도 의견이 달랐으며, 따라서 일관성과 지속성이 결여된 면이 있었다. 이에 반해 한 개인의 신념을 전 생애에 걸쳐 계속 설파해 나간 것은 삼민주의三民主義 의 창안자 쑨원이다.

쑨원과 삼민주의

쑨원은 광동廣東에서 태어나 홍콩에서 의학을 배우고 마카오, 광동에서 병원을 개업하는 중에 혁명 사상을 품게 되었다. 그가 청조 타도의 결의를 굳힌 동기가 된 것은 청불전쟁에서의 패배였다고 하므로 그는 최초부터 애국주의로 출발한 것이다. 그는 광동에서 실제 혁명운동에 종사하다 실패하고 일본·미국·영국으로 망명했는데, 그 이후 그의 행동은 늘 본국의 청조와 원세개 정부에 대해 반항적 태도를 계속 취했기 때문에 생애의 대부분을 해외에서 지낼 수밖에 없었다. 다만 상해의 조계는 자유로이 출입할 수 있었으므로 삼민주의와 같이 언급되는 그의 저술『건국방략建國方略』은 상해에 체재하던 중에 집필되었다.

삼민주의는 민족民族·민권民權·민생民生의 3대 주의인데, 그에 의하면 이 3대 주의는 링컨이 제창한 국민의, 국민에 의한, 국민을 위한 정부라는 구호, 프랑스 혁명 때 제창된 자유·평등·박애의 세 가지 표어에 해당된다고 한다. 하지만 그의 삼민주의의 내용은 시대와 더불어 성장하고 변화해가고 있다.

그가 최초에 제창한 민족주의는 만주족 조정의 지배를 전복해 한족의 자유를 회복하는 것이었다. 이를 위해서는 만주 지역과 번부藩部, 즉 청조의 무력에 의해 중국에 통합된 몽골·신강·티베트의 영토는 손을 떼어도 좋다고 생각했다. 그래서 중화민국이 성립된 당초에는 이것으로 민족주의는 달성된 것이라 생각해 삼민주의가 이민주의로 되었다. 하지만 다음번에는 그 대신 오족공화론五族共和論이 나왔다. 만滿·몽蒙·회回·장藏의 4개 민족은 중국과 합체해서 공화국을 만들어야 한다는 이론이다. 그 뒤 다시 공산주의의 영향을 받은 쑨원은 내용을 바꿔 민족주의를 부활시켰다. 중국은 제국주의의 압박 아래 반식민지 상태에 있는데, 제국주의는 중국 군벌을 앞잡이로 삼아 중국의 식민지화를 추진하려 하고 있으므로 이와 대결해 중국 민족의 자유를 회복하지 않으면 안 된다는 논지이다. 그리고 오족공화론은 이 민족주의 속에 섭취되어 중국 영토 내의 이민족들은 현재의 치열한 국제 경쟁의 장에서 자력으로 존속할 수 없으므로 중국의 지도 아래 합체해 공존하지 않으면 안 된다는 것이다.

그의 민권주의도 최초에는 그 예봉을 오로지 청조로 향해서 이민족의 전제 지배를 배제하고 중국 국민의 권리를 회복하는 민국 건설의 의미였는데, 그 후 그의 민권주의는 오권헌법五權憲法이라는 구체적 형태를 취하게 되었다. 그에 의하면 민권에는 정권政權, 즉 인민이 소지역에서 직접 정치에 참여하는 기본적인 권리와 정부를 대표자로 하여 간접적으로 행사할 수 있는 치권治權이 있다. 치권을 대행하는 정부는 서양에서는 삼권 분립을 원칙으로 하지만 실은 이것으로는 불충분하다. 행정·입법·사법의 3권 이외에 감찰권·고시권의 분립이 필요하며, 더욱이 이것은 역대의 중국 정부가 이미 실시하고 있었던 것이다. 감찰은 관리의 비위를 탄핵하는 것으로 서양에서는 입법부에서 행하는 것이 관습이지만 이것은 입법과는 취지가 다르다. 중국에서는 예부터 행정과는 별도의 계통인 어사御史를 두어 탄핵을 맡게 했는데 이것을 올바른 방식이라고 보았다.

고시는 관리의 자격 인정에 관한 것으로 서양식으로 행정부가 실시하는 것은 사리에 어긋나며, 중국에서는 예부터 과거 제도를 비롯해 독립적으로 실시되고 있는데 이것이 올바른 방법이라고 주장한다. 그에 의하면 완전한 정부는 이 5권 분립의 형태를 갖춘 정부여야 한다는 것이다.

다음에 민생주의는 사회주의, 공산주의와 본질적으로는 다르지 않다고 한다. 다만 공산주의는 오로지 무산자 노동계급의 이익만을 꾀하는 것을 주안으로 하는데 민생주의는 모든 인민의 이익을 꾀하는 것이니, 대는 소를 겸하기 때문에 공산주의는 민생주의 내에도 포함되어 그 일부를 이룬다. 그 민생주의를 달성하는 수단도 중국에서는 러시아와 같은 공산주의 혁명의 투쟁에 의거할 필요가 없다. 현재의 중국에는 아직 대자본가가 발생하지 않았고 기업가도, 지주도 노동자와 마찬가지로 빈곤하다. 그러나 장래 산업이 진흥되었을 때 빈부의 분리가 일어나는 것은 충분히 예상할 수 있으므로 토지 소유권의 평등화와 자본의 절제를 미리 도모해 두어야만 한다. 즉 장래 토지 가격이 급등할 경우 이것은 사회적 조건에 의해 급등한 것이므로 그 이익의 몫은 고액의 토지세로서 사회에 환원되어야만 한다. 이것에 이의를 주장하는 자에게서는 정부가 토지를 강제로 매수할 수가 있다고 한다.

중국인의 이질 문화 수용

쑨원의 경우에 국한되지 않고 그에 앞서 강유위도 그러했지만 중국인은 유럽 문화를 수입함에 임해서 결코 그것을 설익은 채로 소개하려 하지 않고 언제나 이를 자기의 신체로 소화시킨 다음에 자기 것으로 만들어 발표하는 게 보통이다. 강유위는 원래 유학자였으므로 서양의 사회주의 학설을 듣고『대동서』를 저술할 때 그 속에 무정부주의까지 도입해 대동 시대라는 이상향을 묘사한 것까지는 이해할 수 있지만, 쑨원은 중국 고전보다도 서양 의학을 전공한 사람이다. 그 삼민주의는 주요 부분이 완전히 서양 사상이고, 따라서 중국의 전통과는 이질적인 것임에도 불구하고 자기를 중국 사상으로부터 단절시키지 않고 정통 사상의 연장선 위에 두려고 고심한 상황이 엿보인다. 그와 같이 하지 않으면 중국 사회에는 수용되기 어려운 것이다.

이 점이 일본과는 매우 다르다. 일본에서는 서양 문물을 수입하는 데에는 원산지 증명이 붙은 직역본直譯本이 존중된다. 메이지 시대에는 통상적으로 새로운 학설에는 반드시 베이컨 씨 혹은 뉴턴 씨의 말이라고 덧붙이지 않으면 존중되지 않았다. 메이지 시대는 종래의 전통이 단절된 시대이고, 옛것은 오래된 까닭에 특히 낮게 평가되었다. 이른바 문명개화라 함은 서양 일변도, 즉 구미 숭배를 의미했으며, 이 경향은 현재까지 계속되어오고 있다.

그러나 나는 그 때문에 나쁘다고 하는 것은 아니며, 모든 사물은 일장일단이 있다. 일본은 거국적으로 구미를 숭배했기 때문에 그야말로 동양 여러 나라에 앞장서서 이른바 근대화를 급속히 성취할 수 있었다. 만일 오랜 전통에 집착하고 있었다면 그것은 불가능했을 것임에 틀림없다. 그리고 이 열의가 있었기 때문에 비로소 서양 문화의 장점을 어느 수준까지 깊이 탐구할 수 있었다. 객관적으로 보아 서양 문화에 우수한 점이 있는 이상 정직하게 그 훌륭한 점을 인정하는 것은 후진국 자신에게 유리한 것이기도 했다.

일본이 개국에 착수했을 무렵은 아직도 세계는 인종 차별이 극심한 시대여서, 그 실상은 오늘날로서는 도저히 상상할 수 없다. 그 사이에 서서 일본은 나를 잊고 서구화에 전념한 보람이 있어서 어느새 준백인 제1호로 인정받았던 것이다. 일본이 이 대우를 받기까지 치른 큰 희생에 대해서는 소수 인도인을 제외하고는 다른 비백인들이 전혀 생각해보지도 않을 테지만, 실제로는 준백인 제1호의 출현은 결코 다른 동양인에게 관계없는 것은 아니었다. 근래 점차 인종 평등이 관념적으로는 세계에 널리 승인되고 차츰 실적도 축적되어가고 있다. 그러나 이것은 현실에서 준백인이 출현했다는 실적이 있은 다음의 일이다. 실적이 없이는 인종 평등 원칙의 수립마저 믿기 어렵고 원칙이 인정되어도 공허한 문서에 지나지 않을 것이다. 베르사유 강화회의 석상에서 일본이 제출한 인종 평등안이 매장되어버린 것은 그리 오래전의 일이 아니다. 이런 일은 역사가로서 써야 할 의무를 느끼는 중대 사실인데, 유럽인에 맡겨두어서는 아무도 쓸 턱이 없기 때문이다.

2. 국민정부

쑨원의 활동

백귀야행百鬼夜行하는 군벌 쟁패의 내란 시대에 민중의 마음에 한 가닥 광명을 느끼게 한 것은 쑨원의 활동이었다. 그의 삼민주의가 모든 계층에 완전히 이해되었는지 여부는 알 수 없다. 그러나 민중은 쑨원의 활동을 정당하게 애국 운동으로 파악했다. 사실 그의 삼민주의는 삼민이라고는 하지만 등가치의 삼민이 병립하고 있는 것은 아니고, 그 주체는 민족주의였다. 사방에서부터 열강의 압력을 받아 반식민지화 상태에 놓였던 당시의 중국으로서는 당연한 것이었다.

원세개가 죽자 북경 정부의 통제력이 이완되고 남방 여러 성省의 군벌 수장들은 북방으로부터 이반하는 경향이 생겼다. 그것은 남방은 재정이 풍부하므로 세출의 잉여가 북방에 흡수되는 것을 꺼렸기 때문이다. 그 명분으로 사용된 것은 원세개에 의해 추방된 국회의원들을 후원해 정통 정부를 수립한다는 것이었다.

민국 6년 쑨원은 국민당계의 의원들과 함께 영입되어 광동에 들어가 비상특별 국회를 개최하고 대원수大元帥로 추대되어 군정부軍政府를 조직했다. 이로부터 남방의 분리가 표면화되었으나 쑨원 등 개명파 정치가들과 단지 이들을 이용해 자기의 지반을 강화하려는 구식 군벌 실력자 사이가 항상 원활할 수만은 없었다. 이듬해 일찌감치 광동, 광서의 실력자 루룽팅陸榮廷은 새 군정부를 조직했으며, 쑨원은 축출되어 상해로 망명했다 (1918). 이것이 쑨원의 제1차 광동 거사의 시말인데, 과연 쑨원의 감화는 남방에 강해서 비록 도망 중이라고 해도 뭔가 영향을 미치고 있었던 것이다.

이에 대해 북경 정부를 중심으로 하는 화북 정계에서는 북양 군벌 돤치루이段祺瑞가 실력자였다. 그는 표면에 나서는 것을 좋아하지 않고 늘 그늘에서 그 실력을 행사하고 있었으므로 명리名利를 좋아하지 않는 사람으로 일본인 사이에 많은 후원자를 갖고 있었다. 그는 결국 대총통 자리에 오른 적은 없었지만 제일의 실력자로서 설령 반대파가 정권을 장악한 시기에도 재야의 신분으로 정계에 영향을 미칠 힘이 있었다. 다만 아편 흡입벽이 있는 것이 약점이 되었다. 북경 정부는 열강의 승인을 받은 정통 정부이므로 남방 여러 성이 독립 행동을 취할 때에는 이에 대해 당연히 무력 해결도 고려했다. 그러나 북방 정부는 재정이 빈약했으며, 유일하게 믿는 것은 관세 수입이었다. 당시 관세는 영국인이 총세무사로서 중국의 행정 계통에서 분리되어 북경 정부에 직속해 있어 지방정부의 동향과 관계없이 세수를 북경에 보내고 있었다. 그러나 북경 정부에서도 군대는 규율 없는 용병이어서 군사 행동을 일으키는 것은 막대한 비용이 필요하므로 언제나 구호로만 끝났다.

그런데 민국 9년 군벌 천중밍陳炯明이 광동에 들어와 실권을 장악하자 다시금 쑨원을 영입했으며, 쑨원은 정식 중화민국 정부를 자처하며 대총통에 취임해 정통이 광동에 있음을 선언했다. 그러나 그가 북경의 이른바 가짜 정부를 토벌하기 위해 북벌군을 일으켜 호남, 강서로 진출하자 천중밍은 자기 지위에 불안을 느껴 반대하고 쿠데타를 일으켜 민국 정부를 무너뜨리니 쑨원은 상해로 피신했다(1922). 이것이 쑨원의 제2차 광동 거사의 시말이다.

한편 천중밍은 인심을 잃고 지위를 유지할 수가 없어 광동이 혼란에 빠지니, 쑨원파의 운남, 광서군이 진입해 천중밍을 내쫓고 세 번째로 쑨원을 영입했다(1923). 그는 대원수로 추대되어 군정부를 조직했다. 쑨원은 광동에서 추방당해 실각해 있던 중에 상해에서 신생 소련 정부가 파견한 대표와 자주 연락을 취하고 중국국민당中國國民黨의 재건에 전념하고 있었다. 그리고 종래의 실패를 반성해 중국의 혁명은 소련과 제휴하지 않으면 안 된다는 각오를 다졌다.

중국국민당의 개조

　세 번째로 광동 정부를 장악한 쑨원은 중국국민당 개조 후의 제1차 전국대표대회를 개최하고, 소련과의 연합(聯蘇), 중국 공산당의 포용(容共), 노동자·농민 부조(勞農扶助) 라는 3대 정책을 채택해 공산당원이 개인 자격으로 국민당에 입당하는 것을 인정했다. 이 제1차 국공합작(國共合作)에서 이른바 중국국민당의 좌경화가 나타나자, 곧 공산당에게 당권을 탈취당하게 될 것을 두려워해 국민당을 단념하고 탈퇴하는 자도 있었다(1924).

　합작 이래 중국국민당의 활동은 갑자기 광채를 더하게 되었다. 쑨원은 소련 적군(赤軍)을 본떠 국민군을 조직하기 위해 같은 해 황포(黃埔)에 군관학교를 설치하고 학생을 모집해 간부 양성에 임했다. 이 학생군이 곧 쓸모가 있음은 학교 창립 후 두세 달 뒤에 일어난 상단(商團) 사건에서 증명되었다. 당시 광동의 자본가 계급은 국민당의 좌경화에 불안을 느끼고 영국과 기타 외국의 원조를 받아 자위단을 조직하고 방위를 꾀했다. 군정부는 이에 대해 화공(火攻)을 해서 광동에서 시가전이 일어났는데, 학생군이 용감하게 활동해 상단을 진압했던 것이다. 지금까지 쑨원의 거사가 언제나 실패로 끝났던 것은 기존의 군벌 세력을 이용하고 믿을 수 없는 군대에 의존해 혁명을 하려 했기 때문이었다. 그러던 것이 이번에는 처음부터 혁명에 열의가 있는 학생들을 간부로 하여 새로운 군대를 조직했으므로 종래의 규율 없고 전투 의지가 없는 구식 군대를 대신해 정부의 충실한 수족으로서 지령을 내릴 수 있게 되었다. 광동에 잔존하던 군벌 군대는 차츰 배제되고, 별도로 소련 무기로 무장되고 소련식으로 훈련된 신군이 성립되었던 것이다.

　당시 북경 정부는 실력자 돤치루이가 일본에서의 하라 다카시(原敬) 내각의 성립에 의해 후원자를 잃고 경쟁자인 직례파直隸派에 패해 실각하고 하야하는 소동이 일어났다. 그런데 직례파 군벌은 차오쿤曹錕이 부하 우페이푸吳佩孚 등의 추대를 받아 옛 국회의원들을 한 사람씩 매수해 국회를 부활시키고 대총통에 선출된 것은 국민의 상당한 빈축을 사서 뇌물로 선출된 총통이라 불렸다. 봉천奉天 군벌 장쭤린은 이에 반대해 북경으로 진격했는데, 이에 맞서 1차전에서는 대승을 거뒀던 직례파의 우페이푸가 그 압도적 우세에도 불구하고 2차전에서는 부장 펑위샹馮玉祥의 배반으로 인해 재기불능의 대패를 당해 차오쿤은 도망가고 우페이푸는 하남의 근거지로 물러나 틀어박혔다. 봉천군은 펑위샹의 영접을 받으며 북경에 들어갔지만 민심의 불복을 고려해 돤치루이의 출마를 요청하고 그를 북경 정부의 임시 집정執政으로 옹립해 그의 손으로 전국적인 평화 회복을 도모하고자 했다.

　돤치루이가 임시 집정이란 기묘한 직함을 취한 것은 남방과 교섭하는 데 타협의 여지를 남긴 것이었다. 그래서 광동의 쑨원을 북경에 초청해 함께 사태 수습을 협의하고 싶다고 신청했다. 이에 대해 쑨원은 좌파의 반대를 무릅쓰고 승낙의 취지로 회답을 하고 우파인 후한민胡漢民에게 후사를 위임하고, 좌파 왕징웨이汪精衛 등을 동반해 일본 기선을 타고 북상 길에 올랐다. 이때의 쑨원의 결의에 관해, 지금까지의 실패에 질리지도 않고 또다시 군벌과의 타협을 꾀하는 심사는 도무지 이해할 수 없다는 좌파의 엄중한 비난을 받았는데, 잊어서는 안 될 것은 쑨원은 용공은 했지만 공산화한 것은 아니라는 사실이다. 그는 어디까지나 중국국민당의 당수였던 것이다. 아마 그는 제국주의에 대해서도 과도하게 철저한 항전은 좋아하지 않았던 듯하다. 만일 그렇게 되면 다음에는 소련의 위성국이 될 위험이 있기 때문이다.

이 시기에 쑨원이 가장 꺼림칙하게 생각하고 있던 것은 일본과의 관계이다. 왜냐하면 앞으로 상대로서 교섭하려는 돤치루이, 이를 지지하고 있는 장쭤린은 과거에 일본과 깊은 연관을 맺고 있었기 때문이다. 역시 예상대로 쑨원은 북상 도중 바쁜 시간을 할애해 일부러 일본에 기착했다. 아마 그는 자기가 마음에 품고 있는 국민회의國民會議에 의해 남북을 타협시키고 사태를 수습하려는 복안에 관해 일본 조야로부터 후원을 기대하고 있었을 것이다. 불행하게도 당시의 일본은 쑨원의 심정을 전혀 이해하지 못했다. 지금 여전히 일본이 중국의 입장을 이해하지 못한다면 중국은 소련화해 갈 것이라는 경고를 알지 못했던 것이다. 만일 쑨원이 기꺼이 공산화할 생각이었다면 굳이 일본에 기착할 필요도 없고 애초부터 돤치루이와의 회견에 나설 필요도 없었을 것이다.

쑨원은 천진天津에 도착하자 곧 병이 나서 그 병상이 악화된 데다 돤치루이 임시 집정 정부의 태도도 쑨원을 실망시킬 뿐이었다. 이듬해인 민국 14년(1925) 그는 북경에서 혁명은 아직 성공하지 못했으니 동지들은 모름지기 노력해야 한다는 유촉을 남기고 병사했다. 나이 60세였다. 그는 혁명가였지만 그 이상으로 정치가여서 세계의 정세에 통하고 있었다. 그러므로 중국 인민이 놓여 있는 현실의 위치에 관한 고려가 무엇보다도 우선

하고 있었다. 그의 철학은 『건국방략』에서 말하고 있듯이 행하기는 쉽고 알기는 어렵다는 것으로, 왕양명의 알기는 쉽고 행하기는 어렵다는 설을 뒤집은 새로운 학설이다. 이를 그는 심리心理 건설이라 부르고 있는데, 혁명의 궁극의 목적은 역시 이런 점으로 낙찰될 것이다.

쑨원의 죽음으로 남북 화해가 절망적이 된 것과 더불어 형세는 남북이 함께 급변해 혼란은 점점 더 심화될 뿐이었다. 특히 북방에서는 장쭤린과 펑위샹 사이가 틀어져 펑위샹은 쿠데타로 돤치루이의 임시 집정 정부를 무너뜨렸지만 봉천군 장쭤린과의 전쟁에 패해 경수京綏 철도를 따라서 서북으로 이동해 소련과의 연결을 꾀했다. 북경에 들어간 장쭤린은 펑위샹을 공동의 적으로 삼았기 때문에 숙적 우페이푸와 화해하고, 안국군安國軍을 조직해 군정부軍政府의 대원수에 취임했다.

국민정부의 북벌

남방에서는 쑨원이 사망하자 중국국민당은 광동 군정부를 국민정부國民政府란 이름으로 바꿨는데, 내부에 동요가 일어나 좌·우파의 대립이 격화되었다. 이런 가운데 착착 세력을 신장한 것이 황포군관학교 교장 장제스蔣介石였다. 그는 일찍이 일본의 군사학교에도 유학했으며, 이때에는 소련 방문을 마치고 귀국해 국민당 좌파의 주력으로 보이고 있었다. 하지만 그는 호를 중정中正이라 했듯이 어디까지나 국민당의 정통으로 자임하고 있었다.

장제스는 젊은 장교들의 후원에 의해 차츰 당의 실권을 장악했으므로 여기에 불만인 우파, 특히 신해혁명 이래 쑨원의 측근이었던 원로 정치가들은 차츰 이반해 갔다. 특히 장제스와 가까웠던 좌파 원로 랴오중카이廖仲愷가 암살되자 장제스는 무력으로 반대파를 탄압하고 원로인 후한민 등 우파를 추방했다 (1925). 그러나 이듬해에는 공산당이 쿠데타를 계획하는 중이라는 혐의를 내세워 장제스는 선제적 조치로 쿠데타의 근거로 지목되던 군함 중산함中山艦의 승무원들을 체포했다. 이 사건은 후에 혐의 사실이 애매해져서, 연좌되어 추방당했던 소련인 고문들도 복귀했으나 장제스는 이로써 중국국민당이 어디까지나 국민당이며 공산당이 아님을 내외에 천명하고 싶었던 것이라 하겠다.

국민정부 내에서 부동의 지반을 차지한 장제스는 민국 15년 (1926) 국민혁명군國民革命軍 총사령에 임명되어 쑨원이 염원했으나 이루지 못했던 북벌의 길에 올랐다. 북벌군은 파죽지세로 진격해 그해에 호남을 석권하고 호북에 들어가 무한武漢을 점령하는 한편 동쪽 강서성의 성도 남창南昌도 점령했다. 일찍이 홍수전의 태평군과 유사한 국민혁명군의 양자강 진출은 그 속도가 태평군보다 몇 배나 빨랐다.

그러나 이듬해 국민군이 강소江蘇에 들어가 남경을 점령했을 때 군 내의 공산당원이 영·미·일의 조계에 난입해 곤란한 국제 문제를 일으켰는데, 그것은 아마도 그들의 의도된 전략 목표였을 것이다. 장제스는 이에 국민당과 공산당이 서로 화합할 수 없는 상황이라 판단하고 공산당원에 대해 철저한 탄압을 가했다. 공산당과의 결별은 소련과의 단절을 의미했다. 소련과의

단절이란 점에서 보면 이는 30여 년 후에 중국공산당의 마오쩌
둥毛澤東이 같은 결의를 하지 않을 수 없었던 입장과 유사한 측
면도 있다.

장제스의 북벌군이 파죽지세로 강남 일대를 석권한 데에는
대도시 노동조합을 기반으로 한 공산당의 활동이 큰 공헌을 했
다. 그런데 장제스가 공산당과 절연하자 그 북벌의 진전은 급
속히 정체되기 시작했다. 그뿐 아니라 국민당 내부에도 좌파는
장제스의 태도에 동조하지 않고 당내는 좌우 대립으로 격렬하
게 요동쳤다. 특히 장제스가 소련과 단절한 대신 미국·영국 등
자본주의 국가들과 제휴를 꾀한 것은 당연한 결과로 좌파 이외
의 당원에게도 불신감을 불러일으켰다. 좌로부터 우로의 변신
이 지나치게 빨랐기 때문이다. 동시에 소련과 중국공산당의 태
도도 중국 사회의 실정에 대한 인식이 부족했다고 할 수 있다.
그들은 국민당 좌파와 결합해 장제스 반대 세력을 무한에 결집
시켰는데, 최후에는 국민당 좌파에게도 혐오를 받아 추방당하
는 결과가 되었기 때문이다.

국공 분열에 의해 일시 답보 상태에 빠졌던 국민군의 북벌은
장제스가 남경을 국민정부의 수도로 정하고 국민당원의 결집
에 성공하자 다시금 상해·남경의 자본가 세력의 후원을 받아
속행되게 되었다. 장제스는 산서山西 군벌 옌시산閻錫山 및 펑위
샹과 연락을 취하고 진포津浦 철도를 따라 북상했다. 도중에 산
동의 제남濟南을 점령했을 때 일본의 출병에 의해 방해를 받았
지만 북벌군은 작전상의 불리함을 견디고 일부러 제남을 피해
북벌을 계속해서 북경 근교에 육박하니, 장쭤린은 형세의 불리
함을 살피고 군을 거두어 봉천으로 철수하고자 했다. 그런데

그의 열차가 경봉京奉 철도와 일본이 관할하는 남만주 철도의 교차 지점을 통과할 때 교량에 장치된 화약의 폭발로 중상을 입고 사망했다. 이것이 일본 관동군關東軍의 음모에 의한 것임은 이미 당시부터 내외에서 다 같이 지적된 것이다. 그때까지 장 쭤린은 일본을 이용하면서 동북 3성에 대한 지배권을 확립하고 동북을 근거로 하여 중앙을 향해서도 발언권을 행사하고 있었는데, 서양의 민담에 있듯이 악마를 이용해 부를 쌓은 남자가 최후에 악마에게 피살된 것과 완전히 같은 운명을 밟았던 것이다. 그리고 악마에게 피살된 것은 정말 악마 자체가 완전히 되지는 못했기 때문이다. 장쭤린은 악행도 저질렀으나 일본의 완전한 앞잡이가 되지도 못했던 것이다.

장제스는 북경에 들어가자 북벌의 완성을 서산西山에 있는 쑨원의 묘 앞에 보고했다. 그리고 전 국민에게 국민정부에 대한 충성을 요구했다. 당시 봉천에서 장쭤린의 지위를 이어받은 아들 장쉐량張學良은 일본의 저지, 권고를 무시하고 국민정부의 국기인 청천백일기靑天白日旗를 게양해 합류를 표명하고 장제스로부터 국민혁명군 부사령관에 임명되었다(1928). 이에 장제스의 권위가 확립되고 각지에는 장제스 반대 세력이 다소 남아 있었지만 세계 각국도 모두 국민정부를 정통으로 인정했으므로 국내의 정세도 차츰 진정되어갔다. 실로 장제스가 득의의 절정에 섰던 시기이다.

일본과 미국의 대립

이 장제스 정권을 동요시키고 최후에는 중국에서의 발판을 상실하게 하고 말았던 최대의 요인은 내정의 곤란 때문이 아니라 도리어 당시의 복잡한 세계정세의 작용이었다. 특히 일본이 커다란 책임을 지지 않으면 안 되지만 그 배후에서 더 큰 작용을 한 것은 미국의 외교였다.

미국은 러일전쟁 때까지는 일본에 호의를 보이고, 이 전쟁의 종결도 미국의 중재 노력에 의뢰한 점이 많았다. 그런데 전쟁 이후 미국의 만주철도 중립안에 일본이 반대하고 오히려 러시아와 결탁해 미국이 노리고 있던 만주 진출을 거부한 다음부터 미국의 정책은 크게 전환해 일본을 적대시하는 방향으로 변했다. 그때 일어난 것이 제1차 세계대전이며, 미국도, 일본도 연합국 측에 섰지만 그 역할은 서로 달랐다. 미국은 유럽 전선에 군대를 보내 그것이 승패를 결정짓는 원동력이 되었지만 일본은 독일의 조차지인 산동 교주만을 점령한 것 외에는 오로지 그 해군력으로 태평양의 해상 경비를 맡아 영국의 동맹국으로서 이른바 동양의 파수꾼 역할을 했다. 이와 동시에 일본의 상품도 구미 식민지 사이에 널리 보급되었다. 그런데 대전이 종료되자 각국은 그 식민지로부터 일본을 배척하기 시작했고, 특히 미국은 전쟁 중 획득한 세계 지도자의 지위를 이용해 전시에 벼락부자가 된 일본을 굴복시키려고 전력을 기울여갔다. 군비 축소를 명분으로 한 워싱턴 회의(1921~1922), 런던 회의(1930)는 실은 일본 압박을 목적으로 한 것이며, 배일이민排日 移民 법안(1924)은 물론 중국에서의 일본의 특수 지위를 인정한 랜싱·이시이(石井) 협약의 폐기(1923) 등 노골적인 일본 적대시 정책이 잇달아 실시되었다. 특히 미국에서의 주식 대폭락에 뒤이은 세계 경제의 대공황은 각국이 보호무역 정책을 강화하게 만들었고, 이렇게 되자 식민지가 없는 일본·독일·이탈리아 등의 입장이 곤란해져갔다. 당시 상품 시장으로서 유망한 지역은 인도, 중동, 중남미 등으로 모두 영국과 미국의 식민지 혹은 세력 범위 내에 있었고, 일본에 남겨진 시장은 중국밖에 없었다. 그러나 이곳도 각국의 경쟁이 극심했으며, 특히 일본은 일본의 진출을 좋아하지 않던 중국 인민 및 외국 자본가들에 의한 배일 운동에 의해 상권이 위협당하는 입장에 있었다. 그리고 안전하게 상업을 영위하려면 이른바 세력 범위를 설정할 수밖에 없고, 세력 범위 설정의 정책은 더욱더 배일 운동의 격화를 초래하는 것이었다.

정세가 이렇게 되어가자 일본은 점점 더 중국에서의 기득권익을 고집하지 않을 수 없게 되었다. 봉천의 장쉐량의 태도에 희망을 잃은 일본은 양유팅楊宇霆을 옹립해 친일 지방 정권을 수립하고자 했지만 장쉐량은 선수를 쳐서 양유팅을 살해해 버렸다. 그래서 일본 관동군은 최후 수단으로 무력 발동을 단행해 장쉐량군을 축출하고 만주 전역을 점령했다(1931). 그 후 천진天津에 칩거 중이던 폐위된 선통제宣統帝 부의溥儀를 이곳으로 데리고 나와 집정執政으로 삼고 곧 황제로 즉위시켜 만주제국을 만든다는 시대에 뒤떨어진 대연극을 꾸몄다(강덕康德 원년, 1934).[103]

이 무렵 남경의 국민정부는 전면에서 일본군의 압력을 받는 것 외에 후방에서도 강서江西의 서금瑞金을 근거지로 하는 공산 홍군紅軍의 위협을 받고 있었다. 몇 번이나 대군을 움직여 홍군을 포위 공격했지만 언제나 패배해, 피살된 사단장의 머리가 판자에 실려 상류에서 흘러 내려온 에피소드도 있었다. 최후에는 물자의 유입을 끊고 봉쇄 작전을 행하니 홍군은 식염 부족에 시달리다가 포위를 돌파해 호남으로 나왔으며, 이른바 대장정大長征 끝에 섬서陝西로 들어가 보안保安에 근거지를 구축하고 (1935) 1937년에 거점을 연안延安으로 옮겼다.

중일전쟁

이른바 만주사변滿洲事變을 이끈 것은 러일전쟁 이래 요동遼東의 일본 조차지에 주둔하던 관동군의 참모 이시하라 간지(石原莞爾)였는데, 그는 세계 최종전쟁론을 제창했다. 일본군의 무력행사는 이번의 사변으로 그쳐야 하고, 만주를 세계의 모범이 될 수 있는 왕도낙토王道樂土로 조성해내자는 의론이다. 그런데 이 최종 전쟁이어야 할 만주사변이 실은 얄궂게도 세계대전의 서전이 되고 말았다. 일본이 만주를 식민지화하자 내외의 압력은 점점 더 엄중하게 일본을 압박해오게 되고, 이에 대해 일본에서는 이시하라보다도 더욱 광신적인 도조 히데키(東條英機)가 나타나 국정을 지도하게 되었기 때문이다

특히 일본 상품 배척을 목적으로 한 것은 아니었는지 모르지만 영국이 그 식민지를 포함한 전 영토 내의 상호 무역을 우선시키는 오타와 협정(1932)을 결정함으로써 심각한 피해를 입은 것은 일본이었다. 영국의 손길은 더욱 뻗어나가 중동의 아랍

제국에서도 일본 상품은 쫓겨났다. 당시 일본은 오로지 저임금에 의지해 값싼 상품을 여러 후진국들을 향해 수출하고 있었는데, 그 상거래도 중지되어버렸던 것이다.

중국 방면에서는 이른바 서안西安 사건(1936) 이후 장제스는 연안의 홍군 지도자 마오쩌둥과 화해하고 함께 국난에 임해 일본에 항전하기로 약속하니, 이에 제2차 국공합작이 실현되었다(1937). 이로써 만주국에 대한 중국의 전선이 정리, 강화되자 일본군은 다시금 선수를 쳐서 적극책을 취해 북경에 주둔하는 파견군이 연습 중에 중국군과 충돌을 일으켰는데(1937), 이른바 7월 7일의 노구교蘆溝橋 사건이다.[104] 만주국으로부터 장성을 넘은 일본군은 북경·천진 등 화북을 점령하는 한편 항주만杭州灣에 상륙한 부대는 남경을 점령해 이때 학살 폭행을 멋대로 자행해서 외국들의 엄청난 비난을 초래했다. 일본군은 다시 양자강을 거슬러 올라 무한을 공략하고 남부에서는 광동을 점령했다. 이에 대해 장제스는 사천성의 중경重慶으로 후퇴해 때로는 공습을 받으면서 고통을 꾹 인내하며 난국을 견뎌냈다.

전선의 확대는 실은 일본에게 한층 더 무거운 짐이 되었다. 중경의 국민정부는 운남을 통한 이른바 버마 루트를 통해 미국·영국으로부터 보급을 받고 조금도 붕괴될 징조를 보이지 않았다. 일본에게 다소 마음을 놓게 한 것은 유럽에서 제2차 세계대전이 발발해 독일로부터 공격의 정면에 서게 된 영국이 동방을 돌아다볼 겨를이 없어진 것이었다(1939). 일본은 독일·이탈리아와 삼국동맹 조약(1940)을 맺고 기세를 올렸지만, 이는 동·서로 멀리 떨어져 있어서 단지 정신적 상호 격려에 지나지 않았다.

이에 대해 미국은 더욱 유효한 수단으로 일본에 압력을 가할 수 있었다. 그것은 석유 공급의 단절이었다. 당시 독일은 영국에 도전하면서 해군력을 거의 갖지 못했으므로 연합군의 대서양 방위는 영국 해군력으로 충분했다. 그래서 미국은 그 해군력을 태평양 쪽에 집중시켜 안심하고 석유 금수 조치를 취할 수 있었다. 그 직후에 일본은 미국·영국·네덜란드에 대한 개전을 결의했는데, 이는 이른바 ABCD 대일본 포위망에 대해 정면 돌파를 기도한 것이었다. ABCD의 A는 아메리카, B는 브리튼 즉 영국, C는 차이나 즉 중화민국, D는 더치 즉 네덜란드이며, 네덜란드는 인도네시아 식민지 방위를 위해 늘 영국과 행동을 함께하고 있었다.

일본 해군의 하와이 진주만 급습에 의해 태평양전쟁의 막은 오르고, 서전에 약간의 승리를 거둔 일본도 미국의 웅대한 물량 투입 작전 앞에 점차 패퇴를 거듭해 격전 4년 뒤에 항복하지 않을 수 없게 되었다(1941~1945). 일본 본토는 연합군 점령하에 놓이고 중국으로부터 전 군민이 철수해 왔는데, 만주에서는 생각지도 못한 소련의 참전에 의해 거류민 사이에 형언할 수 없는 참극이 연출되었다. 소련은 다시 사할린(樺太) 및 쿠릴(千島) 열도를 점령했다. 일본과 소련 사이에는 중립 조약(1941)이 존재하고 있었는데, 그것이 일방적으로 파기되고 바로 공격을 받을 것이라고는 생각도 하지 않았던 것이다.

러일전쟁 이래 국민의 절대 신뢰를 받던 일본 육해군의 전쟁 지도는 거론할 가치도 없을 만큼 졸렬한 것으로 판명되었다. 육군은 대륙에서 병법상 가장 금기인 병력의 축차 증강을 계속해 전쟁을 질질 끌면서 아무 효과도 올리지 못했다. 한편 해군은 구식 거함거포주의에 집착해 국력을 쏟아부어 무사시(武藏)·야마토(大和) 등 쓸모도 없는 대전함을 건조했고, 게다가 그 사용 방법조차 알지 못해 아무런 전과도 못 올리고 개죽음을 시켰다. 서전에서 항공전의 위력을 스스로 목격하고서도 전술을 경신할 줄 몰랐던 것이다. 게다가 군기의 퇴폐, 특히 상급 간부의 부패와 타락은 눈 뜨고 볼 수 없을 만큼 극심했는데, 이에 분개해 이를 지적하고 탄핵하는 데 가장 힘썼던 것이 이시하라 간지였던 것도 흥미롭다. 그는 마지막에 내지 사단장으로서 늘 특별 계통의 헌병에 의해 감시받고 있었다.

장제스도 대국적인 전략을 그르쳤다고 할 수 있다. 그는 일본과의 전쟁 일선에는 되도록 공산군을 배치해 그 소모를 꾀하고 직계 부하를 오지로 끌어넣어 세력의 온존을 도모했다. 그런데 일단 일본군이 와해되어 국·공 양군이 일본 점령하의 영토 획득을 위해 경쟁하게 되자 실전에 익숙하지 않고 안일을 탐하던 국민정부군은 경험이 풍부한 공산군에게 뒤졌던 것이다. 더욱이 일본 점령 하에서 치안 유지를 맡고 있던 왕징웨이와 그 후계자들이 조직하고 있던 남경의 친일 정부 요원들을 국민정부가 반역죄로 처형하자, 그 일파는 성명을 바꾸고 공산군으로 달아났다.

장제스는 오로지 미국의 원조에 의해 전쟁 이후의 사태를 처리하고자 했는데, 이것이 또 예상과 다른 나쁜 결과가 되었다. 국민당은 원래 혁명 정당이고 공산당의 정책에 대해 어느 정도 동조할 수 있는 면도 있었는데, 미국 고문의 간섭이 장제스의 자유를 구속해 마침내 재차 국·공이 분열해 전면적 내전으로까지 발전했다. 그리하여 증명된 것은 국민정부군도 얼마나 무력했던가 하는 사실이며, 그 이면에는 미국의 금권 사상에 중독된 간부들의 부패가 있었다. 국민정부군은 연전연패해서 청일전쟁 이래 일본의 영토였다가 반환된 대만으로 물러나고, 그 대신 중국 전토를 장악한 중국공산당은 북경을 수도로 삼아 중화인민공화국中華人民共和國을 수립했다.

공산군이 북경에 들어오기에 앞서 국민정부는 고궁故宮의 보물, 도서관의 귀중본들을 남경으로 운반하고 다시 이를 구축함에 실어 대만으로 보냈다. 대북臺北에 정착한 국민정부는 여전히 중국의 정통 정부로 자임하고, 쑨원의 유지를 지켜 오권五權 분립 정부를 유지하며, 대륙의 공산당을 비匪라 부르며 북경 정부가 자신들을 적賊이라 부르는 데 대항해 물러서지 않는다.

3. 중화인민공화국

정풍 운동과 중국공산당

중화인민공화국 신정부는 중화민국 기원을 폐지하고 서력을 채용했으며, 마오쩌둥毛澤東은 중국공산당의 당 주석主席으로서 국가주석을 겸했다(1949). 원래 중국의 현상은 구미 또는 일본에 비해 몹시 알기 어려운 것이 특징인데, 중화인민공화국 시대에 들어와서부터 한층 더 알기 어려워져갔다. 그것은 보도가 전부 엄중한 통제 아래 놓이게 되었기 때문이다. 일본이 전시 중에 대본영大本營 발표만이 진실이라고 했던 방식이 조금 변형되어 인민 중국에 재현된 것이다.

어느 사회에서도 표면상의 원칙과 본심에서 나온 말 사이에는 반드시 어긋남이 있다. 다만 자유 사회에서는 표면상 원칙과 본심에서 나온 말은 각기 그 자체로서는 진실임을 인정해 어긋남이 있는 그대로 보도한다. 하지만 통제 사회에서는 표면상 원칙 이외에 본심에서 나온 말 따위가 있을 리가 없다고 하며 본심에서 나온 말을 일소하고 표면상의 원칙만을 전면에 내세운다.

그것이 그대로 통하는 경우도 있지만 가장 심각한 의문이 일어나는 것은 예술, 특히 문학의 경우이다. 정풍整風 운동은 북경의 중국공산당 정부가 수립된 다음 당내의 풍기 문란이 문제가 되어 몇 차례나 되풀이되었다. 그렇게 된 이유는 간부가 어느새 관료화해서 특권 계급의 부활을 상기시키는 타락상을 보였기 때문이니, 이에 대해 정풍 운동이 일어난 것은 당연한 일이며 아무 문제가 안 된다. 하지만 문학가 호풍胡風에 대한 정풍의 경우에는 일이 문학의 본질에 관한 문제인 만큼 사정은 상당히 복잡했다(1953).

호풍에 의하면 예술은 전부 본심에서 나온 말을 근본으로 해서 성립하는 것이니 표면상 원칙이 틀로 주어진 가운데에서는 작가가 활동할 수 없다고 했다. 이에 대한 당의 비판은 그와 같은 예술은 부르주아 세계의 낡은 예술이며 공산주의 사회에서는 독초이므로 그 존재를 허용할 수 없다는 것이었다. 공산주의 사회에서는 문예가도 노동자·농민·병사의 대중 생활에 깊이 들어가 자기의 사상 개조를 해서 새로운 예술을 생산할 필요가 있으며, 그럴 수 없다면 그것은 반동적 자본 계급의 앞잡이가 된 자라고 했다. 호풍은 사방에서 공격을 받아 자아비판을 했지만 그의 자아비판도 진정이 아니라며 추방되고 말았다.

다수에 의해 개인에게 공격을 집중해 본심에서 나온 말을 비판하고 표면상 원칙을 관철하는 것은 표면적으로는 가능할 것이나 과연 진실로 그런 것이 가능할까? 그런 말을 하는 이유는 그 후 거듭해서 권력가가 실각하고 비판했던 자가 새로이 비판을 받는 사건이 되풀이해 일어나고 있기 때문이다.

공산군의 대장정 이래 당과 군을 지도해온 마오쩌둥은 중화인민공화국 건립 이후 전 국민의 우상이 되었다. 그것도 무리는 아닌 것이니 그의 치하에서 중국은 오랜만에 전통적인 권위를 되찾았기 때문이다. 중국인이 열망해 마지않았던 민족주의가 가까스로 달성되었던 것이다. 그렇지만 그의 지도력이 나이가 많아짐에 따라 저하되어온 것은 이론의 여지가 없다. 건국 후 10년쯤 지나 대약진大躍進 운동의 실패로 제2기 전국인민대표대회에서 국가주석에 새로이 류샤오치劉少奇가 선출되고 마오쩌둥은 당 주석으로 당무에 전념하도록 결정되었다(1959). 바로 이 무렵은 중국이 식량 부족의 위기를 맞은 데다 중국과 소련 간의 동맹 관계에도 균열이 생겨, 중국으로서는 가장 곤란한 시기를 맞이했던 것이다. 공산주의 선진국인 소련에 대해 만일 응수를 잘못하면 중국 내부에 어떤 이변이 발생하지 않는다고만 할 수 없었다. 당시 중국과 소련은 한 덩어리 바위라 할 정도의 견고한 단결을 과시하고 있었기 때문이다. 그리고 이 위기는 통제의 수정에 의한 식량 증산 및 국론을 한데 모은 소련과의 단절이라는 형태로 타개되었다.[105]

문화대혁명

그 후 일어난 것이 문화대혁명文化大革命이다(1966). 이 운동의 진상은 사실 누구도 알 수 없다. 표면적으로는 군부의 실력자인 국방부장 린뱌오林彪가 주동이 되어 국무원國務院 총리 저우언라이周恩來와 함께 청소년 홍위병紅衛兵을 움직여 국가주석 류샤오치를 배격, 실각시키고 재차 당과 국가의 전권을 다시 마오쩌둥의 손에 되돌려준 결과가 되었다. 류샤오치에 동반해 공산당 중앙 총서기 덩샤오핑鄧小平 등도 실권파實權派라 하여 추방되었다. 이 운동이 왜 일어나야만 했는지 그 이유에 관한 설명은 당이 본래의 혁명 노선에서 벗어나 목전의 실효를 추구하는 수정주의의 길을 가고자 해서 당내에 사적인 단결을 만들어 권력을 장악해온 자가 생겼기 때문에 그들을 타도하지 않으면 안 된다는 것이다. 이데올로기를 중시하는 당에서는 언제나 문제되는 것이 원칙이 소중한가, 실효가 소중한가라는 선택인데, 이 문화대혁명에서 류샤오치의 정책은 원칙을 무시한 점에서 혁명 노선에서 후퇴했다고 비난을 받은 것이다. 동시에 이 운동은 마오쩌둥의 복권이라는 권력 투쟁의 의미가 있었던 것도 부정할 수 없다. 린뱌오는 마오쩌둥의 저술 중에서 인민이 학습해야 할 교훈을 편집해 『모주석어록毛主席語錄』으로 반포하니 한때 전 인민의 필독서가 되었다. 현재에서 볼 때 주목해야 할 점은 이 운동을 이면에서 움직이고 있었던 것이 마오쩌둥의 처 장칭江青이었다는 사실이다.

그러나 표면적으로는 문화대혁명의 제일 주역은 린뱌오이며 이후 그의 권위가 크게 높아졌다. 그리고 3년 뒤 제9회 전국 당대표대회에서는 차기 당 주석으로 지명되고 다시 그것을 당규에까지 써넣게 한 것은 누구의 눈에도 지나친 것으로 보였다. 독재 천자의 경우 황태자를 세우면 폐해를 낳기 쉬운 것은 이미 청조에서 증명이 끝난 사정이다. 과연 당내에 반감이 높았는데, 이번에는 홍위병을 움직여 대자보大字報로 비판한다는 형식은 취할 수 없었다. 아무래도 마오쩌둥과 저우언라이·린뱌오에 대해서만은 비판이 금지되어 있었던 듯한데, 그만큼 내면적인 갈등은 한층 더 심각했다. 국민 누구도 알지 못하는 사이에 린뱌오는 비행기로 탈출을 하려다가 외몽골 상공에서 추락해 사망했다. 그의 죽음이 발표된 것도 몇 개월이 지난 뒤였다.[106]

비림비공 운동

생전 비판받은 적이 없었던 린뱌오는 사후에 엄중한 비판을 받게 되었다. 더욱이 이번에는 수천 년 전의 공자와 상호 연관되어 비림비공批林批孔이란 형태로 진행되었다. 공자는 고대 노예제 붕괴기에 살면서 전통을 묵수해 새로운 사회로의 진보를 저지한 인물이었기 때문에 이를 시조로 하는 유교는 늘 반동적이고 법가法家와 같은 진보적 사상을 계속 방해했으며, 린뱌오의 사상도 공자를 존중하고 믿는 유교에 다름없다는 논지이다. 그래서 린뱌오가 편집한 『모주석어록』 읽기도 뚝 그치고 말았다. 이 사실이 상징하듯이 비림비공 운동은 앞의 문화대혁명의 일부 수정이며, 문화대혁명에 의해 일약 부상한 새로운 영웅들은 동료끼리 분열해 천보다陳伯達 등 린뱌오 일파는 자취를 감추고, 새로운 운동으로 전환해나간 장칭, 왕훙원王洪文 등 중앙문혁소조文革小組가 당대의 인물이 되었다.

이 비공비림의 의미에 관해 린뱌오 비판은 안다고 해도 공자 비판은 정말 공자만을 가리킨 것일까, 혹은 따로 지목하는 사람이 있었던 것일까, 만일 있다면 그것은 저우언라이가 아닐까라는 풍문이 자주 항간에 나돌았다. 사실 이 시기에 저우언라이는 몹시 고통스러운 입장에 서 있었던 듯하다. 하지만 민중 사이에는 저우언라이의 평판이 상당히 좋고 절대적 신뢰가 있었다. 이에 반해 장칭은 전혀 인기가 없었다. 그 이유는 장칭이 신예술운동이라 호칭하며 고전을 개악했기 때문이다. 개인의 얕은 잔꾀로 전통 있는 고전들의 이야기를 새로운 시대에 맞추어 개조했으므로 경극京劇 등도 완전히 재미가 없어지고 말았다. 이는 대중에게서 오락을 빼앗는 결과가 되었다.

1976년 1월 민중의 절대적 신뢰를 받던 저우언라이가 인민이 애석해하는 가운데 사망했다. 비림비공 운동이 한창 소란스러운 가운데 북경의 거리 모퉁이에서 한 시민이 저우언라이가 건재하다는 라디오 방송을 듣고 눈물을 흘리며 기뻐하는 모습이 당시 일본 신문의 한구석에 실린 작은 기사에 있었다.

저우언라이는 자기에게 죽을 때가 다가왔다는 것을 깨달았는지 문화대혁명으로 실각한 덩샤오핑을 기용해 몰래 자기의 후계자로 예정하고 있었던 듯하다. 하지만 저우언라이가 사망하자 덩샤오핑은 장칭 등의 반대로 재차 추방을 당했다. 더욱이 그것이 마오쩌둥의 지시로 되어 있어 성가시다.

실은 이 무렵에는 마오쩌둥의 건강도 완전히 쇠약해 있었으며, 9월 그가 병사했다고 발표되었다. 그의 유언이라며 만인의 예상을 뒤엎고 화궈펑華國鋒이 당 주석에 지명되었다. 여기에는 군부의 후원과 함께 마오쩌둥 직속의 정보기관의 원조가 작용했던 것 같다. 여러 세력이 일치해 화궈펑을 키워준 것은 장칭에 반대한다는 점에서 공통되었기 때문이다. 장칭, 왕훙원 외 2인(장춘차오張春橋·야오원위안姚文元) 등 문혁소조는 곧바로 음모에 가담한 사인방四人帮이란 딱지가 붙어 정계에서 추방당했다.

중국은 독재정치가 육성된 나라이지만 또한 동시에 여론이 중시되는 나라이다. 부단히 표면에 나오지는 않는 여론의 힘이 군주의 교체 시기 등에 돌연 불을 뿜는 예는 역사의 여러 장면에서 보인다. 화궈펑 정권은 압도적인 고 저우언라이의 의발을 잇는다는 입장에서 종래 압도적으로 인기가 없던 장칭의 방식을 바꾼다는 함의를 갖고 인민의 지지를 얻고 있다고 볼 수 있다. 그러므로 덩샤오핑의 재기용이란 어려운 인사도 감행했다. 이는 마오쩌둥이 건강할 때의 순리적 명령에 따른 것으로 죽기 직전의 혼란스러운 명령을 무시한 것이라고, 누구나 본심에서 나온 말을 알고 있으면서도 표면상 원칙으로는 그렇게는 말할 수 없는 것이 괴로운 것이다. 그러나 장칭이 인기 없는 원인이 인도의 간디처럼 혹시 산아 제한을 억지로 수행하려고 한 점에 있었다 해도 이 정책만은 역시 답습하지 않을 수 없을 것이다.

그런데 이처럼 지도적 입장에 있던 실력자가 교체될 때마다 그 정책이 비판받고, 따라서 가치관의 전환이 일어나는 것은 어쩔 수 없지만, 동시에 종래에는 숨겨져 있던 사실이 폭로되는 것은 무엇을 의미하는 것일까. 결국 인민은 언제나 표면상의 원칙밖에 알 수 없다는 것이 되지 않을까. 표면상 원칙의 이면에는 다른 진실이 숨겨져 있었다는 본심에서 나온 말은 실력자가 교체되지 않으면 확실히 알 수 없는 것이다. 이래서는 현대사는 안심하고 쓸 수 없으며, 또 확실히 그러하다. 그렇기는

하지만 그것은 언제 또 어디서라도 정도의 차이는 있을지언정
엄연히 존재하는 것이다.

중·소 논쟁

중국공산당의 군대가 섬서陝西의 깊은 산 속에서 급속히 북
경·상해 등의 선진 지대로 진출했을 때는 외국 체재 경험이 있
는 소수의 간부를 제외하고 대다수의 당원들은 소박한 시골뜨
기였으므로 새로운 국면에 대처하는 데 당황하지 않을 수 없었
다. 그중에는 빠르게도 도시의 영광에 현혹되어 과거 국민당의
실패를 답습하는 자조차 있어, 정부는 이르게도 건국 후 2년 뒤
삼반三反 운동, 즉 오직汚職·낭비·관료주의의 세 가지 해악의
추방 운동을 벌이지 않을 수 없었다(1951).

대외적으로도 인식이 아직 충분하지 못해 확고한 방침이 서
있지 않았다. 대륙의 평정이 의외로 빨리 끝났으므로 그 기세
를 타고 대만의 국민정부 평정에 착수할 생각으로 소련에도 통
고하고 일본 공산당에도 동원령을 내렸다. 대만은 일본이 방기
한 이상 중국의 영토이므로 그곳으로 진공해도 어디에서도 불
평이 나올 리는 없었다. 하지만 실제 문제로는 그렇게 하려면
미국과의 정면충돌을 각오하지 않으면 안 된다. 그러나 소련에
서 배운 마르크스주의로는 혁명을 위해 희생을 아껴서는 안 되
는 터이니 소련이 당연히 원조해줄 것이라 생각했는데 도리어
기대를 걸 수 없었다. 중국의 문제 때문에 자신이 위험에 노출
되는 것은 소련이 싫어함을 간파한 것이다. 이어서 일어난 한

국전쟁에서도 소련의 스탈린은 수수방관할 뿐 중국만이 출병
해 미국과 싸웠다. 중국은 소련을 세계혁명을 위한 동맹국이라
고만 믿고 있었으므로 지금까지도 온갖 양보를 해왔던 것인데,
소련 쪽은 세계혁명을 과제로 내세워 다른 나라를 선동하면서
도 자신은 실은 제정 시대의 러시아 민족 팽창 정책을 그대로
계속하고 있음을 가까스로 알게 된 것이다. 이래서는 중국으로
서도 국제정치의 현실에 눈을 뜨고 지금까지의 사고방식을 바
꾸지 않을 수 없었다. 소련 수정주의, 신차르新沙皇주의라는 어
휘가 빈번히 쓰이게 되었다.

결정적 결렬이 일어난 주요 원인은 외몽골 문제이다. 외몽골
은 청조의 강희제 때 귀복한 이후 청조에 가장 순종하는 번부藩
部가 되었으며, 진·한 시대 흉노 이래 2천 년에 걸친 중국과 북
방 민족 간의 대립이 해소되어 일체가 되어 청 말기에 이르렀
다.

러시아혁명 때 앞서 백계白系 러시아군이 외몽골을 점령하자
이를 뒤쫓아 적군赤軍이 들어와 외몽골을 점령하고 주민에게 독
립 정권을 수립케 했는데, 이것이 몽골인민공화국의 기원이다.
중국은 소련과 동맹해 세계혁명을 지향하는 한 덩어리 바위와
같은 단결을 과시한 시대에 이 몽골인민공화국의 독립을 승인
하고 대등한 국교를 맺었던 것인데, 중·소 관계가 결렬되어 막
상 정신을 차리고 보니 몽골은 완전히 소련의 위성국이 되어
중국에 대해 적대적 태도를 나타내게 되었다. 물론 이것은 소
련의 사주에 의한 것이며, 더욱이 소련군이 주둔해 중국에 대
해 수비를 굳히고 있었다. 이는 중국으로서는 참을 수 없는 사
태였다. 중국은 소련에 외몽골에 대한 공동의 지도, 혹은 소련

군의 외몽골로부터의 철퇴를 요구하며 몇 번인가 격렬한 응수가 있었던 것 같다. 그러나 소련은 진정으로 이에 대응하려 하지 않고 도리어 온갖 적대적 태도를 보여 혐오 행위를 되풀이했다. 이것은 일본의 북방 영토 반환 요구에 대한 소련의 반응과 완전히 동일하다. 중국은 지금 민족주의가 바로 꽃피려는 시기이다. 만일 쑨원 이후 마오쩌둥에 이르기까지 민족주의가 지나치게 강한 듯한 느낌이 있다 해도 누구도 그것을 나무랄 수 없을 것이다. 중국이야말로 사방 각국의 민족주의에 의해 가장 오래 자신의 민족주의를 억압받아온 나라이기 때문이다.

중·소 결렬의 시기는 1960년경이었다. 이해에 모스크바에서 국제중국학회가 열릴 예정이었는데, 개최 직전에 가서야 중국인 학자가 한 명도 참석하지 않는다는 것이 밝혀져 서둘러 취소되었다. 중국에 있던 소련인 기술지도원은 작업을 중도에 방기하고 전원이 철수해갔다. 중국의 산업 회복은 이 때문에 혹심한 타격을 받았지만 마침내 자력으로 계획을 속행하는 데 성공했다.

청조의 번부에서 독립의 움직임을 보인 것은 외몽골 이외에 티베트가 있다. 종래 티베트는 인도의 종주국인 영국의 후원에 의해 중국에서부터 분리를 꾀해왔는데, 제2차 세계대전 이후 인도가 독립국이 되자 티베트는 보호자를 잃고 고립되었다. 중국은 티베트가 달라이 라마(14세) 하에서 언제까지나 봉건적 압정이 행해지고 있는 것을 묵시할 수 없으며, 여기서도 사회 혁명을 수행하기 위해 출병해 티베트를 점령하고 달라이 라마를 인도로 축출한 다음 인민의 자치 정부를 수립시켰다(1959). 다시 달라이 라마 시대에 티베트 영토가 영국령 인도에 잠식되어 있는 점을 문제시해, 특히 라다크 지구를 둘러싸고 양국 간에 분쟁이 계속되고 있었다. 그리고 인디라 간디 여사가 수반인 인도 정부가 종래의 중립 정책을 버리고 소련에 기운 노선으로 바꾼 것이 한층 더 중국인의 반소 감정을 고조시켰던 것이다. 이제 중국이 당면한 적대국은 미국은 둘째이고 소련이 첫째로 되어 있다.

한때 공산주의 이론을 둘러싸고 중·소 논쟁이 일어나 이것은 일본에서도 일시 크게 화제가 되었다. 그러나 솔직히 말해 양자가 어떤 차이가 있는지 나로서는 전혀 알지 못한다. 내가 이해하기로는 중·소 결렬은 그런 이데올로기 문제가 아니라 현실적인 영토 문제에 더욱 큰 원인이 있다. 이에 관해서는 외몽골 문제 외에 또 하나 중국으로서 참지 못할 것은 소련에 의한 탄누 우량카이(唐努烏梁海) 지방의 합병이다. 이 땅은 명백한 청조의 영토였으므로 따라서 중화민국을 거쳐 중화인민공화국이 상속했어야 하는데, 외몽골과 마찬가지로 소련의 원조 하에 독립하고 곧 1944년 투바 자치주로서 소련에 병합되었고, 1961년 이래 자치공화국이 되어 있다. 17만 제곱킬로미터의 면적에 인구는 22만여 명이므로 인구가 대단히 희소한 지역인 동시에 장래 개발 가능성이 큰 지역이라 할 수 있다.

외몽골을 통해 중국령 내몽골 자치구에 대한 소련의 교란 공작이 끊임없이 되풀이되고 있는 것은 충분히 짐작할 수 있다. 그러나 양자의 중간에는 고비 대사막이 가로놓여 있으므로 공작은 매우 불편하다. 이에 대해 신강新疆은 소련에 포함된 서투르키스탄, 즉 키르키즈 등의 투르크인 지구와는 평야로 연결되는 지역이 많고 민족도 같으므로 끊임없이 방해 공작이 진행되고 있다. 이것도 소련이 중국인의 신경을 자극하는 원인이 되고 있다. 주의해야 할 것은 현재의 중국은 소련과 정부 간에는 불충분해도 국교가 있지만 양국 공산당 사이는 안전히 단절되어 있다는 사실이다.

중국의 현상

중국이 소련을 패권주의라고 부르는 것은 이유가 있다. 군비로 영토를 확장하고 그 영토로 군비를 증강하는 것이다. 이것은 일찍이 일본이 저질렀던 일인데, 당시의 일본은 일본이야말로 바로 백인에 대한 아시아의 방파제라고 자칭하며 자기 설득을 하고 있었지만, 아시아 여러 나라는 아무도 만족하지 않았다. 현재의 소련은 소련이야말로 바로 자본주의에 대한 공산국가들의 조국이라고 스스로 자신을 설득하고 있지만, 지금은 공산주의 따위가 별로 진기하지도 않다. 현재 소련권 내에서는 한 나라도 현상에 만족하고 있는 나라는 없을 것이다. 폴란드·체코·루마니아에서도 볼 수 있는 바와 같다. 우등생인 동독도 지배층은 별개로 하고 인민은 패전 때 러시아인들의 잔학 행위를 잊지 않고 있다. 극동에 있는 중국이 소련의 위성국이 되기 싫어하는 데는 충분한 이유가 있는 것이다. 이러한 점은 중국인 자신이 되어보지 않으면 중국인의 심리에 대해 진정한 이해는 할 수 없다. 러시아인은 개인으로서는 사람이 좋지만 모이면 나빠지는데, 비밀결사가 확대된 나라이기 때문이다. 미국 방면의 분석에 의하면 일본, 서독의 극좌파 파괴 활동에는 소련

공산당의 원조가 있다고 한다.

중국은 지금 한대의 흉노와의 대립을 재현하고 있는 것이다. 현재로는 흉노 쪽이 세력이 강성하고 한이 눌리는 기색이 있다. 그러므로 덩샤오핑 같은 실무가가 당연히 요구되는 것이다. 그는 소련과의 대립은 자손대대로 계속될 것이라고 말하고 있다. 한은 고조로부터 증손 무제 때에 와서 가까스로 흉노를 압도했으므로 중화인민공화국에서도 그 정도는 걸릴 것이다. 시간은 중국에 유리하게 작용한다.

그러나 중국 내부의 형세도 중대한 전환기에 있다. 부활한 실력자 덩샤오핑은 사인방을 너무 추궁해서는 안 된다. 만일 조그만 원한도 꼭 갚는다는 태도로 나오면 북송 시대의 당쟁을 재연하는 결과가 될 것이다. 전쟁 중의 일본의 잔학 행위를 용서할 정도의 아량 있는 중국인에게 그것이 불가능할 리 없다.

지금 중국은 일본을 대신해 준백인 제1호가 되었다. 유엔 상임이사회에 이름을 올린 것은 동양에서는 다만 중국 하나이다. 일본은 중국을 도와 그 수완을 자유롭게 발휘해야 하며, 그것이 곧 전시 중의 죄악을 보상하는 역할이 됨과 동시에 거기에서 폭력에 저항하는 정신을 배울 필요가 있을 것이다.

현재의 세계정세는 참으로 긴박한 상태이다. 전쟁은 도카이도(東海道) 지진처럼 내일 일어나도 이상하지 않은 터는 아니지만 언제까지나 일어나지 않을지도 모른다. 우리는 이데올로기로 멍청해지지 않도록 현실을 정확히 연구해 대처하는 데 유념하는 것이 필요하다고 생각한다. 역사를 배우는 것이 그것에 일조가 되면 다행이다.

맺음말

　나는 이 책의 서두에 역사란 무엇인가라는 과제를 제기해 두었다. 이에 대한 응답은 설령 몇 천, 몇 만 마디의 말을 거듭하더라도 그것이 공허한 추상어뿐이라면 역사가의 답안이라고 할 수는 없다. 그래서는, 예컨대 역사란 이와 같은 것이라고 구체적 설명을 하지 못한다면 역사학의 본지에 부응하지 못하기 때문이다. 그래서 나는 지금 중국사란 예컨대 이와 같은 것이라고 나의 견해를 서술해 보았다. 역사가에게는 역사개설이야말로 동시에 역사철학이어야 하는 것이다.

　나는 이 책을 쓰면서 기존 개설서, 또는 이와 유사한 것은 타인의 것이든, 나 자신의 것이든 되도록 보지 않기로 작정했다. 특히 교과서류는 그것을 보기 시작하면 어느덧 자기 책에 이것도 넣고 싶고 저것도 넣고 싶다는 욕망이 생기고 자연히 내용이 꽉 차서 저자 자신의 독자적 사고가 그 이면으로 숨어버린 다는 것을 나는 자신의 경험을 통해 알고 있다. 그러므로 나는 되도록 기억에만 의존해 이 책에 써넣을 제재를 골랐다. 만일 내 기억에서 완전히 망각되어버린 따위의 사실이라면 그것은 잊힐 정도의 가치밖에 없는 사실이라고 판단할 자신감이 내게는 있다.

말은 이렇게 해도 나는 내 기억을 확인하기 위해 온갖 종류의 도서를 이용했다. 필요하다면 24사史까지는 되돌아가 검색했다. 그때 통감한 것인데, 이전에 나 자신이 읽고 표지를 붙여 두었던 부분이 거의 전부 내 기억에서 완전히 망각되어 있었다. 나 이외에 아무도 손을 댄 적이 없는 책이 뜻밖에도 닳아 해져 있는데, 막상 그 안에 무엇이 쓰여 있었는지 생각해도 전혀 생각이 나지 않는다. '필기 학문에는 우선 화재, 암기 학문에는 우선 열병'이란 속담이 있다지만 다행히 화재도 당하지 않고 열병에도 걸리지 않았는데도 공부의 효과는 차차로 사라져 간다. 그러나 이것도 다시 생각해보면 그렇기 때문에 바로 구제를 받는 것이다. 만일 내 머릿속에 『사기』나 『자치통감』이 고스란히 그대로 들어차 있다면 내가 조금만 생각하려 하면 스위치를 넣는 그 순간 소리를 내며 터질 것임에 틀림없다.

잊어버릴 것은 재빨리 잊는 게 좋은 것이다. 그중에 잊기 어려워 남아 있는 것이 있다면 그것이야말로 잊어서는 안 될 중대한 사실임에 틀림없다. 나는 이 잊히고 남은 기억을 중심으로 이 책을 썼다.

역사학은 어느 지점까지 가면 그다음은 문헌학이 되어버리는 것 같다. 청대의 고증사학이 그러했다. 단정할 뿐이고 그 위에 서서 묘사하려고 하지는 않는다. 이래서는 역사가 되지 못한다. 나는 그렇게 되는 것을 피하고자 노력했다. 그러므로 문헌학에 부딪히면 거기서 방향을 바꾸어 언제나 역사학과 문헌학의 경계를 방황하기 일쑤였다. 그렇다고는 해도 나는 결코 문헌학을 무시하는 것은 아니다. 다만 미이라를 찾다가 미이라가 되지 않도록 유념하려 했다.

역사학은 단순한 사실의 집적이 아니고 사실의 논리의 체계여야 한다. 바꿔 말하면 선택으로 결말이 나는 학문인 것이다. 체계를 위해 역점을 두어야 할 중요한 부분에 관해서 나는 어느 정도까지 나 자신의 눈으로 확실한 문헌을 조사해 확인하려 했다. 전혀 자신이 관여하지 않고 타인의 눈에 의한 인지에만 의존해서는 자신 있는 체계는 되지 못하기 때문이다.

나는 개설서란 예컨대 이처럼 쓰는 것이라는 예를 보여줄 작정이었다. 나는 무엇을 쓰는 데 정진결재精進潔齋하고 책상 앞에서 고심해 읊고 생각하며 붓을 놀린다는 태도를 취하지 않는다. 나는 즐기면서 붓을 놀리는 것이 최상의 저술 태도라고 생각하고 있다. 저자 자신이 감흥이 나지 않으면 독자가 재미있게 생각하고 읽을 리는 없다. 독자 백 명 중 설령 한 사람이라도 좋으니 학문을 재미있다고 생각하며 읽어준다면 학자의 고요한 마음에 얻는 이로움이 이보다 더한 건 없는 게 아닐까.

저자 발문

본권에는 이와나미전서(岩波全書) 판본 『중국사』 상·하 2권을
합쳐 수록했다. 동양사는 나의 생애의 학문 영역이다. 그러므로
동양사 강의는 몇 번을 되풀이했는지 모른다.

나는 1901년생으로 15세인 구제 중학 3년생 때 구와바라 지
쓰조(桑原隲藏)의 『중등 동양사』 교과서로 동양사를 배우고, 그
로부터 구제 고등학교 과정을 마치고, 최후에 대학에서 전공으
로 동양사를 선택해 졸업하자 이번에는 칠판을 등지고 동양사
를 강의했다. 교토 부립府立 일중一中에서 3학년 수업을 최초로
맡고 이후 제6고등학교, 제3고등학교에서 동양사 전임교수가
된 다음부터 매년 학급 수만큼 강의를 반복해야 했다.

그러나 중국사가 되면 사정이 완전 다르다. 아무리 생각해보
아도 나는 중국 통사通史를 학교에서 강의한 기억이 없다. 아무

래도 내가 진심으로 중국사의 체계를 생각한 것은 이 『중국사』의 집필을 앞둔 시점의 일이었던 것 같다.

동양사와 중국사란 것은 자주 완전히 동일한 것으로 사용되고 있어서 그것은 오랜 관습이었으므로 따로 강하게 이의를 제기할 필요도 없을 것이다. 그러나 우리가 양자를 구별해 사용할 때 중국사는 중국 민족 혹은 한漢 민족, 또는 중국 민족 고유의 역사이며, 동양사란 중국 민족을 중심에 두고 주위의 이민족을 합쳐 양자를 완전히 대등한 가치에서 일체로 보려고 하는 역사이다.

내가 동양사를 강의하는 데 즐겨 쓰는 수법은 중국을 하나의 문명사회로 인정하고, 주위의 이민족들은 문명이라고는 말하기 어려운 미개 상태에 있지만 동시에 거기에는 문명사회와는 다른 소박한 민족주의를 유지하고 있는 점에 착안해, 전체를 합쳐 이를 '소박주의 민족'과 '문명주의 사회'의 대립으로 인정하고 이러한 관점에서 역사의 추이를 서술하고자 했다.

동양의 역사를 이 양자의 대립으로 볼 때 소박주의 민족은 군사 및 정치 능력에서 우월하고, 문명주의 사회는 문화 및 경제에서 우월한 능력을 발휘한 것인데, 역사를 서술하는 데 정치면에 중점을 둘 때는 자칫하면 소박 민족의 활동을 중시해 문화, 경제의 발전을 등한시하는 결과에 빠진다. 나 자신은 이같은 편향을 저지른 것을 자주 반성하고 있다.

그런데 지금 동양사 중에서 중국사만을 끄집어내면 최대의 관심은 문화 및 경제에 집중된다. 물론 이 경우도 주위의 소박 민족의 동향은 전연 무시할 수는 없지만, 그보다도 중대한 착안은 오히려 중국 이외 외부의 다른 문명사회와의 상호 관계여하에 집중된다. 즉 중국 문명사회의 발생, 성장 기간에 그것이 외부 세계와 어떠한 관계에 있었는가, 좀 더 단적으로 말하면 중국 문명의 발생은 과연 자력으로 가능했는가, 혹은 외부의 힘을 빌릴 필요가 있었는가 등의 문제가 해결되어야만 하는 것이다. 물론 이 같은 문제는 아무리 역사학적 고증 방법을 써도 해결은 힘겨운 높이에 있으므로 조급한 결론을 서두를 필요는 없으나 생각할 수 있는 한계까지 고찰을 진행해보는 것은 필요할 것이다.

나의 생각으로는 문명이란 것의 기원에는 도시국가란 것이 존재하며, 만일 이것이 없으면 인류의 문명이란 것의 존재는 곤란했다. 이는 철학적 사색의 결과로 얻을 수 있는 결과는 아니고 현실의 역사로부터 얻은 결론이다.

도시국가라고 하면 보통 그리스·로마의 전매품처럼 생각하기 쉽지만 실제로는 도시국가라는 것의 존재는 훨씬 동쪽에까지 연장되어 시리아·페르시아를 거쳐 인도의 동쪽 끝에까지 도달하고 있다. 그렇다고는 하나 이들 지방에서 성곽城郭 국가의 인민이 모두 한결같이 그리스에서의 도시국가와 마찬가지 생활을 보내고 있었는가 여부는 아마 어떤 사람도 증거를 들어 단언할 수 없을지도 모른다. 그렇지만 주민들이 주위에 성곽을 설치하고 그 내부에 거주하는 것은 생활의 모든 면에 그 영향을 미치는 것이므로 훨씬 동방의 인도 국가들까지 그리스에서와 마찬가지로 도시국가의 이름 아래 총괄하는 것을 결코 근거 없다고 할 수는 없을 것이다.

과연 종래의 세계사에서도 중국 고대의 성곽과 인민을 도시국가라 부르며 그리스의 도시국가와 동렬에 넣은 예는 아직 발견되지 않는 듯하다. 그러나 나는 마찬가지 이유에 의해 중국 고대의 성곽 국가 내지는 성곽 주민들을 도시국가라고 불러도 조금도 지장이 없다고 생각한다. 한대漢代의 저술가는 서방 중앙아시아 사막 내의 주민들과 접촉하자 그들이 성곽 주민인가 아닌가를 점검해 성곽의 유무를 엄격하게 기록했다. 마음속으로 성곽 주민이면 어느 정도 문화를 보유하고 어느 정도까지 중국인과 유사한 사회를 형성했다고 믿었던 것 같다. 실제로 중앙아시아의 성곽민이란 페르시아 문화의 세례를 받은 문명 민족으로 페르시아 본국인과 다름없는 생활수준에 도달한 것으로 생각되는데, 이를 도시국가로 간주하는 데 아무런 지장이 없는 것이다. 과연 그렇다면 이들과 동쪽으로 이어진 중국의 성곽과 인민을 도시국가라고 규정짓는 데 조금도 반대할 이유가 없는 것은 아닐까.

이같이 보게 되면 고대 세계의 문명 발상기에 서쪽은 대서양 연안으로부터 동쪽은 태평양 연안까지 띠 모양의 지역에 다 같이 도시국가들이 존재한 셈이 된다. 바꿔 말하면 세계의 각 지역에 각각 도시국가 시대라는 것이 존재했던 것이다. 그리고 각 지역의 문화는 이 도시국가를 모체로 해서 발상發祥하고 성장했다고 보아도 좋은 것이다.

하지만 완성된 문화는 지역에 따라 각각 특색이 있어 결코 동일하지 않으나, 공통점을 찾으면 그것도 결코 불가능하지는 않다. 이 다른 문화들은 애초에 근원이 동일한데 지역의 차이에 따라 다른 형태로 발달한 것인지 혹은 최초부터 서로 연락이 없이 각자 개별적으로 발생해 별개의 길을 밟아 성장한 것인지, 여기에 대한 결론을 내릴 수단은 없다. 문화일원론인가 다원론인가는 영원히 수수께끼로 남을지도 모른다. 그럼에도 우리는 문화를 산출한 환경은 모두 도시국가라는 서로 유사한 상황 하에서 진행되었다고 하는 것만으로도 어쩐지 안심할 수 있을 듯한 기분이 들지 않는가.

도시국가라는 것은 고대인이 발명한 걸작이라 생각되는데, 그런데도 이 도시국가 사회는 영속할 수가 없었으며, 어느 시기가 오면 몰락으로 향하고 그 대신 각 지역마다 영토국가가 출현한다. 무릇 도시국가는 그 어느 것이나 완전한 주권을 보유하는 자주 국가이기 때문에 각 국가 간의 이익이 일치하지 않을 때 걸핏하면 간단히 무력에 호소해 전쟁으로 발전하며, 이를 억지하는 장치는 어디에도 없다. 이 전쟁의 결과는 약육강식이 되어 하나의 도시국가가 다른 도시국가를 정복해 이를 영토화하는 국면으로 전개된다. 이리하여 다수의 도시국가들이 무리지어 서 있던 지역이 몇 개의 강력한 국가의 영토로 분할되어 전국戰國시대의 형세가 출현한다. 그 살아남은 강국도 이미 자유 시민이 형성하는 도시국가는 아니고 강력한 군대를 장악한 국왕 아래 지배되는 인민 집단이 되는데, 정복 국가도 피정복 국가도 그 구성원은 군주 아래 예속하는 인민이 되는 것이다.

강국들이 대치하는 전국시대가 되어도 약육강식의 형세는 그치지 않고 그 수가 하나 둘 감소해서 마지막에 한 나라만이 최후의 승자로 이겨서 잔존한다. 이것이 즉 고대 제국이며, 무리지은 도시국가들의 병립으로부터 고대 제국의 성립까지는 마치 역학적 필연성처럼 세계 각 지역에서 진전된다. 그리고 하나의 고대 제국의 영역이 동시에 세계에서의 지역 구분의 존재를 결정지었다고 할 수 있다. 그것은 서쪽에서부터 열거하면 로마 지역, 서아시아 지역, 동양 지역이고 그 중간에 인도 지역을 인정할 수도 있다.

도시국가 군群에서 고대 제국이 성립하기에 이르기까지가 바꿔 말하면 고대사적 발전이고 앞서 서술한 대로 역학적 필연성에 따라 진전한 듯이 보이는데, 그 이면에 전쟁 기술의 발달이 있었음을 주의할 필요가 있다. 도시국가 시대의 전쟁은 전차가 중핵을 이루었는데, 전차는 매우 우아하게 보이긴 하나 대단히 비경제적인 장비였다. 전국시대 영토국가의 출현과 같은 때에 기마 전술이 유행했는데 이쪽이 전투력의 집중도, 이동도 월등하게 신속 용이하게 수행되었다. 최후에 고대 제국의 성립을 위해서는 보병 집단의 출현이 필요해져 실로 몇 만, 몇 십만이라는 대규모 병단의 창설과 운영이 실제로 진행되었다. 이 같은 전술의 진보는 각 지역에서 제각각 고안된 것이 아니고 어느 지역의 발명이 그대로 다른 지역에 전습되었다고 보는 편이 적절할 것이다. 적어도 중국의 경우 기마 전술은 전국시대 조趙의 무령왕武靈王이 서방에서 수입한 것이라고 역사에 명기되어 있다.

중국사에서 고대 제국은 진의 시황제에서 시작되고 진의 멸망 후 한 제국이 이를 계승해 대략 4백 년간 번영을 자랑했다. 그런데 그토록 강성해보였던 한 제국은 각종 사회적 모순의 누적을 견뎌내지 못하고 쇠망으로 향하니, 중국 사회는 일전하여 분열 경향이 강하게 나타나는 중세 시대로 돌입한다.

그러나 고대 제국의 쇠망은 오직 중국에만 볼 수 있는 현상은 아니고 세계 각 지역에서 늦고 빠른 차이는 있을지언정 서로 전후해 표면화하고 중세를 맞이한다. 그것이 과연 어떠한 원인에 의한 것인지, 모두가 동일한 이유에 의한 것인지, 혹은 각각의 지역 사정에 의해 다른 원인에 의해 추동된 것인지 이고대 제국 몰락의 원인에 대한 설명이 세계사관世界史觀의 바람직한 수준을 결정짓는 목표가 된다. 만일 도의의 퇴폐, 정치 부패가 한 제국을 멸망에 빠뜨렸다고 보게 되면 그것은 도덕사관이고, 또한 계급투쟁의 격화, 이에 대한 시대에 뒤진 지배계급의 대책이 한 멸망의 원인이라 본다면 이는 계급사관·혁명사관이며, 경제의 부진, 인민의 곤궁이 최대의 이유라고 보면 이는 경제사관이고, 이 밖에 몇 백 년 주기설, 융성한 자는 반드시 쇠퇴한다는 숙명설 등 갖가지 견해를 들 수 있을 것이다. 유의해야 할 것은 여기서 사용한 논법은 그대로 그 사람의 사관이므로 전 역사 과정을 통해 유효한 역사 이론이 되어야 하는 것이다. 그렇지 않으면 그 사람의 역사에 대한 태도는 일관성을 결여하게 된다.

그래서 나의 입장에 대한 질문을 받는다면 나는 경제사관이 가장 가깝다고 자인한다. 하지만 이 경우의 경제라 함은 무릇 무엇을 가리키는가. 생산도 경제이고, 유통도 경제이고, 소비도 경제인데, 나는 경제의 실체가 민생에 가장 직접 부딪히는 면은 경제계의 경기景氣 면이라고 생각한다. 즉 나의 경제사관이란 즉 경기사관과 다르지 않다.

경기라는 말은 외국에 없다고 생각된다. 또한 경기가 어떤 것인가에 관해 실로 어려운 해석이 있는데 비전문가는 알지 못한다. 혹은 경기는 자본주의 사회에 독특한 것으로 그 이전에는 없었던 현상이라는 등 실로 가지각색의 이론을 듣게 된다.

그것은 각자가 갖가지 경기의 실체를 해석한 결과라고 생각된다. 그렇다면 나도 역사상의 경기 현상에 관해 자기류의 해석을 할 여지가 있을 것 같다.

역사상에 나타난 경기는 통화의 유통량과 가장 밀접하게 관계가 있다. 통화 유통량이 많고 용이하게 손에 넣을 수 있으며, 더욱이 통화에 대한 신용도가 높은 시기가 가장 호경기의 시대라 말할 수 있다.

여기서 경기가 역사에 미치는 영향에 대해, 다시 소급해 고대사의 시원으로부터 넓게 조망하면 내가 말하는 고대사적 발전, 즉 도시국가 군으로부터 전국시대 영토국가의 출현, 경합, 약육강식, 최후에 고대 제국의 성립에 이르기까지 역사의 이면에 작용한 경제 변동은 즉 호경기의 연속이었다. 거듭되는 전란에 의해 인민의 피폐는 매우 심했는데도 강자가 승리를 기점으로 해서 또다시 정복에 매진할 수 있었던 기반은 호경기의 뒷받침을 받은 것이었다. 그렇지 않으면 승자는 패자와 함께 모두 다 쓰러지게 되었을 터이다. 이 호경기를 가져온 원인은 주위의 여러 민족으로부터 중국 사회를 목표로 잇달아 유입이 지속된 황금이다. 이 현상은 전한 시대까지 쉬지 않고 계속되었던 것으로 인정된다.

한대에는 황금이 지금地金인 채로 통화로서 사용되었는데, 그것이 풍부했던 것은 청대 조익趙翼의『이십이사차기二十二史箚記』권3에 '한에 황금 많다'는 장을 두어 지적한 대로이다. 하지만 그 황금은 차츰 감소해갔으며, 이와 더불어 사회의 불경기가 시작되었다. 감소의 원인으로 조익은 이미 산지에서는 생산이 고갈되고 있는 참에 불교도 등이 금박을 만들어 도금이나 사경

寫經에 사용하니, 이처럼 소비된 황금은 다시 원래로는 돌아오지 않으므로 황금의 존재량은 날로 소모, 감소되어 갈 뿐이라고 탄식하고 있다.

다만 조익의 이 설명에는 더 이상 약간의 보충이 필요하지 않을까. 그것은 예로부터 중국의 황금 가격은 타국에 비해 현저히 저렴했다는 점이다. 한대에는 황금 1근이 동전 백만 전으로 시가가 정해져 있었는데, 만일 동전을 공통의 통화로 하면 매우 낮게 평가된다. 만일 또 공통의 화폐가 아니라도 은괴로 하면 서아시아 방면에서는 예로부터 13 대 1(통화로 주조한 경우에는 10 대 1)로 정해져 있는데, 이에 대해 중국에서는 6 대 1 정도가 보통이었다. 따라서 장거리 교역을 반복하는 사이에 자연히 중국의 황금이 서방으로 유출되는 것을 피할 수 없다. 사실 후한 무렵부터 중국에서 황금의 부족이 느껴지기 시작했다.

호경기 시대에는 통화와 상품의 움직임이 극히 활발하다. 그래서 시장에서 상품을 매점해 가격 상승을 기다려 큰 이익을 얻으려는 자본가의 발자취가 끊이지 않는다. 이것은 『사기』「화식전貨殖傳」의 세계이다. 물론 예측을 그르치면 시가가 내려가 손실을 각오하고 매도하지 않으면 안 되는 경우도 생기는데, 그것은 하는 수 없는 것이다. 하지만 불경기가 습격해오면 이는 자금 경색의 상태인 것이니 한번 처분한 통화는 쉽사리 신변으로 돌아오지 않는다. 물품을 사는 것은 매우 쉽지만 물품을 파는 것은 극히 어렵게 된다. 누구나 금을 손에 움켜쥐고 처분하려 하지 않기 때문이다. 그 결과 시장에서 통화의 움직임도, 상품의 움직임도 완만해지고 적체가 극에 달한다. 대자산가는 그 자본금을 지하 창고에 저장하고 시장에 내놓으려 하지 않으므로 불경기는 점점 더 심각해진다.

이러한 상황 아래 재산을 늘리고자 하면 가급적 금을 사용하지 않고 물품을 밑천으로 삼아 물품을 늘리는 방법을 생각할 수밖에 없다. 여기에 장원莊園 제도의 유행을 보게 되었다. 관청에 공작을 해서 광대한 토지를 손에 넣고 거기로 빈민을 모집해 넣고 경작시킨다. 이 부곡部曲이라고 불리는 장민莊民에게는 될수록 많은 종류의 생산에 종사시켜 상호 간에 물물교환을 시키고 통화를 사용할 필요가 없도록 궁리한다. 이리하여 부곡이 스스로 필요로 하는 물자를 소비한 다음 남는 잉여 생산물이 장원 영주의 수입이 된다. 이 물적 수입은 기회가 있으면 환금을 하지만 결코 급히 팔지 않는다. 오히려 이것을 자본으로 해서 장원의 규모를 확대하든지 혹은 새롭게 토지를 선정해 두 번째 장원을 조성한다.

장원의 생산물로 가장 주요한 것은 곡물과 포백布帛 양자로 대표된다. 이것은 생활필수품이며 운반도 그다지 어렵지 않으므로 이 양자는 그대로 통화의 대용으로 사용되는 길이 열렸다.

자금 경색으로 민간에서뿐 아니라 정부 또한 크게 시달렸다. 정부의 지출에는 예로부터 언제나 군사비가 무거운 부담이 된다. 그래서 정부는 될수록 경비와 관련 없는 군사력 유지의 방법을 생각했으니, 그것이 삼국시대 위魏의 둔전책屯田策의 형태로 나타났다. 별것은 아니고 이것은 민간 장원을 그대로 정부가 흉내 낸 것이다. 즉 의식衣食에 궁한 빈민을 둔전에 수용하고 일정 면적의 토지를 그들에게 할당해 경작을 시키는 것인데, 유사시에는 징발해 군대로서 사역시켰다. 일단 둔전민으로 투신한 자는 그대로 군호軍戶라는 계급에 편입되어 일반 인민의 호적으로 돌아올 수가 없으며, 그 신분은 자손에 전해졌다. 군호는 민간 장원의 부곡과 함께 법제적으로도 완전한 인격을 인정받지 못하고 한 단계 지위가 떨어진 예민隸民으로 취급되어 형법의 적용에서도 차별을 받았다. 여기에 중세적인 계급 사회가 출현한 것이다.

한대는 물가의 표시를 동전 몇 관貫, 몇 문文 식으로 사용했는데, 동전이 민간에 신용이 있었던 것은 그 배후에 금괴가 화폐로 사용되어서 지지하고 있었기 때문이다. 그런데 황금이 사회에서 모습을 감춤과 함께 동전에 대한 신뢰도 상실되어갔다. 민간에서는 관에서 주조한 양화良貨를 녹여 악전惡錢으로 바꿔 주조해 부당한 이득을 꾀하며, 정부도 이를 방어할 수단을 갖지 못하게 되었다.

이 같은 실상에 대해 삼국시대 위의 문제文帝는 즉위 시초에 동전의 사용을 폐지하고 대신에 곡식과 포백으로써 상거래를 하라는 조칙을 내렸다. 이 조령詔令 자체는 영속하지 않았지만 그렇다고 해서 정부로서도 이를 대신할 유효한 수단을 쓸 수가 없어서, 이후 남북조를 거치며 교역은 민간 자율에 맡길 수밖에 없었다. 다만 그 무능한 정부라 해도 형법의 적용에서는 민간의 시의에 맞게 공평한 제도를 세우지 않을 수 없었다. 그것은 한대까지 도둑 장물의 가격 표준이 동전으로 표시되던 것을 고쳐 포백 4척으로 사용했다.

중세는 정치가 문란한 데다 이민족이 침입해 할거하고, 때로는 화북을 점령하는 등의 일이 있어서 더욱더 사회의 혼란을 심화시켰으며, 이 때문에 민간의 교역은 점점 더 위축되고 사회는 불경기의 밑바닥에 떨어졌다. 그것이 다소 재정비된 모습을 보인 것은 당 시기에 들어와서부터이다.

이 당조라는 정권은 실은 순수한 중국풍의 정부라고는 할 수 없다. 왜냐하면 이는 오호십육국 이래 중국에 침입한 이민족의 사생아라고 할 만한 것이었다. 이는 바로 유럽에서 프랑크의 카롤링거 왕조 정권의 출현에 비할 만한 것이다. 다만 서방의 카롤링거 정권은 겨우 유럽 중앙부를 통일한 데 그쳤지만, 당은 중국 본래의 영역을 뛰어넘어 다시 사방으로 세력을 뻗어 역대 중국에 없었던 광대한 영토를 개척했다. 그리고 그 이면에는 국제 무역이 유리하게 전개되었다는 사실이 있다.

한대 이래 중국 인민은 오히려 자가自家의 화폐용으로 쓰기 위해 비단의 생산에 정진했는데, 그 비단이 중국 내지에 풍부해지자 이것이 상상도 못한 가운데 서방 세계의 주목을 받아 수출이 성대해지고 종래의 황금을 대신해 무역의 근간이 되기에 이르렀다. 여기에는 이슬람교 경계선의 확대에 수반해 서아시아에 질서가 유지되고 교역이 성대해져 그 여파가 중국에도 미쳤던 것이다. 중국에서는 비단 이외에도 새롭게 차나 도기 등의 특산품 또한 무역의 일익을 짊어지게 되었다. 이에 대해 서방 세계는 무엇으로 결재했는가 하면 그것은 서방의 통화인 은화였으리라고 생각된다. 나아가 중국의 내지에서도 한대의 황금의 후신으로 은괴가 통화로서 유통되어 이것이 동시에 동전 유통을 뒷받침해 유효한 작용을 했다. 당 정부는 동전의 신뢰를 회복하기 위해 국력을 기울여 개원통보開元通寶의 주조에 종사했는데, 이것이 어느 정도 성공한 것은 현재의 일본에서까지 개원통보의 존재가 비교적 풍부히 인지되는 데서도 알 수 있다. 당시 중국 정부의 화폐 정책은 오로지 열등한 화폐와의 투쟁이며, 조금 방심하면 갑자기 양화는 악화에 구축되어 세상에서 자취를 감추고 악화로 개주改鑄되어 거듭 세상에 되돌아오는 것이 그 운명이었다. 그렇지만 당 정부의 이상이 완전히 실현되는 것은 다음의 송대를 기다려야 했다. 송 정부가 출현하기까지 중국에는 서방으로부터 은화의 수입이 있어서 동전의 유통에도 양호한 환경이 조성되고 있었던 것이다.

송대 초기에 유명한 정치가가 지방장관으로 근무하고 있었던 때의 일로서 이야기되는 에피소드가 있다. 그가 어느 날 성문에 올라 아래의 큰 길을 바라보고 있는데 시장에서 돌아온 것으로 보이는 농부가 파를 손에 들고 지나가는 것을 보았다. 부하를 보내 이 농부를 데려오게 해서 캐묻자 과연 시장에서 반찬으로 사서 돌아오는 도중이었다. 그래서 장관은 백성인 자가 농산물을 스스로 경작하는 일을 하지 않고 돈을 주고 산다는 것은 어찌된 일인가 하고 강하게 타일러 물러나게 했다는 것이다. 하지만 이 이야기를 잘 생각해보면 어쩐지 이상하다. 이 경우 틀린 것은 오히려 지방장관 쪽이 아닐까. 장관 나리가 가슴에 그리고 있는 농부의 이상적인 상은 아무래도 한 시대 전 중세적 장원의 농부인 듯하다. 중세 장원의 바람직한 모습은 이른바 '문을 닫고 상거래를 한다'는 것이니, 농부를 장원 안에 가두어넣고 거기서 자급자족의 생활을 하게 한다. 부족한 것은 먼저 장원 안에서 서로 물물교환을 해서 급한 것을 메꾸고 아무리 해도 자족이 불가능한 식염 같은 상품만을 돈으로 사는 것을 인정했지만, 그 외에는 일 전이라도 장원 밖으로 가지고 나가지 못한다. 그러나 이러한 생활양식은 차츰 구식이 되어 유지할 수 없게 된다. 농부는 개별적으로 자립해 자신의 창의에 의해 자신의 생산물을 결정한다. 그러면 될 수 있는 대로 환금에 형편이 좋은 작물을 경작한다. 그것을 돈으로 바꾸어 그 돈으로 집에 필요한 물자를 사서 소비한다. 이편이 훨씬 효율이 좋아서 이 새로운 양식에 구식 장원의 자급자족 방식이 현실에서 패한 것이다. 송대가 되면 또 시대가 완전히 변해서 농민이라 해도 늘 품 속에 적은 돈을 휴대하게 되었다. 사서오경의 학문으로 과거에 급제한 관원 나리 쪽이 시대에 뒤처지고 있었던 것이다.

이 시기의 농부가 무엇을 생각했는지 알 수 없지만 그가 만일 지식 계급이었다면 아마 다음과 같이 말할 것이다. 그들이 화폐경제에 참여한 것은 이편이 새롭고 또 자연스러운 모습이기 때문이다. 그 새로움도 잘 생각해보면 이는 달리 신기한 발명은 아니고 실은 고대 중국 양식으로의 복귀인 것이다. 고대한 왕조의 전성기 『사기』, 『한서』에 쓰인 시대가 그대로 돌아왔을 뿐인 것이다.

이것은 어쩌면 르네상스 정신 그것이 아닐까. 한 시대 전의 중세와 결별하고 고대를 그대로 부활한 신시대, 결국 근세에 돌입했기 때문이다. 사실 송대의 문화인에게 그 같은 자각이 일어났다. 즉 우리가 중국의 르네상스라고 부르는 현상이다.

본 전집 제19권 『동서 교섭』 속에 수록한 글, 「동양의 르네상스와 서양의 르네상스」는 1940~41년 〈사림史林〉에 2회에 걸쳐 게재한 것으로 나의 비교적 초기의 발표이다. 이 논문의 집필 동기의 하나는 당시 유럽 학계의 동향을 일본의 독자들에게 전하는 데 있었다.

나는 1937년 문부성에서 재외 연구의 명을 받아 프랑스에 건너가 2년 남짓 파리에서 지냈다. 이 무렵의 파리에는 동·서 문화 교류의 연구가 하나의 조류를 이루고 있었던 것 같다. 동·서 문화교류사에는 한 시대 전의 석학 코르디에Henri Cordier 에게 방대한 연구가 있으며, 특히 우리에게 흥미 깊은 것은 『18세기 프랑스에서의 중국La Chine en France au XVIIIᵉ Siècle』(1910) 이다. 하지만 코르디에 선생은 중국이 프랑스에 끼친 영향에 대한 평가에 냉담하다. 프랑스인은 중국 문물을 여러 가지 받아들였으나 그것은 호사가의 취미 같은 것으로 프랑스 문화의 근본에 별 영향을 남기지 못하고 끝났다는 것이었다. 이것은 당시의 유럽인에게는 지우기 어려운 유럽 문명 우월감이 있어 정평 있는 석학도 이런 분위기로부터 빠져나올 수 없었던 것으로 보인다. 그러나 1930년대쯤 되면 유럽인의 이 문제에 대한 대응 방식은 훨씬 진지하다. 최후에 귀착한 것은 유럽 르네상스를 야기한 원동력은 외부에서 온 자극, 특히 그중에는 중국 문화의 우월성이 커다란 역할을 연출하고 있다는 것이다. 그 대표적인 것으로 푸지나I. V. Pouzyna의 『중국, 이탈리아 그리고 르네상스의 시작La Chine, l'Italie et les Débuts de la Renaissance』(1935)을 들 수 있다.

당시 일본 학계 쪽은 아직도 뒤처져 있었으며, 도저히 이 같은 점까지는 생각이 이르지 못했다. 나이토 코난의 글, 「송대 근세 문화론」조차 순순히 받아들여지지 않았다. 이 공들여 쓴 훌륭한 각 논문도 도쿄 문화인의 손에 걸리면 하룻밤 새에 고쳐 써져서 '송대 봉건 문화 성립론'으로 변형되며, 더욱이 그것이 학계의 주류가 되는 것 같은 형세였다. 송대 문화에 대한 평가는 근세적인 것으로부터 몇 백 년이나 후퇴한 것이 되기 쉬웠다. 만일 정말 송대 문화가 봉건적인 후진성이 있는 것이라면 그것이 유럽의 르네상스에 영향을 주는 원동력이 될 수는 없다. 이것이 내가 일본인의 몽매함을 계몽하기 위해 이 유럽 학계의 최근의 동향을 전하지 않으면 안 된다는 결심을 하게 된 사정이다.

이와 동시에 나는 당시 공부하기 시작한 서아시아 문화에 관해 이쪽이 중국보다도 한 단계 오래전부터 발달해 있었으며, 그리고 서아시아에도 르네상스 현상을 볼 수 있다는 생각을 갖게 되었고, 이것이 중국과 서아시아와 유럽, 세 지역에 관해 거기서 일어난 르네상스의 전후, 그 상호 관계, 근세론을 한데 모아 한 편의 논문으로 만들어낸 사정이다.

송대의 호경기 속에 중국 르네상스가 실현되고 이후 근세를 통해 대체로 호경기가 계속되었다. 그렇기는 하나 원래 경기의 좋고 나쁨은 상대적 비교의 문제이므로 호경기 중에도 불경기가 교착하는 것을 피할 수 없다. 일반적으로 말하면 18세기에 이르는 동안 세계적 통화인 은은 끊임없이 동서로 이동해, 서아시아의 은이 중국을 향해 유출되면 중국은 호경기인 데 반해 서아시아는 불황이고, 이와 반대일 때는 경기의 좋고 나쁨도 역전된다. 만일 이 세계에서 새롭게 은괴가 자연 증가하는 일이 있어도 그 양은 대수롭지 않아서 곧 과거 속에 매몰되어버리기 일쑤였다. 하지만 여기에 세계적으로 종래의 경기 관념을 뒤엎을 만한 대변화가 일어났다. 그것은 콜럼버스의 아메리카 도착 이후 아메리카에서 은 광산이 개발되어 공전의 막대한 은이 포르투갈과 에스파냐를 통해 유럽에 유입되었으며, 그 여파는 곧 중국에도 미치게 되었던 것이다.

유럽 여러 나라 중에서 이 미지의 새로운 사태의 직격을 받고서 가장 예민하고 정직하게 대응을 한 것은 영국이었다. 당시의 호경기로 인해 제품에 대한 수요가 급증해 아무리 노력을 투입해 생산해도 이러한 수요에 응할 수가 없다. 그래서 로봇에 응원을 요청했는데, 여기서 로봇 역으로 등장한 것이 증기기관 등의 기계 문명이었다. 이 신문명의 위력이 또한 유사 이래 공전의 효력을 발휘했다. 근린의 여러 나라 중에서 이에 저항하는 나라는 모조리 쇠망하고 이에 동화되어 협력한 나라는 번영을 함께 나누었다. 이리하여 이 신문명은 순식간에 전 유럽을 풍미했다. 세계사는 명백히 종래와는 거의 차원이 다른 신시대로 돌입했던 것이다. 나는 이 이후를 최근세사란 이름으로 부른다. 그렇게 하는 의도는 이 신시대는 결코 과거에 반해 역행한 것이 아니고 근세의 진행을 그대로 계속해 그 속도를 배가한 것이기 때문이다.

이 신문명이 향하는 곳에는 적이 없어 동·서양을 불문하고 과거의 문화적 축적이 두텁고 얇음을 막론하고 거의 무조건으로 이 새로운 압력 앞에 굴복해 최근세사의 신조류에 보조를 맞추지 않으면 안 되었다. 여기에는 더욱 오랜 역사의 배경을 자랑하는 동양의 여러 민족들도 또한 예외일 수 없었다. 그러나 이때 각 민족이 결정한 자국의 방향이 그 후의 운명에 중대한 영향을 미쳤다. 가령 일본같이 세계의 추세를 재빨리 인지해 나아가 최근세사의 흐름에 순응한 나라는 그 후 극히 순조로운 운명을 더듬어갈 수 있었다. 그런데 중국처럼 종래의 근세에 집착해 더욱 고도의 신문명의 위력을 무시하고 이에 반항하는 태도를 취한 나라는 이후 국운이 극도의 간난艱難을 겪어 막대한 희생을 치르며 결국은 최근세에 합류하지 않을 수 없었다.

나는 나의 중국사 개설에 관해 그 존재의 의의를 설명하기 위해 발문跋文 집필의 권리를 이용해 자세히 경기 사관의 본질을 설명하고 붓이 나아가는 대로 마침내 세계사의 체계까지 언급했다. 그러나 이것은 결코 탈선한 것은 아니다. 나의 중국사의 입각점을 말하고자 하면 결국은 세계사의 체계로 파고들지 않으면 안 되는 것이며, 그렇다고 해서 그것은 나의 중국사가 특이하기 때문인 것은 결코 아니다. 전체 중국사가 마땅히 서야 할 입장이 이렇게 되어야만 하는 것이다. 다만 종래 그것을 말하는 사람이 없었을 뿐이다.

1992년 11월
미야자키 이치사다

주

1 이 같은 문화일원론은 신석기 농업 혁명 이래 청동기·철기에 걸
   쳐 가장 오랜 문명의 발상지인 서아시아, 특히 초생달 지역 및 메
   소포타미아·이집트에서 유라시아의 다른 지역으로 문명이 전파
   되었다는 문명 전파설이다. 서아시아의 고대 오리엔트 문명을 계
   승, 발전시킨 것이 분명한 그리스 문명을 모태로 하는 유럽에서는
   이의가 없으나 서아시아에서 거리가 멀고 산맥과 사막으로 격리
   되어 있는 중국에서는 민족주의적 사조에 따라 황하 문명의 독자
   적 발상을 주장하는 학설이 지배적이다.

2 세계사에서 각 문명권 사이의 문명 전파를 강조하는 저자는 고대
   문명의 발상 이래 중세까지 유럽·중국에 비해 서아시아 문명의
   선진성을 주장하고, 10세기의 송 왕조 이래 중국 문명이 비로소
   서아시아를 추월한 것으로 이해하고 있다.

3   15세기에 유럽 문명의 양대 축의 하나인 비잔틴 제국을 멸망시
키고 유럽 동남부를 점령한 이슬람 문명권의 패권국 오스만투르
크 제국은 16세기까지는 초기 근대 문명이 잉태되고 있던 서유럽
에 대항하는 최대의 위협이었으나 유럽과 인접한 거리에 있으면
서도 근대화에 실패해 19세기 유럽 제국주의의 지배를 받게 되었
다. 유럽과의 공간적 거리, 접촉의 빈도와는 상관없이 20세기에
동아시아 유교 문명권이 19세기 후반의 일본을 선두로 근대화에
서 유럽 따라잡기에 성공하고 있는 현상은 오늘날 전 세계의 이
목을 집중시켰다. 20세기 후반 한국에서도 고병익高柄翊 등의 동
아시아의 '네 마리 작은 용'이라는 신흥 경제권의 대두에 주목한
비교 문명론이 동양학계의 주요한 논제가 되었다. 뒤이어 1980년
대부터 자본주의 세계 경제에 참여한 공산 중국은 21세기에 들어
서 G2 강대국으로 급속히 성장해 장래 세계 질서의 재편 가능성
이 논의되고 있다.

4   기원후 5세기 일본 고대 국가의 출현은 7세기 다이카 개신(大化
改新)에 의한 천황제 율령 국가의 성립으로 완성되었다. 중국에
서 이와 평행하는 고대 국가의 성립을 논하자면 기원전 5세기 이
래 춘추 말기, 전국 초기의 영토국가 출현 시기까지 소급되어야
하며, 저자가 대비시킨 시황제에 의한 최초의 중국 대륙의 통일
(기원전 3세기 말)은 고대 국가가 아닌 고대 제국의 대두로서, 서아
시아의 페르시아 제국(기원전 6세기)이나 그리스의 알렉산더 제국
(기원전 4세기 말)과 대비하는 것이 더 정확할 것이다.

5   과도한 민족주의 역사학이나 반 서구적 좌파 역사학에서 역
사·현실의 변화나 전체상을 보지 못하는 이데올로기적 편향을
지적하는 것은 좋으나 구체적 사실의 부분적 착오를 침소봉대한
결과 근대 제국주의의 비인도적 측면을 축소하거나 20세기 이래
세계화 시대 보편 문명의 이상이 지향해야 할 발전 방향에 대해

둔감해지는 과도한 현실주의는 조심해야 할 것이다.

6 이 시대 구분법이 중국의 전통적 역사관에 비교적 가까운 측면이 있는데, 진·한 이후 통일 제국의 군현제 시기를 그 이전 고전 시대의 이념적 봉건제 시기와 구분하는 이분법이 유럽 근대의 침입 이전 중국 사대부의 전통적 역사관이었다. 진·한 이후 2천여 년 중화제국 시대의 현실 정치에서는 황제(天子)의 왕조(天朝)를 중심으로 통일된 천하국가, 즉 중화제국이 분열의 시기를 넘어 왕조 순환의 형태로 반복적으로 복구되었다. 그런데 서유럽에서 도입된 삼분법은 역사의 발전 단계를 구분하는 근대 진보사관의 역사 연구법으로서 유럽 중심의 근대화 이론에 따른 것으로 중국을 비롯한 세계의 다른 지역 역사에 들어맞는 역사 법칙은 아니다.

7 현대 중국의 시대 구분론은 마르크스주의 역사유물론에 근거한 역사 해석이 지배적인데도 일본의 마르크스주의적 중국사 해석과는 아주 다르다. 봉건제 사회의 시작을 서주나 춘추 말기, 진의 통일, 세 시기에 두는데, 이는 그 전환기를 당·송 이행기까지 내려잡는 일본 마르크스주의 역사학과는 큰 차이가 있다. 저자의 비판처럼 일본 마르크스주의 중국사학은 일본 고대의 천황제 율령 국가와 일본이 율령을 도입한 동시대의 수·당 제국을 율령이란 제도의 형식만을 기준으로 수평적으로 파악해 동아시아 세계사를 구성하려는 관념적 이론 편향이 반영되어 있다. 그러한 이론 편향은 구체적 역사 사실의 연구를 떠나 중·일 양국 간의 사회경제적, 문화적 구조의 차이나 발전 수준의 낙차를 도외시한 결과라할 것이다.

8 중국 고대의 주와 그에 이은 춘추시대의 국가 형태를 도시국가로 규정하고 그리스의 도시국가인 폴리스와 비교해 양자의 공통성과 차이점에 주목한 것은 세계사적 비교 연구에 근거한 저자의

독자적 탁견이다. 그런데 철기 문명인 그리스의 폴리스 시대(기원전 8세기 이후) 이전 미노아와 미케네 시대의 청동기 문명인 에게 문명도 도시국가였으며, 이 도시는 그 성격과 발전 면에서 폴리스와는 큰 격차가 있었다는 사실이 지적될 수 있다. 에게 문명의 도시국가들은 세계 최초의 문명 발상지인 고대 오리엔트의 영향 아래 동방의 국가와 유사한 씨족적, 종교적 형태의 군주정을 벗어나지 못한 것이었으며, 고대 중국 도시국가 발전 역사에서는 주 문명 이전과 그 후의 춘추시대 도시국가가 각각 에게 문명과 폴리스에 대비될 수 있을 것이다.

9   유교의 5경 중 하나인 『춘추』(원래 노국魯國 사관의 연대기)의 주석서로 알려져 있는 『춘추좌씨전』은 원래 구전과 진晉 중심 사관의 기록을 엮어 전국시대에 완성된 중국 최초의 역사서의 일종이라는 연구가 있다. 비록 신빙성이 부족한 구전 요소가 많은 것은 인정되나 중국 고대 기록을 부정하는 저자의 회의주의와 일원적 문명 전파설의 적용이 너무 과도한 것이 아닌가 의심된다.

10   역사의 질적, 구조적 단절을 과도하게 강조하는 마르크스주의 등 근대 역사학의 이념 편향적 발전 사관에 거부감을 갖는 저자가 역사적 연속성을 주장하며 양적, 전체적 측면의 중요성을 지적하는 것은 역사 현실과 인간의 삶의 구체적 이해를 위해 필요하다. 다만 18세기 말 산업혁명, 시민혁명 이후 근대의 역사는 전근대의 장구한 인류사에서 일어난 온갖 변화를 무색하게 하는 전례 없는 격변이며, 역사의 구조적 단절을 강조하는 역사관은 변화가 상수가 되다시피 한 근대의 역사적 현실에 유래하는 측면이 있다.

11   관념화된 유물사관을 비판하는 저자의 역사관도 크게 말해 역사의 동인 중 경제에 가장 큰 비중을 두는 점에서 경제사관이라 할 수 있다. 특히 경제 방면에서도 전통 시대에 대체로 수백 년을 주

기로 하는 치세와 난세의 순환, 왕조 흥망의 순환이라는 정치적 변동을 호경기와 불경기의 순환과 일치시켜 설명한 것이 저자의 독특한 방법론으로서 중국사 변동의 한 측면을 해석하는 데 일정한 기여를 한 것으로 보인다. 다만 근대 자본주의 이전 토지 경제 중심의 전통 사회에서 경제의 경기 순환의 동력으로 화폐 자본의 유출입이나 유통량과 같은 요인을 강조한 데 대해서는 구체적 논증이나 설명력에서 논란이 있을 수 있다.

12 2세기 말 중국의 진·한 고대 제국이 해체된 후 6세기 말 수·당 제국의 재통일이 이루어지기까지 약 4백 년간 대분열의 시대가 전개되었으며, 이 전시 상태의 분열이 상업의 후퇴와 지방 호족의 장원 발달을 촉진한 원인이었다. 이 지역적 분권 상황에 기반한 문벌귀족의 시대를 저자는 중세라 규정했는데, 군·현 단위의 공동체 질서에 기초한 중화제국의 통일과 분열을 각기 관제官制와 작제爵制 질서로 구분한 이성규李成珪의 설을 참고할 만하다. 바꿔 말해 진·한의 군현제 통일 제국이 이루어진 후에도 관료제의 현실에 대해 전국시대 이전 봉건제의 유제遺制나 이념이 작동하며, 송대 이후 관료제 통일 제국의 체제가 안정되면서 왕조 순환의 주기가 장기화하고 왕조 교체의 혼란기에도 지역적 분열은 급속히 수습되었다. 수·당 제국을 고대 제국의 부흥이 아니라 실질적으로는 체제 내 분열 요인이 큰 중세 왕조로 간주한 점에 저자의 독특한 시각이 있으나 수·당 제국이 송 이후의 더욱 고도의 중앙 집권 체제를 위한 과도기적 성격이 강한 데에 서유럽과 다른 중화제국의 독보적인 통일 경향이 확인된다.

13 서유럽의 게르만 이동에 대비해 한 제국 붕괴 후 북방 유목민 오호의 북중국으로의 이동을 중시하고 중국사의 시대 구분에까지 적용하는 견해로는 박한제 설이 참고할 만하며, 수·당 제국을 호족과 한족이 결합한 호·한 체제로 규정해 초기의 한족 제국과 다

른 새로운 중화제국의 형성으로 간주한다. 중국 역사에서 북방 민족은 서유럽의 중세 게르만이 이룬 정도의 문명사적 역할에는 미치지 못했으나, 또한 서유럽과 달리 중국은 수·당 이후에도 거란·여진·몽골·만주 같은 북방 민족의 침입은 계속되어 몽골과 만주는 중국 전체를 정복한 두 차례의 왕조, 원과 청을 건설했다. 그 정복 왕조의 유산으로 다민족 제국으로서 중국은 더 확장된 영토와 민족을 보유하게 되었다.

14 그리스·로마 고전의 부흥을 지향한 근대 초기 서유럽의 르네상스와 마찬가지로 중국에서도 진 통일 이전의 고전 문화 원형의 회복을 주장하는 문화운동이 당 말기와 송대, 명 말기와 청 중기에 걸쳐 일어나 각기 고문古文·주자학, 고증학·경세학의 발전을 가져왔다. 후자는 한국에서 조선 후기 실학이라 규정한 것과 평행하는 문화 현상이다. 그런데 이 같은 문화적 복고운동은 동·서양의 중세에 여러 차례 있었으나 근대 문명으로 연결되는 운동은 서유럽 르네상스에 국한된다.

15 수 왕조 이래의 과거제 시행을 계기로 당대 후기에 발생한 사대부 계층은 당 말기 세습적 문벌귀족의 몰락에 따라 10세기 후반 송 왕조 이후 과거 출신이 관료제를 전면 장악하게 됨에 따라 확립되어 19세기 청조 말기까지 중국의 지배층으로 지속되었다. 유교적 교양을 익힌 독서인으로서 과거제를 매개로 국가의 관료층을 구성하는 동시에 지역 사회에서 문화 공동체를 형성해 전제적 국가 권력을 견제하는 공론의 주체로서 지역 사회의 교육·경제 등 활동도 이끌었다. 중국의 사대부층보다 몇 세기 늦어 서유럽에서는 16세기 이래 상업자본주의의 성장에 따라 중세 후기 이래 성장해온 도시 시민사회를 토대로 상공업 부르주아 계층이 출현했으며, 이들이 17~18세기 영국을 선두로 시민혁명을 통해 세습 귀족을 대체하게 되었다. 송대 이래 사회적 계층 이동이 증대

한 가운데 중국은 16세기부터 자본주의 없는 시장경제가 발달했으나 상업자본은 끝내 사대부층의 국가적, 사회적 권력을 대체할 수 없었다.

16 서유럽에서 민족주의는 근대 초기의 절대군주정 이래 통일된 주권국가를 발판으로 삼아 시민혁명 이후의 국민국가 형성 과정에서 19세기에 성립된 근대 특유의 강력한 이데올로기였으며, 이 이념은 서유럽 자본주의 열강의 제국주의 확장에 따라 일찍이 이에 합류한 일본·러시아 등 예외를 제외하고는 대부분은 20세기에 들어서 동아시아를 비롯한 근대의 전 지구적 현상으로 확산되었다. 따라서 저자처럼 근대 이전의 혈연적 종족種族이나 역사·문화적 관념으로서 민족 공동체 의식을 인정하더라도 그 느슨한 연대 의식은 민중 동원의 이데올로기 역할을 한 근대 국가의 민족주의 이념과는 구별되어야 함은 분명하다.

17 전한 사마천의 『사기』에는 황제黃帝를 시조로 해 요·순 등 5제 이래 하·상(은)·주 세 왕조, 즉 3왕(또는 3대)을 이어 진·한에 이르는 중국 고대의 통일 왕조의 계보가 이미 종합되어 있는데, 이는 동주, 즉 춘추전국시대에 여러 지방 국가(주 및 제후국, 이민족 국가)들이 제국으로 통합해가는 과정에서 각국 시조신의 신화 계보가 통합되었던 것이다. 이 같은 고대 각국 신화의 통합이 일본에서 기원후 7세기(『고사기古事記』), 한국에서 13세기(『삼국유사三國遺事』)에 이루어진 것과 비교하면 중국의 국가 통합의 문화가 얼마나 일찍 형성되었는지 알 수 있다. 역사의 기원이 일본보다 빨랐던 한국에서는 중국의 한사군漢四郡 지배, 삼국 통일의 지체가 국가적 통일 의식의 형성에 장애가 되었던 것 같다. 중국 고대사의 기원에 대해 삼대의 역사를 신화적인 것으로 간주한 저자는 주 민족의 동방 이동도 늦춰 잡아 서주 초가 아니라 동주 정권이 시작되는 춘추시대로부터 중국의 역사를 서술하고 있다. 바꿔 말

하면 연대가 분명한 『춘추좌씨전』에 기록된 역사 이전의 역사에 대해서는 의고파疑古派의 입장에 서 있다. 중국에서도 20세기 초 5·4 신문화운동 시기에 후스胡適 학파의 영향으로 근대 실증주의 역사학 사조를 도입한 구제강顧頡剛의 중국 고대사학에서 우상 타파적 회의주의 입장에서 5제·하·상의 신화와 역사를 한때 폐기해버린 적이 있다. 이 같은 고사古史가 전국·진·한 시대에 신화가 누층적으로 소급되어 역사로 조성된 것이라는 견해는 그 후 1920년대 말 하남 안양현 소둔촌의 은허 발굴 이래 근대 고고학, 갑골문자와 청동기 연구(갑골학·금문학)의 발전에 따라 진·한 이전 고전의 기록 사료에 대한 연구에도 과도한 회의보다는 신중한 과학적 해석을 강조하는 석고파釋古派의 학풍이 유력해졌다. 여기에는 1920년대 중엽 이후 국민혁명에 따른 민족주의 사조의 격화도 작용했다. 오늘날 중국 학계에서는 중국 고대사의 기원과 수준을 과장하는 민족주의의 과잉 현상이 문제가 될 수 있는데, 이 같은 경향은 우리나라도 예외는 아니다. 주 이전의 중국 고대사는 고고학적 성과로 소규모 농업도시인 성읍城邑의 역사가 기원전 20세기까지 소급할 수 있다 하며, 상은 대체로 기원전 1600년경, 주에 의한 상의 멸망은 기원전 1050년경으로 간주되며, 중국 고대에 확실한 연대 기록이 나타나기 시작한 것은 서주 말기 공화共和 원년(기원전 841)으로 되어 있다.

18 해방 후 중국에서의 고고학 발굴 성과로 기원전 7천 년까지 소급되는 신석기 초기 문화가 확인되었으며, 고도로 발달한 신석기 후기 문화로는 서쪽 하남의 앙소 문화에 이어 섬서성 반파半坡 문화로 대표되는 채도 문화, 동쪽 산동의 대문구大汶口 문화와 그를 이은 용산 문화로 대표되는 흑도 문화가 대표적이다. 황하 문명의 기원을 이루는 이 지역 신석기 문화 이외에도 양자강 중·하류 유역, 파촉巴蜀 지역을 비롯한 중국 각지에서도 신석기 유적이 다수 발견되었다. 황하 중·하류의 신석기 문화를 계승한 청동기 시대

의 초기 도시 문명인 하와 상은 황하 중·하류의 소규모 도시 정권들 가운데 패권 국가로서 전통적으로 상의 탕왕, 즉 대을大乙이 하의 패권을 인계한 것으로 전해왔다. 상 전기의 도시 상읍의 유적으로는 하남성 언사현偃師縣 이리두二里頭, 정주시鄭州市 이리강二里岡 등이 발굴되었는데, 고전에 왕들의 계보가 전하는데도 하는 아직 그 확실한 유적이 확인되지 않고 용산 문화나 이리두 유적을 하의 성읍으로 여기는 견해도 있다. 그런데도 우왕禹王의 황하 치수 신화를 비롯한 하의 전승은 강력해서 춘추전국시대 제국 통일의 과도기에 주 문화로 대표되는 중국 국가들의 중원 문명 세계를 주변부 이적夷狄의 세계와 구분해 하의 여러 후예(諸夏)라는 호칭을 썼다. 안양현 소둔촌의 은허 유적은 은 후기의 왕인 반경盤庚 때 상읍이 옮겨간 곳이다. 상의 문화적 영향권은 중심부인 하남을 넘어 산동·산서·섬서·하북·호북의 일부에까지 미쳤으며, 후기에는 산서와 회하淮河 지역의 이적 정권들과 전쟁을 벌인 것이 인정되므로 패권국인 상을 중심으로 여러 성읍 국가들 사이에 광범위한 주종 관계가 형성되어 있었다. 중원의 성읍 정권과 대조적으로 이적 정권들을 방方이라 불렀다. 제정일치의 씨족제 국가였던 상은 갑골에 의한 점복을 통해 제사·군사·수렵·기후·질병 등의 길흉을 묻고, 조상신에 대한 제사력祭祀曆을 시행했는데, 이들 신관(정인貞人) 집단의 통솔자가 왕이었다.

19 상(은)과 주 사이의 패권 이동은 춘추전국시대 이후 천명에 의한 왕조 교체, 즉 역성혁명易姓革命의 이념적 원형이 되었으며 그것이 하·상 간의 혁명에도 적용되었는데, 다만 왕조 멸망의 원인에 왕의 여성 총애를 결부시킨 전승의 원형은 유왕과 포사 이야기일 것이다. 그런데 처음 천명을 받아 서백西伯(서방 패자)이 된 주 문왕과 이를 계승해 은을 멸한 무왕의 혁명 전승은 유교에서 성인 군주의 폭군 방벌放伐(무력 정벌)의 이념으로서 그 이전으로 소급되는 요·순의 선양禪讓과 함께 도덕 정치에 의해 천명이 이동한

다는 중국의 전통적 왕조 순환의 역사관을 형성하게 되었다. 원래 은·주의 패권 이동은 두 나라의 투쟁에서 은의 국가 수호신인 제帝가 주의 수호신인 천天으로 교체된 것이었다. 서주의 은 정복은 문왕의 차남 주공周公 단旦이 은의 유민과 은의 세력권인 동방(산동·회하 유역)을 정복해 낙읍(낙양)에 동주를 건설함으로써 완성되었는데, 주공은 경전의 전승에 의하면 봉건·종법·학교 등 주의 예禮 문화를 집대성한 공자 이전 최후의 성인으로 전해졌다는 사실이 중국의 유교 전통에서 매우 중요하다. 이 같은 은·주 혁명을 주 민족의 동방 대이동으로 파악한 저자의 견해는 그리스 각 민족 이동과 비견되는 참신성이 있지만 서주의 동방 팽창을 약 3세기 후 주의 쇠퇴기의 낙읍 이동과 동일한 사건의 번안으로 간주한 것은 이 시기 역사 기록에 대한 과도한 회의주의의 표현이 아닐까 생각된다. 또한 한때 은과 주 사이를 각기 동방의 이夷와 서방의 하夏라는 이질적 문화로 설명하는 이하동서설夷夏東西說이 제기된 적이 있으나 현재는 주가 은의 청동기 문화를 계승해 양자 간의 문화적 단층이 없는 것으로 설명되고 있다.

20 중국의 춘추전국시대를 기원전 8세기 이후 그리스 도시국가 폴리스의 패권 경쟁과 동맹 관계에 비하는 저자의 관점은 비교사적 역사 해석의 유익함을 보여주는 대표적인 실례라 할 것이다. 고대 그리스와의 비교사를 더욱 밀어붙이면 주는 청동기 문명인 아카이아족의 이동 및 그 맹주로서 도시국가 미케네의 패권에 비할 수도 있다. 철기 문명인 그리스의 폴리스와는 달리 청동기 문명인 미케네나 주의 도시국가들은 제정일치의 종교적, 씨족적 군주제로서 그들 사이에 느슨한 형태의 광범위한 주종적 연대 관계가 발전할 수 있었다. 중국사의 통설에 따르면 서주 시대 주의 정복 지역에 군사적 배려에 따라 제후국들을 세워 조공·책봉이란 주종 관계를 통해 주 왕실을 중심으로 한 봉건 질서를 구축했다고 한다. 이 봉건제는 주의 종법 질서, 즉 대종大宗과 소종小宗으

로 나뉘는 장자상속제 씨족 질서와 결합해 예禮 문화의 핵심을 이루었다고 전해진다. 분봉된 제후국에는 친족, 즉 동성이 중심이지만 타족인 이성 제후도 있었다. 다만 이 종법 질서는 주의 이념이었으나 변방 제후국에서는 널리 적용되지 않아 춘추시대 말기까지도 장자상속이 아닌 형제상속이 행해지는 나라가 있었다. 그런데 서주가 몰락한 다음 철기의 보급에 따라 춘추 말기, 전국시대에 들어오면 강력한 지역 도시국가들의 국력과 독립성이 강화되고 마치 그리스 폴리스와 같은 국제 사회의 동맹 관계, 즉 회맹會盟이 발전했으며, 이를 통해 제 환공·진 문공 같은 패자들이 출현하고 그들 패권국들을 중심으로 그리스와는 달리 급속히 전국 칠웅국의 관료제 영토국가로 전환해갔다. 철기 문명의 시민 사회를 오래 숙성시킨 그리스의 경우 이 시대 중국의 제자백가 문화보다 더욱 다채롭고 정교한 고전 문화를 발달시켰으나 영토국가, 제국으로의 국가 형태의 전환에는 훨씬 곤란을 겪었다.

21 귀족 씨족들의 결합으로 이루어진 성읍 국가들은 철기 문명인 춘추 말기, 전국시대에 들어와 점차 씨족적 결합이 이완되고 가부장 가족으로 분해되기 시작했으며, 성읍 주변 귀족들의 채읍采邑은 서민들의 역역力役으로 공전公田을 경작하던 토지 공유제가 무너지고 개별 가부장 가족에 의한 토지 사유화가 진전되었다. 귀족 씨족의 몰락에 따라 도시국가가 해체되고 전제군주의 관료제 영토국가가 발전하기 시작한 것이다. 그리스·로마 도시국가에서는 귀족 씨족들의 해체에 따라 공유지와 사유지가 분리되는 형태로 시민 사회의 토지 사유제가 발달한 데 비해 아시아의 농업 사회에서는 가부장 가족의 발전이 있었는데도 씨족제적 종법의 유제遺制가 강인하게 남아 이 종족적 농업공동체를 기반으로 이른바 아시아적 전제 사회가 성립되었다는 견해도 있다.

22 중국의 도시국가에서 구릉지의 내성이 그리스 폴리스의 아크로

폴리스 언덕에 해당되는데 신전과 귀족 거주지가 있었으며, 시장과 사교장인 시 구역이 아고라 광장에 해당된다. 폴리스는 국가의 군사적 방어와 수호신 숭배로 결합된 자유 시민 공동체로서 아테네의 경우 특별히 민회를 통한 직접적 정치 참여가 주목된다. 그런데 중장重裝 보병이 발전하고 서민이 참여하게 됨에 따라 시민 공동체 내부의 귀족과 평민 간에 계급투쟁이 치열한 가운데 군주정 대신 귀족정·참주정·직접 민주정 같은 다양한 정체가 출현해 경쟁했으며, 로마는 이들 정체를 조화시킨 법치의 공화정 체제를 발전시켜 장기적 확장 끝에 유럽 세계의 보편 제국으로 전환했다. 그리스의 폴리스 이전과 마찬가지로 중국의 초기 성곽 도시국가에서는 국國은 군주의 가家로서 귀족의 가와 함께 씨족적 결합의 중층적 상하 관계로 구성되어 군주의 권력이 절대적이지 않았다. 경卿·대부大夫로 불린 귀족과 그 아래 무사인 사士 신분 중심의 자유민으로서 국인國人층이 있었는데, 그들 국인층이 토지 소유권과 무장권이 있는 그리스 폴리스의 시민 계급에 해당하는 셈이다. 그 밖의 다수의 예속 농민층은 그리스의 부용민이나 노예처럼 도시 공동체에서 배제된 신분이라 할 수 있다. 그들도 춘추 말기 이후에는 귀족 씨족제의 쇠퇴에 따라 점차 평민으로 신분이 상승했으나 중국의 평민·양민·서민이란 것은 서유럽 도시국가의 자유 시민과는 달리 강력한 국가 관료제 하에 예속되어 있었다. 이 시기에 새롭게 형성된 사인士人, 즉 문인 사족층은 중국의 중앙집권적 제국의 장기 지속을 지탱할 지배층으로서 관료 내지 관료 예비군群을 이루었다.

23 정의 자산子産에 의한 성문법 제정은 귀족·사인층의 반대에 직면했는데, 도덕과 예를 중시한 공자도 반대자의 한 사람이었다. 새로운 국가의 통치 규범으로서 주나라 귀족 종법에서 유래하는 복고주의를 제창한 공자의 유교는 예를 재해석해서 새로운 인본적 도덕의 의미를 부여함으로써 개혁적 이상을 펼쳤다. 법가적 전통

은 전국시대에 이 정이 병합된 삼진三晉 지역에서 발달했으니, 기원전 4세기 위 문후文侯 때 이회李悝의 성문법전과 개혁, 위 출신 망명객으로 진秦 효공孝公을 도와 패권국으로 만든 상앙의 변법은 대표적인 것이다.

24 고대 중국에서도 종교의 세속화, 귀족제 씨족의 해체를 어느 정도 겪고 세계에서 그리스와 가장 유사한 인본적, 합리적 문화를 산출했으나 시민적 시장 문화를 토대로 도시국가의 자립성이 더욱 강고했던 그리스와는 다른 발전의 길을 걸었다. 그리스의 폴리스는 전근대 인류사에 희귀한 아테네의 직접 민주정치 실험에서 국가의 몰락을 구할 제도적 장치를 발견하지 못했으나 근대 서유럽의 민주공화정에 고귀한 유산을 남겼으며, 스파르타의 전체주의도 사실은 시민사회에 기초한 군국주의 모델로서 동방 전제 군주정과는 다른 것이었다. 그런데 춘추 말기 전국시대에 발생한 중국의 영토국가는 중앙집권적 전제 군주국으로서 전근대의 가장 수준 높은 관료제를 발전시켰다. 이 시기에 군신 간의 사적 주종 관계에 기초한 가부장적 전제 군주권이 형성됨과 아울러 이를 견제하는 원리로서 국가를 군주권에서 분리시키는 공권력 관념도 발생했다. 관료제의 사회적 기반으로서 방대한 사인士人층을 형성하게 될 공자의 유가는 군주권을 보편적 도의 이념에 종속시킴으로써 군주 전제를 억제하는 민본 덕치 이념을 발전시켰다. 중국의 중앙집권 제국은 전근대의 가장 정교하고 지속성이 강한 국가 체제로서 서양과는 정반대의 대극에 있는 문명을 발전시킨 것이었다.

25 공자의 학문은 크게 인과 예를 주축으로 인본적인 도를 세상에 실현하려는 것이었다. 그는 주공이 집대성했다고 전해지는 주의 문화, 즉 예의 전통을 계승한다는 보수적 의식을 갖고 있었지만 고대 씨족적 귀족 집단의 종교적 의례에서 출발한 예의 형식에 인간성에 바탕을 둔 도덕적 의미를 부여함으로써 인본주의적

보편성을 지향했다. 사회관계에서 인간됨의 모든 품성인 덕을 포괄한 것이 '인'의 내용이며, 그 핵심은 충忠과 서恕로서 충이란 자기와 타인에게 거짓이 없는 정직(直)과 신뢰(信)이고, 서란 자기와 동일한 입장에서 타자의 성취를 돕는 이른바 관용·공감의 황금률이었다. 공자의 도에서 중시된 학문의 내용은 궁극적으로 예에 수렴되는 도덕의식이었으며, 학문의 방법은 현실에서부터 이상에 이르는 실천적인 것이었고, 학문의 목적은 자신의 도덕을 닦는 일로부터 타인을 다스리는(修己治人) 방향으로 나아가는 도덕 정치의 경세 관념이었다. 그의 유교란 교학은 관료제에 대한 중앙집권적 군주국의 사회적 수요가 발생한 시대에 성인·군자의 교육으로 새 시대의 통치자 상을 준비한 것이었다.

26 춘추시대의 오패 중에서 제와 진은 주 문화권의 중원 국가라는 의식이 있었으며, 그 같은 문화 의식은 관중의 도움으로 9회에 걸친 회맹을 통해 중원 각국을 이끈 최초의 패자, 제 환공의 지도력에 잘 반영되어 있다. 패자의 과업으로서 주왕周王을 존중하고 만이蠻夷를 물리친다는 존왕양이尊王攘夷, 끊어진 씨족을 잇고 멸망한 나라를 존속시킨다는 계절존망繼絕存亡이라는 것이 분열 시대 『춘추』의 이념으로 후세에 전해진 것을 보면 천자인 주왕으로 상징되는 중국이란 문화권의 실체가 춘추전국시대의 국제사회에서 형성되어 있었다. 이 문화권에 속하지 않는 국가나 종족은 사방의 미개족인 이夷·적狄·융戎·만蠻으로 취급되었는데, 여기에 중국을 중심으로 문화적 우열을 기준으로 한 차별적 세계관인 화이華夷 사상의 기원이 있다. 남방의 초·오·월이나 서방의 강국 진秦은 춘추 당시에도 '만이'의 국가로 인식되었는데, 이들도 춘추 말기 전국시대에 차츰 중원 문화권에 흡수되어 진·한 이후 중화제국의 본토로 개발되고 한족의 일부를 형성했다. 저자의 말처럼 당시 중원 국가로 여겨지던 패권국가 제·진도 이민족 국가에서 유래한다면 결국 주 계통 중원 국가들의 전통이 없는 오패와 같은

주변부 이민족 국가들이 무력 병탄에 의한 영토국가 형성에 주도적 역할을 한 것이다. 춘추시대 중원의 도시국가들은 조상신과 토지·곡물신(社稷)을 모시는 종교 공동체로서 폐쇄성, 배타적 독립성이 강했으며, 당시의 국제 관계는 주 왕실의 패권 시대부터 내려온 조공이나 회맹 등으로 연결되었다. 제도로서 주왕 중심의 씨족적 봉건 관계, 즉 맹자의 왕도가 이미 쇠퇴한 춘추시대에는 회맹이란 동맹 관계를 통해 패자 중심의 무력적 종속 관계, 즉 맹자의 패도가 국제 질서를 지배하게 된 것이다. 춘추시대에 가장 장기간의 패권 경쟁은 북의 진晉과 남의 초楚 사이에 전개되었는데, 무력 병탄으로 강대한 영토국가 사이의 전쟁이 더욱 대규모화한 춘추 말기 전국시대의 분열된 국제 관계는 '소국은 대국을 섬기고 대국은 소국을 어루만진다(事大字小)'는 맹자의 평화적 국제 질서 이념의 호소에 역설적으로 반영되어 있다. 그 반면 진·한 이후 통일된 중화제국의 시대에 중국과 주변부 독립국 사이의 조공·책봉 외교를 종주국과 번속국 사이의 화이華夷·종번宗藩 관계로 표현하는 중국의 국제 인식은 문화적 차별 의식 및 봉건·종법의 속국 관념을 세계질서의 수준으로 제도화시켜 이민족의 독립국에 무리하게 적용한 것이란 점에서 양자 사이에 함의의 차이가 있다.

27 저자는 전국 칠웅 중 진의 패권 확립에 대해 주의 영토였던 위수 유역의 관중關中과 그 배후 지역인 파촉巴蜀 지역을 차지했다는 지정학적 요인을 강조하면서 진의 법가적 국가 체제 개혁이라는 제도적 요인을 중시하는 학계의 통설에 저항하고 있다. 전국시대 각국에서 시행된 개혁 가운데 가장 성공적이었던 진의 개혁은 동방 선진국들의 인재(客卿)와 제도를 수용하는 개방적 정책, 특히 삼진三晉의 법술法術의 사士 기용을 통한 선진적 율법 통치의 수입에 크게 힘입었다. 기원전 4세기 후반 진 효공孝公 때 상앙의 변법은 새 법률을 실시해 오랜 귀족 씨족에 타격을 가하고 새 정복지나

개간지로부터 시작해 군현제 지배를 강화함으로써 중앙집권적 관료제에 의한 전제군주국가를 건설하고 농업 생산과 군사력 강화에 역점을 둔 부국강병을 추진했다.

28 기원전 4세기 연이 고조선古朝鮮(箕氏)을 공격해 요동 지역을 점령했는데, 이것이 중국 문헌에 나타나는 최초의 조선 관련 기록이다. 그 후 한 왕조 건국 초기에 지방에 봉건된 이성異姓 제후왕들이 숙청될 때 연왕의 부하 위만衛滿이 조선에 도망해 고조선 왕위를 탈취했다(기원전 190). 이는 고대 중국의 동방 확대의 간략한 기록이지만 단군 신화 상의 조선이란 초기 국가의 실재를 확인할 수 있는 기록이므로 한국의 역사에서 매우 중요하다. 왜냐하면 고조선이 부재하면 한 무제의 한사군 설치로 단절된 한반도의 역사는 고구려 등 삼국의 역사로부터 시작될 것이기 때문이다. 일본의 역사가 중국 고대 문헌에 처음 나타나는 것은 기원후 1세기 후한 광무제 때의 조공 기사이다.

29 춘추 말기 전국시대에 공자를 선구로 한 제자백가라는 민간의 학문, 학파가 탄생한 것은 중국은 물론 동아시아 한자 문화권 국가들의 고전문명의 형성으로서 서유럽의 그리스·로마 고전문명의 형성에 비할 만한 것이다. 이 시기 민간 학문의 탄생은 철기의 영향으로 이전 종족宗族적 집단 규제의 약화에 따라 인간 능력이 해방되고 귀족 지배 하의 도시국가에 집중된 기록 문헌이 민간에 확산된 결과라 할 수 있다. 또한 제정일치의 신정神政이 해체됨에 따라 신화·주술적 문화로부터 인본적, 합리적 학문이 탄생한 측면이 주목된다. 이 같은 제자백가의 민간 학문은 전국시대 전제군주국의 발전에 따라 제齊의 수도 임치臨淄의 직하稷下처럼 군주의 궁정 문화로 집결되기 시작했으며, 점차 학문이 국가 통치술과 결합되고 신비적 국가 이데올로기의 통제를 받게 됨에 따라 학문의 다원성, 인본적 합리성도 후퇴하게 되었다. 동아시아의 위대한 고

전문명이면서 그리스의 고전문명에 비해 논리학이나 과학·예술과 같은 부문의 문화적 다양성 면에서 손색이 있는 것은 통일 제국의 문화 통제에 따른 정치 편향, 시민사회의 토론 문화 부재에 기인하는 점이 적지 않다.

30 삼진 지역을 중심으로 발달한 기존의 법률 문화가 한비의 저술 『한비자』에 이론적으로 체계화되었는데, 군주의 전제 권력을 초월적 권세(勢)로 인정하고, 그 군주권으로 관료들을 통제하는 정치적 술책(術)과 만민에 대한 획일적 지배를 위한 표준(法)을 종합한 것이다. 이 법가의 주장은 전국시대 말기 진에 채택되어 통일 정책에 기여했으나 군주권의 신비적 절대성과 제한 없는 폭력과 획일주의로 인해 진 제국의 붕괴를 초래하는 원인이 되었다. 이 같은 중국 법률의 전제주의적 전통에 따른 율령 체제는 형법(율)·행정법(령) 같은 국가 공법 영역의 과도한 비대화를 가져왔는데, 이는 로마법 이래 서유럽의 법치주의 전통에서 기본법인 헌법은 물론 민법·상법 등 민간의 사법 영역이 고도로 발전된 것과는 선명한 대조를 이루었다. 서유럽에서 법의 원리가 시민 권리의 보호와 조정이었음에 반해 중국에서는 국가 통치의 효과가 법의 원리였다.

31 전국시대 제자백가의 하나였던 유가는 전한 말기에 국가의 이데올로기 교학 체계, 즉 국교가 됨으로써 이후 유교로 성격이 바뀌었다. 유교의 경서인 『시』·『서』·『예』·『춘추』·『역』, 오경과 그 주해라는 각 전傳은 대체로 전국시대부터 전한 시대에 걸쳐 완성되었으며, 오경이 공자의 편찬이라는 것은 이 시대에 가탁된 것이다. 오경 편찬에 관한 해석은 한대에 형성된 유교 경학의 두 학파, 고문경학古文經學과 금문경학今文經學의 입장이 다르다. 고문경학에서는 공자는 오경 편찬에서 '서술하되 제작하지는 않았다(述而不作)'고 하는데, 그 의미는 유교 경전이 주공이 집대성한 고

대 성인 군주들의 제작을 공자가 계승해 편찬한 것이며 왕이 아닌 성인으로 제작을 할 지위를 얻지 못한 공자는 후세의 영원한 스승으로서 이 단절된 고대 성인의 저작을 이어 후세에 전달했다는 것이다. 이것이 도의 계통, 즉 도통道統 관념인데, 송대의 도덕적 의리학인 주자학은 자신이 다시 불교에 의해 끊어지려는 도통을 부흥한 것이라 주장했다. 한편 공자의 해석적 창조성을 강조하는 금문경학은 공자가 군주의 지위가 없는 이념적인 왕, 즉 소왕素王으로서 천명을 받아 『춘추』를 저작하고 후세의 제왕을 포폄褒貶할 천부적 권위를 지녔다는 것이다. 유교 경전의 정리 사업은 전한 후기 석거각石渠閣(기원전 51)으로부터 후한 초기 백호관白虎觀(기원후 79) 회의에 걸쳐 진행되었는데, 전한 말에는 유향·유흠 부자의 『칠략七略』이란 목록이 편찬되고 또 후한 시대에는 경문의 해석을 위한 민간의 훈고학이 일어났다. 유교의 학문에서 기초를 이루는 경학은 바로 오경 및 그 주해인 전에 대한 해석학으로서 당송 시대에 경전을 합쳐 13경으로 정리되었다. 그 밖에 송대 이후에는 도덕적 이념을 강조하는 주자학·양명학 등 의리학, 정치·경제면에서 공리적 실용을 강조하는 경세학(또는 사공학事功學), 청대에는 경전을 비롯한 고전의 귀납적 실증을 강조하는 고증학이 발달했다. 한국에서는 후자의 경세학·고증학을 실학이란 개념으로 규정하고 있는데, 실학이란 공자 이래 실용을 중시하는 유교 이념에서 유래하는 개념이다.

32 진의 강대국화의 요인으로 법가적 개혁을 강조하는 통설에 대한 저자의 비판이 그 근거로 진이 상업을 말살하지 않았다는 사실을 든 것인데, 사실 전국시대 전제 군주국을 대표하는 진과 같은 국가에서 법가와 같은 전제주의 국가 이념은 소농민 지배를 기본 이념으로 하며, 그 상업 억제 재정 정책은 상업의 말살이 아니라 그것을 강력한 국가 통제 아래 두고 이용하는 것이었다. 따라서 그 재정 정책을 근거로 진에서 법가 정책의 영향을 과소평가하기

는 어려워 보인다.

33 역대 중화제국의 이념에서 황제와 대체적으로 동의어로 쓰인 천자는 세계 모든 국가들의 공동의 주권자로서 만국공주萬國共主라 불렸으며, 따라서 천자의 나라 중국은 국경이 없는 것으로 주장되었다. 이 같은 천자 개념은 봉건제가 시행된 주 왕실의 천명사상에서 유래된 것이니, 만국이 공존하는 봉건제 천하에서도 천명을 받은 천자국은 중국으로서 주 왕실 하나뿐인 것이다. 전국시대 6국을 병탄해 천하를 통일한 진의 통치자는 천명을 받은 천자일 뿐 아니라 모든 국가를 병탄해 군현제를 실시함으로써 천하의 유일한 군주인 지상의 위대한 신이라는 함의를 가졌으니 만국이 병존하는 봉건제 천하의 최고 주권자인 천자와는 구별되는 의미도 있었다. 따라서 세계를 병탄한 황제 이념과는 달리 외국이 공존하는 현실의 국제 관계에서 중심 패권국인 중국과 그 군현제 지배의 외부에 공존하는 주변부 외국과의 국제 질서는 한 제국 이후 봉건제 관계로 규정되었는데, 그 봉건적 국제 질서의 내용이 바로 조공·책봉 관계였다. 말하자면 외국의 존재는 황제 권력의 병탄이 미치지 못하는 세계가 존재함을 뜻하며, 따라서 이 독립된 주권국인 외국의 존재를 부정하는 차별적 서열 관념이 씨족적 종법 관념에 조응하는, 종주국과 번속국 간의 종번 관계란 것이다. 이 종번 관계를 인정하지 않는 적대 세력은 문화주의적 차별 관념에 따라 중화 문명의 혜택을 받지 못한 문명개화의 바깥에 있는 화외化外의 야만 세계로서 규정되고 관념적으로 존재할 의미조차 없는 이·적·융·만의 오랑캐 지역으로 백안시되었다. 이 같은 중국 중심의 차별적 화이 세계관은 한 왕조에서 마지막 청 왕조까지 동아시아 전통 시대의 국제 질서에서 중국이 중화제국 이념으로서 주변국들에게 부과하고자 한 국제 질서의 이념형이었다. 그에 대한 주변국의 대응은 다양하며, 주변국들이 중국에 대해 주권국임을 주장해 중국에 대항하는 경우에도 중화주의 국제관은 수용

해 각기 자국을 중심으로 중국의 대중심에 대응하는 소중심으로서 이른바 소중화小中華의 지위를 주장했다. 결국 중국의 일원적 중화주의 질서는 대부분의 시기에 실현되기 어려웠지만 중국의 상대적 우위 속에 각각의 다원적 중화주의가 병존하는 화이 차별의 국제 질서가 존재했던 것이다.

34 중국사에서 최초의 전제 제국 진의 멸망에 최초의 대규모 민중 봉기인 진승·오광吳廣의 반란이 도화선이 되었다는 사실은 그 후 2천 년간 중국의 왕조 순환의 대표적 유형이 되었다는 점에서 주목할 만하다. 광대한 통일 전제국가에서 전국적으로 분포된 소농민은 세역 부담자로 호적에 편성되어 국가 권력의 직접적 지배에 직면하게 되었는데, 이들 소농민의 파산과 그로 인한 광범한 유민의 발생이 왕조 말기 민란의 엄청난 규모와 신속한 파급의 원인이 되었다. 민란으로 시작된 유방의 정권은 유협遊俠의 집단으로 향리 사회의 지도층인 부로父老들을 포섭함으로써 성립되었고, 초의 귀족인 항우가 버린 진의 고지 관중을 접수함으로써 이 유리한 지정학적 형세를 이용해 압도적으로 우세한 항우를 결국 제압할 수 있었다. 그러나 거록의 회전에서 진 제국을 파괴한 항우의 영웅적 투쟁은 전제 권력에 대한 저항 의식이 강했던 중국 역사학의 창시자 사마천의 붓을 통해 '파부침주破釜沈舟'의 신화로 살아남았다. 황제 일신에 권력이 집중된 전통적 전제 제국이 그 광대한 영역 지배에 얼마나 비효율적인 체제였던가는 일개 환관의 집권으로 인한 중앙 권력의 마비로 진이 일거에 붕괴한 사실에서 증명되며, 이 같은 제국 통치력의 한계는 세계사적 현상으로서 나타난다.

35 진 시황제의 군현제가 단기간에 붕괴한 한 초기의 시점에서 진을 멸망시키는 데 기여한 동맹 세력들에게 훨씬 오랜 봉건 관념에 따라 토지를 나누는 것이 항우나 유방 모두에게 오히려 공의公義

에 합치하는 것이었다. 그러나 한·초 간의 권력 투쟁에서 승리한 한 고조로서는 자신의 근거지인 관중 지역을 기반으로 그 직할지에 진의 유산인 중앙집권적 군현제를 계승함으로써 동방에 분산 배치된 제후왕들을 제압할 수 있는 지정학적 우세를 확보하는 것이 왕조의 통합을 유지하는 데 긴요한 것이었다. 한 초기 군국제 아래 이 같은 중앙의 군현과 지방의 봉국封國 사이의 세력 균형은 오래 지속하지 못하고 결국 한 경제 때 오초7국 반란의 진압을 계기로 무제 때 추은령推恩令 등의 정책으로 전국적인 군현제가 완성되었다.

36 유목·기마 민족 가운데 남러시아와 서부 시베리아의 초원은 이란계 스키타이·사르마트가 지배하던 때, 동부 시베리아에서 몽골에 이르는 초원 지역은 투르크·몽골계의 지배 아래 있었는데, 흉노는 투르크·몽골계 유목·기마 민족의 하나로 기원전 8~9세기부터 중국과 접촉하고 있었다. 흉노가 강력한 통일 세력이 된 것은 기원전 3세기 후반이었으니 진의 중국 통일과 거의 같은 시기였다. 진·한 교체기에 한 고조를 산서에서 격파해 굴복시킨 묵특 선우는 감숙 서부의 월지를 공격해, 기원전 2세기 월지는 박트리아(大夏)로 이동했다. 박트리아에는 기원전 4세기 말 알렉산드로스의 동방 원정 이후 건립된 그리스계 왕국이 있었다.

37 한 무제 때 유가 학문이 관학으로서 태학太學에서 교육되고 관료 선발의 유력한 통로가 되었다 해도 제자백가와의 공존 상태는 얼마간 지속되었으며, 전한 말 원제 이후 왕망의 시대에 이르러 유교는 국교로서 국가의 독점적 교학 체계나 국가 의례 등 체제의 이념이 되었다. 진 시황제 때 제자백가에 대한 법가의 배타적 사상 통일이 실패한 반면 한대 유교의 국교화가 성공한 원인을 보면, 유교가 역사적 문헌의 축적을 토대로 법가 등 제자백가의 장점을 흡수·융합하는 포용성을 갖고 있었으며, 순자 이래의 예학

을 중심으로 전제적 국가 권력에 적응하고, 동중서 등의 한대 금문경학에서 참위설 같은 신비주의적 경전 해석을 통해 황제의 초월적 권위를 뒷받침했던 사실이 주목된다. 참위설은 전국시대 제자백가 중 하나인 음양가의 음양오행陰陽五行 사상이 유교 경학의 해석과 결합해 나타난 신비적 세계관이다. 또한 제국의 기층 단위로서 향리 공동체의 사회질서에 적응하는 가부장적 효제孝悌의 윤리를 강화한 점이 중요한데 그 대표적인 현상이 『효경』의 출현일 것이다. 이 같은 유교의 국교화에 따른 전제 국가 및 가부장 가족과의 결합은 공자 이래 춘추전국시대의 유가가 갖고 있던 인본적, 합리적 요소가 상당히 약화되는 계기가 되었는데, 한대 유교에서 천지음양의 신비적 권위에 부회附會된 군주·부친·남편 중심의 삼강三綱의 윤리 강령이 종래 오륜五倫의 상호적 인륜 관계를 압도하는 일방적 권위주의 도덕으로 출현한 것이다. 전한 말 유흠 등이 고문경학을 제창한 이후 후한대에 정현鄭玄·허신許愼 등 훈고학의 박학자가 출현하고 민간 유학의 학문적 토대가 강화되었다.

38 무제 시대 곽거병의 한군이 이전 월지 족의 땅이었던 감숙 지역의 하서河西 회랑에서 흉노를 내쫓고 하서 4군을 설치했으며, 외몽골까지 흉노를 공격함으로써 오늘날의 동투르키스탄 지역인 천산남북로의 이란계 오아시스 도시국가들을 조공국으로 삼아 서아시아와의 실크로드가 열리게 되었다. 선제 때에는 오손과 연합해 흉노를 공격하고 서역도위 정길鄭吉 등의 경영으로 투르판과 그 이서 실크로드의 오아시스 도시 지역을 지배했다. 그 후 흉노가 남북으로 분열하자 선제는 조공국으로 복속한 남흉노를 지원해 북흉노를 외몽골에서 서방으로 축출했으며, 이들 중 탈라스 강 유역 서투르키스탄 초원으로 이동한 서흉노는 기원전 36년 진탕陳湯의 한군에 격멸되어 4세기 말 그 후예인 훈 족이 볼가강을 건너 게르만을 공격해 게르만 대이동이 일어나기까지 역사 기록에서 사라졌다.

39 무제가 강력한 국가 통제 하의 재정 정책을 추진한 것은 흉노와의 전쟁 비용을 조달하고 대상인을 억압하기 위한 것일 뿐 아니라 당시 대두하던 호족에 대한 대책이기도 했다. 지방 호족들은 대량의 토지를 집적하는 한편 상인과 함께 소금과 철의 사업에도 관여했다. 호족 세력은 향리 공동체를 영향 아래 두고 농촌의 유망민을 노동력으로 흡수해 전제 군주국의 이념에서 황제 권력과 모순되는 측면이 있었다. 무제는 법가적 혹리酷吏를 파견해 호족에 대한 탄압을 가했으나 호족 세력은 날로 성장해 결국 전한 말 이후에는 왕망이 호족과 민란의 저항으로 패망한 뒤 왕조 권력이 호족의 협조에 의존하게 되었다. 무제의 전매 정책에 대한 사인층의 항의는 국가의 상공업 통제에 대한 호족의 저항이며, 민간 경제에 대한 국가의 과도한 개입, 수탈에 반대하는 유교 민본주의 이념의 표현이라 할 수 있다. 법가적 혹리와는 대조인 관료 유형으로 순리循吏란 지방 호족과 타협하는 관료였다.

40 한대 전제 군주제 하에서 공식 정부 기구인 외조外朝보다 황제의 개인적 신뢰 관계에 의거한 비서·경호 기구인 내조內朝가 권력을 장악하고 외조의 기능을 대체해갔는데, 내조의 대표적 기관으로는 상서尙書·중서中書 등이 있다. 이 내조를 장악한 세력은 정규 관료보다는 황제 측근의 외척과 환관이었다. 곽광은 내조 권력을 발판으로 대장군으로서 정권을 손에 넣고, 무제 이래 외정을 뒷받침하기 위해 강력한 국가 통제 하의 재정·경제 정책을 추진한 외조의 상홍양을 숙청하고 호족적 민간 경제 질서를 묵인하는 내치 안정 정책으로 전환했던 것이다. 뒤이어 전한 왕조를 찬탈한 외척 왕망도 내조 권력이 그 기반이었으며, 전·후한을 통틀어 외척·환관·관료 간의 삼파전이 주요한 정치 현상이었다.

41 왕망의 신정책은 유교의 고문경인 『주례周禮』(혹은 『주관周官』)에 의거했는데, 이 고전은 후대 이상주의적 복고주의 제도 개혁의 이

넘적 근거로서 이용된 대표적 경세서로 인정된다. 저명한 송대 왕안석의 신법 개혁이나 심지어 19세기 청 말기의 민란인 태평천국에서도 제도 개혁의 근거로 이용되었다. 그 제도 개혁의 내용은 고도의 중앙집권적 관료제 국가와 그를 통한 강력한 경제 통제를 추진하는 것이었으므로 지방의 자치적 영향력을 보존하려는 사대부 세력의 정체성과 이해관계에 부합하는 것이 아니었다. 왕망의 신정책도 무제의 호족·대상인 억압책을 더욱 강화한 것이어서 당시 지방 호족층의 저항을 초래했으며, 아울러 그 경제 정책의 실패로 인해 소민들의 반란까지 야기시켰다. 왕망은 비현실적 중화주의 대외 정책으로 주변 이민족 군주들의 책봉 작위를 격하시켜 흉노나 고구려의 침입을 자초하더니, 산동에서 일어난 적미赤眉 집단의 대규모 민란, 후한 왕조 창립자인 광무제 유수가 이끈 남양 호족 연합체의 거병으로 신 왕조는 패망하고 말았다. 이 후한 정권의 호족적 성격으로 인해 후한대에는 지방 호족의 토지 겸병이 더욱 격화되어 고대 이래 자치적 향관鄕官 전통이 남아 있던 향리 공동체는 붕괴되고 촌락의 소농민은 호족 지배 하의 새 공동체로 편입되어갔다.

42 전한 말기 서흉노 국가가 멸망된 뒤 몽골 고원에 남은 동흉노는 후한 광무제 때 다시 남북으로 분열된 결과 남흉노가 후한에 투항하고 북흉노는 후한과 동방 만주 지역의 동몽골계 유목 민족 오환·선비의 압력으로 약화되었다. 후한의 흉노 공격은 후한 초기 명제·장제·화제에 걸쳐 계속되어 두헌杜憲·경병耿秉 등에 의해 외몽골의 북흉노는 몰락했다. 이 시기 동투르키스탄 정복은 서역도호 반초가 흉노와 북인도 쿠샨(貴霜) 왕조의 개입을 물리치고 평생에 걸친 사업으로 진행했으며 그의 사후에는 아들 반용班勇에 의해 계속되었다. 반초는 그 부장 감영을 파르티아(안식국)를 거쳐 로마로 파견했으나 도중에 귀환했다. 쿠샨 조는 박트리아를 점거한 대월지(토하라)의 한 분파로서 후한과 거의 같은 기원후 1세

기 북인도에까지 걸친 제국을 수립했는데, 중국에 전해진 대승불교는 이 쿠샨 제국에서 발전한 것이다. 불교의 전래 시기는 전한 말기 혹은 후한 초로 이설이 있지만 명제 때 낙양에 백마사白馬寺가 건립된 것은 동아시아 불교 전파의 역사에서 획기적인 사건이다. 동아시아 불교예술에서 중요한 간다라 불상은 기원전 1세기 간다라(현재의 페샤와르)에서 발생한 예술로 박트리아 지역의 그리스 예술과 불교가 결합한 것인데, 불교와 그 예술의 전래는 한이 개척한 실크로드의 역사에서 세계사적 의미를 갖는 문화 업적이라 할 만하다. 아울러 후한 말(166) 실크로드의 서쪽 끝인 로마 황제 마르쿠스 아우렐리우스의 사절이 중국에 도착한 것도 흥미를 끄는 사실이다. 한편 동아시아에서는 후한 광무제 때 복파장군 마원을 파견해 전한 무제 때 정복된 교지交趾(베트남 북부) 지역의 반란을 진압하고 한의 법제를 이식한 일이 주목된다. 베트남은 9세기 말 당 제국의 황소의 난 이후에야 자립을 강화하다가 10세기 전반기 오대의 분열 시대에야 독립을 쟁취했다.

43 한대의 관리 등용은 지방 자치의 전통에 따라 선거選擧, 즉 향거리선鄕擧里選에 의거했는데, 이는 군郡·국國 지방관들이 향·리의 유력자들, 후한 때는 호족·사인층의 인물평, 즉 향평鄕評을 참작해 인재를 천거하는 제도였다. 후한 말기에는 이들 유교적 사족의 광범한 형성에 따라 지방 군국이나 수도 낙양의 태학을 중심으로 전국적인 인적 교류와 이에 따른 여론이 조성되었다. 이처럼 향론鄕論적 질서를 침해하는 환관과 그 일파의 부패 관료들에 대한 비판적인 정치 여론을 바로 청의淸議라 하는데, 이들 청의파 사족의 신분은 일부 호족을 포함해 그 아래의 토호·부농에 걸쳐 있으며 호족·환관 등 부패한 특권층이 토지 겸병으로 소농민층의 공동체적 향리 질서를 파괴하는 데 저항했다.

44 호족은 대토지 소유를 기반으로 친족 집단과 주변 동향인 집단인

향당鄕黨을 거느리고 향리 공동체의 지도자로서 소농민 계층을 지배했다. 그의 사적 지배 아래 있는 예속민으로는 전객佃客·의식객衣食客·부곡部曲·노비 등이 있었다. 후한 이래 이 같은 호족 세력과 그것을 바탕으로 한 중앙 문벌귀족이 발전해갔는데도 중국 사회에는 언제나 영세한 자작 소농민이 광범하게 존재해, 적어도 당대唐代까지 국가는 이들 자립 소농민을 통치 기반으로 확보하기 위해 노력하고, 호족의 토지 및 노비 소유를 제한하려 했다. 이를테면 한대의 한전법限田法, 위魏의 둔전제屯田制, 서진西晉의 과전課田과 점전제占田制, 북위·수·당의 균전법均田法 등이다. 당의 율령 체제에는 국가 지배와 호족·귀족 지배를 공公·사私의 범주로 구분해 이 공과 사의 범주가 인민을 양민과 천민으로 나누는 기준으로 적용되었다. 중국의 호족은 서유럽이나 일본의 중세 사회와 달리 전제 국가 이념에 모순되는 분권적 존재이자 중앙집권적 궁정 문화와 관료 기구에 의존적이며, 계급 지배로 지역사회의 공동체 질서에 대한 분해 요인이면서도 지역공동체를 호족 중심으로 재편해 그 재생산 구조와 지연 결합의 핵심이 되는 측면도 있었다.

45 황건의 난은 종교적 비밀결사에 의해 조직화된 대표적 농민반란으로 설명하는 것이 일반적 통설이다. 전국시대 이래의 읍제적 향·리 공동체가 국가의 수탈과 호족 집단의 토지 겸병으로 붕괴되자 영세 소농민층이 태평도·오두미도와 같은 민중 종교로서의 원시 도교 공동체에 의지함으로써 조직화되고, 그 가운데 태평도는 음양오행 사상의 참위설을 빌려 압제적인 한 왕조의 종말과 임박한 유토피아 세계를 예언하며 봉기했다는 것이다. 그런데 저자는 중국 역대의 대다수 민중 봉기는 엄밀한 의미의 직업적 농민반란 혹은 농민 전쟁과는 구별된다는 입장에 서 있다. 이 같은 민란에 대한 해석의 차이는 나라와 시대의 차이에 따른 역사적 특수성에 기인하는 것으로 생각되는데, 이를테면 중국의 민란이

그 엄청난 규모에도 불구하고 서유럽 중세 말기의 전형적 농민전쟁과는 다른 역사적 조건에 유념할 필요가 있다. 언제나 장원이나 지주소작제보다는 영세 자작농의 비중이 컸고 더욱이 시장경제에 따른 농촌의 다양한 직업 분화도 미숙한 단계에 있었던 전근대 중국의 경우는 계급 모순이 관료 기구와 소농민의 관민 갈등의 형태로 나타나며, 인구 과잉으로 소농민이 유민화한 상황에서는 농민의 직업적 이해관계가 첨예화되지 않고 왕조 순환의 형태로 대규모 정치적 반란의 성격을 띤 사례가 많다. 어쨌든 이 황건의 난을 진압하면서 그들을 휘하의 주력군인 청주병淸州兵으로 재편한 인물이 후한 말의 군웅 조조였는데, 그는 향리에서 유리되어 유민화된 소농민의 자립화를 추진해 이들 소농민을 기반으로 국가 권력을 수립했던 것이다. 그의 둔전 정책도 단순한 군량 수급 대책에 그치지 않고 당대 균전제에 이르는 소농민을 기반으로 한 국가 이념의 선구적 단계의 시도로 해석하는 견해가 유력하다.

46 황건의 난을 일으킨 태평도와는 달리 한중 지역의 오두미도는 조조에게 정복되었으나 도교의 원류로서 천사도天師道로 계승되었다. 도교는 그 후 동진 갈홍의 저술 『포박자抱朴子』, 남조 양의 도홍경陶弘景이 개창한 모산茅山(상청上淸)파를 거쳐 북조 북위의 구겸지寇謙之에 이르러 종교 교단으로서 확립되어 중국의 토착 종교로서 북위 · 당 왕조에서 불교와 정치적 경쟁이 격화되기도 했다. 신선 사상과 음양오행 · 무축巫祝 · 노장사상 등이 결합된 민간신앙으로 노장의 철학적 도가와는 구별되며, 도장道藏 · 도관道觀 등 종교로서 제도 · 조직의 형성 과정은 후한 이래 서역에서 전래된 불교의 영향을 받았다. 또한 유교의 혁신 부흥을 제창하며 주자학의 신유교가 형성되던 송대에 북중국의 금金에서 전진교全眞敎와 같은 신도교 운동이 일어난 것도 주목된다.

47 환관 가문의 자손으로 사족의 명망을 얻는 데 노력한 조조는 그

두 아들 조비·조식과 함께 후한 말기 건안建安 문학의 대표자 중
한 사람으로 유교적 도덕보다는 재능을 중시하는 그의 인재 등용
과 함께 예교禮敎 문화에 속박된 한 제국의 붕괴에 따라 다음 위
진남북조시대의 새로운 문화 기풍을 여는 역할을 했다. 주·군 지
역의 군벌정권으로서 조조 세력의 발전은 원소 등 다른 군웅들
과 마찬가지로 종족宗族·빈객賓客으로 구성된 호족 집단들의 연합
체로 성장한 것이지만 전국 사족의 정치적 여론인 청의의 지지를
확보하는 데는 성공하지 못했다. 이 청의는 후한 이래 문인귀족의
성장을 이끈 문화적 요인이었으며, 삼국·서진 이후 귀족 사회의
성립에 따라 경세적 정치성을 잃고 귀족의 사교 담론인 청담淸談
으로 전개되었다.

48 중국의 전통적 역사학은 유교의 경서인 『춘추』에 공자가 통치자
를 포폄, 즉 칭찬하고 폄하하는 필법이 있다는 도덕사관의 지배를
받았다. 더욱 이념화된 신유학 운동이 일어난 송대 이후에는 역사
학에 대한 도덕사관의 영향도 강화되어 각 왕조의 정당성을 평가
하는 정통론에서도 한대 이래의 신비적 우주론이나 참위설의 개
입이 퇴색하고 도덕적 합리주의 경향이 진전되었다. 그러나 주자
학과 같은 도학에서는 역사 현실의 시대적 형세를 서술하기보다
는 이를 도외시한 이념 편향의 평가에 치우쳐 관념적 교조주의에
빠지기도 했는데, 바로 역사서인 『자치통감』을 압축해 『춘추』 대
의의 도덕적 경학 보조서로 환원해버린 주희의 『자치통감강목』이
그 대표적 사례이다. 전통 시대 중국 역사서의 틀을 규정하는 여
러 체재 중에 『사기』·『한서』·『후한서』(이상 삼사三史) 등 기전체紀
傳體가 정사正史로 간주되며, 『춘추좌씨전』·『자치통감』 같은 편년
체編年體도 당 왕조 때 사평史評의 대가 유지기劉知幾가 정사에 넣
을 만큼 권위를 인정받는다. 역사서의 체재로서 최악의 평가를 받
는 강목체綱目體를 창시한 것이 『자치통감강목』이며, 그 밖에 원추
袁樞가 창시한 기사본말체紀事本末體, 두우杜佑의 『통전通典』, 마단림

馬端臨의『문헌통고文獻通考』등이 대표하는 전지체典志體 등이 있다.

49 부곡이 천민 신분으로 법제화된 것은 북조 말기부터인데, 부곡은 원래 국가의 호적을 이탈한 유망민으로 위진남북조시대 초기에는 호족에게 사적으로 의탁한 예속적 피보호민이었으며 토지의 경작보다는 호족의 사병 집단으로 출현했다. 후한 말기 이래 병·농 분리로 사적 용병인 병호兵戶가 세습적 군인으로 등장했는데, 그들의 구성원은 유망민과 북방 호족胡族 같은 외국인이 다수였으므로 결국 천민 취급을 받게 되었다. 대동란 시대인 위진남북조시대는 북방 호족의 민족이동의 시대였으며, 호족의 장원이 발달하고 유민이 대량으로 발생했으며, 노비의 수도 어느 시기보다도 많았다. 호족은 황무지, 산림, 소택의 개간, 관개 수리 시설 등으로 장원을 확대하고 부곡 등의 예속민 집단을 거느리고 향촌의 치안을 관장했다.

50 삼국의 둔전이 초기 변경 지방의 군둔軍屯과 구별되는 것은 둔전이 많은 유망민을 모아다가 내지의 광범한 황지를 경작시키고 국가의 재정적, 군사적 기반으로 삼은 것인데, 이 둔전은 군현에서 제외된 국가의 장원이나 다름없었다. 호족의 광대한 토지 지배로 인해 군현의 조세만으로는 중앙정부를 지탱하기 어려웠기 때문이다. 이 둔전은 삼국시대 다음의 서진 때에 폐지되고 둔전민은 일반 군현에 편입되었다. 서진에서는 호조식戶調式이란 법령으로 점전법占田法과 과전법課田法이 제정되었으나 시행되지는 못했다. 이는 호족·귀족의 대토지 지배의 현실을 인정한 가운데 그들의 소유의 상한을 억제해 국가 지배 하의 소농민을 확보하려는 정책으로 사유와 국유의 대립적 이중 구조를 반영한 것이다. 점전이란 귀족관료로부터 일반민에 이르기까지 부부의 토지 점유 할당량을 규정한 것이고 귀족관료의 경우 관품에 따른 토지와 전객이나

의식객 수를 한정했다. 과전이란 국가가 인민에게 토지 경작의 의무적 할당을 규정한 것이다. 비록 위·진 이래 문벌귀족의 형성으로 국가 권력의 상대적 약체화가 진행되었으나 중국의 귀족제는 영주의 사적 지배가 관철된 서유럽의 분권적 봉건제와는 현격한 차이가 있었다. 호족적 기반을 갖고 중앙정부의 문인관료로 진출한 문벌귀족은 향촌의 직접적 토지 지배와 격리됨에 따라 남북조 시대에 점차 사회적 권력 기반이 약화되고 관료로서 중앙의 궁정에 의존하는 기생적 성격을 보이게 되었다.

51 청담은 후한 말기 사인士人의 구세적 비판 여론인 청의淸議와는 달리 청의의 세속적 명예욕을 비판하고 내면적인 현실의 초월을 지향하던 은일적 일민逸民 사상이 귀족화한 사교 담론이었는데, 위·진서진 시대 완적阮籍·혜강嵇康 등 죽림칠현이 청담 문화의 상징적 존재이며 그 대표적인 문헌이 『세설신어世說新語』이다. 따라서 한대 사인들이 신봉하던 유교적 예교를 부정하고 노장 중심으로 유교를 절충한 현학玄學 사조로 흐르게 되었다. 육조 시대의 청담 사상에는 왕연과 같은 위선도 있었으나 당시의 문벌귀족 사회는 전통 있는 가문의 학문 교육에 의해 향촌 공동체의 지도자, 국가 관료로서 시대의 정치 문화를 이끌기도 했다. 자작 소농민의 단혼 가족이 지배적이던 이 시대에 문벌귀족은 누세동거累世同居의 친족 결합으로 알려져 있으며, 명족名族을 중심으로 한 족보가 발달하고 혼인은 그들의 가격家格에 따라 이루어졌다. 그들은 오호에 의해 서진이 멸망한 뒤에도 향촌의 자위 세력으로 실력을 보존하고 선비족의 북조 호족 국가에서 중앙정부에 진출해 이를 귀족제 국가로 변형시켰다. 후한 제국의 붕괴로 이 시대 귀족 문화에서는 예교의 타율적 규범이 후퇴하고 문화의 다양화가 촉진되었다. 이 시기 유교는 고문경학으로 기울었으나 불교와 노장 사상에 비해 침체했으며, 청담의 성행과 함께 노장과 『역易』을 합친 현학이 유행해 이 노장학을 토대로 불교 이론이 이해되기 시작했

다. 그래서 유불도 일치론이 주장되고 유儒·현玄·문文·사史라는 교양이 요구되었다. 난세에 사회·국가로부터 종교적 초월 세계로 관심이 옮아간 결과 불교와 도교가 성행했으며, 사탑·석굴·불상 같은 불교문화가 융성하고 귀족적 문학과 불화·산수화 같은 회화도 발달했다.

52 전한 말 중국에 전래된 불교의 불경 번역은 후한 말기 서역 승려 안세고安世高(파르티아 인)·지루가참支婁迦讖(월지 인) 등에 의해 시작되어, 그 후 서진의 축법호竺法護(월지 인), 오호십육국 시대 전진前秦의 도안道安(한족)을 거쳐 특히 후진後秦의 구마라집鳩摩羅什의 번역은 역경 사업의 절정을 이뤘다. 그는 오늘날의 신강성 쿠차(龜玆) 인으로 번역한 경전이 74부 384권에 이르렀다. 그 가운데 『반야경般若經』·『법화경法華經』·『아미타경阿彌陀經』 등 불경 및 대승론부大乘論部의 번역은 삼론종三論宗·성실종成實宗·천태종天台宗 등의 흥기에 큰 영향을 미쳤다. 그와 비견할 만한 불경 번역자는 당 초기 유명한 인도(천축天竺) 여행기인 『대당서역기大唐西域記』의 저자 현장玄奘이 있을 뿐이다. 이 시대 인도로 최초의 구법 여행을 다녀온 중국인 승려들 중 동진 법현法顯의 『불국기佛國記』는 그 선구였다고 할 것이다. 불교의 교리 발전에 크게 기여한 승려로는 『조론肇論』의 저자인 승조僧肇, 점오漸悟에 반대해 돈오頓悟에 의한 성불을 주장한 도생道生의 영향이 큰데 두 사람은 구마라집의 문하에서 나왔다. 같은 시기 동진의 혜원慧遠은 미륵불彌勒佛을 예배하는 염불念佛 결사結社인 백련사白蓮社를 조직하고 왕권에 대한 불교의 자립을 주장한 이색적 저술로 기억될 만하다. 남북조시대 남방 불교의 성황은 남조 양梁 무제武帝가 황제로서 자신을 불교 사찰에 사신捨身한 사건으로 잘 알 수 있다. 한편 북조의 북위 시대 불교의 특색은 대동(산서성)의 운강雲岡 석굴의 위용에 잘 드러나 있다.

53 오호와 마찬가지로 선비족도 처음에는 부족 연맹체 국가로 출발했으나 이 후진적 부족 체제를 가장 철저히 이탈해 중국식 중앙집권 관료 체제로의 개편을 강력히 추진한 것은 남북조시대 북위 효문제의 낙양 천도 이후이다. 오호십육국 시대에도 잠시 화북의 통일을 이뤘다가 붕괴한 전진의 부견이 왕맹의 보좌를 받아 한화정책에 열중한 과도기가 있었다. 효문제의 한화 정책은 중국적 문벌귀족 국가로서 선비족과 한족의 귀족문벌을 혼합한 호·한 통치 체제로의 전환을 완료한 것이다. 여기서 저자가 종래의 한화란 용어 대신 화화華化, 즉 중국화란 용어를 사용한 것은 근래 학계의 경향을 반영한 것으로 북위 이후 수·당 제국의 형성 과정에서 호족의 역할을 강조해 한족에의 일방적 동화를 강조한 과거의 학설에 대한 반론이라 할 것이다. 그러나 새로운 중국 국가의 형성이라는 의미의 중국화 과정에서 선진문화로서 한족 문명이 가장 핵심적인 개혁의 모델이 될 것이라는 의미에서 한화라는 용어의 절제된 사용도 배제할 필요는 없다. 유목적 북방 민족의 국가는 호·한 연합체를 구성했음에도 북조의 군사력 장악을 기반으로 황제 권력이 강대해서 북조의 문벌귀족은 남조에 비해 황제 지배가 더욱 강한 관료제 국가로의 전환에 효과적으로 대응했으며, 이 군사력과 관료제의 역량이 북위와 북주의 개혁과 수에 의한 남북조 통일의 추진력이 될 수 있었다. 남조의 각 왕조에서도 황제의 측근정치에 의한 문벌귀족의 약화가 진행되었으나 북조와 같은 강력한 체제 개혁은 일어나지 않았다.

54 북위의 균전제, 그 뒤를 이은 서위西魏의 부병제府兵制와 같은 중앙집권 국가의 제도 개혁은 종래 학계에서 수당 제국의 체제를 형성한 선구적 개혁으로서 중국사의 시대 구분에서도 중대한 의의를 갖는 것으로 이해되었는데, 저자의 중국사 이해 체계에서는 그 시행의 정도 자체에 회의적이고 또 그 역사적 성격에서도 통설과 달리 중국 중세 사회의 구조에서 큰 의미를 갖지 않는다. 그 이유

는 저자가 당시 호족·문벌귀족의 사적 장원을 더욱 중시하는 입장에 서 있기 때문이다. 효문제 때 이안세李安世의 상소로 시행되기 시작한 균전제는 중앙집권 체제의 강화를 위한 권농 정책으로, 소농민에게 일정한 몫의 토지를 할당해 개간, 경작시키고 조租·용庸·조調의 수취 체계를 확립해 농민이 호족의 사적 지배 하에 흘러들어가는 것을 억제하고 자립 소농민을 국가 재정의 기초로서 보호하려 한 것이다. 이 같은 제도의 시행을 위한 목적으로 개편한 향촌 행정조직이 이충李沖의 삼장제三長制로서 농민 5가家를 린隣, 5린을 리里, 5리를 당黨으로 삼았다. 균전제는 삼국시대 위의 둔전 또는 서진의 과전課田에서 기원을 찾고 북위 선비 정권의 계구수전計口受田을 직접 이은 것으로 설명된다. 계구수전은 한족 통제를 위해 그들을 이주시킨 사민 정책에서 이주민에게 인구수에 따라 토지를 할당한 것이다. 균전제에서는 토지는 노동력을 기준으로 분배, 환수되는데, 경우(소)와 노비에게도 토지가 할당되었으므로 귀족·호족의 대토지 소유는 유지되고 있었다. 부병제는 다음 서위 정권의 실권자이자 북주의 실질적 창건자인 우문태가 북위 말기 북변 6진의 반란을 계기로 약화된 병제를 개혁하면서 관중 호족의 향병鄕兵 조직을 채택해 호·한을 포괄한 국가 제도로 발전시킨 것인데, 이로써 위·진 이래 천민화한 사병인 병호는 한대와 같은 병농 일치의 개병 제도로 대체되었다. 자작 농민을 3년에 1회 당번제로 소집해 지방의 절충부折衝府에 배속시켜 중앙의 지휘 아래 수도와 변경의 방위에 동원한 부병제는 균전제와 함께 수·당 제국 율령의 일부로 계승되었다.

55 수 문제의 양씨나 당 고조의 이씨 가문이 선비족 북주 왕조의 최고위직인 8주국柱國 12대장군이라는 무천진 군사귀족 출신으로서 학계에서 관롱關隴 집단이라 불리는 문벌귀족에 속하는 것으로 알려져 있다. 비록 공식적으로는 두 가문의 부계가 한족으로되어 있으나 대대로 선비족과 혼인했으며, 그 부계도 한족 성으로

위작되었을 가능성이 제기되기도 한다. 따라서 수·당 왕조가 북조의 호한 연합체제의 산물로서 이민족 문화의 영향이 아주 짙은 왕조였음은 말할 나위 없다. 과거제의 기원은 북조 국가의 황제권 강화와 북조 귀족 사회의 유교적 현재賢才주의 관념의 성장과 관련이 있으며, 일부 관직에 대한 시험은 북제北齊에서 실시되었다. 문제는 위진 이래 구품관인법의 중정관을 폐지하고 587년 과거를 실시했을 뿐 아니라 3성 6부제나 균전제와 같은 국가 제도를 채택하고 개황開皇 율령을 공포해 다음 당 왕조의 율령제를 위한 토대를 놓았으며, 지방 행정과 관련해 군을 폐지해 주·현 2급제를 채택하고 향관을 폐기하며, 주 자사의 병권과 지방관 선임권을 삭탈함으로써 토착 문벌귀족을 약화시키고 중앙집권 관료제를 강화하는 정책을 추진했다. 중국사에서 이 같은 중앙집권적 문관 관료제의 성립은 과거제를 통해 당 후기에 성장한 사대부 사회가 10세기 후반 송대부터 관료 기구를 장악하면서 성립되었다고 할 수 있다. 황제권이 강화되었는데도 여전히 문벌귀족 사회가 관료 기구를 장악한 수·당대는 과거제가 극히 제한적으로만 적용된 과도기였던 것이다.

56 수·당의 율령제로서 대개 3성 6부 9시寺 5감監의 중앙 관제, 균전법 및 조용조·부병제 등 제도의 정비가 열거된다. 3성 중 문하성門下省이 황제의 정책 결정에 대한 봉박권封駁權을 갖고 또 6부 중의 이부吏部가 관료 임용의 전선권銓選權을 행사해 이들 관부를 관장한 당의 문벌귀족이 군주권을 제약하고 있었다고 설명된다. 또 귀족들은 다수의 자제가 부조父祖의 문음門蔭으로 과거를 거치지 않고도 관직에 오를 수 있는 음서蔭敍(임자任子)의 특권을 누렸으며, 당대 과거제의 기능은 극히 한정된 것으로 고위직은 귀족의 독점 상태에 있었다. 그럼에도 당대의 문벌귀족은 북조의 뒤를 이어 재지성在地性, 즉 토착 기반을 상실하고 관료로서 국가 권력에 의존하는 기생적 성격이 짙었으며, 귀족 가문의 격식이 점차 사회

적 명망보다는 국가 관작의 고하로 규정되게 되었다. 또 초기의 관제도 곧 이완되고 율령에 없던 많은 새 관직, 즉 영외관令外官이 생겼는데, 이는 '사使'라는 관명이 붙은 임시직이 정규화되는 과정에서 나타난 것이다.

57 수 말기의 내란에서 처음 두각을 나타낸 이밀李密은 무천진 문벌 귀족 출신으로 양현감 반란의 참모였다가 망명 중 군도 집단인 와강군瓦崗軍에 들어가 세력을 키웠으나 처음부터 화북 중원의 쟁패전에 휘말려 실패한 반면, 태원의 관군을 이끌고 수의 수도인 장안을 급습해 점거한 뒤 동방 중원의 혼전을 관망하던 당 고조 이연이 최후의 승자가 되었다. 낙양의 군사 집단 왕세충王世充 등 각처의 할거 세력을 평정하는 통일 전쟁에 공이 컸던 고조의 차자 이세민이 현무문玄武門의 쿠데타로 태자인 형과 그 아우를 죽이고 부친을 유폐시킨 다음 양위를 받아 제위에 올랐다. 그럼에도 그의 통치 기간은 정관의 치세로서 후세의 칭송을 받고 있으며, 사후에 그와 신하들과의 문답을 편집한 『정관정요貞觀政要』에는 유교적 민본 덕치의 성인군주로 묘사되어 있다. 후세 동아시아 유교권의 제왕학 교본으로 유명했던 이 책에 기록된 대로 당 태종은 그 패륜적 행동에도 불구하고 황제는 성인聖人이라는 상징 조작에 힘써 크게 성공한 사례를 보여주고 있다. 불과 10년으로 통일을 성취한 당 태종의 군사적 업적이란 것도 이미 지방 호족의 사회적 할거 기반과 문벌귀족의 역량이 약화된 수 말기의 역사적 상황에서 단순한 상층 관료적 군벌 간의 군사 투쟁에서 승리한 것에 지나지 않았다. 그러므로 앞으로 4백 년의 호족, 귀족의 대분열기를 앞두고 조조·제갈량 등 삼국지의 영웅이 대결했던 한 말기의 곤란한 역사적 상황에 비해 당의 통일은 상대적으로 훨씬 용이한 사업이었다. 더욱이 북위의 화북 통일(439) 이래 150년간 준비된 통일의 기반 위에 호·한 연합체의 당 왕조는 몽골 고원의 돌궐 제1제국과 고구려를 제압하고 중국사에서 드문 다민족 세계

제국을 성취할 수 있었다. 당 태종이 북방 민족 세계의 황제로서 천가한天可汗의 칭호를 받는 동시에 중화제국의 황제로서 유교적 왕도의 통치자 상을 지향하고 있는 점은 당 제국의 그러한 성격을 잘 반영한 것이다. 율령 통치로 잘 알려진 당 왕조에서는 무덕武德·정관·영휘永徽 등 율령이 정비되고『당률소의唐律疏議』등 법률 주석서가 편찬되는 율령 통치와 아울러 한편으로 태종·고종 때 유교 경전과 그 주석의 정리 사업이 추진되어 공영달孔穎達 등에 의한『오경정의五經正義』로 통일되었다.

58 세계제국으로서 당 제국의 국제적 다원성은 그 민족·경제·문화 교류에서 잘 나타난다. 인종·민족 면에서 페르시아인과 중앙아시아(우즈베크 일대)의 소그드인(동 이란계)·아랍인 같은 서역을 비롯해 몽골의 투르크계 돌궐·위구르인, 동아시아의 고구려·백제·신라·발해·일본·베트남인, 남아시아의 인도인 등이 무역에 종사하거나 교섭 사절 또는 유학생·유학승으로서, 심지어 관직을 얻어 당 제국에 집결함으로써 당 제국은 당시 서방의 사라센 제국과 함께 세계적 중심이었으며, 다민족이 잡거하는 수도 장안은 동아시아 국제사회의 대도회지로서 그 도시 구조가 신라·발해·일본에 모방 또는 이식되기까지 했다. 실크로드와 바닷길을 통한 서아시아와의 무역에서 수도 장안은 물론 양주·천주·광주 등 운하 연변과 동남 연해의 대도시가 발달하고 남해 무역을 관리하는 시박사市舶司가 설치되었다. 이 같은 당의 내지와 해상 무역에서 소그드인과 아랍인의 두드러진 활약은 후대의 송·원대까지 이어져갔다. 이 같은 국제 상업 활동은 황해를 낀 동아시아의 해상에도 연장되어 신라 장보고張保皐의 청해진淸海鎭 해상 활동의 배경이 되었다. 당 제국의 선진 문화 수용을 위한 국가 차원의 인적 교류로는 신라의 숙위宿衛 학생과 일본의 견수사·견당사 파견이 그 대표적인 사례이다. 원래 이민족의 종교로서 중국에 전파되었으나 중국에서 완성되고 유교·불교·도교 3교의 상호 영향 속

에서 중국화한 대승불교는 보편적 세계 종교로서 동아시아 문화 교류의 중핵이 되었는데, 특히 신라·일본의 유학승이 참여한 찬란한 동아시아 국제문화의 형성은 그 전후의 시대에 보기 드문 수준에 이르렀다. 당의 현장玄奘, 신라의 혜초慧超, 일본의 엔닌圓仁이 남긴 여행기는 불교를 매개로 하는 이 시대 국제문화의 성황을 반영하는 것이다. 중국 불교문화의 절정기였던 당 제국에서 완성된 법장法藏의 화엄종華嚴宗, 지의智顗의 천태종天台宗, 현장의 법상종(유식종唯識宗), 혜능慧能의 선종禪宗과 같은 대승불교 종파는 한국·일본 등에 전파되어 동아시아 불교가 대표하는 보편 문명의 국제화 시대를 열었다. 더욱이 이슬람의 정복에 따라 서아시아에서 쫓긴 3종의 이민족 종교, 조로아스터교·마니교 및 기독교계 네스토리우스교가 당 제국에 전파되었다. 당 제국의 정치적 개방성은 대량의 외국인이 당의 관직에 종사한 데서 잘 나타나는데, 외국인만을 위한 빈공과賓貢科, 심지어 내국인 과목인 진사과進士科를 통해 과거에 합격해 당의 관료가 된 자도 있었으며, 특히 군대의 무관직에는 고구려·백제 유민을 포함한 북방 민족이 그들의 군사적 장점 때문에 대거 기용되어 마치 후기 로마제국의 군대가 게르만족 용병에 점거된 것과 유사한 양상을 보였다.

59 안사의 난은 곽자의郭子儀 등의 활약으로 간신히 진압되었지만 이 반란을 계기로 절도사의 반 독립적 군벌 체제인 이른바 번진藩鎭이 각지에 할거해 당대 후기 제국의 분열 상황은 날로 확대되었다. 현종 때 처음 변방에 설치되었던 절도사가 안사의 난 무렵 내지로 확대되었는데, 이는 병농일치의 향병 제도인 부병제가 재정적으로 이를 뒷받침한 균전제의 해체와 함께 붕괴된 데 따른 현상이었다. 이민족이나 서민 출신이 많았던 절도사들은 군사권뿐 아니라 지방의 행정권·재정권까지 접수해 정규 지방관들을 종속시켰다. 그들은 각기 모병권을 갖고 직업적 용병 부대를 모집할 수 있었으나 그들의 군사 기반인 아군牙軍은 초기에는 자립성

이 강해서 절도사의 지위가 아군 장병들의 이해관계로 좌우되는 수도 있었다. 이에 절도사는 가부자假父子라는 개인적 주종관계로 결합된 대량의 무인 집단을 거느리고 통제권을 강화했다. 이런 양자 제도는 중국의 유교적 질서에 위배되는 이국적 현상이었으며, 당 후기 무인에 의한 지방 할거는 파탄된 관료적 군벌체제로 고대의 봉건제나 그 후 지방 호족의 사회적 할거와는 다른 것이었다. 한편 민전民田 장원의 확대와 절도사의 자립화로 재정이 위축된 중앙정부는 양세법과 소금 전매의 실시로 국가 재정 기반을 정돈하고, 헌종 때에는 문관을 절도사에 임용하는 등 한때 절도사에 대한 지배권을 회복하는 듯하더니 곧 이어진 황소의 반란으로 인해 완전히 파탄되고 말았다.

60 덕종 때 양염楊炎의 제의로 시행된 양세법은 조세를 일원화해 각 호의 자산 등급에 따라 동전으로 전납화하는 원칙을 수립한 점에서 중국의 재정사에서 획기적인 조치였다. 그것은 균전제라는 토지 정책에 바탕을 두고 현물세를 걷고 공물을 징수하며 노동력을 동원하고 군대를 징발하던 전통적 국가 체제의 종말을 의미하는 것이었다. 균전제는 화폐경제가 후퇴하고 호족의 장원과 영세 자작농에 기초를 둔 자연경제 아래에서 운용이 가능했던 국가 재정 정책의 방안이었고, 그러한 국가에서 귀족관료는 균전제 하의 사실상 사유지였던 세습적 영업전永業田과 국가에서 특별히 수여받은 사전賜田 등에 의해 지탱되었다. 그러나 양세법은 당 후기 화폐경제의 일정한 발전을 배경으로 성립된 재정책으로서 이후 국가에서 토지 수급을 결정하는 자연경제적 토지 개혁 발상은 북송대의 한전限田 논란을 거쳐 중국의 후기 제국의 역사에서 종적을 감추게 되었다. 다만 아직 시장경제의 발전이 미숙한 상태에서 지역에 따른 물류의 불편과 화폐 유통의 부족으로 완전한 재정의 금납화는 불가능해 현물 징세가 병행되었으며, 폐지되어야 할 요역이나 공납은 명말 청초 시기까지도 지속되었다.

61 당의 관료제 속에서 과거제가 중요성을 갖기 시작한 것은 측전무후의 악독한 권력 장악 과정과 관련되어 있으니, 관롱關隴 집단과 산동山東 집단의 문벌귀족을 억압하기 위해 무후 정권은 진사과 과거 시험을 확대하고 심지어 많은 관직을 파는 남관鑑官 현상을 일으켰다. 당시 균전제 해체와 더불어 광범하게 등장하던 서민 지주층, 이른바 형세호形勢戶가 유교적 교양을 시험하는 과거를 통해 신진 관료층으로 진출하기 시작했다. 그들은 관료의 신분을 얻어 요역이나 부가세 면제의 혜택을 받을 수 있었고, 지방 절도사의 군벌 정권에 참여해 세력을 키우기도 했다. 특히 번진藩鎭 권력의 비호를 받는 형세호가 그들의 특권에 의지해 세역을 기피하려는 농민의 토지를 전매하거나 기진寄進받음으로써 그들의 민전民田 장원은 더욱 확대되었다. 한편 당 왕조의 기생 관료적 성격이 짙어진 문벌귀족은 지방 절도사의 무인 정권이 귀족의 장원 등 재지在地 기반을 파괴하고 더욱이 당 왕조 중앙정부의 지배 영역을 잠식함에 따라 더욱 세력을 잃고 왕조의 쇠망과 함께 소멸되고 말았다. 한편 서민 출신의 신진 사대부층은 귀족 문화에 대항하는 문화적 혁신을 시도했는데, 한유·유종원 등의 고문古文 운동은 귀족 문화를 대표하던 4,6변려문騈儷文의 운문적 형식미를 반대하고 창의적 사상 내용을 갖는 산문을 제창했으며, 유교 고전문화의 부흥을 통해 귀족 사회와 결탁한 불교를 배척함으로써 성리학으로 대표되는 송대 신유교 운동의 기원이 되었다. 이는 보편적 세계제국의 외래문화에 대한 한족 중심의 중화주의 사조로 이해될 수도 있다. 이 같은 사대부의 반불교적 문화운동과 함께 당 후기부터 동전 주조를 위한 불상 주조 금지, 농민 생산자 층 확보라는 재정국가의 현실 정책으로 인해 왕조 정부의 불교 탄압이 시작되었다. 당 말기 무종 때의 회창會昌 폐불廢佛이나 오대 후주 세종의 불교 탄압은 전성기의 불교에 치명적 타격을 주었다.

62 소금밀매 조직의 지도 하에 일어난 황소의 반란이 유적처럼 기동

성 있는 약탈전을 전개한 것은 농민전쟁의 성격을 의심받는 근거이다. 그럼에도 소금·차의 밀매 조직, 각처의 군도·유민이 합세했던 이 반란이 지역의 경계를 넘어 중국 전역을 황폐화시킨 거대한 규모로 확대될 수 있었던 것은 당 후기 농촌 사회에 광범한 파산 소농민이 존재했다는 역사적 배경을 전제하지 않고서는 설명할 수가 없다. 당시 파급되기 시작한 미숙한 유통 경제에 의존한 국가 전매와 조세 전납 등 국가의 수탈뿐 아니라 양세법의 단일세 원칙을 어긴 부가세 징수, 토지 조사가 없는 양세 부과의 불균형 등으로 인해 방대한 소농민이 파산으로 내몰렸던 것이다. 황소 반란의 결과 당 조정에서 완전히 자립화한 절도사들은 대개 반란 세력 출신이거나 진압군 출신으로 반란 평정에 공을 세운 두 계열로 구분되었는데, 후량을 세운 주전충은 도적 출신으로 황소 집단에 들어갔다가 배신한 자였고 진(후당)의 이극용은 투르크계 외국인 출신의 진압군 주력이었다. 제왕으로서도 군도다운 추악한 일생을 살다 아들에게 암살된 주전충은 환관을 치기위해 귀족의 초청을 받고 장안에 들어가 귀족들을 집단적으로 황하에 던져 귀족 시대의 비극적 종말을 가져온 장본인이었다. 이극용을 이은 이민족 출신 절도사들의 활약은 오대 왕조 중 후당·후진·후한 세 왕조가 투르크계였던 현상에서 절정에 이르렀다.

63 북방 유목·기마 민족과 남방 농경민족인 중국의 대항 관계는 진·한 제국의 성립 이래 18세기 청조 중엽까지 2천 년간 동아시아 전근대 국제정치사 전개의 주축을 이루는 특색이었다. 이 점이 중세 후기 이래 유목 민족의 대규모 압력이 없었던 서유럽의 역사와는 구별되는 큰 차이라 할 수 있다. 중국에 대한 북방민족의 압력은 당 말기 동몽골계 거란의 흥기를 기점으로 그 이전과 그 이후 시기에 획기적 차이가 있다. 그 이전은 흉노나 오호·돌궐·위구르 등이 대개 중화제국을 압도하지 못했고, 북중국을 점거한 오호십육국이나 남북조시대도 중국의 제국 체제가

해체되는 위기 상황에서 북방 민족이 중국 내지로 이주해 국가를 세우는 민족 대이동의 현상이었다. 그 반면에 거란 이후 여진의 금, 몽골의 원, 만주의 청 왕조의 흥기는 장성 밖의 그들의 원주지에 국가 체제를 세우고 우세한 군사력으로 중국의 일부 또는 전역을 정복하는 새로운 역사 현상이 일어난 것이다. 그래서 비트포겔Karl A. Wittfogel은 오호와 같은 침투 왕조에 대비해 요·금·원·청을 정복 왕조라고 규정했던 것이다. 또한 두 시기의 현저한 차이는 당 말기 이전이 대개 몽골과 중앙아시아에서 서방의 투르크계가 주도 세력이었던 데 반해 그 이후는 동방의 몽골·여진계로 주도권이 옮겨갔다는 사실이다. 이 같은 북방 민족 정복 국가의 힘의 우위는 서아시아의 선진 문명을 따라잡은 당 제국의 제도·기술 등 문화가 북방 민족에 도입된 것을 계기로 그들의 국가 조직이 이전에 비해 크게 발전했다는 사실을 반영한 것이다. 농경민족이라도 신라나 일본·베트남 등의 국가가 당의 문화를 수용함으로써 크게 발전해 당 제국의 시대에 동아시아권이 한 제국 시기와는 달리 강한 자립성을 갖는 국가들 사이의 진정한 다원적 국제질서가 형성되었다. 그리고 북방 민족의 정복 왕조는 대개 통치 체제의 이중 구조가 그 특징인데, 이를테면 거란의 관제는 북면관北面官(유목 부족제)과 남면관南面官(중국식 주현제 州縣制)이라는 이중의 통치 구조를 갖고 있었다. 순수 유목민인 거란·몽골에 비해 수렵·원시농경 민족인 금 왕조에서는 중국 문화에 대한 수용의 폭이 더욱 넓어서 점차 중국식 관제를 채택하면서도 맹안모극猛安謀克과 같은 고유의 군사 제도를 유지했다.

64 후주의 명군 세종을 도와 거란과의 전투에 공이 있었던 조광윤은 세종 사후 거란의 침입을 막기 위한 북벌에 출정하면서 수도 개봉에서 북으로 황하를 건넌 지점인 진교역陳橋驛에서 군의 추대로 즉위하고 회군해 송을 건국했는데, 절도사 출신인 그의 군사적 실력은 오히려 후주 시대 강화된 중앙군인 금군의 전전도점검殿前

都點檢이란 지위에 있었다. 그는 세종의 통일 사업을 계승해 지방 8개국 중 오월·북한을 제외한 6개국(남당·후촉·민·초·남한·형남)을 통합했는데, 이보다 더 중요한 것은 문관 우위의 중앙집권적 관료제를 확립해 황제 독재 체제를 완성한 것이다. 이 문치주의 황제권 절대화를 위한 방책으로 금군 전전사殿前司의 최고직인 전전도점검을 폐지하고 금군을 세 부대로 분할하는 한편 중앙의 황제 직속인 금군을 강화하는 대신 지방 절도사의 아병牙兵을 약화시켜 잡역 부대인 상군廂軍으로 격하함으로써 아병의 장교(아전衙前·아리牙吏)들은 지방 관청의 요역을 담당하게 되었는데 나중에는 민호民戶의 행정적 요역徭役으로 대체되었다. 이 의무적 요역의 일부가 전문 인력으로 대체되는 과정에서 송대 이후의 하급 행정직인 서리胥吏層이 발생하게 되었다. 그리고 절도사 휘하의 진장鎭將을 중앙에서 문관으로 임용했으며 절도사의 민정권을 회수해 중앙에서 직접 부府·주州의 문관을 감독하고 절도사의 막료직조차 중앙에서 문관을 임명했다. 또 절도사의 재정권도 회수해 세수를 전운사轉運使에 맡겨 징수하고 그 대부분을 중앙에 상공上供시켰다. 이로써 군인의 정치권력은 완전 제거되어 송대 이후의 문치주의 이념에 따른 문관 중심의 관료제가 확립되었으니, 송대의 중앙 정치는 황제의 독재권 아래 복수 임용된 재상 기구와 함께 중앙의 군권을 맡은 문관의 추밀원樞密院, 이른바 재宰·추樞 두 기구의 합의를 통해 운영되었다. 이는 황제의 권력 집중에 따른 중앙집권적 국가체제를 통해 정치적 평화와 왕조의 장기 지속을 보장할 수 있었으나 군사적 전문성과 장군의 재량권의 부재로 인해 제국의 군사력 약화를 초래하는 취약성도 있었다. 이 같은 북송의 문관 관료제의 확립은 관료 임용의 거의 독점적 통로로 과거제가 송 초기, 특히 태종 때부터 확대 실시됨으로써 송대 이후 사대부 사회로의 전환을 위한 제도적 토대가 되었다.

65 당 제국의 해체와 함께 거란을 필두로 한 북방 유목·기마 민족

의 정복왕조가 대두해 송 왕조 이후 중국의 한족 국가들을 군사력으로 압도하게 되었으며, 심지어 이 시기 북방 민족의 주도 세력인 몽골과 여진 두 계열의 민족은 두 차례나 중국 전토를 정복해 원과 청 제국을 건설함으로써 동아시아와 중앙아시아, 나아가 세계 역사에 획기적 전환을 가져왔다. 당 제국의 정치 제도나 기술의 도입이 북방 민족의 국가 발전에 중요 계기가 되었을 것이라는 견해도 있지만 당과 경쟁하던 돌궐·위구르 이래 거란·여진·몽골·만주가 모두 문자를 제작한 것은 북방 민족의 초기적 민족의식의 발생을 반영하는 현상이다. 송 왕조는 진·한 이후 한족 고지故地인 중국 본토의 일부마저 요·금에게 잃고 끝내 수복하지 못했을 뿐 아니라 이윽고 몽골 세계제국에 완전 병탄됨으로써 호·한 연합체 세계제국인 직전의 당 제국과 너무 선명한 대조를 이룬다. 비록 중국 본토 자체가 워낙 풍부한 재부를 가진 광대한 영역이어서 송은 황제국으로서 제국의 규모를 보유하고 있으나 당시의 국제정치에서 송이 갖는 영향력은 제국이기보다 한족의 초기 민족국가의 현상을 보였다. 이 같은 현상은 한족의 강렬한 종족 의식으로 나타나, 이른바 화이를 구별하는 한족 중심의 종족적 중화주의가 송대처럼 예민하게 표현된 적이 그 이전의 중국 왕조에서는 없었던 것이다. 화이 구별의 표준인 종족·문화·지리 세 요소 가운데 원래 고대 중화제국 이래 문화(유교의 예교 문화)가 지배적 요소였다. 송 이후 중국사를 보면 중국 문화에의 동화가 어려웠던 순수 유목 민족 국가로서 몽골의 원은 예외로 하고, 만주·한족의 공존을 추구한 만주족의 청 같은 이민족 정복왕조는 문화주의를 표방해 북방 민족과 한족이 다 같이 중화임을 주장한 데 반해 송·명 같은 한족 왕조는 문화와 아울러 종족의 차별을 더 강조하는 경향이 있었다. 송대에 국가 이데올로기로 대두한 주자학 자체가 한족 중심 화이론의 입장에서 자주 금에 대한 북벌의 대의명분을 강조한 주전론이었으며, 그 이전부터도 송대 이래 중국 역사관을 지배한 구양수의 유교적 정통론에서 왕조의 정통성에 대한 표준으로 군君·부父에 대한 상하의 구별과 종족·문화적 '화이'의 구별을 강조했다. 그 결과 화이를 불문하고 여러 왕조를 섬긴 오대의 관료 풍도馮道나 거란에 연·운 16주를 할양한 오대 후진의 상유한桑維翰, 금에 대해 굴욕적 화의를 받아들인 남송의 진회 등은 만고의 역신이 되었으며, 금과 분투하다 진회의 음모로 희생된 하층민 출신의 군벌 악비는 만고의 충신으로 추앙되어 삼국 촉한의 관우關羽와 함께 관제關帝·악왕岳王으로 병칭되는 민간신앙의 신으로까지 숭배되었던 것이다. 이처럼 송의 민족적 화이 정통론이 강화된 배경으로는 이른바 천하의 중심으로서 당 제국이 이민족과의 관계를 조공·기미주羈縻州 등 개방적, 다원적 제도로 관리하던 것과 달리, 수세에 몰린 송 왕조는 외국을 인정하고 굴욕적인 국제 화약을 맺어 세폐를 바치는 국가 간 외교로 역전되지 않을 수 없었다. 유교의 도덕주의 정통론은 왕조 멸망 시기 사대부의 애국적 근왕 운동으로 나타났는데, 특히 한족 왕조 송·명의 경우가 전형적인 경우로서 남송 멸망 때의 문천상文天祥 등, 명 멸망 시의 사가법史可法 등의 근왕군은 널리 알려진 사례이다.

66 나이토 코난의 동양적 근세론을 계승한 저자가 당 말기 송대를 중국이 중세에서 근세로 진입하는 전환기로 보는 역사적 근거 중 가장 유력한 것이 화폐경제의 발달이다. 그는 이 시기에 중국 경제가 서유럽은 물론 그 이전 최선진 지역이던 서아시아를 추월해 세계 정상에 도달한 것으로 이해하고 있는데, 이 같은 견해는 오늘날 구미 학계에서도 인정하는 추세가 보인다(마크 엘빈,『중국 역사의 발전 형태』참조). 또한 중국 경제가 자생적으로, 이른바 '내재적 발전'의 결과 자본주의에 도달할 전망을 둘러싼 '자본주의 맹아론'은 20세기 후반 중국을 비롯한 한국·일본 등의 학계에 유력한 사조를 형성했는데, 그 경우 자본주의 맹아의 시기가 송대와 명대 후기 중 후자를 지지하는 견해가 우세했다. 오늘날에는 자본

주의 맹아론이 부정되는 견해가 강화되는 한편 서유럽 학계에서 16세기 이후의 전근대 중국에서 '자본주의 없는 시장경제'가 고도의 수준으로 발전해 있었다는 견해가 나타나 흥미롭다. 송대의 화폐 정책은 악화를 구축하고 동전의 국외 유출이나 민간의 동광 채굴을 금지해 동전 사용을 일원화하려는 노력을 펼쳐 사천四川의 철전을 제외한 동전의 전국적 통일에 성공했다. 한편 고액 거래를 위한 금·은, 특히 은의 사용이 민간에 보급되고 은은 동전과 함께 세과稅課의 납입에도 이용되었다. 사천의 철전을 대체하려는 민간의 노력이 결국 국가의 지폐인 교자로 발전했는데, 지폐의 유통량은 3년, 나중에는 2년의 태환 유효 기간(界分)을 통해 조절되었으나 국가의 재정 곤란으로 인한 남발과 태환 정지 사태를 면치 못했다. 그 밖에 각종 어음과 유가증권이 유통되었는데, 이는 대개 북방 변경의 군량 등 국가 조달과 차·소금 등 전매품의 유통을 위해 발행되었다.

67 송대 중국의 시장경제 발전은 이 시대 농업의 획기적 발전 및 대운하와 수로 및 간선 도로를 통한 교통·운송의 발달과 밀접한 관련이 있었다. 심경深耕을 위한 쟁기 등 농기구의 변화, 참파종 등 다모작이 가능한 벼의 신품종 도입, 자연 비료 등 경작법 개선, 치수와 수차 등 관개 기술 향상과 농지의 개간 등 농업의 혁신은 도로·운하 교통의 확장, 지역 내 또는 지역 간 시장의 발달에 따라 지역별 생산의 특화와 생산 증대를 위한 계기로 작용했다. 양자강 하류의 델타 지역인 강남을 중심으로 농촌의 시장화와 도시화가 진행되는 가운데 중국의 인구도 1억으로 증대했으며, 당 후기 이후의 강남 개발로 회수 이남 지역의 인구가 그 이전 선진 지역이었던 화북의 중원을 능가해 경제·문화 중심이 남부로 이동하기 시작했다. 이 시기 경제 발전의 배경에는 과학·기술의 역할이 있었으니, 가장 대표적인 것은 석탄의 사용 증대와 함께 코크스의 고열을 이용한 철과 구리의 생산 기술, 동력을 이용한 기계

방적의 출현, 인쇄술이나 의약의 발전, 원 초기 왕정王禎의 『농서農書』에 집대성된 송대 농학의 발전을 들 수 있다. 그러나 송대를 정점으로 원대 후기 전란기를 거쳐 명 왕조가 등장한 14세기부터는 중국의 기술 발전은 정체되고 15~16 세기의 과도기를 거쳐 17세기 이후부터 중국과 서유럽 사이에 대역전이 시작되었다. 과도하게 중앙집권화된 제국 체제 아래 시장경제가 국가 권력의 보호와 통제에 의존해 민간사회의 경제적 자립 기반이 강화되지 못하고 국가의 정치적 수탈에 무방비였던 데다, 왕조 교체의 대재난이 끼친 심대한 영향에서 자유롭지 못했다. 국가 위기의 순환에 따른 사회질서의 총체적 붕괴와 함께 시장경제도 지속적 발전이 중단되고 크게 후퇴하는 악순환을 겪었다.

68　송대의 사대부와 서민 문화의 발달은 인쇄술과 출판업의 발달과 밀접한 관련이 있다. 인쇄·출판의 발달 요인으로는 화폐경제 발전과 과거제의 실시로 시험 준비의 수요가 컸으며 송의 문치주의와 학문의 융성, 불교의 융성에 따른 대장경 등 불서 간행 등을 들 수 있다. 6~7세기까지 소급될 수 있는 목판 인쇄는 당대唐代에 크게 발전했는데, 불교 관련 인쇄로부터 달력·자서字書, 나아가 10세기에는 고전을 비롯한 큰 책을 간행하기에 이르렀다. 송대에는 11세기에 필승의 점토 활자가 제작된 이래 나무와 동·납 등 금속활자로 발전되었다. 출판된 서적에는 국자감 및 지방 관청의 관각본官刻本, 가문에서 출판한 가각본家刻本, 끝으로 독립 출판업자가 간행한 방각본坊刻本이 있었는데, 특히 방각본의 유통은 지식의 보급 및 상업화의 발전과 관련해 의미 있는 현상이었으며, 출판이 가장 왕성했던 지역은 임안臨安(항주)·사천·복건·개봉, 네 지역이었다.

69　송 초기의 과거에는 진사과와 제과諸科(경의과經義科)가 있었는데, 경의과의 첩서帖書·묵의墨義는 경經·예禮·사史 등의 본문에 대한

암기 능력을 시험한 데 반해 진사과의 시부·론論·책策은 창작 능력의 시험이어서 진사과가 경의과를 차츰 압도하게 되었다. 진사과는 강서·절강·복건 등 남방의 신흥 사대부가 많이 선택한 결과 송 초기에는 화북인이 우세했으나 북송 후기에는 강남인의 우세로 역전되었다. 개혁파 범중엄·구양수 및 왕안석 등 신법파 인물들이 대개 강남 출신의 과거 합격자로서, 북송의 당쟁은 강남인과 화북인의 대항 관계로 설명되기도 한다. 신종 때 왕안석의 개혁으로 경의과가 폐지되어 진사과에 합쳐졌으며, 그 후 진사과는 구법파에 의해 경의진사와 시부진사로 나뉘었던 것을 신법파가 다시 경의진사과만으로 통합했다. 과거는 지방 부·주의 시험인 해시解試에서 합격한 자인 공거인貢擧人을 중앙의 예부禮部에 보내 예부 공원貢院에서 시험(성시省試)해 합격자와 그 서열을 적은 방을 발표하고, 그 후 따로 황제 친림 하의 재시험인 전시殿試에서 최종 합격자와 서열을 확정했다. 과거 합격자의 서열은 5갑甲으로 나뉘었는데, 명·청대에는 3갑이 된다. 송대의 해시와 성시는 명·청대의 성省의 향시鄕試와 예부의 회시會試에 해당된다. 왕안석은 태학의 개혁을 통한 인재의 배양에도 유의했으나 비용이 많이 드는 학교제는 값싼 선발 제도인 과거제에 압도되어 지속될 수 없었다. 관료가 되는 통로로는 그 밖에 음서·진납進納(매관)·군공軍功·유외관流外官(서리 출신) 등이 있었으나 당대와는 달리 송대부터는 과거 출신자가 고위 관직을 독점하게 되고 합격 정원이 확대되어 과거와 관료제의 결합이 매우 강화됨으로써 사대부 시대가 열리게 되었다. 한편 사대부 사회의 민간 학문 연구와 고급 교육기관으로 서원이 10세기 오대와 송 왕조 때부터 설립되기 시작한 점이 주목되며, 송대의 도학 운동도 서원을 토대로 한 것이었다.

70 송대 문화의 시대정신은 진 이전의 주대와 춘추전국시대로 복귀하려는 복고적 이상주의를 표방하며 한 제국 붕괴 후의 혼란기

인 위진남북조시대의 귀족 문화와 이적夷狄인 이민족(인도)에 기원을 갖는 불교를 배척하고, 선진先秦 시대 유교 성인의 도통을 계승해 새 시대의 지배층인 신흥 사대부의 문화를 일으키는 것이었다. 이 문화운동의 기원은 당 후기 한유·유종원의 고문 운동에까지 소급되는데, 그들이 발전시킨 새로운 산문체의 고문은 송대로 이어져 두 사람을 포함한 북송의 구양수·왕안석·증공曾鞏·소순蘇洵·소식蘇軾·소철蘇轍은 당·송 고문의 8대가로 알려졌다. 또 한유는 불교 배척과 유교의 복고를 제창해 순자 대신 맹자를 정통으로 삼는 도통설을 제기함으로써 송대 도학, 즉 정주학의 기원을 이루었다. 북송 초기 인종 경력慶曆 연간에 유교의 부흥을 위한 정학正學 운동이 일어나 정주학의 발전으로 이어졌는데, 주돈이와 장재張載, 정호·정이 형제 등은 바로 북송 도학 혹은 리학理學을 대표하는 저명한 학자들이었다. 위진남북조와 수·당대 귀족들의 유교 경학이 자구의 주석에 치우친 형식적 훈고학에 머물고 있는 것을 비판하며, 도학자들은 유교를 우주론에서 인성론·수양론에 걸친 수준 높은 형이상학적 관념철학으로 발전시켰다. 이 같은 유교의 철학적 개편에는 그들이 비판한 불교로부터 고도의 사변적 관념과 이론 체계를 차용하고 도교의 사상까지 종합했다. 한 제국의 붕괴 이후 외래 종교에 기원을 둔 불교에 압도되었던 중국의 지식계는 중국화된 대승불교의 이론적 완성에 노력했는데, 이제 그러한 지식 기반 위에 복고적 이상주의를 표방한 송대의 신흥 사대부층은 야심적인 도학 운동을 전개해 중국의 유교적 고전古典 문명을 한·당보다 더욱 높은 수준에서 부흥시키고자 했던 것이다. 불교를 비롯한 당 제국의 세계주의적 경향과는 달리 송대 이후 주자학을 비롯한 송학의 발전에서 유교를 중심으로 한족 중심의 고전적 중화 문명의 도통을 강조하는 학풍은 송대 중국의 복고적인 국수적 문화 의식의 표현이라 할 것이며, 이것이 다원적, 개방적인 당의 세계제국과 대비되는 초기 민족주의적 문화 경향으로 지적되기도 하는 것이다. 이 같은 고전의 부흥은 서유럽 근대 초기의 르네상스 운동과 형식적 유사성이 있어 저자는 송대 사대부의 고문·신유교 운동을 송대에 발달한 잡극·소설 등 서민 문화와 함께 중국의 르네상스로 규정하고 있다.

71 화폐경제와 농촌 시장, 상업도시의 발달과 도시 서민 문화의 현저한 성장을 당 후기부터 싹튼 송대의 근세적 역사 발전 현상으로 주목하는 저자는 황소의 반란을 포함한 이 시대의 민란에 대해 대토지 소유와 농민의 직업적 저항 의식으로 인한 농민전쟁이 아니라 유통경제의 발전에 기초한 국가 전매품의 밀매 조직, 즉 새로운 비밀결사의 운동이라 규정한다. 그러나 아직 시장경제가 미숙했던 전근대 사회에서는 농촌의 토지경제가 중심이란 견지에서 송대 이후의 농촌 사회는 신흥 사대부의 기원이 되는 형세호形勢戶의 장원이 발달해 과거의 어느 시기보다 지주소작제가 발달했으며, 지주·전호 관계는 양자강 하류의 강남 델타 지대(강절江浙 지역)를 중심으로 화중·화남 일대에서 청대까지 중국 농촌 사회의 기본적 생산 관계였다는 학계의 지적이 있어왔다. 이 같은 송대의 농민 계층 분화가 격화된 데에는 차역差役이라는 강제적 행정 요역에 의한 국가의 농민 수탈, 관호의 면역 특혜가 크게 작용하고 있었다. 송대 이후의 대토지에는 관전과 민전의 차이가 있고, 소작료는 분익조分益租·정액조定額租의 형태로 주로 현물지대(50~60퍼센트)가 부과되고 있었다. 이 전호의 신분이 중세적 농노인가, 근세적 자유 소작농인가를 둘러싼 논쟁에서 전호가 농노가 아니라 자유 신분의 소작농이라는 것이 저자의 견해이다. 그 근거로서 당시의 장원이 위진남북조시대와는 달리 집중형이 아니라 분산형이어서 전호에 대한 지주의 지배가 불철저한 데다 유통경제의 발달로 인해 지주의 관심이 토지 지배보다는 미곡의 시장 판매에 있었다고 한다. 또한 송대 지주·전호의 관계는 자유 계약 관계이지 법적인 인신 지배 관계는 아니었다는 것이다. 한편 이에 반대하는 입장은 송대 전호가 토지에 묶여 있고 부조副租·잡역雜

役 등 경제 외적 강제를 당하고 있었으며, 지주·전호 관계가 법제에 주복主僕 관계로 되어 있는 것은 이러한 경제적 현실의 반영이라고 주장했다. 그러나 사실은 전호는 국가의 공민으로서 천민이 아니었고, 전호의 토지 속박이란 것도 제도적 차원에서 고정된 것은 아니었으므로 중세 서유럽 영주권 아래 예속된 농노와는 다른 것이었다. 당시의 전호 간에도 경제 수준의 차이가 있고 지역적 사정의 다양성도 있었다는 사실이 지적될 수 있으며, 송대 지주·전호 관계에 전근대적 지배 관계의 요소가 혼재해 있던 상황도 완전 배제할 수는 없을 것이다. 이 같은 상황에서 농업의 상업화 현상이 확대됨에 따라 남송 시대 이후에는 전호의 소작 투쟁인 항조抗租가 격화되었으며, 규모는 작지만 전형적 농민전쟁이라 할 수 있는 민란들도 나타나고 있다.

72 왕안석의 신법 개혁은 송대의 황제 권력 집중과 문관 관료제 하에서 관료와 금군의 과도한 팽창으로 재정적 곤란에 직면했는데도 거란·서하 등과의 전쟁에는 실패를 거듭하고 막대한 세폐를 바쳐 평화를 사는 굴욕적 현실을 개혁함으로써 부국강병을 통해 대외 관계에서 명실상부한 중화제국의 체제를 확보하려는 행정·교육·재정·경제·군사에 걸친 광범한 개혁이었다. 게다가 유통경제 발전을 배경으로 관료 기구와 대지주·대상인의 농민 수탈을 개선하고 동요하는 향촌 사회의 치안을 유지하려는 노력이기도 했다. 왕안석의 개혁은 중앙집권적 국가 권력에 의존해 부국강병의 공리적 정책을 추진했으므로 사대부가 주도하는 민간 사회 질서를 중시하는 사마광 등 구법당과 대립하게 되고, 부도덕한 법가적 패도의 추종자로 비난을 받았다. 그러나 왕안석도 유교 사대부의 일파로서 민본적인 왕도의 덕치라는 이상을 포기한 적이 없으며, 국가 권력을 우선시하는 세력과 사대부의 사회적 지도력을 우선시한 정치 주체 사이의 갈등에 지나지 않았다. 둘 다 유교적 고전의 복고적 이상을 표방했으나 『자치통감』을 쓴 역사가인

사마광의 춘추학春秋學보다는 『주관신의』를 쓴 왕안석의 주례학周禮學이 더 급진적이었을 뿐이다. 왕안석의 신법은 재정·경제 정책에 가장 역점을 두었고, 구휼·요역·공납·상업 등의 정책에서 눈에 띄는 특색은 모두 당시의 유통경제의 보급에 기초해 정부가 화폐·금융 수단을 동원하는 개혁 방안이었다는 점이다. 한편 한정된 점유 면적 내에서만 관호의 차역을 면제하는 한전면역限田免役법, 공정한 과세를 위해 면적·토질 등 토지 측량을 시도한 방전균세方田均稅법이나 관개 토지의 개간과 수리를 진흥하려는 농전수리법 등과 같은 토지·농업 관련의 입법도 있었다. 한편 행정 개혁에서는 서리 제도가 확충되는 가운데 그가 서리와 관료의 체계를 일원화하려 한 창법倉法이 주목되며, 개혁의 마무리로서 원풍元豊 연간 실시된 관제 개혁은 3성 6부 등 당의 관제를 복구, 변통한 것이었다.

73 북송 초기 송학의 한 분파로서 사대부 정치의 이상주의 사조를 계승한 왕안석의 신법 개혁은 자율적 민간질서와 사대부 공론을 중시하는 사대부 다수의 지지를 얻지 못한 데다 구법파와의 당쟁의 심화로 인해 신법의 장단점이 개선, 발전되기는커녕 신법의 취지가 왜곡되거나 시행과 폐지가 반복되는 가운데 실패를 면할 수 없었다. 더욱이 신법파 내의 기회주의자 채경 등의 부패 정치가 북송 멸망의 원인의 하나가 됨으로써 결국 구법당과 도학파의 반대를 합리화해주는 결과가 되었다. 개혁의 현실적 당위성이 있었음에도 신법 개혁이 실패로 끝난 것은 황제 전제와 사대부 관료제 자체의 역사적 성격에 근본적 한계가 있었음을 반영하는 것이다. 개혁은 황제 체제의 과도한 권력 집중으로 대개는 변덕스럽고 범용한 인물이었던 황제 한 사람의 확고한 지지가 없이는 불가능한 것이었으며, 또한 정치적 합의를 위한 사회적 토대나 제도적 해결 방안이 없는 사대부의 도덕주의 명분론에 치우친 공론 정치는 왕조의 몰락에 이르는 순간까지 중단 없는 당쟁의 악순환

으로 귀결되었다. 이 같은 문인 관료제의 당파성은 유교적 도덕주의 인치론에 따른 인물 비평(인신공격), 과거나 천거제에 입각한 인맥 정치 안에 내재한 것이었는데, 공론의 이념을 표방한 붕당의 인맥은 관료적 부패 사슬의 인맥과 뒤얽혀 공론과 당론이 구분되지 않는 것이 정치 현실이었다. 북송 초기부터 왕안석 신법 당쟁에 이르는 관료 정치는 왕안석을 필두로 새로 개발된 경제·문화 중심지인 강남 출신의 신진 관료들이 대거 등장함에 따라 사마광, 정이 등 보수적 화북 관료층과의 사이에 지연적 파벌의 대립에 지배되었다는 학계의 지적도 있다.

74 바이칼 호 동쪽 몽골 부족 가운데 보르지긴 씨족의 키야트 뼈(骨)에 속하는 테무친은 몽골 고원의 몽골·투르크계 부족들을 통일, 재편해 1206년 칭기즈칸으로서 대한의 지위에 올랐는데, 이 통일 전쟁은 원래 분산 존재하던 몽골족의 재통합이 아니라 새로운 몽골 민족을 형성한 것이다. 민족이란 처음부터 존재한 것이 아니라 역사의 어떤 시점에서 여러 종족이 이합집산하고 하나의 국가로 통합, 재편되는 가운데 새롭게 탄생하는 것이니, 칭기즈칸의 통일은 '만들어진 공동체'로서 한 민족의 창조 과정이었던 것이다. 그런 의미에서 중국사에서 진시황의 통일, 한국 역사에서 신라의 삼국 통일은 각기 중국과 한국의 민족이 만들어지는 첫 계기였던 것이다. 청소년기 칭기즈칸의 가문은 금 및 이와 제휴한 타타르 부의 압력으로 해체 상태에 있었으며, 케레이트 부 토오릴(왕칸)의 신하로서 그 도움을 얻고 자지라트 부의 자무카와 동맹해 메르키트·타타르 부를 격파한 다음 케레이트·자무카 동맹을 궤멸시켜 몽골 고원의 패권을 수립하고 옹구트 부(투르크계)를 흡수하며 나이만 부(투르크계)·오이라트 부 등을 병탄해 통일된 몽골 민족을 건설했다. 자연신앙을 믿는 몽골의 대한은 텡그리(하늘)의 대리자로서 샤머니즘(몽골)·네스토리우스교(케레이트·옹구트)·불교(위구르·거란·티베트)·도교(중국) 및 서방의 프란치스

코 선교사, 이슬람 성직자 등에 대해 종교적 관용을 보였다. 칭기즈칸은 위구르 문자를 차용해 호구·재판을 기록하고 법전을 편찬하게 했는데, 몽골 국가의 법전인 야삭도 칭기즈칸의 건국 시기에 기원을 갖는 것이다. 몽골·투르크 사회는 귀족(노얀)이 지배하는 유목 봉건제 사회로서, 귀족 지휘관과 그 아래 자유민이 중추를 이루는 칭기즈칸의 몽골군은 개인적 충성에 근거한 봉건적 유대로 결합되었다. 칭기즈칸은 종사제從士制를 강화하고 부족제를 세습적 군사·정치 조직으로 개편해 대한의 친위대인 케식(1만 명)과 십호·백호·천호·만호로 구성되는 몽골군 3익을 구성했는데, 무칼리와 보르추가 칭기즈칸의 좌·우익 지휘자였으며, 그 후 러시아·유럽 원정으로 이름을 날린 수베테이·제베 같은 명장이 등장했다. 칭기즈칸이 대초원을 따라 세계 정복에 나섰을 때 그의 군대는 전근대 역사상 세계 최고 수준의 대규모 기병과 기동성, 작전·통신 능력을 보유하고 있었다.

75 칭기즈칸 이래 몽골 제국은 새로운 정복지마다 황실 일족과 공신들에게 영지를 분할해주는 유목 봉건제 조직이 확대되어갔다. 그 중 가장 규모가 큰 것이 바로 사한국으로서, 중국의 원조元朝는 초기 쿠빌라이 칸 때에는 그 종가宗家의 지위를 주장할 수 있었으나 차츰 지역 문화권에 동화되면서 별개 국가로 분리되었다. 금金의 고지인 화북에는 동란기에 지방 호족들이 지배 하의 농민들을 조직한 향병鄕兵을 기반으로 각지에 할거해 몽골 분봉分封 체제 아래 편입되었는데, 이들을 한인 세후世侯라 했다. 한인 세후는 물론 화북의 몽골인 봉건 귀족 세력도 헌종 뭉케로부터 세조 쿠빌라이에 이르는 동안에 일소되어 원 정부의 귀족관료로 흡수되었다. 행성 제도는 헌종 때 행상서성行尙書省으로 시작되어 세조 때 행중서성으로 바뀌었는데, 행성은 중앙의 중서성의 지방 출장소 같은 것으로 중앙집권 하에 분할 통치의 기능을 살린 것이다. 원의 관료제는 품질品秩과 결재권을 갖는 정통 관료인 정관正官(종래는 유내관

流內官), 서리의 우두머리로 사무를 맡는 속관屬官인 수령관首領官으로 구분되었는데, 원 이전 유외관流外官으로 불렸던 수령관의 중요성이 원대에 크게 제고되고 그들을 선발하는 시험 제도가 열려 있었다. 그 이유는 정관을 몽골인·색목인·한인 세족이 독점해 강남 사대부들을 고위 관직에서 배제하고 수령관으로 충당, 보좌하게 했기 때문이다. 몽골의 원 왕조는 중국 왕조와는 달리 율령의 시행을 무시하고 관결례나 행정 선례의 수집, 몽골 야삭에 의존했다.

76 원대 몽골의 지배 아래 중국 사회의 발전이 크게 후퇴한 대표적 사례로는 중국인이 직역별로 이른 바 '제색호계'라는 세습 호적에 편제되어 일시 신분제 사회가 강화된 사실이 지적되고 있다. 원 왕조의 시대는 몽골 세계제국에 의한 역사상 최대의 대륙 간 통합으로 인해 경제, 문화 교류도 중국·이슬람·서유럽 3대 문명권에 걸친 광대한 것이었다. 원래 유목·수렵 민족인 몽골족은 반농경 민족인 여진(만주)족의 금·청보다도 중국 농경문화에 적응하기 어려웠으며, 더욱이 그 영역이 중국을 넘어 네스토리우스·이슬람 등 중앙아시아·서아시아의 고도 문명과 일찍이 접촉하고 있었다. 오히려 중국 통치에 제색목인, 특히 위구르인을 고위 관료로 채용했는데, 특히 오르타크(斡脫)라는 이슬람 상인조합이 은의 징세 및 몽골 황실·귀족의 영리사업을 청부맡아 고리대 금융을 장악했으며, 포은包銀세 등으로 징수된 대량의 은이 소그디아나(사마르칸트 등 도시)를 통해 서방으로 유출되었다. 원대의 천문·역법·대포(투석기) 및 기타 과학 지식, 음악·종교·풍속이 페르시아계 이슬람의 영향을 크게 받고, 그 영향은 고려에까지 파급되었다. 또한 원은 동맹자인 일한국을 통해 유럽 세계와도 접촉했으니, 로마 교황 프랑스 루이9세(성 루이)의 가톨릭 사절단, 이탈리아 상인 마르코 폴로 부자, 아랍 세계의 여행자 이븐 바투타 등이 중국에 도착했다. 또한 남송 정복에 따라 당 제국 이래 번영하

던 남해 무역을 통해 동남아 국가들 및 페르시아·아랍 무역상인 들과 접촉하게 되었다. 당·송 이래 이슬람 상인들은 남부 무역항 의 번방蕃坊에 거류하며 무역에 종사하고 있었는데, 천주泉州의 아 랍계 상인으로 원의 남송 근왕군 소탕에 해상에서 협력한 포수경 蒲壽庚은 이미 남송 말기에 무역·관세를 관리하는 제거시박사提 擧市舶司에 임명되었으며, 원에서는 행성의 집정까지 올랐다. 원은 베트남·참파·버마에 원정군을 보내 번속국으로 삼고, 자바 원정 은 실패했지만 남인도 해안의 소국들도 조공을 바쳤다.

77 한 제국 때부터 시작된 조공·책봉 제도는 주왕周王과 제후 사이 의 봉건 의례 이념을 적용한 것으로 주대 종법제의 종번宗藩 관념 과도 얽혀 있었다. 종주국과 번속국의 주종 관계는 평시에 이념적 으로 국가 간 서열을 나타내는 조공·책봉의 형식적 의례이던 것 이 힘의 균형이 파괴되는 국제 위기에는 국가 간 서열을 넘어 국 가 주권의 제약으로까지 연장되는 이례적 상황도 나타났다. 17세 기 종교전쟁 후 서유럽의 베스트팔렌 체제에서 대등한 주권국가 간의 근대적 국제법 질서가 보급되기 전에는 동아시아 국제 질서 에서 중화제국을 중심으로 하는 차별적 세계관이 보편적 국제 인 식이었으며, 조공·책봉 관계는 중국의 국제적 영향력의 현실과는 상관없이 동아시아 각국이 자국 중심으로 국제 관계에 대응하는 교섭의 표준으로 기능한 것은 사실이다. 외국의 국가 주권의 주체 성, 평등성을 인정하지 않는 국제 관계에서 진정한 근대적 의미의 외교란 성립될 수 없었으나 동아시아의 전통적 국제 관계는 민 두기閔斗基의 견해와 같이 중국이라는 대중심(大中華)과 주변국들 의 소중심(小中華)이 공존하는 복합적 관계였다. 이처럼 중화주의 적 조공·책봉 관계가 동아시아의 국제 외교 관계에서 각별한 중 요성을 갖게 된 역사적 배경에는 전해종 설과 같이 명 태조 주원 장이 시작한 해금 정책, 즉 쇄국주의와 밀접한 관계가 있다. 세계 제국이던 당 제국이나 원 제국에서 조공·책봉은 국제 관계의 여

러 형태 중의 하나에 지나지 않았으나 명 제국은 해금 정책을 통해 외국과의 정치·경제·문화적 교류를 전부 조공·책봉을 필수적 전제로 해서 허용하고 민간의 교류는 물론 국가 간 관계도 조공·책봉 없이는 일체 단절해버렸던 것이다. 이 같은 명조의 쇄국을 한족 국가로서 명이 단일민족인 탓으로 저자는 말하고 있는데, 원대 몽골 지배 이후 북방 민족에 대한 공포, 14세기에 처음 동남 연해에 등장한 일본 해적 왜구에 대한 우려가 현실적 계기가 되었을 것이다. 한족 왕조로서 명조 중국은 제국의 국내 체제를 유지하려는 수세적 입장에서 중국 본토 바깥으로 확장하는 대외 팽창을 억제하면서 외국과의 관계를 중국 주도의 평화적 질서 속에 통제하는 수단으로 조공·책봉의 효력에 과도한 비중을 두었던 것이다.

78 명 태조의 중앙집권적 전제 통치를 관제 면에서 보면, 북송 이래의 중서성을 폐지해 재상(丞相)을 없애고 6부를 황제에 직속시키며, 지방의 행중서성을 민정·군사·사법으로 3분해 황제에 직속시키고, 군사 기관을 분할해 군정(兵部)과 군령을 나누고 군령 기관인 대도독부를 5군도독부로 나눈 데서 관철되었다. 황제 권력의 사회적 토대를 강화하기 위한 정책으로는 이갑제里甲制라는 세역 수취를 위한 향촌 조직, 육유(聖諭六言)로 대표되는 주자학 이념에 의한 향촌 교화 정책을 들 수 있다. 태조는 토지 측량과 인구 조사를 통해 각기 어린도책魚鱗圖冊이라는 토지대장과 부세와 요역 할당을 위한 호적으로 부역황책賦役黃冊을 제작했다. 110호를 단위로 10리장호里長戶 아래 100갑수호甲首戶를 두는 이갑제는 자연촌락 단위를 무시하고 토지·노동력 정도에 따른 호등戶等 구분에 입각해 향촌 농민의 상층 계급을 인위적으로 리里와 갑甲으로 편성하고 그들에게 요역을 부담시켰다. 요역에는 조세 징수, 향촌 치안, 호적 관리 및 중앙·지방 관청에의 물자 공납 등 정역, 그 밖에 잡역 등이 포함되었다. 그런데 이갑제는 결국 명 중기 이후 요

역 담당층인 자작농의 몰락으로 해체되기 시작했는데, 그 이유는 원 말기 동란으로 후퇴했던 화폐경제가 소생함에 따라 요역을 면제받는 특권층인 관료·신사紳士 가문의 토지 겸병이 격화되어 지주소작제가 다시 확대되어갔기 때문이다. 유교적 공순·화목의 윤리가 담긴 6개 조의 칙유인 성유육언은 신사들의 협력 하에 종래의 주자 향약鄕約, 향촌의 사학社學, 이노인里老人(자치적 재판·교화 담당) 창설을 통해 향촌 사회에 깊이 침투했다.

79 중국에서 유교가 향촌 사회에까지 뿌리를 내린 것은 14세기 후반 명 태조의 문화·교육 정책과 관련이 깊은데, 한국에서 이 같은 주자학의 보급은 16세기 후반부터 압축적으로 진행되었다고 생각된다. 태조는 유교적 교화 정책을 통한 황제 체제의 강화를 위해 중앙의 국자감國子監과 부·주·현의 관학을 정비하고 유교 윤리에 의한 민간 교화를 위해 관에서 많은 도서를 간행했으며, 성조 때는 대규모 유서類書 『영락대전』 등 국가 편찬사업을 진행하면서 『성리대전』·『사서대전』·『오경대전』을 편찬해 과거와 사대부 학문의 지침서로 전국 학교에 배포했다. 태조는 불교·도교 같은 민중신앙을 통한 유교 윤리의 전파에도 착안해 유·불·도 3교 합일의 문화 정책을 추진했다. 국가 권력에 종속된 이 같은 3교 합일은 달리 말하면 불교·도교의 유교에의 종속의 심화이기도 했으니, 명·청대 불교의 쇠퇴는 황제 전제에 의존한 불교가 독자적인 사회 기반을 상실하고 교리상으로도 유교에 대립하는 고유의 교리로 독립된 정신세계를 펼치지 못한 데 원인이 있었다. 한편으로 그의 공포정치와 사상 탄압(文字獄)은 그가 체제교학으로 존중해 국교화한 주자학의 교조화를 가져왔다. 태조가 과거 고시에서 팔고문八股文이라는 문체 형식을 강제한 것이나 태조와 성조에 걸친 사상 통제와 전제적 탄압에 의해 민간 지식공동체로서 사대부의 공론이 한동안 말살됨으로써 교조화된 명대의 주자학은 민간 학문 또는 실천 윤리로서 활력을 잃었다. 명 태조가 군권보다 민본

을 강조한 맹자의 사상에 분노해 『맹자』의 해당 내용을 삭제하고 간행시킨 사실은 전제국가의 질곡 속에서 국교화된 유교 학문이 피하기 어려운 학문적 왜곡과 발전의 지체 현상을 보여주는 사례이다. 성조는 황제권 강화를 위해 태조가 금지한 환관의 측근 정치를 허용하고 태조의 금의위錦衣衛도 부족해 동창이란 특무경찰 기구를 운용했다. 금의위는 황제의 경호병인 동시에 조서詔書에 의한 특무경찰 업무를 맡아 조옥詔獄이라 불렸으며, 경쟁 기관인 동창은 환관의 수령인 사례감司禮監이 관장하는 기구였다.

80 쿠빌라이 칸의 정신적 계승자라는 영락제가 북방 몽골 경영을 목적으로 북경에 천도해 자금성을 건조한 것은 강남 경제 중심지와의 분리를 초래했으므로 남북의 연결을 위해 수 양제 이래의 대운하를 개축하는 대토목공사를 추진했다. 중국 황제로서는 처음으로 5회에 걸친 몽골 원정(1410~1424)을 직접 이끌었고 베트남에 원정군을 보내 지배를 시도했으며, 7회에 걸친 정화의 남해 원정(1405~1433)도 그중 6회가 그의 치세에 진행된 것이다. 이 같은 장성과 해양을 넘는 확장 정책은 부친 태조의 쇄국 지향과 대조적인 원 제국의 영향이라 할 만하다. 그러나 사막을 넘은 몽골 원정이 유목민 기병을 외몽골 초원에서 추적하거나 퇴로를 차단할 장거리 보급 능력이 없는 상황에서 실패하자 공세는 곧 수세로 전환하고 말았으니, 그의 사후 멸망까지 장성을 경계로 몽골로부터 장성의 요새를 수비하는 데 제국의 국력을 소모함으로써 결국 어부지리를 얻은 동쪽 여진족의 흥기를 초래하고 말았다. 만주에는 태조 이래 요양遼陽(요동위遼東衛)과 열하熱河(대녕위大寧衛)에 도지휘사都指揮(도사都司)를 두고 군사적으로 여진족을 통제했으나 그보다 동쪽의 위衛·소所는 여진족의 자치에 맡기는 간접 통치로 만족했다. 정화의 남해 원정도 서유럽의 인도 항로 개척보다 시기가 앞선 장거였음에 틀림없으나 그 후 다시는 중국의 해양 진출 시도가 없을 뿐 아니라 태조의 해금 정책은 처음부터 변경할 의

도도 없이 계승되었다. 단지 동중국해에서 인도양에 걸친 지리적 정보가 증가하고 남양 화교의 먼 조상인 최초의 이주민이 발생하기 시작한 정도의 결과를 남겼을 뿐이다. 쿠빌라이 칸과 같은 대외팽창을 추구하면서 동시에 폐쇄적 민간 해금을 유지하는 이 명 성조의 대외 정책은 한족 중화제국의 자기모순을 극명하게 드러낸다.

81 환관 왕진에 휘둘린 유약한 황제 영종 치세에 복건성 연평부延平府 사현沙縣에서 등무칠의 반란이 일어나고 이듬해 장성의 토목보에서 황제가 오이라트 부 몽골에 패해 생포되는 어이없는 일이 터졌는데, 저자는 이 시기에 명 왕조의 역사의 전후를 구획하는 중요성이 있다고 보고, 특히 등무칠의 반란을 중국사에서 최초의 명백한 농민전쟁으로 크게 의미 부여를 했다. 종교 교단이나 밀매 조직 등 비밀결사 같은 것에 의존한 종래의 민란과 달리 농민의 직업적 이익을 주장하며 순전한 농민의 역량만으로 봉기해 지역 지주층과 국가 관료 기구를 상대로 투쟁한 농민운동이었기 때문이다. 화폐경제의 발달을 배경으로 영종 시기에 조세와 요역의 은 납이 제도화되기 시작했으며, 화폐 자원으로서 국가의 은 수요를 충족하기 위해 민간의 은광 개발이 허가된 결과 광산의 수탈로 인한 광부의 폭동에 대응해 향촌의 치안 조직이 무장화되었는데, 이 농민 자위 조직의 책임자로서 등무칠 형제는 소작농의 부조와 노역의 폐지를 지주층에 요구하는 소작 쟁의를 벌였다. 협상이 결렬되고 현 당국이 체포하려 하자 10만 농민이 봉기해 현성을 포위 공격하니 절강·강서 주둔군이 총동원되고 중앙군까지 파견되어 진압했다. 한편 화폐경제 발달로 농업의 상품 생산이 증대하는 가운데 토지를 잃은 실업 농민이 대량으로 유민화해서 산간 오지로 이주해 개간을 하거나 남양南洋 이민도 발생하기 시작했다. 이 같은 상황 속에서 헌종 때 하남 호북과 섬서의 경계인 형양 산간 지구의 이주 개간민이 당국의 징세와 이갑 편성에 저항한 유통劉

通의 반란 등 민란이 이후 잇달아 일어나게 되었다.

82 도가의 노장 사상에 의탁한 고대 은둔자들의 은일隱逸 정신은 대자연의 산림에 묻혀 속세를 잊는 초세속 또는 탈속의 의미를 갖고 있으며, 한대 유교의 국교화 이후에는 유교와 도가의 융합이 이루어져, 위·진 이후 현학玄學이 출현하고 죽림칠현처럼 유교의 위선적 예법에 대한 비판 사조를 형성하기도 하고, 불교·도교의 융성과 함께 현세를 떠난 탈세간脫世間의 종교적 은일이 추구되기도 했다. 그런데 당 왕조 후기에 서민 출신의 사대부 층이 등장하자 시인 백거이처럼 유교 지식인이 생계를 위해 하급 관직에 매몰되어 있으면서 은일의 정신세계를 갖는 중은中隱 혹은 이은吏隱 사상이 발생하고 산수화라는 사대부 문인화의 예술 장르가 열렸다. 15세기 말 명 중엽 이후에는 저자가 사례로 든 소주의 축윤명처럼 도시의 서민 사회에 묻혀 세속적 일상을 지내는 지식인으로서 시은이란 은일 정신의 경지가 제시되었다. 이 같은 도시적, 서민적 유교 지식인의 은일 사조가 출현한 것은, 바로 당 말기 송대 이후의 화폐경제의 발전이 15세기 후반 명 중기에 더욱 높은 수준에 이른 역사 현상의 반영이었다. 명대에 산서 상인, 휘주(신안) 상인을 비롯한 대규모 객상 자본이 대두하고 농업·수공업의 상품화 생산과 농촌의 신흥 도시 성장이라는 새로운 사회적 변동이 일어난 것이다. 명청대 상인 호적(상적)에 오른 상인 가문은 송원 시대와 달리 신분적 제약 없이 과거에 응시하거나 헌금 납입으로 학위나 관직을 취득할 수 있었다. 송대 문화를 제1기 르네상스, 명 후기 이후의 문화를 제2기 르네상스로 보려는 저자를 포함한 학계 일각의 지적은 이런 역사적 변동에 대한 의미 부여라 할 수 있다. 사실 유교의 학문에서 16세기 양명학과 실용적 기술학, 청 초기 경세학, 고증학 등 실학의 발달, 명대의『삼국지연의』·『수호전』·『서유기』·『금병매』등 장편 백화소설을 비롯한 구어체 소설과 희곡 문학의 발달, 소주·항주·남경 등 강절江浙 도시

들을 비롯해 복건福建과 수도 북경北京을 잇는 서점들의 광범한 방각본坊刻本 서적의 출판, 판매 유통망의 형성과 과거 급제의 세계를 넘어선 지식인의 활동 영역의 확대 등 새로운 문화 현상이 이은을 넘어 시은에 이르는 중국 은일의 정신세계 배후에 전개된 역사 현실이었다.

83 양명학의 창시자인 왕수인(호 양명)은 문화적 거인에 그치지 않고 명 무종 치하에서 환관의 전횡을 탄핵해 귀주 오지로 유배를 당하기도 하고 영왕寧王(신호宸濠)의 반란과 강서·복건의 유적流賊, 광서廣西 요족猺族 반란을 평정하고 신건백新建伯의 작위를 받은 병략가로서 주희와는 다른 개성을 가진 실천적 정치가였다. 도덕적 실천 의지를 강조한 양명학이 16세기에 출현한 배경에는 화폐경제의 발전에 따른 체제의 동요와 명 왕조 관료·사대부의 부패는 현실과 괴리된 교조적 주자학의 공론空論으로는 수습할 수 없다는 시대 인식이 작용한 것이다. 왕양명 사후 양명학의 좌파 태주泰州학파에서는 경세적 실천의 주체로서 개인을 강조하고 신분적 평등의 입장에서 왕간王艮과 같은 서민이 유학의 학문 세계에 참여해 학파의 지도자가 되었다. 또한 왕기王畿는 현상태 양지의 직접적 실현을 주장해 감성 해방의 방향으로 흐르고, 이지(탁오)는 세속의 지식에 물들지 않은 동심童心의 해방을 통해 공식적 유교 교학에 물든 일체의 세속 지식에 도전함으로써 감성의 해방과 통속소설을 찬양하고 남녀 간의 지적 평등을 주장하기도 했다. 이같은 양명학 좌파의 반체제적 문화 비판은 문장학에도 파급되어 원굉도袁宏道 등의 공안파公安派 문학이 등장하기도 했다.

84 신종 초기 내각대학사 장거정에 의한 개혁정치는 중국사에서 시장경제가 발전하기 시작하고 또한 관료행정이 문란한 가운데 북방의 몽골과 동남 연해의 왜구, 즉 북로남왜로 변경과 해안의 방위가 혼란에 빠진 시대를 수습해야 했다. 장거정은 우선 호시互市

정책을 통해 북변 몽골과의 평화를 확보하고 이성량李成梁을 임용해 요동 방위를 안정시켰다. 내각·급사중給事中에 의한 정확한 고과考課를 진행함으로써 관료 행정을 효율화하려는 고성법考成法을 실시하고, 황하와 대운하의 치수와 아울러 공정한 과세를 위한 전국적 토지 측량을 시행했으며, 세역 제도의 개혁에 착수해 일조편법一條鞭法을 추진하는 큰 업적을 이루었다. 장거정 사후의 비극은 황제 전제의 무책임성과 사대부 붕당의 악순환 속에 정치 개혁이 얼마나 지난한 일인가를 반영한다.

85 황제 권력은 예제禮制나 조법祖法 또는 사대부 공론의 견제 아래 있어 통념만큼 절대적이지 않았다는 학계의 견해도 있으나 황제권의 현실적 행사에 관계없이 그가 독점한 대권은 성인聖人의 자리로 가정된 황제 본인을 벗어나 어떤 타자에게도 떨어져서는 안 된다는 신성한 것이어서 천명을 받아 천하에 대한 무한 책임을 진 만큼 무한 권위를 갖는 것이었다. 바로 무한 책임과 무한 권위의 도덕적 이상주의로 인해 현실적으로는 성인이 아닌 황제에게 누구도 간섭해서는 안 될 최종 결재권이 귀속되어 있었다. 따라서 그가 유능하고 사명감이 있는 자일 경우 법률에 의한 명확한 권한의 제한이 없는 전제적 권력을 자의적으로 행사할 여지가 있었고, 무능하고 무책임한 자일 경우 그의 정치적 사보타주 하나로 국가의 행정 전체가 마비될 수 있었다. 무종과 함께 대표적으로 방종한 황제 신종 만력제는 사실상 명 제국 붕괴의 총책임이 있는 자인데, 조신을 만나지 않고 행정 문서를 결재하지 않아 그의 사망 후 관직의 결원이 절반에 이를 지경이었고 재판관이 없어 구금자들이 옥중에서 죽어갔다. 신종 때의 사치스러운 궁정 비용은 국가 재정을 유용하는 형태여서 국가 재정의 공사 구분이 안 되는 황제 전제정의 폐해는 막대한 것이었다. 황자들의 책봉과 혼례 비용이 임진왜란을 포함한 만력 3대 원정(영하寧夏·귀주貴州 반란)의 군사비를 능가할 정도였으며, 특히 총애하던 정귀비의 아

들 복왕을 위한 혼례 및 낙양궁洛陽宮 축조 비용이 58만 냥, 사여된 토지가 4만 경頃에 이르렀다 한다. 궁정 재정을 조달하기 위해 황제 측근의 환관이 시장경제가 발달한 남부 각 도시에 파견되어 폭력적 가렴주구를 자행하자 소주를 비롯해 임청臨淸·무창武昌 등 상인의 철시와 도시 서민·노동자의 거리 시위와 폭동이 발생해 징세리와 그 하수인인 무뢰無賴를 공격했다. 만력 3대 원정의 막대한 군사비, 명 후기 화폐경제 발전에 따른 사치 풍조와 무책임한 전제군주 궁정의 낭비벽으로 국가의 재정 악화와 공권력의 수탈이 명 왕조 말기 체제 동요의 배경이 되었다.

86 청의 기원은 여진족 건주좌위建州左衛 출신의 아이신기오로(愛新覺羅) 씨족이며, 당시 여진족은 건주 여진, 해서海西 여진, 야인野人(동해東海) 여진으로 구분되고 있었다. 누르하치가 만주 지역에서 패권을 수립한 것은 임진왜란 이듬해인 1593년 여허 부족 휘하의 해서 여진과 몽골 연합군을 격파한 뒤인데, 수도를 퍼알라에서 허투알라로 옮겼다. 원래 수렵·목축 민족이던 여진족이 16세기에 발전한 원인은 명, 조선과의 조공무역 및 초보적 농업의 도입에 있었다. 누르하치의 국가 건설에서 핵심적 사업은 1615년의 팔기 창설인데, 여진족 부족들을 재편해 민족 개병의 군사행정사회 조직을 만든 것이었다. 장정 3백 인의 니루가 기층 조직이고, 그 위로 5니루가 1잘란, 5잘란이 1구사(기)가 되는데, 1기는 7,500명, 8기는 6만 명이 된다. 만주의 통일이 완성된 1616년 후금을 건국한 후 만주문자를 제정한 누르하치는 무순撫順을 공취해 명 제국에 대한 공개적 대결을 선포함으로써 명의 4로 원정군 10만과의 사르후 전투가 개막된 것이다. 누르하치는 소수 병력으로 기병의 빠른 기동력을 이용해 병력을 집중함으로써 4로로 나뉘어진 명의 대군을 각개격파했는데, 이 회전으로 요동을 평정한 그는 심양으로 수도를 옮기고 요서로 진공했다가 명장 원숭환에게 저지당했다. 만주滿洲라는 호칭은 누르하치 때 기원하지만 아들 청 태종 홍

타이지 때인 1635년에 종래의 여진족의 새 호칭으로 확정되었으며, 이를 기점으로 여진 국가를 재구성해서 이듬해 황제로 즉위하고 후금에서 대청으로 국호를 고치면서 여진·몽골·한인·조선인을 포함하는 다민족 연합체로서 명 제국과 경쟁하는 제국으로 선포된 것이다. 그럼에도 제국으로서 청의 국가 발전은 김종원金鍾圓의 연구에 보이듯이 만주의 인구 부족과 경제적 후진성에 기인한 재정 곤란으로 끊임없는 약탈 전쟁을 통해 위기를 넘기고 있었으며, 1644년 내란으로 인한 명 왕조의 붕괴는 청에게 천재일우의 호기가 되었다.

87 동림파의 형성은 신종 초기 개혁정치가인 장거정의 독재와 권력 남용, 유교 예법의 위반을 비판했던 관료 고헌성·고반룡高攀龍 등의 청의淸議 활동에서 시작되었는데, 그들은 그 향리인 무석無錫의 동림서원을 재건하고 그곳을 거점으로 학문을 집체 강론하는 강학 활동을 하는 한편 조정의 집권세력인 내각이나 환관의 부패 권력을 비판하는 정치적 공론을 형성했다. 학문적으로는 주자학의 도덕적 경세 이념을 강조해 양명학의 도덕적 이단화를 경계하면서도 그 실천성을 인정하는 절충적 경향이 있었으며, 정치적으로는 태자 책립이나 관료 인사 문제, 나중에 환관 위충현 집권 시기에는 삼안 의옥疑獄 사건을 중심으로 황제 측근의 집권 세력과 권력투쟁을 전개했다. 당인으로 몰린 동림파 인사와 그들의 서원 활동은 환관 세력에 의해 대탄압을 받았으나 그들의 강학 활동과 사인층의 공론 정치는 복사復社에 계승되었다. 복사는 소주의 신사 장부張溥를 중심으로 고문 부흥을 기치로 해서 결성되었는데, 과거 고시의 팔고문 평선評選을 통해 복사 동료의 과거 급제를 돕는 전략적 활동으로 연결되었다. 이 문사文社 조직은 동림당과는 달리 강남의 여러 도시에서 동맹대회를 개최하며 하층 신사인 생원층과 서민 독서인층에 이르기까지 강남에만 그치지 않는 전국적인 조직망을 발전시켰다. 환관파의 부패 정치에 대항하며 자파

내각을 성립시키기까지 했지만 끝내 실패하고 명조의 멸망 이후
에는 반청 저항운동에 참여했다. 이 동림·복사 운동의 자유로운
강학과 공론 정치의 실천과 좌절을 토대로 심각한 학문적 자기반
성을 통해 독립된 재야 학문으로서 명 제국의 체제 비판의 수준
에까지 새로운 학문적 발전을 실현한 것이 청 초기 황종희·고염
무 등의 경세실학이었다.

88 정화의 인도양 항해가 끝난 지 60여 년 뒤에 서유럽의 인도 항로
를 개척한 포르투갈의 바스코 다가마가 인도 고아에 도착했으며
(1498), 명 무종 연간(1517) 포르투갈 사절이 처음 중국에 도래하
고 40년 뒤 마카오를 거류지로 임차해(1557) 동중국해의 국제 무
역에 합류했는데, 이 시기 일본에도 네덜란드 인이 규슈의 다네가
시마(種子島)에 도착해 무역이 개시되었으니, 조선만 서유럽과의
단절이 19세기까지 지속되어 명·청 시대 북경을 왕래한 조공 사
절(燕行使)을 통해 그곳에 온 서유럽 선교사들과 접촉한 것이 전
부였다. 예수회 선교사 마테오 리치(利瑪竇)는 마카오에 왔다가 북
경에서 신종을 알현하고(1601) 북경에 천주당을 건립했다. 마테오
리치는 『천주실의天主實義』·『기하원본幾何原本』·『곤여만국전도坤
與萬國全圖』·자명종自鳴鐘 등을 통해 서유럽의 종교와 지식을 소개
했다. 당시 명의 대신으로 리치와의 교유를 통해 가톨릭으로 개종
하기까지 한 서광계徐光啓는 『농정전서農政全書』의 저술로 알려진
기예파 경세학의 대표자로서 리치의 정보에 따라 만주족의 침공
에 대응할 전략으로 대포의 주조를 건의했으며, 마카오의 포르투
갈을 통해 서양 대포를 구매했다. 수학·천문·역법에 조예가 있
던 아담 샬은 숭정제의 부름으로 서양 역법을 참조해 종래의 대
통력大統曆을 대체할 『숭정역서崇禎曆書』를 저술했으나 다음 청대
에 가서야 시행되었다. 명 말기에 서광계·이시진李時珍·송응성
宋應星 등이 각기 농업·의약·수공업 등 실용적 기술 분야에 관한
저술을 남긴 것은 서양 과학·기술 지식의 영향을 받은 것으로 생

각된다.

89 팔기는 원래 태조 누르하치에 의해 만주 여진족의 각 씨족을 재편해 만든 8개 군단의 군사·행정 조직에서 출발했으며, 만주의 몽골인·한인·조선인 등 소수민족도 내포하고 있었다. 아들 청 태종 홍타이지에 이르러 만주 팔기 이외에 몽골 팔기·한군 팔기를 증설해 세 민족의 팔기를 합쳐 24기로 확대된 것이다. 이때의 몽골 팔기는 태종의 차하르 부 원정 이후 내몽골의 몽골인을 편성한 것이며, 한군은 당시 장성 밖 요동, 요서 지역에 거주해 청에 일찍이 복속한 한인으로 중국 본토 한인이 아니었다. 1644년 산해관 진입 이후 북경으로 수도를 옮기자 북경의 금려禁旅 팔기와 지방 요충지의 주방駐防 팔기로 구분되게 되었다. 청은 중국에 진입하자 만주인, 즉 팔기 사회를 한인 사회와 혼의 금지는 물론 거주 공간을 분리시키며 따로 한족 토지를 수용해 기지旗地를 조성했을 뿐 아니라 그 후 빈궁해진 팔기의 재건을 위해 옹정제 이후 부채를 탕감하고 생계 대책을 강구했다. 근래의 학설에는 여진족을 중심으로 한 팔기가 융합해 청 제국의 지배 민족으로서 만주족이라는 새로운 민족 집단으로 재편성되었다는 견해도 있다. 강희제 이후 손자 건륭제까지는 열하의 행궁에 자주 행차해 광대한 목란위장木蘭圍場(수렵장)에서 몽골 왕공들과 회합해 군사훈련을 하고, 16세기 이후 몽골의 종교인 티베트불교 사원을 축조하는 회유책으로 몽골을 제압했다. 또한 청의 고지인 만주 지역에는 봉금封禁 정책을 실시해 한족이나 조선인의 이주, 개발을 금지해오다 1860년 북경조약으로 연해주를 러시아에 강점당한 다음에야 이주와 개발을 추진하게 되었다.

90 청군이 산해관에 진입한 후 남경의 남명 정부를 공격할 때 중국 사대부 문화의 중심인 양자강 하류 강남 지역에서 신사층이 주도한 의병의 저항에 부딪히자 양주와 가정 등지에서 대량 학살을

자행했다. 이것이 20세기 초 신해 공화혁명 당시 혁명가들에 의해 반청 봉기를 위한 근대 민족주의의 선전 자료로 이용되었는데, 그 중 당시 학살 내용이 담긴 『양주십일기揚州十日記』가 대표적 선전 책자였다. 남하하는 청군에 저항해 순절한 남명 정권의 장렬한 순국자들 중에는 사가법史可法·황도주黃道周, 해상의 장황언張煌言 등 수많은 인물들이 있는데 이들의 전기는 후일 황종희계 절동浙東학파인 전조망全祖望의 저술에 표창되었다. 강절江浙을 중심으로 한 동림·복사계의 당인들 중에 의거자가 많았는데 청 초기 경세학의 집대성자인 황종희나 고염무 등이 전형적이며, 비교적 후진 지역인 호남의 왕부지王夫之도 의병 활동에 참여하고 일생 청에 타협하지 않은 경세학자로 저명하다. 명 왕조가 멸망한 후 중국에 진입한 청의 섭정왕 도르곤은 처음 천명을 받아 민란으로 죽은 명의 황제를 조문하고 만민을 전란에서 구한다는 명분을 내세웠는데, 18세기 건륭제 시대에 공공연히 명의 폭정을 비난하고 청의 정복을 정당화하는 단계에서 『이신전貳臣傳』을 편찬해 청에 투항한 공신들을 비판한 역사 평가를 내린 것은 청 제국 체제의 완성을 배경으로 한 정통론의 재해석이었다고 할 수 있다.

91 청 왕조가 중국 본토의 통치에서 중앙정부 6부 관직의 만·한 동수 임용, 과거제 답습, 박학홍사과博學鴻辭科를 통한 은둔 저명 학자의 특별 기용, 주자학 존숭, 대규모 국가 편찬 사업처럼 한족 사대부를 포용하기 위한 중국화 정책을 시행했다 해도, 청은 만주족 지배 하의 다민족 제국으로서 국가의 이중 구조가 그 본질이었다. 따라서 군기처의 군기대신, 지방의 총독과 순무 등 최고위직을 비롯해 청의 관료제에서는 만주족과 한족의 구조적 불평등은 존재할 수밖에 없었다. 청 제국은 중국 본토의 각 성과 동북의 만주(東三省), 그리고 내외몽골·신강·티베트에 걸친 번부藩部 세 부분으로 구성되어 있었다. 그래서 동남 해상 각국과의 조공·책봉 관계는 예부 관할이고, 번부 통치는 이번원理藩院 관할로 구별되어 있

었다. 정복 왕조로서 청 제국 권력의 핵심인 군사 제도에서 청조 군대의 주력으로 주로 만·몽 귀족(도통都統·장군將軍)의 지휘 아래 있는 팔기는 중국 본토의 한족 군대로 지방 문무 관료(총독·제독)의 지휘 하에 있는 녹영에 대해 비할 수 없는 특권적 존재로서 수도 북경을 본거지로 하여 중국 본토의 군사 요충지에 주방군으로 주재하며 중국 본토를 제압할 뿐 아니라 만주 및 서북 주변부의 번부에 대한 원정과 군사 통치는 거의 팔기의 독점적 관할이었다.

92 태자를 두 차례 폐위시키며 후계자 선정에 실패한 강희제가 사망했을 때 수도 경비군과 원정군 지도부와의 은밀한 연계를 통해 뜻밖에 제위에 오른 옹정제는 저자가 송대 이후의 제도적 독재군주의 전형으로 높이 평가한 군주이다. 천하를 위한 황제의 무한 책임을 자각하고 심야까지 일했던 옹정제의 헌신은 방대한 〈주비유지〉로 확인된다. 따라서 황제 독재를 위해 그는 붕당을 철저히 억압하고 당파적인 정규 과거 출신보다 실무적 관료를 선호했으며, 반청 모의에 대한 문자옥文字獄에서 종족보다 문화적 중화주의를 내세워 한족 명 왕조보다 우월한 청조 통치의 중화적 정통성을 주장한 책을 저술해 배포하기도 했다. 그의 통치 기간 중 중요한 개혁으로는 천민 신분의 폐지를 진전시킨 일과 조세·요역 제도의 개혁에서 명 후기의 일조편법에서 발전한 지정은 제도를 완성시킨 것을 들 수 있다. 지정은 제도는 성년 남자(人丁) 수를 단위로 은납시키던 요역인 정은丁銀을 토지를 단위로 한 지은地銀에다 통합시킴으로써 조세와 요역을 단일한 지세로 묶어 은납시킨 것이다. 이 제도가 성립된 계기는 강희제 때인 1713년을 기점으로 그 이후 늘어난 장정에 대해서 정은의 부과를 면제한다는 칙령이었다. 불필요해진 이갑제는 공식적으로 폐지되고, 그 대신 치안 조직인 보갑제保甲制가 적용되어 인민을 파악하게 되며, 농촌은 자연촌락 단위로 편성되었다.

93 준가르 부와의 전쟁에서 강희제가 외몽골을 병합 한 뒤를 이어 건륭제 때는 준가르를 멸족시키고 서북방의 신강을 정복했다. 서 몽골(오이라트)과 이슬람화된 위구르족의 거주지인 신강에 성省 을 설치해 중국 내지와 다름없는 군현제 통치를 한 것은 청 말기 (1884) 좌종당左宗棠이 위구르 반란을 진압한 다음의 일이었다. 건 륭제는 그 통치 기간에 10회의 원정을 단행한 업적을 자찬해 스 스로 십전노인十全老人이라 했는데, 그것은 이 준가르 원정 2회와 위구르 평정 1회를 포함해 버마와 베트남, 대소 금천金川(현 사천 성 금사강金沙江 일대 토사土司) 2회, 대만 임상문林爽文 반란 평정, 티 베트 방위를 위한 구르카(네팔) 원정을 포함한 것이다. 그런데 신 강 정복을 제하고 다른 원정들은 실제 군사적 성과에 비해 과도 한 재정 낭비를 초래해 제국의 비효율성을 드러냈으며, 사실상 건 륭제 후기는 만주인 총신 화신和珅을 중심으로 한 부패 인맥의 전 횡으로 제국이 쇠퇴기로 접어드는 징후들이 나타났다.

94 17세기 초 명 말기부터 명 제국의 체제 위기를 배경으로 동림 당·복사의 복고적 경세 사조나 실용적 기예의 학술이 일어난 뒤 를 이어 명·청 왕조 교체기에 황종희·고염무·왕부지 등을 중심 으로 민간의 독립된 전문적 학문으로서 경세실학이 크게 일어났 다. 그들은 주자학·양명학 같은 관념적 의리학의 도덕적 이념을 인정하지만 그들의 협애하고 내용이 빈약한 학문 방법을 비판해 사서 중심의 이데올로기 학문을 넘어 경학·사학 중심의 박학博學 풍의 고증 방법을 기초로 정치적, 실용적 경세학을 탐구하고, 마 치 르네상스처럼 복고적 학풍을 지향해 진秦 이전의 고전문화 원 형과 한대의 경학 전통으로 돌아가 현실의 시의에 적합한 학문을 발전시키고자 했다. 그 뒤 안원顔元 학파는 행동과 공리적 기예를 중시하는 반反지식적 학문을 제창하다 도덕보다 지식을 더 중시 하는 주지주의 고증학풍에 압도되었다. 명·청 교체기의 체제 위 기에서 고전적 전통의 재해석을 통해 현재의 제국 체제의 제도적

변혁을 설계하던 경세실학은 강희제 이후 청조의 융성과 문화 통제에 의해 위축되었으며, 경세학의 전문적 학문 방법으로 고염무 등에 의해 발전된 고증학이 독립된 학파로서 18세기의 학계의 주류가 되었다. 문자·음운학(소학小學), 천문·수학 등의 전문 분과를 발전시킨 고증학은 경학·사학·문헌학·목록학의 발전에서부터 진 이전의 제자학諸子學의 재발견에 이르기까지 광범한 학문 영역의 절충折衷 혹은 회통會通의 학풍을 일으켰다. 고증학의 복고적 방법은 한대 금문경今文經의 연구로 확장되어 공자진龔自珍·위원魏源 등의 금문경학의 부흥을 가져왔으며, 청 말기 변법 운동의 주도자 강유위의 정치개혁론은 금문경학의 재해석에 의거해 경세 유교의 전통을 계승한 것이었다.

95 17세기 중엽 러시아인의 아무르강(흑룡강) 유역 탐험이 진행되어 알바진(雅克薩) 성 등이 축성되자 아무르 강 계곡을 둘러싼 청·러 간 무력 충돌이 시작되었는데, 강희제에 의한 청의 우세한 군사적 압력의 결과 1689년 표트르 대제가 보낸 러시아 대표단과의 사이에 네르친스크 조약이 체결되어 외흥안령과 아르군 강을 국경으로 하고 통상을 열기로 결정되었다. 이로써 아무르 강 유역 전체가 청에 귀속되고 러시아의 침투는 아편전쟁 이후 서유럽의 중국 침공이 격화되기까지 160여 년간 봉쇄되었다. 또한 예수회 선교사의 도움으로 라틴·러시아·만주·몽골·한문, 5개 언어로 체결된 이 조약은 중국 역사상 외국과 맺은 최초의 대등 조약으로 유명하다. 또 외몽골 방면의 청과 러시아 국경은 옹정제 때 예카테리나 여제의 대표단과의 사이에 캬흐타 조약(1727)으로 확정되었는데, 만·몽·러 및 라틴, 4개 언어로 된 이 조약에서 캬흐타의 국경 호시互市와 북경에서의 제한 무역(3년 1차), 동방정교회 교당 건립, 러시아 유학생 파견, 추가 조관에서 사실상의 영사재판권의 기원이 되는 러시아 관리에 의한 러시아인 재판권 등의 협약이 이루어졌다. 아편전쟁 이전의 전통적 외교 관계에서 대등한 청과

러시아의 조약은 중국사에서 매우 특이한 것으로 비록 힘의 균형에서 나왔다 하더라도 한족 제국의 중화주의 정통 관념에서 북방 민족의 국제인식이 비교적 자유로웠음을 보여주는 사례이다. 또한 청이 조공·책봉국인 조선에 대해서도 주도적으로 국경 교섭을 요구해 백두산정계비白頭山定界碑가 세워진 것은 바로 이 같은 청 제국의 유연성에서 유래하는 것이다. 근대 주권국가 개념이 발생하기 이전의 이른바 황제의 보편적 천하국가 세계관에서 국경 관념이나 속인屬人주의 법률 적용 문제는 근대 주권국가의 이념으로 소급시켜 해석할 수 없는 복잡한 의미가 있을 것이다.

96 중국에서 민간사회의 대중적 비밀결사의 역사는 고대의 도교·불교계의 민중신앙이나 당 말기 황소의 반란에서 보듯 소금 밀매 등 전매품과 관련된 비종교적 비밀결사가 있어 왔다. 이 두 가지 비밀결사의 유형을 종교적인 것은 교문敎門, 비종교적인 것은 회당會黨이라 부르는 것이 일반적이며, 회당에도 민간신앙의 요소가 전혀 없지는 않다. 저자는 건륭제 후기인 18세기 말 이후의 비밀결사를 불법적 금수품인 아편 밀매와 관련지어 설명하고 있는데, 물론 아편전쟁 이전 비밀결사의 확산과 아편 밀무역의 관련을 아주 부정할 필요는 없다. 그러나 청대의 경우 이런 민중 비밀결사는 청조의 관료 기구가 부패하고 대규모 인구의 폭발로 중국인의 생활이 더욱 곤궁해진 건륭제 후기에 집중적으로 확산되어 민란으로 폭발하기 시작했다. 화북에는 백련교 계의 각종 교문, 화중·화남에는 가로회哥老會·삼합회 등의 회당이 우세했다. 우선 종교 결사의 조직에 의한 대규모 민중 반란이 시작되었는데, 건륭대의 화북의 청수교淸水敎 반란에서 가경대의 화북 5성에 걸친 백련교 반란, 북경 자금성과 하남성의 천리교天理敎 반란이 잇달아 청 제국이 사회 기층에서 흔들리기 시작했음을 드러냈다. 이 같은 민중적 비밀결사는 빈민·실업자 층의 상호부조 조직으로서 기층사회의 경쟁에서 열세에 처한 종족宗族이 집단으로 가담하기도 했

고, 명·청대 유통경제의 발달로 밀매·운송에 종사하거나 부호에 대한 약탈 행위를 하기도 했지만 비밀결사의 미래주의적 반체제 예언에 선동되어 반관료적 대중 봉기에 나서기도 했다.

97 아편전쟁의 결과 체결된 영국과의 남경 조약에 뒤이어 영국과의 호문虎門 조약, 미국과의 망하望廈 조약(1843), 프랑스와의 황포黃埔 조약이 체결되었다. 남경 조약의 결과 광동 무역 체제가 폐기되고 외국 외교관이 개항장에 파견되었으며, 홍콩이 영국에 할양되어 홍콩은 5개 개항장 중의 하나인 양자강 델타 지대의 상해와 함께 향후 거대 국제도시로 급속히 성장하게 된다. 그리고 호문 조약은 후일 제국주의의 핵심 요소로 거론되는 조항들이 포함되었는데, 협정관세(종가 5퍼센트)로 관세 자주권을 잃고 치외법권(영사 재판권)으로 근대적 국가 주권의 손상을 입게 되었으며, 최혜국조관最惠國條款으로 열강이 중국에서 쟁취한 이권을 고루 분점하게 돼 열강의 중국에 대한 공동 지배 상황을 초래했다. 망하 조약에 서는 12년 후 조약 개정을 약속함으로써 제2차 아편전쟁의 빌미를 제공하게 되었고 황포 조약에서 기독교 포교 금지가 해제되었다. 이처럼 중국에 대한 침략이 경제 선진국 영국의 무력을 앞세우고 열강의 외교적 협동 공세로 이루어지는 제국주의 상황은 아편전쟁 때부터 시작되었으며, 19세기 말 청일전쟁을 계기로 동아시아에 후발 제국주의 국가인 일본과 러시아, 그리고 미국의 영향력이 커지기까지 지속되었다. 그런데 아편전쟁 후의 이 같은 제국주의적 국제 상황이 바로 중국의 반식민지화를 의미하는 것이 아님을 유념해야 한다. 왜냐하면 중국은 당시 북방 해안이나 양자강 등 내지가 개방되지 않았으며, 자본주의 선진국의 경제 침투는 아직 미미한 수준이었다.

98 태평천국 동란이 일어난 직접적 배경으로서 아편전쟁 결과 개항된 동남 5개 항 중 기존의 광주를 제치고 후발 상해가 급성장해

국제 교역의 중심이 되자 광동에서 양자강 중하류를 잇는 기존 상품 유통로가 큰 경제적 타격을 받은 사실이 강조되고 있다. 당시로서는 중국 최대의 경제·문화 중심지인 양자강 하류 델타 지대의 경제력과 양자강과 대운하라는 교통망을 배경으로 한 상해의 입지 조건이 월등함은 말할 것 없지만, 이 같은 기존 유통로의 경제적 피폐가 태평군의 발전에 큰 영향을 주었다는 지적은 그 유통로가 광서廣西에서 출발한 태평군의 북상, 발전 경로와 일치한다는 사실에서 설득력이 있다. 아편전쟁의 영향은 청 제국의 군사적 패배로 체제의 부패·무능이 노출된 사실과 기독교의 전파로 태평천국에 반란 이데올로기를 제공했다는 점에서도 확인될 수 있다. 그러나 더 근본적인 요인은 18세기 말 이미 3억에 이른 엄청난 인구 폭발과 절대적 토지 부족으로 인한 농촌의 일상적 실업 상태와 유민의 발생일 것이며, 게다가 토지 소유의 불균형은 사회적 모순을 더욱 증폭시키는 작용을 했을 것이다. 18세기에 소수민족 지역인 미개발 상태의 중국 서남부 지역이나 성 경계의 산악 지역으로 이주민의 대열이 폭주하고, 나아가 봉금封禁 지역인 만주 등 주변부 지역이나 남양南洋으로까지 이주하기도 했다. 청대의 인구 폭발은 감자·고구마·옥수수 등 신대륙의 구황작물의 영향도 있지만 지정은 제도로 상징되는 청 제국의 평화도 관련이 있을 것이다. 이 같은 전제적 관료국가의 수탈과 민중 봉기나 외침에 대한 국가 치안 능력의 부재, 특히 노동 인구 과잉으로 인한 집약적 노동력 투입으로 자본·기술의 투입을 통한 생산력 돌파가 저지되는 생산력 정체 현상(고도 균형 함정)이 지적되기도 한다. 태평천국이 종교적 반란 조직을 형성한 광서는 이웃 선진 지역 광동에서 유통경제의 파장이 밀려들던 낙후된 곳으로 당시 유민·소수민족·비밀결사·토비土匪·해적이 혼재하는 반란의 온상과도 같았다.

99 태평천국이 만주족 청 왕조의 타도를 주장한 한족 중심의 종족주

의 이념은 초기적 민족주의의 원형으로서 19세기 말 근대 민족주의로 연결되는 민중적 토대의 형성에 영향을 끼쳤으며, 비록 피상적 형태이기는 하지만 유교 및 민간 불교·도교 등 문화 전통의 외면적 부분을 이단이나 미신으로 배격한 것도 중국 전통사회의 분열의 시작을 상징하는 혁명적 문화 충격의 기억으로 남았다. 비록 시행되지는 못했지만 건국 강령으로서 태평천국의 이데올로기로 작용했던 천조전무제도天朝田畝制度의 농업공동체적 공유제 이념도 빈농·유민들의 지지를 끌어낸 동력으로서 후일 중국 사회주의의 역사적 전통의 일부로 기억에 남았다. 이처럼 태평천국이 주로 근대 중국의 혁명적 이상주의의 과장된 기억으로만 영향을 끼친 반면 그 운동이 실패할 수밖에 없었던 사상적, 제도적 미숙함에 대한 많은 자료가 남아 있는 것도 사실이다. 태평천국은 직업적 농민 의식이 부족했고, 전제적 군사관료적 국가체제를 통해 인민 공동체를 지배했기 때문에 가부장적 권위주의 도덕과 가혹한 형벌로 체제를 이끌었다. 기독교적 관념을 빌려 유교의 형식을 배척하면서도 그 가부장적 도덕과 중화주의 세계관을 벗어나지 못한 것이 태평천국의 현실이었다.

100 태평천국은 화북의 염군捻軍, 서북의 섬서·감숙·신강 및 서남의 운남에 걸친 회족과 위구르족의 이슬람교도 반란을 유발했으니, 청 제국은 전국적인 대반란 속에서 중국 본토가 태평천국과의 이중국가로 분열된 데다 번부의 영토가 이탈하려는 원심력이 작용해 사실상 제국 체제는 해체되었다고 할 수 있다. 게다가 태평천국 기간 중에 청 제국의 분열을 이용해 영국이 제2차 아편전쟁을 도발해 광주를 함락시키더니 그 후 프랑스도 가담해 영·불 연합군은 천진을 거쳐 북경을 함락시키고 함풍제가 열하로 피난해서 병사하는 청 왕조 역사에서 최대 위기에 직면했던 것이다. 천진 조약에 이어 북경 조약으로 종결된 이 전쟁 중에 러시아는 처음으로 유럽 열강의 중국에 대한 외교에 동참하더니 배후에서 아

무르 강 이북과 우수리 강 이동(연해주)의 땅을 할양받았다. 태평천국의 반란을 진압한 증국번·이홍장 등 상군·회군 지도부는 영·불군의 북경 침공을 방위하는 것보다 태평천국 등 국내 내란의 평정을 우선하는 자강自强 전략으로 서양식 총포와 탄약을 기계로 제작하는 병기창 건설에 착수함으로써 양무운동이라는 초기 근대화 운동의 막이 올랐다. 외교와 군사 중심의 양무개혁에서 핵심적 사업은 관영이나 관독상판(관료 감독 아래 상인 경영) 방식으로 추진된 근대 군수산업이었다. 군수산업을 기반으로 1875년까지 전국 내란을 평정한 상군·회군계 양무파 관료의 장기 목표는 동치 시대의 중화제국 중흥이었으나 청일전쟁의 패전으로 제국의 중흥도 실패로 끝났다. 그럼에도 좌종당의 상군이 분리되려는 신강을 수복하고 그곳에 중국 본토와 같은 성省을 설치해 (1884) 이민족의 번부藩部 지역을 내지화한 것은 20세기에 근대 국민국가 중국이 만주·티베트 등 청 제국의 강역을 한족의 중국으로 통합하는 첫걸음이었다.

101 청일전쟁 참패에 따른 제국주의 열강의 중국 분할과 반식민지화 위기에 직면해 중국인의 반응은 세 갈래로 나타났다. 강유위 등 신사층의 변법운동, 화북 하층 민중의 의화단운동, 그리고 쑨원 중심의 공화혁명운동이다. 언론 교육 및 지방자치 운동에서 시작된 변법파 조직은 독일의 산동 교주만 분할을 계기로 중앙의 황제당에 접근해 중앙집권적 국가 정체 및 법제의 근대적 개혁을 시도했으나 태후당의 쿠데타로 좌절했다. 변법파와 경쟁 관계에 있던 혁명운동의 기원은 청일전쟁이 끝난 해 쑨원의 비밀결사 흥중회興中會가 광주廣州의 무장 봉기에 실패한 사건에서 시작되었으나 그의 무장 봉기가 유력한 반향을 일으킨 것은 의화단 운동이 일어난 해 혜주惠州 봉기였다. 서양 기독교 및 제국주의 열강의 화북 침투에 저항해 전통적 생활권을 수호하려던 전근대적 민중의 배외운동이자 원초적 민족운동인 의화단운동의 결과 이 운동

을 고무한 서태후의 청 조정이 신축조약으로 열강의 괴뢰정권으로 전락한 것이 혁명의 도화선이 된 것이다. 반청 혁명 운동이 진정한 공화 혁명으로서 삼민주의 이념과 전국적 조직 기반의 형성에 본격적으로 착수한 것은 1905년 쑨원이 일본 도쿄에서 호남의 화흥회華興會, 강소·절강의 광복회光復會와 함께 중국동맹회中國同盟會를 결성했을 때였다. 쑨원의 삼민주의가 중국동맹회의 혁명 강령으로 채택되었는데, 민족주의는 반청 한족 민족주의이고, 민권주의는 민국 건립(공화주의)이며, 민생주의는 토지권의 평등(사회주의적 정책 요소 내포)이었다. 중국동맹회는 화교 자본의 지원을 받으며 상해 외국 조계, 일본 망명지 등의 혁명적 민족주의 계몽 지식인들을 기반으로 성립되었으며, 광동 등 남방의 전통적 민중 비밀결사(會黨)를 무장 역량으로 동원하는 취약점이 있어 9차의 국지적 무장봉기에서 실패를 거듭했다. 1906년부터는 중국 본토에서 청조의 서태후 정부에 의한 신정新政 개혁과 입헌 개혁이 추진되어 변법파가 제창했던 내각제 등 근대적 관료 기구와 법제 개혁에 착수하고, 러일전쟁 후에는 전승국 일본의 메이지 헌법을 모범으로 전제적 입헌군주제가 추진되었다. 이에 호응한 입헌군주파 신사층의 입헌 운동이 활발해짐으로써 입헌 개혁과 철로 이권 회수와 건설을 둘러싸고 청조 정부와 신설된 각 성 의회(자의국諮議局)의 지방 신사층 사이에 주도권 경쟁이 격화되었는데, 이 관민 간의 충돌이 청조에서 이반한 신식 육군인 신군新軍의 봉기를 계기로 공화 혁명으로 폭발했다. 호북성湖北省 무창武昌의 신군에서 일어난 준비 안 된 혁명이 성공해 입헌 세력이 혁명에 가담하게 되고, 원세개가 이끈 청조의 북방 신군과 남경에 중화민국을 선포한 혁명파의 남방 신군이 양자강을 사이에 두고 남북 대립의 형세를 이루게 되었다. 쑨원이 일단 중화민국 혁명정부의 임시대총통으로 추대되었지만 중국동맹회의 쑹자오런宋敎仁 등 공화혁명파와 무창 봉기 이후 혁명 진영에 합류한 입헌군주파 신사층이 타협해 원세개 진영과 남북강화회의가 열리고, 원세개가 군사정변으로 나이어린 청의 선통제宣統帝를 퇴위시킨 대가로 쑨원으로 부터 임시대총통 직위를 인계받고 수도를 남경에서 북경으로 옮겼다. 공화혁명은 원세개의 군사독재에 저항해 무장봉기한 국민당(중국동맹회 후신)의 제2혁명(1913) 패배까지를 포괄하는 것이 학계의 통설인데, 결국 신해혁명은 만주족의 종말과 전제군주제의 폐지라는 성과만 남기고 근대 국민(시민)이 없는 공화국의 제도적 실험은 철저한 실패로 끝난 것이다.

102 5·4운동은 제1차 세계대전 종결과 함께 열린 베르사유 강화회의에서 대전 중 일본이 강요한 산동 이권을 열강이 인정한 것을 계기로 일본의 제국주의 침략과 국내의 돤치루이 친일 정권에 항의해 일어난 거국적 민족운동이었으며, 거의 같은 시기에 일어난 한국의 3·1운동, 인도 간디의 비폭력 민족운동과 함께 1차 세계대전 후 전 세계 식민지·반식민지의 민족자결주의 해방 운동을 대표한다. 1919년 5월 4일 북경 학생 시위에서 시작해 친일 매국 관료 3인의 파직, 중국 대표단에 의한 베르사유 조약 거부가 관철된 6월 28일까지 진행된 5·4 민족운동은 미국 대통령 우드로 윌슨의 민족자결 성명에 고무된 반제국주의 이념에 그치지 않고 평화와 민주주의를 지향하는 이상적 세계주의 신사조와 함께 병행하는 것이었다. 민족과 세계의 조화라는 이상적 사조는 1930년대 일본 군사 파시즘의 침략전쟁 격화로 퇴조하고 민족 집단의 생존을 위해 현실적 반제국주의 민족운동이 강화되었다. 5·4운동의 기원은 제1차 세계대전 중 아시아주의를 표방하며 동아시아 침략을 강화한 일본이 1915년 원세개 군사독재 정부에 대해 21개조 요구를 강요한 데 대한 국민적 항의에까지 소급할 수 있다. 5·4 민족운동은 북경대학을 중심으로 한 북경의 학생운동이 전국 2백여 개 도시로 확산되고, 6월 3일 상해의 상인·기업가의 철시, 노동자의 파업, 학생의 동맹휴학으로 최고조에 이르렀으며, 상업계·노동계·언론계·학생계·교육계·여성계 등 사회 각계 민중의

조직화와 연합을 통해 강대한 민간의 사회적 공론이 군·정 집권층을 굴복시킨 점에서 국민국가 형성에 획기적인 계기가 되었다. 한편 이 대중적 민족운동과 같은 시기에 진행된 신문화운동은 국민국가 형성을 목적으로 전반적 서구화를 추구한 근대 계몽주의 운동이었다. 후스와 천두슈 등 신지식층이 주도한 신문화운동은 '민주와 과학'을 기치로 내걸고 서유럽 사상을 도입해 가부장가족과 전제적 관료주의 문화를 공격했으며, 구어체 백화문과 국민문학의 보급에 노력했다. 이 운동의 결과의 하나로 러시아의 마르크스레닌주의가 이식되고 1921년 중국공산당이 조직되었다.

103 19세기 말 중국과 중국 주변부 지역을 식민지화하는 분할 정책을 20세기에 들어 더욱 밀어붙인 일본 제국주의는 러일전쟁 후 3차에 걸친 만주의 '세력 범위' 분할에 관한 러시아와의 밀약으로 인해 만주 진출을 희망하는 미국, 영국의 문호 개방 정책과 모순이 심화되어갔다. 제1차 세계대전 중 일본은 영일동맹을 이용한 참전으로 19세기 말 이래 독일 세력 범위이던 산동을 점령하고 중국에 21개조 요구를 강요하면서, 산동뿐 아니라 자신의 세력 범위로 생각한 만주·내몽골 지역에 대해 일본의 기존 '특수 이익'을 주장하고 이를 일본의 배타적 블록으로 인정하도록 강요했다. 제1차 세계대전 중 아시아에서 후퇴한 영국 등 유럽 세력 대신 일본의 세력 확장을 저지하는 데 주력한 미국은 랜싱·이시이 협정을 맺었으나 특수 이익의 인정을 두고 서로 해석의 일치를 보지 못했는데, 대전이 끝난 뒤 미국 주도의 워싱턴 군축회의에서 중국에 관한 9개국 조약을 체결해 문호 개방 원칙에 따라 중국에 대한 영토 분할을 포기하고 베르사유 조약에서 인정되었던 일본의 산동 이권도 폐기되었다. 물론 불평등조약은 손대지 않고 중국에 대한 열강의 공동관리 체제가 지속된 셈이지만 영일동맹은 폐기되고, 태평양에서의 해군 군축을 통해 미·영 해군에 비해 5:5:3의 규모로 일본 해군력이 제약되었다. 1930년대 일본 군국주의의 전

개 과정은 일본 군부가 이 워싱턴회의 체제를 깨뜨리고 만·몽 세력 범위 확보와 해군 확장을 위한 군비 확장과 대륙 침략의 감행이었다. 그 선도적 역할을 한 남만주의 일본 관동군은 1931년 만주사변을 일으키고 이어 상해를 침공하면서 만주국이라는 괴뢰국 건립의 형태로 사실상의 일본 식민지 건설을 추진했다. 만주국 분리를 중국 영토 주권의 침탈로 규정해 인정하지 않는 중국 국민정부에 대해 일본은 군사적 위력으로 만주국 승인과 일본 상품 불매 운동의 중지를 압박함으로써 양국의 대립은 확대일로를 걸었다.

104 국민혁명(1924-1928)에서 중국국민당의 성공은 황포군관학교를 배경으로 한 장제의 군사력이 광동 혁명 근거지를 확보한 사실과 아울러 1925년 쑨원 사후 그 해 5월 이후 상해에서 불붙어 홍콩 및 광주로 이어진 약 1년에 걸친 대중적 반제국주의 민족운동에 광동 국민정부가 참여, 이를 지도함으로써 전국적 민심의 지지를 확보한 사실도 경시할 수 없다. 1928년 북벌에 성공한 장제스는 〈훈정 강령〉을 발포하고, 군사 권력을 토대로 그의 독재에 반대하는 당내 좌우 분파와 국민 혁명에 가담한 잔여 군벌과의 4차 내전을 통해 당·정·군 3권을 장악한 다음 훈정訓政시기 약법約法(1931)을 통해 제2차 세계대전 후까지 약 20년간 일당 독재의 훈정 체제를 이어갔다. 그러나 국민정부는 양자강 하류 3성(강소·절강·안휘)을 제외한 나머지 국토에서 잔여 군벌, 특히 공산당 할거 세력과의 국내 내전 상황도 지속되었다. 국민 혁명에 의한 명목상의 통일에도 불구하고 이 같은 중국의 분열 상황에서 국민정부에 의한 중국 국민국가의 완전 독립과 통일은 이를 저지하려는 일본 제국주의의 아시아 경영과도 정면충돌하는 지난한 과제였다. 당시 영국과 미국은 국민 혁명 후 치외법권 폐지에 합의하는 등 불평등조약 개정 협상에 나서는 한편 차관을 통해 국민정부의 통일 정책인 법폐法幣 개혁(1935)에도 관여하는 협력 외교로 전환한 반

면 일본은 '동아 신질서'를 내세우면서 사실상 19세기의 제국주의 분할 정책을 이어 식민지 제국의 확대에 매진했다. 1931년 만주사변에서 중일전쟁으로 가는 도정에서 일본 관동군은 만·몽 특수 이익을 내세워 내몽골로 서진했으며, 1933년 열하성熱河省을 점령한 관동군이 장성선을 넘어 하북으로 남하하자 국민정부는 당고塘沽 정전협정을 맺어 하북성 동부에 비무장지대를 설정했다. 1935년에는 화북에서 허잉친何應欽·우메쯔梅津 협정으로 하북에서 국민당부 및 군을 철수시키고, 친더춘秦德純·토히하라土肥原 협정으로 차하르성省에서 국민당군을 철수시켜 하북과 차하르가 사실상 일본의 지배하에 들어갔다. 그리고 일본군의 강제에 의해 기동冀東 방공防共자치위원회, 기찰冀察 정무위원회가 수립되었는데, 이는 각기 하북 동부, 하북·차하르·북경·천진을 자치 지구로 만들어 중국 정부로부터 분리시키려는 것이었다. 이에 대해 장제스의 국민정부에서는 만주사변 이래의 '국내 안정 이후에 외적을 격퇴한다'는 원칙에 따라 우선 일본에 양보, 시간을 벌면서 영국·미국 및 국제연맹과의 협조 정책으로 차관과 기술 도입을 통해 전쟁 준비 및 산업 개발에 힘쓰는 한편 1930년부터 1935년 중국 공산당의 서북 이동, 이른바 대장정까지 5차에 걸친 공산당 포위 공격을 추진했다. 당시 중국 공산당은 중·남부 중국 각처에 농촌 소비에트를 건설해 그중 마오쩌둥이 이끄는 서금瑞金의 강서 소비에트를 중심으로 1931년에는 중화소비에트공화국을 선포했던 것이다. 분열된 후진국 중국이 압도적 강대국인 일본을 상대로 전면전을 감당할 수 없다는 고충이 있겠으나 국민정부의 타협적 대일본 정책은 당·군과 민간의 애국적 항의를 불러일으켰다. 일본의 상해 침공 때 분전했던 중국 19로군이 공산당 토벌을 위해 복건으로 이동되자 반란을 일으켜 복건 인민정부를 선포했다가 진압된 사건(1933), 기찰 정무위원회 수립에 반대해 북경의 학생, 시민을 선두로 상해·천진·광주 등 각처에서 화북 자치에 반대하고 내전 중지와 일본과의 항전을 정부에 촉구하는 민중의 12·9

항일운동(1935)이 대표적 사건이다. 그 결과 1936년 5월에는 전국 각계 항일 단체들을 대표하는 전국각계구국연합회가 결성되었다. 한편 중국 공산당도 내전 중지와 항일전을 표방하기는 했으나 장제스 정권의 타도가 전제되었기 때문에 사실상 실효성이 없었다. 중국 공산당의 전환점은 국민정부군에 쫓겨 대장정 중이던 1935년 8·1선언에서 처음 시작되었는데, 이 선언은 유럽에서 독일 나치즘의 대두에 따라 반파시즘 인민전선을 추구하던 코민테른 7차 대회의 전략 전환에 따른 것으로, 이 같은 통일전선 선언은 민중의 12.9 항일운동이 시작된 뒤 공산당 중앙정치국 와요보瓦窯堡 회의에서도 확인되었고, 1936년 3월에는 홍군이 산서성을 향해 항일 동정東征을 시도해 국민정부에 정전과 일치 항일을 요구했다. 같은 해 8월에는 각계 대표의 공론에 호응해 공산당은 국민당에 전국의 통일 민주 정부 수립에 동참할 것을 호소하며 쑨원의 혁명적 삼민주의에 따른 두 번째 국공합작을 제안했다. 이처럼 공산당은 각계 민중과 국공 양당의 통일전선 전략으로 전환함으로써 국민적 항일의 공론장에서 국민당을 제치고 주도권을 잡기 시작했다. 이 같은 상황에서 6차 공산당 토벌전을 강행한 장제스가 서안에서 부하 장쉐량 등에 구금되는 서안사변이 일어나 이를 계기로 제2차 국공합작이 급속히 추진되어 이듬해 중일전쟁의 발발과 함께 최종적으로 성립되기에 이르렀다.

105 중국공산당의 승리는 광대한 농민의 민족주의적 동원을 통한 군사적 승리일 뿐 아니라 제2차 국공합작을 계기로 각계각층의 민중과 지식인, 정당 및 사회단체를 민족통일전선의 명목으로 제휴시킬 수 있었던 이데올로기적 정치 책략의 승리이기도 했다. 민주동맹과 같은 중간 민주당파 집단은 정치협상회의를 통해 공산당 일당독재의 중화인민공화국 건국에 참여함으로써 국민적 통합의 상징으로 기여했다. 이 같은 소련식 당-국가 체제는 중일전쟁 중 연안 시기 마오쩌둥의 정풍운동 등 권력 집중에서 확립되기 시작

했다. 건국 후 전시 초인플레이션 수습 등 강력한 국가통제 경제를 수립한 중국공산당은 6.25전쟁에 개입하는 한편 토지 무상분배, 자유주의 등 사상 개조를 시행했으며, 1953년부터는 '과도기 총노선'에 의해 1차 5개년계획의 착수와 함께 농업 집단화(고급합작사)를 추진해 1956년까지는 거의 완성했다. 사회주의 제도화가 급속도로 진전되어가던 1956년 9월 제8기 전국대표대회는 중국공산당으로서는 아직 당내 갈등이 없는 '한 덩어리 바위'와 같은 득의의 시절로서 그 대회 이후 사회주의 국가로서 중앙 계획과 중공업 일변도가 아닌 균형 잡힌('두 발로 걷는') 경제 건설과 정신 노동자로서 지식인 전문가의 동원이 논의되기도 했다. 그런데 이 해는 2월에 소련공산당 20차 대회에서 흐루시초프의 스탈린 공포정치 비판이 있고 헝가리·폴란드의 반소련 운동이 폭발해 동유럽 공산권에 균열이 발생한 해로서 다 같이 스탈린주의 체제를 선택한 중공으로서는 표면적으로 스탈린의 공적을 옹호하면서도 당내 민주화의 필요성도 인정되어 마오쩌둥 사상과 개인숭배에 대한 맹목적 추종이나 당의 교조주의(주관주의)·관료주의(형식주의)·분파주의도 억제될 필요가 있었다. 이 같은 국내외 정세에 대응해 마오쩌둥이 제기한 정풍整風운동이 백화제방百花齊放·백가쟁명百家爭鳴, 즉 백화(혹은 쌍백雙百) 운동으로서 기존의 당내 정풍을 넘어 외부에 의한 당 비판이 허용되는 정풍의 확대라 할 수 있으며, 대자보大字報가 대중적 도구로서 이용되었다. 그런데 지식인이나 민주당파의 비판이 학문·문예의 자유, 다당제 등, 사회주의 일당 독재 체제가 허용할 수 있는 범위를 넘어서자 1957년 마오쩌둥은 일거에 정풍을 좌경화시켜 반우파 투쟁으로 돌아섬으로써 다수의 피해자가 나왔다. 이 반우파 투쟁의 여세를 타고 '사회주의 총노선'으로 극좌의 경제 건설 노선을 채택한 것이 1958년 대약진大躍進 운동이다. 농업과 공업, 중공업과 경공업, 중앙과 지방 등 두 발로 걷는 경제 건설이 추진되었으나 경제 계획의 혼란, 과도하게 높게 설정된 목표 설정과 당 관료의 허위 보고, 특히 농촌의 초보적 기술에 의한 제철 등 자원과 노동력의 낭비로 대약진은 실패로 끝나고 말았다. 대약진 운동과 병행하는 대규모 생활 공동체 실험으로서 여러 고급합작사들을 합친 향鄕 단위 농촌 인민공사人民公社 건설이 초고속으로 이루어졌는데, 행정·농업·상공업·교육·군사 기능이 통합된 공동체로서 집단생활을 하며 노동에 따른 임금제도 폐지되고 절대 평등의 배급제가 실시되는 유토피아적 공산주의의 실험이었다. 마오쩌둥의 유토피아적 공산주의 실험과 빠른 시일 안에 영·미 경제를 따라잡겠다는 근대화의 야망은 2천만 명 이상의 농민들이 아사했다는 경제적 대재난으로 끝났을 뿐 아니라 핵 시설 지원 문제를 둘러싼 흐루시초프 치하 소련과의 갈등을 더욱 악화시키는 중소 논쟁의 발단이 되었다.

106 대약진 운동의 실패로 마오쩌둥이 실패를 자인하고 행정 업무에서 후퇴하자 류샤오치·덩샤오핑·펑전彭眞 등의 현실적 조정 정책으로 경제 회복이 이루어지는 가운데 권력의 입지가 약해진 마오쩌둥은 대약진 운동의 실패가 방법상의 문제이지 그 이상주의적인 이념의 착오는 아니었다는 집념에서 다시 한번 정치적 반격에 나섰다. 소련식 사회주의 계획경제에 이익 동기를 가미하는 현실적 조정은 필경 자본주의로 후퇴하는 길이라는 마오쩌둥의 주장은 사회주의 사회가 되었어도 계급 모순은 여전히 존재하며 문화전선에서부터 자본주의 경향의 실권파 수정주의자들과 '계속혁명'을 추진해야 한다는 논리로 비약했다. 경제 조정에 대항해 사회주의 교육 운동이라는 농촌의 정풍을 추진하던 마오쩌둥은 무산계급 문화대혁명이라는 정권 투쟁을 정당화하는 전략으로 자본주의 길을 가는 당내 실권파(走資派)가 1960년 이래 적대 관계에 있던 소련 흐루시초프의 수정주의와 한 패라고 몰아붙여 민족주의적 대중 정서에 호소했다. 문화혁명의 이름으로 중국을 10년간 뒤흔든 이 파국적 포퓰리즘의 정치투쟁은 마오쩌둥에 의해 의도된 사소한 문학 논쟁으로 시작되었는데, 은밀하게 표현

된 문장(微言)에 정치 비판의 대의를 담는다는 유교 춘추학의 중국적 문화 전통을 배경으로 근대 이후에도 이 같은 경향의 이른바 '영사映射문학'이 정치 투쟁에 이용된 것은 현대판 전제 권력의 문자옥文字獄으로 비유할 만하다. 1965년 말 역사학자 출신의 북경 부시장 우한吳晗의 희곡 「해서파관海瑞罷官」이 마오쩌둥의 전제를 풍자한 것이라는 한 어용 문인의 비판 논문을 계기로 우한을 포함한 삼가촌三家 그룹의 문장을 공격하고, 그들을 비호하는 배후의 정치 세력으로 북경시 당과 당 중앙의 고위 문화 담당 관료에 대한 정치 공세로 확대되었다. 본격적인 정치 공세는 1966년 5월 정치국 확대회의에서 개시되었는데, 마오쩌둥의 5·16 통지로 당 정치국 상무위원회 소속의 중앙 문화혁명 소조가 설치되고 당내 자본 계급 수정주의자에 대한 숙청의 필요성이 제기되어 북경 시장 펑전, 당 중앙 선전부장 루딩이陸定一 등이 면직되었다. 문화 투쟁은 북경대학을 필두로 중앙 문혁 소조의 지지 아래 전국 대학·중학의 학교 당국에 대한 대자보 비판으로 이어졌으며, 8월에 열린 당 8기 11차 중앙위원회 전체회의에서 마오쩌둥의 사회주의 계속혁명 이론이 공인되고, 문화대혁명 16조가 통과되어 자본주의의 길을 가는 당권파에 대항해 교육·문예, 일체의 사회주의 경제 기초에 적응하지 못하는 상층구조를 개혁하기 위해 대중을 동원해 투쟁하기로 결의했다. 네 가지 낡은 것(四舊: 구사상·구문화·구풍속·구습관)을 타파한다는 당 지시를 집행하며, 11월부터는 홍위병이 공장·인민공사에 진입하고 노동자도 자신의 반란(造反) 조직을 만들 권리를 허용받아 각 지방의 당·정 기관과 투쟁하더니 중앙 문혁 소조의 지원 아래 국가주석 류샤오치와 당 총서기 덩샤오핑까지 공격해 몰락시켰다. 한편 문화대혁명의 또 한 축은 야망가인 국방부장 린뱌오에 의해 적극적으로 문화혁명에 동원된 정치화된 군대였는데, 그는 대약진 운동을 비판해 숙청된 국방부장 펑더화이彭德懷에 이어 군 현대화를 주장하는 총참모장 뤄루이칭羅瑞卿을 제거했다. 1967년 1월에는 상해 하층 노동자 조직이 중앙 문혁소조와 군대의 지원 아래 상해 시 당·정부를 전복하자 파리 코뮌 식의 혁명정부 설립이 거론되었으나 마오쩌둥의 지시에 따라 대중적 무질서를 피하고 군을 적극 개입시키면서 반란 대중과 군 및 간부 관료의 삼자 결합에 의한 혁명위원회가 상해를 시작으로 전국 각 지역에 수립되었다. 2월에 고위 당 관료의 저항이 시작되더니 무한武漢 군구 사령관 천자이다오陳再道가 보수 조직을 도와 급진 조직을 해체하고 군이 중앙 문혁 소조의 간부를 체포하는 사건이 일어나 문화혁명이 수습되는 계기가 되었다. 8월에는 마오쩌둥이 중앙 문혁 소조의 과격파를 면직해 재구성하더니 홍위병 등의 무장투쟁 종결을 명령하고 군에게 질서 회복을 지시했다. 1968년 7월부터 각 대학에 군과 노동 조직을 진주시켜 홍위병을 제압하고 1970년 말까지는 540만 명에 이르는 지식청년들을 농촌이나 변강邊疆으로 하방下放시켰다. 좁은 의미의 문화대혁명은 1969년 중공 당 9전대회로 일단락되었는데, 혁명의 승리자로 군이 대거 진출하고 린뱌오가 마오쩌둥의 후계자로 결정되었다. 그러나 린뱌오는 곧 마오쩌둥 암살 음모 실패로 소련으로 망명하려다 군용기 추락으로 일가족이 사망했으며, 그 후 마오쩌둥에 의지해 저우언라이 등 당 관료와 계속 대항하던 중앙 문혁 소조의 사인방은 1976년 저우언라이·마오쩌둥의 잇따른 병사 직후 바로 제거되고, 1978년 말 중공 11기 3중전회를 계기로 덩샤오핑의 개혁·개방 시대가 열리게 되었다. 사인방의 제거는 문화대혁명에 편승해 급성장한 온건파 문혁 세력 화궈펑의 궁정 쿠데타에 의한 것인데, 덩샤오핑을 지지하는 예젠잉葉劍英 등 군과 당의 원로들과 제휴해 이루어진 것이다. 그러나 마오쩌둥 개인숭배에 의지한 화궈펑은 그의 만년 실패에 비판적인 덩샤오핑 파와의 노선 투쟁에서 패배하고 차츰 당권을 잃더니 2년 후 권력 투쟁에서 완전 퇴장했다.

색인

E

역자 후기

일본 동양사학의 교토학파를 대표하는 학자로 저명한 저자 미야자키 이치사다의 저술인 『중국통사(원제:中國史)』는 그가 1965년 교토대학에서 정년퇴임한 뒤 그의 생애의 만년에 속하는 1977~78년에 이와나미쇼텐岩波書店에서 개설서로 기획되어 출간된 책이다. 평생의 전문적 연구 성과를 토대로 자신의 독립적 역사관을 자유롭게 서술한 이 책은 단순히 학계의 통설을 반영해 중요한 역사적 사실에 대한 지식을 정리, 참고하기 위한 통속적 의미의 개설서가 아니라 수준 높은 통사通史라 할 만하다.

이미 정년을 넘긴 지 몇 년 되는 역자가 저자의 정년퇴임 연도에 서울대학교 사학과에 입학했으니, 그가 역사학계의 석학으로서 많은 연구자들이 부러워할 만한 지식의 축적을 하기

에 충분한 장수를 누렸음을 알 수 있다. 중국의 고대로부터 청대에 걸쳐 방대한 범위에 이르는 그의 전문 연구 업적은 『아시아사 연구アジア史研究』(전5권), 『아시아사 논고アジア史論考』(전3권)에 수록되었으며, 말년에는 『미야자키 이치사다 전집宮崎市定全集』(전24권, 별집 1권, 1991~94)이 역시 이와나미쇼텐에서 간행되었다.

저자 자신이 술회하듯이 이 책은 학계의 여러 학설이나 축적된 역사 자료에 대한 문헌학적 기억을 고루 반영하는 일에 구애되지 않고 자신의 독립적 생각을 자유롭게 펼치고 읽기 쉽게 설명하는 데 주안점을 두었다. 그렇다고 해서 저자는 역사 저술에서 이데올로기에 편중한 학자의 독단적인 주관을 용납하지 않으며, 역사에 이론이 있다면 풍부한 문헌학적 지식을 기반으로 시대적 문제의식에 따라 역사적으로 중대한 의미가 있는 사실을 선택하고 선택된 사실들을 체계화하기 위한 도구적 이론이 필요할 뿐이라고 총론에서 밝히고 있다. 따라서 학문의 독립성과 자유주의적 관용을 중시하는 입장에서 극단적 민족주의나 마르크스주의로 사실을 무시하고 이데올로기화된 역사학에 대해 비판적일 수밖에 없다.

역사와 같은 인문학에서 과학적 법칙성에 속박되면 그 법칙성이 도리어 주관적 관념주의로 떨어지는 역설이 지적되기도 한다. 이 같은 미야자키 역사학의 학문적 입장은 제2차 세계대전 종전 후 제국주의 일본의 패전 체험과 전후 도쿄대 중심의 역사연구회학파(歷研派)의 마르크스주의 유물계급사학에 대한 비판의식과 관련이 있다.

『중국통사』 저술에서도 반영되어 있듯이 저자가 좌파든 우파든 이상주의적 이데올로기를 위해 역사 속의 풍부한 사실들에 눈을 감고 의도적으로 역사를 왜곡시키는 데 반대하는 객관적 현실주의 입장을 취한 데에는 성실한 학자로서 20세기의 일본 역사를 함께 살아온 그의 직접적 체험과도 깊이 연관되어 있다. 특히 역사 평가에서 주관적 이데올로기보다는 정치적 직업윤리와 합리적 정책 결정의 측면을 중시하고, 그 역사적 사례로서 1930년대 이후 일본 극우파 군국주의 정권의 침략전쟁 확대 과정의 비합리성이 국가의 파탄을 초래한 사실을 지적했다. 또한 도식화된 법칙론적 마르크스주의 역사학에 대한 비판은 1925년 이래 오랜 사료 중심의 실증적 중국사 연구 실적과 아울러 1936~38년 프랑스 유학 기간 서유럽과 서아시아의 역사상의 문명 중심국들을 여행하며 폭넓은 비교사적 시야를 확장해온 저자의 학문적 체험에 기반한 것이다. 이처럼 이데올로기적 관념사학을 거부하는 저자의 현실주의 입장은 역사 해석에서 정통론적 불관용으로 흐르는 도덕주의 색채를 지우려는 입장과 연결된다.

역자의 입장에서 볼 때 인문학적 가치를 추구하는 역사학의 입장에서 도덕적 이상을 포기할 수는 없다. 그러나 역사학이 고도로 추상화된 법칙을 추구하는 과학은 아니라 해도 사실에 근거한 전문적 학문으로서 학문적 독립성을 견지하려면 저자의 주장과 같이 현실의 객관적 인식에서 멀어진 도덕적 이상의 이데올로기적 추구는 역사학의 독립성과 그 학문적 효용을 훼손하는 결과를 초래한다는 것도 부정할 수 없는 사실이다. 역사상 유례없는 20세기의 폭력적 역사 현실은 18세기 서유럽 혁명에서 발원해 세계사를 풍미한 근대의 폭력적 이상주의와 관련이 있다.

그럼에도 서유럽 근대의 이상주의와 관련된 발전적 역사관이 저자의 역사 인식에 끼친 영향은 그가 중국사 해석에서 서유럽의 시대구분론을 수용해 적용한 사실에 잘 반영되어 있다. 그의 중국사 시대구분론에서 독특한 4구분법은 '동양적 근세론'이라는 독자적인 동서양 비교사관에 기초한 것으로 그 학설의 연구사적 배경은 스승인 나이토 코난(內藤湖南)의 학설을 계승, 발전시킨 것이지만, 이 책에 대한 해설에서 이노우에 히로마사(井上裕正)가 지적한 대로 저자의 구미 학계와의 광범한 교류, 유럽·서아시아 답사 여행이 중요한 계기가 되었다는 사실도 경시할 수 없다.

미야자키는 송대 이후 중국 사회는 서유럽의 중세 단계를 넘어선 근대 지향의 요소들이 있었지만 산업혁명 이전 초기 근대의 유럽과는 무척 다른 사회였다는 인식을 지녔으며, 또한 서유럽 중세에 비해 놀랄 만한 선진성이 있었던 이슬람 세계가 그 후 근대화에 낙후한 정체된 현상에 대해 강한 인상을 받았다는 것이다. 19세기, 특히 중화민국 이후의 근대를 제외하고 중국사 전반의 각 시대에 대한 미야자키의 풍성한 연구 업적을 총괄한 통사로서 본서가 독특하고 일관된 역사적 설명 체계를 갖게 된 것은 중국과 서유럽·서아시아에 걸친 세계사적 비교사 방법과 그것을 바탕으로 한 독자적 중국사의 시대구분론을 저자가 발전시킨 결과라 할 것이다. 저자는 이 방법론을 통해 그가 섭렵한 방대한 문헌학적 사료 지식의 실증적 연구를 관통하는 사실의 이론적 체계화를 할 수 있었다.

이데올로기적 이론 체계에 집착하는 일본 마르크스주의 학파에 반대해 저자가 제시한 방법론으로서, 그의 시대구분론은 경제적 계급론을 넘어서 정치·경제·문화·국제관계 등 역사 현상 전체를 총괄하는 설명 체계로 제시되고 있다. 송대 이후의 재정국가와 군주독재, 귀족 신분제 해체와 서민적 사대부 관료제, 화폐경제와 도시의 변동, 민족주의와 국수적 르네상스 등이 미야자키가 자신의 역사 이론을 위해 개발한 독특한 개념 장치들인데 어느 것도 서유럽 근대에 대한 비교사 개념으로 구상된 것이다.

여기에 첨부할 것은 그럼에도 마르크스주의 사학과의 논쟁 과정에서 자신의 독자적인 경제사관을 전개해 이른바 화폐경제의 유통과 경기 순환을 중시하는 사관을 제시한 것이다. 기본적으로는 자본주의 이전의 전근대적 농업 사회인 송대 이후 중국에서 토지경제에 비해 화폐경제의 영향력이 어느 정도 비중을 갖는지는 여전히 논쟁거리이지만 전근대 사회에서 시장의 역할을 상대적으로 경시한 교조화된 마르크스주의 역사 해석의 편향을 바로잡는 의미는 있을 것이다. 이런 관점에서 20세기 동아시아의 '자본주의 맹아론'에 대해 근래 회의적 입장을 갖게 된 역자도 미야자키 사관과 관련해, 근래 구미 중국사 학계에서 제시하고 있는 명·청 시대의 '자본주의 없는 시장경제'란 개념에 무척 흥미를 느끼고 있다.

서유럽에서 유래하는 역사의 설명 도구로서 역사 발전의 3구분법[고대·중세·근대]은 '과학주의'를 이념으로 표방하는 과거의 '정통' 마르크스주의 역사관에서는 필연적인 세계사의 발전 법칙으로 획일화되어버리는 결함이 있었다. 이에 반해 미야자키의 중국사 시대구분론은 1914년 『지나론支那論』에서 처음 제기된 교토제국대학의 스승 나이토 코난의 독자적 3구분법[고대·중세·근세]을 계승해 그의 '동양적 근세' 개념의 내용을 발전시키고 그 근세를 나누어, 청 말기 아편전쟁 이후 또는 그 뒤 중화민국 성립 이후를 최근세로 하는 4구분법으로 수정한 것이었다. 서유럽의 '초기 근대'가 산업혁명 또는 시민혁명 후의 본격적 근대로 연속적 발전을 이룬 데 비해 송대 이후 청 말기 이전까지의 중국사가 서유럽의 중세와도 다른 초기 근대의 일부 속성을 지녔으면서도 본격적 근대로 연속적 발전을 하지 못하고 서유럽 근대문명의 침입을 받아 그것을 이식하는 중국의 독자적 역사 변동을 역사적 사실로서 그대로 인정한 시대구분법인 것이다.

전 지구의 역사가 하나로 통일되기 시작하는 세계화 현상은 서유럽에서 발생한 근대 자본주의와 주권 국민국가의 군사적, 경제적 압력에 의한 것이 역사적 사실이며, 근대 이전의 시대는 그것이 고대이든, 중세이든 각 문화권이나 국가 단위마다 달라서 전근대의 세계는 서로 교류가 없지는 않았으나 사실 몇 개의 이질적 문명권으로 분할되어 있었다. 그 문명권들 가운데 서유럽과 중국 등 동아시아의 교류는 지리적 간격으로 인해 가장 소원했으며, 서유럽과 가장 대극적 문명 형태를 형성한 중국은 전국시대와 진·한 제국 이래 고도의 중앙집권적 관료제 제국을 발전시켜 서유럽과 같은 중세 봉건제는 존재하지 않았다. 따라서 중국의 전통적 역사 인식은 고 민두기 교수의 지적대로 고대와 현대를 의미하는 고古와 금今, 2분법밖에 존재하지 않았던 것이다. 그런 의미에서 미야자키의 4분법에서 '중세' 개념을 받아들인 것 자체가 서유럽 근대의 영향을 받은 것으로 동·서 비교사 연구의 결과였다고 생각된다.

미야자키 사관의 형성과 성격을 이해하는 데는 청일전쟁 후 등장한 일본 동양사학의 역사적 맥락을 재음미할 필요가 있다. 도쿄제국대학을 중심으로 한 동양사학의 출현이 청일전쟁 후 일본 군국주의의 대륙 진출에 따른 러일전쟁 전후 일본 제국주의 형성의 역사와 관련되어 있다는 사실이다. 이노우에의 설명처럼 일본의 동양사학이란 동아시아의 역사학이 아니라 대륙 경영을 위한 일본이란 국가의 역사학으로 시작되었다.

근대 일본에서 새로운 의미로 개조되어 나타난 동양이란 개념의 발생 배경을 보면, 지리적, 문화적으로 같은 '동양'에 속한 제국 일본[천황제 절대국가=신국]은 제외하고 일본의 세력 범위로서 설정된 그 밖의 광의의 동아시아를 의미하는 일본판 오리엔탈리즘에 기원을 갖는다. 따라서 민족주의 역사학으로 일본의 역사가 '국사國史'로서 절대화되는 한편 그것에 협력하는 일본의 동양사학은 두 개의 범주가 있었으니, 중국사학과 아울러 만몽滿蒙사학이라는 만주·몽골의 역사가 있으며, 조선은 만주와 함께 만선사滿鮮史의 일부였다. 조선을 포함한 만주·몽골 등 동북아시아의 역사는 고대사 이래의 기원에서부터 중국과 분리된 역사로서 일본 제국의 직접 지배의 영역에 속할 운명이었다. 한편 일본 제국에 중국사의 의미는 스테판 다나카의 『일본 동양학의 구조』에서 천명되었듯이 중국 고전문명이 인도와 더불어 서양 고전문명에 필적하는 동양 고전문명을 형성함으로써 동양문명의 상속자 및 지도자로서 근대 일본이 서유럽에 맞서는 아시아주의 이데올로기의 학문적 근거가 될 것이었다.

그럼에도 미야자키 자신의 중국사 연구의 출발점과 관련해, 1920년대 말부터 그가 교편을 잡으면서 믿을 만한 중국 고대사 교재가 없다는 현실에서 스스로 중국 고대사를 만들 수밖에 없다는 결심을 했다는 이야기는 동양사학 형성 초기의 빈약한 학문적 현실을 반영하는 의미가 있다. 그러나 한편으로는 엄밀한 근대 역사학의 수준에서 볼 때 중국사학은 중국의 전통 사학은 말할 것도 없고 근대 서유럽 역사학계에서도 초보적 단계에 있어 근대화에 진입한 같은 동양권의 일본이 그 분야의 개척에서 중국 본국과 서유럽 선진국을 앞질러 주도적 지위를 확보할 수 있다는 대단한 자부심의 표현이기도 했던 것이다.

실제로 일본은 중국사를 포함한 동양사학에서 1970년대까지 세계에서 최고 수준의 지위를 유지하고 있었고, 미야자키의 연구는 전통 시대 중국사학의 개척에서 지도적 역할을 했음을 부인할 수 없다. 그럼에도 제2차 세계대전 이전 미야자키 중국사학의 초기 형성 과정에서도 그 주제 의식과 연구 방향을 설정하는 데 부분적으로는 전체 일본 동양사학의 성립 배경에서 오는 영향을 받을 수밖에 없었을 것으로 보인다. 이를테면 본토 중국과 동북아시아 주변 민족의 국제 관계가 동양사의 기본 구조로서 일관된 역사 주제로 다루어지고, 한족 중국의 본토를 처음으로 통합한 진·한 제국 이후에는 중국 본토에 국한된 왕조로서 중국사에서 가장 약체였던 국수주의적 한족 사대부의 국가, 송 왕조가 중국 역사의 전형으로서 가장 큰 연구의 비중을 차지했다는 사실이다.

송대의 국제 정세는 전통적 사대부 관료 체제의 완성 단계에서 정치적 개혁의 무능력을 드러내고 약체 국가로서 북방민족의 강대국들에 포위 공격을 당하는 형세에 있었는데, 이는 20세기 초 일본의 세계 인식에서 유럽 열강과 일본의 침략 아래 있던 청 왕조 말기와 중화민국 시대의 중국 현실과 매우 닮은 데가 있다. 더욱이 동양적 근세론에서 당·송 간의 변혁을 거쳐 송대에 서유럽에 앞서 선진적 서아시아를 능가하는 르네상스 문화를 이루고 근세로 진입했다는 연구 주제는 고대 이래 서유럽과 비견될 수 있는 동양 고전문명의 우수성을 밝히는 역사 해석이라 할 만하다.

20세기 후반 공산 중국의 강대국화와 더불어 현재 중화제국의 부활이 전망되는 시점에서 송과 같은 약체 왕조보다는 당 제국이나 이민족 정복왕조로서 중국화한 청 제국 같은 제국의 역사가 현대 중국은 물론 한국을 포함한 국제 학계에서 중국사의 주류로 다시 떠오르는 20세기 말 이후의 역사 해석의 새 조류와는 대조를 이루는 현상으로 주목된다. 이제 더 이상 일본이 지도적 지위에 있다고는 할 수 없는 국제 동양사학계에서 20세기 국력의 발전과 함께 상당한 성장을 이룬 한국의 동양사학도 세계정세의 대변동에 발맞추어 새로운 연구 좌표를 모색할 때가 된 것이다.

제2차 세계대전 이전에 기원을 갖는 동양적 근세론 및 미야자키 시대구분론이 대전 후 역연파에 대항하며 1950년대에 완성되는 단계에서는 그 학문의 제국적 기원과는 달리 일본 동양학의 학문적 성격도 크게 바뀔 수밖에 없었다. 이 시기 이후 일본 동양사학의 변화는 이노우에가 해설에서 소개한 대로 미야자키가 소련을 포함한 유럽 및 미국 학계와의 학문 교류 및 국제학술대회에 활발하게 참여한 현실에서도 짐작할 수 있다.

이 책의 말미에서 중·일 간의 평화적 협력을 전제로 동아시아의 국민국가 중국이 여전히 세계를 주도하는 구미 선진국이나 소련에 대응하는 동아시아의 중심 대국으로서 세계대전 이전의 일본을 대체해 긍정적 역할을 할 것으로 기대하는 데서도 전후 변화된 일본 동양사학의 동향을 엿볼 수 있다. 미야자키의 『중국통사』는 소략한 최근세사에서 중화민국 이후의 역사는 자신의 생전에 직접 체험했던 시대인 만큼 자신의 체험담을 통해 중국 정책에서 일본의 실패에 대한 반성과 아울러 중·소 분쟁과 관련해 국민국가로서 현대 중국의 전통적 저력이 19세기 이래의 약소국 체험을 극복하고 소련을 이겨낼 날을 전망하고 있는 것이다.

이노우에의 지적과 같이 미야자키가 목도한 1920~30년대 동아시아의 국제 정세는 쑨원이 주도한 중국 혁명과 국민정부의 탄생, 구미 선진국에 의한 일본 포위라는 새로운 역사적 격동의 와중에 있었다. 젊은 날의 이 역사적 체험은 미야자키의 역사 인식에 긴 흔적을 남겼으니, 그는 그 후 일본 제국이 이 역사적 변동에 대처하는 데 실패하고 일본을 패배시킨 바로 그 구미 백인 세력이 20세기 후반에도 여전히 세계의 주도 세력으로 남아 있다는 사실에서 역사적 연속성의 의미를 보고 있는 듯하다.

역사의 방향을 역사학에서 예언하는 것이 거의 불가능하다는 사실은 이 책을 저술하던 1970년대 말에 미야자키가 미·중 화해와 중·소 분쟁, 마오쩌둥의 죽음이라는 세계 냉전 시대의 변곡점에 서서 중국의 개혁·개방 이후 중국의 강대국화와 미국·일본과의 갈등 격화, 소련 해체 후의 중·러 간의 동맹 강화

라는 얼마 후의 세계 변동을 몽상도 할 수 없었던 데서도 확인
할 수 있다.

일본 중심의 동아시아관에서 탈피한 오늘날의 입장에서 동
양사학의 발전 궤적을 돌이켜 보면서 미야자키 중국사학을 평
가한다면, 세계사적 시야에 선 서유럽 등 다른 문명권과의 비
교사학, 근대화의 시각에서 도시와 화폐경제의 발전에 중점을
둔 발전사관, 한족 중국의 문명과 주변 국가들과의 대등한 교
류와 교섭 관계를 중시한 다원적 동아시아관이 그 특색으로 파
악될 수 있다.

미야자키의 구체적인 중국사 연구는 춘추시대 이후 한대에
이르는 중국 도시국가와 고대 도시의 구조적 변천 과정, 위·진
이후의 중세 향촌제와 중국형 장원, 농노제 형성 및 전제국가
의 수취 제도, 위·진, 송 및 청대의 인재 선발법(구품관인제와 과
거제)을 통한 중세·근세의 귀족·관료·서리 제도 변화, 송·명
대 화폐경제하의 지주제 및 민란의 성격 변화, 도시 문화 발달
과 복고적 문화운동 등, 중국 전근대사의 전통을 구축하는 데
골격을 이루는 큰 주제들에 대해 일계열의 독자적 연구 계보를
남겼다. 그것에 대한 상세한 설명은 이 책의 총론과 본문, 그리
고 저자 발문을 참고하는 것이 좋을 것이다. 미야자키의 연구
를 들여다보면 중국의 역사에서 시대별로 서유럽과 비교가 될
만한 도시국가, 중세 장원, 근세의 시장경제, 중국적 르네상스
등과 같은 주제가 다수 발견된다. 그러면서도 역사상의 중국
문명은 세계사에서 가장 장기 지속적인 중앙집권적 관료제 중
화제국의 형태로 집약되어 서유럽에 대해 가장 대극적 유형의
문명을 발전시켰다.

춘추시대 이전 기원전 2천 년에 이르는 중국 상고사와 청대 후기 이후의 근·현대사 부분을 저자가 소략하게 다룬 것은 개설서로서는 미흡한 부분이 될 수도 있으나 자신이 학자로서 정력을 기울인 중국 문화 전통의 핵심부를 주로 밝혀내겠다는 저술 의도의 결과라 하겠다. 19세기 중엽 서유럽의 충격 속에 근대화가 시작된 이래 150년 동안 중국은 이슬람 세계의 정체와 대비되는 엄청난 혁명적 변화를 겪었다. 그럼에도 중국의 국가 체제나 문화 양식에서 4천 년간 축적된 중국 문명의 전통적 원형은 오늘날에도 장기적 지속성을 보여주고 있으며, 그러한 시각에서 21세기 초에 이르러서도 중국이 서유럽에 저항하는 '문명 충돌'의(헌팅턴의 견해) 강력한 거점의 하나로 남아 있다는 주장도 있다. 그 전형적 현상은 아직도 개인의 인권이나 시민적 참정권 같은 서유럽의 자유주의·민주주의의 가치가 중국 대륙에 뿌리를 내리지 못하고 있다는 것이다.

마오쩌둥 집권 후반기의 비역사적인 유토피아 공동체주의로 인해 중국은 당-국가 권력에 의한 하향식 민중주의 혁명으로 많은 희생을 치렀으며, 그 이후에도 엘리트 관료주의와 집체적 공동체주의가 여전히 현대 중국의 지배적 문화로 지속되고 있다. 그런 측면에서 과거 2천 년에 걸친 유교적 중화제국의 문화 전통은 크게 바뀌지 않은 셈이다. 공산주의 혁명 과정에서 중국은 한때 혁명의 지도국이었던 소련과 적대 관계로 돌아서더니 1992년 이래 자본주의 세계화에 참여해 그 중심국인 미국에 대항하고 있다. 19세기 말 일본에 패해 물러났던 중국이 이제 강대국으로 동아시아 국제 질서에 복귀한 현실은 오늘날 달라진 국제 환경에도 불구하고 우리나라에 주요한 도전으로 남아 있다. 그러므로 이 끈질긴 장기 지속의 문화를 이해하는 능력이야말로 인문학으로서 전통시대 역사학을 연구하는 이유가 될 것이다. 그런 점에서 이 책이 중국 전통 문명의 현대적 의미를 탐색하는 데 좋은 길잡이가 될 수 있다면 더 이상 바랄 나위가 없겠다.

역자가 학부 및 대학원 수업 중이던 1960년대 후반, 70년대만 해도 한국은 동양사학의 형성기여서 미야자키를 비롯한 일본 동양사학의 압도적 영향을 받고 있었으며, 마르크스주의 이념에 부분적으로 동의하든 아니든 상관없이 그 역사 인식의 영향을 받아 역사의 설명 도구로서 시대구분법의 위력은 대단한 것이었다. 당시 마르크스주의 사관과 이에 대항하는 미국 중심의 서구적 근대화론이나 막스 베버 방법론의 영향, 한국 민족주의 사학계의 독자적 시대 구분론[고 이기백, 한우근 교수 등]이 복잡하게 얽힌 가운데, 당시의 여느 동양사 연구자들처럼 일본 학계의 동향에 관심이 컸던 역자는 시간이 지날수록 역연파보다는 교토 학파의 융통성 있는 해석을 선호하는 쪽으로 기울었는데, 이는 한국 학계의 실증적, 자유주의적 민족사학의 영향도 있었지만 1980년 바로 미야자키의 이 책을 번역한 일과도 관련이 있다(역민사에서 『중국사』란 제목으로 편역, 출간되었다). 그래도 순수 역사이론의 측면에서는 마르크스적 경제사관의 영향이 여전하던 학계 환경에서 독자적 역사관과 강력한 주제 의식이 있는 미야자키의 독창적 저술을 번역하는 것은 논쟁의 여지가 많은 작업이었으며, 더욱이 제대로 된 중국 개설서나 통사가 없던 시기에 전문가가 아닌 일반 독자를 대상으로 한 개설서의 성격을 고려할 때는 학계의 다양한 견해와 중요한 역사 사실들이 저자의 강력한 주제의식에 따라 배제될 가능성도 있었다.

중국 역사의 통사적 개설서를 소개하는 입장에서 초심자인 독자에 대한 배려로 이 책의 첫 부분에 실린 많은 분량의 「총론」에서 시대구분론을 제외한 중국사 연구 방법론 부분을 빼고 역자의 미비한 주석을 덧붙여 개설서로서의 균형적 기능을 보강하려 했던 기억이 난다. 지적재산권의 국제적 협약에 가입되어 있지 않던 시대에 편역을 감행한 것은 오늘의 환경에서 볼 때는 큰 학자인 저자에 대한 결례였던 일면도 있다. 미야자키의 이 책은 타이완에서도 우연히 역자와 같은 해에 번역 출간되었다. 중국에서는 문화대혁명 이전 일본과의 국교가 단절되었던 시절에 미야자키의 학문적 업적이 중국 역사학계의 주목을 받아 『미야자키 이치사다 논문 선집』 2권이 고급 당간부와 일부 역사학자들을 위한 내부 회람용으로 출간된 적이 있으며, 1992년에는 류준원劉俊文의 『일본 학자 연구 중국사 논문 선역』 10권(중화서국 간)에 그의 논문 10편이 수록되기도 했다.

이번 서커스출판상회의 완역본 출간에 즈음해서는 이전 판에서 일부 누락시켰던 「총론」 전체를 완역했을 뿐 아니라 고유명사와 오류 수정 등 번역의 내용에서도 적지 않은 개선이 있었다. 또한 독자의 편익을 위해 덧붙였던 역주도 이번 기회에 완전히 새롭게 써서 그동안 풍부해진 중국사학의 학문적 축적을 좀 더 충실히 반영하려는 노력을 보탰다. 이 책의 출간이 독자에게 중국사의 흐름을 한 책으로 일별할 수 있는 좋은 기회가 되면서 아울러 저자의 저술 의도가 손상이 가지 않고 중국사 초심자들에게 잘 전달될 수 있는 기획이 되기를 희망한다.

2016년 7월 22일

曹秉漢

옮긴이 | 조병한

1946년 경남 창녕에서 태어났다. 서울대학교 문리과대학 사학과를 졸업하고 같은 대학 대학원 동양사학과에서 청대와 중국 근대 전공으로 석사와 박사 학위를 취득했다. 동의대, 계명대를 거쳐 서강대학교 사학과 교수로 2012년 정년 퇴임했으며, 동양사학회 회장(2003~2005), 역사학회 회장(2007~2008)을 역임했다. 현재는 서강대학교 사학과 명예교수로서 저술 활동에 종사하고 있다. 학술논문 약 60편이 있고, 『중국통사』, 『5.4운동―근대 중국의 지식혁명』 등을 번역했다.

중국통사

초판 1쇄 발행 2016년 10월 31일
신판 1쇄 발행 2024년 2월 26일

지은이 미야자키 이치사다
옮긴이 조병한

펴낸곳 서커스출판상회
주소 경기도 파주시 광인사길 68 202-1호(문발동)
전화번호 031-946-1666
전자우편 rigolo@hanmail.net
출판등록 2015년 1월 2일(제2015-000002호)

ISBN 979-11-87295-52-5 03910